D1698562

Christoph Butterwegge · Bettina Lösch · Ralf Ptak (Hrsg.)

Neoliberalismus

Christoph Butterwegge
Bettina Lösch
Ralf Ptak (Hrsg.)

Neoliberalismus

Analysen und Alternativen

Mit einem Vorwort von Annelie Buntenbach

VS VERLAG FÜR SOZIALWISSENSCHAFTEN

Bibliografische Information Der Deutschen Nationalbibliothek
Die Deutsche Nationalbibliothek verzeichnet diese Publikation in der
Deutschen Nationalbibliografie; detaillierte bibliografische Daten sind im Internet über
<http://dnb.d-nb.de> abrufbar.

1. Auflage 2008

Lektorat: Frank Engelhardt

Der VS Verlag für Sozialwissenschaften ist ein Unternehmen von Springer Science+Business Media.
www.vs-verlag.de

Umschlaggestaltung: KünkelLopka Medienentwicklung, Heidelberg
Druck und buchbinderische Verarbeitung: Krips b.v., Meppel
Gedruckt auf säurefreiem und chlorfrei gebleichtem Papier
Printed in the Netherlands

ISBN 978-3-531-15186-1

Inhalt

IV Alternativen für eine postneoliberale Agenda

Vorwort

Der Neoliberalismus hat in den letzten Jahren weite Bereiche unserer Gesellschaft geprägt. Es ist ihm gelungen, zumindest in einem Großteil der medialen Öffentlichkeit die Legitimität des grundgesetzlich geschützten Sozialstaates – erstmals nach 1945 – zu erschüttern und dessen Säulen ins Wanken zu bringen. In den Köpfen der Menschen hat der Neoliberalismus vorgebliche „Selbstverständlichkeiten" verankert, aber auch jenseits der ideologischen Ebene die materielle Realität vieler Menschen verändert. Inzwischen zeigen sich zwar Risse in dem auf Hochglanz polierten Gebäude. Wie groß die Chancen sind, über die Formulierung von Alternativen wieder eine emanzipatorische Perspektive zu gewinnen, hängt jedoch nicht zuletzt von der fundierten Bilanzierung des Phänomens Neoliberalismus ab, also von einer präzisen Analyse, wie sich die ökonomischen, politischen und sozialen Kräfteverhältnisse verändert haben und wo sich Ansatzpunkte finden oder entwickeln lassen, die eine solidarische Entwicklungsrichtung der Gesellschaft möglich machen. Eben dazu trägt dieser Sammelband bei.

Jene Variante neoliberaler Politik, die wir hierzulande in den vergangenen Jahren erlebt haben, unterscheidet sich erheblich von der brachialen Konfrontation, mit der Margaret Thatcher ihre Politik in Großbritannien ab Ende der 70er-Jahre durchgesetzt hat – im wahrsten Sinne des Wortes mit aller Gewalt gegen Gewerkschaften und andere Gegner/innen ihres Kurses. In der Bundesrepublik hat sich die Umsetzung neoliberaler Politik eher schleichend vollzogen, sozusagen durch die Hintertür, inszeniert als Sachzwang und geduldig in der Ermüdung von Protesten, z.B. gegen die Abschaffung der Arbeitslosenhilfe („Hartz IV").

Nichtsdestotrotz sind die Auswirkungen des neoliberalen Projekts mittlerweile auch in Deutschland überall spürbar. Das gilt insbesondere für den Bereich der Arbeit bzw. des Arbeitsmarktes. Die Erosion der tariflich und sozial tragfähig abgesicherten Beschäftigungsverhältnisse – früher der gesellschaftliche Normalfall zumindest für einen großen Teil der männlichen Arbeitnehmer – ist von der (Regierungs-)Politik scheibchenweise, aber zielstrebig und umfassend in Gang gesetzt worden, was die Politiker/innen übrigens nicht davon abhält, heute in den Chor jener einzustimmen, die manche Ergebnisse dieser „Reformen" beklagen.

Verdanken wir z.b. die Unmenge an befristeten Arbeitsverhältnissen noch der Kohl-Regierung, hat die rot-grüne Koalition den fatalen Zickzackkurs bei der geringfügigen Beschäftigung mit inzwischen mehr als 6,5 Mio. sog. Minijobs nahtlos fortgesetzt. Die Ausweitung der Leiharbeit war ein Herzensanliegen des damaligen Wirtschaftsministers Wolfgang Clement. Inzwischen entsteht jeder zweite neue Job im Bereich der Zeitarbeit, einer Branche, in der das Kündigungsrisiko vier- bis fünfmal höher ist als in anderen und in der jeder achte Beschäftigte auf ergänzende „Hartz IV"-Leistungen (Arbeitslosengeld II) angewiesen ist, weil der Lohn zum Leben nicht reicht. Die sog. Aufstocker sind mittlerweile zu einem Massenphänomen geworden.

Zu der immensen Ausweitung prekärer Beschäftigung kommt die massive Absenkung der Lohnersatzleistungen im Fall von Arbeitslosigkeit durch die Abschaffung der Arbeitslosenhilfe im Rahmen der „Hartz-Gesetze", aber auch über die Kürzung des Arbeitslosengeldes I sowie die Verschärfung der Zumutbarkeitsregeln. So wird im Schatten der Massenarbeitslosigkeit die Notsituation der Menschen missbraucht, um das Lohn- und Tarifgefüge auf einen historischen Tiefstand zu drücken.

Bei allen erwähnten Maßnahmen verlief die Durchsetzungsstrategie nach einem ähnlichen Muster: Per Gesetz wurden einzelne Stellschrauben verändert, „um der Wirtschaft auf die Füße zu helfen". Kurzfristig war der Effekt relativ gering, langfristig immens. Thematisiert hat die durchaus absehbaren Folgen aber nur eine Handvoll Spezialisten oder „Schwarzseher", die es bei jedem dieser Themen gab – durchaus auch in Personalunion. Wenn die umwälzenden Konsequenzen später offensichtlich wurden, ließ sich der Zusammenhang zwischen Ursache und Wirkung für die Öffentlichkeit kaum noch ausmachen, und die politisch Verantwortlichen waren längst über alle Berge. Ein weiterer „Sachzwang" war konstruiert.

Hierzu ein Beispiel: Wenn der Staat für die Unternehmen eine Vielfalt von Anreizen schafft (und damit Möglichkeiten eröffnet), bei neuen Beschäftigungsverhältnissen die Kosten der Sozialversicherung einzusparen und die sozialen Risiken allein auf die Beschäftigten und – wenn diese sie nicht schultern können – auf die Allgemeinheit abzuwälzen, werden sich immer mehr Arbeitgeber in dieser Logik bewegen. Kein Anbieter ist ohne Not teurer als sein Konkurrent. Der Unterbietungswettbewerb führt entsprechend zu einer flächendeckenden Umgehung der Sozialversicherungspflicht. Aber statt die nun sichtbar gewordenen Ausweichbewegungen der Unternehmen durch veränderte Anreize ökonomisch unattraktiv oder riskanter zu gestalten und die Fehlanreize wieder zu beseitigen, beklagen die Politiker bestenfalls, dass es so gekommen ist. Als hätte es niemand entschieden!

Dieses Denken knüpft auf der ideologischen Ebene beim großen Wort der „Sachzwänge" an, die man der Öffentlichkeit seit Jahren als gesunden Menschenverstand zu verkaufen sucht: Man könne sich den Gesetzen der Ökonomie nicht entgegenstellen, heißt es, und wenn es „der Wirtschaft" gutgehe, gehe es allen gut. Die neoliberale Ideologie schätzt die Demokratie gering, denn sie bestreitet die politische Gestaltbarkeit wirtschaftlicher Abläufe und setzt die Politik unter finanziellen Disziplinierungsdruck zur Senkung der Staatsquote. Da der alte Satz „Nur die Reichen können sich einen armen Staat leisten" nach wie vor gilt, führt dies im Ergebnis dazu, dass sich die Schere zwischen Arm und Reich immer weiter öffnet. Die Verteilungsrelationen nähern sich in hohem Tempo dem US-amerikanischen Modell an. Aber auch wenn die Wachstumszahlen nach oben zeigen, profitiert nur jener Teil der Gesellschaft, der auch vorher schon gut dastand. Die anderen bleiben auf der Strecke, wie der Konjunkturaufschwung 2006/07 in Deutschland zeigt. Die Verschärfung der Spaltung ist eindeutig das Ergebnis einer ungerechten Verteilungspolitik, welche die Einkommen aus Gewinnen und Vermögen ent-, die Arbeitseinkommen hingegen belastet.

Der Lack der so einfachen wie falschen neoliberalen Grundsätze hat inzwischen Risse bekommen, nicht zuletzt durch die Erfahrungen in anderen Ländern, wo die neoliberale Modernisierungspolitik früher wirksam wurde, weshalb deren Folgen nun bereits deutlich sichtbar sind. Allerdings nehmen sie in vielen Köpfen immer noch großen Raum ein und erschweren die Bemühungen von Gewerkschaften und sozialen Bewegungen um solidarische Strategien. Aber auch die objektiven Bedingungen des alltäglichen Überlebenskampfes vieler Menschen schwächen die Mobilisierungsfähigkeit einer gesellschaftlichen Gegenbewegung insgesamt.

Wenn so viele Menschen in Leiharbeit, prekären Formen der Selbstständigkeit sowie Mini- und Ein-Euro-Jobs gedrängt, „outgesourced" und herumgeschoben werden oder ständig mit dieser Gefahr vor Augen ihrer noch abgesicherten Arbeit nachgehen, ist die Wirkung auf das gesellschaftliche Klima tiefgreifend. Rückfälle in frühkapitalistische Verhältnisse nehmen zu: Eine Reinigungskraft, die formal zwar Tariflohn bekommt, praktisch aber nur die Hälfte erhält, weil sie doppelt so viele Hotelzimmer schaffen soll; eine Briefverteilungsfirma, die bloß wenige Cent für die Zustellung eines Briefes bezahlt, obwohl die langen Strecken zwischen den Adressen dazu führen, dass im Monat bei Vollzeitarbeit nur ein Hungerlohn auf dem Konto ist – diese in der Öffentlichkeit wahrgenommenen Beispiele sind nur die Spitze des Eisbergs. Da bedarf es für die Beschäftigten großer Zivilcourage, um hier die Gründung eines Betriebsrates durchzusetzen und gemeinsam mit der Gewerkschaft für bessere Bedingungen zu kämpfen, so wie es mit dem Mindestlohn für Postzusteller ab 1. Januar 2008 gelungen ist. Die Prekarisierung von Beschäftigungsverhältnissen und die nicht frei gewählte Individualisierung von Lebenslagen schmälern die Chancen zu kollektiver Gegenwehr sowie zur Durchsetzung kollektiver Schutzstandards und Interessen. Die flächendeckenden Dumpingstrategien und die Rückfälle in den Frühkapitalismus gehen deshalb mit einer Schwächung der gewerkschaftlichen Kampfkraft einher. Auch das ist ein Ziel der neoliberalen Politik, was wiederum die Gewerkschaften vor die Aufgabe stellt, prekär Beschäftigte für die Gewerkschaften zu gewinnen, sie in ihren unterschiedlichen Lebenslagen und Beschäftigungsformen anzusprechen und zu organisieren. Ein solches Ausmaß an prekären Beschäftigungsverhältnissen ist auch eine Gefahr für die Demokratie, denn prekäre Beschäftigung führt zu prekärer Demokratie. Sich politisch einzumischen und für die eigenen Interessen zu streiten, fällt viel leichter, wenn man einen halbwegs sicheren Stand hat, erst recht im Betrieb. Aber die Leistungsverschlechterungen im Fall von Arbeitslosigkeit erhöhen das Risiko derer, die von ihrer Arbeit leben müssen, und schaffen eine Atmosphäre allgemeiner Verunsicherung.

Dieser wachsenden Verunsicherung auf der einen Seite steht mit dem Neoliberalismus auf der anderen Seite eine dogmatische Ideologie gegenüber, die das Ende der Politik verkündet, keine Alternative zum als Sachzwang geadelten Interesse der Kapitalseite gelten lassen will und all jene, die für neue Wege streiten, als „Blockierer" beschimpft. Das führt zur Abwendung von der Politik bzw. vom Anspruch der Einmischung, zu Politikverdrossenheit und Entdemokratisierung.

In den letzten Jahren waren es die Interessen der Kapitalseite, welche die Öffentlichkeit beherrschten, während die Interessen der Menschen, der Akteure außerhalb der Vorstandsetagen, gar nicht mehr vorzukommen schienen. Diese Interessen, die Lebenswirklichkeit der Bevölkerungsmehrheit auf der politischen Bühne wieder sichtbar und hörbar zu machen, wäre ein wichtiger Schritt zur demokratischen Wiederaneignung des politischen Raumes. Die geschlossene Veranstaltung des Neoliberalismus aufzuhebeln ist niemand allein imstande, auch keine so große Organisation wie die Gewerkschaften. Dazu können und müssen die verschiedensten gesellschaftlichen Kräfte ihren Beitrag leisten, nicht zuletzt die Wissenschaft. Wo es möglich ist, müssen sie sich gegenseitig unterstützen und verstärken, denn es lohnt den gemeinsamen Versuch, die Käseglocke zu lüften.

Annelie Buntenbach

Einleitung

Die Auseinandersetzung um Theorie und Praxis des Neoliberalismus hat in
(West-)Deutschland mehrere Phasen durchlaufen: Zunächst gab es seit den späten 40er-Jahren vor dem Hintergrund einer wirtschaftlichen Neuordnung der entstehenden Bundesrepublik eine intensive Debatte im politischen wie im wissenschaftlichen Raum, die stark von Vertretern der katholischen Soziallehre beeinflusst wurde. In der Kontroverse um die Wirtschafts- und Sozialpolitik der Regierungen Adenauer und Erhard entstanden erste grundlegende Analysen zum
deutschen Neoliberalismus. Gegen Ende der 70er-Jahre, vor allem aber nach Bildung der CDU/CSU/FDP-Koalition im Herbst 1982, begann unter dem Eindruck
von Thatcherismus und Reaganomcis ein neuer Diskussionszyklus, der die Fäden
der 50er-Jahre teilweise aufgriff und den Horizont um den Begriff „Neokonservatismus" erweiterte. Damit sollte die von Bundeskanzler Helmut Kohl proklamierte „Wende" analytisch erfasst werden.

Mitte der 90er-Jahre setzte der bis heute mit unterschiedlichen Akzentset-
zungen andauernde Diskussionszyklus ein. Nach ersten Arbeiten zur neoliberalen Theorieentwicklung folgten Studien zu der entsprechenden Regierungspraxis,
zu den Wirkungsmechanismen des neoliberalen Projekts und zur Strategie seiner
Implementierung. Gegen Ende der 90er-Jahre hielt der Neoliberalismusbegriff
auch Einzug in die allgemeine politökonomische Debatte. „Neoliberalismus"
wurde zu einem politischen Schlagwort, das in sehr allgemeiner Form für die negative Seite der aktuellen Reformprozesse steht. Neoliberal ist demnach mehr
oder weniger alles, was den Umbau Deutschlands vom Bismarck'schen Sozial-
(versicherung)staat zur Hochleistungs- und Konkurrenzgesellschaft sowie vom
traditionellen Korporatismus mit starken Gewerkschaften zum angloamerikanischen „Shareholder value"-Modell kennzeichnet. Während die Auseinandersetzung mit dem Neoliberalismus an öffentlicher Breite gewann und die marktradikale Strategie in weiten Kreisen bekannt machte, führte die wachsende Populari-
tät auch zu einer gewissen Entleerung des Begriffs.

In den meisten der mittlerweile recht zahlreichen Publikationen zum Neoliberalismus steht die eigentliche Auseinandersetzung mit seiner Theorie und
Praxis sowie möglichen Gegenstrategien gar nicht im Vordergrund. Vielmehr
dient der Neoliberalismus lediglich als Folie für die aktuellen politischen, öko-

nomischen, sozialen und kulturellen Verhältnisse. Demgegenüber rückt dieser
Band das neoliberale Projekt wieder selbst ins Zentrum der Analyse. Seine Beiträge bilden die plurale Diskussion emanzipatorischer Kritik am bzw. des Neoliberalismus ab, liefern neue Analysen und richten gleichzeitig den Blick auf Alternativen zum neoliberalen Projekt.

Mit der vorliegenden Publikation werden verschiedene Ansätze der Forschung zum Neoliberalismus im deutschsprachigen Raum zusammengeführt
und gebündelt. Untersucht werden Gründe und Bereiche seiner Wirkungsmächtigkeit, die widersprüchliche Rolle des Staates sowie Voraussetzungen und Ansätze für eine postneoliberale Agenda. Hinsichtlich der Wirkungsmächtigkeit
neoliberaler Politik sind u.E. noch zahlreiche Fragen offen, beispielsweise: Ist der
Neoliberalismus tatsächlich ein hegemoniales Projekt? Wie reproduzieren die
Subjekte die neoliberale Alltagskultur? Wie ist das widersprüchliche Staatsverständnis des Neoliberalismus – starker und schwacher Staat zugleich – genau zu
erfassen? Wie kann eine langfristige Gegenstrategie erfolgreich umgesetzt werden? Was können wir aus den Erfahrungen anderer Länder lernen?

Trotz oder vielleicht sogar gerade wegen mancher symbolhafter Absagen an
das neoliberale Projekt, wie sie zuletzt im Hinblick auf die schwindende Akzeptanz in der Bevölkerung (Stichwort „Legitimationskrise des Neoliberalismus")
und als Reaktion auf die erstarkende LINKE vorgebracht wurden, halten wir eine
wissenschaftliche Analyse des Neoliberalismus (weiterhin) für notwendig und
lohnenswert. Bislang sind grundlegende strukturelle Veränderungen in der Wirt-
schafts- und Sozialpolitik hierzulande nicht erkennbar, und wie leidvolle Erfahrungen aus Lateinamerika zeigen, würden die Folgen der neoliberalen „Konterrevolution" (Milton Friedman) selbst im Falle eines rapiden Umdenkens noch
viele Jahre, wenn nicht Jahrzehnte nachwirken.

Der vorliegende Sammelband führt unser Buch „Kritik des Neoliberalismus" weiter, das eher einführenden Charakter besitzt und sich mit den theoretischen Grundlagen sowie den Auswirkungen neoliberaler Politik auseinander-
setzt. Die hier versammelten Aufsätze sollen dazu beitragen, die Diskussion um
Alternativen weiterzuentwickeln.

Herzlich bedanken möchten wir uns bei Martin Ohliger und Katharina Richter, die uns hinsichtlich der Recherche und Organisation unterstützt haben. Besonderer Dank gebührt auch Frank Engelhardt, der als Lektor beide Buchpublika-
tionen von Beginn an mit guten Ratschlägen begleitet hat.

Köln, im Dezember 2007   *Christoph Butterwegge, Bettina Lösch* und *Ralf Ptak*

I
Theoretische Verortung des neoliberalen Projekts

Alex Demirović

Neoliberalismus und Hegemonie

Seit Jahren gibt es eine neokonservativ-neoliberal konzipierte Umstrukturierung des wohlfahrtsstaatlich organisierten Kapitalismus, die viele Linke in kritischer Absicht davon sprechen lässt, dass der Neoliberalismus hegemonial sei. Zweifellos findet eine solche Reorganisation bürgerlich-kapitalistischer Verhältnisse statt: Alle, vom Kleinkind bis zum Rentner, vom Kindergarten über die Hochschule bis zum Wasserwerk, sollen sich unternehmerisch verhalten, sollen im Wettbewerb die Erstplatzierten und Exzellenten, niemand und nichts darf einfach nur gut sein. Hier soll jedoch gefragt werden, ob es angemessen ist, diese Entwicklung als Ausdruck einer neoliberalen Hegemonie zu begreifen.

Was ist Hegemonie?

Unerlässlich ist es, zu bestimmen, was Hegemonie bedeutet. Deshalb sei auf die Überlegungen Antonio Gramscis hingewiesen, dessen Schriften viel zum Verständnis der Hegemonie beigetragen haben und auf den sich folgerichtig die meisten Autor(inn)en (vgl. z.B. Candeias 2004; Hirsch 1995) berufen. Hegemonie heißt ganz allgemein eine kulturelle und intellektuelle Organisation, durch welche die Weltsicht und die Ordnung der Dinge, wie sie der Lebensweise der bürgerlichen Klasse und ihrer Funktion in der gesellschaftlichen Produktion und Reproduktion entsprechen, auf andere, vor allem subalterne Klassen ausgedehnt, also verallgemeinert werden, sodass sie selbst jene teilen und respektieren, die eben dadurch beherrscht werden. Letzteres ist möglich, weil die herrschende Klasse mit dem Prozess ihrer Verallgemeinerung auf eine rigorose Durchsetzung ihrer Interessen verzichtet. „Die Tatsache der Hegemonie setzt zweifellos voraus, daß den Interessen und Tendenzen der Gruppierungen, über welche die Hegemonie ausgeübt werden soll, Rechnung getragen wird, daß sich ein gewisses Gleichgewicht des Kompromisses herausbildet, daß also die führende Gruppe Opfer korporativ-ökonomischer Art bringt, aber es besteht kein Zweifel, daß solche Opfer und ein solcher Kompromiß nicht das Wesentliche betreffen können,

denn wenn die Hegemonie politisch-ethisch ist, dann kann sie nicht umhin, auch
ökonomisch zu sein, kann nicht umhin, ihre materielle Grundlage in der entscheidenden Funktion zu haben, welche die führende Gruppe im entscheidenden
Kernbereich der ökonomischen Aktivität ausübt." (Gramsci 1996, Bd. 7, S. 1567)
   Hegemonie beinhaltet also, dass das Bürgertum darauf zielt, sich zu verallgemeinern. Diese Verallgemeinerung vollzieht sich durch Zugeständnisse. Dies
aber heißt für Gramsci, dass die herrschende Klasse im Zuge der Verallgemeinerung auch den Standpunkt der von ihr Beherrschten ein- und diesen bis zu einem
gewissen Grade übernimmt, durch Überwindung ihres bloß ökonomisch-korpo-
rativen Interesses mithin als herrschende Klasse selbst ihren Charakter verändert.
Die bürgerliche Klasse wird allgemein heißt, dass sie ein Totalisierungsprojekt
verfolgt, welches auf die Formierung der Gesellschaft als einer integrierten Einheit zielt und sich durch eine gemeinsam geteilte objektive Welt sowie klassen-
übergreifende Diskurse auszeichnet. Dieser Prozess der Verallgemeinerung und
Totalisierung führt zum Aufbau eines komplexen Überbaus mit einer Vielzahl
von zivilgesellschaftlichen und staatlichen Apparaten. Aus diesem Blickwinkel
betrachtet, ist das Kriterium für Hegemonie eine Politik und Kultur des spezifischen Kompromisses, der unter dem fordistischen Kapitalismus die Form des
Wohlfahrtsstaates und der Kulturindustrie (also Aufstieg aus unteren Klassen im
Produktionsapparat standardisierter Unterhaltung) angenommen hat.
   Sagt man, der Neoliberalismus sei hegemonial, beinhaltet dies, dass er neue
Muster des Zugeständnisses und der Verallgemeinerung schafft. Gerade das
bestreite ich im Folgenden und behaupte, dass der Neoliberalismus einen Prozess
der Neukonstitution der bürgerlichen Klasse organisiert, die sich aus dem bisherigen Kompromiss herauslöst, indem sie unter sich revolutionierenden kapitalistischen Verhältnissen erneut eine ökonomisch-korporative Phase durchläuft, ihre
unmittelbaren Gewinninteressen verfolgt und die für sie günstige Lebensweise
ohne oder mit denkbar geringen Zugeständnissen verfolgen will. Dass der Neoliberalismus nicht hegemonial ist, bedeutet keineswegs, von einem „moderateren"
Kapitalismus auszugehen; es wird nur auf andere Weise, ja vielleicht in viel stär-
kerem Maße geherrscht, d.h. mit weniger Konzessionen, eher mit ökonomischen
Sachzwängen, also dem stummen Zwang der ökonomischen Verhältnisse, mit
der Kontingenz und den Ängsten vieler Menschen (vgl. Demirović 2001). Dies
wird ergänzt durch starke Rückgriffe auf private und öffentliche Sicherheitsdis-
positive und zeitlich, räumlich und sozial flexibel gehandhabte Ausnahmezu-
stände.

Neoliberalismus als praktische Ideologie der Zerstörung

Ich schlage vor, den Neoliberalismus als eine praktische Ideologie der Akteure des Kapitals zu begreifen. Als solche ist er vor allem (gegen)revolutionär und zerstörerisch; er organisiert die Transformation der gesellschaftlichen Verhältnisse unter kapitalistischen Bedingungen. Aber der Neoliberalismus ist, auch wenn er die gesamte Lebensführung organisieren will, keine eigenständige Ideologie im Sinne einer umfassenden konzeptiven Weltauffassung der bürgerliche Klasse; eher formuliert er die ökonomisch-korporative Interessenlage des Bürgertums und reduziert dessen Lebensführung auf einige ökonomische Aspekte. Auf dem Niveau der wohlfahrtsstaatlichen Massendemokratie, angesichts einer staatlichen Herrschaft, die durch Demokratisierung und Konzessionen in die Krise geraten war, einer politisch-kulturellen Situation, die als subversiv, spätbürgerlich und postmodern galt, sowie angesichts gesellschaftlicher Kräfte, die dabei waren, sich durch Kämpfe um das Wissen von unten, für neue Identitäten, gegen Kolonialismus, Rassismus und Nationalismus ihre Geschichte anzueignen, die Veränderbarkeit und Zukunft der Gesellschaft zu erschließen, geht es um die Vergewisserung und Wiederherstellung bürgerlicher Herrschaftsgrundlagen durch den Rückgriff auf die Herrschaft des Marktes selbst: Schutz des Privateigentums an den Produktionsmitteln, rechtliche Regelungen, die einen stabilen unternehmerischen Erwartungshorizont schaffen, überhaupt hohe Erwartungsstabilität durch staatlichen Schutz der Märkte, und schließlich eine gesellschaftliche Entwicklung, die durch Kontingenz der Märkte bestimmt ist, also Verzicht auf Vernunft als bewusste Kontrolle und Lenkung des Zusammenlebens durch alle sowie Freiheit des Wettbewerbs als Prinzip der Evolution selbst.

Als Strategie der passiven Revolution sowie der Zerstörung der Errungenschaften von Lebensgewohnheiten und Regelungen, die den wohlfahrtsstaatlichen Klassenkompromiss auf Dauer stellten, verfolgt der Neoliberalismus nicht die Strategie der Hegemonie, und er kann wohl auch gar nicht hegemonial werden. Der Neoliberalismus will sich gar nicht verpflichten und binden, indem er neue Allgemeinverbindlichkeiten schafft. Bei ihm handelt sich vielmehr um eine Strategie, die sich gegen Hegemonie richtet, also gegen eine Politik der Zugeständnisse im bürgerlichen Lager, die als zu kostenintensiv gedeutet wird. Margaret Thatcher hat wahrscheinlich die antihegemoniale Formel des neoliberalen Programms geprägt: So etwas wie Gesellschaft gebe es nicht, behauptete die britische Premierministerin damals, sondern nur Individuen und Familien.

Systematisch werden die Überbauten, in denen sich die Kompromisse zwischen den antagonistischen sozialen Klassen in allgemeinverbindlicher Form ver-

dichten, geprüft, umgebaut, eingeschränkt, zerschlagen und direkt der Verwertung durch Einzelkapitale unterworfen – soweit sich dies mit Erwartungen auf
Gewinne verbinden lässt und von Konkurrenten nicht verhindert werden kann,
die Nachteile für sich befürchten müssen, wenn bislang staatlicherseits gewähr-
leistete Rahmenbedingungen nun womöglich bloß mit hohen Kosten zur Verfügung gestellt werden. Die Existenz der Überbauten wird zur Disposition gestellt.
Es herrscht die Tendenz, zugunsten des korporativen Interesses weniger sozialer
Gruppen, die sich in einem schnellen Tempo bereichern, ein breites Geflecht von
sozialen Kompromissen zu zerreißen. Dafür wird eine Strategie verwendet, die
sehr häufig an elementare Alltagserfahrungen anknüpfen kann, soziale Verhältnisse moralisiert und auf überraschende Weise Gerechtigkeitsgesichtspunkte
mobilisiert.

Neoliberalismus ist der Versuch, den Kapitalismus, den Markt, den Wettbewerb und das Leistungsprinzip als Lösung der Gerechtigkeitslücken auszuwei-
sen, die – aus seiner Sicht – von einer Politik der sozialen Gerechtigkeit erzeugt
wurden. Diese Umstellung von sozialer Gerechtigkeit auf Leistungs- und Chancengerechtigkeit begünstigt eine besitzindividualistische Orientierung, und diese
zerstört die Allgemeinheit der Überbauten. Soweit diese nach Prüfungsprozessen
(Controlling, Evaluation und Ranking) erhalten bleiben, stärken sie aufgrund von
Umstrukturierungen auch ihrerseits die soziale Selektion. Dies bedeutet, dass der
Neoliberalismus eine Herrschaftsstrategie ist, die versucht, so weit wie möglich
ohne Konzessionen zu herrschen.

Das ist wahrscheinlich eines der Hauptelemente des Neoliberalismus: in der
Krise der Kapitalverwertung, welche die fordistische Regulation nicht weiter
lösen konnte, das Gewicht der Einzelkapitale zu verändern, die an der Verteilung
des abgepressten Mehrwerts teilnehmen dürfen, sowie neue Bereiche der Kapitalverwertung durch Privatisierung öffentlicher Dienstleistungen und Kollektivgü-
ter wie Wasser, Gene, medizinische Versorgung, Wissen oder Ressourcen zu erschließen. Dies führt zu enormen Verwerfungen in den eingespielten Interessenkonstellationen zwischen Einzelkapitalen oder Kapitalfraktionen und ihrem jeweiligen Verhältnis zum subventionierenden Wohlfahrtsstaat; ohne Einschnitte
in eingespielte Konkurrenz- und Austauschmechanismen geht es nicht. Der Neoliberalismus ist das zerstörerische Moment in den selbsttransformativen Prozessen der kapitalistischen Gesellschaftsformation.

Neoliberalismus und andere Ideologien

Der Mangel an Hegemoniefähigkeit, mehr noch eine Distanz gegenüber dem verpflichtenden Charakter von Hegemonie kommt auch darin zum Ausdruck, dass sich der Neoliberalismus als praktische Ideologie vielfach mit anderen ideologischen Komponenten verknüpft. Entsprechend konnte der Neoliberalismus in den vergangenen Jahrzehnten in der Verbindung mit der Sozialen Marktwirtschaft erfahren werden, aber auch in Verbindung mit dem Neokonservatismus nach Art von Ronald Reagan und einem starken, *warfare*-orientierten Staatsinterventionismus, mit einem christlichen Fundamentalismus nach Art von George W. Bush und einer Kaperung des Staatsapparates durch wenige Unternehmen wie Halliburton, in Verbindung mit einem autoritären Populismus nach Art von Margaret Thatcher oder Silvio Berlusconi und dessen Strategie, sich den Staat für seinen privaten Zweck als Unternehmer anzueignen, oder mit der Sozialdemokratie Tony Blairs und Gerhard Schröders sowie den Bündnisgrünen.

Die weite Verbreitung und Verknüpfungsfähigkeit mit anderen Ideologien legt den Schluss nahe, diese seien Neoliberalismus in verkleideter Form. So erklärt Bernhard Walpen (2004) den Neokonservatismus zu einer für die USA typischen Spielart des Neoliberalismus, weil dort der Liberalismus seit den 1930er-Jahren mit dem keynesianisch inspirierten *New Deal* und dem politischen Liberalismus assoziiert wird. Doch auf diese Weise werden die christlichen, neokonservativen, lebensschützerischen, rechtspopulistischen, rassistischen bzw. unilateralistisch-staatsinterventionistischen Aspekte zu schnell außer Betracht gelassen. Wird alles mit dem Neoliberalismus gleichgesetzt, dann werden die ideologischen Tendenzen vereinheitlicht, und es geraten nicht nur die ideologischen Widersprüche aus dem Blick, sondern auch die Tatsache, dass sich eine Reihe von Ideologien mit Interessen an die Reorganisation der kapitalistischen Herrschaft binden. Wenn man dies ignoriert, wird alles zu Neoliberalismus und dieser selbst auf eine Substanz reduziert, die dann wiederum in vielen Formen erscheinen muss, um den konkreten Unterschieden Rechnung tragen zu können. Am Ende scheint es so, als würde eine Ideologie die Geschichte machen.

Eine Verteidigung der Hegemonie des Neoliberalismus könnte allerdings auch in der Weise weitergeführt werden, dass diese vielfältigen Verknüpfungen des Neoliberalismus auf seine Hegemonie hinweisen, sofern es ihm gelingt, viele andere Ideologien oder ideologischen Elemente überzudeterminieren. Das ist tatsächlich eine der schwierigen Fragen, wie eine solche ideologische Kräftekonstellation zu bewerten ist.

Es sind vor allem drei Argumente, die ich vorbringen möchte:

1. verbindet sich der Neoliberalismus mit den anderen Ideologien offenkundig nur „mechanisch", oberflächlich und punktuell, weshalb sich die Verbindungen schnell wieder auflösen.

2. dürften im Fall einer Hegemonie nicht alle ideologischen Tendenzen letztlich auf Neoliberalismus reduziert werden. Hegemonie würde gerade bedeuten, dass der Neoliberalismus selbst überdeterminiert wird und mit anderen Ideologien zu etwas Eigenem und Neuem verschmilzt. Andernfalls müsste man annehmen, der Neoliberalismus sei selbst schon die Form des Kompromisses mit den subalternen Klassen. Doch der Neoliberalismus ist im Gegenteil eine Kampfansage an alle, die kein Eigentum an Produktionsmitteln haben, eine Ideologie der Zumutungen an die Beherrschten, die auf Verzicht, Verarmung, verschärfte Ausbeutung, Unterwerfung und Botmäßigkeit in allen Aspekten des Lebens zielt, während das Bürgertum, soweit es nicht selbst Opfer der Restrukturierung ist, seine Gewinne steigert und sich triumphierend selbst feiert.

3. ist der Neoliberalismus eher durch ein mechanisches Verhältnis zu den anderen Ideologien der Herrschenden gekennzeichnet. Sie bleiben einander äußerlich und treffen sich nur in einigen Aspekten wie der Kritik an den Gewerkschaften oder dem Wohlfahrtsstaat und den Forderungen nach Eigenverantwortung oder Subsidiarität. Diese ideologischen Elemente sind vorwiegend kritisch, denn sie bezwecken die Auflösung einer relativ kohärenten Kräftekonstellation, was von einem großen Teil der lohnabhängigen Bevölkerung nicht unterstützt wird. Zahlreiche Umfragen belegen, dass es Mehrheiten für starke Gewerkschaften, die Beibehaltung der Mitbestimmung und den Fortbestand des Wohlfahrtsstaates gibt. Die herrschende Politik weiß das. Entsprechend wird argumentiert, die bestehenden sozialstaatlichen Absicherungen sollten durch einen „Umbau" zukunftssicher gemacht werden – was heuchlerisch ist, weil es zu langfristig geplanten Verschlechterungen kommt (vgl. dazu: Butterwegge 2006, S. 115 ff.). Oder es wird argumentiert, dass die Menschen endlich „aufwachen" sollten und es so bequem und sicher wie in der Vergangenheit nicht mehr weitergehen könne – was die politischen Ziele offen benennt, aber gleichfalls verlogen ist, weil die Individuen bislang nicht sicher und risikolos gelebt haben und es gegenwärtig um eine Umverteilung und Abwälzung der Risiken auf die Lohnabhängigen geht. Ein Prozess der Verallgemeinerung kommt mit solchen Argumenten nicht in Gang.

Organische und neoliberale Intellektuelle

Eine Kritik der These einer hegemonialen Stellung des Neoliberalismus muss zwei weitere Argumente bedenken, die an Gramsci anschließen. Das eine Argument lautet, die Hegemonie sei wesensmäßig mit der Herausbildung großer „organischer" Intellektueller verbunden. Gramscis Überlegungen zufolge wuchsen solche Intellektuelle dann in die gesellschaftliche Position von Philosophen hinein. Obwohl sie häufig aus der Philosophie kommen, hat dies nichts mit Fachphilosophie zu tun. Umgekehrt bezieht die Fachphilosophie ihr Prestige in vielen europäischen Gesellschaften weitgehend daraus, dass ihr diese hegemonialen Autoren und Theorien zugerechnet wurden.

Für Gramsci beinhaltet die Aussage, ein Intellektueller sei organisch, vornehmlich zwei Aspekte:

1. Die organischen Intellektuellen übernehmen Aufgaben, die sich der herrschenden Klasse bei der Organisation des Produktionsapparates stellen, die sie aber aus Zeitmangel oder mangelnder Profitabilität auf die Dauer nicht selbst ausüben kann oder will.
2. Die organischen Intellektuellen entwickeln die Fähigkeit, die Lebensweise der von ihnen vertretenen Klasse zu verallgemeinern, und zwar einerseits, indem sie die vorgefundenen, traditionellen Intellektuellen assimilieren und mit ihnen ein Bündnis eingehen, sowie andererseits, indem sie die Intellektuellen der subalternen Klassen absorbieren und diese ihrer Sprecher berauben. Intellektuelle, die solche Fähigkeiten entwickeln, müssen in der Lage sein, sehr allgemein für viele Interessen zu sprechen; sie scheinen damit über den Klassen und Interessen zu stehen und für die Menschen im Allgemeinen zu sprechen.

Gramsci hatte den damals sehr bekannten italienischen Philosophen Benedetto Croce vor Augen, der sich mit Fragen der marxistischen Theorie beschäftigte, um von dieser für den Liberalismus zu lernen. Wenn wir heute nach solchen „olympischen" Intellektuellen suchen, handelt es sich um Personen wie John Rawls oder Jürgen Habermas – Intellektuelle, die mit ihren Theorien die Allgemeinheit der wohlfahrtsstaatlichen Demokratie repräsentiert haben. Betrachten wir den Neoliberalismus unter diesem Gesichtspunkt, lässt sich behaupten, dass er einen solchen Typ von Intellektuellen des Allgemeinen weder hervorgebracht hat noch je hervorbringen wird, weshalb er auch nicht hegemonial ist.

Bernhard Walpen hat zur Verteidigung des letzten Arguments den interessanten Vorschlag gemacht, die neoliberalen *think tanks* als neue organische Intellektuelle des Neoliberalismus zu begreifen, und mit dieser Überlegung umfassende Einsichten in Diskurszusammenhänge des Neoliberalismus gewonnen. Trotzdem ist m.e. Vorsicht angebracht. Die Bedeutung der *think tanks* hat in den vergangenen drei Jahrzehnten deutlich zugenommen und damit den staatlichen Politikmodus verändert (vgl. Demirović 2004; Resch 2005; Demirović 2007). Aber es handelt sich um intellektuelle Beratung, um für den Tag geschriebene Arbeitspapiere, um politiknahe Konzepte, um technokratische Ideologieplanung. Dabei geht es um praktische Ideologie; trotz unbestreitbarer Machteffekte ermöglicht sie nicht die Bildung eines klassenübergreifenden organischen Blocks. Niemand würde wohl Schriften von Detlef Müller-Böling (Leiter des von der Bertelsmann Stiftung finanzierten Centrums für Hochschulentwicklung) lesen, um daraus Aufschluss über das eigene Leben, die allgemeinen Prinzipien und Handlungsperspektiven, die Grundlagen der Gesellschaft und das menschliche Zusammenleben zu gewinnen.

Staat und Gerechtigkeit im Neoliberalismus

Ein weiteres wichtiges Argument besagt, dass der Neoliberalismus nun schon seit längerem daran arbeitet, eine neue Lebensweise durchzusetzen (vgl. Candeias 2004). Wie angedeutet, fragt es sich, warum in diesem Zusammenhang der Neokonservatismus völlig außer Betracht bleibt. Denn schließlich gingen in den USA oder Deutschland gerade von ihm die zentralen Angriffe auf die sog. Kulturrevolution von 1968 und die Forderung nach einer geistigen und moralischen „Wende" aus. Ein verbreiteter Vorwurf gegenüber dem Neoliberalismus lautet, dass er zu einer Ökonomisierung aller Lebensverhältnisse führe, was aber nicht das entscheidende Kriterium sein kann, weil dies in verschiedener Form für den Kapitalismus ganz allgemein wie auch für den wohlfahrtsstaatlich regulierten Kapitalismus gilt. Zutreffender erscheint mir die Überlegung Michel Foucaults (2004, S. 170 ff.), wonach der Markt im Neoliberalismus, anders als im klassischen Liberalismus, nicht ein vom Staat eingehegter und begrenzter Raum wirtschaftlicher Freiheit bleibt, die Freiheit des Marktes vielmehr zum Organisations- und Regulationsprinzip von Staat und Gesellschaft avancieren soll. Deswegen handelt es sich auch nicht um eine „Entbettung" des Marktes, also seine Herauslösung aus der Gesellschaft. Der Markt wird vielmehr zu ihrem Prinzip emporstilisiert: Nicht der Markt als Tausch und Konsum, sondern der Markt als operativer Mechanismus, der Freiheit und Gerechtigkeit ermöglicht, soll freigesetzt werden.

Im Unterschied zum klassischen Liberalismus vertritt der Neoliberalismus nicht das Prinzip des *Laissez-faire*. Es geht ihm keineswegs einfach darum, der Wirtschaft mehr Freiheit einzuräumen, sondern umgekehrt darum, zu bestimmen, wie weit sich die politische und soziale Gewalt der Marktwirtschaft und des Wettbewerbs erstrecken soll (vgl. Foucault 2004, S. 169). Markt und Wettbewerb stellen sich nicht natürlich und von selbst ein, sind vielmehr ihrerseits das Ergebnis von Politik. Der Markt wird nicht einfach entgrenzt, sondern durch Wirtschafts- und Gesellschaftspolitik werden für das Strukturprinzip des Wettbewerbs die geeigneten technischen, wissenschaftlichen, demografischen und rechtlichen Bedingungen der Entfaltung geschaffen. „Man soll für den Markt regieren, anstatt auf Veranlassung des Marktes zu regieren." (ebd., S. 174) Es gibt also auch im Fall des Neoliberalismus durchaus Staatsinterventionen, ihre Zielrichtung soll aber eine andere sein als im Fall der Planwirtschaft oder des Keynesianismus. Sie haben den Sinn, die Bedingungen für die Freiheit des Marktes herzustellen, der von den Neoliberalen als ein äußerst empfindlicher und zerbrechlicher Mechanismus imaginiert wird (vgl. ebd., S. 190).

Der Neoliberalismus plausibilisiert die kapitalistischen Naturgesetze durch das Versprechen, einerseits zu überprüfen, ob ökonomische, soziale und emotionale Kosten gerechtfertigt sind, und andererseits Gerechtigkeit herzustellen. Er greift jene Zweifel auf, die auch innerhalb der Linken hinsichtlich des Bürokratismus, der Intransparenz und der mangelnden Effizienz von staatlichen Behörden, kapitalistischen Unternehmen oder wohlfahrtsstaatlichen Einrichtungen verbreitet waren. Es sind jedoch nicht nur Zweifel, die er aufgreift, sondern er bietet auch an, Gerechtigkeitsansprüche durch objektive Maßstäbe, die der Markt zur Verfügung stellt (Geld, unternehmerischen Erfolg und Aktienkurse), zu befriedigen. Im Namen der Gerechtigkeit soll plausibel gemacht werden, warum Lohnprivilegien beseitigt und niedrige Löhne eingeführt werden müssen. Die neoliberalen Überlegungen stoßen freilich auf keine direkte Zustimmung unter Lohnabhängigen, sondern finden Rückhalt eigentlich nur bei Unternehmern und Managern. Neoliberalismus ist eine interne Ideologie der bürgerlichen Klasse und entspricht ihrem Interesse, das Verhältnis von bezahlter und unbezahlter Verausgabung von menschlicher Arbeitskraft zu ihren Gunsten zu ändern. Sie begreift die Durchsetzung dieses Interesses als eine das Allgemeinwohl fördernde Maßnahme der Gerechtigkeit, was ihrem Paternalismus und Managerialismus entspricht, zu glauben, dass sie viel besser als die Gewerkschaften oder die Betroffenen selbst wisse, wie höhere Wohlstandsgewinne zu erzielen wären, auch zum Vorteil der Lohnabhängigen. Es wird also keine plumpe Interessenpolitik propagiert, sondern eine Gemeinwohlphilosophie vertreten, die allerdings diejenigen, an deren Wohlstand gedacht wird, ausschließt. Genau deswegen geht es nicht um Hegemonie. Vielmehr handelt das Bürgertum nach der Maxime, dass, was für es selbst gut ist, für alle gut sein muss. Dabei handelt es sich um eine paternalistische Gerechtigkeitsideologie, die das Interesse weniger mit dem Wohl aller gleichsetzt. Dass dabei viele Einzelne herausfallen, wird nicht als Widerspruch wahrgenommen. Es handelt sich um Opfer, die angeblich für den Erhalt des „eigenen" Standorts und für das Wohlergehen der zukünftigen Generationen gebracht werden müssen (vgl. dazu: Butterwegge 2008, S. 143 ff.). Immerzu wird suggeriert, es handle sich um eine Übergangsphase, während doch gleichzeitig viele Prozesse zur Formierung neuer gesellschaftlicher Reproduktionsmuster tendieren.

Der Neoliberalismus: eine Vulgärökonomie

Wir sind jetzt an einem Punkt, der für die Beurteilung des zweifelhaften Charakters des Neoliberalismus entscheidend ist. Der Neoliberalismus ist in seiner Praxis ideologisch und an der Einlösung solcher von ihm beanspruchter Kriterien wie Effizienz oder Effektivität nur in einem begrenzten Maße interessiert. Das kennzeichnet ihn als Vulgärökonomie, als eine Ideologie, die nicht verallgemeinerungsfähig ist, sondern eine Lehre solcher Gruppen des Bürgertums, deren Existenzgrundlage transnationale Geschäfte sind und die sich deswegen von allem zu befreien suchen, was ihre Wettbewerbsfähigkeit einschränken könnte. Wenn der Neoliberalismus die nichtintendierten Kosten der Gewerkschaften oder des Sozialstaates berücksichtigt wissen will, so kann das durchaus vernünftig sein, um Verbesserungen der Vertretung von Lohnabhängigen, Erweiterungen des Arbeitsbegriffs oder Effizienzprüfung und Öffnung für die realen Lebenslagen herbeizuführen. Darum geht es dem Neoliberalismus allerdings nicht, sondern um schnelle Höchstgewinne und verbesserte Möglichkeiten zur Auspressung der Arbeitskraft ohne Konzessionen. Entsprechend ist er sich selbst gegenüber großzügig und erwägt nicht die Kosten, die seine eigenen Maßnahmen mit sich bringen. Dazu gehören in den Firmen die Kosten von Unternehmensberatern und -reorganisation sowie die geringere Produktivität wegen Störungen der Arbeitsabläufe und Verängstigung der Beschäftigten. Im Bildungsbereich bedarf die ständige Evaluation einer gewaltigen Evaluierungs- und Akkreditierungsbürokratie, was enorme Kosten für den Aufbau einer entsprechenden Verwaltung und entsprechende private Mitnahmeeffekte erzeugt. Riesige Geldsummen werden für wissenschaftsfremde Zwecke gebunden; viele Wissenschaftler/innen sind nur noch mit der Einwerbung von Drittmitteln und der Aufbereitung ihrer Tätigkeit für die Evaluierung beschäftigt, während die Wissenschaft selbst auf der Strecke bleibt, was langfristig zu einer Schädigung des Kompetenz- und Wissensniveaus der Gesellschaft führt. Ein weiteres Beispiel bieten die Transaktionskosten, welche die Privatisierung von Krankenversicherung oder Altersvorsorge für die Einzelnen mit sich bringt, also der Informationsaufwand, das Betrugsrisiko sowie die Verschlechterung des Verhältnisses von Versicherungsbeiträgen und Leistungen. Überall fällt man hinter eine entfaltete gesellschaftliche Arbeitsteilung zurück und nährt die Vorstellung, dass die Effizienz zunimmt, wenn die Einzelnen als Nutzenmaximierer die Kosten selbst tragen müssen.

Die kritische Überprüfung geht im Fall des Neoliberalismus nicht so weit, dass auch die privatwirtschaftliche Unternehmensorganisation, die Logik der Märkte, die staatlichen Kerninstitutionen wie Recht, Regierung, Militär, Polizei, Justiz und Strafvollzug auf ihre gesellschaftlichen Kosten hin überprüft werden. Es wird nicht nach den gesellschaftlichen Opportunitätskosten gefragt, welche die Entscheidung für die bestehende gesellschaftliche Formation statt für eine andere mit sich bringt. Der Neoliberalismus will die Antwort der Logik der Kontingenz überlassen, denn jede zielvolle Gestaltung der Gesellschaft nach vernünftigen Gesichtspunkten in der Tradition der Aufklärung hat aus seiner Sicht nur in den Totalitarismus geführt. Bevor noch einmal etwas bewusst versucht wird, überlässt der Neoliberalismus lieber alles den Gesetzen der Natur, und diese sollen zum Markt führen.

Unter tendenzieller Außerkraftsetzung der Demokratie sind Markt und Macht die Antworten des Neoliberalismus (vgl. dazu: Lösch 2008, S. 222 ff.). Mit aller Macht müssen die Gesetze der Natur verteidigt werden – das ist ein Kernelement der bürgerlichen Ideologie seit Thomas Hobbes –, also die Macht darüber, wer das Recht hat, darüber zu entscheiden, dass es den Markt gibt und wem die Kosten aufzubürden sind: „Die Frage ist nicht: ,Wie sozial ist die Marktwirtschaft?', auch nicht ,wie sozial soll sie sein?', sondern ,wie viel Soziales erträgt eine wettbewerbsfähige Marktwirtschaft?' und ,wer soll dieses Soziale bestimmen?'" (Dahrendorf 2005) Ralf Dahrendorf legt hier offenherzig dar, dass die Entscheidungen des Marktes der Maßstab aller Dinge sind und die Entscheidung für die Definition des Sozialen von denen beansprucht wird, die über die Marktwirtschaft entscheiden. Aus der Sicht von Dahrendorf heißt dies, dass soziale Rechte als kodifizierte Anspruchsrechte ebenso wie die Gewerkschaften zur Seite geschoben werden können. Er möchte das, was als sozial gilt, wieder zum

Gegenstand politischer Auseinandersetzungen mit ihren wechselnden Ergebnissen machen. Aus einer solchen Formulierung spricht das Überlegenheitsgefühl derer, welche die ökonomische Definitionsmacht haben. Gerade dies müsste und könnte ihnen die Linke streitig machen. Sie könnte einen besonderen Gebrauch von Marx' reflexiver Frage nach dem Erzieher der Erzieher machen, also die Evaluatoren evaluieren: die Bundeskanzler und Abgeordneten, die Jasager in der Presse und an den Universitäten; die Kosten der Kostenprüfer prüfen; eine Bewertung der Rating- und Rankingagenturen durchführen; die Unternehmensberater auf den Erfolg ihrer wirtschaftspolitischen Strategien hin kontrollieren. Nach gut 20 Jahren neoliberaler Misserfolge ist dies dringend geboten, um den konformistischen Theologen des Marktes die Rechnung zu präsentieren. Es gehört zu den historischen Kompetenzen der Linken, gesamtgesellschaftliche Rationalitätsansprüche hinsichtlich der materiellen Produktion sowie der Verfügung über Ressourcen und menschliche Arbeitskraft zur Geltung zu bringen. Das andere ist eine historisch möglich gewordene konkrete Alternative.

Es ist also erklärungsbedürftig, warum ökonomische Kriterien eine so geringe Rolle spielen. Ich vertrete die mit meinem Zweifel an der Hegemoniefähigkeit des Neoliberalismus verbundene These, dass dieser eine Form symbolischer Gewalt darstellt. Über ökonomische Fragen soll gerade nicht diskutiert werden, weil die machtvolle Behauptung, dass es keine Alternativen gebe, gerade zu einem Zeitpunkt aufrechterhalten werden soll, wo die kapitalistische Formation verändert wird, um sie zu erhalten. Damit der Schleier des Unwissens erhalten werden kann, wird vermieden, den Sinn und die Funktionsweise des Ökonomischen selbst überhaupt zum Gegenstand von Konsensbildung zu machen. Ökonomische Gesichtspunkte werden dort, wo sich alles um Gewinn dreht, als bloß materialistisch abgewertet. Die neoliberale Wirtschaftspolitik ist mit einer Wiederbelebung des Nationalismus und Patriotismus, des Rechtspopulismus (vgl. dazu: Butterwegge/Hentges 2008), des öffentlich inszenierten Christentums, des antiwissenschaftlichen Mystizismus in vielen Spielarten (Kreationismus, Fantasy und Psychokulte) verbunden. Eine der Lehren, welche die Vertreter/innen der CDU aus ihren starken Wahlverlusten bei der Bundestagswahl 2005 zogen, lautet, dass Themen wie Ökonomie, Steuer oder Staatsverschuldung zu kalt sind und sich nicht an die Herzen der Menschen wenden. Sie wissen genau, dass nicht die Themen zu kalt sind, sondern sie selbst, und dass sie sich antidemokratisch über die Mehrheit der Gesellschaft hinwegsetzen, die eine solche Wirtschaftspolitik ablehnt. Aber auch in vielen linken Theorien spielen Moral und Kultur immer noch und trotz einer Aufwertung der Diskussion über Globalisierung eine größere Rolle als die materiellen Lebensverhältnisse. Vielfach beklagen die Argumente moralisch lediglich den Mangel an Einbettung und Regulierung der Märkte oder kulturkritisch den Primat des Ökonomischen; die Theoriebildung ist fragmentiert. Mittels neoliberaler Konzepte reorganisieren mächtige Akteure die kapitalistische Produktionsweise. Herrschaft wird in der Form von Dominanz, Angst und *Governance*, nicht in der Form von Hegemonie ausgeübt. Es stellt sich durchaus die Frage, ob es – im oben bestimmten Sinne – überhaupt wieder zu Hegemonie kommt, ob Hegemonie also vielleicht nur eine besondere Form der konsensuellen Herrschaft unter Bedingungen des Fordismus war oder ob nur während einer mehr oder weniger langen Übergangsphase auf Hegemonie verzichtet wird, weil sie die Ausübung der Eigentumsrechte und den Profit einschränkt. Aufgrund der schnelleren Zyklen der Kapitalverwertung wird auch hier anders gerechnet. Die Kosten von Krisen können in Kauf genommen werden, wenn sie niedriger sind als die Kosten für ihre Vermeidung; dies ermöglicht die Senkung von Transaktionskosten und die Mitnahme von Gewinnen. Bis es wirklich notwendig wird, für die Vermeidung von Krisen viel Geld auszugeben, kann man dieses selbst wiederum gewinnbringend investieren. Kapital lässt sich verlagern, um auf diese Weise lokalen Krisen zu entgehen. Prinzipiell spricht allerdings doch einiges dafür, dass sich eine neue Form von Hegemonie, also von Zugeständnissen der Herrschenden, der Herstellung einer neuen Allgemeinheit und der Assimilation von Intellektuellen etabliert. Allerdings darf dabei nicht außer Betracht bleiben, dass einem solchen Prozess üblicherweise auch die Bildung von Interessenparteien und tiefe Konflikte um die gesellschaftliche Entwicklung und Verwerfungen vorausgehen. Heute lassen sich unschwer Elemente einer Strategie erkennen, die nicht nur darauf zielt, die Herausbildung oppositioneller Zentren zu verhindern, sondern auch die institutionellen Spielräume zu verkleinern, in denen die Konflikte demokratisch zur Geltung gebracht und ausgetragen werden könnten. Diese nicht ganz ungefährliche Entwicklung lässt Sozialwissenschaftler/innen von „Postdemokratie" sprechen (vgl. Crouch 2004).

Eine neue Phase des Kapitalismus

Wenn es sich aber nicht um eine neoliberale Hegemonie handelt, um was dann? Wie lassen sich die gegenwärtigen Formveränderungen des Kapitalismus interpretieren? Aus den vielen Analysen zu einer neuen Formierung der kapitalistischen Reproduktion, von der immer noch nicht eindeutig feststeht, welche Merkmale bestimmend sind und ob sie zu einer neuen Regulation führen können

(High-Tech-Basierung, finanzdominierte Akkumulation, *workfare*-Regime oder *Governance*), will ich nur ein Element herausgreifen, das des Netzwerks, und mich dabei auf die Diagnosen von Manuel Castells (2001), Michael Negri und Antonio Hardt (2002) oder Luc Boltanski und Éve Chiapello (2003) beziehen, gerade weil der Neoliberalismus in diesen Analysen des sich neu formierenden Kapitalismus eine geringe Rolle spielt. Sie betonen die Bedeutung von Netzwerken und Wissen. So deuten Boltanski und Chiapello (ebd., S. 574) an, das Hauptmerkmal der neuen Form des Kapitalismus sei weniger die Marktorientierung, sondern die Verbreitung der Netzlogik. Zu sehr sei die Gesellschaftskritik bewährten Gerechtigkeitsvorstellungen verhaftet geblieben und habe sich in die sterile Debatte zwischen Liberalismus und Etatismus verrannt, das Neue einer von der Netzlogik bestimmten Reproduktion der kapitalistischen Formation und ihrer Widersprüche werde jedoch verkannt, weshalb die Gesellschaftskritik der Linken auch immer noch ineffizient sei. In ihrer empirischen Auswertung der französischen Managementliteratur stellen Boltanski und Chiapello fest, dass für Manager das Marktmodell eine unverändert stabile, aber nachrangige Bedeutung besitzt, während seit den 1970er-Jahren das Netz- noch vor dem Markt- und hinter dem Industriemodell den zweiten Platz der Häufigkeit bei den in Anspruch genommenen Wirtschaftsmodellen einnimmt. Nach der Industrielogik sind die Hierarchie der Organisation und die Funktionalität der Beschäftigten bestimmend, für das Netzmodell jedoch andere Elemente charakteristisch: Die Menschen sollen beweglich und kommunikativ sein, Arbeitskontakte selbstständig bzw. in flachen Hierarchien herstellen und sich nicht an vordefinierte Strukturen klammern, sondern die Fähigkeit besitzen, von Projekt zu Projekt zu wechseln, lernfähig und anpassungsbereit bleiben sowie bereit sein, Fachkenntnisse und Berufserfahrungen fallen zu lassen. Es handelt sich um eine libertäre Art der Profitmaximierung, die durch enge Verbindung von Konkurrenz mit Kooperation, Kommunikation, Vertrauen und Leidenschaft für das gemeinsame Projekt charakterisiert ist (vgl. ebd., S. 180 und 257 f.). Damit werden mehrere wichtige Unterschiede des Netzmodells zur Logik des Marktes deutlich:

1.   Marktwirtschaftliche Transaktionen erfolgen punktuell, während durch Vernetzung Austauschbeziehungen entstehen, die ohne Stabilisierung durch Planung nur von relativer Dauer sind.

2.   Der Markt unterstellt bei der Preisbildung Transparenz, während die Netzwerke lediglich in Ausschnitten erkennbar sind und die Informationen nicht allen zum selben Zeitpunkt und zur Gänze zur Verfügung stehen.

3. Märkte funktionieren anonym, während sich Netze auf Abhängigkeits- und Vertrauensbeziehungen gründen.

4. Produkte werden für Märkte anonym und unabhängig von den Beteiligten aufgrund von Preissignalen entwickelt und angeboten. In der Netzwerkproduktion entwickeln sich Eigenschaften der Waren, der Produktion und der Arbeitsplätze (einschließlich der Ware Arbeitskraft) hingegen wechselseitig.

5. Die Beschreibung der Situation als Stärkung der Marktwirtschaft und des Wettbewerbs führt dazu, die starken Konzentrationsprozesse, die Stärkung der Unternehmenszentralen und die Kontrolle der Märkte durch wenige Unternehmen, Konzerne, Allianzen und Firmenpartnerschaften zu übersehen.

Deswegen ist empirisch zu untersuchen, wie viel Markt und Konkurrenz es überhaupt gibt. Für Frankreich halten Boltanski und Chiapello (2003, S. 266 f.) fest, dass der Marktanteil der Marktführer deutlich gestiegen ist und ein Drittel der Arbeitsplätze im Mittelstand von einem Konzern abhängt. Eher als die Beschreibung der Marktwirtschaft mit einer Vielzahl von Unternehmen mittlerer Größe erscheint die Beschreibung eines Netzes von Konzernen angemessen, die aus einer größeren Zahl von kleineren Einheiten bestehen, die wiederum mit Subunternehmern zusammenarbeiten, die häufig selbstständige Unternehmen ohne Beschäftigte sind. Das Netz erlaubt eine bestimmende Marktstellung, eine Kontrolle der verschiedenen Einheiten, eine Abwälzung von Risiken und eine hohe Flexibilität (vgl. ebd., S. 269). Auch Richard Sennett (1998, S. 69 ff.) beschreibt diese enorme, in Netze eingeschriebene Machtzunahme der Unternehmenszentralen. Luc Boltanski und Éve Chiapello vertreten die These, dass die Management- und Unternehmensstrategien sich weniger auf neoliberale Konzepte als auf solche der Netzlogik stützen. Die Netzlogik schließt die des Marktes nicht aus. Denn die neoliberalen Elemente wie Markt, Antietatismus, Schutz des Eigentums an den Produktionsmitteln, Ablehnung der Gewerkschaften sowie Ersetzung sozialer Gerechtigkeit durch Chancen- und Leistungsgerechtigkeit verbinden sich mit der Strategie des Netzes, das die Möglichkeit fließender Kommunikation durch Netzknoten verlangt, starre Hierarchien als hinderlich betrachtet und sich auf die Erfahrung der zunehmenden Gründung kleiner und mittlerer Unternehmen sowie neue Arbeits- und Beschäftigungsformen stützt. Daraus entstehen neue Konfliktlinien: die Beteiligung am Arbeitsplatz, die Subjektivierung der Arbeit, die Vermehrung der Autonomiespielräume, die Stärkung der kommunikativen Aspekte und gleichzeitig die systematische Prekarisierung durch befristete Arbeitsverträge und diskontinuierlichen Erwerb, schlechtere Bezahlung, drastisch verminderte soziale Absicherung, Entwertung und Verschleiß von Qualifikationen sowie Entgrenzung der Arbeitszeiten. Die Konflikte haben in der jüngeren Vergangenheit eher zugenommen, und Versuche, sie im Rahmen einer Strategie des „Dritten Weges" in ein neues sozial-ökologisches Modernisierungsprojekt einzubinden, sind gescheitert. Die den subalternen Klassen vom bürgerlichen Lager während der vergangenen Jahre aufgezwungene Polarisierung haben sie lange Zeit passiv ertragen, zeitigt jedoch auch bei ihnen allmählich Konsequenzen: Genannt seien eine zunehmende Distanz gegenüber den etablierten Parteien und die Ablehnung der Regierungspolitik, Demonstrationen, eine größere Protest- und Streikbereitschaft sowie die Gründung einer neuen Partei auf der Linken.

Literatur

Boltanski, Luc/Chiapello, Éve (2003): Der neue Geist des Kapitalismus, Konstanz
Candeias, Mario (2004): Neoliberalismus – Hochtechnologie – Hegemonie. Grundrisse einer transnationalen kapitalistischen Produktions- und Lebensweise, Berlin/Hamburg
Butterwegge, Christoph (2006): Krise und Zukunft des Sozialstaates, 3. Aufl. Wiesbaden
Butterwegge, Christoph (2008): Rechtfertigung, Maßnahmen und Folgen einer neoliberalen (Sozial-)Politik, in: ders./Bettina Lösch/Ralf Ptak, Kritik des Neoliberalismus, 2. Aufl. Wiesbaden, S. 135-219
Butterwegge, Christoph/Hentges, Gudrun (Hrsg.) (2008): Rechtspopulismus, Arbeitswelt und Armut. Befunde aus Deutschland, Österreich und der Schweiz, Opladen/Farmington Hills
Castells, Manuel (2001): Das Informationszeitalter, 3 Bde., Opladen
Crouch, Colin (2004): Post-Democracy, Cambridge
Dahrendorf, Ralf (2005): Grundausstattung des Sozialstaats, in: Frankfurter Rundschau v. 21.5.
Demirović, Alex (2001): Herrschaft durch Kontingenz, in: Hans-Jürgen Bieling u.a. (Hrsg.), Flexibler Kapitalismus. Analyse, Kritik und politische Praxis, Hamburg, S. 208-224
Demirović, Alex (2004): Gouvernementalität und kognitiver Kapitalismus. Gesellschaftstheoretische Bemerkungen zur Immanenz des Wissens, in: Thomas Ernst u.a. (Hrsg.), Wissenschaft und Macht, Münster, S. 250-263
Demirović, Alex (2007): Politische Beratung, Think Tanks und Demokratie, in: Jens Wernicke/Torsten Bultmann (Hrsg.), Netzwerke der Macht – Bertelsmann. Der medial-politische Komplex aus Gütersloh, Marburg, S. 13-27
Foucault, Michel (2004): Geschichte der Gouvernementalität II: Die Geburt der Biopolitik, Frankfurt am Main
Gramsci, Antonio (1991 ff.): Gefängnishefte, 10 Bde., hrsg. von Wolfgang Fritz Haug/Klaus Bochmann, Berlin/Hamburg

Hardt, Michael/Negri, Antonio (2002): Empire. Die neue Weltordnung, Frankfurt am Main/ New York

Hirsch, Joachim (1995): Der nationale Wettbewerbsstaat. Staat, Demokratie und Politik im globalen Kapitalismus, Berlin

Lösch, Bettina (2008): Die neoliberale Hegemonie als Gefahr für die Demokratie, in: Christoph Butterwegge/Bettina Lösch/Ralf Ptak, Kritik des Neoliberalismus, 2. Aufl. Wiesbaden, S. 221-283

Resch, Christine (2005): Berater-Kapitalismus oder Wissensgesellschaft? – Zur Kritik der neoliberalen Produktionsweise, Münster

Sennett, Richard (1998): Der flexible Mensch. Die Kultur des neuen Kapitalismus, Berlin

Walpen, Bernhard (2004): Die offenen Feinde und ihre Gesellschaft. Eine hegemonietheoretische Studie zur Mont Pèlerin Society, Hamburg

Birgit Sauer

Neuliberale Verhältnisse: Staatlichkeit und Geschlecht[1]

„Zur Freiheit gehört auch die Freiheit auszusterben, indem man sich weigert, das Leben weiterzugeben." Mit diesem Satz charakterisierte Gerd Habermann, Leiter des Unternehmensinstituts der deutschen Arbeitsgemeinschaft selbstständiger Unternehmer, auf einer Tagung der Hayek-Gesellschaft über Demografie und Ordnungspolitik die neuen Konditionen im Neoliberalismus (vgl. Süddeutsche Zeitung v. 26.6.2006). Im selben Monat verabschiedete der Bundestag das *Allgemeine Gleichbehandlungsgesetz* (AGG) für die Privatwirtschaft, das der Tübinger Jurist Eduard Picker in der FAZ (v. 28.6.2006) als erneute Einschränkung der „Privatautonomie (der) Bürger" durch die Legislative interpretierte. Der Ballast bürokratisch-regulierender Eingriffe in Privatverhältnisse, sprich in Markt und Produktion, so muss man Picker wohl verstehen, begrenze die Handlungs- und Entscheidungsfreiheit von Bürger(inne)n, namentlich der Unternehmer. Neben Profitmaximierung, Konkurrenz und gemäßigtem sozialem Ausgleich solle nun – zum Schaden der Unternehmerautonomie – ein neuer Wert eingeführt werden, nämlich jener der Gleichstellung von Frauen und Männern.

„Freiheit" bzw. „Autonomie", „Bevölkerung" und „Generativität" sind offensichtlich ganz zentrale Begriffe im Rahmen der gegenwärtigen Neugestaltung des Verhältnisses zwischen Staat, Gesellschaft, Ökonomie und Privatheit sowie der Neusituierung von Bürger(inne)n in diesem Verhältnis. Und ganz zentral ist dabei ebenso deutlich, wenn auch nicht explizit angesprochen, die Geschlechterfrage – entweder auf das Demografieproblem reduziert oder als Gespenst der Gleichbehandlung heraufbeschworen.

Dass die Idee der *Freiheit* allenthalben angerufen wird, ist einerseits nicht verwunderlich, baut doch der Liberalismus schon immer darauf. Auch der neuliberale Generalbass Freiheit, der die Debatten unterlegt, verspricht neue Freiräume – u.a. für die persönliche Entwicklung und Lebensgestaltung, die Optimie-

---

[1] Dieser Beitrag basiert auf einer Publikation der Universität Wien mit folgendem Titel: „Von der Freiheit auszusterben. Neue Freiheiten im Neoliberalismus?"

rung des Daseins, zivilgesellschaftliches Handeln, Demokratie und gesellschaftliche Selbstorganisation, realisiert durch Entbürokratisierung und einen schlanken, wendigen Staat. Diese wohlklingenden Ideen der Selbstbestimmung von politischen Bürger(inne)n sind die Hoffnung beispielsweise von NGOs, werden freilich dominiert vom Freiheitsbestreben vor allem in der neu formatierten Sphäre des Marktes. Auch dies ist für (Wirtschafts-)Liberale nichts Neues: Freiheit ist vor allem die Freiheit der „marktförmig organisierte(n) Vertraglichkeit" (Legnaro 2000, S. 202), die nun jedoch als ökonomische Vertragsfreiheit in allen Bereichen des Lebens Gültigkeit erlangen soll. Die Metapher der Freiheit enthält dafür Versprechungen „auf multiple Optionen, vielfältige Chancen, den *thrill* des Sich-Selbst-Unternehmens" (ebd., S. 203; Hervorh. im Original). Entrepreneurship, die Befreiung der Individuen aus den Klauen des fürsorglichen und bevormundenden Staates sowie gleichsam die „zweite Befreiung" aus der selbst verschuldeten Unmündigkeit sind Assoziationen, die der neoliberale Freiheitsdiskurs anstößt. Ein zweites – anderes – Projekt der Moderne und der Aufklärung soll auf den Weg gebracht werden.

Solche Debatten und Veränderungen haben nicht nur Auswirkungen auf die Bedeutung, Form und Funktion von Staaten. Vielmehr ist die Transformation von Staatlichkeit eine ganz zentrale Dimension dieser ökonomischen und sozialen Veränderungen. Anders gesprochen: Die Ökonomie stellt nicht die Dominante im Prozess der Veränderung von Staatlichkeit dar, vielmehr kommt Staaten als Organisatoren von sozialer Ordnung, gesellschaftlichem Konsens und Hegemonie darin eine aktive Rolle zu. Auch Geschlechterverhältnisse verändern sich in diesem komplexen Transformationsprozess von Staaten. So wie moderne Staatlichkeit aus Geschlechterverhältnissen entstand (vgl. Sauer 2001), so hat auch die Veränderung von Staaten die Transformation von Geschlechterverhältnissen zur Folge und konstituiert sich zugleich aus der Neuvermessung des Verhältnisses zwischen Männern und Frauen, aus der Rekodierung von Männlichkeit und Weiblichkeit sowie aus der Neuorganisation von Arbeit entlang der Geschlechterlinie immer wieder neu.

Mehrere Aspekte dieser Veränderungen von Staatlichkeit sind unter einer Geschlechterperspektive erklärungsbedürftig:

1. Warum sind Geschlecht, Generativität, Verwandtschaft und Familie – Biomacht im Foucault'schen Sinne (vgl. Foucault 2001, S. 299) – so zentral für die derzeitigen Gesellschafts- und Politikverhältnisse bzw. warum werden sie diskursiv so aufgewertet? Wir können vermuten, dass es dramatische

Veränderungen in den Geschlechterarrangements gibt oder dass es sie geben soll und sie diskursiv vorbereitet, „herbeigeredet" werden sozusagen.

2. Es stellt sich darüber hinaus die Frage, ob solche Veränderungen zu mehr Geschlechtergerechtigkeit und -demokratie führen können.

3. Damit verbunden ist die Frage nach dem Handlungspotenzial und der Handlungsfreiheit für Frauenbewegungen wie für feministische Politik, also nach den „Freiräumen", den unbesetzten Plätzen emanzipatorischen und solidarischen Handelns im Prozess der Transformation des Staates.

Ziel meiner Überlegungen ist es, die Veränderung von Staatlichkeit in ihrer Bedeutung für Geschlechtergerechtigkeit zu skizzieren. Dies heißt zunächst und vor allem, den – oftmals verborgenen – Geschlechtertext der Neuformatierung von Diskursen und Praxen, von Politiken und Subjektivierungsweisen im Zuge der Etablierung eines neoliberalen Staat-Gesellschafts-Verhältnisses zu „entdecken". Die Kernthese meiner Ausführungen lautet, dass der Freiheitsdiskurs im neoliberalen Kontext in eine herrschaftsförmige Restrukturierung des Politischen eingebunden ist. Neoliberalismus bedeutet die „Transformation von Freiheit in Herrschaft" (Segal 2006, S. 324) – auch in Geschlechterherrschaft, selbst wenn dieser Transformationsprozess ungleichzeitig, paradoxal und geschlechterwidersprüchlich verläuft, wenn also temporäre, partielle und sektorale Chancen auf mehr Geschlechtergerechtigkeit bestehen.

Um mein Argument plausibel zu machen, werde ich im Folgenden mit einer geschlechterkritischen Perspektive zunächst einen erweiterten Staatsbegriff sowie eine geschlechterkritische Sicht auf die neoliberale Dynamik skizzieren und dann die Transformation von Staatlichkeit auf drei Ebenen – der internationalen, der nationalen und einer neuen Form des Regierens durch Freiheit – in ihren geschlechtsspezifischen Konsequenzen darlegen. Abschließend sollen die frauenpolitischen Handlungsräume eingeschätzt werden.

Ein geschlechterkritischer und staatstheoretischer Zugang: Was ist das Neue am Neoliberalismus?

Ohne hier eine umfassende Definition von „Neoliberalismus" geben zu können oder gar zu wollen, möchte ich die Eckpfeiler bzw. Grundstrukturen der neuliberalen Konditionen skizzieren. Ganz sicher beschreibt das Bild einer „Ökonomisierung der Politik und des Sozialen" (Rose 2000) die neuliberalen Konditionen trefflich. Im Neoliberalismus wird der Markt zum organisierenden Prinzip von

Gesellschaft und Staat. Ökonomie, Wirtschaftlichkeit, Effektivität und Rechenbarkeit werden zu Leitideen aller sozialen und politischen Institutionen, sie werden zum zentralen Wissen politischer, aber auch gesellschaftlicher Akteure. Außerdem wird die Ökonomie zur Leitwissenschaft und zur Staatsräson, also zum grundlegenden Steuerungswissen staatlicher Akteure. Neoliberalismus meint jedoch mehr: Wendy Larner (2000, S. 29) bezeichnet den Neoliberalismus als eine Politik, eine Ideologie und eine Regierungstechnik. Folglich steht nicht nur die (sich globalisierende) Ökonomie, nicht nur der Markt im Zentrum der neoliberalen Konditionen; gleichzeitig stehen vielmehr die gesamte gesellschaftliche Ordnung und mithin der Staat als Steuerungs- und Regulierungsinstanz zur Disposition.

Um einen geschlechtssensiblen Blick auf aktuelle Staatsveränderungen werfen zu können, bedarf es eines erweiterten Staatsbegriffs (vgl. hierzu: Sauer 2001). Der Staat ist demnach *erstens* nicht nur ein Apparat bzw. Institutionengefüge, sondern ein soziales Kräftefeld, ein gesellschaftliches Verhältnis (vgl. Poulantzas 2001). Staatlichkeit ist mithin ein Terrain, auf dem sich soziale und kulturelle Unterschiede zu konflikthaften Ungleichheitsstrukturen verknüpfen und verdichten. In diesem staatlichen Kräftefeld entstehen je nationalstaatsspezifische Klassen-, Geschlechter- und ethnische Regime.

Zweitens ist der Staat ein Kompromiss zwischen unterschiedlichen gesellschaftlichen Interessen und Mächten, die in diesem Kräftefeld entstehen, interagieren und konkurrieren. Der so gefundene Kompromiss verfestigt sich in staatlichen Institutionen und Normen, er wird durch sie auf Dauer gestellt.

Staaten manifestieren sich *drittens* als Diskurse über soziale Zusammenhänge und Identitäten, mithin als Projekte, die hegemonial durch spezifisches Herrschaftswissen abgesichert werden müssen. Staaten sind Diskurse, in denen hegemoniale Wahrnehmungs- und Wissensformen von Geschlecht und Sexualität, von Klasse und Ethnizität erarbeitet bzw. ausgehandelt und schließlich in gesetzliche Normen gegossen und institutionalisiert werden. Grundlegende Techniken moderner hegemonialer Staatsdiskurse sind Trennungen zwischen den gesellschaftlichen Sphären „Öffentlichkeit" und „Privatheit" bzw. Staat, Markt und Haushaltsökonomie sowie die Trennung zwischen Nationalstaaten. Und die mit diesen Grenz*regimen* verbundenen Differenzstrukturen waren und sind in der (westlichen) Moderne immer Modi der Konstruktion von Ungleichheit: Staatsgrenzen konstruieren Ungleichheit qua Ethnizität bzw. Nationalität, die Verfügung über Produktionsmittel sowie die Trennung zwischen Hand- und Kopfarbeit produzieren Ungleichheit qua Klasse, und der Zugang zu Erwerbsarbeit bzw. die Zuschreibung auf Reproduktionsarbeit konstruiert Ungleichheit qua Geschlecht. Geschlechterkonstruktionen sind wiederum ohne die Idee der Heterosexualität nicht zu denken, sondern ganz unmittelbar damit verknüpft.

Viertens werden soziale Positionen und politische Identitäten nicht schlicht zwangsweise durch staatliche Normen und Institutionen verordnet, sie müssen vielmehr aktiv angeeignet bzw. von den Individuen „entworfen" und „gelebt" werden. Staatlichkeit ist demnach eine Schnittstelle von politischen Institutionen, gesellschaftlichen Machtverhältnissen, Subjektivierungsweisen und individuellen Praktiken. Macht ist nicht nur „rechtliche Souveränität", sondern Macht konstituiert sich auch aus „Herrschaftstechniken und -taktiken" (Foucault 2001, S. 50). Macht verwirklicht sich „in einem vielfältigen Mechanismus der Disziplin" (ebd., S. 54). Dies nennt Foucault „Regierung", nämlich die „Gesamtheit der Institutionen und Praktiken, mittels deren man die Menschen lenkt, von der Verwaltung bis zur Erziehung" (Foucault 1978; zit. nach: Martschukat 2006, S. 2).

Wie lässt sich nun die Geschlechtsspezifik des Neoliberalismus konzeptualisieren? Neoliberale Restrukturierung ist ein immanent vergeschlechtlichter Prozess, der auf einem spezifischen Geschlechterarrangement beruht und dieses zugleich reproduziert. Diese Dynamik wird von Ent- und Begrenzungsprozessen angetrieben. Es entstehen nicht nur neue Grenzregime zwischen Nationalstaaten, vielmehr kommt es auch innerhalb von Nationalstaaten zu neuen Grenz(ung)en, zu Be- und Entgrenzungen zwischen den Sphären Markt, Staat und Privatheit bzw. Familienökonomie. Der Markt wird *erstens* unter dem Schlagwort „Deregulierung" gegenüber der staatlichen Sphäre vergrößert, gleichsam befreit von staatlichen Eingriffen. Sozial- und Steuerabgaben von Unternehmen werden ebenso minimiert, wie Arbeitszeitregelungen und Kündigungsschutz flexibilisiert werden. In der Neubegrenzung zwischen Staat und Privatheit werden *zweitens* sozialstaatliche Regelungen von Arbeit und Alltag zurückgenommen: Renten- und Krankenversicherungen, die Vorsorge für die Risiken des Lebens werden ebenso wie Bildungsaufgaben zunehmend an „Private" übertragen. *Drittens* verschiebt sich an der Grenze zwischen Markt und Privatheit das Verhältnis von Erwerbs- und Reproduktionsarbeit. Die Vermarktlichung von Pflegearbeit ist ein Beispiel für diese Form der „Entgrenzung". Ganz offensichtlich wird diese neoliberale Entgrenzung von bzw. innerhalb von Staaten als „Befreiung" thematisiert.

Auf diesen Grenzverschiebungen ruht die geschlechtsspezifische Grammatik neoliberaler Globalisierung, bilden diese Grenzziehungen doch die grundlegenden Modi und Funktionen der Herstellung und Reproduktion hierarchischer Zweigeschlechtlichkeit in der Moderne. Hierarchische Zweigeschlechtlichkeit ist in europäischen Wohlfahrtsstaaten seit dem Zweiten Weltkrieg durch vielfältige Institutionen, Normen und Leitbilder abgesichert. Ungleiche Geschlechterregime

gründen in Institutionalisierungen einer hierarchischen und segregierten geschlechtsspezifischen Arbeitsteilung, im wohlfahrtsstaatlich abgesicherten „male
breadwinner model", in familien- und eherechtlichen Normen, in der prekären
Integration von Frauen in politische Strukturen sowie in bipolaren Geschlechter-
repräsentationen.

Neoliberale Restrukturierung ist angesichts dieser maskulinistischen Institutionen des keynesianischen bzw. fordistischen Geschlechterregimes durchaus ein
zwieschlächtiger Geselle. Neoliberalismus verändert nämlich soziale Verhältnisse
grundlegend: Erwerbsarbeit, Reproduktion, internationale und geschlechtsspezifische Arbeitsteilung, die sozialen Paradigmen und die hegemonialen Kompromisse werden neu formatiert. Das politische Projekt, die soziale Praxis und das
Denkmuster Neuliberalismus lassen zweifellos neue geschlechtsspezifische Ver-
gesellschaftungs-, Individualisierungs- und Politisierungsformen entstehen. Diese Dynamik ermöglicht prinzipiell die Auflösung traditioneller Geschlechtszu-
schreibungen, kann somit die nationalstaatlich eingehegten ungleichen Geschlechterverhältnisse der fordistischen Moderne überwinden helfen. Die neoliberale Dynamik kann aber auch neue Sedimentierungen von ungleicher Männlichkeit und
Weiblichkeit – insbesondere entlang der Linien von Klasse und Ethnizität – zur
Folge haben (vgl. Marchand 1996, S. 602). Vieles spricht für eine Restrukturierung
von hierarchischer Zweigeschlechtlichkeit.

Diese These möchte ich im Folgenden am Beispiel des politischen Raums
darlegen. Die Politik neoliberaler Restrukturierung kann man als eine „politische
Revolution" (Brodie 1994, S. 55) bezeichnen, weil die Sphäre des Politischen re-ar-
tikuliert und auch die Grenzen des Politischen neu abgesteckt werden. Die oben
geschilderten Transformationen von Grenzregimen fordern nämlich neue Staats-
projekte sowie neue Formen politischer Regulierung und demokratischer Repräsentation heraus, wie sie u.a. im politischen Paradigma „Governance" zum Ausdruck kommen. Zwar befinden wir uns derzeit, so meine Vermutung, in einer
Phase des Übergangs, doch dieser „Transitraum" besitzt nach wie vor die vergeschlechtlichte Architektur der Moderne.

Transformation von Staatlichkeit: Reduktion von und Herrschaft durch Freiheit

Drei Dimensionen der Transformation von Staatlichkeit sollen nunmehr in ihrer
geschlechtsspezifischen Dimension diskutiert werden – die Transformation auf
internationaler und auf nationaler Ebene sowie die grundlegende Transformation

von Souveränität, ihre Gouvernementalisierung (vgl. Sauer 2003). In all diesen Dimensionen staatlichen Wandels gibt der geschlechtlich kodierte Freiheitsdiskurs den Grundton an.

Mit dem Ende des nationalstaatlichen Regelungsprimats gegenüber Kapital und Arbeit geben Nationalstaaten zunehmend Kompetenzen an supranationale Gremien wie die EU oder die Welthandelsorganisation (WTO) ab. Politische Entscheidungen werden in internationalen „Regimen" bzw. globalen „Governance"-Runden ausgehandelt. Diese Politik jenseits des Nationalstaates öffnete im vergangenen Jahrzehnt durchaus neue feministische Handlungsräume. Die Geschichte von Frauen-NGOs auf UN-Konferenzen kann in dieser Hinsicht als Erfolgsgeschichte geschrieben werden: So konnte die quantitative Repräsentation von Frauen in internationalen Gremien wie der Weltbank und der UNO sichtbar erhöht werden, und Frauengruppen avancierten im Kontext der UNO-Konferenzen zu wichtigen globalen Akteuren.

Auch die substanzielle Repräsentation von Frauen, also der frauenpolitische *Outcome* bzw. die Berücksichtigung von Frauenbelangen, konnte in der vergangenen Dekade deutlich gesteigert werden: In internationalen Regulierungsregimen waren Frauengruppen bei dem Versuch erfolgreich, die politische Agenda zu vergeschlechtlichen (vgl. Meyer/Prügl 1999, S. 5) und das Politikfeld „internationale Frauenpolitik" zu etablieren (siehe Ruppert 2002, S. 60). Die internationale Frauenbewegung gab beispielsweise entscheidende Impulse, um Frauenrechte (reproduktive Rechte, Schutz vor Gewalt u.a.) in die Menschenrechtsagenda einzuschreiben (vgl. Meyer/Prügl 1999, S. 3 und 7).

Trotz dieser Erfolge entpuppt sich „Global Governance" jedoch als ein zutiefst geschlechterungleicher Prozess. Mit der Neubestimmung der Koordinaten des politischen Raumes sind auf internationaler Ebene eine (Re-)Maskulinisierung politischer Öffentlichkeit und politischer Institutionen sowie die Einengung des Gestaltungsspielraums für feministische Politik verbunden. Auch die Apparate internationaler Staatlichkeit sind ganz offensichtlich mehrheitlich „bemannt". Weißsein, Mannsein und die Zugehörigkeit zur weltweit agierenden neuen Klasse der „Hyperbourgeoisie" (Duclos 1998) werden zur sozialen Grundlage von Macht im internationalisierten Staat. Bekannter- und beklagtermaßen schotten sich beispielsweise die Vorstände der DAX-Unternehmen erfolgreich gegen Frauen ab. Jene Informalisierung bzw. Privatisierung, die „Global Governance" kennzeichnet, impliziert eine stärkere Einflussnahme von (privatwirtschaftlichen) Lobbygruppen, d.h. einer männlichen globalen Elite, für welche die Maximierung von Profiten und die Sicherung von Einflusssphären, nicht aber

Geschlechtergerechtigkeit und das Handeln für die Bedürfnisse von Frauen ein Anliegen ist.

Außerdem kreiert und privilegiert die neoliberale Rahmung von „Global Governance" die ökonomische Hegemonie der internationalen Organisationen wie Weltbank oder WTO und „market-friendly NGOs" (Runyan 1999, S. 212). Auch feministische Organisationen laufen Gefahr, zu einem „trade-related feminism" zu mutieren (siehe Vandana Shiva 1995, S. 37; zit. in: Runyan 1999, S. 218) – vielleicht deshalb, weil sie nur dann erfolgreich geschlechterpolitische Themen auf die Agenda setzen können. Selbst *Empowerment*-Programme werden ökonomisch und bevölkerungspolitisch „geframed". Die Freiheit von Frauen wird ihrer *Handels*freiheit geopfert und erweitert nicht ihre *Handlungs*freiheit. Freiheit bedeutet vielmehr Freisetzung in neokapitalistische Verhältnisse. „Global Governance" ist somit die politische Regulation „globalisierter" sozialer und ökonomischer Verhältnisse, sie ist jene politische Form, welche die neoliberale Restrukturierung braucht, um das globale Projekt der kapitalistischen Inwertsetzung voranzutreiben. *Global Governance* ist deshalb keine herrschaftsfreie Form globaler gesellschaftlicher Ordnung.

Auf *nationalstaatlicher* Ebene ist zu beobachten, dass die neoliberale Strategie sowohl auf die Selbstregulierungskräfte des Marktes wie auch auf ein Konzept des minimalistischen Staates setzt, der möglichst sparsam in Marktverhältnisse eingreift. Aufgabe des Minimalstaates soll der Schutz der Freiheit und der Integrität von Marktindividuen, die Sicherung des Eigentums und die Aufrechterhaltung der Vertragsfreiheit sein. Der Sozialstaat könne anstehende Probleme der Erwerbslosigkeit, der Rentenfinanzierung und des Gesundheitssystems nicht mehr lösen und sei zudem selbst zum Problem geworden, heißt es. Er sei ein Standortnachteil im internationalen Wettbewerb und schränke die Entscheidungs- und Handlungsfreiheit der Individuen unzulässig ein. Ihm wird deshalb ein umfassendes Abspecken verordnet (vgl. dazu: Butterwegge 2006 und 2008).

Die Geschlechtsspezifik dieses neoliberalen Restrukturierungs*diskurses* liegt in der Verknüpfung von Freiheit, Markt und Männlichkeit sowie von Abhängigkeit, Wohlfahrtsstaat und Weiblichkeit begründet. Um das neoliberale Staatsprojekt ranken sich zahlreiche vergeschlechtlichte Metaphern, die man in der medialen und politischen Debatte produziert und präsentiert. Markt und Minimalstaat werden zu männlichen Praxen stilisiert: So wird beispielsweise die Idee des aktiven Marktbürgers, des „Unternehmers seines Selbst", mit traditionell männlichen Werten der umfassenden zeitlichen beruflichen Verfügbarkeit und der Unabhängigkeit verknüpft. Auch der sog. Hartz-Gesetzgebung ist ein Subtext des männlichen Ernährers unterlegt, selbst wenn dieser im Gesetzentwurf noch manifeste

Text schließlich abgemildert wurde. Der keynesianische Wohlfahrtsstaat wird demgegenüber als „weiblich" denunziert – Abhängigkeit und Unselbstständigkeit, traditionelle Weiblichkeitsvorstellungen also, werden dem vorsorgenden Wohlfahrtsstaat unterstellt. Kurzum: Der Wohlfahrtsstaat diskreditiere systematisch männliche Werte wie Freiheit, Unabhängigkeit, Selbstverantwortung und Wettbewerb (vgl. kritisch dazu: Sawer 1996, S. 118 f.). Die Restituierung von Verantwortung und Freiheit besitzt somit den Subtext der Wiederherstellung traditioneller Geschlechterverhältnisse: Damit der öffentliche Raum als „harte maskuline Identität" wiederhergestellt werden kann, bedarf es einer klar davon abgegrenzten Familiensphäre als Ort feminisierter Identitäten (vgl. Carol Johnson, zit. nach: Sawer 1996, S. 130).

Privatisierung und Deregulierung der Ökonomie, mithin der Verzicht auf gewisse staatlich-politische Regulierung, haben aber keineswegs den „Abbau" des Staates, sondern den „Formwandel in der Architektur des Staatsapparates" (Altvater/Mahnkopf 1996, S. 116) zur Folge. Die Verschlankung des Staates ist also nicht seine Reduktion auf den Nachtwächterstaat, der Formwandel impliziert vielmehr auch die Stärkung gewisser Staatsapparate, beispielsweise des Wirtschaftsapparates, und von (De-)Regulierungsinstanzen z.B. zur Unterstützung und Entlastung nationaler Unternehmen auf dem Weg zur Globalisierung bzw. Internationalisierung. Diese neuen Regulierungseinrichtungen privilegieren die Interessen ressourcenstarker, internationalisierter Eliten in Ökonomie und Politik – nach wie vor mehrheitlich Männer – und desartikulieren Interessen „nicht weltmarktgängiger" Bevölkerungsgruppen, zu denen mehrheitlich Frauen zu rechnen sind. Darüber hinaus werden auch bevölkerungspolitisch relevante Apparate ausgeweitet, die Ausgaben für Familienpolitik erhöht und durch den demografischen Diskurs legitimiert.

Auch als Gewaltstaat lebt Staatlichkeit wieder auf und expandiert. Die Feindbilder „internationale organisierte Kriminalität", Terroristen und „Schläfer" sind Legitimationsquellen staatlicher Reorganisation. In diesem Prozess wird auch das maskulinistische Bauprinzip des Staates „renoviert": Jene Sektoren, die historisch eng mit Männlichkeit verbunden waren, nämlich der Gewalt- und Repressionsapparat, werden zuungunsten der historisch später integrierten, gleichsam feminisierten Apparate wie Bildungs- und Gleichstellungspolitik gestärkt und gewinnen im globalen Restrukturierungsprozess an Macht.

Die Aufwertung des staatlichen Gewaltapparates reproduziert hierarchische Geschlechterverhältnisse und -leitbilder. Dies lässt sich an zwei Beispielen verdeutlichen:

1. Staatliche Sicherheitsinvasionen in die Privatsphäre (z.b. „Großer Lauschangriff") werden als Schutz der Bürger/innen legitimiert, während zugleich, wenn es um die Neuverteilung von Reproduktionsarbeit geht, die Illusion staatsfreier Privatheit und die Fiktion der Wahlfreiheit aufrechterhalten bleiben.
2. In einer „militarisierten" Gesellschaft, die sich gegen „Feinde" – i.e. „das Andere" – von außen und innen rüsten muss, werden Frauen zu Prototypen schutzbedürftiger Mitglieder. Die Kombination von paternalistischem Beistand und Repression wird an den in vielen Staaten virulent gewordenen Debatten um Sexarbeiterinnen und gehandelte Frauen sichtbar. Sie müssen vor der „männlichen Gewalt" der Schlepper und Zuhälter geschützt, gleichzeitig aber immer noch diszipliniert werden.

Neoliberale Transformation bedeutet schließlich – in der Sprache Michel Foucaults (2000) – die Gouvernementalisierung des Staates, nicht seine Erosion oder sein Ausfransen. Gouvernementalität bezeichnet einen fundamental neuen Typ des Regierens, also neue Formen der Durchsetzung von politischer Entscheidung, gesellschaftlicher Ordnung und Herrschaft durch staatliche, aber auch nichtstaatliche Institutionen. Im Zentrum der neoliberalen Regierungstechnik steht das „Selbstregieren" bzw. Selbstmanagement der Individuen (vgl. ebd.), oder anders gesprochen: das Regieren durch Freiheit.

Das Neue am Neoliberalismus ist nun, dass „Disziplin" und „Regulierung" sich in der „Normalisierungsgesellschaft" verbinden (siehe Foucault 2001, S. 297 ff.). Die Strategie der (Subjekt-)Bildung ist nicht mehr vornehmlich eine Anpassung an Normen, also nicht mehr Normierung, sondern die Selbstverständlichung notwendig erscheinender Verhaltensweisen durch die Selbstdisziplinierung der Individuen. Politische Regulierung zielt deshalb auf einen „neuen Subjekttypus" (Walpen o.J., S. 1), auf die „diskursive Neuformierung ‚des' Menschen" (Michalitsch 2006, S. 148). Freiheit und Risiko werden zu zentralen Signaturen neuer Subjektivierungsweisen. Selbstverantwortlichkeit und Risikobewusstheit sind die neuen Sekundärtugenden, die Menschen im Neoliberalismus erwerben sollen – als Gegengewichte zur Freiheit. Der Modus des Neoliberalismus lässt Alltagspraxen, Verhaltensanforderungen, Arbeitsweisen und auch Geschlechterrollen nicht aufgezwungen, sondern „als Ergebnis ihrer freien Wahl" (Martschukat 2006, S. 3) erscheinen. Wahlfreiheit ist die Freiheit der Selbstregierung, und Disziplinierung tritt den Menschen als Freiraum gegenüber, in dem sie ihr Leben selbst entwerfen können. Körpervorstellungen, beispielsweise die Zurichtung des weiblichen Körpers, erscheinen nicht mehr ausschließlich durch äußere Modediktate oder einen sexualisierten Diskurs aufgeherrscht, sondern durch die Gesundheits-, Fitness- und die selbst gewählten ästhetischen Vorstellungen von Frauen individuell entworfen bzw. angeeignet. Sie sind folglich ein Ergebnis von Wahlfreiheit und nicht von Anpassung und Zwang. Auch der Diskurs in Bezug auf die Vereinbarkeit von Beruf und Familie konnotiert diese Normalisierung – hier die Selbstverständlichung von (minder bezahlter) weiblicher Erwerbsarbeit *und* die freie Wahl, zugleich Kinder zu bekommen, zu ernähren und zu erziehen.

Die „Essenz" der neoliberalen Regierungsmechanismen ist mithin „(g)overning by freedom" (Legnaro 2000, S. 212). Doch auch diese Form der Regierung impliziert Herrschaft und Macht. Im Unterschied zur Souveränität – verstanden als staatliche Zwangsmacht – ist Gouvernementalitität eine Form der Macht, die über den Diskurs der Freiheit regiert und nicht qua Zwang, „indem sie Wahrscheinlichkeiten erzeugt, Handlungsmöglichkeiten herstellt, strukturiert und begrenzt" (Krasmann/Volkmer 2007, S. 11). Der Gedanke der Freiheit wird also mit *zukünftiger* Effizienz und Effektivität verkoppelt (vgl. Segal 2006, S. 325). Daraus ergibt sich die Ungewissheit freiheitlicher Erfolgsverheißungen, und Freiheit kann dadurch zum „Herrschaftskonzept" (Walpen o.J., S. 1) werden. Denn wer seine bzw. ihre Freiheit nicht nutzt, so die argumentative Logik, versagt sich, freilich auch der Gesellschaft, künftigen Erfolg. Dies wiederum gilt es herrschaftlich zu sanktionieren, z.B. durch den Entzug sozialstaatlicher Zuwendungen im Falle von (längerer) Erwerbslosigkeit.

Der gouvernementalisierte Staat ist von einem mehrschichtigen fundamentalen Paradox durchzogen, dem „neuen Paternalismus" (Segal 2006, S. 323): Einerseits scheinen die Individuen frei von disziplinierenden staatlichen Vorschriften und Normvorstellungen. Andererseits werden durch Prozesse der Normalisierung neue Formen der Disziplin und Kontrolle institutionalisiert. Einerseits soll der Staat minimiert werden, andererseits soll er aktivieren und fördern. Die „fürsorgliche Belagerung" durch sozialstaatliche Normen und Institutionen soll durch den „aktivierenden", den fordernden und fördernden Staat auf- bzw. abgelöst werden. Dies ist eine bemerkenswerte Metapher: Der Staat soll „seine" Bürger(inne)n aktivieren, zur Selbsttätigkeit führen und sie in die Freiheit entlassen. Kontrolle und Disziplin im Modus der Freiheit bedeuten auch, dass die Individuen dafür verantwortlich gemacht werden, was sie als „freie", selbstverantwortliche Individuen tun. Der neoliberale Zwang zu Freiheit und Selbstermächtigung heißt, „für die Daseinsvorsorge jetzt sowie auch im Alter selbst verantwortlich zu sein" (Wöhl 2007, S. 93).

Der mit der Freisetzung einhergehende Unsicherheits- und Verunsicherungsdiskurs treibt nun die Individuen in die Arme neuartiger (Ver-)Sicherungssysteme – einerseits des Überwachungsstaates, andererseits auch kommodifizierter Sicherungssysteme der Lebensplanung, die aufgrund ihres Marktcharakters selbst unsicher sind bzw. Unsicherheit produzieren. „Freiheit, Furcht und Strafe geraten dadurch in einen neuartigen Zusammenhang." (Legnaro 2000, S. 202) Sie bilden den „Regulierungscode" Freiheit, der „(o)hne ‚Furcht' und ‚Strafe' gar nicht denkbar" ist (ebd.). Unsicherheit und Furcht schaffen den Zwang zu einem „neuartigen kontraktuellen Konsensus" (ebd., S. 206), der kein klassischer Gesellschafts-, sondern ein Individualisierungsvertrag ist. Menschen werden durch diesen Vertrag nicht mehr als Subjekte einer Solidargemeinschaft angerufen, sondern als Solipsisten. Dadurch wird auch das Verhältnis von Aus- und Einschluss neu bestimmt, denn nicht alle Individuen sind gleich frei, einen Vertrag zu schließen. Die neuen Technologien des Selbst basieren auf Effektivität und Leistung und den damit verbundenen Formen von Abwertung und Ausgrenzung nicht selbststeuerungsfähiger Menschen, den sog. Überflüssigen.

Widersprüchlich bleibt auch, dass der Staat nach wie vor in manchen Fällen für die disziplinierende Freiheit der Bürger/innen sorgen, also gleichsam zur Freiheit disziplinieren soll. Denn nicht jedes freie Individuum kann die „Gefahren" der Freiheit meistern: z.B. wenn es raucht, zu dick ist, ungesund lebt, sich nicht fortpflanzt oder ohne Erwerbseinkommen existiert. Diese Praxen muss der Staat kontrollieren und sanktionieren. Arbeitslose müssen zur Freiheit des Verkaufs ihrer Arbeitskraft gezwungen werden, Dicke und Raucher frei werden von ihrer Sucht, und Frauen wie Männer sollen nicht nur die Wahlfreiheit des Kindererziehens erhalten, sondern auch durch steuerliche Maßnahmen mehr als dazu ermuntert werden. Normalisierung heißt also auch, dass „unnormale" Lebensweisen entworfen und in den gesellschaftlichen Diskurs eingebracht werden. Dies lässt ein umfassendes neoliberales „Resozialisierungsprogramm" entstehen (siehe Segal 2006, S. 334).

Geschlechtsspezifische Normalisierungsanstrengungen und Disziplinierungsformen zielen auf die sog. Vereinbarkeit von Erwerbs- und Reproduktionsarbeit und sind ebenfalls im (Wahl-)Freiheitsdiskurs gerahmt. Dies heißt, dass ordnungspolitische Maßnahmen in das Zeugen und Gebären ebenso eingreifen wie in die Erwerbsarbeit, freilich ohne ungleiche Geschlechterverhältnisse geschlechtergerecht zu gestalten. An die Stelle des ohne Zweifel erodierenden männlichen Familienernährer-Modells tritt nun das „geschlechtsneutrale Modell des Arbeits-Bürgers" (Larner 2000, S. 16), zielt doch beispielsweise die EU-europäische wissensbasierte Ökonomie auf das Ausschöpfen aller Arbeitskraftressourcen und die Integration aller Arbeitsfähigen – auch von Frauen – in den Arbeitsmarkt. Doch die Integration beider Geschlechter in die Erwerbsarbeit korrespondiert nicht mit der Minimierung familiärer Pflichten, vielmehr mit einer „Erweiterung" der Familienökonomie, allerdings auf das je eigene Risiko der in die Familienpflicht genommenen, also der „privatisierten" Personen. Die Entlastung oder die Honorierung von Familienarbeit bleibt nach wie vor minimalistisch, und aus Familienarbeit lassen sich noch immer nur prekäre soziale Rechte ableiten. Diese (Re-)Privatisierung von Reproduktionsarbeit sowohl als Refamilialisierung wie als Kommodifizierung ist keineswegs als „Liberalisierung" zu begreifen, sondern als widersprüchlicher Eingriff des Staates unter dem Vorzeichen von Ordnungspolitik.

Um zum Anfang zurückzukehren: Es gibt sie nicht, die Freiheit auszusterben. „Biopolitik" in der Ära des Neoliberalismus mündet im Gegenteil in eine ordnungspolitische und disziplinierende Demografiedebatte (vgl. dazu: Butterwegge 2007). Familienpolitische Maßnahmen sind ordnungspolitische Zugriffe auf die Generativität. Die neuen familienpolitischen Anrufungen weisen zum einen Tendenzen einer biopolitischen Disziplinierung auf (Kinderlosigkeit soll steuerlich bestraft werden), andererseits haben sie nationalistische bzw. eugenische Tendenzen. Insbesondere in der deutschen Debatte ging es um die „Ermöglichung" von Kindern für Akademikerinnen – wurden vor allem diese doch als kinderlose Gruppe definiert und problematisiert. Die Geschwister der neoliberalen Freiheit sind also „ganz unverhohlen und systematisch autoritäre und durchaus bürokratische Kontrollapparate" (Krasmann/Volkmer 2007, S. 16).

Frauenpolitische Freiräume im Neoliberalismus

Die Transformation von Staatlichkeit lässt sich zusammengefasst an der Informalisierung von Politik in nationalen und internationalen Verhandlungsnetzwerken festmachen. Staatliche Institutionen sind nur noch Vermittler nichtstaatlicher Akteure, aber nicht mehr privilegierte Akteure. Dies hat zwei Konsequenzen: Zum einen folgt daraus eine dichtere Knüpfung eines geschlossenen Netzwerks privater, auch zivilgesellschaftlicher Organisationen und mithin der Verlust an politischen, d.h. öffentlichen Aushandlungsprozessen, ein Verlust an Demokratie also. Auch eine „Vermännlichung" dieser Verhandlungs- und Entscheidungsnetzwerke ist zu beobachten, erfolgt Entscheidungsfindung doch in politischen „Hinterzimmern", zu denen Frauen keinen Zugang haben und an denen beispielsweise das Instrument der Quote scheitert.

Zum anderen ergibt sich die Chance zivilgesellschaftlichen frauenbewegten Engagements in der Verhandlungsdemokratie (vgl. Benz 1998). Doch auch diese Art der Politisierung erweist sich als Technologie der Macht, die politische Partizipation verspricht und Engagement fordert. Der „Fluchtpunkt der Aktivierungsanstrengungen" im Neoliberalismus „ist der Imperativ der Partizipation" (Bröckling 2005, S. 22). Zivilgesellschaft und bürgerschaftliches Engagement sind Konzepte, „mit denen an die ‚Eigenverantwortung' der Bürger/innen im Gemeinwesen appelliert wird" (Wöhl 2007, S. 112). Der Autonomie- und Freiheitsanspruch zivilgesellschaftlicher Gruppen – auch der Frauenbewegung der 1970er- und 1980er-Jahre – wird umgedeutet in einen Zwang zur Partizipation und wirkt damit tendenziell als Stillstellung des widerständigen Potenzials. Politische Freiheit entsteht nicht mehr aus wirtschaftlicher Freiheit, wie dies der führende Neoliberale Milton Friedman annahm, sondern wirtschaftliche Freiheit *ist* politische Freiheit.

Damit verbunden ist ein Diskurs, der feministische Zusammenhänge, Widerstände und Widerständigkeiten negiert und desartikuliert. Frauenbewegungen sind jedoch nicht nur Opfer dieser neoliberalen Entwicklungen, sondern auch aktive Akteurinnen. Sie sind Teil aktueller politischer Auseinandersetzungen, denn neoliberale Restrukturierung wird nicht nur von oben oktroyiert oder in die Menschen hineingezwungen: Menschen, Frauen und Männer, sind und werden am Umbau von Gesellschaft, Ökonomie und Staat aktiv beteiligt. Neoliberalismus ist gekennzeichnet durch eine Multiplizität von politischen Kräften, die stets miteinander konkurrieren sowie „unintendierte Ergebnisse und unerwartete Verbindungen" herstellen (siehe Larner 2000, S. 12). In diesen Artikulationen von hegemonialen und oppositionellen Kämpfen im Kontext neoliberaler Restrukturierung entstehen auch neue politische Subjektivitäten. Und nach wie vor ist der weibliche Alltag eine Quelle des Widerspruchs und des Widersprechens. Feministische Handlungsperspektive kann es sein, diese widersprüchlichen weiblichen Alltagspraxen, die Lücken und Brüche, welche die neoliberale Restrukturierung dort hinterlässt, sichtbar zu machen, zu politisieren und zu verändern, am Erwerbsarbeitsplatz wie auch in prekarisierten „privaten" Verhältnissen. Diese „Küchenpolitik" (Elson 2002), also die Politisierung von Brüchen im weiblichen Alltag, ist nach wie vor ein Weg zu mehr Demokratie. Davon können Frauenbewegungen des Südens, die beispielsweise die kapitalistischen Enteignungsprozesse skandalisieren, ein Lied singen, das jene des Nordens sich ruhig anhören sollten.

Quellen- und Literaturverzeichnis

Altvater, Elmar/Mahnkopf, Birgit (1996): Grenzen der Globalisierung. Ökonomie, Ökologie und Politik in der Weltgesellschaft, Münster

Benz, Arthur (1998): Postparlamentarische Demokratie? – Demokratische Legitimation im kooperativen Staat, in: Michael Th. Greven (Hrsg.), Demokratie – eine Kultur des Westens?, 20. Wissenschaftlicher Kongress der Deutschen Vereinigung für Politische Wissenschaft, Opladen, S. 201-222

Bröckling, Ulrich (2005): Gleichgewichtsübungen. Die Mobilisierung des Bürgers zwischen Markt, Zivilgesellschaft und aktivierendem Staat, in: spw. Zeitschrift für Sozialistische Politik und Wirtschaft 2, S. 19-22

Brodie, Janine (1994): Shifting Boundaries: Gender and the Politics of Restructuring, in: Isabella Bakker (Hrsg.), The Strategic Silence. Gender and Economic Policy, London, S. 46-60

Butterwegge, Christoph (2006): Krise und Zukunft des Sozialstaates, 3. Aufl. Wiesbaden

Butterwegge, Christoph (2007): Biologisierung und Ethnisierung des Sozialen im Demographiediskurs der Bundesrepublik, in: José Brunner (Hrsg.), Demographie – Demokratie – Geschichte. Deutschland und Israel (Tel Aviver Jahrbuch für deutsche Geschichte XXXV), Göttingen, S. 330-350

Butterwegge, Christoph (2008): Rechtfertigung, Maßnahmen und Folgen einer neoliberalen (Sozial-)Politik, in: ders./Bettina Lösch/Ralf Ptak, Kritik des Neoliberalismus, 2. Aufl. Wiesbaden, S. 135-219

Duclos, Denis (1998): Die Internationale der Hyperbourgeoisie, in: Le Monde Diplomatique (deutsche Ausgabe), August, S. 10-11

Elson, Diane (2002): International Financial Architecture: A View from the Kitchen, in: femina politica 1, S. 26-37

Foucault, Michel (2000): Die Gouvernementalität, in: Ulrich Bröckling/Susanne Krasmann/ Thomas Lemke (Hrsg.), Gouvernementalität der Gegenwart. Studien zur Ökonomisierung des Sozialen, Frankfurt am Main, S. 41-67

Foucault, Michel (2001): In Verteidigung der Gesellschaft, Frankfurt am Main

Krasmann, Susanne/Volkmer, Michael (2007): Einleitung, in: dies. (Hrsg.), Michel Foucaults „Geschichte der Gouvernementalität" in den Sozialwissenschaften, Berlin, S. 7-20

Larner, Wendy (2000): Neo-Liberalism: Policy, Ideology, Governmentality, in: Studies in Political Economy 3, S. 5-25

Legnaro, Aldo (2000): Aus der Neuen Welt. Freiheit, Furcht und Strafe als Trias der Regulation, in: Leviathan 2, S. 202-220

Marchand, Marianne H. (1996): Reconceptualising „Gender and Development" in an Era of „Globalisation", in: Millenium. Journal of International Studies 3, S. 577-603

Martschukat, Jürgen (2006): Feste Bande lose schnüren. „Gouvernementalität" als analytische Perspektive auf Geschichte, in: Zeithistorische Forschungen/Studies in Contemporary History, Online-Ausgabe 2, S. 1-5

Meyer, Mary K./Prügl, Elisabeth (Hrsg.) (1999): Gender Politics in Global Governance, Lanham

Michalitsch, Gabriele (2006): Die neoliberale Domestizierung des Subjekts. Von den Leidenschaften zum Kalkül, Frankfurt am Main/New York

Poulantzas, Nicos (2001): Die Internationalisierung der kapitalistischen Verhältnisse und der Nationalstaat, in: Joachim Hirsch/Bob Jessop/Nicos Poulantzas, Die Zukunft des Staates. Denationalisierung, Internationalisierung, Renationalisierung, Hamburg, S. 19-69

Rose, Nicolas (2000): Tod des Sozialen? – Eine Neubestimmung der Grenzen des Regierens, in: Ulrich Bröckling/Susanne Krasmann/Thomas Lemke (Hrsg.), Gouvernementalität der Gegenwart. Studien zur Ökonomisierung des Sozialen, Frankfurt am Main, S. 72-109

Runyan, Anne Sisson (1999): Women in the Neoliberal Frame, in: Mary K. Meyer/Elisabeth Prügl (Hrsg.), Gender Politics in Global Governance, Lanham, S. 210-220

Ruppert, Uta (2002): Aufgaben und Chancen im Rahmen der Globalisierung, um die Situation der Frauen in der Gesellschaft zu verbessern. Gutachten für die Enquête-Kommission „Globalisierung der Weltwirtschaft – Herausforderungen und Antworten", www.bundestag.de

Sauer, Birgit (2001): Die Asche des Souveräns. Staat und Demokratie in der Geschlechterdebatte, Frankfurt am Main/New York

Sauer, Birgit (2003): Die Internationalisierung von Staatlichkeit. Geschlechterpolitische Perspektiven, in: Deutsche Zeitschrift für Philosophie 4, S. 621-637

Sawer, Marian (1996): Gender, Metaphor and the State, in: Feminist Review 1, S. 118-134

Segal, Jacob (2006): The Discipline of Freedom: Action and Normalization in Theory and Practice of Neo-Liberalism, in: New Political Science 3, S. 323-334

Walpen, Bernhard (o.J.): Neoliberalismus, in: Wörterbuch der Sozialpolitik, in: www.socialinfo.ch

Wöhl, Stefanie (2007): Mainstreaming Gender. Widersprüche europäischer und nationalstaatlicher Geschlechterpolitik, Königstein im Taunus

Elmar Altvater

Globalisierter Neoliberalismus

Der Neoliberalismus hat eine lange Geschichte: Einige Elemente neoliberaler wirtschaftstheoretischer Ansätze und daraus abgeleiteter wirtschaftspolitischer Konzepte können bis zu den Begründern des liberalen Denkens im frühen 18. Jahrhundert zurückverfolgt werden, zu David Hume, Bernard de Mandeville und anderen. Die moderne Version des Neoliberalismus jedoch erlebte ihren Aufstieg am Ende der 1970er-Jahre nach dem „big bang", also der vollen Liberalisierung von Finanzmärkten unter Margaret Thatcher in Großbritannien, und mit den „Reaganomics" in den USA zu Beginn der 1980er-Jahre. Sie lieferten den politischen Unterbau von Milton Friedmans triumphierender Ausrufung der „neoliberalen Konterrevolution" nach der Erschöpfung bzw. „Krise" des „keynesianischen Staatsinterventionismus" sowie der anschließenden Demontage des Entwicklungs- und Planungsstaates in der sog. Dritten Welt. Der Neoliberalismus ist also nicht nur eine geschichtsmächtige Denkschule, sondern nimmt auch den gesamten Globus als seinen Geltungsbereich in Anspruch. Dabei spielten in den 1980er-Jahren die Bretton-Woods-Institutionen, IWF und Weltbank, mittels der Brechstange der „Konditionalität" ihrer Kreditvergabe eine besondere Rolle. Nicht durch historischen Zufall brachen die Planwirtschaften im „real sozialistischen" Osten am Ende der 1980er-Jahre zusammen. Seitdem wurden sie in einer brutal kurzen Zeit in die „offensten" Wirtschaften und Gesellschaften der Welt verwandelt und so vom „Weg zur Knechtschaft" abgebracht, wie der Titel eines sehr einflussreichen Buches Friedrich August von Hayeks (1944) lautet.

Sozialismus, in welcher Form auch immer, führt in die totalitäre Gesellschaft – so lautet eine der Kernbotschaften des Neoliberalismus. Länder mit einer Planwirtschaft und/oder ausgebauten Systemen des Wohlfahrtsstaates, mit öffentlichen Gütern oder Staatseigentum seien letztlich totalitär – unabhängig davon, wie sie politisch organisiert und gesellschaftlich strukturiert sind. Autoritär hingegen seien jene Länder mit autoritärem oder diktatorischem politischen System, die zugleich eine „freie Marktwirtschaft" mit geschütztem Privateigentum aufweisen. Fidel Castros Kuba ist in neoliberaler Weltsicht ein herausragendes Beispiel für ein totalitäres Land, während Chile unter Augusto Pinochet nur als autoritär galt, so Jeane J. Kirkpatrick (1982), damals einflussreiche US-Botschafterin bei den Vereinten Nationen. Im Umkehrschluss hieße dies, dass dort die Freiheit am größten wäre, wo die Regierung minimiert und der Markteinfluss maximiert wurde. Doch halt, Regierungen müssen regieren und daher auch Zwang ausüben, ihre Autorität einsetzen können. Das ist so lange in Ordnung, wie die „coercive power" von der Regierung nicht benutzt wird, um ökonomische und soziale Verhältnisse zu transformieren. Gemeint ist natürlich eine Transformation in Richtung Sozialismus, wobei als sozialistisch alles gilt, was nicht liberal ist. Denn hier beginnt bereits der Totalitarismus (vgl. Kirkpatrick 1982, S. 100 ff.), fängt mithin der „Weg zur Knechtschaft" an.

„Wir sind alle Keynesianer", obwohl sich der Neoliberalismus ausbreitet

Der Neoliberalismus und die Wirtschaftspolitik, die nach Kriegsende darauf basierte, waren jedoch nicht so extrem, wie man es nach dem Triumph der neoliberalen Konterrevolution in den 70er-Jahren hätte befürchten müssen. Während der 50er- und 60er-Jahre war die neoliberale Schule vor allem an Westdeutschlands Universitäten und in den Zirkeln präsent, die sich wie die „Aktionsgemeinschaft Soziale Marktwirtschaft" (ASM) propagandistisch für die „Soziale Marktwirtschaft" betätigten. Selbst die Wirtschaftspolitik eines glühenden Neoliberalen wie des langjährigen Bundeswirtschaftsministers Ludwig Erhard enthielt freilich interventionistische Elemente (vgl. Ptak 2004, S. 248 ff.). Es ist paradox, aber US-Präsident Richard Nixon, ein konservativer, sogar reaktionärer Politiker und engagierter Neoliberaler in ökonomischen Angelegenheiten, gestand zu Beginn der 70er-Jahre: „Wir sind alle Keynesianer." Denn der „Keynesianismus" bildete in vielen Ländern während des „Goldenen Zeitalters" (Joan Robinson) und der „Wirtschaftswunder" von den späten 40er-Jahren bis Mitte der 70er-Jahre das hegemoniale Konzept von Wirtschaftstheorie und -politik (vgl. Altvater u.a. 1979).

Dies war unter dem Schirm eines internationalen Währungssystems mit festen Wechselkursen und eingeschränkter Konvertierbarkeit von Währungen und bei Kapitalverkehrskontrollen möglich. Es gab deshalb in den Jahren nach dem Zweiten Weltkrieg zunächst nur geringe internationale Kapitalflüsse, und nationale Institutionen (das Finanzministerium und die Zentralbank) besaßen noch die Souveränität in der Fiskal-, Geld- und Währungspolitik bei der Festlegung von Wechselkursen und Zinssätzen. Man konnte Wachstum, Preisstabilität und Leistungsbilanz (das sog. Magische Dreieck) durch makroökonomische Eingriffe von nationalstaatlichen Institutionen aktiv beeinflussen und das Zinsniveau unter das der Grenzleistungsfähigkeit des Kapitals (also unter die Profitrate) drücken. Das hieß für John Maynard Keynes (1936/1964, S. 376) „the euthanasia of the rentier, and, consequently, the euthanasia of the cumulative oppressive power of the capitalist to exploit the scarcity-value of capital." Das produktive Kapital der realen Wirtschaft sollte auf jeden Fall den Vorrang vor den Finanzinvestoren haben, die auf finanzielle Rendite aus sind, ob ihr ein real produzierter Überschuss zugrunde liegt oder nicht.

Strukturelle Arbeitslosigkeit gab es in jenen „Goldenen Jahren" nicht. Im ersten Vierteljahrhundert nach dem Zweiten Weltkrieg war es deshalb gerechtfertigt, einer vergleichenden Studie der Varianten des „modern capitalism" in verschiedenen hoch entwickelten Marktwirtschaften (den USA, Großbritannien, Frankreich, Deutschland und Italien) in der deutschen Übersetzung den Titel „Geplanter Kapitalismus" (Shonfield 1965 bzw. 1968) zu geben. Das Konzept der „varieties of capitalism" wurde um die Jahrtausendwende wiederentdeckt (vgl. Hall/Soskice 2001; Hoffmann 2006), jetzt allerdings mit einer anderen Färbung als in den 60er-Jahren. Bei der Untersuchung von kapitalistischen „varieties" konzentriert sich die Aufmerksamkeit auf die institutionellen Ordnungen und deren Wirkungen auf die Wettbewerbsfähigkeit von „Standorten" in der globalen Konkurrenz, gerade der Konkurrenz von Finanzplätzen. Auch darin kommt der historische Übergang vom nationalen keynesianischen Interventions- zum globalisierten „Wettbewerbsstaat" (Cerny 1995) zum Ausdruck.

Obwohl der Keynesianismus in den ersten Jahrzehnten nach dem Zweiten Weltkrieg das hegemoniale Konzept der Wirtschafts- und Gesellschaftspolitik war, konnte sich die neoliberale Lehre in Wissenschaft, Medien und Politik auch während des „Goldenen Zeitalters" ausbreiten. Dies hatte vor allem drei Gründe, deren wichtigster in der einfachen, einleuchtenden und in sich stimmigen Botschaft lag, die der Neoliberalismus auf eine äußerst effiziente Weise verbreitete: Eine freie Wettbewerbsordnung gewährleistet am ehesten das Beste für die Menschen, und die Versuche einer wie auch immer gearteten Planung sind nicht nur ineffizient, sondern zerstören letztlich auch die Freiheit. Das alte liberale Mantra wurde an die modernen Zeiten angepasst. Konkurrenz auf freien Märkten erzeugt obendrein ein makroökonomisches Gleichgewicht. Das Gleichgewicht kann als ein sozialer, politischer und ökonomischer Stillstand verstanden werden, es könnte sogar als „das Ende der Geschichte" interpretiert werden. Lange vor dem Neokonservativen Francis Fukuyama (nach dem Verschwinden des real existierenden Sozialismus) hatte Antoine-Augustin Cournot, wie von Perry Anderson (1992) in seiner „Zone of Engagement" dargelegt, diese Idee. Wo ökonomische Prozesse

Optima und ein Gleichgewicht zum Ergebnis haben, gibt es keinen Grund, einen anderen Zustand anzustreben oder gar die ökonomische und politische Ordnung sowie ihre Regulationsweise zu wechseln. Wenn man thermodynamisch das Gleichgewicht als Zustand höchster Entropie versteht, ist eine Alternative auch gar nicht mehr möglich.

Neoliberale Grundsätze werden so verankert, dass sie unwiderruflich sind. Das Verfahren folgt den Überlegungen Friedrich August von Hayeks (1944, S. 175), der in seiner zitierten Schrift für ein „international Rule of Law" plädiert, d.h. unveränderbare Regeln, die für alle, die sich dem Vertragswerk unterwerfen, gültig sind und von einer internationalen Macht auch durchgesetzt werden können. Das ist die Methode, mit welcher der Neoliberalismus in den Dekaden nach 1970 globalisiert worden ist. Durch internationale Verträge wurden die national-staatlichen politischen Kräfte und Regierungen so gebunden, dass sie letztlich zu sozialstaatlichen Interventionen nicht mehr in der Lage sind. Die dumme Losung „There is not alternative" (Tina) enthält also eine perfide Note dadurch, dass neoliberale Regierungen *fait accomplis* schaffen, die in Gestalt des „international rule of law" letztlich *Lock-in*-Effekte in den Ländern des internationalen Systems erzeugen. Die Gewerkschaftsgesetzgebung in Großbritannien und die Privatisierungen unter Margaret Thatcher sind schwer rückgängig zu machen, selbst wenn eine Regierung dies planen sollte (die Blair-Regierung hat es niemals ernsthaft versucht). Der EU-Verfassungsvertrag von 2004 war von seinen Protagonisten auch dazu gedacht, neoliberale Prinzipien der Wirtschaftsordnung und -politik mit Verfassungsrang zu versehen und andere wohlfahrtsstaatlich orientierte Ansätze durch „constitutional neoliberalism" zu disziplinieren. Diese Absicht des „disciplinary neo-liberalism" (Gill 1998) wurde durch das Scheitern des Verfassungsvertrages in den Referenden, die Frankreich und die Niederlande im Mai/ Juni 2005 abhielten, vorerst zunichte gemacht. Für den am 13. Dezember 2007 unterzeichneten Vertrag von Lissabon gilt jedoch Ähnliches.

Neoliberale Transformationen des real existierenden globalen Kapitalismus

Die „Revolution" der sozialen, ökonomischen und politischen Systeme im Verlauf der 70er-Jahre machte die „Konterrevolution", von der Milton Friedman sprach, erst möglich. In den Kategorien von Antonio Gramsci handelte es sich dabei um eine „passive Revolution", eine Anpassung der sozialen, ökonomischen und politischen Verhältnisse des zeitgenössischen Kapitalismus an die neuen

Herausforderungen, in deren Verlauf die Herrschaft des globalen Kapitals über die subalternen Klassen durch Wandel gestärkt worden ist (vgl. dazu vor allem Röttger 1997). Die wichtigsten Aspekte der historischen Transformation in den 70er-Jahren sind:

(1) Das Bretton-Woods-System fester Wechselkurse endete im März 1973. Die Bildung der Wechselkurse wurde den Kräften der mehr und mehr liberalisierten und globalisierten Finanzmärkte überlassen. Es war erneut Margaret Thatcher, die nach dem Zusammenbruch des Bretton-Woods-Systems durch die Liberalisierung der Kapitalmärkte den privaten Akteuren alle Pforten für ihre Geschäfte öffnete. Die Bildung von entscheidenden Preisen für die Entwicklung der Weltwirtschaft wie Wechselkursen und Zinssätzen war nicht mehr Sache offizieller, staatlicher Stellen. Sie wurde vielmehr privaten Akteuren, d.h. multinationalen Banken, spekulativen Investment- und anderen Fonds sowie transnationalen Unternehmen überlassen. Dies war einer der ersten Akte der Privatisierung, die in den folgenden Jahren über die ganze Welt fegte, worauf Egon Matzner (2002) hingewiesen hat. Die neuen privaten Akteure verwendeten die ihnen gewährte Freiheit sofort, um neue Finanzmarktprodukte zu kreieren, d.h. neue Instrumente zur Steigerung ihrer Gewinne und zur Öffnung von regulierten Märkten, um ihre Geschäftsfelder zu erweitern. Regulation (durch Devisenkontrollen, von der Zentralbank festgelegte Zinssätze, Kreditkontrollen usw.) gilt den Finanzakteuren als „Repression" der Finanzsysteme, die unbedingt aufzugeben war. Seitdem haben Finanzmärkte aber ihre eigenen Methoden der finanziellen Unterdrückung ausgeübt: gegen die reale Wirtschaft und gegen soziale Systeme zum Zwecke des Transfers von Einkommen zu den Finanzakteuren (vgl. Altvater 2004). Dies ist die Umkehr der Keynes'schen Forderung, dass finanzielle Renditen unterhalb der realwirtschaftlich erzielbaren Profitraten liegen sollten. Die finanzielle Unterdrückung („oppressive powers of capitalists") kommt wieder und wird zu einem Hauptkennzeichen moderner neoliberaler Politik im globalen Raum. Dieser Zustand ist als „accumulation by dispossession" (Harvey 2003) bezeichnet worden. Für Thatcher war dies in den 70er- Jahren kein Thema; sie war davon überzeugt, „that there is no such thing as society".

(2) Eine andere Schlüsselgröße änderte sich einige Monate nach dem Zusammenbruch des Bretton-Woods-Systems ebenfalls dramatisch: der Ölpreis. Koordiniertes Vorgehen der OPEC im Oktober 1973 führte dazu, dass sich der Ölpreis von ca. 2 US-Dollar auf etwa 11 US-Dollar pro Barrel mehr als verfünffachte. Dieses Ereignis hatte radikale Auswirkungen auf die Beziehungen zwischen der indus-

trialisierten und der sog. Dritten Welt. Denn auf liberalisierten Finanzmärkten konnten die Finanzinstitutionen die „Petrodollars" aus dem Nahen Osten gewinnträchtig an Öl importierende Länder der sog. Dritten Welt ausleihen, deren Exporteinnahmen zur Bezahlung der Ölrechnung nicht ausreichten. Durch dieses „recycling" wurde im Verlauf weniger Jahre ein gewaltiger Schuldenberg aufgetürmt. Solange die realen Zinssätze niedrig (zeitweise in einigen Ländern sogar negativ) waren, gab es wenig Probleme mit dem Schuldendienst. Als aber 1979 das US-Federal-Reserve-System die Zinssätze verdreifachte (das war der sog. Volcker-Schock), um die Dollar-Abwertung zu stoppen, bekamen die hoch verschuldeten Länder erhebliche Schwierigkeiten mit dem Schuldendienst. Mexiko musste 1982 die Schuldendienstzahlungen einstellen, weil das Land zahlungsunfähig geworden war; Brasilien und fast alle anderen Dritt-Welt-Länder folgten. Die 80er-Jahre waren für die Entwicklungsländer ohne Zweifel ein „verlorenes Jahrzehnt".

Fast wäre das „verlorene Jahrzehnt" des Südens auch für die international operierenden Banken verloren gewesen, wenn nicht der IWF die Anpassungslasten an die Schuldenkrise einseitig den Schuldnerländern zugeschoben hätte. Die Priorität des von den Bretton-Woods-Institutionen auferlegten Schuldendienstes vor allen anderen Staatsausgaben war bereits eine Folge der disziplinierenden Wirkung neoliberaler Praktiken, der „oppressive power of capital". Der Schuldendienst wurde mehr oder weniger verstaatlicht, damit die privaten Forderungen der Banken nicht abgewertet werden mussten. Das Bretton-Woods-System brach zwar zusammen, seine Institutionen wurden aber paradoxerweise mächtiger als jemals zuvor. Ihre Aufgabe war nun nicht mehr der Schutz des Wechselkurses von Währungen vor Kursschwankungen, sondern die Sicherung des Wertes privater Kapitalflüsse der finanziellen Institutionen. Hier ist die Marx'sche Unterscheidung zwischen verschiedenen Funktionen des Geldes wichtig. Während des Bretton-Woods-Systems wurde das Geld als Tausch- und Zirkulationsmittel gesichert; nach der Liberalisierung der Finanzmärkte diente es als Zahlungsmittel und als Kredit, weshalb es den regulierenden Institutionen nun vor allem um die Sicherung der finanziellen Verbindung zwischen Gläubigern und Schuldnern ging. Letztere mussten dazu angehalten werden, den Schuldendienst zu leisten. Denn nur dann war gewährleistet, dass die Geldvermögen nicht abgewertet werden mussten (vgl. hierzu: Altvater/Mahnkopf 2007, S. 182 ff.).

Hier liegt der Grund dafür, dass die verschuldeten Länder das neoliberale Regelwerk des „Washington-Konsenses" einzuhalten hatten. Dieser bestand aus einem umfänglichen Katalog, über dessen Einhaltung die Institutionen von Bretton Woods, die US-Regierung und die vielen *thinks tanks* (alle ansässig in Wa-

shington) wachen sollten: Stärkung privater Eigentumsrechte; Haushaltsdiszi-
plin; Senkung der Steuern auf mobile Produktionsfaktoren bei gleichzeitiger
Ausweitung der Steuerbasis; hohe Zinsen, um die Währung attraktiv für mobiles
Kapital zu machen; Wechselkurse, welche die Wettbewerbsfähigkeit fördern;
Handelsliberalisierung; Verbesserung der Rahmenbedingungen für ausländische
Direktinvestitionen; Privatisierung öffentlicher Einrichtungen; Entbürokratisierung und Deregulierung (vgl. Deutscher Bundestag 2002, S. 73 ff.). So wurde die
verschuldete „Dritte Welt" unter der Kuratel von IWF und Weltbank gehalten,
was zugleich eine der Bedingungen dafür bildete, dass die US-amerikanische
Hegemonie, die nach der Niederlage in Vietnam 1975 und dem Dollar-Verfall in
den 70er-Jahren gefährdet war, wieder wie Phönix aus der Asche neu erstehen
konnte.

(3) Ebenfalls in den frühen 70er-Jahren wurden von den herrschenden Eliten die
„Krise der Regierbarkeit" und die „Krise der Demokratie" ausgerufen (vgl. Sklar
1980). Eine der Antworten darauf war die Schaffung informeller zwischenstaatli-
cher Beziehungen der führenden kapitalistischen Staaten. Die Gipfel der Gruppe
der Sechs (das erste Treffen fand 1975 in Rambouillet bei Paris statt), später der
G-7 und heute der G-8 wurden ebenfalls während 70er-Jahre ins Leben gerufen.
Dies war ein sichtbares Zeichen des sich ändernden „Pluriversums" der Nationalstaaten, die weniger durch formelles Vertrags- und Völkerrecht als durch neue
informelle Arten globaler politischer Regulierung verbunden sind. Informelle
Politik braucht sich an die manchmal strikten und rigiden Regeln der Politik
(durch Gesetze, internationale Verträge und eine Verfassung kodifiziert) nicht zu
halten, wodurch Legitimationsprobleme vermieden werden können.

(4) In den 70er-Jahren endete auch die Zeit der Vollbeschäftigung, die sowieso
eine Ausnahme in der Geschichte kapitalistischer Entwicklung und der „Rekon-
struktionsperiode" nach dem Zweiten Weltkrieg geschuldet war. Seit Mitte des
Jahrzehnts aber bildete sich erneut eine Reservearmee von arbeitslosen Menschen. Die Arbeitslosigkeit stieg und verfestigte sich in den industrialisierten
Ländern strukturell. Das war nach der „Wirtschaftswunder"-Zeit eine neue und
bestürzende Erfahrung für große Massen von Arbeitern. In der sog. Dritten Welt
wurde eine neue Form der Arbeit entdeckt: die „informelle Ökonomie" mit Arbeitern, die nicht formell erwerbstätig und nicht „formell arbeitslos" waren,
gleichwohl aber der Arbeit nachgingen. Diese bis dato jenseits des Horizonts der
Arbeitsmarktforschung befindlichen Arbeiter/innen wurden mangels eines besseren Begriffs als „informell" bezeichnet. Die Kategorie der informellen Arbeit er-

fuhr eine erstaunliche Karriere, denn wenige Jahrzehnte nach ihrer Entdeckung zählte man in Afrika fast 90 Prozent, in Lateinamerika fast 60 Prozent, in den OECD-Ländern bis zu 30 Prozent der Erwerbspersonen zur informellen Ökonomie. Viele von ihnen gehören heute zum „Prekariat", weil ihre Lebensbedingungen prekär sind. Informelle Arbeit ist inzwischen „normal" geworden, während formelle Arbeit als Realität nur für eine Minderheit von Arbeiter(inne)n weltweit existiert (vgl. dazu: Altvater/Mahnkopf 2002).

Die „Goldenen Jahre" des Keynesianismus und Fordismus der Nachkriegszeit (der Massenproduktion und des Massenkonsums; beide verbunden mit massivem Naturverbrauch, sowohl von Ressourcen als auch von Senken für die vielfältigen Emissionen des ökonomischen Systems) wurden und werden abgelöst von einem neoliberalen „Produktivismus" von Standorten im globalen Wettbewerb. Nun konkurrieren nicht mehr Marktteilnehmer/innen auf Märkten, auf denen gleiche „Spielregeln" gelten, sondern „Standorte" mit den für Unternehmen möglichst günstigen „Spielregeln", also mit vergleichsweise niedrigen Steuern (Steuerwettbewerb), niedrigen Arbeitskosten, laxen Umweltauflagen, Subventionen etc. So wird ein „Wettlauf der Besessenen" (Krugmann 1994) ausgelöst, dessen Resultat kurzfristig höhere Gewinne für mobiles Kapital und privater Reichtum, zugleich aber öffentliche Armut infolge des Abbaus von Sozialstaatlichkeit und eine Verschlechterung der Umweltbedingungen bilden. Es verändern sich in diesem „race to the bottom" die Klassenverhältnisse und die regulierenden Institutionen. Die Gewerkschaften als Repräsentanten des am wenigsten mobilen „Produktionsfaktors" werden geschwächt. Die mobilsten „Produktionsfaktoren", die Investitions-, Hedge-, Pensions- bzw. Private-Equity-Fonds, akkumulieren eine ungeheure monetäre, ökonomische und in der Folge auch politische Macht, mit der sie in der Lage sind, Regierungen unter Druck zu setzen. Die Nationalstaaten fungieren im Zeitalter neoliberaler Globalisierung eher als „Hüter des Standorts" denn als „Hüter der Verfassung", sorgen für die Wettbewerbsfähigkeit des jeweils „eigenen" Wirtschaftsstandortes im globalen Wettbewerb und ordnen diesem Ziel alle anderen Politikoptionen unter. Das ist möglich, weil sich innerhalb der Staatsapparate die veränderten ökonomischen, mithin sozialen und politischen Kräfteverhältnisse artikulieren, sowohl in den repressiven wie den ideologischen Staatsapparaten, um Louis Althussers Terminologie zu verwenden. Diese Transformationen stellen den Hintergrund der neoliberalen Konterrevolution gegen den Keynesianismus dar, wie Milton Friedman das ideologische Projekt beschrieb. Es wurde von ökonomisch liberalen und politisch konservativen Kräften in den führenden Ländern der Welt gefördert. Als Margaret Thatcher

1979 die Regierung übernahm, nutzte sie ihre Macht sofort dazu, die Kräftebalance zwischen der Arbeiterklasse und dem Kapital, wie sie sich in den Jahrzehnten des britischen Wohlfahrtsstaates in der Tradition von Lord William Beveridge herausgebildet hatte, durch Entmachtung der Gewerkschaften zugunsten des Kapitals zu ändern. Dem kam, wie schon erwähnt, das Ende der Vollbeschäftigung und des keynesianisch-korporativen Klassenkompromisses entgegen. 1980 gewann Ronald Reagan die Präsidentschaftswahl, wodurch sich in den USA die reaktionärsten Positionen durchsetzen konnten und die Kräfteverhältnisse in der gesamten Welt veränderten. Im Herbst 1982 löste Helmut Kohl hierzulande Helmut Schmidt als Kanzler der SPD/FDP-Koalition ab, weil die Liberalen um Otto Graf Lambsdorff und Hans-Dietrich Genscher aus opportunistischen Erwägungen den Partner wechselten (vgl. dazu: Butterwegge 2008, S. 137). Kohl versprach eine „moralische und geistige Wende", mithin alles zu tun, um die Bundesrepublik in Richtung konservativer und neoliberaler Positionen zu lenken. In diesem Zusammenhang muss auch erwähnt werden, dass die meisten lateinamerikanischen Länder damals von Militärdiktaturen beherrscht wurden. Den Anfang machte Brasilien mit dem Militärputsch von 1964; das Regime verschärfte die Repression unter General Emilio Garratazú Medici 1968. Die brutalsten und autoritärsten – und zugleich die neoliberalsten – Regime folgten in Chile unter General Augusto Pinochet und Argentinien unter Jorge Rafael Videla, in dessen Junta der am meisten der neoliberalen Botschaft hörige Minister für ökonomische Angelegenheiten, Martinez De Hoz, wirkte und der argentinischen Bevölkerung einen gewaltigen Schuldenberg aufbürdete, der hauptverantwortlich für die galoppierende Inflation der 80er-Jahre wurde.

Die letzten Hindernisse eines vollen Sieges des Neoliberalismus in der Welt fielen am Ende des Jahrzehnts im Verlauf der „samtenen Revolutionen" in Mittel- und Osteuropa und 1991, als die Sowjetunion in eine Reihe von Staaten zerfiel. Die Hasardeure des Neoliberalismus hatten triumphiert, vor allem Ronald Reagan mit seiner Politik, die Sowjetunion „totzurüsten". Es war erneut Margaret Thatcher, die das Triumphgeschrei in den berühmten Tina-Satz „Es gibt keine Alternative" kleidete. Keine Alternative zu was? Zu einer neoliberalen Weltordnung? Wissenschaftlich und theoretisch ehrgeiziger und anspruchsvoller als das Ausposaunen des politischen Triumphs waren die Interpretation des Zusammenbruchs des real existierenden Sozialismus und die Ausdehnung der neoliberalen Hegemonie in der Welt als das „Ende der Geschichte" (Francis Fukuyama). Mit dieser selbstgewissen Interpretation wurde der Neoliberalismus als Ideologie auch in den Sozialwissenschaften, in erster Linie in der Ökonomie, dominierend.

Zunächst löste der Monetarismus den keynesianischen, antizyklisch operie-renden Interventionsstaat ab und wurde für die nächsten Jahrzehnte bis hinein in unsere Tage zum hegemonialen wirtschaftspolitischen Konzept. Die von der „unabhängigen" Zentralbank bereitgestellte monetäre Basis sollte den Marktbe-dingungen Rechnung tragen und die Ausschöpfung von Produktivitäts- und Wachstumspotenzialen ermöglichen. Dafür stehen unterschiedliche Verfahren zur Verfügung, die aber alle eine Beziehung zwischen Produktionspotenzial, dessen Ausschöpfung, Wachstumsrate, Inflation und schließlich Zentralbankzins herstellen. Da die geldtheoretische Durchdringung der Funktionsbedingungen der modernen monetär-kapitalistischen Marktwirtschaft zu wünschen übrig lässt, hält man sich zumeist an „Pi-mal-Daumen-Regeln", z.B. die Taylor-Regel[1]. Die Unabhängigkeit der Zentralbank betrifft also nur die Unabhängigkeit gegenüber anderen politischen Zielen, vor allem jenem der Vollbeschäftigung, und gegen-über denjenigen Kräften, die sich für dessen Realisierung auch gegen die Markt-kräfte einsetzen. Die Isolierung der Zentralbank gegenüber demokratischen poli-tischen Institutionen eröffnet die „Freiheit" zur Geld- und Währungspolitik, deren Ziele und Mittel mit den Interessen globalisierter Finanzmärkte kompati-bel, also davon abhängig sind. Die Regel der Unabhängigkeit ist in die Statuten der Europäischen Zentralbank (EZB) übernommen worden, ganz so, wie es auch die Satzung der Deutschen Bundesbank vorsah.

Neoliberale Doxa

Doxa sind Lehrsätze, Prinzipien des Urteilens und Bewertens, die eigentlich nicht hinterfragt und so zu Glaubenssätzen, zu Dogmen werden können. Auch in poli-tischen Kreisen, unter Sozialdemokrat(inn)en und Grünen, wurde der Neolibera-

---

[1] Die nach dem US-amerikanischen Ökonomen John B. Taylor benannte Regel ist aus empirischen Beob-achtungen der Zinspolitik der US-Zentralbank gewonnen worden. Danach ist der Diskontsatz (daher „Pi mal Daumen") die Addition von Realzinssatz (Nominalzinsen abzüglich der Inflationsrate) und aktueller Inflationsrate. Die Zentralbank folgt also mit ihrer Zinspolitik den Marktvorgaben. Diese Anhängigkeit von Märkten kann sie nur durchhalten, wenn sie unabhängig von der Regierungspolitik ist (daher der große Wert, der auf die Unabhängigkeit früher der Deutschen Bundesbank, heute der Europäischen Zentralbank gelegt wird). Die Zinspolitik wird korrigiert durch Beobachtungen des Wachstumstrends von Produktivität und Sozialprodukt. Ein Wert oberhalb des Trends signalisiert Überhitzung und legt daher eine rigide Zinspolitik nahe. Ein Wert unter dem Trend kann Zinssenkungen begründen. Darüber hinaus berücksichtigt die Taylor-Regel die Abweichung der aktuellen Inflationsrate von der von der Zentralbank unterstellten und akzeptierten Inflationsrate. Die Taylor-Regel unterstellt die Möglichkeit eines gleichgewichtigen Wachstums (wenn reales BIP-Wachtum und realer Zinssatz identisch sind), das als Ziel mit den Mitteln der Zinspolitik erreicht werden könne.

lismus als eine Art Dogma, ja als Staatsreligion akzeptiert. Das wichtigste neoliberale Dogma ist die Annahme einer grundsätzlichen Stabilität des privaten Sektors. Wenn sich dennoch Instabilitäten oder sogar Krisentendenzen zeigen, sind politische Institutionen dafür verantwortlich. Sie haben offensichtlich die Gesetze des Marktes durch ungerechtfertigte Eingriffe verletzt. Eine Inflation oder die Abwertung der Währung sind demnach monetäre Phänomene und haben nichts mit realwirtschaftlichen Widersprüchen zu tun. Deshalb kann sich die unabhängige Zentralbank auf die Kontrolle der Geldmenge konzentrieren. Die staatliche Fiskalpolitik hat auf lange Sicht keinen Einfluss auf die Wachstumsrate der Wirtschaft und den Beschäftigungsgrad der Arbeit und sollte deshalb ebenfalls den Regeln der Geldwertstabilität und nicht dem Politikziel Vollbeschäftigung folgen.

Das nächste neoliberale Dogma geht von unabhängigen Märkten aus und lehnt folglich die Keynes'sche Annahme einer Hierarchie der Märkte, deren Preise sich beeinflussen, ab. Die Lohnbildung auf dem Arbeitsmarkt ist aus dieser Sicht unabhängig von der Zinshöhe auf Geld- und Finanzmärkten sowie den Preisen der Gütermärkte. Die Zinspolitik der Zentralbank hat damit keinen direkten Einfluss auf Beschäftigung und Einkommensverteilung. Arbeitslosigkeit über dem NAIRU-Niveau[2] ist deshalb das Ergebnis einer ineffizienten Allokation des Produktionsfaktors Arbeit und Folge eines wirtschaftlich ungerechtfertigt hohen Lohnniveaus.

Zugleich ist der Neoliberalismus eine sehr optimistische Ideologie, die das Dogma einschließt, dass die Menschheit für alle Probleme, denen sie ausgesetzt ist, geeignete Lösungen findet. Beispielsweise können Umweltprobleme rechtzeitig gelöst werden, weil Märkte – wie vor allem Friedrich August von Hayek (1969) zu betonen nicht müde wurde – das beste verfügbare Entdeckungsverfahren für Problemlösungen sind sowie technischen und organisatorischen Innovationen Raum geben. Auch der Klimakollaps oder die absehbaren Grenzen der Versorgung mit fossilen Brennstoffen (Peakoil) lassen sich nach neoliberalem Verständnis mit Hilfe des Marktmechanismus lösen. Dass dies womöglich eine gefährliche Illusion ist, hat Jared Diamond (2006) am Beispiel des plötzlichen Kollapses von Gesellschaften gezeigt. Das dem Marktmechanismus zugeschrie-

---

[2] NAIRU steht für „non accelerating inflation rate of unemployment". Hierbei handelt es sich um einen umständlichen Ausdruck für die unterstellte „natürliche Arbeitslosigkeit". Wird diese unterschritten, so die NAIRU-Interpretation, dann hat dies eine steigende Inflationsrate zur Folge, und umgekehrt. Die NAIRU ist allerdings nicht naturgegeben, sondern von institutionellen Regeln des Arbeitsmarktes und von der Wirtschaftspolitik abhängig, folglich in verschiedenen Ländern unterschiedlich hoch. Dem neoliberalen Weltbild kommt das Konzept insofern entgegen, als die Verantwortlichkeit für die Höhe der Arbeitslosigkeit bei den Löhnen und daher bei der Lohnpolitik der Gewerkschaften bzw. der Tarifparteien liegt.

bene „Entdeckungsverfahren" kann zu Resultaten führen, die in eine völlig falsche Richtung weisen und Probleme verschärfen, statt sie zu lösen.

Das politische Rezept des Neoliberalismus, welches sich aus diesen Dogmen herleitet, ist ziemlich einfach. Gesteigerte Standortkonkurrenz führt zur Entdeckung der wettbewerbsfähigsten (und mithin besten) Orte, Produkte und Verfahren. Politische Deregulierung, ökonomische Liberalisierung und die möglichst weitgehende Privatisierung von öffentlichen Gütern und Dienstleistungen sind ein positiver Beitrag zu ökonomischer (und wegen der Interdependenz der Ordnungen auch gesellschaftlicher wie politischer) Stabilität. Sie befördern jene Entdeckungen, mit denen man Probleme gleich welcher Art lösen und den Wohlstand steigern kann.

Doch werden die sich so selbstbewusst gebenden Dogmatiker des Neoliberalismus infolge der nicht zu leugnenden ökologischen Krise verunsichert. Zu Beginn des bürgerlichen Zeitalters konnten Liberale wie Bernard de Mandeville (1705/1957) noch selbstverständlich davon ausgehen, dass sich private Laster in öffentliche Tugenden verwandeln. Doch gegen Ende des bürgerlich-kapitalistischen Zeitalters kommt eher tragisches Denken auf: Selbst tugendhaftes Individualverhalten führt nicht zum öffentlichen Wohl, wenn die Grenzen der Ausbeutbarkeit und Belastbarkeit der Allmende, also der Ressourcen und Senken der Natur, erreicht sind (vgl. dazu: Hardin 1968). Die individuelle Rationalität des Handelns bringt gesellschaftlich irrationale Resultate hervor. Dann können – dies ist für Neoliberale völlig inakzeptabel – nur noch Regeln wirken, die das individuelle Handeln in gesellschaftliche Rationalität einbinden. Doch das neoliberale Dogma ist auch hier nicht um eine Lösung verlegen, wenngleich diese zunächst verrückt erscheint.

Die verrückte Idee des Handels mit Emissionszertifikaten

Dabei geht es um die Privatisierung der Atmosphäre als Deponie für Treibhausgase durch Ausgabe von Emissionszertifikaten, die auf dem Markt, nach der Vorstellung der Vertreter dieser Idee auf einem Weltmarkt für Verschmutzungsrechte, gehandelt werden können. „In an atmosphere of privatisation they began privatising the atmosphere." (Durban Declaration afrikanischer NGOs aus dem Jahr 2004) Zertifikate sind verbriefte Rechte für CO_2-Emissionen in die Atmosphäre, die zwischen Unternehmen an speziell eingerichteten Börsen gehandelt werden können. Derzeit sind in der EU für ca. 12.000 Anlagen (Kraftwerke, Ölraffinerien, Zementfabriken, Stahlwerke, Papier- und Zellulosehersteller etc.) Emissionsobergrenzen (caps) in „Nationalen Allokationsplänen" festgelegt und dafür Emissionsberechtigungen zugeteilt worden. Diese können auf einem Markt für Verschmutzungsrechte gehandelt werden (trade).

„Cap and trade" wird von der konventionellen Akademikerwelt, den Repräsentanten der politischen Klasse, den Wirtschaftsverbänden und Lobbyorganisationen, einem Großteil der Gewerkschaften, von grünen Parteien und manchen NGOs nicht nur akzeptiert, sondern für ein effizientes Instrument gegen den Treibhauseffekt gehalten. Nur einige linke Akademiker/innen und politische Bewegungen haben Zweifel am ökologischen Sinn des Handels mit Emissionszertifikaten, sind aber zumindest in Deutschland eine kleine Minderheit. Unternehmen und Finanzinstitutionen profitieren vom Handel mit Zertifikaten, insbesondere dann, wenn diese kostenlos zugeteilt werden und gegen Geld verkauft werden können, sofern sie nicht zur Berechtigung der CO_2-Emissionen benötigt werden. Da die Zuteilung bei der ersten Runde des EU-weiten Handels 2005 sehr großzügig erfolgte, konnten die Unternehmen am Zertifikateverkauf leicht verdienen. Finanzinstitutionen wiederum erblicken im Zertifikatehandel ein neues Feld der Kapitalanlage oder eine Chance, sich als Makler und mit Beratungsdienstleistungen ein Stück aus dem Kuchen zu schneiden. An dem Geschäft auf dem Verschmutzungsmarkt sind inzwischen Hunderte von Händlern, Maklern und Vermitteln beteiligt, darunter auch große Bankhäuser, die an den Gebühren gut verdienen (vgl. Sinai 2006; Harvey/Fidler 2007).

Warum unterstützen Vertreter/innen von grünen Parteien und Umweltorganisationen dieses Instrument? In einigen Fällen ist es reine Naivität, die sie dazu veranlasst. Zumeist folgen sie jedoch dem neoliberalen Glaubenssystem, das nach dem Zusammenbruch des realen Sozialismus dominierend wurde. Der Markt gilt als adäquater Problemlöser für alle Wechselfälle der Industriegesellschaft, wie wir schon an Hayeks These vom Markt als „Entdeckungsverfahren" gezeigt haben. Dabei wird unterschlagen oder vergessen, dass der Markt Probleme *erstens* nur löst, indem neue erzeugt werden. Denn Marktakteure haben *zweitens* in räumlicher und zeitlicher Hinsicht einen begrenzten Horizont und ihre Myopie nimmt mit dem Zinssatz zu, wie wir aus der ökonomischen Theorie wissen. Was kümmert einen Investor die Zukunft in 20 Jahren, wenn sein Kapital sich bei einer Rendite von 10 Prozent in zehn Jahren amortisiert hat? Doch die Atmosphäre reagiert auf Emissionen viel langfristiger. Die Verweildauer der Ozonkiller FCKW und auch der Methangase und des CO_2 betragen viele Jahrzehnte. *Drittens* leiten nicht die Naturgesetze und Entwicklungsbedingungen der Atmosphäre die Maßnahmen zu ihrem Schutz; vielmehr setzt man auf indirekte Anreize: Weil mit der Absenkung der Treibhausgasemissionen Geld verdient

werden kann, führen Kostenkalkül und Renditeerwartungen bei rational abwä-
genden Akteuren zu eben diesem Effekt, ganz nach dem Muster, warum man
etwas einfach und direkt machen soll (beispielsweise durch Einführung einer
CO_2-Steuer, strengere Vorschriften, Strafen für Verschmutzer, eine Beendigung
von Subventionen für fossile Brennstoffe und Aufgabe der milliardenschweren
Weltbankprojekte zur Erschließung fossiler Energien; vgl. Smith 2007, S. 127),
wenn es auch indirekt und kompliziert geht – also nicht nur „caps" festgelegt
werden, sondern auch „trade" ermöglicht wird. Doch dahinter steckt die Logik
des modernen Kapitalismus der Finanzmärkte: Auch mit dem Schutz der Atmosphäre kann Gewinn gemacht werden. Dass *viertens* auf diese Weise Interessen
entstehen, die alles daransetzen, dass weiter Treibhausgase emittiert werden,
weil nur so an ihrer Reduktion verdient werden kann, wird als politische Neben-
folge, die ihre eigenen Interessenorganisationen und Lobbygruppen hervorbringt, heute noch verdängt. Private Sicherheitsfirmen erlangen ja auch nur Aufträge, wenn die öffentliche Unsicherheit erhalten bleibt.

Märkte funktionieren bloß, wenn einige entscheidende Voraussetzungen erfüllt sind: die Vergabe von privaten Eigentumsrechten, damit überhaupt Produkte als Waren gegen Geld getauscht werden können. Im Fall des Zertifikatehandels
„verkauft" der Staat (noch dazu durch kostenlose Zuteilung) sozusagen ein Recht
an der Atmosphäre für eine bestimmte Nutzung, nämlich sie durch CO_2-Emis-
sionen verschmutzen und damit aufheizen zu dürfen. Nach diesem primären
Rechtsakt werden sekundäre Handelstransaktionen erst möglich: nämlich die
zugeteilten (und nicht gegen Geld beispielsweise in einem Versteigerungsverfah-
ren) „verkauften" Emissionsrechte an andere Akteure als verbriefte Rechte auf
speziellen „Verschmutzungsbörsen" zu verkaufen. Nun haben wir es mit der
wirklichen atmosphärischen Verschmutzung mit CO_2-Emissionen in der Atmosphäre zu tun und *zugleich* mit auf Märkten gehandelten papierenen Zertifikaten
für das Recht zu diesen Emissionen.

Die USA exerzieren den Doppelcharakter von realer Atmosphärenver-
schmutzung und dem Handel mit papierenen Verschmutzungsrechten als ein
Vexierspiel vor: Sie haben das Kyoto-Protokoll nicht unterzeichnet, das die atmo-
sphärische Verschmutzung verbindlich reduzieren soll, wollen sich aber am Handel mit Verschmutzungsrechten beteiligen. Nicht nur die Gebrauchswerte der
kapitalistischen Industriegesellschaft werden in Waren verwandelt, sondern auch
ihre schädlichen Abgase kommodifiziert, indem sie die saubere Form des han-
delbaren Papiers erhalten. Wenn ein Unternehmen, das Emissionsrechte hält,
seine Emissionen tatsächlich reduziert, verwandelt sich das Papier in bares Geld,
das man durch den Verkauf der nicht benötigten Papiere einnehmen kann. Aller-

dings müssen Nachfrager nach Verschmutzungszertifikaten da sein. Dies ist jedoch nicht unbedingt gewährleistet. Denn erstens kann es sein, dass zu viele Zertifikate ausgegeben worden sind, die nicht benötigt und daher an der Börse angeboten werden. Der Nationale Allokationsplan für Deutschland sah z.b. vor, dass die CO_2-Emissionen bis 2007 um 2 Prozent reduziert werden sollten. Das war viel weniger, als das Kyoto-Protokoll als Ziel vorgibt und die Kraftwerksbetreiber und andere dem Emissionshandel unterworfene Branchen leisten konnten. Daher brach der Preis für die Emission von einer Tonne CO_2, dessen historischer Höchststand rund 30 EUR betrug, zunächst auf 8,60 EUR und schließlich auf 1 EUR pro Tonne Kohlendioxid ein, als bekannt wurde, dass die französischen Unternehmen im Jahr 2005 knapp 12 Prozent weniger Kohlendioxid emittierten, als ihnen Emissionsrechte zugeteilt worden waren.

Der Emissionshandel passt perfekt in die Ideen- und Wunschwelt der Neoliberalen. Die Atmosphäre, ein unbestreitbares globales Gemeingut (globale Allmende), ist nunmehr teilprivatisiert, weil das Recht, dieses einstige Gemeingut als Müllhalde für CO_2-Emissionen zu verwenden, vom Staat bzw. von internationalen Institutionen verbrieft worden ist. Geschaffen wurden deregulierte Märkte für den Handel mit Zertifikaten, auf denen private Akteure die besten Lösungen für das Problem des drohenden Klimakollapses finden sollen. Finanzielle Anleger können sich in die neuen politisch geschaffenen Märkte drängen, um innovative und profitable finanzielle Instrumente anzubieten. So wird ein – wenn auch bescheidener – Teil der überakkumulierten globalen Liquidität absorbiert. Der für die Reduktion von CO_2-Emissionen entworfene Emissionszertifikatehandel verwandelt sich in ein neues Vehikel der globalen finanziellen Spekulation. Margaret Thatchers zitierter Satz, dass sie nicht „solch ein Ding wie die Gesellschaft" kenne, kann zu seinem logischen Schluss gebracht werden: Der Neoliberalismus kennt nicht „solch ein Ding wie die Natur". Er nimmt nur Notiz davon, wenn Natur in verbriefter Form auf dem Markt gehandelt werden kann. Dieser ist jetzt noch radikaler aus der Gesellschaft und der Natur entbettet (disembedded), als sich Karl Polanyi (1944/1997) in seiner berühmten Analyse der „Großen Transformation" in eine Marktwirtschaft gegen Ende des Zweiten Weltkrieges hat vorstellen können.

Die Konstruktion des Emissionshandels zum Klimaschutz tastet die institutionellen Grundlagen des kapitalistischen Systems nicht an, obwohl die inhärente Dynamik des Kapitalismus zur Übernutzung der natürlichen Ressourcen und zur Zerstörung von Ökosystemen beiträgt. In der Diskussion um Klimaschutz wird die Problematik der Akkumulationsdynamik ausgeklammert. Reduktionsszenarien wie das von Nicholas Stern (2007) oder dem Intergovernmental Panel on

Climate Change (IPCC 2007; Müller u.a. 2007) gehen stets davon aus, dass die Ziele mit dem Mittel des Zertifikatehandels erreicht werden können und so eine „Win-win-Situation" entsteht: Klimaschutz ist möglich, auch wenn (bzw. gerade wenn) das Wirtschaftswachstum fortgesetzt und mithin die kapitalistische Akkumulationsdynamik aufrechterhalten würde. Gerade dieser neoliberale Optimismus muss jedoch angezweifelt werden.

Die Natur des Neoliberalismus

Die neoliberale Verachtung von Natur und Gesellschaft ist eine Folge der Vorstellung einer Welt von Homines oeconomici, die der utilitaristischen Logik der Gewinnmaximierung folgen und bei diesem privaten Laster der Gesellschaft insgesamt nur Gutes tun, wie Bernard de Mandeville (1705/1957) zu Beginn des 18. Jahrhunderts spottete. Diese rationalen Konstrukte befinden sich in einer raum- und zeitlosen Welt, außerhalb der Koordinaten der Natur.

Da weder Natur noch Gesellschaft angemessen in Betracht gezogen werden, ist das wirtschaftspolitische Menü des Neoliberalismus rücksichtslos. Das ist anders, wenn es um Geld geht. Die Ansprüche des Finanzkapitals sind peinlichst zu erfüllen. Aktionäre wollen hohe Einkünfte auf ihre Investitionen, heute Renditen in der Größenordnung von 20 Prozent und mehr. Denn in der globalen Konkurrenz der Finanzstandorte werden Zinssätze und Kapitalrenditen des mobilen Kapitals nach oben gedrückt. Diejenigen Finanzplätze sind am attraktivsten, wo die Renditen am höchsten sind, die Stabilität des Preisniveaus am größten ist und der Wechselkurs der lokalen Währung in Richtung Aufwertung, nicht in Richtung Abwertung tendiert. Es ist offensichtlich, dass die hohen Renditen und andere Einkünfte von Finanzanlegern nur bei Wachstum der Wirtschaft möglich sind, und wenn obendrein Einkommensströme aus der produktiven Substanz und infolge der Überausbeutung der Natur abgezweigt werden. Denn die Einkommensflüsse aus den produzierten Überschüssen der Realwirtschaft genügen nicht, um die „gierigen" Forderungen finanzieller Anleger zu befriedigen.

Das Versprechen der liberalen Theorie, der Reichtum der Nationen werde steigen, wenn sich die internationale Arbeitsteilung erweitere und vertiefe, wenn Freihandel und freie Märkte die Weltökonomie regulierten, wird mehr und mehr ins Gegenteil entstellt. Dies ist die Grundlage der schon erwähnten „Tragödie der Allmende" (Hardin 1968). Die Erfahrung von Milliarden Menschen ist es, dass der Neoliberalismus für diejenigen, die auf Arbeit angewiesen sind und nicht über Geldvermögen verfügen können, aber auch für lokale und globale Ökosys-

teme zerstörerische Wirkungen entfaltet. Außerdem entwickelt sich der praktische Neoliberalismus immer mehr zu einer Bedrohung des Friedens in der Welt.
Denn die Aneignung von Überschüssen (sozusagen der traditionelle Mehrwert)
ist inzwischen bei den durch die Konkurrenz der Finanzplätze nach oben getrie-
benen Renditen nur erfolgreich, wenn auch außerökonomische Mechanismen der
Enteignung, selbst militärische Macht, zur Anwendung gelangen. Dies stellt die
Grundlage der Koalition von „neoliberals" und „neoconservatives" in dem ag-
gressiven politisch-ökonomischen Projekt der Bush-Cheney-Wolfowitz-etc.-Koali-
tion dar. Sie können damit durchaus bei Adam Smith (1776/1976) Anleihen auf-
nehmen. Dieser war glühender Befürworter des Freihandels (also im heutigen
Sinne neoliberal) und zugleich eine Stütze der protektionistischen Navigationsak-
te, ein Freund von diplomatischer Noblesse in und gegenüber „zivilisierten" Nationen des „charming circle" und ein Befürworter des Einsatzes militärischer
Macht gegenüber „barbarischen" Nationen (also im heutigen Sinne neokonserva-
tiv).

Der klassische Liberalismus ist also ebenso wie der moderne Neoliberalismus durch die Zweideutigkeiten zwischen der Freiheit für jene gekennzeichnet,
die der bürgerlichen Mission der Integration des gesamten Erdkreises in die kapitalistischen Verwertungsketten folgen, und der Repression gegenüber jenen, die
ihr Klasseninteresse an würdiger Arbeit und vernünftigem Leben sowie dem
Erhalt der Natur wahrzunehmen beanspruchen. Der moderne Neoliberalismus
folgt daher immer noch einer Logik, die Marx im letzten (25.) Kapitel des 1. Ban-
des des „Kapitals" (MEW, Bd. 23) beschreibt, das etwas irreführend mit dem Titel
„Die moderne Kolonisationstheorie" überschrieben ist: Akzeleration und Expansion sind Eigenschaften der Akkumulation von Kapital, weshalb sich die Ver-
wandlungen von Ware in Geld und Kapital im Verlauf der historischen Entwicklung des Kapitalismus auf jeweils höherem Niveau wiederholen. So werden immer mehr Räume durch kapitalistische Inwertsetzung in das System der Wert-
und Mehrwertproduktion einbezogen. Dieser Tendenz hat Rosa Luxemburg ihre
Aufmerksamkeit geschenkt. Auf der einen Seite sah sie die Grenzen der kapitalistischen Produktionsweise, wenn die nichtkapitalistischen Klassen und Sphären
mehr und mehr verschwinden. Denn sie diagnostizierte Schwierigkeiten der
Realisierung des produzierten Mehrwerts. Dies war eine theoretisch fragwürdige
Interpretation. Recht hatte Luxemburg jedoch, wenn sie die gesellschaftlichen
Auseinandersetzungen und die politischen Widerstände gegen die überwälti-
genden Tendenzen der Inwertsetzung und „Kolonisierung der Lebenswelten"
hervorhob, gegen eine Tendenz, die auch heute noch von den Neoliberalen aller
Couleur als „Modernisierung" gerechtfertigt und gelobt wird.

Literatur

Altvater, Elmar/Hoffmann, Jürgen/Semmler, Willi (1979): Vom Wirtschaftswunder zur Wirtschaftskrise, Berlin (West)

Altvater, Elmar/Mahnkopf, Birgit (2002): Globalisierung der Unsicherheit. Arbeit im Schatten, schmutziges Geld und informelle Politik, Münster

Altvater, Elmar (2004): Inflationäre Deflation oder die Dominanz der globalen Finanzmärkte, in: PROKLA 134, S. 41-60

Altvater, Elmar/Mahnkopf, Birgit (2007): Grenzen der Globalisierung. Ökonomie, Politik, Ökologie in der Weltgesellschaft, 7. Aufl. Münster

Anderson, Perry (1992): A Zone of Engagement, London/New York

Butterwegge, Christoph (2008): Rechtfertigung, Maßnahmen und Folgen einer neoliberalen (Sozial-)Politik, in: ders. u.a., Kritik des Neoliberalismus, 2. Aufl. Wiesbaden, S. 135-219

Cerny, Philip G. (1995): Globalization and the changing logic of collective action, in: International Organization 4, S. 595-625

Deutscher Bundestag (Hrsg.) (2002): Schlussbericht der Enquête-Kommission „Globalisierung der Weltwirtschaft", Opladen

Diamond, Jared (2006): Kollaps. Warum Gesellschaften überleben oder untergehen, Frankfurt am Main

Gill, Stephen (1998): European governance & new constitutionalism: EMU & alternatives to disciplinary neo-liberalism in Europe, in: New Political Economy 1, S. 5-26

Hall, P.A./Soskice, Davide (2001): Varieties of Capitalism. The Institutional Foundations of Comparative Advantage, Oxford

Hardin, Garrett (1968) The Tragedy of the Commons, in: Science 162, S. 1243-1248

Harvey, David (2003): The New Imperialism, Oxford

Harvey, Fiona/Fidler, Stephen (2007): Carbon trading schemes often not so green, in: Financial Times v. 26.4., S. 1

Hayek, Friedrich August von (1944): The Road to Serfdom, London

Hayek Friedrich August von (1969), Der Wettbewerb als Entdeckungsverfahren, in: ders., Freiburger Studien. Gesammelte Aufsätze, Tübingen, S. 249-265

Hoffmann, Jürgen (2006): Arbeitsbeziehungen im Rheinischen Kapitalismus. Zwischen Modernisierung und Globalisierung, Münster

Intergovernmental Panel on Climate Change (2007): 4. Sachstandsbericht (AR4) des IPCC (2007) über Klimaänderungen; http://ipcc-wg1.ucar.edu/wg1/wg1-report.html (Die deutsche Zusammenfassung „für Entscheidungsträger" findet sich unter http://www.de-ipcc.de/download/IPCC2007-WG3.pdf; 14.10.2007)

Keynes, John M. (1936/1964): The General Theory of Employment, Interest and Money, London/Melbourne/Toronto

Kirkpatrick, Jeane J. (1982): Dictatorships and Double Standards – Rationalism & Reason in Politics, New York

Krugman, Paul (1994): Competitiveness: A Dangerous Obsession, in: Foreign Affairs, March/April, S. 28-44

Mandeville, Bernard de (1705/1957): Die Bienenfabel, Berlin

Marx, Karl/Engels, Friedrich (1956 ff.): Werke (MEW), 39 Bde. und 2 Ergänzungsbde., Berlin (DDR)

Matzner, Egon (2003): A preliminary note on privatisation mechanisms, paper presented at a workshop organised for the European thematic network „Improvement of economic policy co-ordination for full employment and social cohesion in Europe" financed by the European Union, Berlin, January

Müller, Michael/Fuentes, Ursula/Kohl, Harald (Hrsg.) (2007): Der UN-Weltklimareport. Bericht über eine aufhaltsame Katastrophe, Köln

Polanyi, Karl (1944/1997): The Great Transformation. Politische und ökonomische Ursprünge von Gesellschaften und Wirtschaftssystemen, 4. Aufl. Frankfurt am Main

Ptak, Ralf (2004): Vom Ordoliberalismus zur Sozialen Marktwirtschaft. Stationen des Neoliberalismus in Deutschland, Opladen

Röttger, Bernd (1997): Neoliberale Globalisierung und eurokapitalistische Regulation. Die politische Konstitution des Marktes, Münster

Sinai, Agnes (2006): Tausche Wasserkraft gegen Treibhausgas. Was vom Kyoto-Protokoll übrig blieb, in: Le Monde diplomatique, Deutsche Ausgabe, Januar, S. 20

Shonfield, Andrew (1965): Modern Capitalism. The Changing Balance of Public and Private Power, London/New York/Toronto

Shonfield, Andrew (1968): Geplanter Kapitalismus. Wirtschaftspolitik in Westeuropa und USA (mit einem Vorwort von Karl Schiller), Köln/Berlin

Sklar, Holly (1980): Trilateralism. The Trilateral Commission and Elite Planning for World Management, Boston

Smith, Adam (1776/1976): An Inquiry into the Nature and Causes of The Wealth of Nations, hrsg. von Edwin Cannan (Two Volumes in One), Chicago

Smith, Kevin (2007): Klimawandel und Emissionshandel, in: Henning Melber/Cornelia Wilß (Hrsg.), G8 Macht Politik. Wie die Welt beherrscht wird, Frankfurt am Main

Stern, Nicholas (2007): Stern Review: The Economics of Climate Change, 2006 (http://www.hm-treasury.gov.uk/independent_reviews/stern_review_economics_climate_change/sternreview_index.cfm; 14.10.2007)

Summers, Lawrence (2007): We need to bring climate idealism down to earth, in: Financial Times v. 30.4., S. 11

Ralf Ptak

Soziale Marktwirtschaft und Neoliberalismus: ein deutscher Sonderweg

In der deutschen Debatte um die Folgen einer neoliberalen Wirtschafts- und Gesellschaftspolitik bildet die Soziale Marktwirtschaft[1] einen zentralen Referenzpunkt, weil sie im Allgemeinen als konstituierendes Merkmal der bundesrepublikanischen Wirtschafts- und Sozialstruktur gilt. Einerseits zieht man sie unter Betonung der sozialen Komponente heran, um die deutsche Ausformung der Marktwirtschaft von dem mehr individualistisch-liberalen Typus angloamerikanischer Länder abzugrenzen. Andererseits beziehen sich auch die Befürworter neoliberaler Reformen gern auf die Väter der Sozialen Marktwirtschaft, sodass es notwendig wie lohnenswert ist, den Begriff und den Inhalt der Sozialen Marktwirtschaft aus der Perspektive einer politischen Ökonomie zu entschlüsseln.

Als politischer Begriff erlangte die Soziale Marktwirtschaft erstmals 1949 durch Übernahme in die CDU-Programmatik (Verabschiedung der Düsseldorfer Leitsätze) Bedeutung. Damit nahm die CDU endgültig „vom halbsozialistischen Ahlener Programm" (Schlecht 1998, S. 38) Abschied, das mit den wirtschaftspolitischen Weichenstellungen der Jahre 1947 und 1948 seine taktische Funktion in der unübersichtlichen Zeit des Übergangs erfüllt hatte.[2] Zwar suggerierten einige Formulierungen der Düsseldorfer Leitsätze eine Übereinstimmung mit den Prämissen des Ahlener Programms, aber faktisch war die CDU in der Wirtschaftspolitik auf einen marktwirtschaftlichen Kurs eingeschwenkt und zog mit dem Bekenntnis zur Sozialen Marktwirtschaft 1949 erfolgreich in den ersten Bundestagswahlkampf. Die Steigerung zu einem allgemeinen politischen Schlagwort

---

[1] „Soziale Marktwirtschaft" wird hier als feststehende Begrifflichkeit behandelt und deshalb durchgängig groß geschrieben. Dies beinhaltet allerdings im Gegensatz zu einer häufig in der umfangreichen Literatur festzustellenden Haltung keine bestimmte Wertung, sondern folgt allein pragmatischen Erwägungen.

[2] „Das Ahlener Programm hatte (...) für Adenauer gleich mehrere wichtige Funktionen, die nicht zuletzt dem Ausbau seiner eigenen Machtposition innerhalb der CDU dienten: Es diente im Kampf zwischen dem linken und rechten Flügel als innerparteiliche Klammer, war zugleich ein Abgrenzungsinstrument gegenüber der damals noch dem ‚Staatssozialismus' anhängenden SPD, und schließlich war es auch die politische Antwort auf die Verstaatlichungspläne der britischen Militärs." (Heinacher 1997)

erfolgte mit der argumentativen Verknüpfung von Sozialer Marktwirtschaft und dem realen „Wirtschaftswunder" der 50er-Jahre, dessen überdurchschnittliche Wachstumsraten von jährlich über 8 Prozent als Erfolg dieser spezifischen Form der Marktwirtschaft gedeutet wurden. Der langjährige Siegeszug der Adenauer-CDU fußte nicht zuletzt auf der werbewirksamen Botschaft der Sozialen Marktwirtschaft, die durch die wirtschaftliche Dynamik der Nachkriegszeit bestätigt zu werden schien.

Mit dem Godesberger Parteitag von 1959 hatte auch die SPD die Terminologie der Sozialen Marktwirtschaft in ihr Programm aufgenommen, wenngleich sie damit andere konzeptionelle Akzente als die konservative Konkurrenz setzte. Geprägt wurde die sozialdemokratische Auslegung der Sozialen Marktwirtschaft vom Wirtschaftsminister der ersten Großen Koalition, Karl Schiller, der unter diesem Label marktwirtschaftliche Grundsätze mit einer keynesianischen Globalsteuerung versöhnen wollte (vgl. Schiller 1958). Spätestens nach dem Wegfall der Systemkonkurrenz wurde die Soziale Marktwirtschaft während der 90er-Jahre im scheinbar unaufhaltsam vordringenden global ausgerichteten und neoliberal formierten Kapitalismus eine Art programmatische Reißleine gegenüber dem als angloamerikanische Spielart gedeuteten Neoliberalismus. Auch der Deutsche Gewerkschaftsbund (DGB) sowie prominente Vertreter/innen der LINKEN (vgl. z.B. Lafontaine/Müller 1998, S. 18) beziehen sich seither programmatisch wie alltagspolitisch immer wieder auf die Soziale Marktwirtschaft. Selbst die Parteien der extremen Rechten wie NPD und DVU finden regelmäßig anerkennende Worte für die deutsche Synthese von marktwirtschaftlicher und sozialer Dimension und trauern Ludwig Erhard, dem prägenden Wirtschaftsminister der Sozialen Marktwirtschaft und des westdeutschen „Wirtschaftswunders", bis heute nach.

Die Unübersichtlichkeit in Sachen Sozialer Marktwirtschaft nimmt zu, wenn man zwei Initiativen von 2000/01 betrachtet. Der Arbeitgeberverband Gesamtmetall gründete mit erheblichem finanziellen Aufwand und professionellem PR-Personal die „Initiative Neue Soziale Marktwirtschaft" (INSM). Fast zeitgleich versuchte die CDU-Vorsitzende Angela Merkel unter dem Etikett „Neue Soziale Marktwirtschaft" das wirtschaftspolitische Profil der Partei zu schärfen. Beide Initiativen zielen allerdings auf eine gegen den Sozialstaat gerichtete neoliberale Politik ab, wenngleich der CDU-Entwurf aufgrund innerparteilicher Kritik (vgl. Blüm 2001) gewisse Grenzen marktwirtschaftlicher Reformen benennt (vgl. Reuter 2002, S. 7). Demgegenüber hat sich die INSM zu einer führenden Institution neoliberaler Propaganda in Deutschland entwickelt, der jährlich ein Budget von annähernd 10 Mio. EUR zur Verfügung steht (vgl. Speth 2004). Sowohl die CDU wie auch die INSM nehmen für sich in Anspruch, in der Tradition der Sozialen

Marktwirtschaft zu stehen, und beziehen sich explizit auf ihre neoliberalen Vordenker, insbesondere die Vertreter der Freiburger Schule, während die Soziale Marktwirtschaft im allgemeinen Bewusstsein mit dem Rheinischen Kapitalismus gleichgesetzt wird, der die Marktwirtschaft mit einer sozialen Komponente versöhnt, oder – wie es Ralf Dahrendorf (2004) nennt – „Ludwig Erhard plus katholische Soziallehre". Für viele Menschen ist die Soziale Marktwirtschaft letztlich ein Synonym für die im Grundgesetz verankerte Sozialstaatlichkeit der Bundesrepublik.

Drei analytische Zugänge zum Verständnis der Sozialen Marktwirtschaft

Diese Irritationen sind allerdings aufzulösen, wenn man sich die verschiedenen Bedeutungen des Begriffs „Soziale Marktwirtschaft" vergegenwärtigt. In der Analyse müssen drei mögliche inhaltliche Zugänge zum Gegenstand unterschieden und beachtet werden.[3] *Erstens* kann man die Idee einer mit sozialen Zielen verbundenen Marktwirtschaft als einen internationalen wirtschaftspolitischen (in Deutschland vor allem: ordnungspolitischen) Trend charakterisieren, der sich etwa seit Mitte der 20er-Jahre abzeichnete und durch die fatalen Folgen der Weltwirtschaftskrise 1929/32 zum Durchbruch gelangte. Hiermit suchte man in Abgrenzung zum *Laissez-faire*-Grundsatz des klassischen Wirtschaftsliberalismus, aber unter Beibehaltung einer marktwirtschaftlichen Ordnung eine Strategie der wirtschaftspolitischen Intervention zu begründen. In der Diskussion jener Zeit, die sich über die 40er-Jahre bis in die Nachkriegsperiode fortsetzte, wurde deshalb auch von einer „gelenkten" oder „gesteuerten" Marktwirtschaft gesprochen. In diesem Sinne steht die Soziale Marktwirtschaft für einen Epochenbegriff aus einer wirtschaftshistorischen Perspektive (vgl. Abelshauser 1991; Tribe 1995, S. 203 ff.), der heterogene Strömungen marktwirtschaftlicher Reformpolitik zusammenfasst. *Zweitens* bezeichnet „Soziale Marktwirtschaft" eine spezifische wirtschafts- und dem Anspruch nach auch gesellschaftspolitische Konzeption des deutschen Neoliberalismus nach 1945, die in der Gründungsphase der Bundesrepublik zum Leitbild der Wirtschaftspolitik wurde, dann aber in der zweiten Hälf-

---

[3] Vgl. auch die Bedeutungsdifferenzierung bei Dieter Grosser (1988, S. 35), der zwischen dem Leitbild der Sozialen Marktwirtschaft (als Ausdruck der theoretisch-konzeptionellen Ebene), der geltenden Wirtschaftsordnung (als institutionellem und rechtlichem Rahmen der Wirtschaftspolitik) sowie dem jeweils bestehenden Wirtschaftssystem (als politisch-ökonomischer Zeitformation) unterscheidet.

te der 50er-Jahre sukzessive an Einfluss verlor. Diese Konzeption ist in erster
Linie als eine flexible Implementierungsstrategie zu verstehen, welche die Funktion hatte, die ordnungspolitischen Programmsätze des deutschen Neoliberalismus in konkrete Politik zu übersetzen. Und *drittens* steht „Soziale Marktwirtschaft" für die reale Wirtschafts- und Sozialpolitik in der Bundesrepublik, die seit
der Doppelreform vom Juni 1948 (Währungsreform und *Leitsätzegesetz*) praktiziert wurde. Damit eng verknüpft ist die Verwendung des Terminus „Soziale
Marktwirtschaft" als positiver Identifikationsbegriff in der parteipolitischen Auseinandersetzung,[4] den die CDU bei der ersten Bundestagswahl erfolgreich gegen
sozialdemokratische Forderungen nach Sozialisierung und Vollbeschäftigungs-
politik einsetzte und der in den 50er-Jahren durch die erste professionelle PR-
Kampagne der Bundesrepublik zum wohl populärsten politischen Schlagwort
der Bundesrepublik avancierte. Träger dieser Kampagne war der Verein „Die
WAAGE. Gemeinschaft zur Förderung des sozialen Ausgleichs", der von westdeutschen Großunternehmen gegründet und finanziert wurde (vgl. Schindel-
beck/Ilgen 1995).

Für eine wissenschaftliche Diskussion über die Soziale Marktwirtschaft ist
die o.g. Unterscheidung unabdingbar. Die folgenden Ausführungen konzentrieren sich auf den zweiten Aspekt, d.h. auf die Auseinandersetzung mit den neoliberalen Wurzeln dieser Konzeption. Zwar ist der deutsche Neoliberalismus,[5] der
aufgrund seiner ordnungspolitischen Präferenzen als Ordoliberalismus bezeichnet wird, ebenso wie der angloamerikanische Ansatz in Gestalt der Chicago
School oder der Zweiten Österreichischen Schule um Ludwig von Mises und
Friedrich August von Hayek Teil der allgemeinen Strömung zur Erneuerung
wirtschaftsliberaler Positionen seit Beginn der 30er-Jahre. Aber trotz aller grundsätzlichen Überschneidungen zwischen angloamerikanischem und deutschem
Neoliberalismus (vgl. hierzu: Ptak 2004a, S. 15 ff.) ist die *deutsche* Variante zumindest bis in die 60er-Jahre als ein Sonderweg im Neoliberalismus zu umschrei-

---

[4] In der politischen Sprachwissenschaft wird von einem „Fahnenwort" gesprochen. Martin Wengeler
(1994, S. 108) sieht in der Sozialen Marktwirtschaft das „vielleicht wichtigste Fahnenwort des konservativen und wirtschaftsliberalen Teiles des politischen Spektrums der Bundesrepublik". So lässt sich die in
den Wahlkämpfen der Adenauer/Erhard-Regierung betriebene antagonistische Gegenüberstellung von
Sozialer Markt- und Planwirtschaft in der Nachkriegszeit aus dem Blickwinkel der politischen Sprachwissenschaft darstellen als ein semantischer Kampf um die deontische Bedeutung von Begriffen, der
mittels eines Fahnenwortes („Soziale Marktwirtschaft") und eines Stigmawortes („Planwirtschaft")
ausgetragen wurde (vgl. Klein 1989, S. 23 f.).
[5] Zu Recht unterscheidet Karl Georg Zinn (2007) zwischen deutschem Neoliberalismus und Neoliberalismus in Deutschland. Während Ersterer eine spezifische Richtung des Neoliberalismus im internationalen Vergleich darstellt, umfasst die zweite Kategorie das gesamte neoliberale Lager in Deutschland, das
auch die Anhänger der angloamerikanischen Richtung einschließt.

ben, was primär den historischen Umständen geschuldet sein dürfte. Mit dem Konzept der Sozialen Marktwirtschaft hat der Ordoliberalismus nicht nur einen den sozialen Zusammenhalt der Gesellschaft berücksichtigenden Entwurf für die gesellschaftliche Praxis in die wissenschaftliche und politische Debatte einge-bracht, sondern auch erreicht, dass dieses Konzept in der Diskussion um die Neuordnung Westdeutschlands gegen Ende der 40er-Jahre zum zentralen Refe-renzpunkt für die Gestaltung der Wirtschafts- und Sozialordnung wurde (vgl. hierzu: Ptak 2004b, S. 201 ff.). Alexander Rüstow, wichtiger Repräsentant des deutschen Neoliberalismus und von 1955 bis 1962 Vorsitzender der „Aktionsge-meinschaft Soziale Marktwirtschaft" (ASM), einer bis heute existierenden neoli-beralen Bildungseinrichtung, hebt diesen Zusammenhang bereits 1953 (S. 101) hervor: „Das einzige mir bekannte konsequente, durchdachte, einheitliche und eigenständige wirtschaftspolitische Gegenprogramm auf unserer Seite ist dasje-nige des sogenannten Neoliberalismus, der ‚Sozialen Marktwirtschaft' nach der glücklichen Prägung des (...) Kollegen Müller-Armack, das Programm, an dem meine Freunde und ich seit Jahren arbeiten, eine Gruppe, deren anerkannter Führer in Deutschland unser viel zu früh verstorbener Kollege Walter Eucken war."

Die Ursprünge des deutschen Neoliberalismus

Die Entstehung der ordoliberalen Theorie und ihre Bedeutung als Fundament der Sozialen Marktwirtschaft lässt sich anhand verschiedener Entwicklungsphasen nachzeichnen, die sich vom Ende der 20er-Jahre bis in die frühen 50er-Jahre erstrecken. Erst ab diesem Zeitpunkt kann man von einer mehr oder weniger geschlossenen ordoliberalen Theorie sprechen, wobei der Begriff „Ordoliberalis-mus" erstmals 1950 eingeführt und als Selbstbezeichnung sogar erst Ende der 50er-Jahre benutzt wurde. Zweifelsohne lassen sich einige konkrete Wurzeln des „neuen" Liberalismus bereits in früheren Strömungen, beispielsweise im europäi-schen Sozialliberalismus des späten 19. bzw. frühen 20. Jahrhunderts, erkennen. Daraus allerdings eine kontinuierliche Entwicklung vom „alten" zum „neuen" Liberalismus abzuleiten, wie es die neoliberale Dogmengeschichte tut (vgl. Hay-ek u.a. 1979), geht an der tatsächlichen historischen Entwicklung vorbei.

Den expliziten Ausgangspunkt theoretischer Ansätze des Ordoliberalismus bildete die Weltwirtschaftskrise 1929/32, eine Zeit, in der es besonders schlecht um die liberale Wirtschaftswissenschaft in Deutschland stand. „Der einzige einflußreiche und aktive Theoretikerkreis, der bis 1933, wenn auch vergeblich, so

doch mit großer Anstrengung, für eine freie Wirtschaft kämpfte" (Hayek 1983, S.
12), war die Gruppe der „Ricardianer", die sich in und um den „Verein Deutscher
Maschinenbau-Anstalten" (VDMA) organisiert hatte. Diese Gruppe um Rüstow,
der seit 1925 die wirtschaftspolitische Abteilung des VDMA leitete, kann zumindest in personeller Hinsicht als eine Keimzelle des „neuen" Liberalismus in
Deutschland bezeichnet werden, trafen sich hier doch mit Hans Gestrich, Otto
Veit, Hans Ilau und Friedrich A. Lutz eine Reihe von Wissenschaftlern, die nicht
nur zur Reform des Wirtschaftsliberalismus beigetragen, sondern den Neoliberalismus nach 1945 auch in verschiedenen, z.t. maßgeblichen gesellschaftlichen
Funktionen repräsentiert haben.

Für die Genese der ordoliberalen Theoriebildung sind die von Walter Eucken, Alexander Rüstow, Wilhelm Röpke und Alfred Müller-Armack verfassten
Texte aus den Jahren 1932 und 1933 zweifellos von zentraler Bedeutung, die unabhängig voneinander die „Krisis des Kapitalismus" seit Ende der 20er-Jahre zu
analysieren suchten und erste Sondierungen für einen „neuen Liberalismus"
(Rüstow 1932, S. 172) zum Ausdruck brachten. Diese Gründungstexte (vgl. Ptak
2004b, S. 30 ff.) umreißen mit unterschiedlichen Akzenten die Pole des liberalen
Umbruchs, wobei eindeutig die Weltwirtschaftskrise als Wendepunkt des wirtschaftlichen Liberalismus in Deutschland auszumachen ist (vgl. Nützenadel 2005,
S. 63 ff.). Im Vordergrund stand hierbei eine Revision der liberalen Haltung zum
Staat als Institution, der nunmehr als zentrales Instrument zur Durchsetzung
marktwirtschaftlicher Prinzipien gesehen wurde. In allen Texten ist – trotz deutlicher Unterschiede im jeweiligen analytischen Ansatz – das Bemühen zu erkennen, die bis dahin schwerste Krise der kapitalistischen Ökonomie nicht als Beweis
für deren Scheitern zu deuten, sondern nach einer neuen theoretischen und ideologischen Legitimation für eine freie Marktwirtschaft zu suchen.

Das Eingeständnis, dass die klassische wirtschaftsliberale Theorie die Notwendigkeit einer aktiven Rolle des Staates in der Marktwirtschaft unterschätzt
hatte, wurde in diesen ersten Texten mit dem Angriff auf das politische System
der Weimarer Republik, den Sozialstaat und die Politik eines interessengeleiteten
„punktuellen Interventionismus" verknüpft. Kritisiert wurde insbesondere die
Entwicklung hin zum sog. Wirtschaftsstaat (Eucken), der die politische und damit auch die wirtschaftliche Macht den verschiedenen Interessengruppen der
Gesellschaft überlassen habe, wodurch der „Staat als Beute" (Rüstow) der Parteien seine eigenständige Handlungsfähigkeit verlieren musste. Damit hatten die
frühen Ordoliberalen erstmals die These vom Staatsversagen formuliert, die Robert Nozick und besonders James Buchanan am Beginn der neoliberalen Offensi-
ve in den 70er-Jahren zu einer systematischen Theorie ausbauten.

Gerade in den Anfängen zeigte sich deutlich, dass der sich formierende Ordoliberalismus nicht bereit war, die Willensbildung in der parlamentarischen Demokratie als Ausdruck unterschiedlicher Interessenlagen und ökonomischer Machtstellungen zu akzeptieren (vgl. Ptak 2002). Nicht die Ungleichgewichte der wirtschaftlichen und sozialen Verhältnisse wurden als gesellschaftliches Problem ausgemacht, nicht das Fehlen einer konsistenten Wirtschaftstheorie in Deutschland beklagt, die das Wesen der Weltwirtschaftskrise hätte erfassen und mögliche ökonomische Antworten hätte geben können, der Blick richtete sich vielmehr auf die mangelnde Organisation des kapitalistischen Wirtschaftssystems. Die Grundidee im Forschungsprogramm des „neuen" Liberalismus der 30er- und 40er-Jahre bestand in dem Erdenken eines gesamtwirtschaftlichen Ordnungsrahmens, der die langfristige Stabilisierung einer freien Marktwirtschaft gewährleisten sollte. Fasst man die verschiedenen, z.t. parallel laufenden Forschungsansätze zusammen, entsteht ein Programm, das drei Schwerpunkte hatte: *erstens* die Suche nach einer ordnungspolitischen Konzeption für eine funktionsfähige Wettbewerbswirtschaft, die hauptsächlich von den Vertretern der Freiburger Schule unter Führung von Walter Eucken und Franz Böhm bearbeitet wurde; *zweitens* eine Strategie zur politischen Durchsetzung des neo- bzw. ordoliberalen Programms, die gewissermaßen eine Querschnittsaufgabe des „neuen" Liberalismus bildete; *drittens* die Schaffung einer integrierenden Klammer zur gesellschaftlichen Absicherung der Marktwirtschaft, welcher sich vor allem Wilhelm Röpke und Alexander Rüstow widmeten. Alfred Müller-Armack griff diesen Gedanken auf und verknüpfte ihn in der Formel von der Sozialen Marktwirtschaft mit den Anforderungen einer politischen Implementierungsstrategie.

Die Besonderheiten des ordoliberalen Programms

Mit der Konzentration auf institutionelle Sicherungen der Marktwirtschaft rückt ein „starker Staat" – an sich ein Paradoxon im wirtschaftsliberalen Denken – ins Zentrum der ordoliberalen Ordnungspolitik. Zwar weist auch der angloamerikanische Neoliberalismus dem Staat durchaus eine bedeutende Rolle bei der Sicherstellung des Wettbewerbs im Wirtschaftsprozess zu. Aber die ursprüngliche Vorstellung des Ordoliberalismus geht deutlich darüber hinaus, will er doch nicht nur den Wettbewerb flankieren und stabilisieren, sondern überhaupt erst initiieren. Deshalb spricht Leonhard Miksch (1937, S. 9), wichtigster Schüler Euckens, im ersten systematischen Buch zur ordoliberalen Wettbewerbstheorie von der Marktwirtschaft als einer „staatliche(n) Veranstaltung". Diese Form des „libe-

ralen Interventionismus" (Rüstow 1932, S. 170) zielt also auf die aktive staatliche
Organisierung der Wettbewerbsordnung, die sich am Leitbild der vollständigen
Konkurrenz orientiert und es möglichst umfassend zu verwirklichen sucht (vgl.
Eucken 1952/1990, S. 254). Sowohl die Nähe zum neoklassischen Gleichgewichts-
denken wie auch das statische Verständnis von Wettbewerb mit einem Staat als
maßgeblichem Initiator dieses Prozesses heben sich deutlich vom dynamischen
Wettbewerbsverständnis im angloamerikanischen Neoliberalismus ab (vgl. Ptak
2008, S. 41 ff.).[6]

Neben der ordnungspolitischen Macht des Staates spielen im Ordoliberalismus institutionelle Vorkehrungen zur Sicherung des Wettbewerbs, die zugleich
als Bestandteil einer langfristigen Strategie der Implementierung betrachtet werden müssen, eine zentrale Rolle. So forderten die frühen Ordoliberalen von den
politischen Entscheidungsträgern eine ordnungspolitische Gesamtentscheidung
auf der Basis einer Wirtschaftsverfassung (durch Einzelgesetze oder als Teil der
allgemeinen Verfassung), in der die Marktwirtschaft als Wirtschaftsordnung festgelegt wird.[7] Die Idee einer Wirtschaftsverfassung, die zum konstitutiven Merkmal des Ordoliberalismus werden sollte, hatte der Jurist Böhm 1933 in seiner
Habilitationsschrift erstmals formuliert. Aus einer anderen Perspektive suchte
Eucken die Notwendigkeit einer ordnungspolitischen Gesamtentscheidung zugunsten der Wettbewerbswirtschaft zu begründen, als er die Formel von der
„Interdependenz der Ordnungen" entwarf, wonach eine Abhängigkeit nicht nur
zwischen den einzelnen ökonomischen Indikatoren, sondern auch zwischen der
Wirtschaftsordnung sowie der politischen und sozialen Ordnung besteht. Eben
deshalb muss für Eucken (1952/1990, S. 379; Hervorh. im Original) „*vor* jeder
einzelnen wirtschaftspolitischen Maßnahme Klarheit darüber bestehen, welche
Wirtschaftsverfassung im ganzen realisiert werden soll. (...) Mag es sich um eine
sozialpolitische, eine handelspolitische oder sonst eine ordnungspolitische Maßnahme handeln: Jeder Akt kann nur dann einen Sinn gewinnen, wenn er im
Rahmen einer Politik erfolgt, die auf Herstellung und Erhaltung einer gewissen
Gesamtordnung ausgerichtet ist."

---

[6] So heißt es schon bei Ernst-Wolfram Dürr (1954, S. 7) in der ersten systematischen Untersuchung zum
Ordoliberalismus: „Der erste und wesentlichste Unterschied zwischen Ordoliberalismus und Neoliberalismus ist der, daß der Neoliberalismus eine ‚competitive order' oder ‚workable competition' zu fördern
sucht, während der kontinentale (deutsche) Ordoliberalismus eine lückenlose ‚ordered competition' zu
‚veranstalten' strebt. Zweitens haben die Maßnahmen zur Besitz- und Einkommensverteilung einen
verstärkt sozialliberalen Charakter."
[7] Zur Entwicklung des Begriffs und zur aktuellen Bedeutung vgl. die Ausführungen des ehemaligen
Vorsitzenden der Monopolkommission, Wernhard Möschel (2004)

Damit sind dem „liberalen Interventionismus", dem sich der Ordoliberalismus verschrieben hat und der durchaus als Realitätsgewinn des wirtschaftsliberalen Spektrum zu betrachten ist, im konkreten Handeln sehr enge Grenzen gesetzt, weil die Marktsteuerung letztlich doch als unumstößliches Prinzip gilt. Das hatte Eucken (1940) in seiner Theorie der Wirtschaftsordnung bereits unmissverständlich zum Ausdruck gebracht. Andere Wirtschaftsordnungen sind zwar theoretisch denkbar und tauchen auch in der konkreten Realität auf, aber letztlich ist nur eine möglichst freie Verkehrswirtschaft – so lautete der damalige Terminus für eine Marktwirtschaft – mit dem menschlichen Dasein vereinbar. Zwar werden politische Interventionen in das wirtschaftliche Geschehen grundsätzlich akzeptiert, allerdings muss man sich laut Böhm (1966/1980, S. 164; Hervorh. im Original) „darüber klar werden, daß diese Interventionen *Ausnahmen sind*, also des *Nachweises ihrer Notwendigkeit und Nützlichkeit bedürfen*, während zugunsten des ordnungskonformen Lenkungsprinzips die *Vermutung der Nützlichkeit* spricht – und sprechen muß, denn es steht ja im Einklang mit der *verfassungspolitischen Gesamtentscheidung*, die mit der Option für das marktwirtschaftliche System und die privilegienlose Zivilrechtsgesellschaft getroffen worden ist." Das ist ein wahrhafter Zirkelschluss, der zeigt, dass der Markt auch im ordoliberalen Denken eine rein axiomatische Kategorie ist. Als maßgebliches Kriterium „nützlicher" Innterventionen hat sich der Grundsatz der Marktkonformität[8] durchgesetzt, was letztlich bedeutet, dass wirtschaftspolitische Maßnahmen dort ihre Grenze haben sollen, wo sie die Bildung eines Gleichgewichtspreises verhindern (vgl. Schiller 1958, S. 17).

Für die Auseinandersetzung mit der Konzeption der Sozialen Marktwirtschaft ist die Stellung des Ordoliberalismus zur sozialen Dimension der Marktwirtschaft und zur Gesellschaftspolitik von besonderer Bedeutung, die hier deshalb ausführlicher behandelt wird. Schließlich lag ein wesentliches Merkmal des „neuen" deutschen Liberalismus in der Überzeugung, die Marktwirtschaft nicht nur ordnungspolitisch einbetten zu müssen, sondern sie auch durch ein gesellschaftspolitisches Konzept zu stabilisieren. Das war der Grund sowohl für die Thematisierung der „Sozialen Frage" wie auch für die immer wieder betonte Notwendigkeit, der gesellschaftspolitischen Integration größte Aufmerksamkeit zu widmen. Es ist sicherlich ein Verdienst des Ordoliberalismus, das Destruktionspotenzial einer marktwirtschaftlichen Organisation aus liberaler Perspektive

---

[8] In den 20er-Jahren stellte Ludwig von Mises erste Überlegungen zu liberalen Interventionskriterien an, die dann in den 30er-Jahren von Wilhelm Röpke erstmals in eine Systematik gebracht wurden, ohne allerdings eine trennscharfe Position zu begründen. Der Begriff ist deshalb im neoliberalen Lager bis heute umstritten (vgl. Ludwig-Erhard-Stiftung 1993; Starbatty 2004).

überhaupt diskutiert zu haben. Zugleich zeigt sich in dieser Auseinandersetzung eine paradoxe Mischung aus unerschütterlichem Marktglauben einerseits und reaktionärem Fortschrittspessimismus andererseits, in der sich ökonomische Modernität mit politischer, sozialer und kultureller Antimoderne zu einem Gesellschaftsentwurf verknüpfte, der schon an seinen immanenten Widersprüchen scheitern musste.

Seit den frühen 40er-Jahren hielt Röpke (1946, S. 82 f.; Hervorh. im Original) der Klassik vor, nicht beachtet zu haben, „daß die Marktwirtschaft nur einen engeren Bezirk des gesellschaftlichen Lebens ausmacht." Zwar sei sie im wirtschaftlichen Bereich eine „schlechthin unentbehrliche Anordnung", weshalb die Marktwirtschaft dort „unverfälscht und unaufgeweicht" zur Geltung gebracht werden müsse. Aber „auf sich allein gestellt, ist sie gefährlich, ja unhaltbar, weil sie dann die Menschen auf eine durchaus unnatürliche Existenz reduzieren würde (...). Die Marktwirtschaft bedarf also eines festen Rahmens, den wir der Kürze halber den *anthropologisch-soziologischen Rahmen* nennen wollen."[9] Es fällt schwer, den inhaltlichen Kern dieses Rahmens genau zu erfassen, da Rüstow und mehr noch Röpke aus der Perspektive eines fundamentalistisch ausgerichteten Kulturpessimismus gegenüber der unterstellten Gesellschaftskrisis argumentierten, wie sie etwa Oswald Spengler (1918 bzw. 1922/1993) in seinem zweibändigen „Untergang des Abendlandes" während des Ersten Weltkrieges formuliert hatte.

Am ehesten lässt sich die ordoliberale Betrachtung des gesellschaftlichen Ist-Zustandes als eine Mischung aus sozialwissenschaftlicher Beobachtung und Metaphysik erfassen, die sich drei Erscheinungsebenen widmete: *erstens* der geistig-moralischen Krise, die zu Degenerationsprozessen und strukturellem Zerfall in der Gesellschaft geführt habe (vgl. Röpke 1942/1979, S. 22 ff.); *zweitens* jener Entwicklung zur Massengesellschaft, die schon zu Beginn der 30er-Jahre bei Röpke und Rüstow, aber auch Eucken als wesentlicher Grund für den Zerfall der Weimarer Republik genannt worden war und die nun als Phänomen der „Proletarisierung" in den Vordergrund struktureller Gesellschaftsbetrachtung trat (vgl. Röpke 1942/1979, S. 30); *drittens* dem Element der „Zentralisation" und des „Kollossalen" (Röpke 1942/1979, S. 103 ff.; Rüstow 1950, S. 71), worunter neben der Kritik am Zentralstaat vor allen Dingen heftige Anwürfe gegen die Folgen des technischen Fortschritts (vgl. Rüstow 1951), die Tendenz zum Großbetrieb (vgl.

---

[9] Bei Rüstow (1950, S. 50) heißt es fast identisch: „Die Konkurrenz in ihrer reinen Form (...) bedeutet somit da, wo sie allein die sozialen Beziehungen beherrscht, völlige Inkohärenz, völligen Mangel an sozialer Viskosität. Umso mehr ist sie auf das Gegengewicht starker umrahmender Integrationskräfte anderer Art, auf anderweit gesicherte ethische und soziologische Bindungen als ihre Ergänzung und Voraussetzung angewiesen."

Röpke 1948b) und die Zunahme von Großstadtbildungen (vgl. Röpke 1946, S. 287), aber auch gegenüber einer behaupteten Überbevölkerung (vgl. Rüstow 1951, S. 389; Röpke 1942/1979, S. 28) zu fassen waren.

Auffällig ist, dass diese Kritik am Zerfall der modernen, kapitalistischen Gesellschaft von ihrer Richtung und Vehemenz kaum mit liberalen Grundpositionen, wohl aber mit konservativem Gedankengut vereinbar ist. Röpke (1948a, S. 226) selbst sprach in diesem Zusammenhang von der Verwandtschaft mit „religiös-konservativen Strömungen". Aber so absurd es scheint, wenn die Protagonisten marktwirtschaftlicher Innovationskräfte die Ergebnisse dieser Dynamik mit äußerster Schärfe geißeln, so sehr bildet dieser Antimodernismus im Kleide einer Kultur- und Gesellschaftskritik doch einen Eckpfeiler des ordoliberalen Programms, der zumindest in der unmittelbaren Nachkriegszeit zu den spezifischen Merkmalen des deutschen Neoliberalismus gehörte.

Dahinter verbarg sich das Idealbild einer hierarchisch gegliederten Gesellschaft, jene „natürliche Ordnung", von der Eucken, Böhm und Röpke sprachen und die als ORDO zum quasireligiösen Leitbild des „neuen" Liberalismus in Deutschland geworden war. Dabei fungierte der zugrunde gelegte ORDO-Gedanke nicht allein als ideologische Klammer eines hierarchisch-statischen, dem Mittelalter entlehnten gesellschaftspolitischen Leitbildes,[10] sondern er diente zugleich als Legitimation für seine Unumstößlichkeit, indem der ORDO als Endergebnis der abendländischen Hochkultur, quasi als Höhepunkt menschlicher Entwicklung definiert wurde. Der ORDO, so hatte Eucken (1952/1990, S. 372) ausgeführt, stehe für eine „Ordnung, die dem Wesen des Menschen entspricht; das heißt Ordnung, in der Maß und Gleichgewicht bestehen." Allerdings stellte sich für die konkrete gesellschaftspolitische Umsetzung ein Problem. Zwar waren die inhaltlichen Eckpunkte des ORDO-Gedankens im Grundsatz zu erkennen: eine an ständischen Vorbildern orientierte Gliederung der Gesellschaft,[11] Eliten- statt Masseneinfluss bei der politischen Entscheidungsfindung, der unbedingte Schutz des Privateigentums und dessen Ausweitung sowie Dezentralisation und Subsidiarität als primäre Strukturprinzipien der Gesellschaft. Aber als positives Leitbild für die konkrete Umsetzung liberaler Gesellschaftspolitik taugte der

---

[10] „Im Mittelalter ist dieser Ordo-Gedanke ausgeprägt worden, der auf den Aufbau der ganzen mittelalterlichen Kultur entscheidend wirkte. Er bedeutet die *sinnvolle* Zusammenfügung des Mannigfaltigen zu einem Ganzen." (Eucken 1952/1990, S. 372; Hervorh. im Original)

[11] Der ständische Gedanke hatte allerdings als gesellschaftliches Leitbild für die Ordoliberalen dort seine klare Grenze, wo er die Wettbewerbsordnung behindern konnte. Die Sympathie galt allein der hierarchischen Staffelung der Gesellschaft, nicht aber der regulierenden Funktion im Wirtschaftsleben. Hier lag im Übrigen ein gewichtiger Widerspruch zur katholischen Soziallehre.

ORDO-Gedanke kaum. Deshalb käme es nun darauf an, wie Otto Veit (1953, S. 32) im ordoliberalen Jahrbuch konstatierte, „etwas zu leisten, was ins Metaphysische greift: die Ordnung in dieser Welt dem ORDO der Ideenwelt anzunähern."

Zu diesem Zweck bemühten sich Röpke und Rüstow um die „Übersetzung" der Metaphysik des ORDO in ein konkretes gesellschaftspolitisches Programm und ergänzten so das normative Gebäude der ordoliberalen Wirtschaftsordnung um das Sein-Sollen einer bestimmten Sozialstruktur. Röpke (1946, S. 79 und S. 85; Hervorh. im Original) bezeichnete diese Komponente des ordoliberalen Programms als „Strukturpolitik", welche die „sozialen Voraussetzungen der Marktwirtschaft (...) nicht länger als gegeben hinnimmt, sondern in einer bestimmten Absicht verändern will" und so als „widergelagerte Gesellschaftspolitik" zur Stabilisierung der marktwirtschaftlichen Ordnung beiträgt. Bei Rüstow firmierte der gesellschaftspolitische Gestaltungsanspruch unter dem Begriff „Vitalpolitik", der über das Anliegen struktureller Gesellschaftsprägung hinaus die ideologische Funktion des „Überwirtschaftlichen" betonen sollte. Es gelte zu erkennen, so Rüstow (1950, S. 91), „daß auch innerhalb der Wirtschaft selber das unwägbar Vitale und Anthropologische wichtiger ist als das eigentlich Wirtschaftliche, in Mengenzahlen Meßbare."

Was wie eine humanistische Kritik an der Beschränktheit ökonomistischen Denkens klingt, war in erster Linie gegen eine an verteilungspolitischen Grundsätzen orientierte Sozial- und Lohnpolitik gerichtet. Rüstow (1957c, S. 235) hob hervor, „daß der Begriff der Vitalpolitik entstanden ist im Gegensatz zu einer rein materiell eingestellten Sozialpolitik." Nicht die Forderung nach höheren Einkommen, besseren Arbeitsbedingungen oder kürzeren Arbeitszeiten, also die klassischen Forderungen der Arbeiterbewegung, seien als bestimmender Gradmesser einer positiven Lebenssituation für die „Masse" geeignet, sondern eine Politik, die „sich auf das Wohlbefinden, auf das Sich-Fühlen des einzelnen Menschen auswirkt" (ebd.).[12] Insofern zielte Rüstows „Vitalpolitik" auf die Schaffung einer neben der wirtschaftlichen Sphäre liegenden, im Wesentlichen immateriellen, ideologischen Basis zur Befriedung der sozioökonomischen Interessengegensätze innerhalb der kapitalistischen Gesellschaft. Man könnte durchaus von einem Subjektivismus des Sozialen sprechen, bei dem ein zu generierendes Zufriedenheitsgefühl an die Stelle realer, materieller Problemlösungen der sozialen Frage treten sollte.

---

[12] Ganz ähnlich verstand Rüstow (1957b, S. 520) Vitalpolitik als „Politik, die bewußt alles einbezieht, wovon das wirkliche Sichfühlen des Menschen, seine Zufriedenheit und sein Glück, abhängen, und die es sich zum Ziel setzt, die Voraussetzungen für ein lebenswertes und verteidigungswürdiges Leben zu schaffen."

Zusammen genommen bildeten Rüstows sozialpsychologisch-ideologischer Ansatz einer „Vitalpolitik" und Röpkes soziologisch ausgerichtete „Strukturpolitik" die bestimmenden Pole der konkreten ordoliberalen Gesellschaftspolitik. Im Mittelpunkt dieses Politikansatzes stand die Stärkung einer bürgerlichen Sozialstruktur durch die konsequente und nachhaltige Wirtschaftsförderung von Klein- und Mittelbetrieben, aber auch des bäuerlichen Familienbetriebes.[13] Die Angehörigen des selbstständigen Mittelstandes sollten *das* soziale Subjekt der ordoliberalen Gesellschaftspolitik sein und den „Mutterboden" (Röpke 1946, S. 224) der angestrebten Ordnung bilden. Im idealisierten Bild der Ordoliberalen galten sie als der „gesunde" Kern einer im Industrialisierungsprozess zersetzten, „kranken" Gesellschaft, als unpolitische und unbestechliche Größe, die wisse, „daß man zwar dem Kaiser geben soll, was des Kaisers ist, aber auch Gott, was Gottes ist" (Röpke 1946, S. 223). Auch die Rolle der Mittelschichten als Zwischenstufe des sozialen Aufstiegs wurde immer wieder hervorgehoben, nicht zuletzt von Müller-Armack (1947, S. 127), der – mit einem allerdings eher pragmatischen Blick – auf die Funktion des „soziologischen Ausgleich(s)" der „überaus wichtigen Zwischen- und Mittelschichten" verwies.

Die Entstehung der Sozialen Marktwirtschaft als flexible Konzeption des Ordoliberalismus

Mit dem Entwurf einer systematischen Wirtschafts(ordnungs)politik und dem Zugeständnis einer liberalen Gesellschaftspolitik setzten sich die deutschen Neoliberalen zweifelsohne von einigen Prämissen sowohl des klassischen Wirtschaftsliberalismus wie auch des angloamerikanischen Neoliberalismus ab. Diese Abgrenzung zum *Laissez-faire*-Grundsatz bildete zusammen mit dem Versprechen einer konsequenten Monopolbekämpfung (vgl. Ptak 2004b, S. 174 ff.) den Kern des von den Ordoliberalen in der unmittelbaren Nachkriegszeit proklamierten „Dritten Weges". Aber das Ideal einer entmachteten, auf vollständige Konkurrenz gestützten Wettbewerbsordnung erwies sich in der Praxis entgegen dem eigenen Gestaltungsanspruch als nicht umsetzbares Modell. Denn wie sollten insbesondere die bereits bestehenden Kartelle, Monopole und Oligopole im

---

[13] Die Familie sollte prinzipiell den positiven Sozialkern der dezentralisierten Wirtschaftseinheiten bilden. Sie wurde von Röpke (1942/1979, S. 31) als „die natürlichste Gemeinschaftszelle" der Gesellschaft und „das naturgegebene Feld der Frau" definiert. Rüstow (1957c, S. 222) sprach in diesem Zusammenhang von der Notwendigkeit „einer Erneuerung der ‚ewigen Familie'."

Rahmen eines freien Marktes dazu gebracht werden, ihre ökonomische Machtstellung freiwillig aufzugeben und ihre eigenen Interessen zurückzustellen? So
blieb letztlich die Frage unbeantwortet, welche gesellschaftlichen Gruppen und
sozialen Kräfte die Träger einer im ordoliberalen Sinne „veranstalteten" Marktwirtschaft sein sollten, zumal in einer pluralen und sozialen parlamentarischen
Demokratie, die mit einer allgemeinen Verpflichtung auf die Marktwirtschaft als
alleinigem Lenkungsprinzip der Ökonomie nicht vereinbar war. Auch das ordoliberale Leitbild zur gesellschaftspolitischen Umrandung des Marktes scheiterte
vor allen Dingen an seinem mangelnden Realitätsbezug, orientierte es sich doch
weniger an den gesellschaftlichen, sozialen und politischen Bedingungen der
Gegenwart als an einem Gesellschaftsbild des aufgeklärten Absolutismus und
einer vorindustriellen Sozialstruktur.

Trotz der einflussreichen öffentlichen Position der Ordoliberalen in der
Wirtschaftsneuordnungsdebatte nach 1945[14] (vgl. Nützenadel 2005, S. 62) zeigte
sich schnell, dass das auf Langfristigkeit angelegte und auf einen starken, durchaus autoritären Staat gestützte ordoliberale Projekt unter dem wirtschafts- und
sozialpolitischen Handlungsdruck der unmittelbaren Nachkriegsphase und unter
den Bedingungen einer parlamentarischen Demokratie nicht durchsetzbar war.
Hier setzt die eigentliche Bedeutung der Sozialen Marktwirtschaft als Konzeption
ein, die vor allen Dingen durch Müller-Armack zu einer Implementierungsstrategie des „neuen" Liberalismus ausgeformt wurde. Zu Recht sprach Rüstow
(1957a, S. 76) in einem ersten Rückblick auf die wirtschaftliche Neuordnungsde-
batte der späten 40er-Jahre von der „Durchführung des neoliberalen Programms
der Sozialen Marktwirtschaft".

Müller-Armacks Ansatz bestand darin, dass er die Soziale Marktwirtschaft
in einem parallelen Prozess zur ordoliberalen Formierung und Politikberatung
als Strategie zur Übertragung der Grundsätze des „neuen" Liberalismus in den
politisch-gesellschaftlichen Raum entwarf und ständig weiterentwickelte. „Unsere Theorie", erläuterte Müller-Armack 1953 auf der Jahrestagung der neoliberalen
Internationale, der „Mont Pèlerin Society" (MPS), „ist abstrakt, sie kann öffentlich
nur durchgesetzt werden, wenn sie einen konkreten Sinn bekommt und dem
Mann auf der Straße zeigt, daß sie gut für ihn ist" (zit. nach: Roth 2001, S. 29 f.).
Nicht zuletzt aus dieser Legitimationsfunktion erklärt sich, warum keine in sich

---

[14] Die besondere Stellung des deutschen Neoliberalismus nach 1945 kam nicht zuletzt deshalb zustande,
weil nach der Herrschaft des Nationalsozialismus weder konsistente alternative wirtschaftspolitische
Konzeptionen – insbesondere seitens der Vertreter eines demokratischen Sozialismus – existierten, noch
der verbreitete Antikapitalismus der unmittelbaren Nachkriegszeit an eine sozialistische Weltanschauung gebunden war.

geschlossene Theorie der Sozialen Marktwirtschaft vorliegt, sondern eine in einzelnen Schritten gewachsene Programmatik, deren besonderes Merkmal das hohe Maß an Flexibilität und Anpassungsfähigkeit gegenüber den sich verändernden ökonomischen, politischen und soziokulturellen Bedingungen und Kräfteverhältnissen in der Gesellschaft bildet (vgl. auch Hengsbach 2004, S. 163; Klump 2005, S. 383). Es ist diese evolutionär-kompromisshafte Grundstruktur des Müller-Armack'schen Ansatzes, die im Laufe der Zeit fast zwangsläufig zu Spannungen gegenüber dem stringent normativen Charakter der ordoliberalen Theorie mit ihrem dogmatisch-kompromisslosen Anspruch führen musste – in den Worten seines Schülers und langjährigen Vorsitzenden der ASM, Joachim Starbatty (1986, S. 16), ausgedrückt: „Während das Konzept des Ordoliberalismus Politikern ein fest umrissenes Programm vorgibt, könnte man Müller-Armacks Konzept der Sozialen Marktwirtschaft – überspitzt – als methodisches Prinzip verstehen."

Tatsächlich sind es zwei methodische Leitideen, die das Konzept der Sozialen Marktwirtschaft in seiner Entwicklung bestimmten: sein evolutionäres Moment und die sog. irenische Formel. In diesem Sinne steht die originäre Soziale Marktwirtschaft für eine zwar an den Grundsätzen des deutschen Neoliberalismus ausgerichtete, aber doch sehr offene und flexible Wirtschaftskonzeption, die durch das irenische Element die als notwendig erachtete ideologische Flankierung bekommen sollte. Dabei war Müller-Armack klar, dass die irenische Formel selbst keine zeitlose Gültigkeit im Sinne einer allgemeinen Regel haben konnte, sondern der sich verändernden ökonomischen und gesellschaftlichen Realität stets angepasst werden muss, um die jeweils neuen Strukturprobleme und Konflikte aufzulösen oder zu befrieden.[15] „Der Spannungs- und Konfliktzustand unserer Gesellschaft unterliegt selbstverständlich dem geschichtlichen Wechsel und verlangt, daß die jeweiligen strategischen Formeln dieses irenischen Ausgleichs immer wieder neu gesucht werden müssen, um ihrer Aufgabe gewachsen zu sein." Soziale Marktwirtschaft ist, so fasste Müller-Armack (1962, S. 13) zu Beginn der 60er-Jahre den irenischen Gedanken zusammen, „eine Strategie im gesellschaftlichen Raum; ob sie gelingt und ihr Ziel erreicht, wird nie exakt entschieden werden können." Vor diesem Hintergrund ist es problematisch, überhaupt eine wirtschaftstheoretische Substanz der Sozialen Marktwirtschaft zu

---

[15] In der ersten Interpretation der irenischen Integrationsformel suchte Müller-Armack (1950) nach einem übergeordneten marktwirtschaftlichen Grundkompromiss zwischen den vier „geistigen Mächten" der westlichen Welt: dem Protestantismus, dem Katholizismus, dem demokratischen Sozialismus und dem Liberalismus. Danach sollte die Marktwirtschaft des „neuen" Liberalismus allein als instrumentelles Prinzip verstanden und von der weltanschaulichen Auslegung des klassischen Liberalismus gelöst werden.

erfassen. Bei der Fülle an möglichen Interpretationen macht es bestenfalls Sinn, die wenigen Konstanten im evolutionären Konzeptansatz Müller-Armacks herauszufiltern, so wie es Starbatty versucht hat. Er benennt drei unabdingbare Sätze: *erstens* die Erhaltung der Marktwirtschaft als dynamische Ordnung; *zweitens* den sozialen Ausgleich, der unter dem Vorbehalt der Beachtung des ersten Satzes steht; *drittens* die Sicherung von Stabilität und Wachstum durch Geld- und Wettbewerbspolitik (vgl. Starbatty 1982, S. 18 ff.). Diese Sätze bilden gewissermaßen ein neoliberales Minimalprogramm mit eher defensivem Charakter, das von politischer Sensibilität gegenüber einem schwierigen gesellschaftlichen Umfeld geprägt ist.

Quo vadis Soziale Marktwirtschaft?

Im Lexikon Soziale Marktwirtschaft wird diese inhaltliche Unbestimmtheit positiv hervorgehoben: „Da Anpassungsfähigkeit an veränderte Bedingungen eine wichtige Eigenschaft der Sozialen Marktwirtschaft ist, kann es eine feste Definition ihrer politischen Ausgestaltung nicht geben. Die ‚Väter' der Sozialen Marktwirtschaft haben eine allzu detaillierte Festlegung wohlweislich vermieden, als sie diese Wirtschaftsordnung formten." (Dickertmann/Piel 2005, S. 391) In der Tat macht die konzeptionelle Flexibilität der Sozialen Marktwirtschaft ihre Stärke und Schwäche zugleich aus. Ihre Offenheit hat einerseits dazu beigetragen, dass den deutschen Neoliberalen in der unmittelbaren Nachkriegszeit ein Transmissionsriemen zur Verfügung stand, der zumindest wesentliche Programmsätze des Ordoliberalismus über die populäre Rede von der Sozialen Marktwirtschaft transportieren konnte. Andererseits trug gerade diese Popularisierung des Begriffs dazu bei, dass sich unterschiedlichste wissenschaftliche und politische Richtungen auf die Soziale Marktwirtschaft bezogen und ihr damit letztlich eine spezifische konzeptionelle Bedeutung genommen haben.

Insofern kann man die Soziale Marktwirtschaft – sofern die Konzeption gemeint ist – nur in einem historischen Kontext entschlüsseln. Sie ist ihrem Ursprung nach zweifelsohne ein marktwirtschaftliches Programm, das dem Neoliberalismus durch die Betonung des Sozialen unter den Bedingungen einer kapitalismuskritischen Öffentlichkeit in der westdeutschen Nachkriegszeit einen ersten großen, weit über die Grenzen der Bundesrepublik hinaus sichtbaren Triumph bescherte. Damit gelang es den Ordoliberalen zunächst, den internationalen Trend zu einem makroökonomisch gestützten Wohlfahrtsstaat in der frühen Bundesrepublik zu stoppen. Ihre Botschaft lautete, eine gut funktionierende Marktwirtschaft sei aus sich selbst heraus sozial; notwendige Korrekturen könnten durch eine konsequente Ordnungspolitik bewerkstelligt und verbleibende soziale Probleme durch marktkonforme Interventionen aufgefangen werden. In diesem Sinn gibt es „ein kohärentes Konzept der sozialen Marktwirtschaft". Andererseits ist die Soziale Marktwirtschaft – so Dahrendorf (2004) in einem Vortrag im Rahmen der dritten „Ludwig-Erhard-Lecture" der INSM – aus historischer Perspektive „nicht aus einem Guß; sie ist eine Legierung." Ihre Struktur als flexible Implementierungsstrategie konnte die Entwicklung der Bundesrepublik zu einem auch im internationalen Vergleich ausgebauten Sozialstaat nicht verhindern. Spätestens seit Ende der 50er-Jahre hatte die reale sozial- und wirtschaftspolitische Entwicklung der Bundesrepublik nur noch wenig mit den programmatischen Leitsätzen der Ordoliberalen zu tun.

Die Bewertung der programmatischen Diffusion der Sozialen Marktwirtschaft fällt im neoliberalen Lager unterschiedlich aus. Einige Protagonisten halten die Soziale Marktwirtschaft als Konzeption für gescheitert, wie etwa Manfred E. Streit (2005, S. 117), der von der „Erosion einer wirtschaftspolitischen Konzeption" spricht: „Das Adjektiv ‚sozial' erwies sich als ein fatales Ephitheton (...), weil es zu einer Anhäufung von rechtlichen Privilegien führte, die sich hemmend auf den Wirtschaftsablauf auswirkten." Zugespitzt wird dann gar ein Weg der Bundesrepublik „von der sozialen zur sozialistischen Marktwirtschaft" (Prollius 2005) konstatiert. Andere neoliberale Vertreter, wie etwa Alfred Schüller (2005, S. 61), sehen eher in der praktischen Aufweichung der originären Ordnungspolitik der Ordoliberalen ein Problem, das die Verwässerung des ursprünglichen Konzepts der Sozialen Marktwirtschaft bewirkt habe: „Der in den 60er Jahren unternommene Versuch, die Politik der Wettbewerbsordnung der ‚Freiburger Schule' (...) mit dem post-keynesianischen Konzept der makroökonomischen Steuerung zu versöhnen, hat entscheidend zur Transformation der ordo-liberalen Idee der Sozialen Marktwirtschaft (Typ I) in ein wohlfahrtsstaatlich-kollektivistisches Verständnis von Sozialer Marktwirtschaft (Typ II) beigetragen."

Allerdings gilt für die Interpretation der Sozialen Marktwirtschaft weder ein Reinheitsgebot, noch haben die Ordoliberalen ein Monopol auf den Begriff. Die heutige konzeptionelle Vielfalt ist nicht zuletzt eine Folge der offenen Struktur dieser Konzeption. Deshalb stellt sich die Frage, ob es unter solchen Voraussetzungen überhaupt Sinn macht, sich begrifflich wie programmatisch auf die Soziale Marktwirtschaft zu beziehen. Im engeren Sinne einer Konzeption scheint dieser Ansatz wenig zielführend und erfolgversprechend zu sein, da man stets Gefahr läuft, sich in Streitigkeiten über die rechte Deutung zu verzetteln. Als politischer Begriff wird die Soziale Marktwirtschaft sicherlich auch weiterhin attraktiv bleiben. Schließlich verbirgt sich dahinter die durchaus auch aus emanzipatorischer Perspektive und dem Blickwinkel heterodoxer Ökonomie spannende Fragestellung, inwieweit marktwirtschaftliche Instrumente und politisch gesetzte soziale Ziele miteinander vereinbar sind. Oder anders gefragt: Was können Märkte fernab der neoliberalen Überhöhung als universelle Allzweckwaffe tatsächlich bewirken? Wo können sie aus gesamtwirtschaftlicher und -gesellschaftlicher Perspektive eine konstruktive Funktion ausüben, um reale Probleme auf nationaler wie internationaler Ebene zu lösen? Sind Marktmechanismen tatsächlich geeignet, um so grundlegende Aufgaben wie einen nachhaltigen Klimaschutz zu bewerkstelligen?

Wird Soziale Marktwirtschaft in diesem Sinne als Auftrag verstanden, das ökonomische Instrument des Marktes (im Unterschied zum Strukturprinzip) in Wechselbeziehung zu den politischen Zielen einer demokratischen, partizipativen Gesellschaft zu denken, dann kann die Beschäftigung mit dieser Formel auch weiterhin lohnenswert sein.

Quellen- und Literaturverzeichnis

Abelshauser, Werner (1991): Die ordnungspolitische Epochenbedeutung der Weltwirtschaftskrise in Deutschland. Ein Beitrag zur Entstehungsgeschichte der Sozialen Marktwirtschaft, in: Dietmar Petzina (Hrsg.), Ordnungspolitische Weichenstellungen nach dem Zweiten Weltkrieg, Berlin, S. 11-29

Böhm, Franz (1933): Wettbewerb und Monopolkampf. Eine Untersuchung zur Frage des wirtschaftlichen Kampfrechts und zur Frage der rechtlichen Struktur der geltenden Wirtschaftsordnung, Berlin

Böhm, Franz (1966/1980): Privatrechtsgesellschaft und Marktwirtschaft, in: ders., Freiheit und Ordnung in der Marktwirtschaft, Baden-Baden, S. 105-168

Dahrendorf, Ralf (2004): Wirtschaftlicher Erfolg und soziale Wirkung. Das Zukunftsmodell ist eine Marktwirtschaft ohne Wenn und Aber – in Verbindung mit einer gesicherten Grundausstattung für jedermann, in: FAZ v. 24.12.

Dickertmann, Dietrich/Piel, Viktor Wilpert (2005): Soziale Marktwirtschaft. Ökonomische Grundlagen und Funktionsweise, in: Rolf. H. Hasse/Herman Schneider/Klaus Weigelt (Hrsg.), Lexikon Soziale Marktwirtschaft. Wirtschaftspolitik von A bis Z, 2. Aufl. Paderborn/München/Wien/Zürich, S. 391-402

Dürr, Ernst-Wolfram (1954): Wesen und Ziele des Ordoliberalismus, Winterthur

Eucken, Walter (1940): Die Grundlagen der Nationalökonomie, Jena

Eucken, Walter (1952/1990): Grundsätze der Wirtschaftspolitik, hrsg. von Edith Eucken und K. Paul Hensel, 6. Aufl. Tübingen

Grosser, Dieter (1988): Die Wirklichkeit der Wirtschaftsordnung, in: ders./Andreas Müller-Armack u.a., Soziale Marktwirtschaft, Stuttgart/Berlin/Köln/Mainz, S. 35-73

Heinacher, Peter (1997): Das Ahlener Programm: Ein Irrtum, in: Handelsblatt v. 3.2.

Hayek, Friedrich August von/Sieber, Hugo/Tuchtfeldt, Egon/Willgerodt, Hans (1979): Wilhelm Röpke. Einleitende Bemerkungen zur Neuausgabe seiner Werke, in: Wilhelm Röpke, Ausgewählte Werke. Die Lehre von der Wirtschaft, 12. Aufl. Bern/Stuttgart, S. V-XXXVI

Hengsbach, Friedhelm (2004): Soziale Marktwirtschaft – Konstrukt, Kampfformel, Leitbild?, in: Nils Goldschmidt/Michael Wohlgemuth (Hrsg.), Die Zukunft der Sozialen Marktwirtschaft. Sozialethische und ordnungsökonomische Grundlagen, Tübingen, S. 163-174

Klein, Josef (1989): Wortschatz, Wortkampf, Wortfelder in der Politik, in: ders. (Hrsg.), Politische Semantik. Bedeutungsanalytische und sprachkritische Beiträge zur politischen Sprachverwendung, Opladen, S. 3-50

Klump, Rainer (2005): Der Beitrag der Freiburger Kreise zum Konzept der Sozialen Marktwirtschaft, in: Nils Goldschmidt (Hrsg.), Wirtschaft, Politik und Freiheit. Freiburger Wirtschaftswissenschaftler und der Widerstand, Tübingen, S. 383-401

Lafontaine, Oskar/Müller, Christa (1998): Keine Angst vor der Globalisierung. Wohlstand und Arbeit für alle, Bonn

Ludwig-Erhard-Stiftung (Hrsg.) (1993): Adjektivlose oder Soziale Marktwirtschaft?, Bonn

Möschel, Wernhard (2004): Wirtschaftsverfassung, in: Nils Goldschmidt/Michael Wohlgemuth (Hrsg.), Die Zukunft der Sozialen Marktwirtschaft. Sozialethische und ordnungsökonomische Grundlagen, Tübingen, S. 175-189

Müller-Armack, Alfred (1947): Wirtschaftslenkung und Marktwirtschaft, Hamburg

Müller-Armack, Alfred (1950): Soziale Irenik, in: Weltwirtschaftliches Archiv, Bd. 64 (I), S. 181-203

Müller-Armack, Alfred (1962): Das gesellschaftspolitische Leitbild der Sozialen Marktwirtschaft, in: Wirtschaftspolitische Chronik 3, S. 7-28

Nützenadel, Alexander (2005): Stunde der Ökonomen. Wissenschaft, Politik und Expertenkultur in der Bundesrepublik 1949-1974, Göttingen

Prollius, Michael von (2005): Von der sozialen zur sozialistischen Marktwirtschaft. Die Irrwege eines ordnungspolitischen Konzepts, in: FAZ v. 25.6.

Ptak, Ralf (2002): Chefsache. Basta! – Der Neoliberalismus als antiegalitäre, antidemokratische Leitideologie, in: Norman Paech/Eckart Spoo/Rainer Butenschön (Hrsg.), Demokratie – wo und wie?, Hamburg, S. 87-102

Ptak, Ralf (2004a): Neoliberalismus: Geschichte, Konzeption und Praxis, in: Ulrich Müller/Sven Giegold/Malte Arhelger (Hrsg.), Gesteuerte Demokratie?, Hamburg, S. 14-28

Ptak, Ralf (2004b): Vom Ordoliberalismus zur Sozialen Marktwirtschaft. Stationen des Neoliberalismus in Deutschland, Opladen

Ptak, Ralf (2008): Grundlagen des Neoliberalismus, in: Christoph Butterwegge/Bettina Lösch/Ralf Ptak, Kritik des Neoliberalismus, 2. Aufl. Wiesbaden, S. 13-86

Reuter, Norbert (2002): Kommentar zur „Initiative Neue Soziale Marktwirtschaft" und zum Konzept „Neue Soziale Marktwirtschaft" der Union, in: ifo Schnelldienst 16, S. 7-10

Röpke, Wilhelm (1942/1979): Die Gesellschaftskrisis der Gegenwart, 6. Aufl. Bern/Stuttgart

Röpke, Wilhelm (1946): Civitas Humana (1. Aufl. 1944), 2. Aufl. Erlenbach-Zürich

Röpke, Wilhelm (1948a): Die natürliche Ordnung. Die neue Phase der wirtschaftspolitischen Diskussion, in: Kyklos, Vol. II, S. 211-232

Röpke, Wilhelm (1948b): Klein- und Mittelbetrieb in der Volkswirtschaft, in: ORDO, Bd. 1, S. 155-174

Roth, Karl-Heinz (2001): Klienten des Leviathan: Die Mont Pèlerin Society und das Bundeswirtschaftsministerium in den fünfziger Jahren, in: 1999. Zeitschrift für Sozialgeschichte des 20. und 21. Jahrhunderts 2, S. 13-41

Rüstow, Alexander (1932): Interessenpolitik oder Staatspolitik, in: Der deutsche Volkswirt 6, S. 169-172

Rüstow, Alexander (1950): Das Versagen des Wirtschaftsliberalismus (1. Aufl. 1945), 2. Aufl. Bad Godesberg

Rüstow, Alexander (1951): Kritik des technischen Fortschritts, in: ORDO, Bd. 4, S. 373-407

Rüstow, Alexander (1953): Soziale Marktwirtschaft als Gegenprogramm gegen Kommunismus und Bolschewismus, in: Albert Hunold (Hrsg.), Wirtschaft ohne Wunder, Erlenbach-Zürich, S. 97-127

Rüstow, Alexander (1957a): Die geschichtliche Bedeutung der Sozialen Marktwirtschaft, in: Erwin von Beckerath/Fritz W. Meyer/Alfred Müller-Armack (Hrsg.), Festschrift für Ludwig Erhard, Wirtschaftsfragen der Freien Welt, Frankfurt am Main, S. 73-77

Rüstow, Alexander (1957b): Ortsbestimmung der Gegenwart. Eine universalgeschichtliche Kulturkritik, Bd. 3: Herrschaft oder Freiheit, Erlenbach-Zürich

Rüstow, Alexander (1957c): Vitalpolitik gegen Vermassung, in: Albert Hunold (Hrsg.), Masse und Demokratie, Erlenbach-Zürich/Stuttgart, S. 215-238

Schiller, Karl (1958): Neuere Entwicklungen in der Theorie der Wirtschaftspolitik. Vorträge und Aufsätze des Walter Eucken Instituts, Heft 1, Tübingen

Schindelbeck, Dirk/Ilgen, Volker (1999): „Haste was, biste was!" – Werbung für die Soziale Marktwirtschaft, Darmstadt

Schlecht, Otto (1998): Leitbild oder Alibi? – Zur Rolle der Konzeption der Sozialen Marktwirtschaft in der praktischen Wirtschaftspolitik, in: Dieter Cassel (Hrsg.), 50 Jahre Soziale Marktwirtschaft, Stuttgart, S. 35-48

Schüller, Alfred (2005): Soziale Marktwirtschaft als ordnungspolitische Baustelle. Die Verbindung von „Freiburger Imperativ" und „Keynesianscher Botschaft" – ein nationalökonomischer Irrweg, in: ORDO, Bd. 56, S. 61-75

Spengler, Oswald (1918 bzw. 1922/1993): Der Untergang des Abendlandes. Umrisse einer Morphologie der Weltgeschichte, München

Speth, Rudolf (2004): Die politischen Strategien der Initiative Neue Soziale Marktwirtschaft, Hans-Böckler-Stiftung, Düsseldorf

Starbatty, Joachim (1982): Alfred Müller-Armacks Beitrag zur Theorie und Politik der Sozialen Marktwirtschaft, in: Ludwig-Erhard-Stiftung (Hrsg.), Soziale Marktwirtschaft im vierten Jahrzehnt ihrer Bewährung, Stuttgart/New York, S. 7-26

Starbatty, Joachim (1986): Die Soziale Marktwirtschaft aus historisch-theoretischer Sicht, in: Hans Pohl (Hrsg.), Entstehung und Entwicklung der Sozialen Marktwirtschaft, Stuttgart, S. 7-26

Starbatty, Joachim (2004): Soziale Marktwirtschaft als Konzeption, in: Nils Goldschmidt/ Michael Wohlgemuth (Hrsg.), Die Zukunft der Sozialen Marktwirtschaft. Sozialethische und ordnungsökonomische Grundlagen, Tübingen, S. 135-151

Streit, Manfred E. (2005): Die Soziale Marktwirtschaft. Zur Erosion einer wirtschaftspolitischen Konzeption, in: ODRO, Bd. 56, S. 113-121

Tribe, Keith (1995): Strategies of economic order. German economic discourse, 1750-1950, Cambridge

Veit, Otto (1953): ORDO und Ordnung. Versuch einer Synthese, in: ORDO, Bd. 5, S. 3-47

Wengeler, Martin (1994): „Die Planwirtschaft ist das Unsozialste, was es überhaupt gibt, und nur die Marktwirtschaft ist sozial." – Zur Geschichte eines bundesdeutschen Fahnenwortes, in: Dietrich Busse/Fritz Hermans/Wolfgang Teubert (Hrsg.), Begriffsgeschichte und Diskursgeschichte, Opladen, S. 107-123

Zinn, Karl Georg (2007): Grundzüge und Besonderheiten des Neoliberalismus in Deutschland, in: Hans-Georg Draheim/Dieter Janke (Hrsg.), Legitimationskrise des Neoliberalismus – Chance für eine neue politische Ökonomie, Leipzig, S. 27-52

Bernd Röttger

Die Neoliberalisierung des „Rheinischen Kapitalismus"

Zur Politischen Ökonomie einer kapitalistischen Penetration

„There is no alternative" dröhnte die „neoliberale Konterrevolution" (Milton Friedman) des Thatcherismus gegen Ende der 70er-/Anfang der 80er-Jahre, um den Menschen einzubläuen, dass der Verschlechterung der produktiven Verwertungsbedingungen des Kapitals seit der Weltwirtschaftskrise 1974/75 nur mit einem Angriff bzw. einem freiwilligen Verzicht auf die erkämpften Rechte der westeuropäischen Arbeiter- und Gewerkschaftsbewegung sowie einem grundlegenden „Umbau" des Sozial- oder Wohlfahrtsstaates begegnet werden könne (vgl. dazu: Butterwegge 2008, S. 136 ff.; Ptak 2008, S. 73 ff.). Die Umverteilung von Macht- und Einkommenspositionen zugunsten des Kapitals wurde zur Krisenüberwindungsstrategie geadelt – auch in Ländern, wo auf der Grundlage starker Gewerkschaften in der Nachkriegsordnung der „heilsame Zwang zum Kompromiss" institutionell verankert worden war.

Die Abwendung der westeuropäischen Krisenmanager vom keynesianischen Instrumentarium und einer dem Vollbeschäftigungsziel verpflichteten Wirtschaftspolitik, die infolge von Massenarbeitslosigkeit und geschwächter Durchsetzungsmacht zur „gesellschaftlichen Manier" (Karl Marx) gewordene Lohnzurückhaltung der Gewerkschaften und das infolge „erpresserischer Globalisierung" erzwungene „Co-Investment" (Peter Hartz) der Belegschaften in betrieblichen Abweichungs-, d.h. Konzessionsverträgen ließen in den 90er-Jahren zunehmend Zweifel an der Plausibilität der neoliberalen Versprechen aufkommen. Selbst 20 Jahre der Umverteilung zugunsten des Kapitals konnten die Massenarbeitslosigkeit nicht bewältigen. Günter Grass (1997, S. 29) zufolge betrat der Neoliberalismus eindeutig das Stadium seiner Vergreisung: „Wer die Hand hinters Ohr hält, hört, wie die siegreichen Ideologien des Kapitalismus ihre absoluten, nunmehr auf Globalisierung setzenden Forderungen ins Leere heisern." Die Abwahl der konservativ-liberalen Regierungen des Thatcher-Nachfolgers John Major, von George Bush in den USA oder auch von Helmut Kohl als Bundeskanzler galten als Beleg für dieses Scheitern. Zudem versuchte eine institutionalistische Kapitalismustheorie (vgl. Hall/Soskice 2001) plausibel zu machen, dass der Umbau des Kapitalismus ausschließlich pfadabhängig erfolgen könne und sich die korporatistischen Strukturen des „Rheinischen Kapitalismus" etwa der BRD mit Erfolg gegen ihren neoliberalen Umbau sträuben.

Die politische Wirklichkeit aber ist offensichtlich komplexer. Die in die Regierungsverantwortung gespülten „Linksregierungen" setzten den neoliberalen Umbau des Kapitalismus weitgehend fort. Tatsächlich handelt es sich bei dem Konflikt „neoliberale Globalisierung vs. Erhalt der Bastionen des Rheinischen Kapitalismus" eher um eine Scheinalternative. Um zu einer angemessenen Bestimmung der Kräfteverhältnisse am Anfang des 21. Jahrhunderts auch in den Ländern des Rheinischen Kapitalismus zu gelangen, muss man jene Grundfragen kritischer Sozialwissenschaft beantworten, die gewöhnlich ausgeblendet bleiben. Geklärt werden sollte die „Dialektik von strukturellen Bedingungen und konkretem (…) politischem Entscheidungsprozeß" (Ziebura 1990, S. 90) genauso wie die Frage, „in welchem Mischverhältnis externe und interne Bestimmungsfaktoren des gesellschaftlichen Wandels (…) stehen" (ebd., S. 101). Meine im Folgenden zu begründende These lautet: Der im Zuge der Krise des Fordismus erfolgte Aufstieg des Neoliberalismus bezeichnet einen Prozess gesellschaftlicher Durchdringung, in dem sich Ökonomie und Politik, interne und externe Faktoren zu einer wechselseitigen Bedingungskonstellation verschränken, die eingefahrene politische Praxisformen des Rheinischen Kapitalismus „schleift", geronnene politische Regulationen in ihrer Wirkungsmächtigkeit entkräftet sowie neue Handlungskorridore bürgerlicher Herrschaft eröffnet.

„Neoliberalisierung" bezeichnet einen Modus der Transformation der kapitalistischen Produktionsweise, die sich durch ökonomische, soziokulturelle und arbeitspolitische Regulationsverhältnisse hindurch organisiert und reproduziert (vgl. Röttger 1997). Insofern ist jede Transformation „pfadabhängig", weil sie die Institutionen und Regulationen gleichsam von innen, von den bestehenden Kräfte- und Bündniskonstellationen aus, verändert. Das bedeutet aber keineswegs, dass die Pfade im Prozess der Veränderung nicht verlassen und neue Korridore kapitalistischer Entwicklung nicht geöffnet werden können. Es bedeutet aber sehr wohl, mit einem Grundirrtum abzurechnen: Neoliberalismus ist nicht gesellschaftliche Gestalt gewordene neoliberale Orthodoxie. Die Neoliberalisierung der Gesellschaften begründet nicht die Entfesselung eines „reinen Marktes", sondern ein umfassendes gesellschaftliches Restrukturierungsprojekt, in dem die „konstitutive Unvollkommenheit des Kapitalverhältnisses" (Jessop 2001, S. 18) durch neuartige Zusammenhänge zwischen den ökonomischen und politischen Formen bürgerlicher Herrschaft bearbeitet wird, die eine ungezügelte Entfaltung der Kapitalmacht ermöglichen. Diesen Prozess bezeichne ich als „Neoliberalisierung" des Rheinischen Kapitalismus bzw. als „kapitalistische Penetration".

Umrisse einer Theorie kapitalistischer Durchdringung

Das Konzept der kapitalistischen Durchdringung („Penetration") fungiert als eine Art politische Theorie des Systems internationaler Arbeitsteilung. Es thematisiert Artikulationsmuster zwischen den hierarchischen Strukturen der Weltarbeitsteilung und transnationalen Interessenkonvergenzen, die sich zu einer Struktur der Macht verdichten. Weltwirtschaftliche Hierarchien werden als soziale und politische Beziehungen mit asymmetrischen Klassenbeziehungen analysiert (vgl. Junne/Nour 1974, S. 16 ff.; Gantzel 1976). Eine einmal etablierte internationale Machtstruktur wird als „transnationale Herrschaftssynthese" begriffen, als „relativ stabile Konfiguration von Gruppen mit kompatiblen Interessenlagen einschließlich der Mechanismen der internen und externen Stabilisierung solcher Koalitionen" (Ziebura u.a. 1974, S. 27).

Das Verdienst dieser Konzepte besteht vor allem darin, strukturelle Faktoren des kapitalistischen Weltmarktes als Kräfte und Mechanismen der Stabilisierung bzw. Veränderung von Herrschaftskoalitionen verstanden zu haben. Nicos Poulantzas (1977, S. 20) sprach von Prozessen der „Interiorisierung", die sich im Rahmen eines „internationalen imperialistischen Zusammenhangs" notwendig einstellen. Seine These vom „Primat der internen Faktoren" verweist auf das entscheidende Problem, dass es „streng genommen, nicht auf der einen Seite die externen Faktoren (gibt), die lediglich von außen wirken, und auf der anderen Seite die in ihrem eigenen ,Raum' ,isolierten' internen Faktoren. Das Postulat vom Primat der internen Faktoren bedeutet, daß die in jedem Land von ,außen' gesetzten Koordinaten der imperialistischen Kette (...) auf diese Länder nur kraft ihrer Interiorisierung wirken, durch Verknüpfung mit deren jeweiligen Widersprüchen."

Die skizzierten Konzepte fanden ihren historisch-konkreten Gegenstand in den die Nachkriegsordnung konstituierenden Prozessen der Verallgemeinerung des US- zu einem „atlantischen Fordismus". In diesem Zusammenhang entwickelt Michel Aglietta in seiner – der Theorie der Regulation vorgelagerten – Untersuchung der Internationalisierung des Kapitals das Konzept hegemonialer Produktions- und Tauschnormen. Aglietta (1979a, S. 74) macht deutlich, dass die Internationalisierung des weltmarktdominierenden US-amerikanischen Kapitals in seinem Kern als Prozess der Verallgemeinerung jener kapitalistischen Produktionsverhältnisse aufzufassen ist, „durch die sich das dominierende Kapital verwertet". Das Konzept weltmarktgültiger Produktionsnormen thematisiert die Wechselbeziehungen zwischen der „Globalisierung" von Produktionsbedingungen und ihrer Umsetzung in lokalisierte Ausbeutungsstrategien. Kapitalistische Durchdringung infolge der Internationalisierung des Kapitals markiert so einen sozialen und politischen Prozess der Weltökonomie, der untrennbar mit der Konstitution gesellschaftlich-politischer Machtblöcke verwoben ist. Nicos Poulantzas (1975, S. 234) hat solche Machtblöcke als „die aus den politisch herrschenden Klassen und Fraktionen gebildete widersprüchliche Einheit in ihrem *Verhältnis zu einer besonderen Form des kapitalistischen Staates*" (Hervorh. B.R.) bestimmt.

In diesem Zusammenhang gewinnen die Konzepte auch für die Analyse der Neoliberalisierung von Gesellschaften an Bedeutung: Neoliberalismus als das „widersprüchliche Ensemble von wirtschaftlichen Theorien, staatlichen Politiken und Unternehmensstrategien, die auf sogenannte Globalisierung setzen" (Haug 1996, S. 673), realisiert sich in je lokalen Ausbeutungsstrategien. Der intensivierte Zugriff auf die lebendige Arbeit wird über den Umbau der Regulationsverhältnisse gesellschaftlicher Arbeit durchgesetzt, der wiederum von den strukturellen Dominanz- und Abhängigkeitsverhältnissen der kapitalistischen Weltökonomie als „Sachzwang" politisch abgesichert wird. Die neuen Machtblöcke konstituieren sich über ein neues Staatsprojekt, das die gesellschaftliche Grundlage und die Klassenbündnisse des Staates umbaut und Staatstätigkeit „jenseits keynesianischer Intervention" neu definiert.

Insofern kann die Neoliberalisierung als Konstitutionsprozess eines neuen Kondominiums bürgerlicher Herrschaft begriffen werden. Darin kommen „interdependente ‚politische' Kausalitäten" zum gesellschaftlichen Prozess. In der Geschichte bürgerlicher Herrschaft verschränken sich nämlich immer wieder „binnenstaatliche Politik, Ökonomie, öffentliche Verwaltungstätigkeit und internationale Austauschbeziehungen in einem System wechselseitiger Abhängigkeiten, Einflußnahmen und Rivalitäten derart (...), daß die Ursachen in einem Sektor interdependente Folgen in anderen Sektoren zeitigen und diese Folgen wiederum zu neuen Ursachen in dem genannten dynamischen Interaktionszusammenhang werden." (Massing 1974, S. 33) Erst durch die herrschaftliche Verknüpfung fragmentierter und segmentierter Verhältnisse gelingt es, Herrschaft zu „härten", d.h. auf relative Dauer zu stellen und zu einer „kondominialen Struktur gesellschaftlicher und staatlicher Machtausübung" zu verdichten. Einem solchen Kondominium gelingt es, die Pfade neu zu vermessen, in denen sich die politökonomische Entwicklung des Kapitalismus vollziehen kann.

Neoliberalisierung als Krisenprozess des keynesianischen Staates

Die Neoliberalisierung des Rheinischen Kapitalismus wurde jedoch erst möglich, als die Fundamente des „keynesianischen Staates", d.h. die Ausweitung verschiedener Formen von „historischem Kompromiss, den eine herrschende Klasse unter Umständen zwischen Staat und Arbeiterklasse schließen möchte" (Buci-Glucksmann/Therborn 1982, S. 132), deutliche Abnutzungserscheinungen zeigten. Das Regime von Bretton Woods, das die je nationalstaatliche Durchsetzung der „Keynesianisierung der Gesellschaften" ermöglichte, wurde durch die Angleichung der Produktivitätsniveaus zwischen den kapitalistischen Metropolen gegen Ende der 60er-Jahre, die Aufgabe der Golddeckung des US-Dollars 1971 und schließlich den Zusammenbruch des Systems fester Wechselkurse 1973 in die geschichtlichen Annalen verwiesen. Im Formwandel der Internationalisierung des Kapitals vom Handel hin zur Produktion in den 60er-Jahren konstituierten sich zudem neue Bedingungen der Produktion von Produktionsnormen – Bedingungen, die „in der Lage sind, die gesellschaftlichen Produktionsbedingungen umzuwälzen" (Aglietta 1979a, S. 110). Im Unterschied zur fordistischen Produktionsnorm, die sich zunächst nationalstaatlich in den USA herausbildete und von dort verallgemeinerte, konstituiert sich die nachfordistische Produktionsnorm genuin als eine „weltweit gültige Produktions- und Tauschnorm" (ebd., S. 122), welche die im Fordismus ausgebildete spezifische Form des kapitalistischen Staates unterminiert.

Antonio Gramsci hatte bereits in den 1930er-Jahren herausgearbeitet, dass die Verallgemeinerung des im Amerikanismus schmetternden „fordistischen Fanfarenstoßes" (Gramsci 1999, Bd. 9, S. 2070) in Europa als ein Prozess der passiven Revolution stattfinden muss, in dem der Korporatismus eine zentrale Bedeutung erlangt. Dieser bildet das substanzielle Element der „europäischen Reaktion" auf Amerikanismus und Fordismus (siehe ebd., S. 2075). Tatsächlich entwickelten sich kooperative Gewerkschaften in den westeuropäischen Staaten zu einem unverzichtbaren Bestandteil der keynesianischen Wirtschaftsregulation. Den Gewerkschaften gelang es auf der Grundlage struktureller Veränderungen in der fordistischen „Existenzweise der Lohnarbeit" (Aglietta 1979b) die Arbeiterklasse zu organisieren, sie aber auch gleichzeitig zu kontrollieren und „historische Kompromisse" in dem für die fordistische Industrialisierung typischen Korridor von Produktivitäts- und Lohnfortschritten zu schließen. Gewerkschaften nahmen im fordistischen Kapitalismus neben ihrer tradierten Funktion als Organisationen gesellschaftlicher Gegenmacht auch die Funktion von Gestaltungs-

und Ordnungsmächten ein (vgl. Schmidt 1971; Zoll 1976), wodurch sie zu „intermediären Organisationen" (siehe Müller-Jentsch 1982) des keynesianischen Klassenkompromisses wurden.

Die passive Revolution fordistischer Industrialisierung und die in der Verrechtlichung des Systems industrieller Beziehungen festgeschriebenen (und eng geführten) Formen gewerkschaftlicher Politik und Handlungsparameter betrieblicher Interessenvertretungen (vgl. Erd 1979, S. 145) wurden in der zweiten Hälfte der 1960er-Jahre durch den Aufstieg des Keynesianismus zu einer bestimmten Form des kapitalistischen Staates, d.h. den Umbau des ordoliberalen Staates zu einem systematischen Interventions- und Planstaat ergänzt (vgl. Blanke u.a. 1975, S. 283 ff.). Erst die Krise 1966/67 ließ die herrschaftsfunktionale Notwendigkeit wirtschaftspolitischer Steuerung ins Bewusstsein treten. Veränderungen des politischen Systems der BRD mit dem *Gesetz zur Förderung der Stabilität und des Wachstums der Wirtschaft* vom 6. Juni 1967 bewirkten eine Gewichtsverlagerung zwischen den Apparaten des bürgerlichen Staates zugunsten korporatistischer Willensbildungs- und Entscheidungsprozesse (vgl. Esser 1982, S. 249) – bei deutlicher Schwächung des Parlaments. Mit dieser Vervollkommnung korporatistischer Krisenpolitik erhielt staatliche Regulierung einen Doppelcharakter: Sie diente sowohl der interventionistischen Bewältigung von Verwertungsschwierigkeiten des Kapitals als auch zur aktiven Organisation des Klassenkompromisses (vgl. Offe 1972, S. 22). Gerade die wirtschaftspolitische Konzeption der SPD sollte den Klassenkompromiss stabilisieren, „indem als Voraussetzung eines nicht-antagonistischen Verteilungskonflikts das Wachstum der Wirtschaft (...) politisch garantiert werden sollte." (Hoffmann 1982, S. 9 f.)

Seit dem Ende der 1960er-Jahre musste jedoch ein Rückgang der Produktivitätsgewinne konstatiert werden. Die Produktivitätsreserven tayloristischer Rationalisierung hatten sich erschöpft. Zudem geriet das System der fordistischen Repräsentation der Arbeit mit der Intensivierung der Klassenauseinandersetzungen gegen Ende der 60er-Jahre in allen entwickelten westeuropäischen Gesellschaften unter Druck. In den westdeutschen Septemberstreiks des Jahres 1969 artikulierte sich vor allem die Unzufriedenheit der abhängig Beschäftigten mit der korporatistischen Lohnpolitik der IG Metall in der Rezession 1966/67. Die Durchsetzung hoher Geldlohnforderungen der Lohnarbeiter/innen in den Septemberstreiks und der Gewerkschaften 1970/71 bewirkten, dass der Kapitalismus in eine Rentabilitätskrise bzw. „Profitklemme" (Glyn/Sutcliffe 1974) geriet, die noch durch die Entwicklung hin zu einer „neuen internationalen Arbeitsteilung", den Anstieg der Rohstoffpreise und eine weitgehende Sättigung der Märkte für dauerhafte Massenkonsumgüter verschärft wurde.

Im Gefolge der Weltwirtschaftskrise 1974/75 wurden zunächst die korporatistischen Arrangements zwischen Kapital, Arbeit und Staat noch verstärkt. Oft
entstand „ein politisches Kartell zur erfolgreichen, d.h. sachadäquaten und sozi-
alkonsensualen Bewältigung der Krisenfolgen" (Esser u.a. 1983, S. 54). Durch die
Transformation des bürgerlichen Staates zu einer Agentur zur „Modernisierung
der Volkswirtschaft" (Hauff/Scharpf 1975), die Förderung von Forschungs- und
Entwicklungsinvestitionen also, wurde die staatliche Intervention zum Erhalt
strukturschwacher Branchen zurückgenommen. „Gesundschrumpfen" hieß die
neue Losung der Wirtschaftspolitik, und die „Modernisierung der Volkswirtschaft" zersetzte die soziale Basis des korporatistisch-keynesianischen Staates.
Zwar sollte die Modernisierungspolitik das „Modell Deutschland" gerade dadurch fortentwickeln, dass „sein soziales Fundament, jenes Bündnis von Wachs-
tumskapitalen und qualifizierter Arbeiterschaft, erhalten bleiben und als Konkur-
renzvorteil auf dem Weltmarkt ausgenutzt werden" sollte (Hoffmann 1984, S.
415); genau das Gegenteil aber passierte: Die durch Modernisierungs- und Spezi-
alisierungspolitik akzentuierte Veränderung in der Zusammensetzung der lohn-
arbeitenden Klasse löste die einst politisch fixierten Kompromisslinien zwischen
Lohnarbeit und Kapital auf oder drängte sie zurück. Die einst durch den keynesianischen Klassenkompromiss ermöglichte (stellvertretende) Kooptation der gesamten Klasse im bürgerlichen Staat konnte sich aufgrund zunehmender Arbeits-
marktsegmentationen nur noch als „selektiver Korporatismus" (vgl. Esser 1982, S.
257 ff.) entfalten. Die Basis des keynesianischen Klassenkompromisses wurde
zudem durch das auftretende „stagflationäre Dilemma keynesianischer Politik"
(Altvater u.a. 1983, S. 155) zersetzt.

Der wirtschaftspolitische Paradigmenwechsel hin zur Austeritätspolitik der
Regierung Schmidt in der zweiten Hälfte der 70er-Jahre muss als Ergebnis von
Verschiebungen in den gesellschaftlichen Kräfteverhältnissen und als Versuch
interpretiert werden, den das korporatistische „Modell Deutschland" tragenden
Klassenkompromiss durch Politisierung auch von monetären Stabilitätsinteressen
der abhängig Beschäftigten in neue Handlungskorridore zu balancieren. Tatsächlich vollzog sich die neoliberale Konterrevolution im britischen Kapitalismus
durch den autoritären Versuch des Thatcherismus, „die Gewerkschaften als gesellschaftliche und politische Kraft aus(zu)schließen", während in der Bundesrepublik der Versuch dominierte, „die Gewerkschaften krisenpolitisch zu konditio-
nieren und ihren Handlungsspielraum im bestehenden System der industriellen
und politischen Beziehungen einzugrenzen" (Kastendiek/Kastendiek 1985,
S. 382).

Hierzulande sollte sich die „autoritäre Regierungsintervention" (Bruno Trentin), die den neoliberalen Paradigmenwechsel immer auch begleitet, Kapitalinteressen im Staat reartikuliert und gewerkschaftliche Macht beschränkt, erst später, unter der Regierung Kohl, durchsetzen. Diese hat 1984 mit der Veränderung des § 146 SGB III (alt § 116 AFG) das Streikrecht eingeschränkt und damit die gewerkschaftliche Konfliktfähigkeit als Quelle gewerkschaftlicher Gestaltungsmacht drastisch beschnitten. In der BRD vollzog sich aber zunächst „nur" eine „Metamorphose des Reformismus" (Butterwegge u.a. 1985, S. 56): Das ihn tragende Bündnis aus Sozialdemokratie und korporatistischer Gewerkschaftsbewegung brach nicht auseinander, wurde vielmehr an veränderte Akkumulationsbedingungen des Kapitals angepasst und „modernisiert".

Die Krise korporatistischer Gewerkschaftspolitik, welche inzwischen deren Kern – die Tarifpolitik – erreicht hat, wurde hier ins Werk gesetzt (vgl. Röttger 2007). Sie nahm ihren Lauf, als sich die Gewerkschaften in das Dilemma manövrierten, einerseits in ihren „strategischen Beziehungen" zum kapitalistischen Staat die monetaristische „Einschränkung des Handlungsrahmens" zu akzeptieren, andererseits diese Beziehungen jedoch als „wesentlichen Bezugspunkt ihrer Politik" weiter zu verfolgen (siehe Kastendiek u.a. 1981, S. 152). Mit der monetaristischen Rekonstruktion des nationalstaatlichen Machtblocks unter der Ägide der Deutschen Bundesbank wurden jedoch auch die Bedingungen gezimmert, unter denen sich ähnliche Machtblöcke auch in jenen Ländern der kapitalistischen Weltökonomie durchsetzen konnten, wo die Aufkündigung der Klassenkompromisse bislang nicht vollständig gelang.

Neoliberalisierung als transnationale Herrschaftssynthese

Faktisch war die Konstitution neoliberaler Machtblöcke in den Gesellschaften des Rheinischen Kapitalismus untrennbar eingewoben in eine systematische Politisierung der Hierarchien internationaler und europäischer Arbeitsteilung (vgl. Röttger 1997, S. 154 ff.). Eine besondere Bedeutung für die Verallgemeinerung neoliberaler Wirtschaftspolitik in Europa erlangte dabei die Konstruktion des Europäischen Währungssystems (EWS) von 1979, in dem sich bundesdeutsche Exportsowie französische Modernisierungs- und Stabilisierungsinteressen durchsetzen konnten. Die das „Modell Deutschland" – und damit den deutschen Klassenkompromiss – tragenden Exportfraktionen sahen sich nach dem Zusammenbruch des Bretton-Woods-Systems mit einer massiven DM-Aufwertung konfrontiert, welche die Exportmärkte gefährdete. Die Schmidt-Carter-Kontroverse 1978, die

Dollarkrise 1978/79 und der daraus resultierende „Run aus dem Dollar" drohten die Situation zu verschärfen. Mit der Gründung des EWS wollte man eine Stabilisierung der bundesdeutschen Exporte nach Westeuropa erreichen, indem sowohl die europäischen Währungen in einem System fester Wechselkurse aneinander gebunden (und so die Aufwertungstendenz der DM gestoppt) als auch die DM von einer Weltwährungsrolle durch Anbindung an die „schwachen" europäischen Währungen ferngehalten wurden (vgl. Herr/Voy 1989). In Frankreich dagegen galt mit der Entstehung von Massenarbeitslosigkeit die Abwertungsstrategie des französischen Franc als gescheitert. Im „Experiment Barre" wurde 1978 erstmals der Übergang zur Stabilitätspolitik vollzogen: Mittels einer Politik stabiler Wechselkurse sollte das Anheizen der Inflationsspirale („importierte Inflation") und die Verzögerung ökonomischer Modernisierung durch eine „künstliche", nur durch Abwertung bedingte Konkurrenzfähigkeit der französischen Industrie gestoppt werden. Dem EWS fiel die Funktion zu, die außenwirtschaftlichen Bedingungen monetärer Stabilität durch Anbindung des Franc an die DM herzustellen und Modernisierungseffekte durch Mechanismen „durchschlagender" Konkurrenz zu erzeugen.

Wirkungsmechanismen für eine Neoliberalisierung der westeuropäischen Gesellschaften entfaltete der festgeschriebene Interventionsmodus. Die obligatorische Interventionspflicht der Notenbanken bei Kursabweichungen sah vor, dass die Notenbank der starken Währung die schwache Währung aufkauft, während die Notenbank der schwachen Währung dazu verpflichtet wurde, die Bestände der zur Aufwertung tendierenden Währung zu verkaufen. Durch diesen Interventionsmechanismus wurde eine Kontraktion der Zentralbankgeldmenge im Schwachwährungsland und eine Expansion im Hartwährungsland bewirkt. Dieser institutionalisierte Mechanismus asymmetrischer Intervention stellte sicher, dass die stabilste Währung im westeuropäischen Währungsverbund in die Position der Leitwährung geriet und dem Nationalstaat mit der restriktivsten Geldpolitik die wirtschaftspolitische Führungsrolle zufiel. Zudem sorgten die der Hierarchie europäischer Arbeitsteilung eigenen Dominanz- und Abhängigkeitsstrukturen für die Einhegung der wirtschaftspolitischen Handlungskorridore. Diese Hierarchie fand im Westeuropa der 80er-Jahre ihren Ausdruck in kumulierenden Handelsbilanzüberschüssen der BRD, die 1989 mit 94,2 Mrd. DM gegenüber der EG ihre Rekordhöhe erreichten.

Die Wirkungsmacht dieser Mechanismen und Strukturen bekam vor allem die im Mai 1981 gewählte Linksregierung in Frankreich zu spüren (vgl. Steinacker/Westphal 1985). Ihr linkskeynesianisches Wirtschaftsprogramm konnte kaum ein Jahr aufrechterhalten werden, weil das Diktat der Weltmarktgesetze und die Vorgaben des institutionalisierten Neoliberalismus in Gestalt des EWS den Handlungen der französischen Regierung enge Grenzen setzten. Das einen langfristigen „Bruch mit dem Kapitalismus" versprechende Programm mutierte 1983 zu einem neoliberalen Stabilitätsprogramm. Ursächlich ging der wirtschaftspolitische Paradigmenwechsel auf eine dramatische Verschlechterung der französischen Handelsbilanz zurück. Das Verhältnis von Export- zu Importwerten erreichte 1982 den schlechtesten Wert in der Geschichte Frankreichs. Die riesigen Defizite im europäischen Handel konnten selbst durch die Realignments im EWS und die Abwertung des französischen Francs gegenüber der DM nicht beseitigt werden. 1983 wurde ein Lohn- und Preisstopp verordnet, welcher eine Phase der Reallohnverluste einleitete; ab 1985 wurde mit der Strategie der „désinflation compétitive" eine konsequente Politik nationaler Modernisierung eingeleitet, welche die Priorität exportorientierter Stabilitätspolitik akzeptierte.

Das Diktat der Zahlungsbilanz schwang im europäischen Integrationsprozess sein Zepter und beschleunigte den neoliberalen Wandel der Wirtschaftspolitiken. Pietro Ingrao und Rossana Rossanda (1996, S. 78) konstatieren einen ähnlichen Wirkungsmechanismus für Italien: „Man könnte sagen, daß mit dem Beitritt zum europäischen Währungssystem endgültig die bisherigen Schutzwälle, Anpassungsmechanismen, Problemverschiebungen und Kompromisse zerbrochen sind, mit denen im christdemokratischen Italien bis Ende der 70er Jahre und darüber hinaus ‚auf Sicht gesteuert' und die großen produktiven und sozialen Entscheidungen immer wieder verschoben wurden." Die Entwicklungen in Frankreich und Italien machen so die konstitutive Bedeutung der Hierarchie europäischer Arbeitsteilung für die Entstehung einer europäischen „Stabilitätsphalanx" (Thomasberger 1988, S. 25) als Kern des neoliberalen Machtblocks in den Ländern des Rheinischen Kapitalismus deutlich.

Die bundesdeutsche Weltmarktmacht und Dominanz in der europäischen Arbeitsteilung ebnete die Grundlagen für die Entfaltung einer europäischen Herrschaftssynthese, die mit dem Konstrukt der Europäischen Währungsunion nach dem Vorbild der Deutschen Bundesbank – unter immer wieder aufflackerndem Protest vor allem aus Frankreich – institutionalisiert wurde. Es waren aber nicht allein „exogene Zwänge", die den Weg in die Neoliberalisierung der europäischen Kapitalismen wies. Elmar Altvater (1987, S. 87) hat bekanntlich den „Sachzwang Weltmarkt" zu Recht schon früh als einen gesellschaftlichen Transformationsprozess beschrieben, „wie exogene Strukturen endogenisiert werden bzw. wie die artikulierte Konfiguration von ökonomischen Entwicklungstendenzen des Weltmarktes, von politischen Interventionen zur hegemonialen Blockbildung, dem sozialen Handeln der Akteure in einer regionalen Gesellschaft und den je besonderen natürlichen Reproduktionsbedingungen in der Region zustande kommt." Im Westeuropa der 80er-Jahre verdichteten sich die Hierarchien europäischer Arbeitsteilung, nationalstaatliche Interessenkonstellationen und Blockbildungen sowie Währungsregulationen deutlich zu einer Machtstruktur, welche die Austreibung keynesianischer Formen der kapitalistischen Nationalstaaten vorantrieb.

Neoliberalisierung und neue politics of scale

Mit Karl Marx (1974, S. 393) ist davon auszugehen, dass sich die Reproduktion des Kapitalverhältnisses immer zugleich als „Neuproduktion und Destruktion der alten Form" darstellt. Tatsächlich haben die im Prozess der Neoliberalisierung konstituierten Machtblöcke inzwischen eine grundlegend neue Form des kapitalistischen Staates hervorgebracht. Während die zentrale Aufgabe der je nationalstaatlich durchgesetzten „neoliberalen Konterrevolutionen" vor allem in der Erosion der den keynesianischen Staat tragenden fordistischen Klassenkompromisse lag, besteht die zentrale Funktion des neuen Staatsprojekts darin, in allen politischen Arenen der kapitalistischen Weltökonomie politisches Handeln auf wettbewerbskonforme Lösungen zu formatieren. Das zentrale Mittel, mit dem dies gelingt, ist die Pluralisierung der politischen Formen und ihre flexible Artikulation.

Im Zentrum der staatstheoretischen Aufmerksamkeit stand zunächst die Transformation der keynesianischen Wohlfahrtsstaaten in nationale Wettbewerbsstaaten bzw. „schumpeterianische workfare states". Die nachfordistische Reorganisation des Staates umfasst jedoch auch Prozesse seiner Internationalisierung, also grundlegende Tendenzen zur internationalen Angleichung von Staatstätigkeiten und Staatsprojekten, sowie seiner Entstaatlichung, d.h. der Dezentralisierung politischer Entscheidungsprozesse in einer Vielzahl von subnationalen, nationalen oder transnationalen Verhandlungssystemen (vgl. Jessop 1997, S. 52 ff.). Diese Reorganisation des Staates wird gemeinhin als Übergang vom *Government* zur *Governance* beschrieben: Fortgeschrittene Staaten sind „in ein immer dichteres Geflecht transnationaler und innergesellschaftlicher Abhängigkeiten und Verhandlungszwänge eingebunden (...), die nicht nur die Möglichkeiten der hierarchisch-souveränen Alleinentscheidung, sondern auch die Idee der demokratischen Selbstbestimmung in Frage stellen." (Esser 1993, S. 424)

Damit ist aber keineswegs einer „Entstaatlichung" des historischen Kapitalismus der Weg geebnet, wie die beliebte Metapher von der „entbetteten Ökonomie" nahelegt. Die dynamische Reorganisation des Staates, wie sie im Übergang vom *Government* zur *Governance* zum Ausdruck kommt, kann vielmehr mit Antonio Gramsci als Bestandteil einer „passiven Revolution" des Kapitalismus verstanden werden. Eine passive Revolution verändert die sozialen und politischen Existenzformen innerhalb der kapitalistischen Formationsgeschichte grundlegend, ohne die bürgerlichen Eigentums- und Aneignungsverhältnisse anzutasten. In passiven Revolutionen kommt die Fähigkeit des Kapitalismus zum Ausdruck, seine Herrschaft immer wieder zu erneuern. Der Weg, auf dem dies geschieht, sind historisch-konkrete Formen der Erweiterung des Staates. Ähnlich der Marx'schen Bestimmung der Ware als Form, worin sich die Widersprüche des Austauschprozesses bewegen können (vgl. MEW, Bd. 23, S. 118), bezeichnet die Entwicklung des „integralen Staates" für Gramsci die politische Form, in welcher der antagonistische Widerspruch der bürgerlichen Gesellschaft immer neu bearbeitet wird (vgl. hierzu: Röttger 2004). *Governance*-Strukturen können als solche spezifische Formen einer nachfordistischen Erweiterung des Staates verstanden werden. In ihnen entstehen „strukturelle Formen der Politik" neu: hegemoniale Konfigurationen der Gesellschaft, die auf allen Ebenen der Gesellschaft und der Kräfteverhältnisse funktionieren. Die Vielzahl von Verhandlungssystemen im Rahmen der „Global Governance" bietet den elastischen politischen Rahmen, einen Machtblock transnational zu konstituieren und zugleich die subalternen Kräfte in verschiedenen Arenen zu involvieren und subaltern „versauern" zu lassen.

Der nachfordistische integrale Staat löst dabei die alten Formen des keynesianisch erweiterten Staates nicht vollständig ab; die in ihm ausgebildeten und institutionalisierten Regulationsverhältnisse werden aber in neue Regulationszusammenhänge gestellt und in ihrer regulativen Kraft entwertet. Neue räumliche Dimensionierungen und strategische Achsen zwischen den Ebenen des Weltsystems (zwischen der Europäisierung und Globalisierung der kapitalistischen Ökonomie, zwischen den Nationalstaaten und der Entstehung einer europäischen Staatlichkeit sowie zwischen den Betrieben und dem Weltmarkt) haben sich herausgebildet. Diese Restrukturierung entkräftet vor allem die tradierten Politikformen der Gewerkschaften, was insbesondere die Krise der Tarifpolitik zeigt. Die im *Betriebsverfassungsgesetz* von 1952 kodifizierte „Arbeitsteilung" zwischen Betriebsräten und Gewerkschaften wird unterminiert: Definierten Tarifverträge einst Mindestnormen, die in betrieblichen Vereinbarungen überschritten werden konnten, erweist sich die sog. Dezentralisierung der Tarifpolitik heute als fundamentaler Kontrollverlust der Gewerkschaften über betriebliche Wettbewerbs-

und Standortpakte, die in der Regel mit massiven Zugeständnissen der abhängig Beschäftigten einhergehen. Die eingeschliffene gewerkschaftliche Interessenpolitik („politics of scale") kann die Regulation der Arbeit kaum noch garantieren, wenn Betriebe sich in den „Maßstabsebenen" des Weltmarktes und globalisierter, vereinheitlichter Produktionszusammenhänge reorganisieren. Außerdem haben sich die „strategischen Beziehungen" der Gewerkschaften zum bürgerlichen Staat – vorrangig mit der Sozialdemokratie und über den Ausbau des nationalen Wohlfahrtsstaates – deutlich abgenutzt. Gewerkschaftliche Sozial- und Gesellschaftspolitik sieht sich im Zuge der europäischen Integration bereits seit dem Beginn des Binnenmarktprozesses 1985 ff. mit immer ausgefeilteren „Methoden der europäischen Koordination" konfrontiert, welche die geronnenen Institutionen des nationalen Wohlfahrtsstaates unter Anpassungsdruck setzen. In einer empirischen Studie konnte Eric Swyngedouw (1996) am Beispiel der Schließung von Kohle-Revieren in Belgien zeigen, dass dieser Strukturwandel mittels *politics of scale* initiiert, durchgesetzt und abgesichert wurde. Die lokal herrschende Klasse konnte im Rahmen von Regionalisierungsprozessen der Politik nicht nur (zusammen mit der regionalpolitischen Formierung der EU-Förderkulisse) Macht an „lokale", demokratisch nicht legitimierte Kräfte delegieren, die den fordistisch-tripartistischen Konsens zwischen Gewerkschaften, Kapital und lokalem Staat und damit den Prozess kollektiver Verhandlungen in der Region unterminierten; sie sorgte im selben Politikprozess für die Entstehung einer neuen „glokalen" *Business*-Elite, die sich von nun an in den neuen Regulationsverhältnissen der Region artikulieren konnte. Das Beispiel zeigt, wie die im Rahmen nachfordistischer Restrukturierung neu entstandenen Regulationssphären – etwa der lokale Staat – in ihren Strukturen transformiert, in ihren sozialen Grundlagen destruiert und wie die in ihm wirkenden hegemonialen Kräfte mit globalen Strukturen rekombiniert werden (vgl. Brenner 1998, S. 28).

Vieles deutet darauf hin, dass sich in der aktuellen Krise der Gewerkschaftspolitik unwiederbringlich veränderte Verschiebungen im Raumgefüge der Regulation gesellschaftlicher Arbeit manifestieren. Formal bleiben viele tradierte Institutionen erhalten; materiell aber werden gewerkschaftliche Handlungsstrategien und -räume entwertet. „Der Gewerkschaftsverband als monopolistische Form der sozialen Repräsentanz der Arbeit hört nicht zu existieren auf, wird aber in der Wurzel getroffen: Die Gewerkschaft, oder was von ihr bleibt, ,verhandelt' weiter, aber nur noch in ,subalterner' Form, nämlich innerhalb der von der Unternehmenslogik festgelegten Koordinaten." (Revelli 1997, S. 32 f.) Damit aber können die alten Institutionen die ihr zugeschriebene Funktion der Absicherung „pfadabhängiger" Transformation nicht mehr erfüllen. Die „institutionelle Macht" der Gewerkschaften blamiert sich in dem Maße, wie sie nicht mehr von einer autonomen Gegenmacht gestützt wird. In den neuen Formen der „Mehrebenenpolitik" des kapitalistischen Staates kommt die Fähigkeit der herrschenden Klassen zum Ausdruck, politische Inhalte entweder als „utopisch", „illusionär" oder „von gestern" zu diffamieren und die Subordination unter die Direktionsgewalt des Kapitals als rationale Lösung zu verkaufen. Das Kapitalverhältnis wird zur „konzentrierten gesellschaftlichen Macht" (MEW, Bd. 16, S. 196).

Ein neuer Kampfzyklus der Arbeiter- und Gewerkschaftsbewegung

Zwar beinhaltete der Neoliberalismus kein erfolgreiches Wirtschaftsprogramm, bildete aber die „ideologische Form" (Karl Marx), in der sich eine erfolgreiche passive Revolution vollziehen konnte. Gleichzeitig wurden gesellschaftliche Alternativen marginalisiert. Damit konstituierte sich ein neuer historischer, hegemonialer Block. In einem historischen Block werden nicht nur Ökonomie und Politik, Akkumulation und Regulation sowie Hegemonie und Gewalt in eine „stabile Struktur" balanciert; er ist auch tendenziell in der Lage, die Grenzen zu definieren, innerhalb deren eine Gesellschaft soziale Probleme bewältigen kann.

Die Unterwerfung von Teilen der Gewerkschaften, der Betriebsräte und der Belegschaften unter das weltmarktorientierte Kapital zeigt inzwischen deutliche Risse. Die gewerkschaftliche Defensive sei „kein Anlass, sich widerstandslos enthaupten zu lassen", hört man mittlerweile aus vielen lokalen Gewerkschaftsgliederungen. Weil die alten „strukturellen Formen" gewerkschaftlicher Politik immer weniger greifen, entwickeln sich in Betrieben und lokalen Gewerkschaften „Suchstrategien". Sie entstehen in den Ländern des Rheinischen Kapitalismus aus dem Zentrum der Krise tradierter Praxisformen, konkret: dem gewerkschaftlichen „Kerngeschäft" der Betriebs- und Tarifpolitik. Vor allem in „betrieblichen Tarifbewegungen" werden die eingeschliffenen „scales" und tradierten politischen Formen der Gewerkschaftspolitik bereits deutlich transzendiert: Demokratisierung von Entscheidungsprozessen statt „Stellvertreterpolitik"; neue „strategische Beziehungen" von Gewerkschaften und sozialen Bewegungen usw. Auf den Trümmern der alten Ordnung erheben sich also nicht nur Kräfte, die versuchen, überkommene politische Formen zu rekonstruieren, sondern auch Strategien, die auf radikale Erneuerung emanzipatorischer Praxis weisen (vgl. ausführlicher: Röttger 2007).

Empirisch zeigt sich hier die Öffnung eines neuen Kampfzyklus der Arbei-
ter- und Gewerkschaftsbewegung in den Rheinischen Kapitalismen, verbunden
mit Elementen der als „Revitalisierung" der Gewerkschaften diskutierten Strategien gewerkschaftlicher Erneuerung vor allem in den USA. Sie gehen aber nicht
darin auf. Insofern konstituiert sich der neue Kampfzyklus „pfadimmanent",
jedoch in krassem Gegensatz zu den Vorstellungen der institutionalistischen Kapitalismustheorie nicht innerhalb der alten Politikformen, sondern auf der Basis
„geschleifter Verhältnisse" in deutlich unterscheidbaren Politikmustern.

Quellen- und Literaturverzeichnis

Aglietta, Michel (1979a): Die gegenwärtigen Grundzüge der Internationalisierung des Kapi-
    tals. Die Wertproblematik, in: Christian Deubner u.a. (Hrsg.), Die Internationaliierung
    des Kapitals. Neue Theorien in der internationalen Diskussion, Frankfurt am Main, S.
    70-124
Aglietta, Michel (1979b): A Theory of Capitalist Regulation. The US Experience, London
Altvater, Elmar (1987): Sachzwang Weltmarkt. Verschuldungskrise, blockierte Industriali-
    sierung und ökologische Gefährdung – der Fall Brasilien, Hamburg
Altvater, Elmar/Hübner, Kurt/Stanger, Michael (1983): Alternative Wirtschaftspolitik jen-
    seits des Keynesianismus. Wirtschaftspolitische Optionen der Gewerkschaften in
    Westeuropa, Opladen
Blanke, Bernhard/Jürgens, Ulrich/Kastendiek, Hans (1975): Kritik der Politischen Wissen-
    schaft, 2 Bde., Frankfurt am Main
Brenner, Neil (1998): Global cities, glocal states: global city formation and state territorial
    restructuring in contemporary Europe, in: Review of International Political Economy
    1, S. 1-37
Buci-Glucksmann, Christine/Therborn, Göran (1982): Der sozialdemokratische Staat. Die
    „Keynesianisierung" der Gesellschaft, Hamburg
Butterwegge, Christoph/Deppe, Frank/Huffschmid, Jörg/Jung, Heinz/Sörgel, Angelina
    (1985): Soziale und innenpolitische Probleme Westeuropas, in: IMSF (Hrsg.), Westeu-
    ropa in Wirtschaft und Politik des Imperialismus. Materialien einer Konferenz des In-
    stituts für Weltwirtschaft und internationale Beziehungen der AdW der UdSSR
    (IMEMO), des Instituts für internationale Politik und Wirtschaft der DDR (IPW) und
    des Instituts für Marxistische Studien und Forschungen (IMSF) vom 11.-13. Juni in
    Moskau, Frankfurt am Main, S. 29-71
Butterwegge, Christoph (2008): Rechtfertigung, Maßnahmen und Folgen einer neoliberalen
    (Sozial-)Politik, in: ders./Bettina Lösch/Ralf Ptak, Kritik des Neoliberalismus, 2. Aufl.
    Wiesbaden, S. 135-219

Erd, Rainer (1979): Verrechtlichte Gewerkschaftspolitik. Bedingungen ihrer Entwicklung und Veränderung, in: Joachim Bergmann (Hrsg.), Beiträge zur Soziologie der Gewerkschaften, Frankfurt am Main, S. 143-182

Esser, Josef (1982): Gewerkschaften in der Krise. Die Anpassung der deutschen Gewerkschaften an neue Weltmarktbedingungen, Frankfurt am Main

Esser, Josef/Fach, Wolfgang/Väth, Werner (1983): Krisenregulierung. Zur politischen Durchsetzung ökonomischer Zwänge, Frankfurt am Main

Esser, Josef (1993): Die Suche nach dem Primat der Politik. Anmerkungen zu einer Pseudodebatte über der Parteien Machtversessen- und Machtvergessenheit, in: Siefried Unseld (Hrsg.), Politik ohne Projekt. Nachdenken über Deutschland, Frankfurt am Main, S. 409-430

Gantzel, Klaus Jürgen (1976): Zu herrschaftssoziologischen Problembereichen von Abhängigkeitsbeziehungen in der gegenwärtigen Weltgesellschaft, in: Dieter Senghaas (Hrsg.), Imperialismus und strukturelle Gewalt. Analysen über abhängige Reproduktion, Frankfurt am Main, S. 105-120

Glyn, Andrew/Sutcliffe, Bob (1974): Die Profitklemme. Arbeitskampf und Kapitalkrise am Beispiel Großbritanniens, Berlin (West)

Gramsci, Antonio (1991-2002): Gefängnishefte, 10 Bde., hrsg. von Wolfgang Fritz Haug/ Klaus Bochmann, später auch von Peter Jehle, Berlin/Hamburg

Grass, Günter (1997): Rede über den Standort, Göttingen

Hall, Peter. A./Soskice, David (Hrsg.) (2001): Varieties of Capitalism. The Institutional Foundation of Comparative Advantage, Oxford

Hauff, Volker/Scharpf, Fritz W. (1975): Modernisierung der Volkswirtschaft. Technologiepolitik als Strukturpolitik, Frankfurt am Main

Haug, Wolfgang Fritz (1996): Aussichten der Zivilgesellschaft unter Bedingungen neoliberaler Globalisierungspolitik, in: Das Argument 217, S. 665-682

Herr, Hansjörg/Voy, Klaus (1989): Währungskonkurrenz und Deregulierung der Weltwirtschaft. Entwicklungen und Alternativen der Währungspolitik der Bundesrepublik und der Europäischen Gemeinschaften (EWS), Marburg

Hoffmann, Jürgen (1982): Das Ende der Fahnenstange. Sozialdemokratie und keynesianischer Klassenkompromiss in der Bundesrepublik, in: Prokla 49, S. 9-30

Hoffmann, Jürgen (1984): Modernisierungspolitik als arbeitspolitische Arena. Überlegungen zu ambivalenten Funktionen eines neuen Politiktypus, in: Ulrich Jürgens/Frieder Naschold (Hrsg.), Arbeitspolitik. Materialien zum Zusammenhang von politischer Macht, Kontrolle und betrieblicher Organisation der Arbeit, Opladen, S. 408-427

Ingrao, Pietro/Rossanda, Rossana (1996): Verabredungen zum Jahrhundertende. Eine Debatte über die Entwicklung des Kapitalismus und die Aufgaben der Linken, Hamburg

Jessop, Bob (1997): Die Zukunft des Nationalstaats: Erosion oder Reorganisation? – Grundsätzliche Überlegungen zu Westeuropa, in: Steffen Becker u.a. (Hrsg.), Jenseits der Nationalökonomie? – Weltwirtschaft und Nationalstaat zwischen Globalisierung und Regionalisierung, Berlin/Hamburg, S. 50-95

Jessop, Bob (2001): Kritischer Realismus, Marxismus und Regulation. Zu den Grundlagen der Regulationstheorie, in: Mario Candeias/Frank Deppe (Hrsg.), Ein neuer Kapitalismus?, Akkumulationsregime – Shareholder Society – Neoliberalismus und Neue Sozialdemokratie, Hamburg, S. 16-40

Junne, Gerd/Nour, Salua (1974): Internationale Abhängigkeiten. Fremdbestimmung und Ausbeutung als Regelfall internationaler Beziehungen, Frankfurt am Main

Kastendiek, Hans/Kastendiek, Hella (1985): Konservative Wende und industrielle Beziehungen in Großbritannien und in der Bundesrepublik, in: Politische Vierteljahresschrift 4, S. 381-399

Kastendiek, Hans/Kastendiek, Hella/Reister, Hugo (1981): Inkorporierung der Gewerkschaften?, Zum Verhältnis von Staat – Kapital – Gewerkschaften, in: Alternative Wirtschaftspolitik 3, Argument-Sonderband 68, Berlin (West), S. 144-177

Marx, Karl (1974): Grundrisse der Kritik der Politischen Ökonomie, Berlin (DDR)

Massing, Otwin (1974): Politische Soziologie. Paradigmata einer kritischen Politikwissenschaft, Frankfurt am Main

Marx, Karl/Engels, Friedrich (1956 ff.): Werke (MEW), 39 Bde. und 2 Ergänzungsbde., Berlin (DDR)

Müller-Jentsch, Walther (1982): Gewerkschaften als intermediäre Organisationen, in: Gert Schmidt u.a. (Hrsg.), Materialien zur Industriesoziologie. Kölner Zeitschrift für Soziologie und Sozialpsychologie, Sonderheft 24, S. 408-432

Offe, Claus (1972): Strukturprobleme des kapitalistischen Staates, Frankfurt am Main

Poulantzas, Nicos (1975): Staat und gesellschaftliche Klassen, 2. Aufl. Frankfurt am Main

Poulantzas, Nicos (1977): Die Krise der Diktaturen. Portugal, Griechenland, Spanien, Frankfurt am Main

Ptak, Ralf (2008): Grundlagen des Neoliberalismus, in: Christoph Butterwegge/Bettina Lösch/Ralf Ptak, Kritik des Neoliberalismus, 2. Aufl. Wiesbaden, S. 13-86

Revelli, Marco (1997): Vom Fordismus zum Postfordismus. Das kapitalistische Wirtschafts- und Sozialmodell im Übergang, Supplement der Zeitschrift *Sozialismus* 4

Röttger, Bernd (1997): Neoliberale Globalisierung und eurokapitalistische Regulation. Die politische Konstitution des Marktes, Münster

Röttger, Bernd (2004): Integraler Staat, in: Historisch-kritisches Wörterbuch des Marxismus, Bd. 6.2, Hamburg, S. 1254-1266

Röttger, Bernd (2007): Erneuerung aus dem Zentrum der Krise. Die Wiederkehr lokaler Arbeiterbewegungen und die Perspektiven gewerkschaftlicher Betriebs- und Tarifpolitik, in: Roland Klautke/Brigitte Oehrlein (Hrsg.), Prekarität – Neoliberalismus – Deregulierung. Beiträge des „Kritischen Bewegungsdiskurses", Hamburg, S. 79-120

Schlupp, Frieder/Nour, Salua/Junne, Gerd (1973): Zur Theorie und Ideologie internationaler Interdependenz, in: Klaus-Jürgen Gantzel (Hrsg.), Internationale Beziehungen als System, Köln/Opladen, S. 245-307

Schmidt, Eberhard (1971): Ordnungsfaktor oder Gegenmacht. Die politische Rolle der Gewerkschaften, Frankfurt am Main

Steinacker, Max/Westphal, Andreas (1985): Sozialistische Wirtschaftspolitik in Frankreich. Projet socialiste und sozialdemokratische Modernisierung der Volkswirtschaft, Berlin (West)

Swyngedouw, Eric (1996): Restructuring citizenship, the Re-scaling of the State and the New Authoritarianism: Closing the Belgian Mines, in: Urban Studies 8, S. 1499-1521

Thomasberger, Claus (1988): Harmonisierung der Geld- und Währungspolitik in Europa. Konsequenzen für die Beschäftigung, Berlin (Wissenschaftszentrum Berlin für Sozial-forschung, FS I 88-21)

Ziebura, Gilbert (1990): Die Rolle der Sozialwissenschaften in der westdeutschen Historio-graphie der internationalen Beziehungen, in: Geschichte und Gesellschaft 1, S. 79-103

Ziebura, Gilbert/Ansprenger, Franz/Kiersch, Gerhard (1974): Bestimmungsfaktoren der Außenpolitik in der zweiten Hälfte des 20. Jahrhunderts. Forschungsstrategie und -programm eines Sonderforschungsbereichs, Berlin (West)

Zoll, Rainer (1976): Der Doppelcharakter der Gewerkschaften. Zur Aktualität der Marx-schen Gewerkschaftstheorie, Frankfurt am Main

II
Bereiche neoliberaler Wirkungsmächtigkeit

Jürgen Nordmann

Das Prinzip des Nichtwissens im Jahrhundert der Wissenschaft

Zum Verhältnis von Neoliberalismus und liberaler Wissenschaftstheorie

„Jede Epoche scheint neue Formen des Denkens und Schließens zu entwickeln, wenn auch in bezug auf dieselben Probleme." (Lovejoy 1936/1993, S. 12)

Die Postmoderne kennzeichnen laut Joe Bailey (1988, S. 73 ff.) zwei Utopien: die umfassende Heilungsfähigkeit des freien Marktes und die technologische Reparierbarkeit der Welt. Die Marktutopie ist bekanntlich das Kerndogma des neoliberalen Theorienkomplexes und räumt einem an ökonomischen Mikroprozessen orientiertem Denken absolute Priorität ein (vgl. u.a. Mises 1922/1932, S. 89 f.). In dem Glauben an die Reparaturfähigkeit verbirgt sich ein geköpfter Rest des Ideals wissenschaftlich-technischer Machbarkeit, das im Grunde *der* Fortschrittsmotor der Moderne war (vgl. u.a. Dewey 1931/2003, S. 310 f.). Dass der Wissenschaft keine utopische Qualität mehr zugesprochen wird, zeigt an, inwieweit sich in der neoliberal inspirierten Postmoderne die Gewichte zwischen Wissenschaft und Ökonomie verschoben haben. Denn das politische Programm lautet, die Marktwirtschaft auf möglichst viele Lebensbereiche auszudehnen, was im Wissenschaftsbereich intendiert, dass an die Stelle des alten Ideals der umfassenden Aufklärung vermarktbare Informationen treten (vgl. Liessmann 2007, S. 8 f.; Stehr 2007, S. 175 ff.). Diagnosen der fortschreitenden Kommerzialisierung der Wissenschaft oder der „Kapitalisierung des Geistes" (Liessmann 2007, S. 10; vgl. auch: Weingart 2001, S. 171 ff.) verweisen auf die wirtschaftlichen, organisatorischen und funktionellen Veränderungen im System Wissenschaft. Im Hinblick auf die Wissenschaft und ihr Selbstverständnis ist allerdings auch von Interesse, ob und wie sich die wissenschaftlichen Denkmethoden verändert haben.

Im Folgenden sollen die Veränderungen des Denkens analysiert werden, die Baileys postmodernen Utopien vorausgegangen sein müssen. Konkret geht es darum, wie der neoliberale Denkstil – dieser Begriff wird hier im Sinn von Ludwik Fleck (1935/1980, S. 54 f.) gebraucht – die wissenschaftliche Reflexion verändert hat. Nach dem Jahrhundert der Wissenschaft orientiert sich das wissenschaftliche Denken ab den 1980er-Jahren an einem ökonomischen Denken in den Kategorien des Marktes. In der Gesellschaftswissenschaft treten lange gebrauchte Begriffe wie Sozialtechnologie hinter Marktanalysen zurück. In der Wissenschaftstheorie schieben sich marktkompatible, postmoderne Begriffe wie „Spiel", „Kalkül" und „Anything goes" vor klassisch-moderne Begriffe wie „Deduktion", „Induktion", „Verifikation" und „Falsifikation". Indirekte, auf Selbstorganisation rekurrierende Methoden dominieren das Feld (vgl. Carrier 2006). Im Grenzfall wird wissenschaftliches Denken zur Untermenge einer ökonomischen Verhaltenslehre degradiert (vgl. Becker 1976/1982, S. 11).

Dies heißt nicht, dass die Wissenschaft unter dem Primat des neoliberalen Denkstils zur Bedeutungslosigkeit abgesunken ist. Ganz im Gegenteil: Die aktuellen Machttechniken der marktwirtschaftlich-liberalen Systeme basieren im Kern auf Expertenwissen, wobei den Ökonomen eine herausgehobene Stellung zukommt (vgl. Stehr 2007, S. 35). Experten dominieren – wenngleich fragmentarisiert und parteiisch – die ambivalenten Entscheidungsräume zwischen Politik, Wirtschaft, Medien und eben Wissenschaft (vgl. Bauman 1995/2007, S. 23 ff.). In der Gesellschaftstheorie nehmen Konzepte der Wissensgesellschaft positiven Bezug auf diese „Expertokratie". Experten übersetzen darin als „Wissensarbeiter" wissenschaftliche Erkenntnis und verteilen Wissen an diejenigen, die es benötigen (vgl. ebd. S. 178). Die viel beschworene Wissensgesellschaft ist meist als eine Weiterentwicklung der reinen Marktgesellschaft konzipiert und eine „wissensbasierte Ökonomie" das Ziel: „Wissen, nicht Arbeit und Eigentum, sind zunehmend konstitutiv für gesellschaftliche und ökonomische Aktivitäten. Wissen wird zur Grundlage der Möglichkeit wirtschaftlichen Wachstums und von Wettbewerbsvorteilen von Unternehmen, Nationen und Regionen der Welt." (Stehr 2007, S. 176) Eine Alternative zum Markt zu denken ist mit dem Konzept der Wissensgesellschaft unvereinbar. Den gesellschaftspolitischen Fixpunkt bildet allenfalls eine „Moralisierung" oder „Politisierung der Märkte" (ebd., S. 302).

Wie hintergründig ökonomischer und wissenschaftlicher Denkstil aneinander gekoppelt sind, verdeutlicht der Sachverhalt, dass sich neoliberale Theorien erst verwissenschaftlichen mussten, bevor sie politisch erfolgreich sein konnten. Der Erfolg des neoliberalen Denkstils ist ohne den Aufstieg der Wirtschaftswissenschaft nicht schlüssig zu erklären. Gleichzeitig beruht dieser Aufstieg auf einem Paradoxon: Die neoliberal orientierte Wirtschaftswissenschaft vertritt mit dem Kerndogma des Marktes das Prinzip des Nichtwissens, des prinzipiell fragmentierten, handlungsorientierten Wissens und der „unsichtbaren Hand" (Smith

1776/1978, S. 370 f.; vgl. auch Zöller 2007). Neoliberal Denkende müssen ihr „Vertrauen in die Weisheit abwesender Vernunft" setzen (siehe Bauman 1995/2007, S. 49). Allenfalls eine „wissensteilige Gesellschaft, die den Wettbewerb nutzt" und Wissenschaft als persönliches, evolutionär ausgerichtetes „Entdeckungsverfahren" auffasst, ist marktkonform (vgl. Hayek 1969/1994, S. 249 ff.; Zöller 2007). Das Prinzip des Nichtwissens verpflichtet auf negative Verfahren: „Es sei hier noch einmal negativ formuliert: Nicht eine massenhafte Bekehrung zu liberalen Prinzipien, sondern die erkennbare Unmöglichkeit des Gegenteils beschert dem Liberalismus eine Wiederkehr." (Zöller 2007) Allerdings erhebt die Marktwissenschaft trotz der Ablehnung übergeordneten, zentralen Wissens den Anspruch, zentrales Wissen zu sein. Das Marktverhalten wird zudem über eine expandierende Betriebswirtschaftslehre verwissenschaftlicht.

Wissenschaft oder Markt als Fortschrittsmotor?

Aufschluss über das Verhältnis der Denkstile gibt der historische Diskurs zwischen Wissenschaftstheorie und Neoliberalismus. Er war eine spezifische Variante des großen Jahrhundertdiskurses um die ideologischen Grundlagen des westlichen Systems und im Wesentlichen ein Diskurs innerhalb des (neo)liberalen Lagers. Die einflussreichen Wissenschaftstheoretiker Michael Polanyi und Karl R. Popper waren Teil des neoliberalen Intellektuellennetzwerkes. Dem Briefwechsel zwischen Popper und Friedrich A. von Hayek lassen sich zwei paradigmatische Sätze entnehmen: „I agree in res, but not in modo." (Popper an Hayek, 31. Oktober 1964; Karl-Popper-Sammlung) 21 Jahre zuvor hieß es in der strategischen Variante: Man führe denselben Kampf, aber an verschiedenen Fronten (Popper an Hayek, 16. Dezember 1943; Karl-Popper-Sammlung). Selbstverständlich meinte Popper den Kritischen Rationalismus, wenn er für die moderne Wissenschaftstheorie sprach, das Bild von den getrennten Fronten im Kampf um die richtige politische Verfassung des Westens hätten jedoch auch Polanyi und in nicht wenigen Momenten Thomas Kuhn und Paul Feyerabend benutzen können. Aber warum mussten Popper und Hayek an verschiedenen Fronten kämpfen?

Die Antwort findet sich zwangsläufig, wenn man die liberale Wissenschaftstheorie und den Neoliberalismus als Untermengen der miteinander konkurrierenden Bereiche Wissenschaft und Ökonomie fasst. Die Wissenschaft galt im 20. Jahrhundert als Fortschrittsmotor der hoch entwickelten Gesellschaften. Der Aufstieg der exakten Wissenschaften führte nach dem Zweiten Weltkrieg zu einem sich unablässig institutionalisierenden und ausdifferenzierenden Wissenschaftsbetrieb. Kaum eine Großtheorie konnte einen Anspruch auf Wahrheit geltend machen, wenn sie nicht durch wissenschaftliche Methoden legitimiert war. Für die einschlägigen Theoretiker war es zunächst wichtiger, in der Wissenschaft als in der Öffentlichkeit anerkannt zu werden. Auch die Werke der „Original Thinker" (Hayek) des Neoliberalismus in der Mont Pèlerin Society (MPS) entstanden und zirkulierten in einem wissenschaftlichen Zusammenhang. Der Neoliberalismus verfolgte aber trotz der wissenschaftlichen Einbettung nie ein wissenschaftliches Primat, die Priorität des Marktes blieb vielmehr der unverrückbare Kern jedes neoliberalen Konzepts. Dagegen sahen Popper, Feyerabend, Kuhn und Polanyi den Motor von Fortschritt in der Wissenschaft oder in der Erkenntnis. Keiner von ihnen räumte dem Markt die absolute Priorität ein. In der Prioritätenfrage sank auf beiden Seiten die sonst vorhandene Kompromissbereitschaft.

Kontroverse Diskussionspunkte ergaben sich schon deshalb, weil sich die liberalen Theoretiker selten daran hielten, Poppers Strategiemodell entsprechend nur an *einem* Frontabschnitt zu kämpfen. Die Großtheoretiker des Neoliberalismus wie der Wissenschaftstheorie strebten danach, das Ghetto der jeweiligen Fachdisziplin zu verlassen. Letztlich argumentierten auch die antimakrologisch ausgerichteten liberalen und neoliberalen Theorien aus einer universalistischen Sicht – schon deshalb, weil die Ansprüche der modernen Wissenschaft oder des Marktes alle Individuen und gesellschaftlichen Funktionsbereiche einbezogen. Popper erweiterte seine Methodik der Naturwissenschaften („Logik der Forschung", 1934/2002) auf die Sozialwissenschaften („Das Elend des Historizismus", 1944/1987) und die politische Philosophie („Die offene Gesellschaft und ihre Feinde", 1945/1992). Polanyi schaltete dem Konzept des „Impliziten Wissens" (1966/1985) eine Logik der Freiheit vor („The Logic of Liberty", 1952). Hayek erweiterte nach geldwirtschaftlichen Arbeiten sein Untersuchungsfeld auf die Wissenstheorie (u.a. „Economics and Knowledge", 1936; „The Counter Revolution of Science", 1952) und glänzte mit konstruktivistischen Herleitungen der Freiheit und des Rechts (u.a. „Die Verfassung der Freiheit", 1960/1971). Alle Theoretiker versuchten, die Priorität ihres Denkstils in mehr als einem der vier dynamischen Bereiche Politik, Wirtschaft, Wissenschaft und Medien zu beanspruchen.

Verwissenschaftlichung und früher Neoliberalismus

Der Prozess einer Verwissenschaftlichung des Denkens beschleunigte sich in Mitteleuropa durch den Zusammenbruch der alten Ordnungen 1918/19. Gerade die der Moderne verpflichteten Intellektuellen interpretierten den Ersten Weltkrieg als Urkatastrophe des Irrationalismus und der alten metaphysischen Ordnung (vgl. Janik/Toulmin 1972/1998, S. 277 f.). Ein intellektuelles Klima der Tabula rasa und des sachlichen Rationalismus begünstigte Bestrebungen zur Verwissenschaftlichung des Denkens (vgl. Stadler 1997, S. 50 ff.). Das Wien der Ersten Republik entwickelte sich zum Zentrum der rationalistischen Bewegung. Die dortigen Ökonomen befassten sich nach Krieg und Revolution vorzugsweise mit den planwirtschaftlichen Experimenten im kriegsmobilisierten Deutschen Reich und in der frühen Sowjetunion. Theoretiker wie Otto Neurath machten die Rechnung auf, dass das kriegswirtschaftliche Modell der Produktionssteigerung in Friedenszeiten im Sektor der Versorgungs- und Gebrauchsgüter genutzt werden könne. Der Aufbau einer Planwirtschaft sei sozialtechnologisch umzusetzen und mit der Konstruktion einer Brücke zu vergleichen (vgl. Neurath 1979, S. 31). Die wissenschaftlich begründete Planwirtschaft reüssierte vor John M. Keynes als das einzige ernst zu nehmende Alternativmodell zum Marktkapitalismus.

Auch antimoderne Kreise wie das Mises-Seminar sahen sich veranlasst, auf die Umbrüche zu reagieren, um ihren Theorien ein zeitgemäßes Fundament zu geben. Ludwig von Mises setzte sich bereits zu Beginn der 20er-Jahre in „Die Gemeinwirtschaft. Untersuchungen über den Sozialismus" (1922/1932) aus neoklassischer Perspektive mit planwirtschaftlich-sozialistischen Modellen auseinander. Er sah sich dabei zuallererst der Wissenschaft verpflichtet: „Mein Buch ist eine wissenschaftliche Untersuchung und keine politische Kampfschrift." (ebd., S. XI) Der entscheidende Einwand gegen die Planwirtschaft fiel in den Bereich der Wissenstheorie. Mises erklärte die Planwirtschaft für untauglich, weil sie sich anmaße, über ein Wissen zu verfügen, das eine gesamtwirtschaftliche Wirtschaftsrechnung ermögliche (vgl. ebd., S. 110 f.). Ein solches Wissen kann seiner Meinung nach nicht existieren, ohne die wirtschaftliche Dynamik zu zerstören. Er griff damit fundamental das zentralistische Wissenschaftsverständnis seiner Zeit an.

An dieser Stelle ist schon absehbar, dass aus dem Streit um das richtige Wirtschaftssystem zwangsläufig ein Streit um die richtige Wissenschaft werden musste. Wie die Ökonomen der Planwirtschaft wähnten Mises und sein Schüler Hayek die Wissenschaft auf ihrer Seite. Der Wahrheits- und Effizienzanspruch des jeweils bevorzugten Systems berief sich auf die Falsifikation der konkurrierenden Konzeptionen. Ihnen wurde nach einem wissenschaftlich begründeten Test an der Wirklichkeit die Funktionsfähigkeit abgesprochen. Über die Wissenschaft sollte sich erweisen, wer die Wahrheit und somit die Realität auf seiner Seite habe. Mises (1922/1932, S. 90) stellte in diesem Kontext klar, dass Denken und Wirtschaften eng zusammengehören: „Das Gebiet des rationalen Handelns und das der Wirtschaft fallen zusammen; alles rationale Handeln ist Wirtschaften, alles Wirtschaften ist rationales Handeln." Mises grenzte zwar das theoretische Denken davon ab, koppelte es aber letztlich auch an einen wirtschaftlichen Pragmatismus. Denken ist nicht viel mehr als eine geistige Vorbereitung ökonomischen Handelns (vgl. ebd., S. 91).

Mises' kapitalistischer Rationalismus hatte in der politisch aufgeladenen Zwischenkriegszeit keine Aussicht auf wissenschaftliche Relevanz. Neue wissenschaftliche Methoden boten im ersten Drittel des 20. Jahrhunderts die naturwissenschaftlichen Theorien. Die Physik entpuppte sich als eine progressive Disziplin, die Weltbilder auf den Kopf stellte. Relativitätstheorie, Unschärferelation, Atomphysik und Quantenmechanik versprachen nicht nur „letzte" Einblicke in die Natur, sondern auch neue Dimensionen der technischen Verwertbarkeit von Forschung. Davon nachhaltig beeindruckt, suchten die modernen antimetaphysischen Philosophen die erfolgreichen Denkmethoden der Naturwissenschaften auf die Philosophie zu übertragen und die spekulative Philosophie in exakte Wissenschaftstheorie zu verwandeln. Das hieß im Kern: Abkehr von idealistischen Systemen und darauf fußend Einzug von induktiven und hypothetisch-deduktiven Methoden der Naturwissenschaften in die philosophischen und politischen Diskurse.

Der sich 1928 konstituierende Wiener Kreis nahm die Revolutionen in der Physik zum Ausgangspunkt, um programmatisch an der Transformation der Philosophie in eine „Wissenschaftliche Weltauffassung" (Neurath 1979) zu arbeiten. Der Wiener Kreis ist deshalb so bedeutsam, weil seine Mitglieder ganz unterschiedliche politische und wissenschaftstheoretische Positionen vertraten. Das Spektrum reichte von dem Logiker, Soziologen und Planwirtschaftler Neurath, der sich wie Rudolf Carnap einem humanistischen, sich nur in soziologischen Kontexten auf Karl Marx berufenden Sozialismus verpflichtet fühlte, bis hin zu liberal-konservativen Erkenntnistheoretikern wie Moritz Schlick. In der Tradition von Bertrand Russell und Ernst Mach sowie unter dem Einfluss von Ludwig Wittgenstein arbeitete der Wiener Kreis an einer widerspruchsfreien Wissenschaftslogik und an einer grundlegenden Methodenlehre.

Das Programm des Wiener Kreises „Wissenschaftliche Weltauffassung" (verfasst von Carnap, Hans Hahn und Neurath) sah ein liberal-sozialistisches Fortschrittsprogramm für die Gesellschaft auf der Grundlage wissenschaftlicher Erkenntnis und Planung vor (vgl. Neurath 1979, S. 81 ff.). Damit schloss sich der Kreis umfassender Verwissenschaftlichung. Die Welt war mit wissenschaftlicher Logik zu entschlüsseln und die soziale Lage auf der Grundlage von empirischer Soziologie zu verbessern. Der gesellschaftliche Fortschritt bildete die technische Umsetzung des wissenschaftlichen Fortschritts. Verifikation als Methode und

Verifikation der wissenschaftlichen Basis des Denkens hatten in diesem Denkansatz Priorität. Prinzipien des Nichtwissens zählten zur rückständigen alten Welt. Die akkumulierende Wissenschaft auf der Basis einer verlässlichen Wissenschaftslogik gipfelte in Neuraths und Carnaps Projekt der „Einheitswissenschaft", das aus dem sog. Physikalismus, der wissenschaftlichen Basissprache, und einem Enzyklopädieprojekt bestand. In den 30er-Jahren machte Neurath aus diesem Projekt mittels „Kongresse(n) zur Einheit der Wissenschaft" eine antifaschistische Intellektuellenbewegung, welche die moderne Wissenschaftstheorie vor dem Zerstörungswerk des Nationalsozialismus retten sollte. An den Kongressen beteiligten sich auch Popper und Mises, und die Konferenz 1935 in Paris organisierte der spätere Initiator des neoliberalen Lippman-Kolloquiums, Louis Rougier.

Dies hieß allerdings nicht, dass Mises oder Popper das Projekt der Einheitswissenschaft unterstützten. Neurath und das neoliberale Lager standen sich feindlich gegenüber. Eine Wissenschaft, welche die Politik und den Wirtschaftsmechanismus zu Variablen einer wissenschaftlichen Funktion erklärte, kollidierte hart mit der Marktutopie und dem Axiom der produktiven Undurchsichtigkeit des Wirtschaftsprozesses. Neurath (1979, S. 84) bemühte für seine „Wissenschaftliche Weltauffassung" nicht nur Marx, Mach und die modernen Logiker in der Tradition von Russell, sondern auch die von neoliberaler Seite beanspruchten Theoretiker des Skeptizismus und gar die Neoklassik eines Carl Menger. Den Neoliberalismus von Mises und Hayek kritisierte er scharf auf volkswirtschaftlicher Basis (vgl. ebd., S. 284 ff.; Neurath 1944/1981, S. 979 ff.). Mises' Marktwirtschaft verwarf Neurath (1979, S. 84 f.) als unstrukturierte Wildwirtschaft ohne Wissensbasis.

Neurath traf einen wunden Punkt des Neoliberalismus: den kümmerlichen Stand seines Marktkonzepts. Allzu genau hatten die neoliberalen Ökonomen aus dem Wiener Mises-Seminar noch nicht in ihren revolutionären Fortschrittsmotor geschaut. Für Mises (1922/1932, S. VIII) war der neue Liberalismus im Kern immer noch der alte. Und es war kein Pfund in wissenschaftlichen Debatten, einen Markt zu verherrlichen, der auf der grundsätzlichen Blindheit der Akteure beruhte. Die segensreiche „unsichtbare Hand", die den Marktprozess leitete, war ein metaphysisches Dogma. Zudem widersprach auch das neoklassische Ziel des Marktgleichgewichts den Prinzipien des fragmentierten und des Nichtwissens. Wer ein makroökonomisches Gleichgewichtsziel festlegte, musste seine Handlungsstrategie auf Gleichgewicht ausrichten. Er konnte kein Akteur sein, der von „unsichtbarer Hand" geleitet wird.

Das neoliberale Marktkonzept hatte ein ungelöstes Wissensproblem. Unumgänglich war es, die marktliberale Position dem modernen wissenschaftlichen

Diskurs anzupassen. Das musste gerade Hayek klar geworden sein, als er 1931 zur wirtschaftswissenschaftlichen Abteilung der London School of Economics (LSE) wechselte. Die Weltwirtschaftskrise (1929-32) wurde im wissenschaftlichen Diskurs fast durchgängig dem „freien Markt" angelastet. LSE-intern musste sich Hayek gegen die in der Mehrheit sozialtechnologisch argumentierenden Sozialwissenschaftler um Harold Laski behaupten. Aber mit Keynes kam der größte Konkurrent aus den Reihen der liberalen Ökonomie. Er setzte auf Staatsinterventionismus zur Rettung des Kapitalismus und hatte die Bedeutung der Wissenschaft dabei erkannt. Seine „General Theory of Employment, Interest and Money", die 1936 erschien, war nicht zuletzt deshalb so einflussreich, weil Keynes sich und seine Anhänger auf breiter Basis politisch und wissenschaftlich vernetzt hatte.

Neue Marktkonzepte und wissenschaftstheoretischer Beistand

Das theoretische Problem der neoliberalen Ökonomen lag darin, den Markt nach der Falsifikation konkurrierender Wirtschaftskonzepte als alternativlosen Mechanismus zu verifizieren oder ihn wenigstens gegen allzu leichte Versuche der wissenschaftlichen Falsifikation zu immunisieren. Um einen Feldzug gegen die komplexen Theorien von Keynes oder Neurath führen zu können, musste sich der Marktliberalismus theoretisch erweitern. Die deutschen Ordoliberalen um Walter Eucken, Wilhelm Röpke und Alexander Rüstow grenzten den neuen Liberalismus mit ihrer Konzeption des starken Marktstaates (vgl. dazu: Ptak 2004) gegenüber dem alten *Laisser-faire*-Liberalismus wirksam ab. Auf einer weiteren Ebene arbeiteten Ökonomen an der Modernisierung des Marktkonzepts über wissenstheoretische Fragestellungen. Wenn ganzheitliche Wissenschaft und Planung den Markt zerstörten, war es unerlässlich, genauer abzustecken, welches Wissen den Markt förderte und welche Wissenschaft den Marktprozess blockierte. Aus dem philosophischen „Was kann ich wissen?" wurde im neoliberalen Diskurs ein „Was kann (und darf) ich auf dem Markt wissen?"

An dem Dogma, dass der unbegrenzte Freiheitsraum des Marktes nur mit einer Unterordnung und Dezentralisierung des Wissens funktionieren kann, rüttelte kaum ein neoliberaler Theoretiker. Der Kern des Neoliberalismus blieb ökonomisch. Alle Wahrheit geht demnach vom Markt aus. Ein solches Axiom konkurrierte grundsätzlich mit dem eigenen Wissenschaftsanspruch und der modernen Wissenschaftstheorie, die wissenschaftliche Erkenntnis jedem relevanten Handlungsprozess vorlagerte. Konnte die Wissenschaft die Marktideologie vereinnahmen oder musste sich die Wissenschaftstheorie einem ökonomischen Kalkül unterwerfen? Erst einmal kämpften die neoliberalen Theoretiker erfolgreich um Relevanz in der Wirtschaftswissenschaft. Im Prinzip machte der Neoliberalismus aus der Wirtschafts- eine Marktwissenschaft (vgl. Becker 1976/1982, S. 1 f.), die zunehmend einen Abwehrkampf gegen die von Keynes dominierte Makroökonomie führte. Man spezialisierte sich auf die Erforschung von Mikroprozessen des Marktes und konzipierte analoge Wissenstheorien, die das Prinzip des Nichtwissens mit der Wissenschaft versöhnen sollten und makroökonomische Konkurrenztheorien als pseudowissenschaftlich diskreditierten. Der Aufstieg der Marktwissenschaft in den 80er-Jahren verschob den Schwerpunkt gänzlich von der makroökonomischen Volkswirtschaft zur mikroökonomischen Betriebswirtschaft.

Aber wie sahen die entsprechenden Denkbewegungen aus? Die Impulse kamen zunächst nicht aus dem inneren Zirkel des sich formierenden Neoliberalismus. Ein wichtiger Erneuerer des Marktkonzepts war in den 30er- und 40er-Jahren der 1938 in die USA emigrierte österreichische Ökonom Oskar Morgenstern. Er hatte am Mises-Seminar teilgenommen, zählte aber nicht zum MPS-Lager. Seine Spieltheorie, die er mit dem Mathematiker John von Neumann entwickelte (Morgenstern/von Neumann 1944), ist – neben Keynes – die erste konzeptionelle Emanzipation der liberalen Ökonomie von der Neoklassik. Vieles von Morgensterns Marktkonzept findet sich in den neoliberalen Theorien nach 1945 wieder, ohne dass die Quelle genannt wird. In dem Aufsatz „Vollkommene Voraussicht und wirtschaftliches Gleichgewicht" hatte Morgenstern (1935, S. 358 ff.) die Wissensvorstellungen der Gleichgewichtstheorie kritisiert und dabei auch Hayeks Markt- und Wissensvorstellungen, die sich Anfang der 30er-Jahre noch nicht sonderlich von Mises' Konzepten unterschieden, für unzureichend erklärt. Aus dieser Kritik heraus arbeitete Morgenstern an einer neuen Theorie, in der er den Markt als entgrenzendes Spiel mit Regeln begriff. Morgenstern und von Neumann vertieften ihre Spieltheorie mit mathematischen Modellen und wissenschaftlichen Fallbeispielen und erstellten eine Basis, wie ein multioptionales Spiel in komplexen Systemen funktionieren könnte. Ein Marktteilnehmer muss in einem komplexen System ein flexibler Unternehmer sein. Der Markt funktioniert nicht durch Beschränkung des Wissens, sondern durch prozessuale, spielerische Aneignung von Wissen und Strategie.

Ein zweiter wichtiger Begriff, der die Neoklassik überwand, war die „Schöpferische Zerstörung" Joseph Schumpeters (1942/1993, S. 134 ff.). Schon in seiner Frühphase hatte Schumpeter (1908, S. 88 f.) mit dem „methodologischen Individualismus" als wissenschaftlichem Ansatz der liberalen Ökonomie erste Wege aus dem methodischen Dilemma im Kampf gegen die kollektive Sozialwissenschaft aufgezeigt. Mit dem Begriff „Schöpferische Zerstörung" entwarf er eine Vorstellung, wie auf den Trümmern überkommener Wirtschaftszweige und Tätigkeiten ein immer darüber hinaus tendierendes Wissen entsteht (vgl. Schumpeter 1942/1993, S. 137 f.). Auch Schumpeter verzichtete auf ein Prinzip des Nichtwissens.

Morgensterns und Schumpeters Denkbewegungen zeigen, wie in den 30er- und 40er-Jahren indirektes Denken und sich selbst organisierende Prozesse die theoretischen Grundlagen des Marktkonzepts in der Wirtschaftswissenschaft wurden. Zwar ist die Analogie zum altliberalen Konzept des Marktes noch greifbar. Auch dort sollte die Realität in ein Spiel mit sich selbst treten. In der Spieltheorie wird allerdings aus diesem „Laufen-Lassen" ein dynamischer Prozess, zu dem die ordoliberale Vorstellung eines starken Marktstaates ausgezeichnet passt. Der ordoliberale Staat lässt die Dinge nicht nur laufen, sondern forciert den selbst organisierten Marktprozess. Allerdings waren die grundlegenden Konzeptionen von Morgenstern und Schumpeter aus neoliberaler Sicht mit dem Mangel behaftet, dass sie das Marktsystem zwar auf ein neues Begriffs- und Funktionsniveau brachten, es aber auch relativierten bzw. dem freien Markt die Zukunftsfähigkeit absprachen. Morgenstern (1935, S. 357 ff.) stellte schon früh heraus, dass der Markt keinesfalls eine ideale Utopie sei, weil er – entgegen der segensreichen Prognose von Smith – Gewinner und viele Verlierer produziere. Schumpeter sah den Kapitalismus ohnehin im Niedergang. Den Neoliberalismus eines Mises und Hayek nahm er nicht ernst. Hayeks Liberalismus sei zwar theoretisch ein edles Konzept, meinte Schumpeter (1987, S. 87 f.), jedoch ausschließlich betuchten *Selfmade-Gentlemen* und Sklavenhaltern zu empfehlen.

Analog zu Morgenstern begann Hayek Mitte der 30er-Jahre, sich vom Gleichgewichtsideal der Neoklassik zu emanzipieren. Das Gleichgewichtsideal erfordere wie die Planwirtschaft absolutes Wissen (vgl. Hayek 1936, S. 49 ff.). Er trennte nunmehr guten und schlechten Rationalismus sowie gute und schlechte Wissenschaft, wobei „gut" immer diejenigen Theoretiker waren (schottische Aufklärung, Alexis de Tocqueville, Menger), die Wissen als begrenzt begriffen und indirekte, negativistische Verfahren bevorzugten. Sozialismus und Makrowissenschaft ordnete Hayek (z.B. 1969/1994, S. 75 ff.) dagegen einem konstruktivistischen Rationalismus zu, der den Markt abschaffe und in die Tyrannei führe. Am Prinzip des verteilten oder des Nichtwissens hielt er nicht bloß fest, sondern es war sein Hauptargument bei der Abkehr von der Neoklassik. Noch fehlte ihm allerdings eine theoretische Klammer, die Wissenstheorie und Marktkonzept schlüssig zusammenhielt.

Unerwartete Schützenhilfe erhielt Hayek 1934 durch die „Logik der Forschung", worin der gesamte Fortschritt in der Wissenschaft dem Prinzip der Falsifikation, einer spezifizierten Methode von Versuch und Irrtum, zugeschrieben wird (vgl. Popper 1934/2002, S. 8). Popper radikalisierte damit die hypothetisch-deduktive Linie der Wissenschaftstheorie. Der „Einheitswissenschaft" und den Verfahren der Verifikation, die im Wiener Kreis kursierten, verweigerte Popper das Kriterium der Wissenschaftlichkeit. Endlich konnten sich die neoliberalen Marktwissenschaftler auf einen Ansatz der modernen Wissenschaftstheorie berufen, welcher die positivistische Wissenschaft von Neurath ablehnte und ein indirektes Verfahren zur Königsmethode der Wissenschaft erklärte. In der Lesart der (neo) liberalen Ökonomen (vor allem Hayek, Morgenstern, Gottfried Haberler und Fritz Machlup; vgl. Nordmann 2005, S. 138 ff.) beschrieb das Prinzip von Versuch und Irrtum nicht nur den Wissenschaftsprozess, sondern auch den Funktionalismus des Marktes. Tatsächlich hätte man Poppers Wissenschaftstheorie auch unter dem Oberbegriff „Schöpferische Zerstörung" stellen können, ohne inhaltliche Einbußen hinnehmen zu müssen. Popper verwandelte den Fortschritt der Wissenschaft in einen sich selbst fortsetzenden Falsifikationsprozess. Allerdings verabschiedete er sich nicht ganz von der alten Theorie der Wissensakkumulation, sondern konzipierte den Falsifikationsprozess als unendlichen Annäherungsprozess an die Wahrheit.

Popper wurde denn auch von Hayek gefördert und zählte zu den MPS-Gründungsmitgliedern. Er war jedoch ein oft problematischer Gesprächspartner für die neoliberalen Ökonomen. Poppers Erweiterung der Wissenschaftstheorie auf die Sozialwissenschaften in „Das Elend des Historizismus" fiel nicht so aus, wie es reine Marktwirtschaftler wünschen. Obwohl er das wissenschaftlich-sozialistische Fortschrittsprogramm des Roten Wiens zur Pseudowissenschaft erklärte, übernahm er dessen Grundelemente für sein liberales Programm einer eingeschränkten Sozialtechnologie. Bei allen Versuchen Poppers, eine auf Stückwerktechnik verpflichtete Sozialtechnologie als liberal zu verkaufen, etablierte er doch einen auf Sozialwissenschaft beruhenden Interventionismus. Das führte Popper und Hayek zu der Gretchenfrage, ob die Wissenschaft oder der Markt revolutionärer Motor des modernen Liberalismus sei.

Popper und Hayek standen zwischen 1943 und 1945 während der Abfassung der „Offenen Gesellschaft" und des „Elend(s) des Historizismus" sowie des „Weg(s) zur Knechtschaft" in einem umfassenden Briefverkehr (vgl. die Zusammenfassung in: Nordmann 2005, S. 162 ff.). Darin diskutierten sie die Fragen des Interventionismus und des sog. Szientismus, der die Dominanz der Wissenschaft über alle gesellschaftlichen Bereiche beansprucht. Den Briefwechsel prägen ge-

genseitige Missverständnisse, von Interesse ist jedoch, wie sich beide ihrer Gemeinsamkeiten über Ablehnung – insbesondere Neuraths und Karl Mannheims – versicherten, Poppers Kompromissbereitschaft aber immer dann endete, wenn Hayek die Sozialtechnologie zu einem Anhängsel des Marktes degradierte. Trotz großer Einschränkungen gab Popper den Szientismus nicht vollends auf. Im Kern beharrte er vielmehr auf seinem Fortschrittsmotor Wissenschaft. Sein Anliegen war es, richtige von falscher Wissenschaft zu trennen, nicht aber Wissenschaft einem ökonomischen Denken unterzuordnen. Aus diesem Dissens heraus formulierte er die Kompromissformel, dass man an unterschiedlichen Fronten den gleichen Kampf führe.

Nach dem Zweiten Weltkrieg hatte Poppers Konzept einer um den Überbau verkürzten Sozialtechnologie großen Erfolg. Seine Methodentheorie passte in ein Klima, in dem konservative Politiker wie Konrad Adenauer, Charles de Gaulle oder Harold MacMillan einen eingeschränkten Wohlfahrtsstaat aufbauten (vgl. Oakeshott 2000, S. 7 ff.). Trotz dieses Erfolges blieb Popper jedoch Mitglied der neoliberalen MPS und auch theoretisch immer anschlussfähig an einen Neoliberalismus Hayek'scher Prägung. Hayek (1969/1994, S. 89) setzte Popper denn auch in seinem Aufsatz „Arten des Rationalismus" ein Denkmal. Aber für die Entwicklung der neoliberalen Wissens- und Marktkonzepte spielte Popper ab den 50er-Jahren eine untergeordnete Rolle. Mit Poppers Lehre von Versuch und Irrtum konnte man bei Bedarf die neoliberale Theorie repräsentativ mit einem Mantel der Wissenschaftlichkeit schmücken, aber die entfesselte Marktkonzeption des späten Hayek benötigte ebenso wenig die Denkhilfen des Kritischen Rationalismus wie die radikale Ökonomisierung des Verhaltens und Denkens, die Gary Becker propagierte. Der Schlüssel für die theoretische Schließung des Marktkonzepts lag ab den 60er-Jahren in einer entgrenzenden Weiterentwicklung der Vorstellung des Marktes als Spiel zu einer evolutionären Markttheorie.

Hayek hatte zwar stetig mit Evolutionsmodellen gearbeitet, aber sein Wissensmodell noch nicht mit einem evolutionären Marktverständnis verknüpft. Der entscheidende Impuls hierzu kam von Michael Polanyi, dem anderen namhaften Wissenschaftstheoretiker der MPS. In „The Logic of Liberty" hatte Polanyi (1952, S. 23 f.) den Begriff „Spontane Ordnung" wieder in die moderne Debatte eingeführt. Hayek nahm Polanyis Begrifflichkeit schon in „Die Verfassung der Freiheit" auf und stellte sie ins Zentrum seines Aufsatzes „Arten der Ordnung", in dem er den Funktionalismus der „Spontanen Ordnung" zum Motor der Marktevolution erklärte (vgl. Hayek 1969/1994, S. 32 ff.). Polanyis Wissenskonzept des „Impliziten Wissens" und Hayeks Marktkonzept waren in vielem kongruent. Beide begriffen Wissen als zunächst individuellen evolutionären Prozess, der auf

Intuition beruhte (vgl. Polanyi 1966/1985, S. 25). Das Ideal des objektiven, expliziten Wissens und der exakten Wissenschaft, die überlegene, überindividuelle
Aussagen macht, wurde verworfen (vgl. ebd., S. 27 und 54). Wissenschaftliche
Erkenntnis ist eine „persönliche Tat" (ebd., S. 31), eine Entdeckungsreise (ebd.;
vgl. Hayek 1969/1994, S. 249 ff.).

Das Prinzip des Nichtwissens ist kein Gegensatz zur Wissenschaft: „Wissenschaftliche Tradition leitet ihre Kraft zur Selbsterneuerung von ihrer Überzeugung her, daß eine verborgene Realität existiert, von der die heutige Wissenschaft
nur eine Seite wiedergibt, während andere Aspekte künftigen Entdeckungen
vorbehalten sind." (Polanyi 1966/1985, S. 76) In dieser funktionalistischen Konstellation entsteht „ein Prozeß des schöpferischen Werdens" (ebd., S. 49). Der
Gesamtprozess wird letztlich als kulturelle Evolution beschrieben. Evolution hieß
bei Polanyi und Hayek, dass die höhere Ebene die niedere zur Weiterentwicklung nicht domestiziert. Es herrscht „das Prinzip der marginalen Kontrolle" (ebd.,
S. 42), das spontane Ordnungen erzeugt (vgl. Hayek 1969/1994, S. 32 ff.). Polanyi
und Hayek standen am Anfang eines Trends, der für die Denkbewegungen in
den 60er-Jahren obligatorisch wurde. Wissenschaftstheorie funktionierte nicht
mehr analog physikalischer Gesetze. Der Mythos der modernen Physik verblasste
und die Evolution kehrte zurück. Trotz aller Hayek'schen Ausflüge in die Gesellschaftstheorie des 18. Jahrhunderts stellte nunmehr die Biologie die Denkmuster.

In seinem berühmten „Wettbewerb als Entdeckungsverfahren" stellte Hayek
(1969/1994, S. 251) eine Rangordnung der evolutionären Funktionssysteme Wissenschaft und Markt auf: „Der Unterschied zwischen dem wirtschaftlichen Wettbewerb und dem erfolgreichen Verfahren der Wissenschaft ist, daß der erste eine
Methode zur Entdeckung besonderer vorübergehender Umstände darstellt, während sich die Wissenschaft etwas zu entdecken bemüht, das manchmal ‚allgemeine Tatsachen' genannt wird, d.h. Regelmäßigkeiten in den Ereignissen, und an
den einzigartigen, besonderen Tatsachen nur insofern interessiert ist, als sie ihre
Theorien zu widerlegen oder zu bestätigen tendieren." Die eigentliche Realität
beherrscht nicht die Wissenschaft. Selbst wenn sie sich einem Prinzip des Nichtwissens verpflichtete und wie ein Markt funktionierte, war sie kein gleichwerti-
ges Entdeckungsverfahren. „Kritischer Rationalismus" und „Implizites Wissen"
legitimierten allenfalls die Unangreifbarkeit des Marktmechanismus: „Die Be-
sonderheit, dass die Leistung des Wettbewerbs gerade in jenen Fällen nicht empirisch nachgeprüft werden kann, in denen er allein interessant ist, hat er übrigens
mit den Entdeckungsverfahren der Wissenschaft gemein. Auch die Vorteile der
etablierten wissenschaftlichen Verfahren (Poppers und Polanyis; *J.N.*) können
selbst nicht wieder wissenschaftlich bewiesen werden, sondern sind nur deshalb

anerkannt, weil sie tatsächlich bessere Ergebnisse gebracht haben als alternative Verfahren." (Hayek 1969/1994, S. 250) Hayeks Botschaft war klar: Der Markt ist das Maß aller Dinge. Er überragt an Komplexität und Differenzierungsvermögen jede Wissenschaft.

Kernschmelze des Wissenschaftsmythos

Das Selbstverständnis der Überlegenheit und der Geschlossenheit der modernen Wissenschaft bekam in den 60er-Jahren Risse. Beschleunigt wurde die Krise durch den Bedeutungsverlust des Kritischen Rationalismus, der letzten liberalen Wissenschaftstheorie, die moderne Wissenschaft noch fortschrittsgläubig über eine überlegene Methodenlehre fasste. Immer mehr Theoretiker zweifelten an dem Methodenmonismus der Falsifikation. Die Modernisierung der Wissenschaftstheorie desavouierte aber im Kern nicht nur die Dogmen des Kritischen Rationalismus, sondern letztlich auch ungewollt den Glauben an die Überlegenheit der Wissenschaft. Thomas Kuhns „Die Struktur wissenschaftlicher Revolutionen" (1962/1976) entpuppte sich in dieser Hinsicht als bahnbrechendes Werk. Von normativen Theorien der Wissenschaft nahm Kuhn Abstand und wissenschaftliche Revolutionen fasste er als Paradigmenwechsel, die im Kern fundamentale Wechsel des *Denkstils* waren: „Darunter verstehe ich allgemein anerkannte wissenschaftliche Leistungen, die für eine gewisse Zeit einer Gemeinschaft von Fachleuten maßgebende Probleme und Lösungen liefern." (ebd., S. 10) Die moderne Wissenschaft ist gleichermaßen von Paradigmenwechseln wie von langen Phasen beharrender, stagnierender „Normalwissenschaft" geprägt.

Obwohl sich die Wissenschaft bei Kuhn noch eruptiv erneuert, verfügt sie nicht mehr über einen methodenüberlegenen Mechanismus. Kuhn stellte die ketzerische Frage: „Warum ist der Fortschritt ein fast ausschließliches Vorrecht jener Tätigkeiten, die wir Wissenschaft nennen?" (ebd., S. 171) Bis dahin war das Primat der Wissenschaft in der Wissenschaftstheorie keine Frage, sondern ein selbstbewusst gesetztes Axiom. Kuhn begann, die Wissenschaft zu historisieren und zu relativieren. Das alte akkumulierende Wissenschaftsideal konnte er nicht einmal indirekt halten: „Wir müssen vielleicht die (...) Vorstellung aufgeben, daß der Wechsel der Paradigmata die Wissenschaftler und die von ihnen Lernenden näher und näher an die Wahrheit heranführt." (ebd., S. 182) Ein neues Paradigma steht schlicht an der Stelle des alten. Kuhn beschrieb eine Wissenschaft, die ein institutionalisiertes Teilsystem einer sich unablässig institutionalisierenden westlichen Gesellschaft ist. Niklas Luhmann (1992, S. 549 ff.) wird das sich ausdifferenzierende Teilsystem Wissenschaft später in „Die Wissenschaft der Gesellschaft" ähnlich beschreiben. Mit Kuhn ließ sich die Wissenschaft vom normativen Podest stoßen. Er sah im Ansatz, dass die kommende Disziplin die Ökonomie sein würde: „So könnte bezeichnend sein, daß die Ökonomen weniger als die Vertreter anderer Sozialwissenschaften über die Frage debattieren, ob ihre Disziplin eine Wissenschaft sei. Kommt das daher, daß die Ökonomen wissen, was Wissenschaft ist? Oder vielmehr daher, daß sie sich über die Ökonomie einig sind?" (Kuhn 1962/1976, S. 172)

Mit Kuhn begann die Erosion des modernen Wissenschaftsmythos. Vollendet wurde dieser Erdrutsch in der Wissenschaftstheorie durch Paul Feyerabend. Er überprüfte in „Wider den Methodenzwang" (1975/1995) die normativen Überprüfungsmechanismen der Wissenschaft und befand, dass Wissenschaft nicht nach den gängigen Prinzipien und schon gar nicht nach einer Königsmethode wie Versuch und Irrtum funktioniert. In der Wissenschaft sei jede Methode möglich: „Wer sich dem reichen, von der Geschichte gelieferten Material zuwendet und es nicht darauf abgesehen hat, es zu verdünnen, um seine niedrigen Instinkte zu befriedigen, nämlich die Sucht nach geistiger Sicherheit in Form von Klarheit, Präzision, ‚Objektivität', ‚Wahrheit', der wird einsehen, daß es nur einen Grundsatz gibt, der sich unter allen Umständen und in allen Stadien der menschlichen Entwicklung vertreten läßt. Es ist der Grundsatz: Anything goes." (ebd., S. 31 f.)

Aus guten Gründen wurde der anarchistische Wissenschaftskritiker Feyerabend mehr den neuen sozialen Bewegungen als neoliberalen Eliten zugerechnet. Sein „Anything goes" liegt jedoch nahe an einem selbst organisierten Entdeckungsverfahren. Tatsächlich fand Feyerabend (1995a, S. 263; 1995b, S. 173 und 186) für Hayek immer wieder lobende Worte. Dieses Lob verliert seinen abwegigen Charakter, wenn man den Kern von Feyerabends Wissenschaftskritik freilegt. Ihm ging es um die Kritik an einem staatlich sanktionierten, die Gesellschaft überziehenden Wissenschaftsbetrieb, der auf einer anmaßenden Methodenlehre beruht. „Die Wissenschaft ist nur eines der vielen Mittel, die der Mensch erfunden hat, um mit seiner Umwelt fertig zu werden. (...) Sie ist nicht unfehlbar, und sie ist zu mächtig, zu aufdringlich und zu gefährlich geworden, als daß man sie sich selbst überlassen könnte." (Feyerabend 1975/1995, S. 290)

Der Staat ist als Schutzschild der institutionalisierten Wissenschaft ein Hauptgegner. Um die Wissenschaft zu entmachten, plädierte Feyerabend für die Trennung von Staat und Wissenschaft. Der Ansatzpunkt zu einer besseren Wissenschaft liegt danach in einer Demokratisierung – mithin einer Kontrolle der Wissenschaft durch Laien (vgl. ebd., S. 35). Feyerabend wollte eine als totalitär beschriebene Wissenschaft für „freie Menschen" öffnen. Ganz neoliberal sollten auch florierendes Geld und Geschäftssinn das erstarrte Wissenschaftssystem aufbrechen (vgl. Feyerabend 1975/1995, S. 67). Wissenschaft war bei Feyerabend kein geschlossenes System mehr, sondern pluralistisch und fragmentiert. Sie ist frei und kann alles machen. Feyerabend thematisierte die alten Gefahren der politischen und nunmehr systemimmanenten Indoktrination und verschrieb der Wissenschaft ein basisdemokratisches Programm. Dass das neue Denken gar nicht aus der Wissenschaftstheorie, sondern aus der neoliberalen Wirtschaftswissenschaft kommen sollte, war für ihn nicht sichtbar. Zu sehr opponierte er gegen den institutionalisierten Wohlfahrtsstaat und dessen Wissenschaft.

Entgrenzung des neoliberalen Projekts

Der letzte Theorieschub der „Original Thinker" des Neoliberalismus in den 60er-Jahren entgrenzte das neoliberale Projekt. Neben Hayeks unablässig siegendem „Freien Markt" als „Entdeckungsverfahren" waren dabei zwei amerikanische Konzepte federführend (Milton Friedmans „Monetarismus" ist bezüglich der Analyse des neoliberalen Denkstils zu vernachlässigen). James M. Buchanans *Public-Choice*-Theorie radikalisierte die alte Antistaatsdoktrin (vgl. u.a. Buchanan 1975/1999). Buchanan ging es nicht mehr in erster Linie um den planwirtschaftlichen Opponenten, sondern schlichtweg um den Staat an sich als „Leviathan", den er als immerwährendes Feindbild des Marktes konstruierte. Mit der *Public-Choice*-Theorie gewann erstmals eine neoliberale Theorie im sozialwissenschaftlichen Bereich nachhaltig Einfluss.

Gary S. Beckers Humankapitalansatz trieb die neoliberale Theorie auf die Spitze. War es bei Hayek, Mises oder Eucken noch darum gegangen, das vormalige Teilsystem Marktwirtschaft zu einem dominanten System innerhalb eines Ensembles anderer gesellschaftlicher Funktionssysteme zu machen, zielte Becker darauf ab, das gesamte Verhalten und Denken dem ökonomischen Marktparadigma zu unterwerfen. Alles Denken bildet bei Becker eine individuelle Strategie, um ein nutzbringendes Handlungsergebnis bei alternativen Möglichkeiten in einer grundsätzlich nur teilweise bekannten Umwelt zu finden. Die Wissenschaft ist nur ein Markt unter vielen, der sich von den anderen Märkten nicht abtrennen lässt: „Aus dem ökonomischen Ansatz folgt weiter, daß eine Verstärkung der Nachfrage nach bestimmten wissenschaftlichen Argumenten und Schlußfolgerungen von Seiten verschiedener Interessengruppen oder Auftraggeber dazu führt, daß solche Argumente verstärkt angeboten werden, und zwar gemäß dem

(...) Theorem über die ‚Preis'-Erhöhung auf die Angebotsmenge." (Becker 1976/ 1982, S. 11)

Zugespitzt formuliert, totalisierte sich der theoretische Neoliberalismus in den 60er-Jahren. Aus einem wirtschaftspolitischen Programm gegen die Planwirtschaft und den keynesianisch inspirierten Wohlfahrtsstaat entwickelte sich ein Theorienkomplex, der nicht nur die Wirtschaft, sondern auch Politik und Wissenschaft mit einem Primat des Marktdenkens belegte. Gleichzeitig traten in der Wissenschaftstheorie, der führenden Theorie der Nachkriegszeit, Erosionserscheinungen zutage: Vehement wurde die Befreiung vom normativen Rahmen propagiert. In den wissenschaftstheoretischen und neoliberalen Diskursen existierten also seit Ende der 60er-Jahre Konstellationen, die für eine Verschiebung der Gewichte zwischen Ökonomie und Wissenschaft günstig waren.

Die Theorienkomplexe des Neoliberalismus und der liberalen Wissenschaftstheorie kamen mit Becker, Buchanan und dem späten Hayek bzw. Kuhn und Feyerabend gleichsam zu einem Abschluss. Der Neoliberalismus brachte danach keinen „Original Thinker" und keine Großtheorie mehr hervor. Die Wissenschaftstheorie dümpelte nach den fundamentalen Angriffen von Kuhn und Feyerabend in disziplinenspezifischen Debatten vor sich hin. Seit der Neoliberalismus (ab 1979) Paradigmen für Regierungsprogramme liefert, gelang es keinem neoliberalen Denker mehr, die Theorie weiterzuentwickeln und den Markt zu verifizieren. Insofern beanspruchen die Theorien aus den 60er-Jahren immer noch Aktualität.

Die Verbreitung der neoliberalen Theorien unter Eliten erfolgte von einer wissenschaftlich-institutionalisierten Basis aus. Diese war die Wirtschaftswissenschaft. Schon an der Universität in Chicago (z.B. Frank H. Knight, Friedman, Becker und Hayek), in der ökonomischen Abteilung der LSE in London (Hayek und Lionel Robbins; dort arbeitete ab 1945 auch Popper) und an der Universität in Freiburg (z.B. Eucken und Hayek; Hayek wollte auch Feyerabend dorthin holen) hatten die einschlägigen „Original Thinker" ihre staatlich abgesicherten Inseln geschaffen. Diese Inseln und ihre Theorien dehnten sich in den 70er-Jahren im Schatten der Massenuniversitäten in die Fläche aus. Vom Boom der Sozialwissenschaften profitierte auch die Wirtschaftswissenschaft. Die jahrzehntelang marginalen neoliberalen Denkfabriken trugen darüber hinaus entsprechende wirtschaftspolitische Ansätze zur Lösung wohlfahrtsstaatlicher Systemprobleme in die Programmdiskussionen der bürgerlichen Parteien hinein. Das bei den Eliten gewonnene Prestige der (neo)liberalen Wirtschaftswissenschaft manifestierte sich in einem von der Bank von Schweden ausgelobten Preis, der seither als Nobelpreis für Wirtschaft gehandelt wird. Welche Theorien in den 70er-Jahren bei den liberal orientierten Jurys in Mode kamen, zeigen die Nobelpreise für Hayek (1974) und Friedman (1976).

Die Bedeutung der Wissensproblematik manifestierte sich noch einmal in Hayeks Preisvortrag „Die Anmaßung des Wissens" (Hayek 1975, S. 12 ff.). Die neoliberale Politik beförderte dann den neoliberalen Denkstil in der Wissenschaft, indem sie die Wissenschaft einem Vermarktungsdruck und den Vorgaben einer wirtschaftlichen Vernutzung der Forschung aussetzte (vgl. Carrier 2006, S. 10 f.). Inzwischen hat sich eine strukturelle und personelle Verflechtung von Universitäten, Konzernen und neoliberal orientierten Forschungsinstituten etabliert. Die Spielräume der modernen Expertendemokratie nutzend, wird die Übertragung des ökonomischen Denkstils auf die Wissenschaft von einschlägigen Fachmännern propagiert und in der Regel durch schlichten Kostendruck begründet. Die Berufung auf Wissenschaftsethos, Wahrheitsideal und Faustregeln wissenschaftlichen Arbeitens hat in diesem Kontext den Sinn, eine Debatte über die ideologische Voreingenommenheit und die Interessenpolitik des Wissenschaftlers in der Expertenrolle zu verhindern. Das Thema „parteiischer Experte" gehört bis heute zu den Tabus öffentlicher Kritik und unterliegt einem Gebot des Nichtwissens.

Was folgt aus einem neoliberalen Denkstil, der sich bis in die Wissenschaft hinein reproduziert? Welche Lebensformen sanktioniert er und welche Probleme wirft er auf? Im Gegensatz zur Moderne, welche die Typen Produzent und Soldat bevorzugte, hat die Postmoderne den Konsumenten und den Spieler zu Idealtypen erhoben (vgl. Bauman 1995/2007, S. 248 ff.). Konsument und Spieler sind Idealtypen neoliberaler Marktprozesse. Der Konsument war schon bei Mises ein hofiertes Wesen, und mehr noch als der Bürger steht er im Neoliberalismus für Demokratie. Eine Demokratie ist für Mises (1922/1932, S. X) vor allem dann gegeben, wenn „die Konsumenten bestimmen". Der Spieler ist ein Typus, den fast alle (neo)liberalen Theorien positiv bewerten. Er ist derjenige, der in indirekten Prozessen agiert und das Unwissen über den gesamten Wirtschaftsprozess akzeptiert. Der Spieler wird nur begrenzt planen und die Regeln nicht in Frage stellen. Als Unternehmer ist er der ideale Spieler, der mit seinem Kapital und seinem strategischen Verhalten am Markt hohe Gewinne erzielt. In der Wissenschaft ist der Spieler idealtypisch als freier Forscher zu denken, der die Methoden innerhalb eines Regelkanons durchprobiert und auf überraschende Ergebnisse stößt, die er dann in einem weiteren Spiel am Markt zu platzieren sucht. Vor allem Feyerabend (1975/1995, S. 25) propagierte das Idealbild der Wissenschaft als Spiel und Kunst.

Die (neo)liberale Fixierung auf Spieltheorien und selbstorganisierte Prozesse wirft einige Grundsatzprobleme auf. Die Ungleichheit der Ausgangsbedingungen der Spieler wird nicht als prägende Größe eingestuft. Neoliberalismus ist eine Freiheits- und Spieltheorie für Begünstigte, die den Nichtbegünstigten ein freies Spiel ohne Trümpfe aufzwingt. Der neoliberale Denkstil drängt diese Falle des Marktprozesses immer wieder in den Bereich des Nichtwissens ab, um das Marktideal aufrechtzuerhalten. Aber auch die neoliberale These, dass undurchschaubare, sich selbst überlassene Wirtschaftsprozesse bessere Ergebnisse erzielen, kann gerade die auf das Prinzip des Nichtwissens eingeschworene Marktwissenschaft nicht beweisen. Es ist rein zufällig – eben ein reines Glücksspiel –, ob ein undurchschaubarer, ergebnisoffener Prozess zu guten oder schlechten Ergebnissen führt. Mit diesen Denkmethoden kann der Markt nie als überlegenes Funktionssystem verifiziert werden.

Das Hauptproblem des neoliberalen Denkstils entsteht durch die analoge Fixierung auf handlungsorientierte Mikroprozesse. Der Neoliberalismus hat es nicht geschafft, mit sich selbst organisierenden Mikroprozessen die Probleme des Wohlfahrtsstaates zu lösen. Er hat vielmehr die Makroprobleme sich selbst überlassen. An der Armuts-, Gesundheits-, Rohstoff-, Kriegs- oder Umweltproblematik kann man ablesen, dass mikroprozessual orientierte Denkstile im Vertrauen auf ein segensreiches „Die-Dinge-laufen-Lassen" die Makroprobleme bis zur Nichtlösbarkeit anwachsen lassen. Der neoliberale Denkstil entwickelt mit kleinen Lösungen große Probleme, weil er nicht in grundsätzlichen Alternativen denken kann. So konnten schon die Denkmethoden des Wohlfahrtsstaates die gesellschaftlichen Fehlentwicklungen, deren Ursache sie waren, nicht beheben. Ist es wahrscheinlich, dass sich der Denkstil ändert, wenn die Probleme so groß sind, dass ein Status quo mit der Wirklichkeit nicht zu halten ist? Mit Kuhn lässt sich die Frage bejahen. Mit Feyerabend kann man sie aber auch verneinen. „Anything goes" eröffnet eben die Möglichkeit, dass am Falschen festgehalten wird.

Quellen- und Literaturverzeichnis

Bailey, Joe (1988): Pessimism, London

Bauman, Zygmunt (1991/2005): Moderne und Ambivalenz, Hamburg

Bauman, Zygmunt (1995/2007): Flaneure, Spieler und Touristen. Essays zu postmodernen Lebensformen, Hamburg

Becker, Gary S. (1976/1982): Der ökonomische Ansatz zur Erklärung menschlichen Verhaltens, Tübingen

Buchanan, James M. (1975/1999): The Collected Works of James M. Buchanan, Bd. 7: The Limits of Liberty. Between Anarchy and Leviathan, Indianapolis

Carnap, Rudolf (1928/1998): Der logische Aufbau der Welt, Hamburg

Carrier, Martin (2006): Wissenschaftstheorie, Hamburg

Dewey, John (1931/2003): Wissenschaft und Gesellschaft, in: ders., Philosophie und Zivilisation. Aufsätze, Frankfurt am Main, S. 310-322

Feyerabend, Paul (1975/1995): Wider den Methodenzwang, Frankfurt am Main

Feyerabend, Paul (1995a): Briefe an einen Freund, Frankfurt am Main

Feyerabend, Paul (1995b): Zeitverschwendung, Frankfurt am Main

Fleck, Ludwik (1935/1980): Entstehung und Entwicklung einer wissenschaftlichen Tatsache. Einführung in die Lehre vom Denkstil und Denkkollektiv, Frankfurt am Main

Foucault, Michel (2004a/b): Geschichte der Gouvernementalität, 2 Bde., Frankfurt am Main

Hayek, Friedrich August von (1936): Economics and Knowledge, in: The Economic Journal 46, S. 49-77

Hayek, Friedrich August von (1944/1972): Der Weg zur Knechtschaft, Zürich

Hayek, Friedrich August von (1952): The Counter-Revolution of Science, Glancoe

Hayek, Friedrich August von (1960/1971): Die Verfassung der Freiheit, Tübingen

Hayek, Friedrich August von (1969/1994): Freiburger Studien. Gesammelte Aufsätze, Tübingen

Hayek, Friedrich August von (1975): Die Anmaßung von Wissen, in: Ordo 26, S. 12-21

Keynes, John Maynard (1936): The General Theory of Employment, Interest and Money, London

Kuhn, Thomas (1962/1976): Die Struktur wissenschaftlicher Revolutionen, Frankfurt am Main

Liessmann, Konrad (2007): Theorie der Unbildung. Die Irrtümer der Wissensgesellschaft, Frankfurt am Main

Lovejoy, Arthur (1936/2003): Die große Kette der Wesen. Geschichte eines Gedankens, Frankfurt am Main

Luhmann, Niklas (1992): Die Wissenschaft der Gesellschaft, Frankfurt am Main

Mises, Ludwig von (1922/1932): Die Gemeinwirtschaft. Untersuchungen über den Sozialismus, Jena

Morgenstern, Oskar (1935): Vollkommene Voraussicht und wirtschaftliches Gleichgewicht, in: Zeitschrift für Nationalökonomie, Bd. 6, S. 337-357

Morgenstern, Oskar/Neumann, John von (1944): Theory of Games and Economic Behaviour, Princeton

Neurath, Otto (1979): Wissenschaftliche Weltauffassung, Sozialismus und Logischer Empirismus, Frankfurt am Main

Neurath, Otto (1981): Gesammelte philosophische und methodologische Schriften, hrsg. von Rudolf Haller und Heiner Rutte, 2 Bde., Wien

Nordmann, Jürgen (2005): Der lange Marsch zum Neoliberalismus. Vom Roten Wien zum freien Markt. Hayek und Popper im Diskurs, Hamburg

Oakeshott, Michael: (1996/2000): Zuversicht und Skepsis. Zwei Prinzipien neuzeitlicher Politik, Berlin

Polanyi, Michael (1952): The Logic of Liberty, London

Polanyi, Michael (1966/1985): Implizites Wissen, Frankfurt am Main

Popper, Karl R. (1934/2002): Logik der Forschung, Tübingen

Popper, Karl R. (1944/1987): Das Elend des Historizismus, Tübingen

Popper, Karl R. (1945/1992): Die offene Gesellschaft und ihre Feinde, 2 Bde., Tübingen

Popper, Karl R. (2001): Kritik und Vernunft. Von der Unendlichkeit des Nichtwissens. Reden und Gespräche (Tonbandaufzeichnungen), München

Popper, Karl R.: Briefe 1932-1987, Archiv Hoover-Institution, Stanford-University. Microfilm-Kopien: Karl Popper-Sammlung (Klagenfurt/KPS)

Ptak, Ralf (2004): Vom Ordoliberalismus zur Sozialen Marktwirtschaft. Stationen des Neoliberalismus in Deutschland, Opladen

Schumpeter, Joseph A. (1908): Das Wesen und der Hauptinhalt der Nationalökonomie, Leipzig

Schumpeter, Joseph A. (1942/1993): Kapitalismus, Sozialismus und Demokratie, Tübingen

Schumpeter, Joseph A. (1987): Beiträge zur Sozialökonomik, Wien/Köln/Graz

Smith, Adam (1776/1974): Der Wohlstand der Nationen. Eine Untersuchung seiner Natur und seiner Ursachen, München

Stadler, Friedrich (1997): Studien zum Wiener Kreis. Ursprung, Entwicklung und Wirkung des Logischen Empirismus im Kontext, Frankfurt am Main

Stehr, Nico (2007): Die Moralisierung der Märkte. Eine Gesellschaftstheorie, Frankfurt am Main

Weingart, Peter (2001): Die Stunde der Wahrheit. Zum Verhältnis der Wissenschaft zu Politik, Wirtschaft und Medien in der Wissensgesellschaft, Weilerswist

Zöller, Michael (2007): Das Recht des Einzelnen, in: FAZ v. 6.1.

Jörg Reitzig

„Eine Kategorie des Unsinns ..."
Die soziale Gerechtigkeit im Visier der neoliberalen Theorie

Märkte tendieren bekanntlich dazu, ihre eigenen Voraussetzungen im Hinblick auf einen wirksamen Konkurrenzmechanismus durch Konzentrations- und Vermachtungsprozesse zu unterminieren. Ähnlich verhält es sich auch in Bezug auf ihre sozialen Voraussetzungen. Die Dynamik der Kapitalakkumulation wirkt umso stärker als „Maschinerie sozialer Ungerechtigkeit" (Barry 2005, S. 14), welche die gesellschaftlichen Zentrifugalkräfte steigert, je weniger der Markt politisch reguliert und eingebettet ist. Diese strukturellen Beschränktheiten des Marktes und die daraus resultierenden gesellschaftlichen Verwerfungen und Desintegrationsprozesse waren maßgebliche Triebkräfte für die Entwicklung und Durchsetzung des Sozial- bzw. Wohlfahrtsstaates in der Mitte des 20. Jahrhunderts. Gegenüber dieser Periode der sozialen und demokratischen Zivilisierung des Kapitalismus bewirkt die Politik der Deregulierung und Liberalisierung gegenwärtig soziale Desintegration. Die Revolte der Eigentumsmächtigen gegen die wohlfahrtsstaatliche Einbettung des Marktes wird begleitet von einem erneuten „Triumph der Ungleichheit" (Ziebura 2001). Aufgabe neoliberaler Theoriebildung ist es nun, die mit der Hegemonie des Marktes verbundene Zunahme sozialer Ungleichheit zu legitimieren. Eine zentrale Bedeutung kommt dabei der Reinterpretation des Gerechtigkeitsbegriffs zu, die an mehreren Punkten ansetzt: erstens der Dekonstruktion des Leitbildes sozialer Gerechtigkeit, zweitens der Diskreditierung des Prinzips der Verteilungsgerechtigkeit und drittens der Ökonomisierung des Gerechtigkeitsbegriffs. Bevor auf diese Aspekte eingegangen wird, ist es zweckmäßig, den Blick auf einige inhaltliche und zeitgeschichtliche Kontexte der Gerechtigkeitsdebatte zu lenken.

Gerechtigkeit und gesellschaftliche Legitimationskrisen

Herrschaft, demokratische zumal, muss sich legitimieren, d.h. politisch vermitteln können, dass sie *gerecht*fertigt ist. Hierin besteht letztlich die Substanz jener von Max Weber mit dem Begriff des „spezifischen Glauben(s)" bezeichneten Dimension von moderner, d.h. „rationaler" Herrschaft als Zuschreibung von Legitimität seitens der Beherrschten (vgl. Weber 2001, S. 207 f.). Gelingt das dem Herrschaftssystem nicht, so gerät es in eine Krise, verliert seine Glaubwürdigkeit, Unterstützung und Akzeptanz. Derartige gesellschaftliche Legitimationskrisen vollziehen sich als Krisen der Hegemonie im Kontext sozialökonomischer Transformationen. Eric Hobsbawm hat diese Zusammenhänge anhand der Periode zwischen dem Ersten Weltkrieg sowie dem Ende der Blockkonfrontation zwischen Kapitalismus und Sozialismus im „kurzen" 20. Jahrhundert anschaulich beschrieben. Sowohl ihr Anfang als auch ihr Ende waren von umfassenden Legitimationskrisen geprägt (vgl. Hobsbawm 1998, S. 20 f.). Die erste Krise der Legitimation ist charakterisiert durch den „Kollaps der Werte und Institutionen der liberalen Zivilisation" (ebd., S. 143) und ihres wirtschaftspolitisch abstinenten Nachtwächterstaates. Sie nahm ihren Anfang 1914 mit Kriegsausbruch, vertiefte sich infolge der Erschütterungen, welche die Russische Oktoberrevolution in der kapitalistischen Welt auslöste, und mündete schließlich über das Elend der großen Depression in den Zweiten Weltkrieg, der mit der Niederschlagung des Faschismus endete (vgl. auch Deppe 2003, S. 14 ff.). Ludwig von Mises, einer der Gründerväter des Neoliberalismus, fasste seine Besorgnis über das politische Klima zu Beginn der 20er-Jahre folgendermaßen zusammen: „Sozialismus ist die Losung unserer Tage. Die sozialistische Idee beherrscht heute die Geister. Ihr hängen die Massen an, sie erfüllt das Denken und Empfinden aller, sie gibt der Zeit ihren Stil." (Ludwig von Mises, zit. nach: Walpen 2000, S. 1068) Ziel der entstehenden neoliberalen Gegenströmung war es, langfristig das Privateigentum wieder zu stärken und die Aufgaben des Staates im Sinne eines „liberalen Interventionismus" (Ludwig von Mises) neu zu definieren, der nicht *gegen* die Gesetze des Marktes wirken, sondern ihnen wieder zu umfassender Geltung verhelfen sollte (vgl. dazu: Ptak 2008, S. 16 ff.).

Zunächst hatte sich jedoch der liberale Kapitalismus als so ungeeignet zur Bewältigung der aufkommenden Probleme erwiesen, dass selbst konservative Ökonomen in den 30er-Jahren nicht umhin kamen, von einer „Entartung der freien Wirtschaft" (Rüstow 2001, S. 27) zu sprechen. Doch erst nach der Niederschlagung des Faschismus 1945 hatten sich die gesellschaftlichen Kräfteverhältnisse so weit verschoben, dass es möglich war, auch praktische Konsequenzen durchzusetzen. Das wohlfahrtsstaatliche Konzept der makroökonomischen Steuerung, die demokratisch-rechtsstaatliche Regierungsform und die größere soziale Teilhabe der Lohnabhängigen waren nicht nur tragfähig, sondern „geradezu schicksalhaft schienen sie einander zu verstärken" (Hirschman 1995, S. 122 f.).

Diese „neue Phase in der industriellen Zivilisation" (Robinson 1971, S. 78) be-
schränkte die Spreizung der Einkommen und ermöglichte zugleich, das Gesamt-
niveau des Wohlstandes anzuheben und auf dieser Grundlage neue Märkte und
Wachstumsbereiche zu erschließen. Ein in diesem Sinne praktischer Begriff von
sozialer Gerechtigkeit war „eine wichtige Dimension der Vermittlung zwischen
den kapitalistischen Interessen und dem sozialen Fortschritt in der Arbeitsgesellschaft" (Aglietta 2000, S. 39).

Die sich ab den 70er-Jahren verdichtenden Krisenerscheinungen der fordis-
tisch-wohlfahrtsstaatlichen Formation führten schließlich zur zweiten großen
Legitimationskrise, deren Folgen bis in die Gegenwart anhalten. Die wachsende
Hegemonie neoliberaler Politik bewirkte dabei eine Art Gegenbewegung zum
Prozess sozialer Inklusion, in deren Ergebnis heute ganzen Teilen einst erfolg-
reich integrierter sozialer Schichten die Reexklusion, also wieder der gesellschaftliche Abstieg droht. Gleichzeitig können die Besser- den Schlechtergestellten die
Härten von Armut und Mangel spätestens jetzt nicht mehr mit dem Verweis auf
die Erfordernisse des ökonomischen Aufbaus plausibel machen, wie etwa zu
Beginn der Industrialisierung. Denn die große Herausforderung, vor welcher der
Kapitalismus in der heutigen Welt steht, betrifft laut Amartya Sen (2000, S. 317)
„das Problem der Ungleichheit, der drückenden Armut in einer Welt nie gekann-
ten Wohlstands". Deutungshoheit über den Gerechtigkeitsbegriff zu erlangen, ist
in diesem Kontext zu einem zentralen Thema geworden. Was moralisch zulässig
oder verwerflich ist, was die „Natur des Menschen" erfordert oder wie viel Ungleichheit die Gesellschaft (v)erträgt, ob Massenarbeitslosigkeit als ein Skandal
bewertet oder als Folie für Debatten über Leistungsmissbrauch benutzt wird – all
diese Fragen werden letztlich auch vor dem Hintergrund der Antworten auf die
Frage nach dem Gehalt des Begriffs der (sozialen) Gerechtigkeit beantwortet. Er
stellt eine zentrale Orientierungsgröße menschlichen Zusammenlebens dar, die
im Kern drei Dimensionen hat (vgl. Hengsbach 2006, S. 60):

1. ist Gerechtigkeit eine Basis der normativen Begründung wirtschaftlicher
    und gesellschaftlicher Verhältnisse und insofern immer Bezugspunkt kollek-
    tiver Aushandlungsprozesse und gesellschaftlicher Diskurse. Einen über
    den (Kräfte-)Verhältnissen schwebenden Schiedsrichter gibt es dabei nicht,
    und niemand kann der Gesellschaft diese Aufgabe abnehmen.

2. bilden solche normativen Prinzipien keine Naturgesetze, sondern von Men-
    schen gesetzte Regeln, die auslegbar, veränderbar und der rationalen
    Überprüfung zugänglich sind.

3. wandeln sich Gerechtigkeitsvorstellungen aber nicht automatisch, etwa im
    Zuge sozioökonomischer Epochenbrüche. Letztere sind jedoch Phasen, die
    für Veränderungen besonders offen sind. Diese können restaurativen bzw.
    konservativen Charakter haben, aber natürlich auch innovativer bzw. eman-
    zipatorischer Natur sein.

Anfang der 70er-Jahre, zu Beginn der Krise des wohlfahrtsstaatlich-fordistischen
Kapitalismus, war es vor allem John Rawls, der mit seiner Theorie der Gerechtigkeit als Fairness eine normative Legitimation wohlfahrtsstaatlicher Um-
verteilung unternahm und damit zu einem entscheidenden Impulsgeber jener
Debatte über den Gerechtigkeitsbegriff wurde, die bis heute anhält. Das Gesell-
schaftssystem, so Rawls' Prämisse, sei „keine für Menschen unveränderliche
Ordnung, sondern ein menschliches Handlungsmuster. Bei der Gerechtigkeit als
Fairneß kommen die Menschen überein, natürliche und gesellschaftliche Zufälle
nur hinzunehmen, wenn das dem gemeinsamen Wohl dient." (Rawls 1975, S. 123)
Soziale und wirtschaftliche Ungleichheiten sind danach nur zulässig, wenn diese
auch den am schlechtesten gestellten Mitgliedern zugute kommen. Die sozialpolitische Essenz dieser Konzeption von Fairness fasst der Ökonom Joseph Stiglitz
(2002a, S. 99) folgendermaßen zusammen: „Die Armen werden an den Gewinnen
beteiligt, wenn die Wirtschaft wächst, und die Reichen müssen mit für die Ver-
luste einstehen, wenn die Gesellschaft Krisenzeiten durchmacht." „Fairness"
steht in diesem Zusammenhang als Synonym für „Gerechtigkeit". Für das neoliberale Projekt stellte diese sozialdemokratisch-liberale Legitimation wohlfahrtsstaatlicher Umverteilung gleichermaßen eine Provokation wie eine Chance dar.
Provokativ war sie im Hinblick auf die individualistische Basis seiner gerechtigkeitstheoretischen Argumentation, die ihn gleichwohl zu anderen Ergebnissen in
Bezug auf die Gesellschaft als eine durch den Menschen für den Menschen ge-
staltbare Ordnung führt. Chancenreich war die Aussicht, eben auf dieser Basis
Eckpunkte und Problemstellungen eines beginnenden und potenziell einflussreichen Ideendiskurses im Sinne des eigenen Menschenbildes eines „Homo oeconomicus" mit abzustecken.

Dekonstruktion des Leitbildes sozialer Gerechtigkeit

Eine der wohl einflussreichsten Kritiken des Rawls'schen Ansatzes stammt von
Friedrich A. von Hayek, einem der Vordenker der neoliberalen Bewegung, erschien in den USA bereits 1976, nur wenige Jahre nach der „Theorie der Gerech-

tigkeit" und trägt den programmatischen Titel „Die Illusion der sozialen Gerechtigkeit". Als Nährboden vorherrschender Gerechtigkeits- und Gleichheitsforderungen identifiziert Hayek (1981a, S. 115) die „in hohem Maße interventionistische (...) ‚gemischte' Wirtschaft (...), die in den meisten Ländern heutzutage besteht". In dieser sei der Rückgriff auf die Forderung nach Gerechtigkeit mittlerweile zu einem der „am weitesten verbreiteten und wirksamsten Argumente in der politischen Diskussion geworden" (ebd., S. 96). Die wohlfahrtsstaatliche Realität leiste dabei Forderungen nach Egalität Vorschub, da „große Massen von Menschen als Glieder von Organisationen arbeiten, in denen sie zu vertraglich festgesetzten Tarifen für die Zeit, die sie gearbeitet haben, entlohnt werden" (ebd., S. 115).

Entscheidend für die gerechtigkeitstheoretische Argumentation ist das zugrunde liegende Verständnis der maßgeblichen Determinanten der Entwicklung menschlicher Gesellschaften. Demzufolge ist unsere heutige gesellschaftliche Ordnung nicht das Resultat des Wirkens menschlicher Vernunft, sondern evolutionäres Ergebnis eines Wettbewerbsprozesses, innerhalb dessen sich die nützlichsten, d.h. erfolgreichsten Regeln und Institutionen durchgesetzt haben. Unsere hochgradig arbeitsteilige Gesellschaft basiere darauf, dass ihre Mitglieder durch die Tradierung von Erfahrungswerten lernten, die gleichen abstrakten Regeln zu befolgen und die instinktgeleitete „Solidarität" des Teilens, wie sie für primitive Gesellschaften kennzeichnend sei, zu überwinden. Die sich infolge der Akzeptanz und Gültigkeit jener abstrakten Regeln herausbildende „spontane Ordnung" menschlicher Handlungen (d.h. der Markt) sei um ein Vielfaches komplexer, als sie durch gedankliche Antizipation je realisiert werden könne. Wolle man sich dieser ordnenden und koordinierenden Kräfte bedienen, so sei dies nur möglich unter Verzicht auf die Macht, über die zukünftigen Einzelheiten dieser Ordnung zu entscheiden. Im Gegensatz zur (einzelwirtschaftlichen) Organisationseinheit diene die „spontane Ordnung" daher keinem bestimmten Zweck, und eine Einigung über konkrete Ziele bei ihrer Errichtung sei nicht notwendig. Insbesondere die marktwirtschaftliche Ordnung beruhe nicht auf gemeinschaftlichen Zielsetzungen, sondern auf Interessenausgleich und wechselseitigem Nutzen. Die materielle Basis hierfür, so Hayek (1969, S. 110 ff.; 1981b, S. 211 ff.), sei der Schutz des Privateigentums.

Bestrebungen hingegen, die materiellen Resultate des Marktgeschehens durch Eingriffe in die „spontane Ordnung" mit dem Ziel der Herstellung sozialer Gerechtigkeit zu korrigieren, werden als Bedrohung der „offenen Gesellschaft" (Karl Popper) interpretiert. Sei die Entscheidung für die Marktwirtschaft als Organisationsprinzip einmal gefallen, so könne die sich ergebende Einkommensverteilung nicht in Kategorien sowie mit Maßstäben zweck- und zielgerichteten Handelns bewertet werden. Vielmehr biete ein freier Markt jedem Mitglied der Gesellschaft die Möglichkeit, seinen Anteil am Gesamteinkommen zu maximieren. Der marktliche Wettbewerb wirke dabei nicht nur als zentrale Instanz individueller Disziplinierung und Sozialisation, sondern auch als „Entdeckungsverfahren" (Hayek 1981a, S. 161), bei dem die Preise als Informationsinstrument die Nutzung des in der Gesellschaft verstreuten Wissens sichern, indem sie den Menschen signalisieren, was sie tun sollen (vgl. ebd.; Hayek 1981b, S 227 ff.). „Alle Bestrebungen, eine ‚gerechte' Verteilung sicherzustellen, müssen darum darauf gerichtet sein, die spontane Ordnung des Marktes in eine Organisation umzuwandeln, mit anderen Worten, in eine totalitäre Ordnung." (Hayek 1969, S. 119)

Moralische Maßstäbe wie der Begriff der sozialen Gerechtigkeit lassen sich nach Hayek an eine Marktwirtschaft und ihre Ergebnisse gar nicht anlegen. Ähnlich den Naturgesetzen funktioniere diese nach Prinzipien, die von der menschlichen Vernunft nur begriffen, nicht jedoch gesteuert werden können. Als gerecht oder ungerecht könne nur das Verhalten der Menschen im Marktprozess, nicht jedoch dessen Gesamtresultat, die Verteilung etc. bewertet werden. Das Gerechtigkeitskriterium könne auf der Ebene der Ergebnisse deshalb nicht zum Tragen kommen, „weil hier niemandes Wille die relativen Einkommen der verschiedenen Leute bestimmen oder verhindern kann, daß sie teilweise vom Zufall abhängig sind. ‚Soziale Gerechtigkeit' kann nur in einer gelenkten oder ‚Befehls'- Wirtschaft eine Bedeutung erhalten." (Hayek 1981a, S. 114) Ebenso wie der Natur bei einer Naturkatastrophe keine Verantwortung für die Opfer zugewiesen werden könne, sei die Gesellschaft keine Institution, die Verantwortung für die Lebensbedingungen der in ihr versammelten Menschen übernehmen kann. Also schlussfolgert Hayek: „Der Ausdruck ‚soziale Gerechtigkeit' gehört nicht in die Kategorie des Irrtums, sondern in die des Unsinns wie der Ausdruck ‚ein moralischer Stein'." (ebd., S. 112)

In der politischen Realität des Wohlfahrtsstaates hingegen werde der Gerechtigkeitsbegriff nicht nur auf die konkrete Interaktion von Individuen bezogen, sondern – mit dem Attribut „soziale" versehen – auch auf die Summe der daraus resultierenden Wirkungen und auf das Verhältnis von Gesellschaft und Individuum, was die individuelle Freiheit bedrohe, die als Abwesenheit von (staatlichem) Zwang definiert wird (vgl. ebd., S. 93). Diese Konzeption der negativen[1] Freiheit, mit der das Spannungsfeld von Freiheit und Gleichheit zudem in ein Gegensatzverhältnis umgedeutet wird, tritt in der hegemonialen politischen Praxis des Neoliberalismus heute insbesondere als Forderung nach „Eigenverantwortung" in Erscheinung und in einer zunehmenden Entgegensetzung von verteilender und teilhabender Gerechtigkeit, obgleich viele Fragen der Teilhabe (Bildung, Ausbildung, Integration etc.) unmittelbar mit Fragen der Verteilung knapper Güter verknüpft sind. Letztlich gedeiht auf dieser Grundlage jene „autoritäre Gemeinwohlpraxis" (Lessenich 2003, S. 218), die eine verstärkte soziale Kontrolle der Bedürftigen mit dem Ziel ihrer ökonomischen Selbstaktivierung zu rechtfertigen sucht.

Diskreditierung der Idee der Verteilungsgerechtigkeit

Die Frage „Wie viel Raum lassen die Rechte des Einzelnen für den Staat?" markiert auch in der Schrift „Anarchy, State, and Utopia" des Philosophen Robert Nozick den Fixpunkt, mit welchem der Begriff „Gerechtigkeit" vermessen wird. Diese Arbeit war, wie Hayek (1976, S. 9) in seinem Geleitwort zur deutschen Ausgabe anmerkt, eine direkte Entgegnung auf Rawls' Theorie der Gerechtigkeit. Wenngleich Nozick selbst in seinen späteren Arbeiten diesen Ansatz nicht weiter ausgebaut, sondern sich anderen Themen zugewandt hat, stellt sein Buch doch einen Meilenstein neoliberaler Theoriebildung dar. Die Zeitschrift *Times Literary Supplement* stufte es noch vor wenigen Jahren als „eines der hundert einflussreichsten Bücher seit dem Zweiten Weltkrieg" ein (vgl. Wenzel 2002).

Im ersten Schritt argumentiert Nozick zunächst abstrakt, dass sich die Entstehung des Staates grundsätzlich aus marktrationalem Verhalten der nach dem Bild des „Homo oeconomicus" agierenden Individuen, als Ergebnis unintendierter Wettbewerbs- und Tauschprozesse herleiten lasse. Dies gelte zumindest für einen die Eigentumsrechte schützenden „Minimalstaat", der im Wesentlichen dem Nachtwächterstaat des liberalen Kapitalismus entspricht (vgl. Nozick 1976, S. 38). Ansatzpunkt von Nozicks gerechtigkeitstheoretischen Überlegungen ist schließlich die Frage, ob sich in Bezug auf Probleme der Verteilung weitergehende staatliche Aktivitäten rechtfertigen lassen. Zur Überprüfung möglicher Umverteilungsgründe entwirft Nozick eine Theorie gerechter Eigentumsansprüche,

---

[1] Den Gegenpol zur „negativen" Freiheit stellt das Konzept der „positiven" Freiheit dar, der Freiheit *zu* einer aktiven Teilhabe an gesellschaftlichen Möglichkeiten und öffentlichen Belangen (vgl. Hirschman 1995, S. 97).

die er als „Anspruchstheorie" (ebd., S. 144) bezeichnet. Diese steht quer zu Theorien, die auf der Annahme beruhen, dass gesellschaftliche Kooperation bestimmte Probleme bei der Verteilungsgerechtigkeit hervorbringe und staatliche Umverteilung insofern legitimiert werden könne: „Wenn man meint, eine Theorie der Verteilungsgerechtigkeit habe die Aufgabe, die Leerstelle in ‚jedem nach seinem XY' auszufüllen, so ist man einseitig auf die Suche nach einer Struktur festgelegt; und wenn man ‚jeder nach seinem XY' gesondert behandelt, so nimmt man Erzeugung und Verteilung als unabhängig voneinander. Doch nach der Anspruchstheorie sind das *keine* unabhängigen Fragen. (...) Die Dinge, die in die Welt hereinkommen, sind bereits an Menschen geknüpft, die Ansprüche auf sie haben." (ebd., S. 152; Hervorh. im Original)

Die gesellschaftliche Eigentumsverteilung wird dann als gerecht angesehen, wenn die ursprüngliche Aneignung von Gütern oder deren spätere Übertragung seitens früherer Eigentümer selbst den Gerechtigkeitsprinzipien entsprachen, wobei sich der zweite Punkt im Wesentlichen auf den Aspekt der Freiwilligkeit bezieht. Hinsichtlich der Grundlagen gerechter Aneignung verweist Nozick auf naturrechtliche Erwägungen.[2] Hiernach ist die Natur allen Menschen zur Nutzung gegeben, und jedem steht das Recht an den Ergebnissen eigener Arbeit zu. Die Allokationseffizienz des Marktes gewährleiste dabei, dass knappe Güter dorthin gelangten, wo sie am dringendsten benötigt würden, d.h. wo die Zahlungsbereitschaft am höchsten ist (vgl. ebd., S. 163 ff.). Nozicks Schlussfolgerung lautet: „Ist der Besitz jedes einzelnen gerecht, so ist die Gesamtmenge (die Verteilung) der Besitztümer gerecht." (ebd., S. 146) Das Privateigentum an knappen Gütern ist demnach geradezu eine Voraussetzung dafür, dass andere sich diese Güter (gerecht) aneignen können. Staatliche Steuern sind in dieser Sicht kein Instrument zur Herstellung von Verteilungsgerechtigkeit, sondern „mit Zwangsarbeit gleichzusetzen" (ebd., S. 159), und der „Minimalstaat" kann so als „der einzige moralisch berechtigte Staat, der einzige moralisch tragbare Staat" (ebd., S. 302) gelten.

Nozicks radikal-individualistische Theorie prozedural begründeter Leistungsgerechtigkeit hat den neoliberalen Diskurs bis in die Gegenwart in verschiedener Hinsicht stark beeinflusst. So kann er u.a. durchaus als Stichwortgeber der neoliberalen Kampfparole gelten: „Wir wollen einen starken, aber schlanken Staat." (CDU 2007, S. 61; vgl. auch INSM o.J.) Vor allem geht es aber um die Dis-

---

[2] Hierzu zählt Nozick (1976, S. 23 ff.) in Anlehnung an John Locke das Recht auf körperliche Unversehrtheit, auf Eigentum an den Früchten eigener Arbeit sowie auf (Vertrags-)Freiheit. Damit korrespondieren entsprechende Pflichten, die eine Einschränkung der Naturrechte anderer Individuen sowie den Vertragsbruch verbieten.

kreditierung und Umdeutung der Idee der Verteilungsgerechtigkeit. In diesem Sinne lehnt sich auch der Kieler Philosoph und Sozialstaatskritiker Wolfgang Kersting (2000, S. 7) mit seiner Forderung nach einem „Minimalsozialstaat" deutlich an Nozicks Vorlage an: „Die Umstellung von einer egalitär wohlfahrtsstaatlichen Politik auf eine libertäre Politik der Marktentfesselung würde eine allseits vorteilhafte Umverteilung der sozialen Transaktionskosten der leviathanischen Wohlfahrtsstaatsbürokratie auf die Bürger ermöglichen." (ebd., S. 399) Statt um eine gerechte Verteilung müsse es um die „Gewährleistung von Chancengleichheit" (ebd., S. 7) gehen, indem die Marktfähigkeit der Menschen gefördert werde. Der Begriff der Verteilungsgerechtigkeit sei „weder ein notwendiger Legitimationsbegriff noch ein sinnvoller Orientierungsbegriff politischen Handelns und gesellschaftlicher Gestaltung." (ebd., S. 376) Die eigentlichen Gerechtigkeitsprobleme des Sozialstaates verortet Kersting eher zwischen den Generationen: „Das bestehende Rentensystem ist aufgrund der (...) demographischen Entwicklung eine organisierte Ausbeutung der Jungen durch die Alten." (ebd., S. 380) So ist inzwischen auch für die Bundesregierung (2007, S. 193) „Generationengerechtigkeit (...) ein zentrales Leitbild der Politik" geworden. Die Richtung dieses Diskurses zielt aber nicht nur darauf, den Begriff der Leistungsgerechtigkeit zu stärken und den der Verteilungsgerechtigkeit zu diskreditieren, sondern auch darauf, Letzteren in praktisch-politischen Diskursen durch andere Begriffe („Generationengerechtigkeit", „Chancengerechtigkeit" etc.) zu substituieren und damit den Blick auf gesellschaftliche Konfliktfelder zu vernebeln.

Ökonomisierung des Gerechtigkeitsbegriffs

Aus neoliberaler Perspektive ist die entscheidende Frage letztlich, wie so etwas wie die zuvor genannte „Politik der Marktentfesselung" im Rahmen des bestehenden Wohlfahrts- bzw. Sozialstaates praktisch ins Werk gesetzt werden kann. Überlegungen hierzu liefert u.a. die *Public-Choice*-Theorie, der sich auch die Arbeit von James M. Buchanan über „Die Grenzen der Freiheit"[3] zuordnen lässt. Sein Ziel ist es, darzulegen, wie man „zu einem Zustand kommt, in dem tatsächlich eine Diskussion über eine grundlegende verfassungsmäßige Umgestaltung stattfindet" (Buchanan 1984, S. 249). Dem Begriff der Gerechtigkeit weist er in diesem Kontext vor allem eine meinungsprägende Funktion zu, „weil in solchen

---

[3] Das Buch erschien im amerikanischen Original bereits 1974, im selben Jahr wie die zuvor zitierte Schrift von Robert Nozick.

Situationen, in denen (...) ein echter konstitutioneller Wandel möglich ist, die öffentliche Diskussion mit der rhetorischen Wendung ‚Gerechtigkeit' geführt wird." (ebd., S. 115)

Als zentraler Maßstab für Gerechtigkeit fungiert bei Buchanan das Kriterium der Pareto-Effizienz. Diesem zufolge ist eine Verteilungssituation dann optimal, wenn es keine andere Situation gibt, durch die nicht mindestens ein Individuum besser gestellt würde, ohne gleichzeitig ein anderes schlechter zu stellen. Jedoch wird ein freies und rational handelndes Individuum einem Tauschvorgang nur dann zustimmen, wenn es darin einen Nutzengewinn für sich erblickt. Diese Urteilskraft ist es, die den „Homo oeconomicus" auszeichnet. Was nützlich ist, entscheidet das Individuum allerdings selbst, weshalb als Kennzeichen eines gerechten Marktergebnisses nicht die Verteilung, sondern allein die freiwillige Übereinstimmung der Tauschbeteiligten gelten müsse. Dass Einzelne durch Tauschvorgänge schlechter gestellt werden, wird a priori ausgeschlossen, da ein Tauschvorgang gemäß den Rationalitätsannahmen dann gar nicht erst zustande käme. So lässt sich schließlich die These begründen, nur der freie Markt gewährleiste, dass ausschließlich im Sinne der Pareto-Optimalität nutzenmehrende Tauschakte vollzogen werden.

Das Pareto-Kriterium wird in der *Public-Choice*-Theorie auch auf gesellschaftliche Verhältnisse bezogen, indem diese analog als politische Tauschvorgänge betrachtet werden: „Auf dem Markt tauschen Individuen Äpfel gegen Apfelsinen, in der Politik tauschen sie vereinbarte Anteile am Beitrag zu den Kosten dessen, was man gemeinsam wünscht – von den Diensten der örtlichen Feuerwehr bis zu denen eines Richters." (Buchanan 1989, S. 938 f.). Politische Prozesse als solche werden folglich zu Marktprozessen umdefiniert (vgl. Buchanan 1984, S. 50 ff.). Daraus folgt dann der Verweis darauf, dass wie bei allen Tauschprozessen auch beim politischen Tausch die Regel der Einstimmigkeit der Beteiligten gelte und nicht das Prinzip der Mehrheitsentscheidung: „Eine ‚gute Gesellschaft', die unabhängig von den Entscheidungen ihrer Mitglieder, d.h. *aller* Mitglieder, definiert wird, steht im Widerspruch zu einer Gesellschaftsordnung, die sich aus individuellen Wertvorstellungen herleitet." (ebd., S. 233; Hervorh. im Original)

In der nach dem Mehrheitsprinzip funktionierenden Praxis der realen Wohlfahrtsstaaten werde nun, statt die Präferenzen des Einzelnen zum Maßstab der Politik zu machen, ein „über-individuelles Ideal" (Buchanan 1989, S. 939) der „guten Gesellschaft" zum Leitbild und eine Umverteilung zulasten der ökonomisch Starken (d.h. der Reichen) zum Programm erhoben. Die Verfolgung vermeintlich allgemeiner Interessen habe dazu geführt, dass der Staat zur „Beute" einflussreicher Interessenkartelle der Habenichtse – allen voran die Gewerkschaften – und einer selbstsüchtigen Bürokratie geworden sei, die ihn durch politische Eingriffe in die Verteilung zur Mehrung ihres Nutzens funktionalisieren. Diese Politik, die sich durch eine steigende Staatsquote ausweise, werde letztlich zu einem „Staatsversagen" führen, das die individuelle Freiheit, die allokative und distributive Effizienz des Marktes sowie den gesellschaftlichen Wohlstand aller bedroht. Als einzige Alternative hierzu erweise sich eine „konstitutionelle Revolution" (ebd., S. 20/235), bei der „die *Verfassung* der Politik (...) selbst zum wesentlichen Reformgegenstand" (ebd., S. 940; Hervorh. im Original) werde.[4] Dieses Muster der Ökonomisierung und damit Verengung des Gerechtigkeitsbegriffs fand sich während der vergangenen Jahre nicht nur in konservativen, sondern auch in den neosozialdemokratischen Debatten zur Politik des „Dritten Weges". So beklagt Wolfgang Streeck (2001, S. 163 f.) die Machtposition von „mit starken Gerechtigkeitsgefühlen ausgestatteten Interessengruppen", denen es nichts ausmache, „wenn Umverteilung zu Verschwendung und Solidarität zu Bereicherung" (ebd., S. 166) werde. Als Alternative plädiert er dafür, die Hegemonie des Marktes anzuerkennen und an die Stelle sozialen Ausgleichs als Ziel von Sozialpolitik das Ziel der „Herstellung von *Chancengleichheit bei Markteintritt*" (Streeck 2001, S. 167; Hervorh. im Original) zu setzen. Soziale Gerechtigkeit müsse sich in Zukunft produktivistisch legitimieren, weil aufgrund der gestiegenen Mobilität der Bessergestellten bzw. ihres Geldkapitals jeder Versuch staatlicher Umverteilung zum Scheitern verurteilt sei: „Für soziale Gerechtigkeit ohne kurzfristige Produktivitätsrendite sind die Zeiten nicht gut." (ebd.)

Kritik der neoliberalen Gerechtigkeitstheorie: simplex statt komplex

Zum argumentativen Standard neoliberaler Theorie gehört der Hinweis auf den evolutorischen Charakter der Entwicklung sozialer Verhältnisse. So wehrt Hayek die Kritik an der Ungerechtigkeit von Marktresultaten im Wesentlichen ab, indem er darauf verweist, dass niemand sie geplant habe. Es scheint allerdings äußerst fraglich, ob die Bedeutung, die neoliberale Theorien dem Umstand bei-

---

[4] In der Praxis vollzieht sich die konservative Revolte heute nicht zuletzt, indem bestehende nationale Arrangements auf die Ebene supra- oder internationaler Mehrebenenpolitik institutionell überformt werden. Sie kleidet sich in das Gewand völkerrechtlicher Abkommen, etwa im Rahmen der Welthandelsorganisation (WTO) oder der Europäischen Union, und ist vor allem bemüht, der Politik rechtliche Fesseln anzulegen (z.B. EU-Verfassung, Verschuldungsobergrenzen für Staatshaushalte, WTO-Dienstleistungsabkommen u.a.m.).

messen, dass nicht alle sozialen Verhältnisse das Ergebnis zielgerichteter Handlungen sind, wirklich angemessen ist. Für Rawls beispielsweise ist die Tatsache, dass marktmäßige Handlungen in ihrer Summe Ergebnisse in der Verteilung knapper Güter hervorbringen, die von niemandem geplant wurden, offensichtlich kein hinreichender Grund, sie nicht unter Gerechtigkeitsaspekten in Frage zu stellen. Wenn diese Erkenntnis über das Wesen ungeplanter Handlungen, so kritisiert auch Amartya Sen (2000, S. 306), „in Hayeks Worten, eine ‚tiefe Einsicht' ist, dann ist irgend etwas mit der Tiefe falsch." Nicht die Unintendiertheit sozialer Konsequenzen wäre aus seiner Sicht das Bemerkenswerte, vielmehr der Umstand, dass es mittels einer kausalen Analyse sehr wohl möglich ist, diese unbeabsichtigten Wirkungen hinreichend vorauszusagen. Gerade im Rahmen von Marktverhältnissen beruhen viele Beziehungen tatsächlich auf stillschweigenden Annahmen hinsichtlich Wechselseitigkeit und Kontinuität. So kann der Gemüsehändler an der Ecke (Angebotsseite) durchaus davon ausgehen, dass der Verkauf frischer Saisonware nicht nur ihm, sondern auch seinen Kunden (Nachfrageseite) zugute kommt und die Beziehung daher trotz der Freiwilligkeit eine gewisse Beständigkeit aufweist. Wird die Idee der Unintendiertheit in diesem Sinne verstanden als „*Antizipation* wichtiger, aber unbeabsichtigter Konsequenzen, bildet sie in keiner Weise ein Hindernis für die Möglichkeit einer vernunftgeleiteten Reform." (ebd., S. 307; Hervorh. im Original) Selbst in Bezug auf mögliche Naturkatastrophen, um den Vergleich von Hayek aufzugreifen, bleiben die Menschen in der Regel nicht tatenlos, sondern versuchen dort, wo sie Gefährdungen erkennen, deren mögliche Auswirkungen im Falle eines Eintretens zu mildern (Hochwasserschutz, Erdbebenvorhersagen etc.). Zweifellos trägt die Natur keine Verantwortung für eventuelle Opfer. Wenn aber solche zu beklagen sind, lässt sich immer wieder beobachten, dass die Gesellschaften der Frage nachgehen, ob sie in der Vorsorge, Abwehr etc. im Vorfeld ihren Möglichkeiten gerecht geworden sind.

Auch die Aufwertung des Pareto-Kriteriums zum zentralen Gerechtigkeitsmaß – wie bei Buchanan – drückt eine Unterkomplexität der theoretischen Rekonstruktion sozialer Wirklichkeiten aus. Bereits die gängige Kritik weist darauf hin, dass das Pareto-Kriterium nicht das Problem ungleicher Ausgangspositionen bzw. Ausstattungen der Marktteilnehmer reflektiert (in Bezug auf Güter, Einkommen und Vermögen, Freiheiten und Verwirklichungschancen), sondern diese als konstitutive Verhältnisse in die Effizienzbewertung einfließen lässt und letztlich fixiert (vgl. z.B. Sen 2000, S. 145 ff.). Zudem macht es einen wesentlichen Unterschied, ob man bei der Bewertung von Besser- und Schlechterstellung im Zeitverlauf auf relative oder auf absolute Größen Bezug nimmt. So wäre bei Bezugnahme auf absolute Größen etwa jede beliebige Umverteilung zugunsten der Bessergestellten nach dem Pareto-Prinzip zu rechtfertigen, solange die weniger Begüterten mindestens eine geringe Besserstellung erfahren – auch wenn die Ungleichheit insgesamt größer wird. Und dass in Nozicks radikal-individualistischer „Phantasiewelt der ‚idealisierten‘ Wettbewerbsgleichgewichte" (Stiglitz 2002b, S. 17) auch ein freiwilliger Versklavungsvertrag, mit dem ein Individuum alle aktuellen und zukünftigen Arbeitsleistungen verkauft, am Ende als legitim gelten kann, stellt tatsächlich nichts anderes als eine „‚verfeinerte‘ Form des Wahnsinns" (ebd., S. 16) dar, nicht jedoch die Basis für einen tragfähigen Gerechtigkeitsbegriff.

Insofern erscheinen die neoliberalen Ansätze im schlechtesten Sinne reduktionistisch. Reale Komplexität und die Pluralität menschlicher Handlungsmotive verkümmern zu einer unterkomplexen Simplizität und motivationalen Eindimensionalität. Ohne es so zu nennen, unterstellt der Neoliberalismus genau genommen, das unmittelbare Verhältnis der Menschen zueinander sei eigentlich gar nicht zu thematisieren. Thematisierbar ist aus seiner Perspektive lediglich das Verhältnis der Menschen zu den Dingen. Nichts anderes kann wohl gemeint sein, wenn Buchanan (1984, S. 13) konstatiert, der Mensch werde erst durch seine Eigentumsrechte als Person definiert. Dem kantianischen Denken, in dessen Tradition auch Rawls steht, ist dieser Besitzindividualismus fremd. In Bezug auf das Verhältnis von Menschen zu Dingen ist das Verständnis ein geradezu gegenteiliges. Was den Menschen dort als Person auszeichnet, ist an vorderster Stelle seine Vernunftfähigkeit, und erst auf dieser Grundlage ist Eigentumsbesitz überhaupt denkbar. Das Verhältnis der Menschen zu den Dingen vermittelt sich hier also erst über das Verhältnis der Menschen zueinander. Die Verbindung von Eigentum und Person in der neoliberalen Theorie hat letztlich zur Folge, dass der Einzelne individuelles Eigentum gar nicht in Frage stellen kann, ohne sich damit zugleich selbst in Frage zu stellen. Amartya Sen (1982) hat zur Charakterisierung dieses Menschenbildes den Begriff „rational fool" (vernünftiger Idiot) geprägt.

Auf der Ebene der politischen Legitimation von Herrschaft haben diese Diskurse aber eine Art Liturgie befördert, bei der statt der vernunftgeleiteten und mit den Mitteln demokratischer Politik betriebenen Ausschöpfung des produktiven Potenzials zur Mehrung des kollektiven Wohlstandes die weitgehende „Befreiung" des Kapitals von staatlicher und demokratischer Einflussnahme zur leitenden Prämisse geworden ist. Die Zunahme der sozialen Ungleichheit erscheint hier gleichsam als Vorbedingung einer Besserstellung der am wenigsten Begünstigten. Durch die Umdeutung der Frage einer gerechten Verteilung zur Frage der Gerechtigkeit zwischen den Generationen wird zudem das Problem wachsender sozialer Polarisierung biologisiert und der Umstand verschleiert, „dass sich die soziale Ungleichheit seit geraumer Zeit *innerhalb jeder* Generation verschärft und die zentrale soziale Trennlinie nicht zwischen Alt und Jung, sondern immer noch, ja mehr denn je zwischen Arm und Reich verläuft." (Butterwegge 2008, S. 163; Hervorh. im Original)

Quellen- und Literaturverzeichnis

Aglietta, Michel (2000): Ein neues Akkumulationsregime. Die Regulationstheorie auf dem Prüfstand, Hamburg

Barry, Brian (2005): Why Social Justice Matters, Cambridge

Buchanan, James M. (1984): Die Grenzen der Freiheit. Zwischen Anarchie und Leviathan, Tübingen

Buchanan, James M. (1989): Die Verfassung der Wirtschaftspolitik, in: Horst-Claus Recktenwald (Hrsg.), Die Nobelpreisträger der ökonomischen Wissenschaften 1969-1988, Düsseldorf, S. 932-947

Bundesregierung (2007): Antwort der Bundesregierung auf eine große Anfrage von Bündnis 90/Die Grünen, BT-Drs. 16/4818, Berlin

Butterwegge, Christoph (2008): Rechtfertigung, Maßnahmen und Folgen einer neoliberalen (Sozial-)Politik, in: ders./Bettina Lösch/Ralf Ptak, Kritik des Neoliberalismus, 2. Aufl. Wiesbaden, S. 135-219

CDU (2007): Grundsätze für Deutschland. Entwurf des neuen Grundsatzprogramms, Antrag des Bundesvorstandes der CDU Deutschlands an den 21. Parteitag am 3./4. Dezember 2007 in Hannover, o.O., www.grundsatzprogramm.cdu.de/doc/070701-leitantrag-cdu-grundsatzprogramm-navigierbar-a5.pdf (6.9.2007)

Deppe, Frank (2003): Politisches Denken im 20. Jahrhundert, Bd. 2: Politisches Denken zwischen den Weltkriegen, Hamburg

Hayek, Friedrich A. von (1969): Grundsätze einer liberalen Wirtschaftsordnung, in: ders., Freiburger Studien. Gesammelte Aufsätze, Tübingen, S. 108-125

Hayek, Friedrich A. von (1976): Zur Einführung, in: Robert Nozick, Anarchie, Staat und Utopia, München, S. 9 f.

Hayek, Friedrich A. von (1981a): Recht, Gesetzgebung und Freiheit, Bd. 2: Die Illusion sozialer Gerechtigkeit, Landsberg am Lech

Hayek, Friedrich A. von (1981b): Recht, Gesetzgebung und Freiheit, Bd. 3: Die Verfassung einer Gesellschaft freier Menschen, Landsberg am Lech

Hengsbach, Friedhelm (2006): „Wer siegt, hat Recht"? – Das kapitalistische Regime unter dem Anspruch der Gerechtigkeit, in: Alexander Grasse/Carmen Ludwig/Berthold Dietz (Hrsg.), Soziale Gerechtigkeit. Reformpolitik am Scheideweg, Festschrift für Dieter Eißel zum 65. Geburtstag, S. 53-70

Hirschman, Albert O. (1995): Denken gegen die Zukunft. Die Rhetorik der Reaktion, Frankfurt am Main

Hobsbawm, Eric (1998): Das Zeitalter der Extreme. Weltgeschichte des 20. Jahrhunderts, München

INSM (o.J.): Initiative Neue Soziale Marktwirtschaft – Chancen für alle. Moderner Staat – Schlanker Staat. Mehr Freiraum für Eigeninitiative, Themenheft 4, Essen

Kersting, Wolfgang (2000): Theorien der sozialen Gerechtigkeit, Stuttgart/Weimar

Lessenich, Stephan (2003): Der Arme in der Aktivgesellschaft. Zum sozialen Sinn des „Förderns und Forderns", in: WSI-Mitteilungen 4, S. 214-220

Nozick, Robert (1976): Anarchie, Staat und Utopia, München

Ptak, Ralf (2008): Grundlagen des Neoliberalismus, in: Christoph Butterwegge/Bettina Lösch/Ralf Ptak, Kritik des Neoliberalismus, 2. Aufl. Wiesbaden, S. 13-86

Reitzig, Jörg (2005): Gesellschaftsvertrag, Gerechtigkeit, Arbeit. Eine hegemonietheoretische Analyse zur Debatte um einen „Neuen Gesellschaftsvertrag" im postfordistischen Kapitalismus, Münster

Reitzig, Jörg (2006): Hegemonie und Legitimation. Begriffsarbeit angesichts neo-kontraktualistischer Zukunftsdebatten, in: Lars Lambrecht/Bettina Lösch/Norman Paech (Hrsg.), Hegemoniale Weltpolitik und Krise des Staates, Frankfurt am Main, S. 85-94

Rawls, John (1975): Eine Theorie der Gerechtigkeit, Frankfurt am Main

Robinson, Joan (1971): Die Gesellschaft als Wirtschaftsgesellschaft, München

Rüstow, Alexander (2001): Die Religion der Marktwirtschaft, Mit einem Nachwort von Sibylle Tönnies, Münster/Hamburg

Sen, Amartya (1982): Rational Fools: A Critique of the Behavioural Foundations of Economic Theory, in: ders., Choice, Welfare and Measurement, Oxford, S. 84-107

Sen, Amartya (2000): Ökonomie für den Menschen. Wege zu Gerechtigkeit und Solidarität in der Marktwirtschaft, München/Wien

Stiglitz, Joseph (2002a): Die Schatten der Globalisierung, Berlin

Stiglitz, Joseph (2002b): Demokratische Entwicklung als Früchte der Arbeit(erbewegung), in: Wirtschaft und Gesellschaft 1, S. 9-41

Streeck, Wolfgang (2001): Wohlfahrtsstaat und Markt als moralische Einrichtungen. Ein Kommentar, in: Karl Ulrich Mayer (Hrsg.), Die beste aller Welten? – Marktliberalismus versus Wohlfahrtsstaat. Eine Kontroverse, Frankfurt am Main/New York, S. 135-196

Walpen, Bernhard (2000): Von Igeln und Hasen oder: Ein Blick auf den Neoliberalismus, in: UTOPIE kreativ 121/122, S. 1066-1079

Weber, Max (2001): Gesamtausgabe, Bd. 22/I: Wirtschaft und Gesellschaft. Die Wirtschaft und die gesellschaftliche Ordnung der Mächte, Tübingen

Wenzel, Uwe Justus (2002): Ein anarchischer Liberaler. Zum Tode des Philosophen Robert Nozick, in: Neue Zürcher Zeitung v. 26.1.

Ziebura, Gilbert (2001): Triumph der Ungleichheit. Reichtumsproduktion und -verteilung im Prozeß der Globalisierung, in: Jörg Stadlinger (Hrsg.), Reichtum heute. Diskussion eines kontroversen Sachverhalts, Münster, S. 28-42

Tanja Thomas

Marktlogiken in Lifestyle-TV und Lebensführung
Herausforderungen einer gesellschaftskritischen Medienanalyse

„How (…) does TV operate as a way of training and guiding citizens and how does this knowledge and these skills pertain to a governmental rationality which encourages privatization and personalization of welfare?" (Hay/Ouellette 2006) Solche und ähnliche Fragen werden im englischsprachigen Raum vermehrt formuliert, während hierzulande in Analysen aktueller medialer Unterhaltungsformate und Rezeptionsweisen nur vereinzelt (wieder) eine Verbindung zu den allgemeinen gesellschaftlichen Umbrüchen hergestellt wird. Von einer gesellschaftskritisch ambitionierten Wende in der deutschsprachigen Kommunikations- und Medienforschung kann deshalb nicht die Rede sein. Doch da kaum noch jemand leugnet, dass der „verschlankte" und „aktivierende" Sozialstaat sowie veränderte Bedingungen des Arbeitsmarktes für immer mehr Menschen erfahr- und spürbar werden, wird die Frage nach dem gesellschaftlichen Zusammenwirken von Kultur, Politik und Ökonomie drängender.

„Populärkultur" als wesentlichen Modus der Vergesellschaftung zu diskutieren ist sicherlich keineswegs neu;[1] unter den gegebenen Bedingungen einer „Rückkehr der Unsicherheiten" im Rahmen eines „entfesselten, global agierenden Kapitalismus" sowie angesichts der Mediatisierung von Alltag, Identität, sozialen Beziehungen, Kultur und Gesellschaft lässt eine Wiederbelebung des Interesses an dem wechselseitigen Ineinandergreifen von Normierung einerseits und der Entwicklung von Freiheitsmomenten andererseits, welches Kultur immer schon auszeichnete, jedoch neue Erkenntnisse erwarten.[2]

---

[1] Hinsichtlich des kommunikationswissenschaftlichen Diskurses sind derzeit sowohl eine Wiederbelebung der Kritischen Theorie als auch eine Diskussion um die Weiterentwicklung kritischer Theorien zu beobachten, die dabei teilweise auch die Traditionslinien der Cultural Studies aufgreifen und explizit auf Analysen und Kritik der „Medienkultur" bzw. „Mediengesellschaft" zielen (vgl. exemplarisch: Becker/Wehner 2006; Winter/Zima 2007).

[2] Erste Teilergebnisse eines eigenen Forschungsprojekts „Populärkultur als Vergesellschaftungsmodus" liegen bereits vor (vgl. Thomas 2004 und 2007).

Exemplarisch diskutiert der Beitrag die gesellschaftliche Relevanz medialer, im Speziellen *tele*medialer Unterhaltungsangebote des Fernsehens, das sich derzeit, so wird verschiedentlich behauptet, durch die Ausweitung von Reality-TV-Formaten grundsätzlich verändert (vgl. Murray/Ouellette 2004). Einige Arbeiten, die Fernsehen im Sinne Michel Foucaults als „neoliberale Machttechnologie" (Seifert 1999) betrachten, werden anschließend Referenzpunkte einer Betrachtung von TV-Formaten des „Lifestyle-TV" als einer spezifischen Form des Reality-TV. In diesen Sendungen, die auch als Beispiel für die Zunahme medialer Alltagsthematisierung und -dramatisierung gelten, werden Techniken der Lebensführung in Bezug auf die Gestaltung der eigenen Erscheinung (Makeover-Shows), der eigenen Umgebung (Heimwerkersendungen), der Partnerwahl (Datingshows), des beruflichen Erfolgs (Castingshows) etc. thematisiert und inszeniert. Damit haben sie – so eine häufig geäußerte Kritik an diesem Genre – angesichts der gestiegenen Anforderungen an die Selbstverantwortung des/r Einzelnen bereits eine Tradition medialer Inszenierungen der „Arbeit am Selbst" etabliert.

Da bislang – bis auf wenige Ausnahmen – die *Governmentality Studies*, welche aktuelle gesellschaftliche Umbrüche und die neoliberale Ökonomisierung des Sozialen untersuchen (vgl. Bröckling u.a. 2000), kaum auf Fernsehen und Mediengebrauch bezogen werden, diskutiere ich vor diesem Hintergrund spezifische Aspekte ausgewählter Lifestyle-TV-Formate als Modi der Vergesellschaftung im Zeitalter des Neoliberalismus. Dieser wird hier als Ideologie wie als Regulierungsstrategie des gegenwärtigen Kapitalismus verstanden. Fernsehformate als Modi der Vergesellschaftung im Neoliberalismus zu betrachten bedeutet nicht, sie als Resultat einer herrschenden Ideologie zu analysieren, sondern als Elemente des Sozialen, in denen sich vorherrschende Denkweisen und Handlungsmuster verdichten und verstetigen können.

Aus zwei Gründen konzentriere ich mich in diesem Text auf medial repräsentierte Körper/praktiken: Bereits an anderer Stelle (vgl. Thomas 2004) habe ich unter Rekurs auf Arbeiten von Vertreter(inne)n der *Governmentality Studies* darauf hingewiesen, dass sich eine Untersuchung der hier im Mittelpunkt stehenden Unterhaltungsformate geradezu gegenüber einem Vorgehen sperrt, das sich allein auf Konzeptionen von (Selbst-)Führungen beschränkt, die den Subjekten äußerlich bleiben. Eine Analyse dieser Shows hat die Aufgabe, nicht nur die Sphäre der Programmatiken, sondern auch jene der sozialen Praxen zu erfassen. Ich plädiere deshalb für den Einbezug von Modellen zur Performativität des sozialen Handelns und argumentiere, dass Selbsttechnologien nicht nur von außen an Subjekte herangetragen, vielmehr auch internalisiert und „performed" werden.

Populärkulturelle Fernsehgenres und die Konstitution des Sozialen

Es gilt inzwischen als kommunikations-, medien- und kulturwissenschaftlicher wie (medien)soziologischer Gemeinplatz, dass Medien generell bei der sozialen Organisation und Strukturierung des Alltags unterstützen: Fernsehen beispielsweise transformiert Öffentlichkeit, fungiert als sozialer Zeitgeber, strukturiert Aufmerksamkeit und Emotionen, vermittelt Themen und Ansichten, schafft eine Ordnung der Dinge und leistet Hilfe zur Konfliktvermeidung, kann aber auch als Mittel der Abgrenzung von „den Anderen", als Status- und Rollenmerkmal sowie als Kampffeld um individuelle Rechte und Selbstständigkeit dienen (vgl. zusammenfassend: Weiß 2003) und ist somit an der (Re-)Produktion sozialer Beziehungen und Verhältnisse beteiligt. Ob die Gesellschaft in Zeiten von Globalisierung und Medienkultur nicht mehr durch eine soziale Synthesis reproduziert wird, sondern durch eine „massenkulturelle", wie Hannelore Bublitz (2005) behauptet, mag zwar bezweifelt werden, es ist aber dennoch eine brisante gesellschaftspolitische Frage, wie mediale Deutungsangebote einen Beitrag zur Reproduktion der gesellschaftlichen Verhältnisse leisten.

Die Bedeutung der Medien als Vermittlungs- sowie Distributionsinstitutionen und -praktiken für das Populäre ist dabei, so auch Hans-Otto Hügel (2005, S. 14), weitgehend anerkannt. Der Begriff „Populärkultur" und ihre gesellschaftliche Bedeutung sind demgegenüber nicht unumstritten. Populärkultur, so wird hier im Anschluss an Lawrence Grossberg (1999, S. 233) angenommen, ist „für die große Mehrheit der in den entwickelten kapitalistischen Gesellschaften lebenden Menschen (…) der wichtigste Raum für die Artikulation von affektiven Beziehungen", welcher für die Konstruktion der eigenen Identität und Subjektivität zur Verfügung steht. Populärkultur wird somit „zu einem wichtigen Feld der ideologischen Auseinandersetzung und zur wichtigen Quelle für eine Ikonographie des Lebens der Menschen" (ebd., S. 216) und kann im Spannungsfeld zwischen „Reproduktion" und „Subversion" hegemonialer Selbst- und Weltverhältnisse angesiedelt werden.

Vornehmlich hinsichtlich des zuletzt genannten Aspekts unterscheiden sich die Positionen zeitgenössischer Medien- bzw. Rezeptionsanalysen deutlich voneinander. Mit Blick insbesondere auf Unterhaltungsformate im Fernsehen meint beispielsweise Lothar Mikos (1994, S. 399), dass die Rezeption von Unterhaltungsformaten als ein Spiel mit den Möglichkeiten verstanden werden muss, das sich zwischen Bestätigung und Infragestellung der gesellschaftlichen Ordnung bewegt. Knut Hickethier (2003, S. 450) dagegen behauptet, Unterhaltungsangebo-

te im Fernsehen seien deshalb so erfolgreich, weil sie nicht in der Form einer
Unterweisung und Belehrung aufträten und die Informationsweitergabe auf
Verständlichkeit und Kurzweiligkeit setze; gerade weil der Mediengebrauch auf
freiwilliger Basis erfolgt, werde der modellierende und disziplinierende Charakter der Medienangebote verdeckt. Ob und in welcher Weise ausgewählte teleme-
diale Angebote dieser These folgend als modellierend und disziplinierend betrachtet werden können und im Gebrauch der Rezipient(inn)en einen „kulturellen Zwang" ausüben, bleibt also umstritten.

Hinsichtlich dieser Debatte sollte m.E. die Tatsache berücksichtigt werden,
dass laut Susan Murray und Laurie Ouellette (2004) ein „Remaking (of) Television Culture" stattfindet. Auch Elisabeth Klaus (2006) weist darauf hin, dass insbesondere die Genrefamilie Reality-TV[3] die Fernsehkultur, so wie wir sie bisher
gekannt haben, verändert; Jack Z. Bratich (2006, S. 66) betont, Reality TV „mini-
mizes its representational function and maximizes its injection into the world",
eine Entwicklung, auf die Angela Keppler (1994, S. 8) mit ihrer Unterscheidung
von narrativem und performativem Reality-TV schon früh hingewiesen hat.

Tatsächlich wurden die großen Mediendebatten und -events der letzten Jahre häufig durch Reality-TV-Sendungen ausgelöst; vor allem die in Deutschland
Anfang 2007 wiederbelebte Containershow „Big Brother" hat auch international
zu einer Vielzahl (inter)disziplinär unterschiedlich angelegter wissenschaftlicher
Studien und Sammelbände geführt. Dabei wird vereinzelt festgestellt, dass sich
„Big Brother" durchaus „auf komplexe Weise in hegemonial-diskursive Formationen" einfüge und hier „sozusagen wie im Reagenzglas Subjektivierungstechni-
ken und -effekte sowie Diskurse über die Konstitution des Sozialen zu beobachten sind." (Schwering/Stäheli 2000, S. 8) Ähnlich wie Georg Schwering und Urs
Stäheli argumentierte Bettina Seifried (1999) in ihrer Arbeit „Talkshow als Subjekt-Diskurs" und forderte im Anschluss an Foucault, TV-Genres als Teil einer
umfassenden Machttechnologie zu analysieren: Aus ihrer Sicht tragen diese dazu
bei, Modelle akzeptabler „normaler" Subjektivität und eines erwünschten Umgangs mit „sich selbst" zu produzieren; die massenhafte Verbreitung sorge für
einen Konsens über Kommunikationsformen und damit einhergehenden sozialen
Positionierungen der Beteiligten entlang von Geschlechter-, Klassen- bzw. Ethni-
zitätszuschreibungen usw. inklusive somit reproduzierter Ungleichheitsverhält-
nisse.

---

[3] Auf die Problematik einer Definition des „Hybridgenres" Reality-TV kann hier nicht ausführlich eingegangen werden. Konzise fasst Elisabeth Klaus (2006) die verschiedenen Ansätze zusammen und charakterisiert das Genre durch „Grenzüberschreitungen" auf der Ebene von Produktion, Technik, Ökonomie,
des Medientextes und der Publikumsansprache.

Unterdessen stellen weitere Wissenschaftler/innen eine Verbindung zwischen Reality-TV, seinen Produktions- wie Rezeptionsweisen und der kollektiven wie individuellen Erfahrung allgemeiner gesellschaftlicher Umbrüche her: Monika Bernhold (2002, S. 231) beispielsweise interpretiert das österreichische Format „Taxi Orange" als Einladung zur „Einübung in die Mechanismen des neoliberalen Arbeitsmarktes"; Birgit Sauer (2001, S. 157 f.) stellt mit Blick auf dieselbe Sendung fest, sie konstruiere neue Subjektivitäten, nämlich „neue BürgerInnen, die sich selbst entwerfen und selbst ‚regieren' müssen". Elisabeth Klaus (2008) weist u.a. auf die argentinische Casting-Show „Recursos Humanos" hin, in der im Jahr 2002 täglich um einen Arbeitsplatz mit halbjährigem Zeitvertrag gespielt wurde: „Für eine Putzstelle wurde da Tango getanzt, für die Arbeit auf der Baustelle wurden die Qualitäten als Entertainer gezeigt. Das Publikum wählte den Sieger bzw. die Siegerin. Das ist selbst unter neoliberalen Vorzeichen eine erstaunliche Partizipation an der Selbstausbeutung."

Zusammenfassend behauptet Jack Z. Bratich (2006, S. 66), dass das zeitgenössische Reality-TV „compose, decompose and mobilize subjects"; sein Hauptaugenmerk gilt dabei zwei Trends: „a) making individuals interchangeable and collaborative to integrate into the game design, b) testing the bodily and mental limits of individuals." Das Ziel dieser Transformationen sei „the creation of mallable subjects adequate to new conditions of sovereignity"– Bratich spricht diesem Zusammenhang übrigens nicht mehr von „individuals", sondern von „dividuals".

Reality-TV: Prisma neoliberaler Subjektivierungstechnologien

Die beschriebenen Entwicklungen und Veränderungen medialer Deutungsangebote werden hier als Prozess verstanden, der mit Veränderungen sozialer Lebensbedingungen und Alltagserfahrungen zusammenfällt. Damit kommen nicht nur die medialen Angebote, sondern auch deren Rezipient(inn)en in den Blick. Es sind, so wird einem Vorwurf der Manipulation entgegengehalten, die sozialen Kompetenzen der Zuschauer/innen, die gewissermaßen durch Selbstsozialisation im Gebrauch der medienbezogenen Kommunikation entstehen und in Alltagspraxen aktualisiert und reproduziert werden können. Diese Kompetenzen sind es auch, über die Menschen Subjekt- und Weltverhältnisse reproduzieren oder aber in Frage stellen (vgl. Krotz 2003).

Subjektivität und Subjektivierung sind dabei paradoxe Prozesse, in denen aktive und passive Momente, Fremd- und Eigensteuerung unauflösbar miteinan-

der verwoben sind. In Anlehnung an George Herbert Mead erinnert Ulrich
Bröckling (2007, S. 19 f.) daran, dass sich jedes Selbst hervorbringt, indem es die
Perspektive eines anderen einnimmt und so eine Vorstellung von sich ausbildet.
Das heißt, es muss zumindest in rudimentärer Form schon existieren, um diesen
Akt der Subjektivierung durch Objektivierung vollziehen zu können. Das Subjekt
zeichnet sich folglich dadurch aus, dass es sich erkennt, sich formt und als eigen-
ständiges Ich agiert; dabei wirken vorgängig Kräfte auf das Subjekt ein, und das
Selbst wird zugleich steuernde wie auch gesteuerte Instanz: „Das Subjekt ist
damit weder nur Opfer seiner Verhältnisse noch ausschließlich Opponent von
Machtinterventionen, sondern immer auch schon deren Effekt." (Bröckling 2007,
S. 20) Damit sind Subjektivität und Subjektivierung also immer schon miteinander verschränkt.

Um die hier als neoliberal bezeichneten aktuellen gesellschaftlichen Verhältnisse zu skizzieren, in die Subjektivierungen und Techniken der Lebensführung
eingebunden sind, wird im Folgenden auf Gesellschaftsdiagnosen rekurriert,
welche die Vermarktlichung aller Lebensbereiche thematisieren: Mit dem Wandel
vom Fordismus hin zu einem vielfach auch so bezeichneten „entfesselten Kapitalismus" verändern sich zugleich Regelmäßigkeiten, Routinen in den kollektiven
Lebensgewohnheiten und langfristige Erwartungshorizonte. Ulrich Beck (1993, S.
152) formuliert mit Jean-Paul Sartre, die Menschen seien „zur Individualisierung
verdammt. Individualisierung ist ein Zwang, ein paradoxer Zwang allerdings zur
Herstellung, Selbstgestaltung, Selbstinszenierung nicht etwa nur der eigenen
Biographie, sondern auch ihrer Einbindungen und Netzwerke, und dies im
Wechsel der Präferenzen der Entscheidungen und Lebensphasen, allerdings:
unter sozialstaatlichen Rahmenbedingungen und Vorgaben, wie dem Ausbil-
dungssystem (dem Erwerb von Zertifikaten), dem Arbeitsmarkt, dem Arbeits-
und Sozialrecht, dem Wohnungsmarkt usw." Wer gehalten ist, so Beck (1986, S.
217) schon vor über 20 Jahren –, „sich selbst als Handlungszentrum, als Pla-
nungsbüro in Bezug auf seinen eigenen Lebenslauf, seine Fähigkeiten, Orientierungen, Partnerschaften usw. zu begreifen", komme eben nicht umhin, folgert
Ulrich Bröckling (2007, S. 26), Niederlagen als eigene Planungsdefizite zu verbuchen. Sighard Neckel (1999, S. 160) argumentiert überzeugend, das Konzept „Individualisierung" übernehme unter den Bedingungen des radikalen Marktes im
politischen Diskurs unterdessen vor allem eine symbolische Funktion: Es legt
nahe, die Verteilung sozialer Chancen dem Individuum und seiner Biografie zu-
zurechnen, in der Konkurrenz, Wettbewerb und Unsicherheit eine zunehmend
wichtige Rolle spielen. So lernen Menschen, sich selbst, ihre Fähigkeiten, Verhal-
tensmuster und Körper als inkorporierte Standortmerkmale zu sehen, die sie

eigenverantwortlich entwickeln, pflegen und anbieten müssen – das, „was zuvor unzweideutig als eine Steigerung des individuellen Autonomiespielraums angesehen werden konnte, nimmt im Rahmen der neuen Organisationsform des Kapitalismus die Gestalt von Zumutungen, Disziplinierungen oder Verunsicherungen an, die zusammengenommen den Effekt einer gesellschaftlichen Entsolidarisierung besitzen." (Hartmann/Honneth 2004, S. 10)

Deutlich weniger optimistisch klingen inzwischen auch Ulrich Becks aktuelle Gesellschaftsdiagnosen. So bemerkt er mit Blick auf Hartz IV: „Die Gesellschaft des Mehr nahm den Staat in die Verantwortung, die Gesellschaft des Weniger setzt auf das Individuum, setzt es somit auch frei bis an die Grenze seiner Möglichkeiten." (Beck 2005, S. 15) Hieraus folgert Beck (ebd.): „Dahinter verbirgt sich vielleicht sogar eine neue Herrschaftsstrategie. Diese folgt nicht mehr dem Prinzip von Fürsorge und Bevormundung, sondern dem der Selbstverantwortung und Selbstzurechnung von Fehlern, ja – zugespitzt gesagt – dem Prinzip der freiwilligen Selbstamputation: Man ist frei in der Wahl, worin man sich selbst beschneidet. Selbstentfaltung heißt: Jeder wird Dompteur seiner Anpassung an das Weniger."

„Subjektivierung", folgert Bröckling (2007, S. 26) ebenfalls im Anschluss an Beck, „wird damit zu einem eminent politischen Projekt, die individuelle Lebensführung zu einer Abfolge strategischer Entscheidungen und taktischer Kalküle, zur ‚Lebenspolitik'." Das Selbst, so meint Bröckling (ebd.) weiter, erscheint als reflexives Projekt, das sich selbst oder mit Hilfe professioneller Berater, Therapeuten, Coaches oder anderer Autoritäten einem permanenten Selbstmonitoring unterzieht, um die „Flugbahn" des Selbst (O-Ton Anthony Giddens) „immer wieder neu zu adjustieren, wobei die Chancen zur Selbstverwirklichung stets durch die Risiken des Absturzes begleitet werden". Mit „Selbstverwirklichung" werde nicht zuletzt durch die Anerkennungstheorie zwischen Subjektivität, Subjektivierung und Anerkennung eine enge Verbindung hergestellt. Bröcklings (2007, S. 31) Aufforderung, in diesem Kontext weniger nach den Normen, die Anerkennung gewährleisten, als nach den Diskursen und Praktiken zu fragen, welche die Akzeptabilität dieser Norm „Anerkennung" sichern, leuchtet dabei durchaus ein. Zugleich ist es nicht irrelevant, dass „Leistung" zunehmend retrospektiv – vom Marktergebnis her gesehen – bestimmt und somit immer weniger vorhersehbar wird. „Leistung allein und für sich", meint auch Aldo Legnaro (2004, S. 207), „genügt keinesfalls (gelegentlich spielt sie sogar überhaupt keine Rolle), sie muss auch darstellbar gemacht und dargestellt werden. So kommt es zu permanenten Wettkämpfen, in denen Leistungen objektiviert werden sollen, die sich jedoch weniger als Leistungs- denn als Darstellungskämpfe auffassen lassen."

Vor dem Hintergrund der Destandardisierung und Dynamisierung von „Leistungskriterien" im Neoliberalismus haftet auch den damit verbundenen Prozessen sozialer Anerkennung etwas Unsicheres, ja Willkürliches an; Sighard Neckel (2002, S. 115) spricht in diesem Zusammenhang sogar von einer „lottery of success". In dieser „Erfolgslotterie" der „Popstars" etwa schätzen die Kandidat(inn)en als Spieler/innen ihre Chancen schicht-, milieu-, geschlechter-, ethnizitäts- und generationenspezifisch ein. Nicht nur die Bewerber/innen, sondern auch die Rezipient(inn)en setzen sich in Vergleich, wobei mediale Angebote einen wichtigen Bezugspunkt bilden. Insbesondere für die jüngere Generation kann dabei die „günstige Gelegenheit" oder etwa die Möglichkeit, über eine Castingshow „entdeckt" zu werden, als Aufstiegsmöglichkeit attraktiv erscheinen. Was läge also aus kritischer mediensoziologischer Perspektive näher, als diese Gesellschaftsanalysen mit der Analyse aktueller Lifestyle-TV-Angebote in Beziehung zu setzen? Dies wird zudem auch einleuchten mit Blick darauf, dass mediale Angebote – so zeigen etliche Studien – an einer Reproduktion und Legitimierung gesellschaftlicher Verhältnisse insbesondere dann maßgeblich beteiligt sind, wenn ihre Deutungsangebote an alltägliche Praktiken und Erfahrungen von Menschen anknüpfen und ihnen einen Sinn geben.

Ähnlich sahen dies übrigens schon Donald Horton und Richard R. Wohl (1956, S. 222) vor über drei Jahrzehnten, als sie auf die Parallelität der Dramaturgie in *Daily Soaps* und Zuschauererleben hinwiesen und sie als „an interminable exploration of the contingencies to be met in ‚home life' (and ‚everyday life')" bezeichneten. Unter Bezugnahme auf Richard Dyer (1981) argumentiert Andreas Dörner (2001, S. 66) mit Blick auf Hollywoodblockbuster (wie „Top Gun" oder „Independence Day") entsprechend, wenn er erklärt, dort funktioniere Unterhaltung bestens, weil „die Gefühlsqualitäten utopischer Unterhaltungserlebnisse auf ganz bestimmte Entbehrungen und Probleme in der realen Welt bezogen sind." Elisabeth Klaus (2005, S. 320) überträgt diese Argumentation auf Unterhaltungsformate im Fernsehen; sie setzten „gegen entfremdete Arbeit und die Erschöpfung in der Freizeit (…) *Energie* und Aktion, gegen die Knappheit von Ressourcen den *Überfluss*, gegen Monotonie und Bedürftigkeit die *Intensität* der Gefühle, gegen Fremdbestimmtheit die *Transparenz* der Charaktere und der Handlungen, schließlich gegen Isolierung und Vereinsamung die Vorstellung von einer *Gemeinschaft*." (Hervorh. im Original)

Die Möglichkeit, einen Bezug zum eigenen Alltags(er)leben und -handeln herstellen zu können, ist also nicht allein, wie Ien Ang (1986) in ihrer bekannten Studie zur Rezeption der Serie „Dallas" betont, an emotionale Prozesse gebunden („emotionaler Realismus"). Auch auf der kognitiv-rationalen Ebene suchen Rezipient(inn)en nach Äquivalenten; etliche Studien (vgl. z.b. Livingstone 1990; Mikos 1994; Cornelißen 1998) zeigen, dass Relevanz und Vergnügen an medialen Unterhaltungsangeboten mit den Möglichkeiten in Zusammenhang stehen, an biografisch bedeutsame Themen und lebensgeschichtliche Erfahrungen anzuknüpfen. Jedoch spielen, so möchte ich hinzufügen, performative Prozesse gleichfalls eine Rolle: Selbsterleben wird elementar auch über Körperpraktiken erfahren, bekräftigt oder verändert.

Anschlussfähigkeit von Medien und Alltagserfahrung: Lifestyle-TV und Lebensführung

Da gerade „Alltagshandeln" und „-erfahrung" in Formaten des „Lifestyle-TV" als einer spezifischen Form des Reality-TV in besonderer Form thematisiert und inszeniert wird (vgl. Göttlich 2004), bietet es sich unter der hier formulierten Fragestellung als Untersuchungsmaterial an. Bei aller Betonung der Alltagsthematisierung und -dramatisierung in Lifestyle-Formaten werden die medial inszenierten Handlungen in den Sendungen selbstverständlich nicht als Alltagspraktiken gedeutet oder mit ihnen gleichgesetzt. Die Annäherung medialer Angebote an Alltag bezieht sich vielmehr auf die Anschlussfähigkeit medialer Deutungsangebote an Alltag, Alltagserfahrungen und Alltagshandeln von Rezipient(inn)en.

Auch wenn somit nicht der „Alltag" an sich, sondern die Anschlussfähigkeit an Alltag interessiert, sei ein Verständnis von Alltag als einem spezifischen, durch Unmittelbarkeit gekennzeichneten Modus sozialen Handelns eingeführt, der sich nicht auf einen zusammenhängenden Lebensbereich bezieht, sondern im Hinblick auf ganz unterschiedliche praktische Probleme wirksam ist (vgl. Krotz/ Thomas 2007, S. 34). Bezogen auf Formate des „Lifestyle-TV" legt eine schlichte Übersetzung ins Deutsche nahe, die Dimensionen ihrer Alltagsrelevanz auf den Aspekt von „Stilisierungen" oder „Lebensstil" etwa im Sinne einer Vorliebe für bestimmte Kleidungsstile und Filmgenres oder des Musikgeschmacks zu verkürzen. Dagegen ist mein Interesse darauf gerichtet, diese medialen Deutungsangebote als Modelle für Subjektivierungsweisen und Techniken der Lebens*führung* zu diskutieren.

Letztere umfasst Prinzipien, Regeln und Verfahren sowie durch Habitualisierung von Handlungsmustern und Verhaltensweisen institutionalisierte Praktiken, die auf „Lebensplänen und Erwartungen, Kompetenzen und Ressourcen, Deutungen und Erfahrungen einerseits, von Optionen und Verpflichtungen, Risiken und Zwängen, Normen und kulturellen Standards andererseits" basieren (siehe Kudera 1995, S. 8 f.). Der Zugang zu und die Verfügungsmöglichkeiten über materielle, kulturelle und soziale Ressourcen bestimmen die Muster der Lebensführung dabei nicht unmittelbar, sondern über die damit produzierten Aktivitäten, angeeigneten Objekte und korrespondierenden Wertorientierungen. Zugleich muss Lebensführung als individuelle Aktivität auch mit den Aktivitäten anderer abgestimmt und verschränkt werden. Der Lebensführungsbegriff beinhaltet also laut Gunnar Otte (2005, S. 452) „handlungsleitende Wertorientierungen, d.h. grundlegende Prinzipien der individuellen, als wünschenswert erachteten Lebensgestaltung, also eine *motivationale* Komponente einerseits; sowie *expressive*, mit Symbolgehalt versehene Handlungsmuster, die die *kognitive Koorientierung* von Akteuren in sozialen Interaktionen ermöglichen, andererseits." (Hervorh. im Original)

Vor diesem Hintergrund betrachte ich die „Lifestyle-TV"-Formate, welche Modelle und Techniken der Lebensführung aufseiten des medialen Angebotes mit Modellen und Techniken der Lebensführung aufseiten der Rezipient(inn)en in Beziehung setzen. Populärkulturelle Medienangebote als Modelle der Lebensführung werden somit in ihrer Anschlussfähigkeit an Alltagserfahrungen verstanden als Scharniere der Vermittlung zwischen individuellen Selbstverhältnissen, Weltverhältnissen und gesellschaftlicher Ordnung.

Lifestyle-TV und die Arbeit am (Körper-)Ich

Blickt man auf die Ergebnisse der 15. Shell-Jugendstudie, so bestätigen auch diese Daten, dass in Prozessen, die üblicherweise mit den Begriffen „Globalisierung", „Individualisierung", „Mediatisierung" und „Kommerzialisierung" nur unzureichend beschrieben werden, die „Sorge" um den Körper eine zentrale Rolle spielt (vgl. Shell Deutschland Holding 2006, S. 173). Hinsichtlich der Frage, was bei Jugendlichen „in" ist, entscheiden sich demnach 92 Prozent der Jugendlichen zwischen 12 und 25 Jahren für „toll aussehen", womit diese Antwort auf Platz 1 der Nennungen kommt.

In einer Vielzahl körpersoziologischer Arbeiten wird inzwischen von einem Entsprechungsverhältnis zwischen den sozialen Strukturen einer Gesellschaft sowie den Wahrnehmungs-, Umgangs- und Verhaltensweisen des Körpers bzw. mit dem Körper ausgegangen (vgl. z.B. Gugutzer 1998). Die „Verkörperung sozialer Ordnung", so betont Paula Irene Villa (2007a, S. 25), ist dabei „ein fortwährender, komplexer und in gewisser Weise unordentlicher Prozess", in dem verschiedene Dimensionen wie Klassenlage, Geschlecht, Ethnizität, Alter etc. fortwährend miteinander verschränkt werden. *Körper*handeln ist dabei nicht immer nur Reproduktion sozialer Ordnung, sondern beinhaltet stets auch Veränderungspotenzial – dieses wird jedoch meist kaum wahrgenommen oder weniger als Effekt sozialer Veränderungen denn als Ergebnis intentionaler Entscheidungen formuliert. Dagegen wird *Schönheits*handeln wohl häufiger von anderen wahrgenommen, thematisiert und auch rationalisiert; als Medium der Kommunikation ist es jedoch, so hat Nina Degele (2004) überzeugend dargestellt, eingebunden in „Ideologien", die Vorstellungen eines privaten, frauenspezifischen Schönheitshandelns oder des Schönheitshandelns als „Oberflächenphänomen" und „Spaß" reproduzieren. Schönheitshandeln als Teil des Lifestyle-TV, konkret als Teil der Sendung „Germany's next Topmodel", wird vor diesem Hintergrund in mehrfacher Hinsicht „als Versuch der Teilhabe an sozialer Macht" (Degele 2007, S. 30) – mit Blick auf die unterschiedlichen Akteure und Interessen im Rahmen der Sendung – sichtbar: Schon als in Heidi Klums erster Staffel von „Germany's next Top Model" jeder Zentimeter zu wenig und jedes Kilo zu viel über die Teilhabe am Schönheitsmarkt entschied und der Laufstegtrainer Bruce die jungen Frauen zur Selbstpräsentation vor den „Kumpels" eines Bergwerks anhielt, um den Körper zum Erfolgsprodukt zu machen, versprach der clever platzierte Spot der Pflegeserie „Dove" in der Werbepause: „EveryBody is a Top Model!"

Nur auf den ersten Blick scheint es sich hier um eine Vervielfältigung der Repräsentationen weiblicher Körper in medialen Angeboten zu handeln, denn die Deutungsangebote ähneln sich in der Repräsentation einer Körper-Arbeit am Selbst: „Initiative für wahre Schönheit" lautete die „Dove"-Kampagne und zeigte junge, ausgelassen tanzende Frauen, die sich trotz ihrer Maße jenseits von 90 – 60 – 90 in ihrer Haut demonstrativ wohl fühlten. Wer „füllig" ist, so die Botschaft der Kampagne, kann das Ziel der eigenen Schönheitsdefinition jenseits aller Quälerei erreichen; die Kampagne, so nachzulesen auf der entsprechenden Homepage, ziele darauf, „die bestehenden Schönheitsideale zu erweitern und durch eine gesündere, demokratischere Sichtweise zu ersetzen". Zur Einübung in diese „demokratischere Sicht auf Schönheit" parallel zur „Topmodel"-Show wurde auf der Webseite zur „Dove"-Kampagne polarisierend abgestimmt. Diese Simulation von Demokratie lässt an der Möglichkeit eines emanzipatorischen Akts zweifeln: „Faltig" oder „fabelhaft"? „Fit" oder „fett"? „Makel" oder „makellos"? *Virtuelles Voting* lädt ein zur Partizipation an der Urteilsgemeinschaft. Schon vor dem Start der „Pro-Age"-Kampagne war des *Users* Meinung über ältere füllige oder sommersprossige „Dove"-Modelle gefragt, und so aufgefordert trifft sie (er) die Wahl. „Dove"-Models wie angehende Topmodels werden schließlich mit einem Wahlergebnis konfrontiert – hier richtet die Stimmverteilung über die Akzeptanz nonkonformer Werbekörper, dort die Jury über das Erreichen eines Ideals in den Kategorien Körpermaß, -kontrolle und -inszenierung.

Die scheinbare Selbstbestimmung wird zumindest bei genauerem Hinsehen als Fremdbestimmung wieder sichtbar und die im Fernsehspot ostentativ gespielte Ungezwungenheit in weißer Unterwäsche wirkt fragwürdig: Drohung und Verheißung sind kaum voneinander zu trennen. Wie hoch der eigene Körper im Kurs steht, das beurteilen letzten Endes immer andere. Nur wer es schafft, das individualisierte Schönheitsideal glaubhaft zu verkörpern, kann mit Gewinnen rechnen. Über die formvollendete Verkörperung des „natürlich" schönen Selbst wird dabei ebenso entschieden wie über normierte Schönheit, und wer scheitert, muss mit Verlusten – nicht zuletzt der eigenen Selbstachtung – rechnen. Während der zweiten Staffel der „Topmodel"-Show hat Pro7 das Internetangebot ausgebaut. Die *Userin* wird nicht nur aufgefordert: „Gleich anmelden, denn hier kannst du deine eigene Setcard gestalten, dich mit anderen Models austauschen und deinen Marktwert testen", sondern zugleich ist das Urteil über andere gefragt: „... oder du surfst durch die Setcards (...) und gibst Bewertungen ab". In Bikinis gesteckt, gewogen und abgemessen zu werden, haben die „Topmodel"-Kandidatinnen schon in der ersten Sendung erlebt. Die Vermessung und Verdatung der Körpermaße als Ausgangspunkt für (Selbst-)Kontrolle bleibt jedoch längst nicht allein *Models* vorbehalten. Die Praxis des Abgleichens eigener Körperdaten mit dem in nahezu jeder Mädchen-, Frauen- oder Fitnesszeitschrift irgendwann einmal erläuterten *Body Mass Index* beschreibt Stefanie Duttweiler (2003, S. 39) zu Recht mit Foucault als Teil „einer Politik der Zwänge, die am Körper arbeiten, seine Elemente, seine Gesten, seine Verhaltensweisen kalkulieren und manipulieren."

Die Sendung steht im Kontext einer medialen Thematisierung von Körper und Schönheit, die schon seit Jahren anhält und nicht immer so explizit thematisiert wird wie in der OP-Show „The Swan", in der 16 Kandidatinnen diverse Schönheitsoperationen über sich ergehen ließen, um letztlich miteinander um den gleichnamigen Titel zu konkurrieren.[4] Was solche Sendungen verbindet, ist der Appell, den Heidi Klum in ihrem Buch „Heidi Klum's Body of Knowledge – 8 Rules of Model Behavior" („Heidi Klum – natürlich [sic!] erfolgreich") ihre erste

---

[4] Insbesondere die Sendung „The Swan" (ProSieben, 2004) hat in diesem Zusammenhang Kritik aufseiten des Feuilletons, der Politik und der christlichen Kirchen hervorgerufen. Tatsächlich ist diese Sendung jedoch nur ein Beispiel für die Thematisierung von Schönheit/Schönheitsoperationen in den vergangenen Jahren; in Castingshows, Dokumentationen und fiktionalen Sendungen stehen Schönheitsoperationen im Mittelpunkt; exemplarisch sei verwiesen auf die Sendungen „Beautyklinik" (RTL 2, 2002), „I want a famous face" (MTV, 2004), „Alles ist möglich" (RTL, 2004), „Letzte Hoffnung Skalpell – Schönheit um jeden Preis" (RTL 2, 2004), „Beauty Queen" (RTL, 2004) und „NipTuck" (ProSieben, 2004).

Erfolgsregel nennt: „Du musst es wollen, Baby!" Mit Blick auf „The Swan" konstatiert Paula Irene Villa (2007b, S. 95) dementsprechend: „Maßstab für die Bewertung der einzelnen Kandidatinnen bei den ZuschauerInnen, den ExpertInnen sowie den einschlägigen Foren bei Pro7 ist deren Ernsthaftigkeit bei der Arbeit an sich selbst. Authentische Ernsthaftigkeit bei der Arbeit am Selbst wird in der Sendung performativ zugleich inszeniert wie durch Leid/en erzeugt." So lassen sich „Germany's next Topmodel" wie „The Swan" in eine Reihe von Formaten einreihen, die sich durch eine spezifische Anrufung des Subjekts auszeichnen, das „sich selbst-bewusst, durchsetzungsstark und dennoch flexibel in Freiheit und Selbstverantwortung selbst vermarkten kann: ein Unternehmer seiner Selbst." (Duttweiler 2003, S. 31) Kaum ist die zweite Staffel von „Germany's next Topmodel" abgeschlossen und hat Mark Medlock als Gewinner von „Deutschland sucht den Superstar" die Klatschspalten der *Bild*-Zeitung verlassen, da taucht der „Tanzfeldwebel" (Hildebrandt 2007) Detlef D! Soost wieder auf. Als Tanztrainer und Jurymitglied der Castingshow „Popstars"[5] hat er den Kandidat(inn)en die Botschaft seines Buches „Heimkind. Neger. Pionier" verkündet: „Diese Beharrlichkeit, Disziplin und Härte gegen sich selbst vermittelt er heute seinen Schülern. Faulheit lässt er nicht durchgehen: ‚Du kannst es schaffen', sagt er ihnen, ‚aber du musst es wirklich wollen und darfst niemals aufgeben!'" (Klappentext)

Hinsichtlich der Umsetzung dieser „Anleitung zum Wollen" macht auch die Sendung „Popstars" klare Vorgaben: In der letzten Staffel wurden die Kandidat(inn)en nach Phänotypen zu einer Girl- und einer Boy-Band zusammengestellt; die Jury suchte eben nach einer guten „Mischung". So teilte man auch den Kandidat(inn)en mit, dass zwei dunkelhäutige Frauen mit (unterstellt) ähnlichem Temperament oder blonde Männer gleichen Typs in einer Band die zukünftigen Absatzchancen vermindern könnten. Folglich widmeten sich die Dunkelhäutigen und die Blonden untereinander der genauen Analyse der eigenen und fremden Schwächen. Unter dem ökonomischen Primat verschränkten sich hier Geschlechterinszenierung und Ethnizitätszuschreibung zu Kennziffern des Markterfolges, und die Materie des Körpers wurde erkennbar als Ort des Vollzugs der Macht: Schließlich stellten die Jurymitglieder für die Popstar-Band eine hellhäutige Blonde vom deutschen Dorf, eine brünette gebürtige Albanerin, eine Italienerin, eine Schwarzhaarige mit asiatischem Aussehen und eine dunkelhäutige Südafrikanerin zu einer Girl-Band mit dem Namen „Preluders" zusammen (vgl. ausführlicher: Thomas 2004).

---

[5] Im Juni 2007 begann die sechste Staffel dieser Show, nun unter dem Titel „Popstars on Stage".

Herausforderungen gesellschaftskritischer Medienanalyse unter neoliberalen Vorzeichen

Etliche Studien zeigen, dass Relevanz und Vergnügen an medialen Unterhaltungsangeboten mit den Möglichkeiten in Zusammenhang stehen, an biografisch bedeutsame Themen und lebensgeschichtliche Erfahrungen anzuknüpfen. Gerade Jugendliche suchen in Prozessen der Bearbeitung bzw. Aushandlung biografischer Übergangsthemen – wie Geschlecht und Identität, Körperlichkeit und Sexualität, Arbeit und Bildung – nach expressiven, mit Symbolgehalt versehenen Handlungsmustern, die in Aneignungsprozessen identitäts- und gemeinschaftsstiftend wirken können. Im Rahmen der bereits erwähnten Zunahme gesellschaftlicher und biografischer Unsicherheiten bieten Lifestyle-Formate mit ihren Inszenierungen von Lebensträumen und ihren Strategien der (Körper-)Arbeit Anschlussmöglichkeiten und vermeintliche Erfolgsmodelle. Dass sie dabei spezifische Techniken des Umgangs mit sich selbst vorführen, die häufig zur Einübung in neoliberale Subjektvierungsweisen einladen, ist unübersehbar. Die erwähnten *Governmentality Studies* helfen, neoliberale Programmatiken und Subjektanrufungen zu verstehen. Ob die Vermarktlichungstendenzen, die als „Gouvernementalität der Gegenwart" gefasst werden, in Subjektivierungsprozessen vollständig internalisiert werden, ist jedoch fraglich (vgl. zur Diskussion darüber: Thomas/ Langemeyer 2007). Es ist schließlich empirische Arbeit notwendig, um Nick Couldrys Frage zu beantworten, „if Reality TV provides spaces for reflecting on governmentality shared by performers and audiences alike, or spaces for audiences to reflect on governmentality by watching others (the performers) being governed, of finally, a process where both performers and audiences are in effect governed through the unreflexive naturalization of particular behavioral norms." (Couldry 2004, S. 58) Subjektkonstituierung im performativen Vollzug kann dabei nicht unabhängig von der sozialen Verortung, der konkreten Lebenssituation sowie den diskursiv und institutionell vermachteten Orten der Hervorbringung betrachtet werden – offenkundig auch schwerlich ohne Einbeziehung der Prozesse der Mediatisierung, die zugleich ohne Berücksichtigung neoliberaler Rationalitäten nicht zu verstehen sind.

Quellen- und Literaturverzeichnis

Ang, Ien (1986): Watching Dallas. Soap opera and the melodramatic imagination, London

Beck, Ulrich (1986): Risikogesellschaft. Auf dem Weg in eine andere Moderne, Frankfurt am Main

Beck, Ulrich (1993): Die Erfindung des Politischen. Zu einer Theorie reflexiver Modernisierung, Frankfurt am Main

Beck, Ulrich (2005): Die Gesellschaft des Weniger. Arbeitslosigkeit, Hartz IV: ein Land steigt ab, in: Süddeutsche Zeitung v. 3. 2., S. 15

Becker, Barbara/Wehner, Josef (2006): Kulturindustrie reviewed, Bielefeld

Bernhold, Monika (2002): Teleauthentifizierung: Fernseh-Familien, Geschlechterordnung und Reality-TV, in: Johanna Dorer/Brigitte Geiger (Hrsg.), Feministische Kommunikations- und Medienwissenschaft. Ansätze, Befunde und Perspektiven der aktuellen Entwicklung, Wiesbaden, S. 216-234

Bratich, Jack Z. (2006): Nothing is left Alone for Too Long. Reality Programming and Control Society Subjects, in: Journal of Communication Inquiry 1, S. 65-83

Bröckling, Ulrich/Krasmann, Susanne/Lemke, Thomas (Hrsg.) (2000): Gouvernementalität der Gegenwart. Studien zur Ökonomisierung des Sozialen, Frankfurt am Main

Bröckling, Ulrich (2007): Das unternehmerische Selbst. Soziologie einer Subjektivierungsform, Frankfurt am Main

Bublitz, Hannelore (2005): In Zerstreuung organisiert. Paradoxien und Phantasmen der Massenkultur, Köln

Cornelißen, Waltraud (1998): Geschlecht und Fernsehgebrauch. Zur Rolle des Fernsehens im Alltag von Frauen und Männern, Opladen

Couldry, Nick (2004): Teaching Us to Fake it: The Ritualized Norms of Television's „Reality" Games, in: Susan Murray/Oulette Laurie (Hrsg.), Reality TV. Remaking Television Culture, New York/London, S. 57-75

Degele, Nina (2004): Sich schön machen. Zur Soziologie von Geschlecht und Schönheitshandeln, Wiesbaden

Degele, Nina (2007): Schönheit – Erfolg – Macht, in: Aus Politik und Zeitgeschichte. Beilage zur Wochenzeitung Das Parlament 18, S. 26-32

Dörner, Andreas (2001): Politainment. Politik in der medialen Erlebnisgesellschaft, Frankfurt am Main

Duttweiler, Stefanie (2003): Body-Consciousness – Fitness – Wellness. Körpertechnologien als Technologien des Selbst, in: Widersprüche. Zeitschrift für sozialistische Politik im Bildungs-, Gesundheits- und Sozialbereich 87, S. 31-43

Geraghty, Christine (1991): Women and soap opera: a study of prime time soaps, Cambridge

Göttlich, Udo (2004): Kreativität in der Medienrezeption? – Zur Praxis der Medienaneignung zwischen Routine und Widerstand, in: Karl H. Hörning/Julia Reuter (Hrsg.), Doing Culture. Neue Positionen zum Verhältnis von Kultur und Praxis, Bielefeld, S. 169-183

Grossberg, Lawrence (1999): Zur Verortung der Populärkultur, in: Roger Bromley/Udo Göttlich/Carsten Winter (Hrsg.), Cultural Studies. Grundlagentexte zur Einführung, Lüneburg, S. 215-237

Gugutzer, Robert (1998): Zur Körperthematisierung in einer individualisierten Gesellschaft, in: Kultursoziologie 7, S. 33-54

Hartmann, Martin/Honneth, Axel (2004): Paradoxien des Kapitalismus. Ein Untersuchungsprogramm, in: Berliner Debatte Initial 1, S. 1-17

Hay, James/Ouellette, Laurie (2006): Reality-TV, Governmentality and Citizenship. Abstract zum 23. Panel der Flow Conference, October 2006, University of Texas at Austin; http://www.flowconference.org/index.html (23.2.2007)

Hickethier, Knut (2003): Medienkultur, in: Günter Bentele/Hans-Bernd Brosius/Otfried Jarren (Hrsg.), Öffentliche Kommunikation. Handbuch Kommunikations- und Medienwissenschaft, Wiesbaden, S. 435-457

Hildebrandt, Antje (2007): Der Tanzfeldwebel. Wie Detlef D! Soost bei den Popstars die Puppen tanzen lässt, in: Frankfurter Rundschau v. 14.6., S. 41

Horton, Donald/Wohl, Richard R. (1956): Mass Communication and Para-social Interaction: Observations on Intimacy at a Distance, in: Psychiatry 3, S. 215-229

Hügel, Hans-Otto (2005): Einführung, in: ders. (Hrsg.), Handbuch Populäre Kultur, Stuttgart, S. 1-22

Keppler, Angela (1994): Wirklicher als die Wirklichkeit? – Das neue Realitätsprinzip der Fernsehunterhaltung, Frankfurt am Main

Klaus, Elisabeth (2006): Grenzenlose Erfolge? – Entwicklung und Merkmale des Reality-TV, in: Brigitte Frizzoni/Ingrid Tomkowiak (Hrsg.), Unterhaltung. Konzepte – Formen – Wirkungen, Zürich, S. 83-106

Klaus, Elisabeth (2008): Fernsehreifer Alltag: Reality TV als neue, gesellschaftsgebundene Angebotsform des Fernsehens, in: Tanja Thomas/Marco Höhn (Hrsg.), Medienkultur und soziales Handeln, Wiesbaden (i.E.)

Krotz, Friedrich (2003): Zivilisationsprozess und Mediatisierung. Zum Zusammenhang von Medien- und Gesellschaftswandel, in: Markus Behmer u.a. (Hrsg.), Medienentwicklung und gesellschaftlicher Wandel. Beiträge zu einer theoretischen und empirischen Herausforderung, Wiesbaden, S. 15-38

Krotz, Friedrich/Thomas, Tanja (2007): Domestizierung, Alltag, Mediatisierung: Ein Ansatz zu einer theoriegerichteten Verständigung, in: Jutta Röser (Hrsg.), MedienAlltag: Domestizierungsprozesse alter und neuer Medien, Wiesbaden, S. 31-42

Kudera, Werner (1995): Einleitung, in: Projektgruppe „Alltägliche Lebensführung" (Hrsg.), Alltägliche Lebensführung. Arrangements zwischen Traditionalität und Modernisierung, Opladen, S. 7-14

Legnaro, Aldo (2004): Performanz, in: Ulrich Bröckling/Susanne Krasmann/Thomas Lemke (Hrsg.), Glossar der Gegenwart, Frankfurt am Main, S. 204-209

Livingstone, Sonia (1990): Making Sense of Television: The Psychology of Audience Interpretation, Oxford

Mikos, Lothar (1994): Es wird dein Leben! – Familienserien im Fernsehen und Alltag der Zuschauer, Münster

Murray, Susan/Ouellette, Laurie (Hrsg.) (2004): Reality-TV: Remaking Television Culture, New York

Neckel, Sighard (1999): Blanker Neid, blinde Wut? – Sozialstruktur und kollektive Gefühle, in: Leviathan 1, S. 145-165

Neckel, Sighard (2002): Ehrgeiz, Reputation und Bewährung. Zur Theoriegeschichte der Soziologie des Erfolgs, in: Günther Burkhart/Jürgen Wolf (Hrsg.), Lebenszeiten. Erkundungen zur Soziologie der Generationen, Opladen, S. 103-117

Otte, Gunnar (2005): Entwicklung und Test einer integrativen Typologie der Lebensführung für die Bundesrepublik Deutschland, in: Zeitschrift für Soziologie 6, S. 442-467

Ouellette, Laurie (2004): „Take Responsibility for Yourself": *Judge Judy* and the Neoliberal Citizen, in: Susan Murray/Laurie Ouellette (Hrsg.), Reality TV. Remaking Television Culture, New York/London, S. 231-250

Sauer, Birgit (2001): Die serielle Zivilgesellschaft. Vom Einbruch der Politik in das Echtmenschenfernsehen, in: Eva Flicker (Hrsg.), Wissenschaft fährt „Taxi Orange". Befunde zur österreichischen Reality-TV-Show, Wien, S. 155-173

Schwering, Georg/Stäheli, Urs (2000): Masse und Medium: Der Container und seine Umwelt, in: Friedrich Balke/Georg Schwering/Urs Stäheli (Hrsg.), Big Brother. Beobachtungen, Bielefeld, S. 7-16

Seifried, Bettina (1999): Talkshow als Subjekt-Diskurs: Sprachliche und interaktive Verfahren und Strategien einer diskursspezifischen Konstruktion von Subjektpositionen in US-amerikanischen Talk-Service-Shows. Erschienen in der digitalen Bibliothek der Universitätsbibliothek Frankfurt: http://edoc.hu-berlin.de/dissertationen/seifried-bettina -1999-12-22/html (26.5.2007)

Shell Deutschland Holding (Hrsg.) (2006): Jugend 2006. Eine pragmatische Generation unter Druck. Konzeption und Koordination: Klaus Hurrelmann/Matthias Albert & TNS Infratest Sozialforschung, Frankfurt am Main

Thomas, Tanja (2004): „Mensch, burnen musst du!" – Castingshows als Werkstatt des neoliberalen Subjekts, in: Zeitschrift für Politische Psychologie 1/2, S. 191-208

Thomas, Tanja (2007): Showtime für das „unternehmerische Selbst". Reflektionen über Reality-TV als Vergesellschaftungsmodus, in: Lothar Mikos/Dagmar Hoffmann/Rainer Winter (Hrsg.), Mediennutzung, Identität und Identifikationen. Die Sozialisationsrelevanz der Medien im Selbstfindungsprozess von Jugendlichen, Weinheim/München, S. 51-66

Thomas, Tanja/Langemeyer, Ines (2007): Mediale Unterhaltungsangebote aus gesellschaftskritischer Perspektive. Von der Kritik an der Kulturindustrie zur Analyse der gegenwärtigen Gouvernementalität, in: Rainer Winter/Peter V. Zima (Hrsg.), Kritische Theorie heute, Bielefeld, S. 259-282

Villa, Paula Irene (2007a): Der Körper als kulturelle Inszenierung und Statussymbol, in: Aus Politik und Zeitgeschichte. Beilage zur Wochenzeitung *Das Parlament* 18, S. 18-26

Villa, Paula Irene (2007b): „Endlich normal". Somatische Selbsttechnologien zwischen Unterwerfung und Selbstermächtigung, in: Ulla Wischermann/Tanja Thomas (Hrsg.), Medien – Diversität – Ungleichheit. Zur medialen Konstruktion sozialer Differenz, Wiesbaden, S. 87-104

Winter, Rainer/Zima, Peter V. (Hrsg.) (2007): Kritische Theorie heute, Bielefeld

Weiß, Ralph (2003): Alltagskultur, in: Hans-Otto Hügel (Hrsg.), Handbuch Populäre Kultur, Stuttgart/Weimar, S. 23-32

Andreas Fisahn

Die neoliberale Umformung des Umweltrechts

In den 1980er-Jahren geriet insbesondere das *Umwelt*recht in die Kritik, weil es nicht effektiv sei und ein Vollzugsdefizit bestehe, was man daran ablesen könne, dass die Rechtspraxis schlechter als die -norm sei. Im Anschluss an diese Feststellung wurden die „Instrumente" des Umweltrechts, insbesondere das klassische Ordnungsrecht, welches mit Geboten und Verboten arbeitet, kritisch erörtert und versucht, Konzepte eines effektiver anzuwendenden Rechts zu entwickeln. Diskutiert wird im Folgenden, ob die Kritik des Ordnungsrechts, welche z.T. in emanzipatorischer Absicht formuliert wurde, die Türen für eine neoliberale Ökonomisierung der Rechtspraxis geöffnet hat. Das Umweltrecht geriet dabei – so eine Kernthese – in die Zange zwischen ökonomistisch-neoliberalen und kritisch-emanzipatorischen Konzepten, die den neoliberalen Umbau als nicht intendierten Effekt begünstigten.

Die intentionale Umstellung der Logik

Rechtsdiskurs und -system erweisen sich ihrer Logik nach gegenüber einem neoliberalen Umbau eher als sperrig. Das klassische Ordnungsrecht liegt quer zu Kosten-Nutzen-Analysen der Entscheidungen und Handlungen der Rechtsarbeiter/innen. Die Effekte der Gebote und Verbote gehen der Rechtsarbeit voraus, d.h. sie sollen in der Politik bedacht, abgewogen und schließlich in eine konditionale Rechtsform gebracht werden. In der Rechtsarbeit, der „Anwendung des Gesetzes" oder der Subsumtion unter das Gesetz bleiben Kosten-Nutzen-Erwägungen grundsätzlich unberücksichtigt. Die Effizienz der modernen Bürokratie, die von Max Weber als formal-rationale Logik analysiert wurde, liegt gerade darin, dass der Inhalt des formal-rationalen Rechts ohne persönliche Vorlieben, Verflechtungen, Abhängigkeiten usw. angewendet und die Rechtsfolge entsprechend den Vorgaben des gesetzlichen Konditionalprogramms gewählt wird. Die Homologie zur formal-rationalen Logik der kapitalistischen Wirtschaft besteht gerade nicht darin, dass bei der Rechtsanwendung selbst Kosten-Nutzen-Berechnungen angestellt werden, das Recht vielmehr gleichförmig angewendet und damit für die Rechtsunterworfenen berechenbar wird. Diese Berechenbarkeit ist strukturell auf eine private Konkurrenzwirtschaft abgestimmt, in der sich die Rechtssubjekte auf dem Markt begegnen und wissen müssen, welchen Regeln ihr Vertragspartner im Zweifel folgt. Die formale Rationalität im Recht fragt weder nach den Wirkungen noch dem Kosten-Nutzen-Verhältnis einer Entscheidung oder „Rechtsanwendung". Wenn die Effekte ins Blickfeld geraten, dann als Frage nach der Gerechtigkeit, die nicht kongruent ist mit der Kostenfrage. Insofern ist das Recht sperrig gegenüber einer Umstellung auf ein ökonomisches Kalkül, verstanden als Kosten-Nutzen-Berechnung. Das erklärt die eher reservierte Haltung des Rechtsapparates in seinen unterschiedlichen Ausprägungen gegenüber den neoliberalen Anforderungen. Eine weitere Differenz zur neoliberalen Logik lässt sich durch die Stellung gegenüber jedweder Regulierung markieren. In den Rechtsapparat ist es strukturell eingeschrieben, nach rechtlichen Regeln zu rufen, wenn Probleme auftreten bzw. sich Missstände zeigen.

Recht ist auf Regulierung und nicht auf Deregulierung angelegt. Dies heißt natürlich keineswegs, dass es nicht bewusste und intendierte Ansätze gäbe, die ökonomische Logik in das Recht einzubauen oder rechtliche Regulierungen zu beseitigen. Beides lässt sich als Umstrukturierung des Rechts im Zuge des neoliberalen Umbaus der Gesellschaft ausmachen, welcher politisch beabsichtigt ist und mehr oder weniger intensiv erfolgt. Dazu lassen sich die folgenden drei Beispiele aus dem Umweltrecht anführen.

Die Kosten-Nutzen-Rechnung

Es gibt Bemühungen, direkt Kosten-Nutzen-Berechnungen in die juristische Entscheidungsfindung einzubauen. Dieser Versuch findet sich – für das deutsche Recht ziemlich einmalig – im Gentechnikgesetz. Gemäß § 16 GenTG ist die Genehmigung für das Vermarkten gentechnisch veränderter Organismen zu erteilen, „wenn nach dem Stand der Wissenschaft im Verhältnis zum Zweck des Inverkehrbringens unvertretbare schädliche Einwirkungen auf die in § 1 Nr. 1 bezeichneten Rechtsgüter nicht zu erwarten sind." Die Vorschrift schreibt etwas verklausuliert vor, dass zwischen dem Zweck der Vermarktung des Produkts sowie den schädlichen Einwirkungen auf Leben, Gesundheit und die natürliche Umwelt eine Kosten-Nutzen-Abwägung anzustellen ist. Ist der Nutzen des gentechnisch veränderten Produkts besonders hoch, können auch größere schädliche

Einwirkungen auf die Schutzgüter hingenommen werden (vgl. Huth 2001, S. 161 ff.; Heublein/Schubert 2006, § 16 Rnr. 24).

Nun lässt sich einwenden, dass Abwägungen dem Recht keineswegs fremd sind, sondern geradezu zum Alltagsgeschäft der Rechtspraxis gehören, nämlich in Form der Abwägung von Rechtsgütern. Diese hat es in der Tat mit einer Relation zu tun, weil regelmäßig die Stärkung, die Entscheidung zugunsten des einen auf Kosten des anderen Rechtsgutes (z.B. für die Meinungsfreiheit zulasten des Ehrschutzes) geht. Beide Güter sind aber Rechtsgüter, d.h. sie werden explizit durch die Rechtsordnung geschützt. Der Zweck des Inverkehrbringens eines gentechnisch veränderten Organismus ist hingegen dessen ökonomischer und sonstiger Nutzen, d.h. die erwartete (gesellschaftliche) Wirkung der Vermarktung. Diese ist kein geschütztes Rechtsgut, sondern ein unbestimmter Vorteil, der von der Genehmigungsbehörde mit dem Nachteil abzugleichen ist. Es ist nämlich nicht das verbürgte Recht des Vermarkters, das abzuwägen ist – dies muss in der üblichen Rechtsgüterabwägung als Verhältnismäßigkeitsprüfung vom Gesetzgeber und vom „Rechtsanwender" beachtet werden. Hier soll zusätzlich der ökonomische Nutzen in die Überlegung einbezogen werden, denn die Kosten-Nutzen-Berechnung hält – übrigens nach US-amerikanischem Vorbild – Einzug in das deutsche Rechtssystem.

Beschleunigungsgesetze

Eine direkte Umsetzung wirtschaftsliberaler Ideologie-Versatzstücke hatte im Bereich des Umweltrechts in den 1990er-Jahren als Beschleunigungsgesetzgebung eine relativ hohe Bedeutung, die sich mit der Abwahl der Regierung Kohl/Kinkel 1998 – jedenfalls in der regierungsamtlichen Propaganda – auflöste. Die Debatte um die Beschleunigung von Genehmigungsverfahren reiht sich ein in das „Konzept" des „schlanken Staates" oder die Deregulierungen im Bereich des Wirtschaftsrechts, die als Entbürokratisierung eingefordert und z.t. umgesetzt werden. Die Notwendigkeit des beschleunigten Ausbaus infrastruktureller Projekte wurde zunächst mit dem Nachholbedarf der fünf neuen Bundesländer gerechtfertigt, anschließend aber in ähnlicher Form auf den Westen übertragen, d.h. für die Bundesrepublik verallgemeinert. Da hier kein Nachholbedarf als Vorwand dienen und die Rückständigkeit der westdeutschen verkehrsbezogenen Infrastruktur nicht ernsthaft behauptet werden konnte, wurde zur Rechtfertigung der Beschleunigungsnovellen die allgemeine Notwendigkeit herangezogen, den „Standort D" attraktiver zu gestalten (vgl. Begründung zum Gesetz zur Beschleunigung von Genehmigungsverfahren, BT-Drs. 13/3995, S. 7; Begründung zum Gesetz zur Beschleunigung und Vereinfachung immissionsschutzrechtlicher Genehmigungsverfahren, BT-Drs. 13/3996, S. 7). Seinen Ursprung hat das neoliberale Standortargument im Bereich der Zulassung und Genehmigung privatwirtschaftlicher Vorhaben. Die lange Genehmigungsdauer, so wurde argumentiert, bedeute für die Industrie einen Standortnachteil, weil die Konkurrenz auf einem globalisierten Markt in anderen Staaten schneller in der Lage sei, ihre neuen Produktionsanlagen genehmigen zu lassen.

Die „Beschleunigungs"-Gesetzgebung begann mit dem *Wohnungsbau-Erleichterungsgesetz* vom 17.5.1990 (BGBl. I, S. 929) und dem *Verkehrswegebeschleunigungsgesetz* vom 16.12.1991 (BGBl. I, S. 2174) als Sondergesetzgebung für die östlichen Bundesländer. Für einzelne dortige Verkehrsprojekte erfolgte die Planung darüber hinaus nicht im üblichen Verwaltungsverfahren, sondern durch Investitionsmaßnahmegesetze (z.B. Gesetz über den Bau des Abschnitts Wismar-Ost/Wismar-West der A 20 vom 19.4.1994, BGBl. I, S. 734). Nach der Erprobung im Osten sollte die beschleunigte Verkehrswegeplanung (von Einzelheiten abgesehen) auch auf den Westen übertragen werden (vgl. Steinberg 1993, § 6 Rdnr. 38). Das geschah durch eine Fülle von Gesetzen, die unterschiedliche Bereiche der Planung und des Umweltrechts erfassten.

Typisch für diese Gesetze ist die Modifikation der vorhandenen Anforderungen an Genehmigungs- und Zulassungsverfahren sowie an den Rechtsschutz. Beschleunigungseffekte versprach man sich dabei u.a. von einer Einschränkung der Beteiligungsrechte, d.h. dem Verzicht auf Beteiligungsverfahren, der Streichung von Erörterungsterminen, der Verkürzung von Fristen, einer Verschärfung der Präklusion, also einer Beschränkung der Klagemöglichkeiten und einer Modifikation der Rechtsfolgen von Verfahrensfehlern in dem Sinne, dass die Rechtmäßigkeit der Genehmigung nur ausnahmsweise von der Rechtmäßigkeit des Verfahrens abhängt (vgl. dazu ausführlicher: Fisahn 2002, S. 278 ff.). Weniger bedeutend war, dass den Behörden Fristen für die Bearbeitung von Genehmigungsanträgen gesetzlich verordnet wurden, denn die Fristversäumnis bleibt sanktionslos. Der wirtschaftsliberale Umbau der Gesellschaft stärkt die Investoren zulasten der Verfahren einer Öffentlichkeitskontrolle, über welche die Interessen der betroffenen Menschen und auch des Umweltschutzes artikuliert werden, sowie zulasten gerichtlicher Kontrollmöglichkeiten von Genehmigungsverfahren, indem der Zugang zu den Gerichten erschwert und Kontrollmaßstäbe reduziert wurden. Kurzum: Der „schlanke Staat" verzichtet zum Teil auf die demokratische Partizipation und die rechtsstaatliche Kontrolle des öffentlichen Handelns.

Künstliche Marktsteuerung

Das dritte Beispiel für intendierte, neoliberale Verschiebungen im Bereich des Umweltrechts in Richtung einer ökonomischen Logik bildet der berühmt gewordene Emissionshandel mit Verschmutzungsrechten. Der klassische Ansatz des Immissionsschutzes ist das konditionale Verbot von Anlagen mit Emissionen oder Immissionen, die einen festgesetzten Grenzwert überschreiten. Dieser Ansatz findet sich im *Bundesimmissionsschutzgesetz*. Neue Anlagen, die Schadstoffe emittieren, werden nur zugelassen, wenn festgesetzte Grenzwerte bei Emissionen und Immissionen in der Umgebung eingehalten werden und somit eine schädliche Umweltverschmutzung ausgeschlossen werden kann. Dabei kann man sich über die Höhe der Grenzwerte und die Messmethoden sicher trefflich streiten. Der Emissionshandel wählt aber – verglichen mit konditionalen Ver- und Geboten – einen grundsätzlich anderen Ansatz.

Die im Kyoto-Protokoll vorgesehene Reduktion der sog. Treibhausgase soll nach dem Abkommen über ein Emissionshandelssystem erreicht werden. Dieses haben die Europäischen Union wie auch die Bundesrepublik Deutschland geschaffen, wobei seine weitgehende Wirkungslosigkeit mittlerweile allgemein konstatiert wird. Das Handelssystem basiert auf folgenden Überlegungen: Über einen künstlich geschaffenen Markt dürfen und müssen sich Anlagenbetreiber Verschmutzungszertifikate kaufen, wenn die Menge von Klimagasen, die ihre Anlage ausstößt, größer ist als die ihnen vom Staat kostenlos zugeteilten Verschmutzungsrechte. Der eigentliche Clou soll darin liegen, dass die zugeteilten Verschmutzungsrechte in regelmäßigen Abständen reduziert werden. Die Betreiber sollten so veranlasst werden, entweder technisch nachzurüsten, um die Emissionen ihrer Anlage zu reduzieren, oder auf dem „Markt" zusätzliche Verschmutzungsrechte zu kaufen. Als wirkungslos erwies sich das System, weil die zugeteilten Verschmutzungsrechte mit Blick auf Gesamteuropa so hoch waren, dass der Preis für die Zertifikate in den Keller gefallen ist und jedenfalls kein Anreiz besteht, Emissionen zu reduzieren, indem die Anlagen technisch verbessert werden. Im Februar 2007 hat die Bundesregierung den Nationalen Allokationsplan (NAP) verbessert, über den die Zertifikate verteilt werden, weil die Europäische Kommission dessen ursprüngliche Version vom Juni 2006 wegen zu großzügiger Verteilung von Verschmutzungsrechten zurückgewiesen hatte (vgl. Hentrich u.a. 2006, S. 144 ff; http://www.bmu.de/english/press_releases_as_of_22_november _2005/pm/38719.php; http://www.linksfraktion.de/positionspapier_der_fraktion. php ?artikel=7727536002; 12.3.2007).

Mit diesem System hält die ökonomische Logik in das Recht Einzug. Marktgesetze und Konkurrenz sollen für Umweltschutz sorgen. Beabsichtigt war, darüber externe Effekte in die betriebswirtschaftliche Kalkulation einzubauen. Der Marktmechanismus sollte überdies gegenüber konditionalen Ver- und Geboten einen betriebswirtschaftlichen Vorteil haben, weil Betreiber nun zwischen der Emissionsreduktion und dem Zukauf von Zertifikaten wählen können. Damit soll eine höhere Flexibilität erreicht und der Betreiber veranlasst werden, seine Emissionen auch unter die vorgeschriebenen Grenzwerte zu reduzieren, um überschüssige Zertifikate verkaufen zu können. Diese Marktflexibilität funktioniert allerdings nur im Lehrbuch, weil die Macht der Industrie gegenüber den nationalen Regierungen in Europa offenbar stark genug war, um den Marktmechanismus auszuhebeln. Prinzipiell ist aber problematisch, dass dem betriebswirtschaftlichen Vor- ein volkswirtschaftlicher Nachteil gegenübersteht. Für den Staat ergibt sich nämlich im Vergleich zur konditionalen Steuerung zunächst keine Aufgabenreduktion oder Entlastung. Er muss vielmehr einen künstlichen Markt schaffen, verstanden im ganz materiellen Sinn als ein System, das den Übergang von Verschmutzungsrechten nachhält. Die ausgegebenen Zertifikate werden an der Börse in Leipzig gehandelt und der Übergang der Rechte erfolgt über die Deutsche Emissionshandelsstelle (DEHSt), die den Verbleib der Verschmutzungsrechte registrieren und zuordnen muss. Dem Staat obliegt es, Verschmutzungsgrenzen festzulegen und Zertifikate zu verteilen, also den Nationalen Allokationsplan aufzustellen. Selbstverständlich muss auch überwacht werden, dass Betreiber nur Emissionen in Höhe ihrer Berechtigung ausstoßen. Denn die Möglichkeit, Verschmutzungsrechte einzukaufen, schließt keineswegs aus, die immer noch möglicherweise „billigere" Variante zu wählen und wie bei der konditionalen Verbotsnorm einfach gegen das Verbot zu verstoßen. Meist wird in der Diskussion darüber jedoch so getan, als entfiele durch das Marktsystem die Überwachung (vgl. hierzu: Sudmann/Fisahn 2004, S. 414 ff.). Schließlich hat man es bei diesem staatlich geschaffenen mit einem offensichtlich vermachteten Markt zu tun. Das kann bei der Zuteilung der Zertifikate empirisch beobachtet werden und dürfte sich bei der Überwachung und Kontrolle ebenfalls bemerkbar machen. Damit entfällt aber ein zentrales Argument für den Instrumentenwechsel vom Konditionalprogramm zum Marktmechanismus, nämlich das viel beklagte und diskutierte Vollzugsdefizit.

Nicht intendierte Effekte der Diskussion über umweltrechtliche Instrumente

Die öffentliche Diskussion zum umweltrechtlichen Vollzugsdefizit führte in den 1990er-Jahren zur Reflexion über neue Instrumente der rechtlichen Steuerung. Im Folgenden soll gezeigt werden, dass der mit dieser Debatte verbundene Angriff auf das Konditionalprogramm nicht intendierte Effekte zeitigte, die für den neoliberalen Umbau genutzt werden konnten. Die These lautet: Neoliberale Ansätze setzen sich z.t. als nicht intendierte Effekte anders gelagerter Diskurse durch. Das ist zu zeigen am Beispiel der umweltrechtlichen Instrumenten-Debatte.

Vollzugsdefizit

Ausgangspunkt der Diskussion war das umweltrechtliche Vollzugsdefizit. Empirische Untersuchungen haben gezeigt, dass die Umweltgesetze besser als die Praxis sind, anders formuliert: sie werden nicht ordnungsgemäß vollzogen. Vollzugsdefizit meint, dass in der Praxis, bei der „Anwendung" der Normen im Einzelfall eine Abweichung nach unten festgestellt werden kann. Die umweltfreundliche Norm wird weit weniger umweltfreundlich umgesetzt. Die empirischen Untersuchungen zum Vollzugsdefizit (Winter 1975; Mayntz 1978; Jass 1990; Übersohn 1990) zeigten, dass die umweltrechtlichen Normen von den Behörden oftmals weniger als zwingendes Recht denn als Ausgangspunkt eines Verhandlungsprozesses mit Betreibern großer Anlagen „angewendet" worden sind und vielleicht werden mussten (vgl. Bohne 1981, S. 52 ff.). Der Vollzug des Rechts ist nicht nur eine Rechts-, sondern oft auch eine Machtfrage. Einflussreiche Akteure können die staatlichen Behörden dazu bringen, von vorhandenen Normen abzuweichen. Der Vollzug des Konditionalprogramms verläuft nicht als Durchsetzung der Norm mit staatlichen Zwangsmitteln, sondern als Verhandlungsprozess (bargaining) um die Norm. Grundlage solcher Verhandlungsprozesse ist zunächst die Verhandlungsmacht, die sich aus der Drohung mit dem Abbau von Arbeitsplätzen ergibt. Hinzu kommt eine Ressourcenüberlegenheit der Industrie, die zu einem Informationsvorsprung führt, der zusammen mit der Unbestimmtheit von Normen oder einer unklaren Rechtslage die Behörden veranlasst, in Verhandlungsprozesse darüber einzutreten, wo Recht vollzogen werden sollte.

Bargaining im Bereich des Vollzuges hat aber nicht einfach die Machtverhältnisse zur Grundlage. Vielmehr kann das Machtgefälle ausgespielt werden, weil die rechtliche Steuerung notwendigerweise Interpretations- und damit Entscheidungsspielräume lässt, das Gesetz abstrakt ist und Sprache mehr oder weniger unbestimmt. Über diese „natürliche" Unbestimmtheit hinaus arbeitet der Gesetzgeber oft mit Generalklauseln, die den Rechtsarbeiter(inne)n einen großen Spielraum eröffnen. Nun sind Generalklauseln keine neue Erscheinung. Sie finden sich auch in den klassischen Gesetzen wie der *Gewerbeordnung* von 1869, treten aber im Umweltrecht besonders häufig auf. Das Umweltrecht ist ein Rechtsgebiet, in dem der Gesetzgeber besonders häufig auf eine exakte Programmierung verzichtet und die genaue Bestimmung des Konditionalprogramms entweder den Rechtsarbeiter(inne)n oder der Exekutive mit untergesetzlichen Vorschriften überlässt. Man spricht auch sehr plakativ von der Flucht des Gesetzgebers in die Generalklauseln. Flüchtet der Gesetzgeber in Generalklauseln, verschiebt er die tatsächliche Entscheidung auf die in Verwaltung, Gerichten usw. tätigen Rechtsarbeiter/innen. Das Konditionalprogramm wird hohl, die Programmierung versagt und an ihre Stelle tritt nur ein Programmrahmen, der auszufüllen ist.

Hinzu kommt die starke Bedeutung planerischer Prozesse im Bereich des Umweltrechts. Das Konditionalprogramm wird durch planerische Abwägungen ersetzt oder aufgeweicht. Planerische Entscheidungen und das Aufstellen von Plänen sind insbesondere dort relevant, wo der Staat selbst handelt. Das gilt für den Bereich der Raumplanung, also bei Raumordnungsprogrammen, Landesplänen oder der Bauleitplanung. Und es gilt im Bereich der Fachplanung, die von Landschafts- oder Wasserplänen bis zur Infrastrukturgenehmigung und -planung, also bis zum Straßen- und Schienenbau reicht. Planerische Entscheidungen sollen komplexe Konfliktsituationen bewältigen, wobei die Konflikte oder unterschiedlichen Interessen in die planerische Abwägung einzustellen sind. Und eben die planerische Abwägung eröffnet der Verwaltung per definitionem einen weiten Gestaltungsspielraum. Sie ist nur noch sehr begrenzt durch Konditionalprogramme programmiert oder auch programmierbar.

Vor dem Hintergrund dieser Überlegungen und den Analysen zum Vollzugsdefizit folgte eine Debatte darüber, wie die rechtliche Steuerung verbessert werden kann, mit kontradiktorischen Elementen. Die empirischen Ergebnisse wurden unterschiedlich analysiert, und entsprechend unterschiedlich fallen die Lösungsvarianten aus. Man kann etwa folgende Fraktionen ausmachen: erstens die Vertreter/innen eines „ökologischen Verfassungsstaates", zweitens die Vertreter/innen prozeduralen Rechts und drittens die Vertreter/innen der regulierten Selbstregulierung. Oder um es pejorativer auszudrücken und die Kritik gleich mit zu formulieren – in gleicher Reihenfolge: erstens die traditionalistischen Etatist(inn)en, zweitens die Glaubensgeschwister zivilgesellschaftlicher Reflexionspotenziale und drittens die Nebel werfenden Deregulierer/innen.

Ökologischer Verfassungsstaat

Zunächst lässt sich eine Position des ökologischen Verfassungsstaates durch die
Verteidigung des Ordnungsrechts, also der konditionalen Steuerung, charakterisieren. Die Ökonomisierung aller gesellschaftlichen Bereiche wird durchaus als
Gefahr erkannt und das ökonomische Instrumentarium als sinnvolle Ergänzung
(z.b. Abwasserabgaben), aber nicht als Ersatz der rechtlichen Steuerung wie beim
Emissionshandel favorisiert. Als wichtigste Ursache des Vollzugsdefizits wurde
die mangelhafte Ausstattung der Behörden ausgemacht und eine Verbesserung
gefordert, aber weiter die staatliche Steuerung und Kontrolle in den Vordergrund
gerückt. Diese Position, das muss nicht weiter ausgeführt werden, konnte sich
angesichts der realen Kräfteverhältnisse nicht durchsetzen.

Der Gesetzgeber, so die Diagnose weiter, verzichtet – besonders, aber nicht
nur im Umweltrecht – auf eine exakte gesetzliche Programmierung und überlässt
die Ausfüllung und Ausführung der Gesetze den Behörden. Nutznießer und
auch Initiator der Verschiebung von der gesetzlichen auf die administrative Regulierung sei eine „Technostruktur" oder ein bürokratisch-wirtschaftlich-tech-
nischer Komplex, dem die Entscheidungskompetenz zur Ausfüllung der Generalklauseln letztlich zufalle. In die Lücke des Gesetzes stoße die Technostruktur
und ersetze Entscheidungen des demokratischen Gesetzgebers durch Experten-
systeme (vgl. Steinberg 1998, S. 388 ff.) Und diese Technostruktur sei weit davon
entfernt, die Zivilgesellschaft zu repräsentieren. In ihr setzten sich vielmehr weitgehend vermachtete Interessen durch. Die Lösung des Problems unscharfer Programmierung brächten also nicht prozedurales Recht oder Selbstregulierung,
sondern die Stärkung des demokratischen Gesetzgebers und eine demokratische
Programmierung der Exekutive durch bestimmte Konditionalprogramme. Durch
Proceduralisierung gehe die Programmfunktion der Rechtsnorm gegen null, was
die Funktion des gesamten Rechtssystems, nämlich die Stabilisierung von Erwar-
tungshaltungen, aushöhle (vgl. Luhmann 1993, S. 202).

Statt Rückverlagerung in die vermachtete Zivilgesellschaft ergibt sich als
Postulat die Stärkung staatlich-demokratischer Programmierung durch Konditionalprogramme. Dies überzeugt jedoch nur teilweise. Zunächst kann man davon
ausgehen, dass die konditionale Programmierung nicht erst neuerdings in Form
des Vollzugsdefizits an ihre Grenzen stößt. Vielmehr war sie schon immer mehr
oder weniger Illusion. Bei größeren gesellschaftlichen Umbrüchen, die mit der
Veränderung von Wertungen oder strukturalen Bewusstseinslagen verbunden
sind, wird diese Illusion zum Problem, und zwar deshalb, weil ein Widerspruch
zwischen Alltagshandeln oder gesellschaftlicher Praxis und rechtlicher Ordnung

auftritt, der in ruhigen Zeiten nur in Randbereichen, d.h. im abweichenden Verhalten besteht (vgl. Fisahn 1999, S. 324 ff.). Nicht die Schärfe der Konditionalprogramme ändert sich ständig, sondern das Problembewusstsein, was nicht heißt, dass es kein Problem gäbe, nur ist dieses wahrscheinlich älter als angenommen.

Als Problem bleibt vor allem, wie und von wem die Unschärfen in der konditionalen Programmierung scharf gezeichnet oder wie und von wem Finalprogramme konkretisiert werden. Dabei handelt es sich gewissermaßen um eine Machtfrage, die als Frage nach Entscheidungskompetenzen oder nach der Ausgestaltung von Verfahren zu stellen ist, über die konkretisierende Entscheidungen getroffen werden. Es macht eben unter demokratischen Gesichtspunkten einen Unterschied, ob die Konkretisierung von Normsätzen der Administration in Verhandlungsprozessen mit der Wirtschaft überlassen bleibt oder unter gleichberechtigter Einbeziehung von Vertreter(inne)n der Gesellschaft erfolgt. Unter den Bedingungen der gegenwärtigen neoliberalen Hegemonie scheint es aber problematisch, den Weg über eine Demokratisierung von Entscheidungen, verstanden als Rückbindung auch administrativer Macht an die Gesellschaft, einzuschlagen. Denn die Forderung nach mehr Partizipation ist längst neoliberal umgedeutet worden.

Prozedurales Recht

Wenn die Steuerung mittels des Konditionalprogramms nicht funktioniert, anfällig ist für Machtgefälle, wurde gefolgert, müsse die Rechtsanwendung prozeduralisiert werden. An die Stelle der Rechtsauslegung sollten Verfahren treten, über die eine demokratisch-partizipatorische Entscheidungsfindung der Administration erreicht wird. So könnte der privilegierte Einfluss der Wirtschaft, das *Bargaining* im Prozess des Normvollzugs, ausgeglichen oder durchbrochen und die administrative Entscheidung „kommunikativ verflüssigt" werden. Prozeduralisierung stellt man sich konkret als Beteiligung von Verbänden und der Öffentlichkeit vor, welche die Entscheidungsspielräume der Verwaltung in diskursiven Prozessen an die demokratische Willensbildung zurückbinden, über den Diskurs „richtige Lösungen" finden oder zumindest *Bargaining*-Prozesse kontrollieren.

Mit einer Prozeduralisierung verbunden ist die Transformation vom Konditional- auf das Finalprogramm. Hier wird gleichsam die Unbestimmtheit des Konditionalprogramms akzeptiert und auf die Spitze getrieben. Statt präziser Verbindungen zwischen tatbestandlichen Voraussetzungen und Rechtsfolge werden Ziele formuliert, die man in einem Abwägungsprozess prozedural ermittelt.

Die meisten Gesetze enthalten inzwischen solche Zielbestimmungen, ohne deshalb auf prozeduralen Vollzug umgestellt worden zu sein. Über die Zielbestimmungen wird vielmehr versucht, die Auslegung unbestimmter Rechtsbegriffe im Konditionalprogramm zu „steuern".

Zentral ist jedoch die Ablösung materieller Programmierung durch prozedurale Problembearbeitung, was meint: Die rationale, gerechte oder richtige Entscheidung soll nicht durch Konditionalprogramme des Gesetzgebers vorgegeben werden. Stattdessen stellt der Gesetzgeber ein Verfahren zur Verfügung, in dem diese Entscheidung ermittelt wird. An dem Verfahren sollen möglichst viele Betroffene oder Interessent(inn)en beteiligt werden, die durch geschickte Vermittlung ein konsensuales oder zumindest ein vernünftiges, gerechtes Ergebnis finden sollen. Die Entscheidung, wie die vom Gesetzgeber vorgeschriebenen Ziele verwirklicht werden, trifft dieser nicht selbst, sondern soll an die „Zivilgesellschaft" zurückgegeben werden. In der sog. Zweiten Moderne reflektiert die Zivilgesellschaft über die staatlichen Normen und akzeptiert sie oder unterwirft sich ihnen nicht einfach. Das Reflexionspotenzial ist deshalb in die Lösung von sozial- und umweltstaatlichen Konflikten einzubeziehen. Diese Variante hat den Charme, dass anstelle des Machtapparates Verwaltung bzw. Staat die Gesellschaft dezentral die Steuerung übernimmt (vgl. Eder 1990, S. 155 ff.).

Die Vertreter/innen des prozeduralen Rechts stehen vor drei Problemen: *Erstens* wird das Reflexionspotenzial der Zivilgesellschaft genauso überschätzt wie die Bereitschaft zur Beteiligung an Verfahren, die im Zweifel Geld und Zeit kostet. Die Überschätzung des Reflexionspotenzials äußert sich z.T. im Glauben an vernünftige Lösungen und konsensuale Ergebnisse, die durch gleichberechtigte Beteiligung und rationale Diskussion entstehen sollen. Interessenkonflikte und widersprüchliche Wertungen lassen sich aber in einer widersprüchlichen Gesellschaft nicht immer beseitigen. *Zweitens* hat die Politik in den 1990er-Jahren dem Glauben an eine zwangsläufig fortschreitende Proceduralisierung des Rechts ein jähes Ende gesetzt. Verfahren wurden verkürzt und Beteiligungsrechte eingeschränkt. Mit der Krise des Verfahrens verlieren aber auch die Finalprogramme ihren Sinn. *Drittens* sind im Bereich der Infrastrukturplanung oder Anlagengenehmigung bisher keine Verfahren entwickelt oder rechtlich verankert worden, die das Problem der zivilgesellschaftlichen Beteiligung befriedigend lösen. Prozedurales Recht ist insofern nicht Realität, als keine Verfahren normiert wurden, die den Einfluss der Zivilgesellschaft gegen vermachtete Interessen der Wirtschaft oder des Staates absichern. Hier kippt der demokratisch-partizipatorische Ansatz in eine neoliberale Politik, sind Beteiligungen, dort wo sie geschaffen und nicht abgebaut wurden, so konstruiert worden, dass sie nicht ungleiche Machtverhältnisse einschränken, sondern im Gegenteil aus dem informalen *bargaining* formalisierte Beziehungen machen.

Ein besonders gutes Beispiel für dieses Kippen bieten die *Wasserrechtsrahmenrichtlinie* (Richtlinie 2000/60/EG des Europäischen Parlaments und des Rates vom 23. Oktober 2000 zur Schaffung eines Ordnungsrahmens für Maßnahmen der Gemeinschaft im Bereich der Wasserpolitik) sowie ihre Umsetzung in Deutschland. Die Richtlinie sieht vor, dass in den Mitgliedstaaten übergreifende Wasserräte eingerichtet werden, die für Flussgebietseinheiten Wasserpläne aufstellen, welche Zielbestimmungen und Umsetzungsmöglichkeiten für die Wasserwirtschaft enthalten. Dies soll unter Beteiligung der Öffentlichkeit geschehen, wobei der Text der Richtlinie offen ist im Hinblick auf die Frage, wie die Beteiligung zu organisieren und vor allem wer zu beteiligen ist. Interessant ist nun, wie die Richtlinie in der deutschen Verwaltungspraxis umgesetzt wird, vor allem wie die Wasserbeiräte zusammengesetzt sind. Versucht man hier einen Gesamteindruck herzustellen, ergibt sich, dass – mit der rühmlichen Ausnahme von Schleswig-Holstein – im Wesentlichen solche Gremien installiert werden, die zum überwiegenden Teil aus Vertretern der Exekutive und der Wirtschaft(sverbände) bestehen. Beispielsweise finden sich in Bayern unter den insgesamt 23 Beteiligten sechs staatliche bzw. kommunale Institutionen, 14 Wirtschaftsverbände, zwei Umweltverbände und ein Freizeitverband. Hier handelt es sich um „Kungelgremien", an denen sich als Alibi ein oder zwei Vertreter der Umweltverbände beteiligen können. Da wird ein formales Mitwirkungsorgan geschaffen, welches aus den ohnehin Einflussreichen und Mächtigen besteht und diesen eine neue Plattform schafft, ihre Interessen im Bereich der Wassernutzung abzustimmen und dann als Planung im öffentlichen Interesse zu deklarieren. Zwar haben die Gremien rechtlich keine Entscheidungskompetenz, aber faktisch, sodass sie als oligarchische Verwaltungsinstanz des allgemeinen Interesses fungieren können.

Damit folgt die Ausgestaltung der „aktiven Beteiligung" einer Tendenz innerhalb der gesellschaftlichen Organisation: Politik und mit ihr die parlamentarische Demokratie sowie die zivilgesellschaftliche Partizipation danken zugunsten oligarchischer Expertengremien ab. Was im „informalen Rechtsstaat" (Eberhard Bohne) zwischen Behörden und Betreibern oder Vertretern der Wirtschaft neben dem Gesetz ausgehandelt wurde, wird nun ein Aushandlungsprozess innerhalb eines rechtlich institutionalisierten Gremiums, die Öffentlichkeit jedoch weiterhin erst dann eingeschaltet, wenn fertige Pläne vorliegen.

Die Forderung nach Erweiterung partizipativer Beteiligung anstelle administrativer Entscheidungen oder nach Kontrolle der Beziehungen zwischen administrativen Entscheidungsträgern und wirtschaftlicher Macht schlägt hier um in formalisierte Einflussmöglichkeiten für Letztere. Es handelt sich um Machtverschiebungen zugunsten der Ökonomie, die für den neoliberalen Umbau der Gesellschaft kennzeichnend sind. Der Angriff auf administrative Entscheidungskompetenzen hatte einen nicht intendierten Effekt, wurde er doch von Neoliberalen benutzt, um den gesellschaftlich Mächtigen, nämlich der Wirtschaft, direkte Einflussmöglichkeiten auf administrative Entscheidungen zu eröffnen. Dies ist natürlich keine Naturgesetzmäßigkeit, die kritische und meist emanzipativ-demokratische Position des prozeduralen Ansatzes wurde vielmehr unter den vorhandenen Kräfteverhältnissen umfunktioniert. Folglich war die neoliberale Begriffsbesetzung ein nicht intendierter Effekt.

Regulierte Selbstregulierung

Die „ökonomische Analyse des Rechts", eine der vielen Spielarten der betriebswirtschaftlichen oder utilitaristischen Wissenschaftsmethodologie, griff das Ordnungsrecht frontal an. Es führe keineswegs nur zu einem Vollzugsdefizit, so die Argumentation, sondern sei auch nicht allokationseffizient, weil Anreize fehlten, eine aus der Sicht des Umweltschutzes optimale Technologie einzusetzen. Deshalb werde nur der angeordnete Grenzwert eingehalten und nicht versucht, diesen zu unterschreiten. Aus dem betriebswirtschaftlichen Ansatz resultiert die Forderung nach einem ökonomischen Instrumentarium, was am Beispiel des Emissionshandels diskutiert wurde. Grundsätzlicher folgt aus diesem Ansatz das Konzept, den Akteuren gesetzlich nur Ziele vorzugeben, es ihnen aber selbst zu überlassen, wie diese erreicht werden. Die ökonomische Theorie empfiehlt deshalb die Selbstregulierung (vgl. Gawel 1994, S. 37 ff.; Gawel 1995, S. 79).

Als „regulierte Selbstregulierung" wurde das Konzept auch von der progressiven oder regulationsfreundlichen Variante der Systemtheorie empfohlen. Die konditionale Steuerung scheitert aus dieser Perspektive nicht an den Machtverhältnissen, sondern an der gestiegenen Komplexität der gesellschaftlichen Realität und der Selbstreferenzialität der Systeme. Letztere mündet bei Niklas Luhmann (1991) als berühmtestem Vertreter der Systemtheorie eher in einen grundsätzlichen Steuerungspessimismus. Die progressivere Variante empfahl stattdessen, von der Detail- auf die Kontextsteuerung umzustellen, also Systeme „intelligenter" Selbstregulierung zu generieren, bei denen der Zusammenhang, insbesondere das Ziel vorgegeben würde, während die beteiligten Akteure innerhalb des Kontextes die Mittel und optimalen Verfahren zur Erreichung des Zieles selbst wählen und bestimmen dürften (vgl. Teubner/Wilke 1984, S. 4 ff.; Teubner

1989, S. 81 ff.). An die Stelle von Grenzwerten treten dann Qualitätsnormen, die von den Akteuren zu erreichen sind. Vorgegeben wird ihnen durch den Gesetzgeber nach diesem Modell (vgl. Di Fabio/Schmidt-Preuß 1997) nur noch das Ziel. Wie sie es erreichen, überlässt man den beteiligten Akteuren. Und das sind eben nicht alle Mitglieder der Gesellschaft, sondern hauptsächlich Vertreter der Wirtschaft, die selbst Formen, in denen das gesetzgeberische Qualitätsziel erreicht wird, finden und die Zielerreichung auch selbst überwachen sollen.

Das beste Beispiel dafür sind die sog. Selbstverpflichtungen (vgl. Frenz 2001), die nicht nur im Umweltrecht bekannt sind, aber sehr unterschiedlich ausgestaltet sein können. In einem Gutachten des Rates von Sachverständigen für Umweltfragen (1998, S. 130) wurde festgestellt, dass die deutsche Wirtschaft seit Anfang der 1980er-Jahre ca. 70 Selbstverpflichtungen mit steigender Tendenz abgegeben hat. Im Jahre 2001 ergaben Recherchen die Zahl von über 100 Selbstverpflichtungen allein im Bereich des Umweltrechts (vgl. Gibel 2001, S. 270). Schon 1966 verpflichtete sich die Tabakindustrie zu Werbebeschränkungen. Unter anderem soll die Werbung sich nicht gezielt an Jugendliche richten. Einige Jahre später folgte ein gesetzliches Verbot der Tabakwerbung in Rundfunk und Fernsehen. Letzteres war bekanntlich insofern ein voller Erfolg, als das berühmtberüchtigte HB-Männchen nunmehr von der Mattscheibe verschwand. Die Selbstverpflichtung wurde kein hundertprozentiger Erfolg, denn immer wieder gibt es Verstöße. Aber verglichen mit jüngeren Selbstverpflichtungserklärungen funktioniert die Werbebeschränkung.

Die Selbstverpflichtung der Getränkehersteller, den Mehrweganteil an Behältern zu erhöhen, wurde zum Debakel, das als Streit um das Dosenpfand (vgl. dazu: Helberg 1999, S. 66 ff.; Reese 2001, S. 17) öffentlich Furore machte. Auch das Öko-Audit (VO EG 761/2001), ein Instrument der freiwilligen umweltrechtlichen Selbstkontrolle der Industrie, befindet sich nach anfänglichen Erfolgen auf dem absteigenden Ast – die Umweltbehörden melden sinkende Teilnehmerzahlen. Ebenso kann konstatiert werden, dass die Selbstverpflichtung der Wirtschaft aus dem Jahre 2000, Treibhausgase zu reduzieren, ihr Ziel verfehlt – der Ausstoß steigt wieder an und die Unternehmerverbände polemisieren gegen die Reduzierung der Verschmutzungsrechte im Nationalen Allokationsplan (vgl. http://www.b2bbb.de/b2bbb/wirtschaftsnews/klimaschutz/index.php; 30.8.2007). Erfolg und Misserfolg der Selbstregulierungen hängen ganz offensichtlich davon ab, inwieweit die Politik der Selbstverpflichtung ordnungsrechtliche Elemente an die Seite stellt bzw. wirksame Sanktions- und Kontrollmechanismen etabliert. Das unterscheidet beispielsweise das Tabakwerbeverbot vom Dosenpfand. Als Sanktion drohte der Gesetzgeber nur an, das Pfand gesetzlich zu regeln, um so den Mehrweganteil zu erhöhen. Strukturelle Anreize zur gegenseitigen Kontrolle existierten nicht. Den Verbänden fehlte zudem jedes Instrument, um die von ihnen eingegangene Verpflichtung gegenüber ihren Mitgliedern durchzusetzen. Es gab keine Kontrolleure, die hätten kontrolliert werden können. Die Selbstverpflichtung funktionierte nicht als Regulation der Selbstregulierung, sondern schlicht und einfach als (vorübergehender) Verzicht auf Regulierung. Die Regulierungsaufgabe wurde nicht „in die Gesellschaft" zurückverlagert, sondern interessierten Gruppen der Gesellschaft überlassen.

Ein weiteres Beispiel für neoliberale Selbstregulation sind die unterschiedlichen Gremien zur „technischen Normierung". Es ging zunächst um Normierungen, die sich aus der Notwendigkeit, Kompatibilität zwischen den Erzeugnissen unterschiedlicher Produzenten herzustellen, entwickelt haben. Dabei ist das Stadium, einheitliche Größen für Papier sowie gleiche Formen für Steckdosen und Stecker von elektrischen Geräten festzulegen, allerdings überschritten. Die Normungen sind längst umfangreiche Regelwerke, über die eine umweltfreundliche Organisation der Produktion oder die Sicherheit der Arbeitsprozesse und Produkte festgelegt werden und im Zweifel nachgewiesen werden können. Bedeutend sind die der Internationalen Organisation für Normung (ISO): Diese publiziert täglich zwei Normen; im Februar 2005 waren es 14.900 (vgl. http://www.nzzfolio.ch/www/d80bd71b-b264-4db4-afd0-277884b93470/showarticle/344a6426-daa3-4e7e-9e81-afb14f5f8788.aspx; 30.8.2007).

Die Normierung behandelt längst nicht mehr nur „technische" Fragen, d.h. solche, die nur eine Festlegung erfordern, wie immer sie auch aussehen mag, sondern inzwischen auch Wertungsfragen, bei denen es von der politischen, ethischen usw. Beurteilung abhängt, wie die Norm aussehen soll und kann. Die Einbeziehung oder Übertragung von Normsetzungsbefugnissen auf nichtstaatliche Akteure bedeutet de facto eine „Delegation" gesetzgeberischer Kompetenzen, die freilich nicht offen eingestanden wird (vgl. Schepel 2005, S. 70; Joerges 2006, S. 157).

Die Selbstregulierung führt bei neoliberaler Hegemonie und entsprechenden gesellschaftlichen Kräfteverhältnissen entweder zu einem Verzicht auf Regulierung oder zu einer Übertragung von Regulierungskompetenzen auf Private, d.h. demokratisch nicht legitimierte und oligarchisch zusammengesetzte Gruppen, Organisationen oder Gremien. Im Bereich des Umweltrechts wird die privilegierte Zusammenarbeit zwischen Wirtschaft und Staat z.T. normativ gefordert und aus einem Kooperationsprinzip abgeleitet (vgl. Shirvani 2005; Di Fabio 1999, S. 1153 ff.; kritisch: Gusy 2001, S. 1 ff.; Murswiek 2001, S. 7). Empirisch zeigt sich, dass der Staat zunehmend auf die autoritative Durchsetzung von Umweltnormen verzichtet und mit den Unternehmen in einen „Dialog" eintritt, in dem sie die Einhaltung der eigentlich verbindlichen Normen aushandeln. Dies solle auch so sein, sagt man, womit das Vollzugsdefizit apologetisch umgedeutet wird. Auch hier zeitigt der Diskurs, welcher auf eine – zumindest in Teilen – verbesserte Steuerung abzielte, nicht intendierte Effekte, wurde neoliberal genutzt und mündet in einen Verzicht oder eine Entdemokratisierung der umweltpolitischen Steuerung.

Quellen- und Literaturverzeichnis

Bohne, Eberhard (1981): Der informale Rechtsstaat, Berlin

Di Fabio, Udo (1999): Das Kooperationsprinzip – ein allgemeiner Rechtsgrundsatz des Umweltrechts, in: NVwZ (Neue Zeitschrift für Verwaltungsrecht) 11, S. 1153-1158

Di Fabio, Udo/Schmidt-Preuß, Matthias (1997): Verwaltung und Verwaltungsrecht zwischen gesellschaftlicher Selbstregulierung und Staatlicher Steuerung, in: VVDStRL (Veröffentlichungen der Vereinigung der Deutschen Staatsrechtslehrer) 56, S. 235-277

Eder, Klaus (1990): Prozedurales Recht und Prozeduralisierung des Rechts, in: Dieter Grimm (Hrsg.), Wachsende Staatsaufgaben, sinkende Steuerungsfähigkeit des Rechts, Baden-Baden, S. 155-185

Fisahn, Andreas (1999): Natur, Mensch, Recht. Elemente einer Theorie der Rechtsbefolgung, Berlin

Fisahn, Andreas (2002): Demokratie und Öffentlichkeitsbeteiligung, Tübingen

Frenz, Walter (2001): Selbstverpflichtungen der Wirtschaft, Tübingen

Gawel, Erik (1994): Umweltallokation durch Ordnungsrecht, Tübingen

Gawel, Erik (1995): Bürokratietheorie und Umweltverwaltung, in: Zeitschrift für angewandte Umweltforschung 1, S. 79-89

Gibel, Christoph (2001): Vereinbarungen als Instrument des Umweltschutzes, Berlin/Heidelberg

Gusy, Christoph (2001): Kooperation als staatlicher Steuerungsmodus, in: ZUR (Zeitschrift für Umweltrecht) 1, S. 1-7

Helberg, Andreas (1999): Normabwendende Selbstverpflichtungen als Instrumente des Umweltrechts, Sinzheim

Hentrich, Steffen/Matschoss, Patrick/Michaelis, Peter (2006): Der zweite Nationale Allokationsplan zum Emissionshandel: Ergebnis einer verfehlten Wettbewerbsdebatte, in: Europäische Zeitschrift für Umwelt- und Planungsrecht 3, S. 144-151

Heublein, Dieter/Schubert, Gernot (2006): Bio- und Gentechnik. Kommentar zur Biostoffverordnung und zum Gentechnikgesetz, begr. von Matthias Nöthlichs, Loseblatt, Berlin 1999/letzte Ergänzung 2006

Huth, Rebecka (2001): Gentechnik und Umweltrechtskodifikation, Berlin

Jass, Margit (1990): Erfolgskontrolle des Abwasserabgabengesetzes, Frankfurt am Main

Joerges, Christian (2006): Freier Handel mit riskanten Produkten? – Die Erosion national-staatlichen und die Emergenz transantionalen Regierens, in: Stephan Leibfried/Michael Zürn (Hrsg.), Transformation des Staates?, Frankfurt am Main, S. 151-193

Luhmann, Niklas (1991): Steuerung durch Recht? – Einige klarstellende Bemerkungen, in: ZfRsoz (Zeitschrift für Rechtssoziologie) 12, S. 142-146

Luhmann, Niklas (1993): Das Recht der Gesellschaft, Frankfurt am Main

Mayntz, Renate (1978): Vollzugsprobleme im Umweltrecht, Stuttgart

Muswiek, Dietrich (2001): Das sogenannte Kooperationsprinzip – ein Prinzip des Umweltschutzes, in: ZUR 1, S. 7

Rat von Sachverständigen für Umweltfragen (1998): Umweltgutachten 1998 (BT-Drs. 13/10195)

Reese, Moritz (2001): Das Kooperationsprinzip im Abfallrecht, in: ZUR 1, S. 14-19

Schepel, Harm (2005): The constitution or private Governance. Product Standards in the Regulation of Integrated Markets, Oxford

Shirvani, Foroud (2005): Das Kooperationsprinzip im deutschen und europäischen Umweltrecht (Schriften zum Umweltrecht), Berlin

Steinberg, Rudolf (1988): Ökologischer Verfassungsstaat, Frankfurt am Main

Steinberg, Rudolf (1993): Fachplanung, Baden-Baden

Sudmann, Ute/Fisahn, Andreas (2004): Die Umsetzung des Emissionshandels in Deutschland, in: Umwelt- und Planungsrecht 11-12, S. 414-419

Teubner, Günther (1989): Autopoetische Systeme, Frankfurt am Main

Teubner, Günther/Wilke, Helmut (1984): Kontext und Autonomie. Gesellschaftliche Selbststeuerung durch reflexives Recht, in: ZfRSoz 5, S. 4-35

Übersohn, Gerd (1990): Folgerungen aus der Implementations- und Evaluationsforschung, Frankfurt am Main

Winter, Gerd (1975): Das Vollzugsdefizit im Wasserrecht. Ein Beitrag zur Soziologie des öffentlichen Rechts, Berlin (West)

Christian Christen

Marktgesteuerte Alterssicherung
Von der Entwicklung zur Implementierung eines neoliberalen Reformprojekts

Im Frühjahr 2007 sah es einen Moment lang so aus, als würden die deutschen Gewerkschaften das Gesetzgebungsverfahren zur „Rente mit 67" zum Anlass nehmen, um die Zukunft der Alterssicherung grundsätzlich zu problematisieren. Wut und Empörung über die anstehenden Leistungskürzungen für künftige Rentner/innen mobilisierten damals mehrere hunderttausend Beschäftigte, was angesichts zunehmender Arbeitsbelastungen durch ständige Produktivitätssteigerungen und schwindender sozialversicherungspflichtiger, angemessen entlohnter Beschäftigungsmöglichkeiten für Über-50-Jährige nicht überrascht. Der sog. Eckrentner, der nach 45 Beitragsjahren seine volle Rente in guter Gesundheit genießen kann, ist längst nur noch eine statistische Randgröße. Die Mehrheit der Beschäftigten wechselt vor dem offiziellen Renteneintrittsalter u.a. aus gesundheitlichen Gründen, wegen Arbeitslosigkeit und/oder über betriebliche Sozialpläne in den Ruhestand und muss dabei häufig drastische Abschläge in Kauf nehmen. Allerdings half weder die berechtigte Empörung noch die Ankündigung des DGB, die „Rentenfrage" bis zum kommenden Bundestagswahlkampf zu thematisieren. Von der parlamentarischen Mehrheit, den Wirtschaftverbänden und in den Massenmedien wurde die jüngste Reform als unausweichlich dargestellt und angesichts der „demografischen Alterung" unserer Gesellschaft sogar als gerecht gepriesen. Postwendend wurden tiefer gehende Reformen angemahnt, die in den kommenden Jahren realisiert werden sollen.

Über die Notwendigkeit eines radikalen Umbaus der Alterssicherung herrscht in Deutschland wie international weitgehend Konsens. Seit den 1970er-Jahren wird ein einheitlicher Kurs mit folgenden Eckpunkten eingeschlagen: Rückzug des Staates und Vorzug betrieblicher, privater Lösungen sowie Transformation der Finanzierung – vom Umlageverfahren (über Lohnabgaben und/oder Steuern) hin zur Kapitaldeckung und zur internationalen Anlage der Gelder. Letzteres beinhaltet die weitere Flexibilisierung und Deregulierung der Finanzmärkte, um damit die Anlagemöglichkeiten für Pensionsgelder aus den

„alten" Industrienationen in die aufstrebenden „jungen" Ökonomien (emerging markets) zu erleichtern. Die Umsetzung der jeweiligen Reformschritte ist national verschieden, verfolgen die tonangebenden Akteure doch bisweilen unterschiedliche Teilziele und formulieren im Detail abweichende Positionen, ohne die prinzipielle Zielsetzung in Frage zu stellen. Seit drei Jahrzehnten werden identische sozialpolitische bzw. ökonomische Behauptungen und normative Überzeugungen reproduziert, die sich ergänzen und das neoliberale Reformprojekt der markgesteuerten Alterssicherung inhaltlich legitimieren sollen. Die entscheidenden ökonomischen Argumentationen sind flexibel einsetzbar und lassen sich mühelos verknüpfen, werden sie doch vor einem gemeinsamen theoretischen Hintergrund formuliert, dem orthodoxen (neoklassischen) Ansatz. Entsprechend ist ab den 1990er-Jahren von einem „orthodoxen" Reformparadigma (siehe Müller 2003) die Rede, mit dem der radikale Umbau der Alterssicherung weltweit vorangetrieben wird.

Die ökonomische Orthodoxie als theoretische Basis neoliberaler Rentenreformen

In der internationalen ökonomischen Debatte werden unter den Begriff „Orthodoxie" jene Ansätze subsumiert, die dem (neo)klassischen Paradigma verpflichtet sind bzw. dessen Grundaxiome (u.a. den methodologischen Individualismus und Instrumentalismus sowie die Gleichgewichtsvorstellung) teilen. Damit lassen sich selbst die Forschungsstränge klassifizieren, die nicht trennscharf mit dem Begriff „Neoklassik" erfasst werden können, wie etwa die „general equilibrium theory, evolutionary game theory, non-Walrasian equilibrium theory, social choice theory, industrial economics, economic geography, new political economy, analytical Marxism (and) public choice economics" (Arnsperger/Varoufakis 2006, S. 5). Alternativ dazu werden u.a. der Keynesianismus bzw. Postkeynesianismus, der Institutionalismus, der neoricardianische und der marxistische Ansatz mit dem Begriff „Heterodoxie" belegt (vgl. Fullbrook 2004; Heise 2007). Mittels des Begriffs „Orthodoxie" betont man einerseits den dogmatischen Glaubenscharakter der herrschenden Lehre und den mangelnden Pluralismus in der modernen Wirtschaftswissenschaft, während man andererseits die theoretischen Differenzierungen verarbeitet. Nach Ablösung der Klassik durch die Marginalrevolution (u.a. Grenznutzentheorie und subjektive Wertlehre) entwickelte sich im Übergang zum 20. Jahrhundert die Neoklassik. Dieser Begriff wurde damals nicht gebraucht, entsprechend kritisierte John Maynard Keynes (1936) in seiner „Allgemeinen Theorie" das orthodoxe Denken der Klassik, die Grenznutzenschule und die Gleichge-wichtsvorstellung.

Im Anschluss an die von Keynes in den 30er-Jahren initiierte paradigmati-sche Wende konsolidierte und differenzierte sich der orthodoxe (neoklassische) Ansatz so stark, dass die Charakterisierung und Kritik der herrschenden Lehre als neoklassisch zurückgewiesen werden kann (vgl. Colander 2000). Um einen fruchtlosen Begriffsstreit zu vermeiden und diese Immunisierungsstrategie aus-zuhebeln, ist es sinnvoll, die methodischen Grundlagen, Annahmen und Axiome zu identifizieren, die seit der Klassik relativ durchgängig verwendet werden und Kern des orthodoxen Paradigmas sind. Für die Analyse der Implementierung einer markgesteuerten, kapitalgedeckten Alterssicherung ist der Begriff „Ortho-doxie" wiederum zielführend, weil die theoretische ökonomische Argumentation über deren Vorteilhaftigkeit primär auf neoklassischen/orthodoxen Annahmen beruht. Die intendierte Reform ließe sich anders gar nicht konsistent begründen, da es weder eine eigenständige neoliberale Wachstums-, Verteilungs- und Kapi-talmarktheorie noch eine neoliberale Bevölkerungstheorie gibt, aus der die gän-gigen demografischen Thesen abgeleitet werden könnten (vgl. Christen 2008).

Alter(n) als strukturelles Problem der modernen Industriegesellschaft

Ursächlich für die Entwicklung der im Umlageverfahren finanzierten und über den Staat organisierten Renten- bzw. Pensionssysteme sind die Industrialisie-rung, die Urbanisierung sowie der demografische Wandel im 18. und 19. Jahr-hundert. Die „große Transformation" (Polanyi 1944/1997) bescherte den moder-nen Gesellschaften neben einer ungekannten ökonomischen und kulturellen Dynamik massive soziale Probleme. So besiegelte die Erosion der alten Ordnung, Lebens- und Produktionsweise das Ende aller traditionellen Ansätze von Alters-sicherung: Das Existenzminimum musste durch Arbeit in der landwirtschaftli-chen bzw. handwerklichen Subsistenzproduktion bis zum Tod gesichert werden – die Mehrheit kannte keinen Ruhestand. Im hohen Alter und/oder bei Gebrech-lichkeit waren die Alten dann meist auf die „barmherzige" Hilfe des Staates (Armengesetzgebung), die mildtätige Fürsorge der Kirchen und Gemeinden (Ar-menhäuser, Hospize etc.) und – sofern möglich – den Familienbeistand angewie-sen. Im Zuge der Industrialisierung setzte sich endgültig die Kleinfamilie als bestimmende Lebensform durch, und die Subsistenzproduktion erodierte zu-gunsten der Lohnarbeit. Nun war es vollends unmöglich, das Risiko der Altersarmut über traditionelle Mechanismen aufzufangen, und da sich die Löhne am Existenzminimum orientierten, ließ sich der Einkommensausfall im Alter nur selten durch Rücklagenbildung (Sparen) in der aktiven Zeit kompensieren. Das Alter(n) wurde zum strukturellen Problem der Industriegesellschaft und die politische Intervention zur systematischen Organisation einer Alterssicherung unausweichlich. Befördert wurde dies durch die Herausbildung der Nationalstaaten und eines bürgerlichen Rechtsverständnisses, da so der Interventionsrahmen und die Befugnis der zentralstaatlichen Autorität erweitert und sozialrechtlich legitimiert werden konnten (vgl. Marshall 1992). Als Prototyp der modernen Sozialgesetzgebung gilt das Gesetz zur Invaliden- und Alterssicherung von 1889 im Deutschen Reich.[1] Fortan gehörte die Organisation eines Transfersystems für „Alte" zum Kernbereich des Wohlfahrtsstaates, über den die strukturellen Risiken der Industriegesellschaft minimiert werden sollten. Die sozialpolitische Reaktion war unumgänglich, da sich das Altern in eine Zuspitzung der ohnehin prekären Lebenssituation übersetzte und sich die Stellung der Alten in der Produktion und Gesellschaft grundlegend änderte (vgl. Göckenjahn 2000). Ihre Integration in die Arbeitsprozesse und die Organisation von Alterssicherung wandelte sich also von einem Zustand relativer Stabilität (vorindustrielle Zeit) über Krisen und den anschließenden Kollaps (Industrialisierung) bis zu den Anfängen eines neuen Systems zu Beginn des 20. Jahrhunderts, mit dem erstmalig eine Lebensphase des Ruhestandes für die Mehrheit definiert wurde.[2]

Bei allem Fortschritt beseitigte die neue Sozialgesetzgebung die prekäre Situation der Alten nicht, was im Zuge der beiden Weltkriege und der Weltwirtschaftskrise der 1930er-Jahre deutlich wurde: Der Einsatz von „Alten" als Hilfskräfte in der Landwirtschaft, im Handwerk und in der industriellen Produktion wurde stark reduziert und die Möglichkeit der Einkommenserzielung in der landwirtschaftlichen Subsistenzproduktion weiter beschnitten. Der durch die Massenarbeitslosigkeit verursachte rapide Einkommensausfall und Vermögensverlust bei jungen Familienangehörigen hatte eine Reduktion ihrer Transfers an die Eltern und Großeltern zur Folge. Die starke Erosion privatwirtschaftlicher und kapitalfundierter Ansätze (betriebliche Alterssicherung, Lebensversicherun-

---

[1] Trotzdem gab es für die Masse der Lohnabhängigen keine soziale Sicherung. Dafür war allein das Leistungsniveau der Alterssicherung zu gering und der Versichertenkreis zu klein (vgl. Hentschel 1983). Ohnehin erreichte nur ein Bruchteil der Lohnabhängigen den vollen Leistungsanspruch nach 48 Beitragsjahren und die Altersgrenze von 70 Jahren, ab der die Rentenzahlung einsetzte.

[2] Es gibt aber keinen Automatismus zwischen der Industrialisierung und dem Aufbau sozialer Transfersysteme. Entscheidend waren vielmehr politische Konstellationen bzw. Kräfteverhältnisse und soziokulturelle Prägungen in der Gesellschaft (vgl. Esping-Andersen 1990; Baldwin 1999).

gen, Sparverträge etc.) verschärfte die Situation der Alten zusätzlich, sodass sämtliche Einwände, die gegen den Auf- und Ausbau einer staatlich organisierten Alterssicherung als Hauptssicherungssäule vorgetragen wurden, immer weniger überzeugten. Hieraus erklärt sich u.a. die Skepsis gegenüber allen „Marktlösungen" nach der schweren Krise, und schon aus praktischen Erwägungen setzte man auf die Finanzierung der Renten im Umlageverfahren (über Steuern und/oder Lohnabgaben). Denn nur so war ohne langwierigen Aufbau eines Kapitalstocks die sofortige Auszahlung möglich. Damit musste der Staat stärker als bisher in die Ökonomie intervenieren und die individuelle Entscheidungsfreiheit über die Alterssicherung und die Verwendung der Einkommen/Profite einschränken.

Das sozialpolitische Paradigma der Nachkriegszeit

Faktisch entstand die heute in mehr als 160 Ländern verankerte dreigliedrige Struktur der Alterssicherung mit einer staatlich organisierten, einer betrieblichen sowie einer individuellen Säule erst nach 1945. In den industriellen Kernländern und an der Peripherie war der entsprechende Reformzyklus in den 70er-Jahren abgeschlossen (vgl. Blackburn 2002, S. 31 ff.; Orenstein 2003, S. 175 ff.; Lindert 2004, S. 171 ff.). Für die Verbreitung der dreigliedrigen Struktur war neben den nationalen Regierungen die Internationale Arbeitsorganisation (IAO) verantwortlich. Sie präsentierte bereits 1944 in der Erklärung von Philadelphia das Leitbild und die Grundprinzipien der kommenden Politik: „Those principles included the creation of unified, national pension insurance systems under a central social security administration, to provide a specified sets of benefits, including disability and old-age pensions." (Orenstein 2003, S. 175) Unmittelbar nach Kriegsende wurden zahlreiche Regionalkonferenzen organisiert und durch massive Unterstützung der Industrienationen, vor allem der US-amerikanischen Administration, Berater/innen ausgebildet, Länderreformen vorbereitet und über unzählige Publikationen das sozialpolitische Paradigma der Nachkriegszeit popularisiert.

Trotz ähnlicher Diskussionen um die Vorteile der staatlich organisierten Alterssicherung unterschieden sich die alten und die nach 1945 neu etablierten Systeme durch die jeweilige Gewichtung der einzelnen Säulen und die Höhe der Transferleistungen. Am weitesten entwickelte sich die erste Säule in Kontinentaleuropa – vor allem in Skandinavien –, wo die Sicherung des Lebensstandards der Rentner/innen bzw. Pensionäre ein zentrales Anliegen war, was sich u.a. in einer Indexierung der Leistungen (Bindung der Renten/Pensionen an Lohnentwicklung und Inflation) oder einer starken Gewichtung der letzten Beitragsjahre ausdrück-te. Im Unterschied dazu dominierte in den angelsächsischen Ländern die Ar-mutsvermeidung. Die Leistungen der ersten Säule beschränkten sich häufig auf eine Grundsicherung, während der Lebensstandard im Ruhestand durch die ergänzende betriebliche und individuelle Vorsorge zu sichern war (vgl. Dixon 1999). Ungeachtet dessen blieb die Mehrheit der Beschäftigten im Alter überall auf die Leistungen der ersten Säule angewiesen. Sie bezogen (und beziehen) bis zu 90 Prozent ihres Einkommens im Ruhestand über das staatliche System, und wo dies nicht reichte, ergänzten andere Systeme (z.B. Sozialhilfe, Invaliden- und Krankenversicherung) sowie Zusatzleistungen (subventionierter Wohnraum, Essensmarken etc.) die geringen Renten/Pensionen.

Bei aller berechtigten Kritik an der staatlich organisierten Alterssicherung (z.B. an deren Ausrichtung am Idealbild der männlichen Lohnarbeit im indus-triellen Sektor, dem Fehlen einer eigenständigen Sicherung für Frauen und der Reproduktion von Einkommensunterschieden durch die Kopplung der Leis-tungshöhe an die im Lebenszyklus erworbenen Einkommen) gilt es festzuhalten, dass erst über deren Ausbau das Massenphänomen der Altersarmut überwunden werden konnte. Darüber hinaus galten die kontinentaleuropäischen Systeme als vorbildlich. Selbst in den angelsächsischen Ländern waren die Systeme hoch angesehen, was kaum überrascht, da die Schwächen der (kapitalgedeckten) be-trieblichen und individuellen Säule dort nie behoben werden konnten (vgl. Qua-dagno 1988; Ghilarducci 1992).

Sozialpolitisch gab es also in den 70er-Jahren gute Gründe, den Ausbau der Alterssicherung in Anlehnung an die kontinentaleuropäischen Modelle zu forcie-ren, deren Schwächen zu minimieren und Frauen sowie gering entlohnte und prekär Beschäftigte besser zu integrieren. Wirtschaftspolitisch ließ sich die umla-gefinanzierte Alterssicherung als wichtiger Bestandteil eines (post)keynesiani-schen Konzepts zur Stabilisierung der effektiven Nachfrage und Akkumulation konsistent begründen, was in den 50er- bis 70er-Jahren durch die Ausrichtung der Wirtschaftswissenschaft am keynesianischen Paradigma noch begünstigt wurde. Hinzu kam, dass die damalige Kapitalkontroverse[3] das orthodoxe Para-

---

[3] Problematisiert wurden der Kapitalbegriff sowie die Vorstellung der Existenz einer aggregierten Pro-duktionsfunktion und damit die Basis der neoklassischen Makroökonomie. Sehen wir von der irrealen Welt ab, in der nur ein homogenes Kapitalgut existiert, lässt sich der Faktor Kapital nur in Geldeinheiten, nicht aber in physischen Einheiten aggregieren. Da sich diese monetäre Bewertung im Produktionspro-zess ständig ändern kann, lässt sich kein strenger Zusammenhang zwischen dem physischen Input und dem realen Output einer Wirtschaft herstellen. In der Kapitalkontroverse wurde damit u.a. die Annahme von der Entlohnung der Produktionsfaktoren Kapital und Arbeit nach ihrer Grenzproduktivität und zwischen der steigenden Kapitalintensität und einem fallenden Zinssatz sowie steigendem Reallohnsatz

digma in seinen Grundfesten erschütterte (vgl. Harcourt 1972; King 2002), sodass die darauf basierende These einer generellen Überlegenheit der kapitalgedeckten Finanzierung der Alterssicherung schon theoretisch nicht überzeugt (vgl. Cesarrato 2005).

Auftakt zur ideologischen Revision

Obwohl sich also die umlagefinanzierte, staatlich organisierte Alterssicherung theoretisch wie empirisch konsistent begründen ließ und ihre Erfolge evident waren, kündigte sich Mitte der 70er-Jahre ein Paradigmenwechsel an. Die Revision setzte mit dem Auslaufen der Nachkriegskonjunktur bzw. dem Ende der Vollbeschäftigungsphase und der Rückkehr von Krisenzyklen in den Industrienationen ein (vgl. Brenner 2002 und 2006; Duménil/Lévy 2004), was die öffentlichen Haushalte durch zwei Effekte belastete: Die Sozialausgaben stiegen und die öffentliche Verschuldung wuchs durch die Konjunktur- und Investitionsprogramme, mit denen der Rückgang der effektiven Nachfrage und der Konjunktureinbruch abgemildert werden sollten. Für die liberal-konservativen Wohlfahrtsstaatskritiker bot diese Krise den willkommenen Anlass, ihre Positionen öffentlichkeitswirksam zu präsentieren und eine radikale sozial- und wirtschaftspolitische Wende anzumahnen (vgl. dazu: Butterwegge 2008, S. 136 ff.). Trotz intensiver Netzwerkbildung, politischer Formierung und steigender Einflussnahme blieben ihre Positionen bis dahin relativ ungehört, galt doch der neoliberale Ansatz als zu radikal, weil gesellschaftszersetzend und ökonomisch unsinnig.

Als Hauptfeld der Agitation bot sich die staatlich organisierte Alterssicherung an, da sich hier sozialphilosophische Argumente leicht mit ökonomischen Behauptungen zu den negativen Effekten der Staatsverschuldung sowie der Entwicklung von Spartätigkeit und Investitionsdynamik verbinden ließen. Ausgangspunkt war die These, dass ohne „Reform" eine unermesslich steigende Belastung der mittleren (berufstätigen) Jahrgänge einsetze. Hierüber ließ sich die Argumentationsfigur mangelnder Generationengerechtigkeit unter Hinweis auf die demografische Alterung der Gesellschaft prononciert formulieren, wodurch

---

(und umgekehrt) widerlegt. Auch das postulierte strenge Gefüge zwischen dem Zinssatz und dem Kapitalkoeffizienten (Verhältnis des Kapitalbestandes zum Produktionsvolumen) sowie dem Niveau des Pro-Kopf-Konsums und dem Zinssatz war unhaltbar (vgl. Heine/Herr 2003, S. 220 ff.). Damit sind alle wirtschaftspolitischen Aussagen über den Zusammenhang von „Lohnhöhe und Beschäftigung oder Profitrate bzw. Zinssatz und Kapitalbestand oder über die Verteilung des Volkseinkommens" (ebd., S. 265) nicht einmal theoretisch konsistent zu belegen.

als erstes Transfersystem die Alterssicherung in die Kritik geriet (vgl. Baker/
Weisbrot 1999; Minns 2001). Exemplarisch für den strategischen Einsatz des Begriffs „Generationengerechtigkeit" sind die Debatten in den USA und Großbritannien. Während er in Großbritannien erstmals offiziell in einem Gutachten der
von Margaret Thatcher 1983 eingesetzten Regierungskommission zur Überprüfung der britischen Alterssicherung auftauchte und den sozialpolitischen Umbau
legitimieren sollte (vgl. Walker 1991, S. 25 ff.), bemühte ihn in den USA die 1984
entstehende, einflussreiche Lobbyorganisation „Americans for Generational
Equity" (AGE). In enger Verbindung mit konservativen Politikern, Entscheidungsträgern der Administration, wirtschaftsliberalen *think tanks* und den Medien prophezeite man in unterschiedlichsten Facetten den finanziellen Kollaps
der staatlichen Alterssicherung. Ergänzt wurde die daraus abgeleitete Forderung
nach Leistungsabbau durch die Propagierung privater Lösungen, kapitalgedeckter Verfahren und mehr Marktsteuerung (vgl. Williamson u.a. 1999).

Die Wirkung des sich abzeichnenden neuen Paradigmas in Politik und Sozialwissenschaften zeigte sich u.a. an den Wahlsiegen von Margaret Thatcher und
Ronald Reagan sowie dem Regierungsantritt Helmut Kohls. Sie erweiterten den
Aktionsraum für die intendierte kulturelle sowie wirtschafts- und sozialpolitische
Wende. Dennoch musste der Umbau der Alterssicherung verhalten angegangen
werden. Es gab zwar reale Einschnitte für einzelne Gruppen und das Bestreben,
das Leistungsniveau der ersten Säule zu reduzieren und gleichzeitig die betriebliche Säule und die individuelle Vorsorge (dritte Säule) zu fördern. Der radikalen
Neujustierung standen aber die bestehenden institutionellen, sozialrechtlichen
Strukturen entgegen. Zudem war der Rückhalt für das staatliche System in der
Bevölkerung (noch) sehr hoch. Allen Forderungen nach rigorosen Leistungskürzungen waren damit enge Grenzen gesetzt. Trotz aller rhetorischen Radikalität
wurde das System der Alterssicherung deshalb nicht brachial zerschlagen. Wo
dies versucht wurde, beispielsweise nach der Amtseinführung Ronald Reagans in
den USA 1981, gab es einen unerwartet starken Widerstand der Mittelschicht, die
in allen Nationen am meisten vom Aufbau der ersten Säule profitiert hatte. Die
Republikaner verloren bei den anschließenden Wahlen zum Senat, zum Reprä-
sentantenhaus sowie in zahlreichen Bundesstaaten spürbar Stimmen und rückten
zunächst von ihren ambitionierten Plänen ab.

Konsolidierungsphase (80er- und 90er-Jahre)

Letztlich agierten die liberal-konservativen Parteien und Akteure in den 70er-Jahren und selbst in den 80er-Jahren trotz Wahlsiegen und wachsender Aufmerksamkeit für ihre marktradikalen Positionen aus einer defensiven Position. Entscheidend für die Überwindung der Schwäche war zweierlei: Es galt die argumentative Basis zu festigen und die neoliberale Alternative überzeugender darzustellen, und es bedurfte konkreter Transformationsbeispiele, um in Kombination von Theorie und Praxis eine ähnliche Reformdynamik wie im Anschluss an die Sozialgesetzgebung im Deutschen Reich gegen Ende des 19. Jahrhunderts zu entfesseln. Während die theoretische Arbeit an staatlichen, halbstaatlichen sowie privaten Forschungsinstituten, im Umfeld von Regierungs- und Ministerialbürokratie und internationalen Institutionen – vor allem der OECD, der Weltbank und dem Internationalen Währungsfonds (IWF) – die wieder erstarkende ökonomische Orthodoxie aufgriff und den Kurswechsel legitimierte, wurde die Popularisierung des neoliberalen Leitbildes den „Secondhand-Dealern" (Friedrich August von Hayeks Bezeichnung für die Multiplikatoren der neoliberalen Botschaften) in den Massenmedien und der Öffentlichkeit überlassen. Um die Unterstützung der Finanzmarktakteure (Banken, Versicherungen und Fonds) und der privaten Unternehmen brauchte man sich ohnehin nicht zu sorgen. Für Erstere ist die kapitalgedeckte Alterssicherung ein profitables Geschäft, und für Letztere stellt jede Abkehr von den staatlichen Transfersystemen eine Kostenentlastung dar und verbessert kurzfristig die eigene Gewinnsituation.

Schließlich fand sich zu Beginn der 80er-Jahre auch das Länderbeispiel mit internationaler Signalwirkung: Chile. Die chilenische Reform von 1981 kam dem Verständnis eines radikalen Neuanfangs am nächsten und wird bis heute im neoliberalen Lager positiv bewertet. Bezeichnenderweise konnte die Zerschlagung des umlagefinanzierten, staatlich organisierten Systems nur mit ausländischer Beratung und im Umfeld der Militärdiktatur von Augusto Pinochet durchgesetzt werden.[4] Dennoch stand das chilenische Experiment am Anfang der ersten Welle der praktischen Formierung des neoliberalen Reformprojekts und gilt als Prototyp für den Ende der 80er-Jahre einsetzenden Umbau der Alterssicherung in Lateinamerika. Zwar fielen die anschließenden Länderreformen nicht so

---

[4] Zur Verflechtung der chilenischen Eliten mit der Militärdiktatur, zur Rolle der katholischen Universität Chiles und der Universität von Chicago (USA) sowie zur Finanzierung und Beratung durch den amerikanischen Geheimdienst vgl. Borzutzky 1991; Green 1995. Die Radikalität der neoliberalen Reformer kannte übrigens eine bezeichnende Ausnahme: Die Alterssicherung der Sicherheitskräfte wird bis heute über den Staat organisiert und durch Steuern im Umlageverfahren finanziert.

radikal aus wie in Chile und differierte auch deren Umsetzung, die Ziele waren aber identisch: Die öffentlichen Haushalte sollten entlastet werden und der Aufbau kapitalgedeckter Elemente sowie der Ausbau der zweiten bzw. dritten Säule potenzielle Deckungslücken bei der Finanzierung des Alterskonsums im Ruhestand schließen. Die Sparquote der privaten Haushalte sollte steigen, die abgeführten Beiträge u.a. von den Finanzdienstleistern auf dem heimischen Finanzmarkt angelegt werden, diesen erweitern und den Unternehmen notwendige Mittel für ihre Investitionen zur Verfügung stellen und so zur Finanzierung der nachholenden Industrialisierung beitragen. In Aussicht gestellt wurden mehr Effizienz, sinkende Kosten für die Alterssicherung bei gleichwertigem oder höherem Sicherungsniveau und mehr ökonomische Dynamik – Versprechen, die bis heute nicht eingelöst worden sind (vgl. Mesa-Lago 2004), wobei das „Scheitern" von den Befürwortern der Reform anerkannt und geschickt gewendet wird, um weitere, „richtige" Reformen anzumahnen (vgl. Gill u.a. 2004).

Den makroökonomischen Hintergrund für die Implementierung des neoliberalen Reformprojekts in Lateinamerika bildeten die Schuldenkrise, der Schwenk der politischen Führung auf die exportabhängige Entwicklungsstrategie sowie die über IWF und Weltbank transportierte Politik der Strukturanpassung (vgl. Madrid 2003). Mit dem Zusammenbruch des Ostblocks zu Beginn der 90er-Jahre dynamisierte sich die Entwicklung. Ausgehend von den lateinamerikanischen Erfahrungen kam es in den osteuropäischen Transformationsländern zu einer zweiten Welle der Privatisierung und zum Ausbau der kapitalgedeckten Finanzierung der Alterssicherung (vgl. Müller 2003). Im Unterschied zum Ende des 19. Jahrhunderts formierte sich somit Ende des 20. Jahrhunderts über die Peripherie das dominante Paradigma, mit dem die Zerschlagung der Systeme in den Industrienationen angegangen werden konnte.

Reform der Alterssicherung in den Industrienationen

Nach zwei Jahrzehnten der Formierung und Konsolidierung setzte sich Mitte der 90er-Jahre das orthodoxe Reformparadigma in den industriellen Kernländern vollends durch. Seitdem wird in der „Rentendebatte" idealtypisch zwischen der Organisation (Staat vs. Markt) und der Finanzierung (Umlageverfahren vs. Kapitaldeckung) polarisiert. Von einer Sicherung des Lebensstandards, einer Integration sowie einer Teilhabe aller Alten an der wirtschaftlichen Dynamik ist kaum noch die Rede. Wo noch nicht geschehen, sollte mittels parametrischer Reformen die erste Säule auf die Gewährleistung einer Basissicherung reduziert werden.

Alternativ stehen der Auf- bzw. Ausbau der kapitalgedeckten zweiten (betriebliche bzw. obligatorische private Absicherung) und der dritten Säule (freiwillige Sicherung) an. Im Ergebnis wird das aus guten Gründen historisch gewachsene institutionelle, sozialrechtliche Arrangement zerstört und damit die Zielsetzung der Alterssicherung komplett umgekehrt.

Inhaltlich findet der Rentendiskurs auf zwei sich ergänzenden Ebenen statt: Es gibt die sozialpolitischen bzw. -philosophischen Argumentationen, in denen eine vereinfachte demografische Interpretation über Gebühr strapaziert und die Verteilungsfrage auf den Aspekt der mangelnden Generationengerechtigkeit zuspitzt wird (vgl. Jackson 1998; Mullan 2002). Parallel wird auf der politökonomischen Ebene anhand der orthodoxen Theorie die Überlegenheit der privaten, kapitalgedeckten Alterssicherung postuliert. Trotz unterschiedlicher Interessen, autonom agierender Akteure und argumentativer Modifikationen haben sich seit den 70er-Jahren weder der theoretische Zugang noch die Behauptungen geändert: Auf der Grundlage einer normativen Wohlfahrtsstaatskritik wird vor einer Überalterung der Bevölkerung gewarnt, ein soziales, ökonomisches Krisenszenario beschworen und so die Legitimität der Reformen erhöht. Ab den 90er-Jahren wird dieser negative Ansatz durch die übertrieben positive Darstellung der Effizienz von Finanzmärkten im Hinblick auf Kapitalbildung, Investitionsfinanzierung und Generierung von Wirtschaftsdynamik komplettiert. In dieser Kombination wird die marktgesteuerte Alterssicherung bzw. der entsprechende Reformprozess nicht nur zum notwendigen Übel erklärt, sondern auch eine profitablere, stabilere und gerechtere Finanzierung der Renten/Pensionen für alle in Aussicht gestellt und dem Individuum ein Freiheitsgewinn versprochen.

Pointiert finden sich die ökonomischen Thesen in der 1994 vorgelegten Weltbankstudie „Averting the old age Crises". Sie ist Referenzpunkt und exemplarisches Beispiel für die effiziente Doppelstrategie, in der negative sowie positive Botschaften kombiniert werden. Darüber hinaus ließen sich durch die Autorität der Weltbank die spezifischen ökonomischen wie sozialpolitischen Thesen als Mehrheitsmeinung der seriösen Wissenschaft darstellen und in den Debatten verankern. Dieselbe Zielsetzung und Funktion hat die OECD-Studie „Maintaining Prosperity in an Aging Society" von 1998, die sich allerdings stärker auf den Diskurs in den Industrieländern konzentriert. Alle weiteren Veröffentlichungen stützen sich explizit oder implizit auf die Aussagen der Weltbankstudie. Entsprechend deckungsgleich sind die Argumentationen für den Aufbau der favorisierten kapitalmarktbasierten Modelle über alle Länder- und Systemgrenzen hinweg: Sie gelten für Länder mit einer ausgebauten ersten, umlagefinanzierten Säule der Alterssicherung, etwa Deutschland, Frankreich und die skandinavischen Länder,

ebenso wie für Länder mit ausgeprägter zweiter, betrieblicher Säule, etwa die
USA, Großbritannien und die Niederlande. Und selbst für Nationen, die ein System der Alterssicherung erst noch entwickeln oder fest etablieren müssen (Ent-
wicklungs-, Schwellen- und Transformationsländer), wird der über den Markt
organisierte private, kapitalgedeckte Ansatz als einzig sinnvoller dargestellt.[5]

Erst die Doppelstrategie von radikaler Kritik und euphorischer Überzeich-
nung der Alternative verhalf dem neoliberalen Reformprojekt ideologisch zum
Durchbruch. Sie beförderte zudem die Radikalisierung der Vorstellungen, mussten diese doch nicht länger im vorgegebenen Rahmen formuliert werden. Nur so
ließ sich der komplette oder weitgehende Systemwechsel der Alterssicherung in
Kontinentaleuropa überhaupt denken, da er ohne gravierende Probleme möglich
schien. Auch wenn sich im Zuge der Finanzkrisen der 90er-Jahre (Lateinamerika,
Asien und Russland) sowie massiver Korrekturen an den Leitbörsen zu Beginn
des 21. Jahrhunderts die naive Euphorie gelegt hat und die negativen Argumente
(mangelnde Generationengerechtigkeit, Überalterung der Gesellschaft, Rückfüh-
rung des Staatsdefizits etc.) nun wieder stärker betont werden, bleibt die radikale
Neuausrichtung der Alterssicherung gerade in Europa das zentrale Anliegen
(vgl. Holzmann/Hinz 2005; Whitehouse 2007).

Neoliberale Paradoxie: keine Marksteuerung ohne staatliche Intervention

Die theoretische wie praktische Revision der zentralen sozialen Frage im industriellen Kapitalismus, wie das strukturelle Risiko des Einkommensausfalls im
Alter und damit der Ruhestand für die Mehrheit der abhängig Beschäftigten zu
organisieren ist, wäre nie ohne direkte politische Interventionen möglich gewesen. Im ersten Schritt waren die bestehenden sozialrechtlich kodifizierten Arrangements zwischen Kapital und Arbeit zu modifizieren. Institutionen, über die
nach 1945 der Nachkriegskonsens in der „Rentenfrage" propagiert und durchgesetzt wurde, galt es zu diskreditieren und/oder in ihrer Aufgabenwahrnehmung
radikal neu zu justieren. Ideologische Voraussetzung war die Formierung und
Implementierung eines neoliberalen Verständnisses von Ökonomie, Wohlfahrts-

---

[5] Die Weltbankstudie von 1994 überzeugte jedoch ökonomisch nicht einmal intern, wie am Beitrag von
Peter R. Orszag und Joseph E. Stiglitz (2001) dem damaligen Chefvolkswirt der Weltbank, abzulesen ist.
Die Ausführungen zu den Annahmen, empirischen Belegen und daraus abgeleiteten Vorschlägen sind
im Grunde vernichtend. Dennoch distanzieren sie sich nicht vom neoliberalen Reformprojekt, was sich
u.a. daraus erklärt, dass die theoretische Basis ihrer Kritik gleichfalls der orthodoxe Ansatz ist.

staatlichkeit und Gesellschaft. Für die Legitimation des Umbaus der Alterssicherung ist wiederum das Erstarken des orthodoxen Ansatzes in der politischen Ökonomie entscheidend.

Dieser Umbau umfasst zwei konkrete Interventionsbereiche, in denen zeitversetzt oder parallel agiert wird: Einerseits werden die Leistungen der ersten Säule seit den 70er-Jahren stetig reduziert und auf eine Basissicherung zurückgeführt.[6] Damit schwindet der gesellschaftliche Rückhalt für die Systeme vor allem bei den mittleren Einkommensbezieher(inne)n. Diese sind trotz hoher und steigender Beiträge (Abgaben und/oder Steuern) immer seltener in der Lage, ihren Lebensstandard im Alter über die erste Säule zu sichern. Andererseits wird genau für diesen Personenkreis die Attraktivität der kapitalgedeckten Vorsorge (zweite und dritte Säule) über eine direkte und/oder indirekte Förderung und Anpassung der Steuergesetzgebung nachhaltig erhöht. Bisherige Schutzmechanismen und sozialrechtlich erworbene Ansprüche werden also aus Überzeugung oder Einsicht in die Notwendigkeit bewusst politisch zerstört und entwertet. Das Risiko der Altersarmut wird damit nicht allein bei den Bezieher(inne)n geringer Einkommen erhöht und die Angst davor zur bestimmenden Motivation für den individuellen Versuch, dieses strukturelle Risiko privat zu verarbeiten. Wer kann, legt sein Geld an und nutzt die gesetzlichen Modifikationen und Förderungen zum Ausstieg aus den solidarischen Systemen, was deren Erosion von innen beschleunigt.

Spiegelbildlich beinhaltet die Förderung der internen Erosion eine stärkere Subventionierung der privaten Anbieter von Altersvorsorgeprodukten und eine Verbesserung ihrer Chancen, auf die bis dato der finanziellen Verwertung entzogenen Kapitalbestandteile zuzugreifen. In Kontinentaleuropa ist dies besonders lukrativ, da die umlagefinanzierte Alterssicherung in Relation zum Sozialbudget und/oder zum Bruttoinlandsprodukt mit bis zu 25 Prozent das größte Einzelsystem der sozialen Sicherung ist. Dies weckt massive Begehrlichkeiten bei Finanzdienstleistern, zumal der Zugriff auf diese Beiträge/Steuern essenziell ist, da sie ständig auf die Erweiterung der Geschäftsfelder angewiesen sind, um ihre Gewinnsituation zu verbessern. Zudem benötigen alle Anbieter von kapitalgedeckten Vorsorgeprodukten zur Bedienung der aufgelaufenen Verbindlichkeiten immer wieder „frisches" Kapital. In vielen Fällen ist die versprochene Rendite anders gar nicht zu realisieren. In den letzten Jahren wurde die Struktur in den Betrieben und für die Anleger von Pensionsgeldern entsprechend modifiziert, was sich mit jedem weiteren Privatisierungsschritt verstärken wird, ähnelt die kapi-

---

[6] Zur deutschen Situation und zur entsprechenden Gesetzgebung vgl. Steffen 2006, S. 33 ff.

talgedeckte Alterssicherung doch schon heute in Teilen einem unseriösen Ketten-
briefsystem (vgl. England 2002). Schließlich wird der externe Druck aus der intendierten Steuerung des internationalen Vermögens- und Schuldenmanage-
ments sowie der industriellen Produktion über den Finanzmarkt gespeist (vgl.
Toporowski 2000; Huffschmid 2002; Beckmann 2007).

Damit sind wir beim zweiten staatlichen Interventionsbereich, der über den
massiven Einsatz von Steuermitteln finanziert wird: Das kapitalgedeckte System
ist aufgrund seiner hohen strukturellen Risiken auf einen funktionsfähigen Regu-
lationsrahmen und Aufsichtsstrukturen angewiesen, um ein Mindestmaß an An-
legerschutz zu garantieren. Dass der Rahmen allein nicht reicht, zeigen die unzähligen Beispiele, in denen trotz aller Versprechen keine oder nur geringe Zah-
lungen der kapitalgedeckten Vorsorge erfolgen, weil die Beiträge „falsch" angelegt, „verbrannt" bzw. zweckentfremdet wurden. Der Fall des nordamerikani-
schen Energiekonzerns Enron bildet nur die Spitze des Eisbergs. Dort ging die betriebliche Alterssicherung mehrerer tausend Beschäftigter aufgrund krimineller
Bilanzfälschungen und Veruntreuungen über Nacht verloren. Wesentlich un-
spektakulärer ist die kontinuierliche Neubewertung der „Pensionsverpflichtun-
gen" von Finanzdienstleistern und Unternehmen, die häufig unzureichend gedeckt sind und im Fall des Gewinnrückgangs und drohender Insolvenz (z.B. bei
General Motors) bis auf null zurückgefahren oder ganz an die Gemeinschaft der
Steuerzahler übergeben werden.[7] Aus diesen und anderen Gründen gibt es überall (halb)staatliche Auffanggesellschaften, die den Vermögensverlust für zukünf-
tige Rentner/Pensionäre minimieren sollen, aber immer nur eine partielle Absicherung gewähren können (vgl. Christen u.a. 2003, S. 57 ff.).

Positionsbestimmung

Die hier skizzierte orthodoxe Reformdynamik ist trotz aller Widerstände gegen
einzelne Schritte ungebrochen. Die Anpassungsfähigkeit der Argumentation, mit
der das neoliberale Reformprojekt popularisiert wird, ist nach wie vor hoch, und

---

[7] Der Einwand, unseriöses Verhalten in der Finanzbranche und bei Unternehmen sei vor allem im Aus-
land zu beobachten und nicht mit der Situation in Deutschland zu vergleichen, ist nicht nur kulturchau-
vinistisch, sondern verkennt die strukturellen Finanzmarktrisiken und den Druck, dem die Akteure
durch den fortgeschrittenen Charakter der finanziellen Globalisierung ausgesetzt sind. Fehlspekulatio-
nen, Dummheit, Gier und Kriminalität werden durch das System gefördert und hängen nicht von der
Staatsbürgerschaft oder dem Standort ab, was allein der Blick in die Tagespresse sowie die jüngsten
Beispiele der IKB Deutsche Industriebank und der Sachsen LB zeigen.

der Umbau der dreigliedrigen Struktur der Alterssicherung in den meisten Ländern weit fortgeschritten, aber noch längst nicht abgeschlossen. Es gibt zwar prinzipiellen Widerspruch, eine lebhafte sozialwissenschaftliche Kontroverse und immer wieder aufflammende Protestwellen, ohne dass diese jedoch relevanten Einfluss auf die Öffentlichkeit, die politischen Institutionen und/oder führenden Parteien sowie die Gewerkschaften hätten. Unter den gegenwärtigen Bedingungen zeichnet sich deshalb (noch) kein erneuter Paradigmenwechsel in der Frage der Organisation und Finanzierung der Alterssicherung ab, obwohl das Versagen kapitalgedeckter Ansätze evident ist und selbst die gelobten angelsächsischen Systeme keine Perspektive bieten und mehr als fragil sind (vgl. Blackburn 2006; Pemberton u.a. 2006).

Die kapitalgedeckte (private) Alterssicherung bleibt somit zentraler Bezugspunkt jeder sich modern gerierenden Sozial- und Wirtschaftspolitik. Zugleich resultieren aus den über die internationalen Pensionsfonds angelegten Gelder – Ende der 90er-Jahre über 12 Billionen US-Dollar – gravierende Änderungen sowohl der Verteilungsverhältnisse als auch der strukturellen Beziehungen zwischen dem Finanzsektor und der realen Produktion, die jeder einfachen Rückkehr zum Status quo ante entgegenstehen. Die auch von konservativer Seite beklagte Ausrichtung der Unternehmen auf die maximale Verzinsung des Eigen- und Fremdkapitals (Shareholder Value) ist dabei nur ein Effekt der bisherigen Umstellung der Alterssicherung auf das kapitalgedeckte Verfahren (vgl. Christen 1999). In voller Wucht werden sich die damit initiierten sozialen Verwerfungen aber erst in naher Zukunft zeigen: Die relative wie absolute Altersarmut wird in den Industrienationen deutlich zunehmen, was angesichts weltweiter steigender Prekarisierung der Arbeitswelt und verschärfter Verteilungspolarisation nicht überrascht (vgl. Jomo/Baudot 2007). Sinken die Realeinkommen, wird die gebrochene Erwerbsbiografie zur Regel und die steigende Altersgrenze für den abschlagfreien Übergang in die Rente/Pension mehrheitlich nicht mehr erreicht, sinken automatisch die Einkommen im Ruhestand. Dieser Mechanismus wirkt in allen drei Säulen gleichermaßen. Während aber die staatlich organisierte, im Umlageverfahren finanzierte Säule über diesen Mechanismus hinausgeht und hier eine ihrer sozialpolitischen Entstehungsursachen liegt, kennt der kapitalgedeckte Ansatz nichts anderes als die pure Versicherungslogik.

Angesichts alter ungelöster und neuer Probleme wird sich der Konflikt um die Organisation sowie Finanzierung der Alterssicherung verschärfen. Darüber hinaus beinhalten die Reformen seit den 70er-Jahren den Abbau *stabilisierender* sozioökonomischer Faktoren und stärken umgekehrt solche, die krisen*verschärfend* wirken können. Ob eine schwere Krise notwendig wäre, um den Diskurs zur

Alterssicherung und die Politik radikal zu ändern, ist ebenso ungewiss wie die Frage, wie lange der Neoliberalismus und das orthodoxe ökonomische Paradigma die Sozialwissenschaften noch dominieren. Letzteres hängt nicht nur von dessen Überzeugungskraft ab, sondern auch von den politischen Kräfteverhältnissen und der Artikulationsfähigkeit von Akteuren.

Ungeachtet sich verschärfender Widersprüche und durchaus vorhandener Brüche im Neoliberalismus sowie der notwendigen Bildung von Gegenöffentlichkeit sind für die kommende intellektuelle Auseinandersetzung jedoch zwei Mindestvoraussetzungen zu beachten: Die Analyse der Durchsetzung des neoliberalen Reformprojekts (hier: der marktgesteuerten Alterssicherung) ist richtig und wichtig, um die personellen, institutionellen und finanziellen Verflechtungen und Interessen zu verdeutlichen (vgl. Wehlau 2008). Die detaillierte Darstellung von Netzwerkstrukturen und der Durchsetzung neoliberaler Diskurse allein ist aber nie hinreichend, denn auf dieser Grundlage lässt sich weder etwas über die Stichhaltigkeit der vorgetragenen Argumente sagen, noch eine Bilanz der bisherigen Reformen ziehen. Die kritische Analyse muss deshalb immer eine theoretische Analyse der ökonomischen wie sozialpolitischen Thesen implizieren. Logischerweise bedarf es eines adäquaten Instrumentariums und eines theoretischen Zugangs, um in der Debatte überhaupt bestehen und die Überlegenheit einer gut ausgebauten, umlagefinanzierten, staatlich organisierten Alterssicherung belegen zu können. Erst dann lässt sich klar für eine progressive Reform streiten, die überfällig ist.

Außerdem kann die Debatte um die Alterssicherung nicht nur sozialpolitisch und/oder -rechtlich geführt werden, sie muss vielmehr in den Kontext der Organisation und Produktion eines gesellschaftlichen Mehrprodukts eingebettet sein. Folglich ist der Zusammenhang zwischen der orthodoxen ökonomischen Theorie, dem Neoliberalismus und der sozial- und wirtschaftspolitischen Praxis der letzten Jahrzehnte herauszuarbeiten. Vor diesem Hintergrund ist die oben erwähnte „Rente mit 67" u.a. als ein Schritt zur Vollendung der marktgesteuerten Alterssicherung zu werten, der in dem von Rot-Grün verantworteten strukturellen Bruch in der Rentenfrage (vgl. Steffen 2000; Christen u.a. 2003; Butterwegge 2006, S. 175 ff.) schon angelegt war und über den das neoliberale Reformprojekt in seiner ganzen Tragweite auch in Deutschland implementiert wurde.

Quellen- und Literaturverzeichnis

Alber, Jens (1982): Vom Armenhaus zum Wohlfahrtsstaat. Analysen zur Entwicklung der Sozialversicherung in Westeuropa, Frankfurt am Main/New York

Arnsperger, Christian/Varoufakis, Yanis (2006): What is Neoclassical Economics?, in: Post-Autistic Economic Review 38, S. 1-9 (www.paecon.net/PAEReviw/issue38)

Baker, Dean/Weisbrot, Mark (1999): Social Security. The Phony Crises, Chicago/London

Baldwin, Peter (1999): The Politics of Social Solidarity. Class Bases of the European Welfare State 1875–1975, Cambridge (GB)

Beckmann, Martin (2007): Das Finanzkapital in der Transformation der europäischen Ökonomie, Münster

Blackburn, Robin (2002): Banking on Death – Or, Investing in Life: The history and future of pensions, London/New York

Blackburn, Robin (2006): Age Shock. How Finance is Falling Us, London/New York

Borzutzky, Silvia (1991): The Chicago Boys, social security and welfare in Chile, in: Howard Glennerster/James Midgley (Hrsg.), The Radical Right and the Welfare State. An International Assessment, Hertfordshire (Maryland), S. 79-99

Brenner, Robert (2002): Boom & Bubble. Die USA in der Weltwirtschaft, Hamburg

Brenner, Robert (2006): The Economics of Global Turbulence. The Advanced Capitalist Economies from Long Boom to Long Downturn, 1945–2005, London/New York

Burgess, Ernest W. (Hrsg.) (1960): Aging in Western Societies, Chicago

Butterwegge, Christoph (2006): Krise und Zukunft des Sozialstaates, 3. Aufl. Wiesbaden

Butterwegge, Christoph (2008): Rechtfertigung, Maßnahmen und Folgen einer neoliberalen (Sozial-)Politik, in: ders./Bettina Lösch/Ralf Ptak, Kritik des Neoliberalismus, 2. Aufl. Wiesbaden, S. 135-219

Cesaratto, Sergio (2005): Pension Reform and Economic Theory. A Non-Orthodox Analysis, Cheltenham (GB)/Northampton, MA (USA)

Christen, Christian (1999): Shareholder Value. Zum Zusammenhang von Managementkonzept, Kapitalmarkt und ökonomischer Krise (www.labournet.de/diskussion/wipo/finanz/aktien.htm)

Christen, Christian/Michel, Tobias/Rätz, Werner (2003): Sozialstaat. Wie die Sicherungssysteme funktionieren und wer von den Reformen profitiert, Hamburg

Christen, Christian (2008): Finanzmarktbasierte Alterssicherung. Sozialpolitische Diskursverschiebung und makroökonomische Implikationen, Bremen (unveröffentl. Dissertation)

Colander, David (2000): The Death of Neoclassical Economics, in: Journal of the History of Economic Thought 2, S. 127- 143

Dixon, John (1999): Social Security in Global Perspective, Westport (Connecticut)/London

Duménil, Gérard/Lévy, Dominique (2004): Capital Resurgent. Roots of the Neoliberal Revolution, Cambridge (Massachusetts)/London

Ehmer, Josef (1990): Sozialgeschichte des Alters, Frankfurt am Main

England, Robert Stowe (2002): Global Aging and Financial Markets – Hard Landings Ahead?, Washington D.C.

Esping-Andersen, Gøsta (1990): The Three Worlds of Welfare Capitalism, Cambridge (GB)

Fulbrook, Edward (Hrsg.) (2004): A Guide to What's Wrong with Economics, London

Ghilarducci, Teresa (1992): Labor's Capital. The Economics and Politics of Private Pensions, Cambridge (Massachusetts)/London

Gill, Indermit S./Packard, Truman/Yermo, Juan (2004): Keeping the Promise of Social Security in Latin America, California/Washington D.C.

Göckenjan, Gerd (2000): Das Alter würdigen. Altersbilder und Bedeutungswandel des Alters, Frankfurt am Main

Green, Duncan (1995): Silent Revolution. The Rise of Market Economics in Latin America, London

Harcourt, Geoffrey C. (1972): Some Cambridge controversies in the theory of capital, London

Heine, Michael/Herr, Hansjörg (2003): Volkswirtschaftslehre. Paradigmenorientierte Einführung in die Mikro- und Makroökonomie, München/Wien

Heise, Arne (2007): Ende der neoklassischen Orthodoxie? – Wieso ein methodischer Pluralismus gut täte, in: Wirtschaftsdienst 7, S. 442-450

Hentschel, Volker (1983): Geschichte der deutschen Sozialpolitik (1880–1980). Soziale Sicherung und kollektives Arbeitsrecht, Frankfurt am Main

Holzmann, Robert/Hinz, Richard (2005): Old-Age Income Support in the 21st Century. An International Perspective on Pension Systems and Reform, Washington D.C.

Huffschmid, Jörg (2002): Politische Ökonomie der Finanzmärkte, Hamburg

Jackson, William A. (1998): The Political Economy of Population Aging, Cheltenham

Jomo, K.S./Baudot, Jaques (Hrsg.) (2007): Flat World, Big Gaps. Economic Liberalization, Globalization, Poverty & Inequality, London/New York

Keynes, John Maynard (1936): The General Theory of Employment, Interest and Money, London

King, John Edward (2002): A History of Post Keynesian Economics since 1936, Cheltenham

Lindert, Peter H. (2004): Growing Public. Social Spending and Economic Growth Since the Eighteenth Century, Cambridge (GB)

Madrid, Raúl L. (2003): Retiring the State. The Politics of Pension Privatization in Latin America and Beyond, Stanford

Marshall, Thomas H. (1992): Bürgerrecht und soziale Klassen. Zur Soziologie des Wohlfahrtsstaates, Frankfurt am Main/New York

Mesa-Lago, Carmelo (2004): An Appraisal of a quarter-century of structural pension reforms in Latin America, in: CEPAL Review 84, S. 57-81

Minns, Richard (2001): The Cold War in Welfare. Stock Markets versus Pensions, London/New York

Müller, Katharina (2003): Privatising Old-Age Security. Latin America and Eastern Europe Compared, Cheltenham

Mullan, Phil (2002): The Imaginary Time Bomb. Why an Ageing Population is not a Social Problem, London/New York

OECD (1998): Maintaining Prosperity in an Aging Society, Paris

Orenstein, Mitchel A. (1993): Mapping the Diffusion of Pension Innovation, in: Robert Holzmann/Mitchel Orenstein/Michal Rutkowski (Hrsg.), Pension Reform in Europe: Process and Progress, Washington D.C., S. 171-194

Orloff, Ann Shola (1993): The Politics of Pensions. A Comparative Analysis of Britain, Canada, and the United States, 1880–1940, Madison/London

Orszag, Peter R./Stiglitz, Joseph (2001): Rethinking Pension Reform: Ten Myths About Social Security Systems, in: Robert Holzmann/Joseph Stiglitz (Hrsg.), New Ideas About Old Age Security. Toward Sustainable Pension Systems in the 21st Century, Washington D.C., S. 17-57

Pemberton, Hugh/Thane, Pat/Whiteside, Noel (Hrsg.) (2006): Britain's Pensions Crises: History and Policy, Oxford/New York

Polanyi, Karl (1997/1944): The Great Transformation. Politische und ökonomische Ursprünge von Gesellschaften und Wirtschaftssystemen, Frankfurt am Main

Quadagno, Jill (1988): The Transformation of Old Age Security. Class and Politics in the American Welfare State, Chicago/London

Ritter, Gerhard A. (1989): Der Sozialstaat. Entstehung und Entwicklung im internationalen Vergleich, München

Steffen, Johannes (2000): Der Renten-Klau. Behauptungen und Tatsachen zur rot-grünen Rentenpolitik, Hamburg

Steffen, Johannes (2006): Sozialpolitische Chronik. Die wesentlichen Änderungen in der Arbeitslosen-, Kranken-, Renten- und Pflegeversicherung sowie bei der Sozialhilfe (HLU) und der Grundsicherung für Arbeitssuchende – von den siebziger Jahren bis heute, Bremen (www.arbeitnehmerkammer.de/sozialpolitik/)

Toporowski, Jan (2000): The End of Finance. The theory of capital market inflation, financial derivatives and pension fund capitalism, London/New York

Walker, Alan (1991): Thatcherism and the New Politics of Old Age, in: John Myles/Jill Quadagno (Hrsg.), States, Labor Markets, and the Future of Old-Age Policy, Philadelphia, S. 19-35

Wehlau, Diana (2008): Paradigmenwechsel in der bundesdeutschen Alterssicherungspolitik durch die Teilprivatisierung der Altersvorsorge. Der Einfluss der Finanzdienstleistungsbranche auf die Einführung der Riester-Rente, Bremen (unveröffentl. Dissertation)

Weltbank (1994): Averting the old age Crises, Washington D.C.

Whitehouse, Edward (2007): Pensions Panorama. Retirement-Income Systems in 53 Countries, Washington D.C.

Williamson, John B./Watts-Roy, Diane M./Kingson, Eric R. (Hrsg.) (1999): The Generational Equity Debate, New York

III
Der Doppelcharakter des neoliberalen Staates

Christoph Butterwegge

Marktradikalismus und Rechtsextremismus

Die etablierte Sozialwissenschaft hat das Wechselspiel zwischen neoliberaler Ideologie, Globalisierung und rechtsextremer Mobilisierung lange Zeit unbeachtet gelassen. Ungefähr seit der Jahrtausendwende wird dieser Zusammenhang in der öffentlichen und Fachdiskussion aber thematisiert (vgl. die Sammelbände von Loch/Heitmeyer 2001, Bathke/Spindler 2006 und Greven/Grumke 2006). Der moderne Rechtsextremismus bzw. -populismus lässt sich nicht von seinen sozioökonomischen Rahmenbedingungen ablösen, sondern nur im Kontext einer größeren Weltmarktdynamik verstehen (vgl. hierzu: Butterwegge/Hentges 2008). In diesem Zusammenhang spielt der Neoliberalismus als die Tagespolitik wie das Alltagsbewusstsein vieler Menschen beherrschende Ideologie und entscheidende Triebkraft des Globalisierungsprozesses (vgl. zur Kritik: Butterwegge u.a. 2008) eine Schlüsselrolle.

Aus einer ökonomischen Theorie, die in den 1930er-Jahren als Reaktion auf die damalige Weltwirtschaftskrise und den Keynesianismus als staatsinterventionistischem Lösungsansatz entstand (vgl. dazu: Ptak 2008, S. 16 ff.), hat sich der Neoliberalismus zu einer Sozialphilosophie entwickelt, welche die ganze Gesellschaft im Rahmen eines strategischen Plans nach dem Modell von Markt und Leistungskonkurrenz (um)gestalten will, wobei ihr der Wettbewerb zwischen (arbeitenden) Menschen, Unternehmen, Regionen und Nationen, kurz: „Wirtschaftsstandorten" unterschiedlicher Art, als Wundermittel zur Lösung aller Probleme erscheint. Hans-Gerd Jaschke (1998, S. 114) spricht vom Neoliberalismus als einem „Marktradikalismus" bzw. „-fundamentalismus", der sein Gesicht erkennbar wandle: „Von einer interessenpolitisch begründeten und nachvollziehbaren wirtschaftspolitischen Position wird er immer deutlicher zu einer umfassenden politischen Ideologie, die sich unangreifbar gibt, indem sie auf die Globalisierung verweist, auf den Konkurrenzdruck und das angedrohte Abwandern von Unternehmen." Wenn der Neoliberalismus eine Weltanschauung, ja eine politische Zivilreligion ist, welche die Hegemonie, d.h. die öffentliche Meinungsführerschaft erobert hat, stellt sich die Frage nach seinem Verhältnis zum Rechtsextremismus bzw. -populismus. Dieser wiederum bestimmt seine politisch-programmatische Einstellung zum Markt bzw. zum (Sozial-)Staat nicht im luftleeren Raum, sondern mit Rücksicht auf die jeweiligen Herrschaftsverhältnisse, institutionellen Gegebenheiten und Geistesströmungen wie den Neoliberalismus. Hier wird untersucht, ob Letzterer – vermittelt über Sozialdarwinismus, Wohlstandschauvinismus und eine Ideologie, die ich „Standortnationalismus" nenne – als Steigbügelhalter des Rechtspopulismus fungiert, welche ökonomischen, politischen und sozialen Veränderungen diesem Prozess zugrunde liegen und wie ihm begegnet werden kann.

Die neoliberale Hegemonie als Gefahr für die Demokratie

Da die Ideologie des Neoliberalismus, vermittelt über einflussreiche Akteure, Träger und Medien, alle Poren der Gesellschaft durchdrungen und selbst Eingang in Gewerkschaften, Kirchen und Wohlfahrtsverbände gefunden hat, spricht man m.E. zu Recht davon, dass er hierzulande die öffentliche Meinungsführerschaft ausübt, wenngleich zentrale Forderungen wie die materielle Privatisierung der Deutschen Bahn AG bei einer Mehrheit der Bevölkerung weiterhin auf Ablehnung stoßen. Die neoliberale Hegemonie verstärkt nicht nur die soziale Asymmetrie im Finanzmarktkapitalismus (zunehmende Spaltung der Gesellschaft in Arm und Reich), sondern ist auch eine Gefahr für die Demokratie.

Die neoliberale Hegemonie hat in der Gesellschaft bisher allgemein verbindliche Gleichheits- und Gerechtigkeitsvorstellungen auf den Kopf gestellt. Galt früher der soziale Ausgleich zwischen den gesellschaftlichen Klassen und Schichten als erstrebenswertes Ziel staatlicher Politik, so steht heute nach offizieller Lesart den Siegertypen alles, den „Leistungsunfähigen" bzw. „-unwilligen" höchstens das Existenzminimum zu. In einer „Winner-take-all"-Gesellschaft (Robert H. Frank/Philip J. Cook) zählt nur der (sich in klingender Münze auszahlende) Erfolg. Durch die Ökonomisierung, Kommerzialisierung und Monetarisierung zwischenmenschlicher Beziehungen wird Tendenzen der Entpolitisierung und Entdemokratisierung massiv Vorschub geleistet, weil die Gesellschaft nicht mehr wie bisher politisch zu gestalten, d.h. demokratisch zu entwickeln ist. Man kann zwar als Marktteilnehmer/in ethischen Prinzipien gemäß handeln, eine „Moralisierung der Märkte" findet dadurch aber nicht statt, wie Nico Stehr (2007) fälschlicherweise meint. Märkte fungieren als Regulierungsmechanismen und Wachstumsmotoren, sind aber keine moralischen Institutionen, die ethischen Maximen gehorchen, sondern gleichen eher gefühllosen Maschinen.

Wer eine bestimmte Form der Ökonomie verabsolutiert, wie das Marktradikale tun, negiert die Politik im Allgemeinen und die Demokratie im Besonderen, weil sie Mehrheitsentscheidungen zum Fixpunkt gesellschaftlicher Entwicklungsprozesse machen und nicht das Privateigentum an Produktionsmitteln. Selbst das Grundgesetz der Bundesrepublik ist Neoliberalen ein Dorn im Auge (vgl. Darnstädt 2004), gilt es doch, sein Sozialstaatsgebot außer Kraft zu setzen und dem Markt nicht nur Vor-, sondern auch Verfassungsrang einzuräumen. Dabei stören demokratische Willensbildungs- und Entscheidungsprozesse, die mehr Zeit in Anspruch nehmen als dezisionistische Maßnahmen, z.B. das Prinzip der Gewaltenteilung und föderale Strukturen, die Macht beschränken, sowie der Konsenszwang eines Parteienstaates nur.

Wo die permanente Umverteilung von unten nach oben mit dem Hinweis auf Globalisierungsprozesse – als für den „eigenen Wirtschaftsstandort" nützlich, ja unbedingt erforderlich – legitimiert wird, entsteht ein Diskriminierung begünstigendes Klima. Je mehr die ökonomische Konkurrenz nach neoliberalen Restrukturierungskonzepten im Rahmen der „Standortsicherung" verschärft wird, umso leichter lässt sich die kulturelle Differenz zwischen Menschen unterschiedlicher Herkunft politisch aufladen und als Ab- bzw. Ausgrenzungskriterium gegenüber Mitbewerber(inne)n um Arbeitsplätze sowie wohlfahrtsstaatliche Transferleistungen instrumentalisieren. Wolf-Dietrich Bukow (1996) begreift Ethnisierung als einen gesellschaftlich inszenierten Vorgang, der soziale Beziehungen, Sicherheitsprobleme und ökonomische Konflikte umdeutet. Vordergründig geht es dabei um die Sicherung der eigenen „kulturellen Identität", der Gefahr durch unkontrollierte Zuwanderung droht; dahinter stecken aber meist Konflikte um knappe gesellschaftliche Ressourcen. Gewalt gegenüber (ethnischen) Minderheiten nimmt zu, wenn – trotz eines weiterhin wachsenden Bruttoinlandsprodukts – der Eindruck vorherrscht, dass sich die gesellschaftlichen Verteilungsspielräume verengen. Verteilungskämpfe werden zu Abwehrgefechten der Einheimischen gegen „Fremde" bzw. interkulturellen Konflikten hochstilisiert, sofern im Zeichen der Globalisierung ausgrenzend-aggressive Töne in der politischen Kultur eines Aufnahmelandes die Oberhand gewinnen.

Obwohl die meisten Neoliberalen nicht nur überzeugte Anhänger der Marktwirtschaft sind, sondern die Demokratie auch für eine mit ihr kompatible, wenn nicht ihr gar komplementäre, weil ebenfalls auf dem Wettbewerbsprinzip und der Wahlfreiheit des Bürgers beruhende Regierungsform halten, trägt das Modell einer „Marktgesellschaft" mit möglichst wenig (sozial)staatlicher Regulierung, wie sie neoliberalen Theoretikern vorschwebt, autoritäre Züge (vgl. Ptak 2008, S. 43 und 60). Noch in einer anderen Hinsicht weisen die Denkstrukturen des Neoliberalismus und des Rechtsextremismus signifikante Übereinstimmungen auf: Beide verabsolutieren geradezu die Höchstleistung, sei es des einzelnen Marktteilnehmers oder der „Volksgemeinschaft" insgesamt, und glorifizieren die Konkurrenz, in welcher sich der Starke gegenüber dem Schwachen durchsetzen soll. Darin wurzelt die Notwendigkeit einer (sozialen) Selektion, die mit dem Prinzip der Gleichheit bzw. Gleichwertigkeit aller Gesellschaftsmitglieder im Weltmaßstab unvereinbar ist.

Die von Neoliberalen ins Werk gesetzten Privatisierungsmaßnahmen stärken sowohl die gesellschaftliche Bedeutung wie auch den politischen Einfluss des Kapitals. „Privat heißt, daß alle zentralen Entscheidungen – jedenfalls prinzipiell – von Leuten und Gremien gefällt werden, die sich nicht öffentlich verantworten müssen." (Narr 1999, S. 26) Wenn deutsche Großstädte ihren kommunalen Wohnungsbestand (wie Dresden) oder ihre Stadtwerke (wie Düsseldorf) an Finanzinvestoren oder Großkonzerne verkaufen, um schuldenfrei zu werden, geben sie die Entscheidungsgewalt über das frühere Eigentum auf. Anstelle demokratisch legitimierter Stadträte, die bisher dafür zuständig waren, bestimmen nunmehr Kapitaleigner bzw. die von ihnen bestellten Manager, welche Wohnungs- bzw. Stadtentwicklungspolitik oder welche Energiepolitik gemacht wird. Somit läuft Privatisierung auf Entpolitisierung, diese wiederum auf Entdemokratisierung hinaus, weil der Bourgeois nunmehr auch jene Entscheidungen trifft, die eigentlich dem Citoyen bzw. der Citoyenne, dem Gemeinwesen sowie seinen gewählten Repräsentant(inn)en vorbehalten bleiben sollten. Letztlich schließen sich das Prinzip „Markt" und das Prinzip „öffentliche Aufgaben in einem demokratischen Staat" wechselseitig aus, wie Bodo Zeuner (1997, S. 31) bemerkt: „Wer z.B. das Bildungssystem in gegeneinander konkurrierende Unternehmen aufspaltet, die mit eigenen Budgets arbeiten und im Interesse der ‚Wirtschaftlichkeit' Gebühren von Studenten, vielleicht demnächst von Schülern, erheben dürfen, der stärkt nicht irgendwelche ‚Eigenverantwortlichkeiten', sondern baut das demokratische Recht auf gleiche Bildungschancen unabhängig vom Einkommen ab und entzieht letztlich der demokratischen Gesellschaft die Möglichkeit, ihre Ressourcen sozialstaatlich umzuverteilen."

Regierungen degenerieren immer mehr zu bloßen Sachwalterinnen der Verwertungsbedürfnisse „ihrer" Wirtschaftsstandorte, was sie veranlasst, oft überhastet Reformen auf den Weg zu bringen, die der „Standortsicherung" bzw. den dahinter steckenden Kapitalinteressen dienen. Die neoliberale Standortlogik orientiert sich nicht an den (arbeitenden) Menschen, sondern an den internationalen Finanzmärkten. Sie erlaubt nur Standortpolitik, was auf ein „stark reduziertes Politikverständnis" (Luutz 2007, S. 119) hindeutet. Ein betriebswirtschaftlicher

Tunnelblick verstellt dem Betrachter die Sicht auf den Gesamtzusammenhang, d.h. die politischen, sozialen und kulturellen Grundlagen der herrschenden Produktionsweise, und trübt die Einsicht, dass man Markt, Leistung und Konkurrenz nicht verabsolutieren darf.

Wenn immer mehr Länder, Städte und Gemeinden wie Firmen geführt werden und Parteiprogramme, statt gesellschaftliche Utopien zu entwerfen, Bilanzen der Regierungspraxis gleichen, dankt die Politik endgültig ab. Demokratie jedweder Art lebt von der Aktivität, Spontaneität und Kreativität ihrer Bürger/innen, die mit jenem technokratischen Herangehen, welches Neoliberale zur gesellschaftlichen Norm erheben, unvereinbar sind. Außerdem tritt staatliche Repression an die Stelle demokratischer Partizipation: Der neoliberale Minimalstaat ist eher magersüchtig als „schlank" und eher Kriminal- als Sozialstaat, weil ihn die drastische Reduktion der Wohlfahrt verstärkt zu Kontroll- und Zwangsmaßnahmen gegenüber Personen(gruppen) zwingt, die als „Modernisierungs-" bzw. „Globalisierungsverlierer/innen" zu Hauptopfern seiner im Grunde rückwärts gerichteten „Reformpolitik" werden. „Die Spaltung in eine globale ‚Club-Gesellschaft der Geldvermögensbesitzer' und nationale Gesellschaften, die noch immer ‚Arbeitsgesellschaften' sind, führt in letzter Konsequenz dazu, daß der Rechtsstaat zu einem Staat mutiert, der den ‚inneren Frieden' mit Gewalt aufrechterhalten muß – mit Disziplinierung anstelle von Konsens und mit Sicherheitspolitik anstelle von Sozialpolitik." (Mahnkopf 1999, S. 120) Wilhelm Heitmeyer (2001, S. 522) spricht in diesem Zusammenhang von einem „autoritären Kapitalismus" und weist darauf hin, „daß die Abnahme der Kontrolle wirtschaftlicher Vorgänge als Kennzeichen der Globalisierung mit der Zunahme von Kontrolle im gesellschaftlichen Bereich einhergeht."

Der neoliberale Wettbewerbswahn fördert die politische Rechtsentwicklung in vielen Gesellschaftsbereichen, etwa an den Hochschulen (vgl. hierzu: Butterwegge/Hentges 1999), und führt zur Ab- bzw. Ausgrenzung von Schwächeren, Minderheiten und sog. Randgruppen. Es ist kein Zufall, dass rechte, rassistisch motivierte Gewalt – nicht nur, aber vor allem unter jungen Männern – gerade heute drastisch zunimmt (vgl. Hadjar 2004). Durch seine Fixierung auf den Leistungswettbewerb mit anderen Wirtschaftsstandorten schafft der Neoliberalismus einen idealen Nährboden für Standortnationalismus, Sozialdarwinismus und Wohlstandschauvinismus, die zu den verheerendsten Begleiterscheinungen eines Denkens gehören, das sich mit dem „eigenen" Wirtschaftsstandort total identifiziert und dessen Entwicklungschancen auf den Weltmärkten hypostasiert. „Die deutsche Variante des Neoliberalismus verbindet (...) ‚globale' Elemente mit einer neurechten Lesart der Verteidigung des Nationalstaates." (Hansen 1998, S. 204)

Die scheinbare Übermacht der Ökonomie gegenüber der Politik bzw. transnationaler Konzerne gegenüber dem einzelnen Nationalstaat zerstört den Glauben junger Menschen an die Gestaltbarkeit von Gesellschaft, treibt sie in die Re-
signation und verhindert so demokratisches Engagement, das heute nötiger denn
je wäre (vgl. Klönne 2001, S. 262). Durch die Modifikationen im Verhältnis von
Ökonomie und Politik, wie sie der neoliberale Transformationsprozess bedingt,
büßt die Demokratie ihre Attraktivität für viele Bürger/innen ein und verliert die
herkömmliche politische Bildungsarbeit an Überzeugungskraft, wenn nicht gar
ihren Gegenstand. „Niemand mag mehr glauben, dass in den Parlamenten die
Zentren der gesellschaftlichen Willensbildung zu sehen sind, eine rege Teilnahme
am parteipolitischen Leben bürgerliche Selbstbestimmung zur Geltung bringt, die
Freiheit der Medien den vernunftbestimmten Diskurs über Politik garantiert und
sich die gesellschaftlichen Zukunftsentscheidungen dem grundgesetzlichen Sozialstaatsgebot gemäß steuern lassen." (ebd.)
      Die neoliberale Hegemonie ist nicht zuletzt deshalb eine Gefahr für die De-
mokratie (vgl. dazu: Butterwegge u.a. 1998; Lösch 2008), weil sie mit dem Standortnationalismus eine Ideologie festigt, durch die der Rechtsextremismus für das
Establishment bzw. die Mitte der Gesellschaft anschlussfähig wird. Dass die
neoliberale Hegemonie nicht – wie man erwarten könnte – mehr Freiheit, Toleranz und Bürgerrechte mit sich bringt, sondern ganz im Gegenteil von einem
Sicherheitsdiskurs begleitet wird, der Disziplin, Autorität und die Notwendigkeit
sozialer Kontrolle betont (vgl. dazu: Singelnstein/Stolle 2006), verweist auf die
Affinität eines betriebswirtschaftlichen Effizienzdenkens zum totalitären Gesellschaftsmodell des Rechtsextremismus.

Rechtsextremismus bzw. -populismus im Zeichen der Globalisierung

Neonazis sind – wie politische Akteure, ja Menschen generell – nicht zuletzt Kinder ihrer Zeit, und der moderne Rechtsextremismus lässt sich – wie gesellschaftliche Phänomene ganz allgemein – kaum von seinen sozioökonomischen Rahmenbedingungen ablösen. Die momentane Ausgangslage des Rechtsextremismus
ist vor allem durch eine verschärfte Konkurrenz auf den Weltmärkten (Stichwort:
„Globalisierung"), eine soziale Polarisierung aufgrund der neoliberalen „Modernisierung" bzw. Umstrukturierung fast aller Lebensbereiche sowie eine partielle
Renationalisierung der öffentlichen Diskurse (Wiederentdeckung des Stolzes auf
seine Nationalität bzw. den „Standort D" und Rückbesinnung auf die eigene

„nationale Identität") unter Einschluss der etwa im Demografie- und im Migrationsdiskurs sichtbaren Tendenz zur Biologisierung und Ethnisierung sozialer Beziehungen gekennzeichnet (vgl. hierzu: Butterwegge u.a. 2002; Butterwegge 2007), was ihm auf absehbare Zeit optimale Erfolgschancen verschafft.

Die neoliberale Modernisierung bietet dem Rechtsextremismus gute Entfaltungsmöglichen, weil sie nicht nur die Konkurrenzsituation zwischen den einzelnen Wirtschaftsstandorten und -subjekten verschärft, sondern auch zu einer sozialen Polarisierung, einer Prekarisierung der Arbeit (Zunahme von geringfügiger Beschäftigung, von Teilzeit-, Leih- bzw. Zeitarbeit sowie Mini-, Midi- und Ein-Euro-Jobs) sowie einer Pauperisierung großer Teile der Bevölkerung bei gleichzeitiger Explosion von Unternehmensgewinnen und Aktienkursen, d.h. einer weiteren Konzentration von Kapital und Vermögen bei Wohlhabenden und Reichen führt. Bei der neoliberalen Modernisierung handelt es sich um ein gesellschaftspolitisches Großprojekt, das auf der ganzen Welt noch mehr soziale Ungleichheit schafft, als es sie aufgrund der ungerechten Verteilung von Ressourcen, Bodenschätzen, Grundeigentum, Kapital und Arbeit ohnehin schon gibt. „Es geht um die Vertiefung gesellschaftlicher Ungleichheiten zum Zwecke einer besseren Abstimmung auf die Bedürfnisse eines Wirtschaftsstandortes." (Pelizzari 2001, S. 152) „Standortsicherung" fungiert dabei als Schlachtruf (einfluss)reicher Gruppen im Verteilungskampf, die den Neoliberalismus zur Stärkung ihrer Machtposition benutzen. Was als „Modernisierung" klassifiziert wird, ist teils nur eine „neoliberale Konterrevolution" (Milton Friedman), die Restauration des Kapitalismus vor John Maynard Keynes durch Rücknahme demokratischer und sozialer Reformen bzw. Regulierungsmaßnahmen, mit denen die Wohlfahrtsstaaten das Großkapital zeitweilig einer gewissen Kontrolle unterzogen hatten.

Durch die systematische Ökonomisierung bzw. Kommerzialisierung aller Gesellschaftsbereiche, deren Restrukturierung nach dem Marktmodell und die Generalisierung seiner betriebswirtschaftlichen Effizienzkriterien und Konkurrenzmechanismen, wie sie beispielhaft die Unternehmensberatungsfirma McKinsey verkörpert (vgl. dazu: Kurbjuweit 2003), sollen nicht nur neue Profitquellen erschlossen, sondern auch rigidere Ordnungsprinzipien implementiert werden. Man kann von einem „Wirtschaftstotalitarismus" sprechen, der nach Joachim Bergmann (1998, S. 334) die „negative Utopie" des Neoliberalismus ausmacht: „Ökonomische Kriterien, Kosten und Erträge sollen ebenso alle anderen gesellschaftlichen Teilsysteme bestimmen – die soziale Sicherung und die materielle Infrastruktur so gut wie Bildung und Kultur."

Der soziale Klimawandel, für den „Hartz IV" als berühmt-berüchtigter Höhepunkt der rot-grünen Reformpolitik steht, die CDU/CSU und SPD in der Großen Koalition eher noch verschärft fortführen (vgl. hierzu: Butterwegge 2006, S. 184 ff. und 301 ff.), hat die Wirkungsmöglichkeiten für Rechtsextremisten verbessert. Wut und Verzweiflung unter den davon Betroffenen erleichterten es beispielsweise örtlichen Gliederungen der NPD, sich im Vorfeld der Beschlussfassung über das *Vierte Gesetz für moderne Dienstleistungen am Arbeitsmarkt* an Montagsdemonstrationen in Ostdeutschland zu beteiligen, ohne immer von den Veranstaltern des Feldes verwiesen oder von den Teilnehmer(inne)n vertrieben zu werden, und die wachsende Verunsicherung von Langzeitarbeitslosen erlaubte es ihnen, Funktionäre als „Sozialberater" einzusetzen (vgl. dazu: Maegerle 2006, S. 16 ff.).

Die soziale Kälte drückt sich exemplarisch in der öffentlichen Gleichgültigkeit gegenüber einer stark zunehmenden Kinderarmut (vgl. hierzu: Butterwegge u.a. 2005) bei einem parallel dazu ins Gigantische wachsenden Reichtum weniger Großaktionäre, Erben von Familienunternehmen, Finanzinvestoren und Privatbankiers aus. Während die Aktienkurse einen Rekordstand nach dem anderen übertrafen, interessierte die Einrichtung von Babyklappen, Suppenküchen und Kleiderkammern durch Kommunen, Kirchengemeinden und Wohlfahrtsverbände in deutschen Städten die überwiegend marktradikal denkenden Meinungsführer der Republik weniger. „Das soziale Klima wird zunehmend von Mitleidlosigkeit und emotionaler Kälte bestimmt. Traditionell schwache Gruppen wie Migranten oder Obdachlose, aber auch Langzeitarbeitslose, leiden besonders darunter, mit durchschlagenden Wirkungen auf Körper und Seele – und mit dadurch entstehenden gewaltigen sozialen Kosten." (Ulrich 2007, S. 854) Je stärker die Menschen, vor allem die Verlierer/innen der neoliberalen Modernisierung, unter der sozialen Kälte einer Markt-, Hochleistungs- und Konkurrenzgesellschaft leiden, umso mehr sehnen sie sich nach emotionaler Nestwärme, die ihnen Rechtsextremisten im Schoß der Traditionsfamilie, einer verschworenen Truppe von Gleichgesinnten, sei es die Jugendgruppe mit Lagerfeuerromantik oder die Wehrsportgruppe mit der Faszination von Schusswaffen, der geliebten Heimat, der eigenen Nation bzw. der „deutschen Volksgemeinschaft" wiederherstellen zu können versprechen.

Folgerichtig rückte die völkische Kapitalismuskritik gegen Ende des 20./Anfang des 21. Jahrhunderts wieder stärker in das Blickfeld der Rechtsextremisten, was sich in einem Strategiewechsel von Gruppierungen wie der NPD und einer thematischen Schwerpunktverschiebung von der „Ausländer-" zur „sozialen Frage" niederschlug. Wirtschaft und Soziales wurden zu dem Politikfeld, auf das sich Agitation und Propaganda fast der gesamten rechtsextremen Szene konzentrierten (vgl. Ptak 1999, S. 98). Je mehr sich Arbeitslosigkeit, Armut und Abstiegsängste bis in die Mitte der Gesellschaft hinein ausbreiteten und das Leben von Millionen Familien bestimmten, umso stärker konzentrierten sich Rechtsextremisten auf diese Probleme. Sie propagierten eine größere Heimatverbundenheit, völkisches Zusammengehörigkeitsgefühl und nationale Identität als geistig-moralischen Schutzschild gegenüber den Herausforderungen der Globalisierung, massenhafter Migration und kultureller „Überfremdung", sei es durch Juden oder durch Muslime (vgl. Grumke 2006, S. 131). Freilich hat die *soziale* Frage im rechtsextremen Politikmodell keinen Eigenwert, ist vielmehr der *nationalen* Frage, verstanden als Auftrag zur Bildung einer „Volksgemeinschaft", untergeordnet.

„Globalisierung" fungiert als Schlüsselkategorie und darüber hinaus – neben dem demografischen Wandel – als zweite Große Erzählung unserer Zeit, die Neoliberale benutzen, um ihre marktradikale Ideologie zu verbreiten und den Um- bzw. Abbau des Sozialstaates zu legitimieren (vgl. hierzu: Butterwegge 2008, S. 143 ff.). Dass sich Rechtsextremisten bzw. -populisten und Neonazis auf die Globalisierung, insbesondere auf deren unsoziale Schattenseiten beziehen, wurzelt nur zum Teil in Zeitgeistopportunismus. Wenn viele Millionen Menschen von Arbeitslosigkeit und/oder Armut betroffen sind, können auch solche Gruppierungen dazu nicht schweigen. Neben (partei)taktischen Motiven ist dafür entscheidend, dass die objektiven Verhältnisse ultrarechten Organisationen gar keine andere Wahl lassen, als sich damit inhaltlich auseinanderzusetzen und Stellung zu beziehen. Gleichzeitig wissen Neonazis sehr genau, dass sonst womöglich die (sich in der Bundesrepublik seit geraumer Zeit als Partei neu formierende) Linke das Thema besetzt und ihnen weniger Möglichkeiten zur Nachwuchsrekrutierung bleiben, wenn sie es gänzlich meiden und auf andere Felder ausweichen würden.

Teilweise befürworten Rechtsextremisten die Globalisierung, überwiegend lehnen sie den Prozess jedoch kategorisch ab, was sich beispielsweise in Kampfparolen gegen die angebliche Überfremdung der Einheimischen durch Zuwanderer („Globalisierung ist Völkermord") und gegen die Willkür des globalisierten Kapitals („Sozial statt global! – Wir fordern Arbeit im eigenen Land", „Arbeit für Millionen statt Profite für Millionäre!" oder „Arbeit statt Dividende – Volksgemeinschaft statt Globalisierung!") niederschlägt. Von den linken Kritiker(inne)n wie Attac unterscheidet die alten Herren der DVU, NPD-Kader oder „Autonome Nationalisten" (AN), die bei Neonazi-Demonstrationen einen „Schwarzen Block" bilden, dass sie gegen die Globalisierung als solche und nicht nur gegen deren neoliberale Spielart polemisieren. „Rechtsextremisten sind keine Globalisierungskritiker, sondern Anti-Globalisten." (Grumke 2006, S. 132)

Rechtspopulismus und Neoliberalismus – ein widersprüchliches Wechselverhältnis

Herbert Schui u.a. (1997) haben in einer Schrift mit dem Titel „Wollt ihr den totalen Markt?" zahlreiche Parallelen zwischen dem Neoliberalismus und dem Rechtsextremismus herausgearbeitet und deren Geistesverwandtschaft nachgewiesen. Neoliberale reduzieren den Menschen auf seine Existenz als Marktsubjekt, das sich im Tauschakt selbst verwirklicht. Letztlich zählt für sie nur, wer oder was ökonomisch verwertbar und gewinnträchtig ist. Aufgrund dieses ausgeprägten Utilitarismus, seines betriebswirtschaftlichen Effizienzdenkens, seiner Leistungsfixierung und seines Wettbewerbswahns bietet der Neoliberalismus nicht bloß Topmanagern ihren Alltagserfahrungen im Berufsleben entsprechende Orientierungsmuster, sondern auch ideologische Anschlussmöglichkeiten an den Rechtsextremismus bzw. -populismus. Populistisch ist jene Gruppierung innerhalb des Rechtsextremismus wie des Brückenspektrums zwischen diesem und dem (National-)Konservatismus zu nennen, die besonders das verunsicherte Kleinbürgertum anspricht, dessen Vorurteile gegenüber dem Wohlfahrtsstaat nährt, dabei wirtschaftsliberale Ziele verfolgt, Minderheiten abwertende Stammtischparolen aufgreift, den Stolz auf das eigene Kollektiv, die Nation bzw. deren Erfolge auf dem Weltmarkt (Standortnationalismus) mit rassistischer Stimmungsmache oder sozialer Demagogie verbindet und die verständliche Enttäuschung vieler Menschen über das Parteien- bzw. Regierungsestablishment für eine Pauschalkritik an der Demokratie schlechthin nutzt.

Der jüngste Aufstieg des Rechtspopulismus hat sich im Spannungsfeld von neoliberaler Modernisierung und antiglobalistischer Gegenmobilisierung vollzogen (vgl. Betz 2001, S. 168). Während der 80er-Jahre lehnte sich der Rechtspopulismus fast überall in Europa an den Neoliberalismus an, überbot dessen Marktradikalismus teilweise sogar und fungierte damit als Türöffner für den Standortnationalismus. Hatte der Nationalsozialismus auf Traditionsbewusstsein, überkommene Werte und den Mythos des Reiches gepocht, setzte der moderne Rechtspopulismus eher auf Innovationsbereitschaft, geistige Mobilität und den Mythos des Marktes. Statt der antiliberalen Grundhaltung à la Carl Schmitt war für ihn zunächst eine wirtschaftsliberale Grundhaltung à la Adam Smith kennzeichnend. Weniger einer völkischen Blut-und-Boden-Romantik als der wirtschaftlichen Dynamik verhaftet, ist der Rechtspopulismus stärker markt-, wettbewerbs- und leistungsorientiert. Statt fremder Länder wollte er neue Absatzmärkte erobern. Die ultrarechte Wertetrias, so schien es fast, bildeten nicht mehr „Führer, Volk und Vaterland", sondern Markt, Leistung und Konkurrenzfähigkeit. Privatisierung öffentlicher Unternehmen und Dienstleistungen, Deregulierung des Arbeitsmarktes und Flexibilisierung der Beschäftigungsverhältnisse ergaben jene Zauberformel, mit der man die Zukunft des „eigenen" Wirtschaftsstandortes sichern wollte.

Anfang der 90er-Jahre äußerten die europäischen Rechtspopulisten deutlicher Vorbehalte gegenüber einer Form der Globalisierung, die Massenarbeitslosigkeit produzierte und gleichzeitig die Zuwanderung von Hochqualifizierten forcierte, um den jeweiligen Industriestandort noch leistungsfähiger zu machen. Rechtspopulisten profilierten sich als Interessenvertreter der Arbeitnehmer/innen und Erwerbslosen, die von den sozialdemokratischen (Regierungs-)Parteien verraten worden seien. Teilweise feierten sie Wahlerfolge mit ungewohnten Tiraden gegen die Öffnung der (Arbeits-)Märkte, den Wirtschaftsliberalismus, Managerwillkür und Standortentscheidungen multinationaler Konzerne. „Selbst rechtsextreme Politikprojekte, die mit dem Neoliberalismus weiter im Bunde sind, bieten auch die Kritik der durch ihn hervorgebrachten gesellschaftlichen Veränderungen." (Kaindl 2006, S. 64) Geschickt verbanden Rechtspopulisten unter Hinweis auf negative Folgen der Globalisierung die soziale mit der „Ausländerfrage", wodurch sie Anschluss an die Massenstimmung, neoliberale Sozialstaatskritik und hegemoniale Diskurse gewannen.

Christina Kaindl (2005, S. 182) diagnostiziert einen „Umschwung der rechtspopulistischen Parteien von Befürwortern zu Kritikern von Globalisierung und Neoliberalismus", thematisiert allerdings nicht, ob es sich hierbei um eine Richtungsänderung oder bloß um einen taktischen Schachzug handelte. Man kann beim Rechtspopulismus keinen durchgängigen „Schwenk weg vom Neoliberalismus" (Greven 2006, S. 19) erkennen, sondern höchstens ein zeitweiliges Schwanken im Hinblick darauf, wie bestimmte Wählerschichten am besten zu erreichen wären. Dass der Rechtspopulismus aus wahltaktischen Gründen programmatische Konzessionen an breitere Schichten (Arbeitermilieu, sozial Benachteiligte, „Modernisierungsverlierer") machen musste, bedeutet natürlich keinen prinzipiellen Bruch mit dem Marktradikalismus. „Selbst dort, wo neue rechtsradikale Parteien ihre wirtschaftsliberale Rhetorik einschränken, bedeuten die Konsequenzen ihres Aufstiegs Wasser auf die Mühlen neoliberaler Sozialstaatskritik." (Kitschelt 2001, S. 439)

Das ist einer der Hauptwidersprüche des neoliberen Zeitgeistes: Während man Wirtschaftsmanagern und Großinvestoren grenzüberschreitend immer mehr unternehmerische Autonomie gewährt, werden den (arbeitenden) Menschen ein Verzicht auf soziale Sicherheit, eine stärkere Abhängigkeit von Marktzwängen und mehr Staatseingriffe in ihre Privatsphäre zugemutet. Das Hohelied auf die

Marktfreiheit geht paradoxerweise mit der Wiederentdeckung gesellschaftlicher Konventionen, Pflichten und Sekundärtugenden einher. Offenbar harmoniert die globalisierte Postmoderne gut mit biedermeierlichem Mief und kleinbürgerlicher Spießermoral (vgl. dazu: Rickens 2006; Pinl 2007). Claudia Pinl (ebd., S. 153) weist auf die Geistesverwandtschaft von Neoliberalismus und Neokonservatismus hin, der in sich heterogen ist: „Nicht alle Neokonservativen wollen die Frauen an den Herd zurückschicken, nicht alle sind gegen Kindertagesstätten oder für die radikale Durchkommerzialisierung aller Lebensbereiche. Einige glauben vorwiegend an die Macht Gottes, andere an die Macht des Marktes oder der Gene, wiederum andere trauen vor allem dem moralisch erhobenen Zeigefinger. Woran sie eher nicht glauben: dass Menschen fähig sind und in die Lage versetzt werden müssen, über die Macht- und Ressourcenverteilung in der Gesellschaft demokratisch zu bestimmen."

Hinsichtlich der Hauptfunktion beider Geistesströmungen, der Legitimationsbeschaffung und der Herrschaftssicherung, ergeben sich frappierende Ähnlichkeiten. Nicht bloß der Rechtsextremismus will hinter die demokratischen Errungenschaften von 1789 zurück und schafft dafür die Voraussetzungen, wenn er Machtpositionen erringt, sondern auch ein Marktradikalismus, der die Menschen politisch entmündigt, indem er sie auf ihren Status als „Homines oeconomici" beschränkt. „Neoliberalismus ist militante Gegenaufklärung: Die Menschen sollen ihre Lage nicht durch vermehrtes Wissen in einer kollektiven, bewussten Anstrengung in den Griff bekommen. Denn dies würde mit der Herrschaft aufräumen, die der Neoliberalismus mit all seinen Kunstgriffen zu legitimieren sucht." (Schui 2006, S. 54)

Die wichtigste Schnittmenge zwischen Neoliberalismus und Rechtspopulismus liegt in der Überzeugung, dass man auf den „Wirtschaftsstandort D" stolz sein und ihn stärken müsse, um den Wohlstand aller zu mehren. Den festen Glauben an die Überlegenheit des „eigenen" Wirtschaftsstandortes teilen selbst prominente Gewerkschafter, die sich für Antifaschisten halten, mit den meisten Rechtspopulisten. Genauso, wie man neoliberale Grundpositionen nicht nur innerhalb der FDP findet, sondern weit darüber hinaus, beschränken sich standortnationalistische Überzeugungen keineswegs auf das Unternehmerlager. „Dass Deutschland ‚wieder Spitze' sein müsse, ist ein gängiger Topos des öffentlichen Diskurses, in den auch Gewerkschaftsführer nicht selten einstimmen." (Zeuner u.a. 2007, S. 20)

Neoliberalismus ist nicht mit Standortnationalismus gleichzusetzen, als gesellschaftspolitisches Großprojekt aber nur schwer ohne ihn zu realisieren. Wenn sich der Neoliberalismus mit dem Nationalkonservatismus amalgamiert, resultiert daraus ein aggressiver Standortnationalismus, der geradezu als politisch-ideologische Steilvorlage für den Rechtsextremismus wirkt. Das fast alle Lebensbereiche beherrschende Konkurrenzdenken führt zur Ausgrenzung und Abwertung von Leistungsschwächeren, die im wirtschaftlichen Wettbewerb auf der Strecke bleiben, die Gewinnmargen eines Unternehmens senken, den Sozialstaat angeblich unbezahlbar machen und somit als menschlicher Ballast für den „eigenen" Standort wirken.

Bindeglieder: Standortnationalismus, Sozialdarwinismus und Wohlstandschauvinismus

Hat der Neoliberalismus in einer Gesellschaft die Hegemonie errungen und die Standortlogik fest im öffentlichen Bewusstsein verankert, rückt die Sicherung, Wiedergewinnung oder Steigerung der Wettbewerbsfähigkeit des „eigenen" Wirtschaftsstandortes quasi von selbst in den Mittelpunkt allen politischen Handelns. Matthias Matussek (2006, S. 244) konstatiert in seinem Bestseller „Wir Deutschen. Warum uns die anderen gern haben können", ohne Nationalstolz sei eine Wirtschaftsnation nicht erfolgreich: „Die unverklemmte Identifikation mit der eigenen Nation ist neben allem anderen ein Wettbewerbsvorteil. Auch in Zeiten der Globalisierung wird die deutsche Nation nicht überflüssig, nicht für uns, die wir hier arbeiten, hier unsere Kinder in die Schulen schicken, hier unsere Steuern bezahlen und uns hier auf Krankenhäuser und Müllabfuhr verlassen müssen, und das gilt für unsere Arbeitgeber und Arbeitnehmer gemeinsam. Für uns gibt es nationale Interessen, die über denen anderer Nationen rangieren sollten."

Obwohl die Bundesrepublik seit längerem steigende Rekordexportüberschüsse erzielt, behauptet Henrik Müller (2006, S. 16) allen Ernstes, dass sie bisher nicht zu den Gewinnern des „globalen Wettbewerbs" gehöre, was er auf mangelnden Patriotismus – für ihn ein zentraler Erfolgsfaktor im Wirtschaftsleben – zurückführt: „Die Deutschen haben Probleme, sich dem Wettbewerb der Nationalstaaten zu stellen, weil sie Schwierigkeiten haben, sich als Nation zu begreifen und entsprechend zu handeln – ja, den Wettbewerb der Staaten überhaupt zu akzeptieren." Der zitierte Wirtschaftspublizist beklagt, dass Deutschland die „nationale Identität" fehle, wie sie für andere Völker selbstverständlich sei: „Seit den Verbrechen unter Hitler ist alles Deutsche diskreditiert. Auch heute, da die allermeisten Täter des ‚Dritten Reichs' tot sind, ist es vielen Bundesbürgern unmöglich, sich aus vollem Herzen und mit gutem Gefühl als Deutscher zu empfinden, sich gar offen zum Deutschsein zu bekennen." (ebd., S. 200)

Braucht ein Land im Zeitalter der Globalisierung die nationale Identität als „Gesellschaftskitt" (Henrik Müller), um als Wirtschaftsstandort leistungsfähig und erfolgreich sein zu können? Was als „Wirtschaftspatriotismus" erscheint, der laut Müller die ökonomische Leistungsfähigkeit eines Landes und seine Erfolge auf den Weltmärkten gewährleistet, ist nur eine für den modernen Finanzmarktkapitalismus charakteristische, von Teilen des organisierten Rechtsextremismus radikalisierte Form des Nationalismus, gepaart mit Wohlstandschauvinismus. Dieser übernimmt Mathias Brodkorb (2003, S. 84) zufolge jene Rolle, die der Antisemitismus für NS-Agitatoren spielte: „Er steht im Zentrum des öffentlichen rechten Diskurses und stellt die wichtigste Schnittstelle zum Alltagsdenken der Bevölkerung dar." Gleichzeitig hat der Antisemitismus wieder Hochkonjunktur, was auf die ökonomische Globalisierung zurückzuführen ist, die man als Verschwörung „der Ostküste" und US-Amerikanisierung der Welt interpretiert (vgl. Weitzmann 2006).

Die für den Rechtsextremismus konstitutiven Aus- bzw. Abgrenzungsideologien, vor allem Rassismus, Nationalismus und Sozialdarwinismus, sind in letzter Konsequenz auf die Konkurrenz zurückzuführen, welche eine notwendige – wohlgemerkt: keine hinreichende – Bedingung für die Herausbildung entsprechender Handlungsanleitungen und Legitimationskonzepte zur Ausgrenzung von (ethnischen) Minderheiten bzw. Leistungsschwächeren darstellt. Die auch von seinen schärfsten Kritiker(inne)n bewunderte Produktivität, Flexibilität und Vitalität des kapitalistischen Wirtschafts- bzw. Gesellschaftssystems beruht auf der Konkurrenz, die seine Mitglieder nicht ruhen lässt, sie vielmehr zum permanenten Kampf „jeder gegen jeden" zwingt und als stärkste Triebkraft wissenschaftlich-technischer Innovationen und unternehmerischer Investitionen fungiert. Dysfunktional wirkt dagegen, dass sich die soziale Kohäsion einer Industrienation im „Säurebad der Konkurrenz" (Karl Marx) zersetzt, Ideale wie Solidarität, Gerechtigkeit und Humanität auf der Strecke bleiben und eine systemimmanente Selektion stattfindet, die eine vertrauensvolle Kooperation sogar zwischen Angehörigen derselben Bevölkerungsschicht verhindert, zumindest aber erschwert.

Während den Neoliberalen die „Rasse", die ethnische Herkunft bzw. die Religionszugehörigkeit eines Marktteilnehmers kaum interessiert, spielt die Identifikation mit dem „eigenen" Wirtschaftsstandort eine umso größere Rolle. Menschen, die zuwandern, werden von Rechtsextremisten nach zwei Kriterien beurteilt: ihrer Leistung für die Nation bzw. den „Wirtschaftsstandort" (Nutzen), was mit dem entscheidenden Maßstab von Neoliberalen korrespondiert, und ihrer ethnischen Abstammung, was damit weniger harmoniert. Stärker erscheinen die

ideologischen Überlappungen auf einem anderen Gebiet: Wegen des prononcier-
ten Antiegalitarismus im Neoliberalismus verschwimmt die Grenze zum Sozialdarwinismus (vgl. Ptak 2008, S. 73), einem konstitutiven Bestandteil von Faschismus, Nationalsozialismus und Rechtsextremismus. Weder der Rechtsextremismus noch der Neoliberalismus zeigen Verständnis für die Schwachen, sozial
Benachteiligten, (Langzeit-)Arbeitslosen, Kranken und Behinderten, obwohl zumindest Ersterer im politischen Tagesgeschäft teilweise um deren Stimme buhlt.
Gemeinsam haben sie auch das Streben nach einem „perfekt-erfolgreichen Menschen", welcher den Wunschtraum sämtlicher Anhänger des Sozialdarwinismus
verkörpert (vgl. Malina 2006).

Neoliberalismus ist mehr als Marktradikalismus, weil sich mit der Fixierung
auf den „eigenen" Wirtschaftsstandort die Tendenz zum Standortnationalismus
verbindet. „Standortnationalismus" nenne ich eine Ideologie, die – eng mit dem
Neoliberalismus verwandt – vielfach aus diesem hervorgeht, ihn aber nicht auf
Schritt und Tritt begleitet, sondern eine relative Autonomie besitzt (vgl. hierzu:
Butterwegge 1998). Das in der Bundesrepublik stärker als in den meisten anderen
Ländern verbreitete Bewusstsein, auf den internationalen Märkten einer „Welt
von Feinden" gegenüberzustehen und durch (den sprichwörtlichen deutschen)
Erfindungsgeist, besondere Tüchtigkeit, größeren Fleiß und noch mehr Opferbe-
reitschaft die Überlegenheit des „eigenen" Wirtschaftsstandortes unter Beweis
stellen zu müssen, bildet die Basis des Standortnationalismus. Es handelt sich
hierbei um ein Konkurrenzdenken, das auf den „eigenen" Wirtschaftsstandort
fixiert ist, von der Bevölkerungsmehrheit einen Verzicht auf Wohlstandszuwäch-
se fordert und eine primär die internationale Wettbewerbsfähigkeit steigernde
(Regierungs-)Politik favorisiert. Wenn das Wohl und Wehe des „Standorts D" im
Mittelpunkt aller Bemühungen um die Entwicklung der Gesellschaft steht, sind
die (arbeitenden) Menschen nebensächlich, hohe Gewinnmargen der (Groß-)
Anleger jedenfalls erheblich wichtiger und andere Länder nur Weltmarktkonkur-
renten, die es niederzuringen gilt.

Bei der neudeutschen Ideologie, die heute fast alle Lebensbereiche durch-
dringt, handelt es sich weder um jenen „klassischen" Deutschnationalismus, der
schon im Kaiserreich parteiförmig organisiert war und von gesellschaftlich einflussreichen Kräften, etwa dem Deutschen Flottenverein oder dem Alldeutschen
Verband (vgl. dazu: Hering 2003; Walkenhorst 2007), propagiert wurde, noch um
einen aufgeklärten Wilhelminismus, vielmehr um eine umfassend modernisierte
Spezialvariante nationalistischen Bewusstseins, die sich der Öffentlichkeit als
legitime Reaktion auf eine verschärfte Weltmarktkonkurrenz präsentiert. Die
Totalidentifikation mit der Nation ist wieder ausdrücklich erwünscht, geht es

doch darum, Auslandseinsätze der Bundeswehr zu flankieren sowie den Weltmarkt zu erobern und im Kampf mit anderen „Wirtschaftsstandorten" alle Kräfte
zu mobilisieren. Von den Sportnachrichten über die Modeberichterstattung bis
zum Wirtschaftsteil der Tageszeitungen dominiert die Botschaft, dass man auf
Leistungen *deutscher* Mitbürger/innen, handle es sich nun um Boxchampions,
Topmodels oder Spitzenmanager, stolz sein und ihnen auf dem eigenen Tätig-
keitsfeld nacheifern soll. „Privatinitiative", unbedingter Leistungswille, berufli-
che Flexibilität und geografische Mobilität sowie der Verzicht auf „Besitzstände"
sind angeblich notwendig, um auf den Weltmärkten bestehen zu können.

Standortnationalismus wirkt als politisch-ideologischer Kitt, der dafür sorgt,
dass die kapitalistische Gesellschaft trotz ökonomischer Labilität und sozialer
Zerklüftung, welche die als Spaltpilz und Sprengkraft wirkende „Reformpolitik"
nach Modellvorschlägen des Neoliberalismus verstärkt, nicht auseinanderfällt. Er
verbindet Rechtsextremismus bzw. -populismus und Neoliberalismus, die auf
den ersten Blick wenig miteinander gemeinsam haben. Grundkonstante beider
Geistesströmungen ist die Ungleichheit bzw. Ungleichwertigkeit der Menschen.
Rechtsextremisten halten die Mitglieder ihres eigenen (nationalen, „rassischen"
oder ethnischen) Kollektivs, sich selbst natürlich eingeschlossen, per se für etwas
Besseres als die für minderwertig erklärten Angehörigen der übrigen Völker.
Wirtschaftsliberale gewährleisten zwar die Rechtsgleichheit aller Individuen,
verweigern ihnen jedoch die materiellen Mittel, welche nötig sind, um in deren
Genuss zu kommen, sofern sie nicht am Markt erfolgreich konkurrieren. Empa-
thie, Solidarität und soziales Verantwortungsbewusstsein sind ihre Sache nicht:
Neoliberaler zu sein heißt letztlich, unsozial zu handeln; Rechtsextremist zu sein
heißt darüber hinaus, brutal und rücksichtslos zumindest gegenüber „Gemein-
schaftsfremden" zu handeln.

Reicht die Angst vor dem sozialen Abstieg bis in die Mitte der Gesellschaft
hinein, fühlen sich insbesondere kleinbürgerliche Schichten akut bedroht, was
irrationale Reaktionen auf Krisensymptome fördern kann. „Die im Namen des
Neoliberalismus betriebene Demontage des Sozialstaats und die vom losgelasse-
nen Markt entfesselte sozialdarwinistische Leistungskonkurrenz versetzen die
Menschen in den Zustand einer permanenten Verteidigung und Aggression."
(Eisenberg 2002, S. 120) Rainer Benthin (2004, S. 190) spricht von einer „strategi-
sche(n) Koppelung neoliberaler Ideologie mit xenophoben und rassistischen Dis-
kursmustern", durch die sich eine radikale Sozialstaatskritik und das Postulat der
sozialen Exklusion nach ethnisch-kulturellen Kriterien verbinden lassen. Jutta
Menschik-Bendele und Klaus Ottomeyer (2002, S. 305) sehen einen Trend zum
„hedonistisch-konsumistischen Sozialdarwinismus" um sich greifen: „Nach dem

globalen Sieg der Marktwirtschaft hat jenes Prinzip, demzufolge der Stärkere sich durchsetzt und das Schwache auf der Strecke bleibt, noch an Plausibilität gewonnen. Der aktuelle Rechtsextremismus und Rechtspopulismus beruhen auf einer Brutalisierung, Ethnisierung und Ästhetisierung alltäglicher Konkurrenzprinzipien."
Sozialdarwinismus fällt nicht vom Himmel, wurzelt vielmehr in einer Erfahrungswelt, die durch das kapitalistische Leistungsprinzip, die Allgegenwart des Marktmechanismus und den Konkurrenzkampf jeder gegen jeden geprägt wird (vgl. Kühnl 2001, S. 32 f.). Rivalität fungiert als Haupttriebkraft einer zerklüfteten, zunehmend in Arm und Reich gespaltenen Gesellschaft. „Die sozialdarwinistische Alltagsphilosophie, die damit einhergeht, erzeugt eine unauffällige, sich von direkter Gewalt fernhaltende und als ‚Sachzwang' der Ökonomie erscheinende Brutalität." (Klönne 2001, S. 266) Rivalität, Ellenbogenmentalität und Brutalität verkörpern die neoliberale Leitkultur. In einer Zeit verschärfter Konkurrenz eine ideologische Rechtfertigung der Missachtung ethischer Grundwerte und größerer sozialer Ungleichheit – im Sinne von Ungleichwertigkeit – zu offerieren, bildet laut Franz Josef Krafeld (2001, S. 287) einen Hauptgrund für die wachsende Attraktivität rechtsextremer Orientierungen.

Wenn meine Analyse des modernen Rechtsextremismus bzw. -populismus, seiner Triebkräfte und gesellschaftlichen Hintergründe zutrifft, muss ihm durch eine andere Arbeitsmarkt-, Beschäftigungs- und Sozialpolitik das materielle Fundament entzogen, die Standortlogik widerlegt und eine überzeugende Alternative zum Neoliberalismus entwickelt werden. Letztlich ist die Beantwortung der Frage entscheidend, in welcher Gesellschaft wir künftig leben wollen: Soll es eine Konkurrenzgesellschaft sein, die Leistungsdruck und Arbeitshetze weiter erhöht, Erwerbslose, Alte, Kranke, Drogenabhängige und Behinderte ausgrenzt sowie Egoismus, Durchsetzungsfähigkeit und Rücksichtslosigkeit eher honoriert, sich jedoch gleichzeitig über den Verfall von Sitte, Anstand und Moral wundert, oder eine soziale Bürgergesellschaft, die Kooperation statt Konkurrenzverhalten, Mitmenschlichkeit und Toleranz statt Gleichgültigkeit und Elitebewusstsein fördert? Eignet sich der Markt tatsächlich als gesamtgesellschaftlicher Regelungsmechanismus, obwohl er auf seinem ureigenen Terrain, der Volkswirtschaft, ausweislich einer sich trotz des Konjunkturaufschwungs verfestigenden Massenarbeitslosigkeit gegenwärtig kläglich versagt? Darauf die richtigen Antworten zu geben heißt, den Neoliberalismus mitsamt seinem Konzept der „Standortsicherung", aber auch Rechtsextremismus, Nationalismus und Rassismus wirksam zu bekämpfen.

Quellen- und Literaturverzeichnis

Bathke, Peter/Spindler, Susanne (Hrsg.) (2006): Neoliberalismus und Rechtsextremismus in Europa. Zusammenhänge – Widersprüche – Gegenstrategien, Berlin

Benthin, Rainer (2004): Auf dem Weg in die Mitte. Öffentlichkeitsstrategien der Neuen Rechten, Frankfurt am Main/New York

Bergmann, Joachim (1998): Die negative Utopie des Neoliberalismus oder Die Rendite muß stimmen. Der Bericht der bayerisch-sächsischen Zukunftskommission, in: Leviathan 3, S. 319-340

Betz, Hans-Georg (2001): Radikaler Rechtspopulismus im Spannungsfeld zwischen neoliberalistischen Wirtschaftskonzepten und antiliberaler autoritärer Ideologie, in: Dietmar Loch/Wilhelm Heitmeyer (Hrsg.), Schattenseiten der Globalisierung. Rechtsradikalismus, Rechtspopulismus und separatistischer Regionalismus in westlichen Demokratien, Frankfurt am Main, S. 167-185

Brodkorb, Mathias (2003): Metamorphosen von rechts. Eine Einführung in Strategie und Ideologie des modernen Rechtsextremismus, Münster

Bukow, Wolf-Dietrich (1996): Feindbild: Minderheit. Ethnisierung und ihre Ziele, Opladen

Butterwegge, Christoph (1998): Standortnationalismus – eine Herausforderung für die politische Jugendbildung, in: Deutsche Jugend 11, S. 469-477

Butterwegge, Christoph/Hickel, Rudolf/Ptak, Ralf (1998): Sozialstaat und neoliberale Hegemonie. Standortnationalismus als Gefahr für die Demokratie, Berlin

Butterwegge, Christoph (1999): Neoliberalismus, Globalisierung und Sozialpolitik: Wohlfahrtsstaat im Standortwettbewerb?, in: ders./Martin Kutscha/Sabine Berghahn (Hrsg.), Herrschaft des Marktes – Abschied vom Staat?, Folgen neoliberaler Modernisierung für Gesellschaft, Recht und Politik, Baden-Baden, S. 26-44

Butterwegge, Christoph/Hentges, Gudrun (Hrsg.) (1999): Alte und Neue Rechte an den Hochschulen, Münster

Butterwegge, Christoph/Cremer, Janine/Häusler, Alexander/Hentges, Gudrun/Pfeiffer, Thomas/Reißlandt, Carolin/Salzborn, Samuel (2002): Themen der Rechten – Themen der Mitte. Zuwanderung, demografischer Wandel und Nationalbewusstsein, Opladen

Butterwegge, Christoph/Klundt, Michael/Zeng, Matthias (2005): Kinderarmut in Ost- und Westdeutschland, Wiesbaden

Butterwegge, Christoph (2006): Krise und Zukunft des Sozialstaates, 3. Aufl. Wiesbaden

Butterwegge, Christoph (2007): Normalisierung der Differenz oder Ethnisierung der sozialen Beziehungen?, in: Wolf-Dietrich Bukow u.a. (Hrsg.), Was heißt hier Parallelgesellschaft? – Zum Umgang mit Differenzen, Wiesbaden, S. 65-80

Butterwegge, Christoph (2008): Rechtfertigung, Maßnahmen und Folgen einer neoliberalen (Sozial-)Politik, in: ders./Bettina Lösch/Ralf Ptak, Kritik des Neoliberalismus, 2. Aufl. Wiesbaden, S. 135-219

Butterwegge, Christoph/Hentges, Gudrun (Hrsg.) (2008): Rechtspopulismus, Arbeitswelt und Armut. Befunde aus Deutschland, Österreich und der Schweiz, Opladen/Farmington Hills

Butterwegge, Christoph/Lösch, Bettina/Ptak, Ralf (2008): Kritik des Neoliberalismus, 2. Aufl. Wiesbaden

Darnstädt, Thomas (2004): Die Konsensfalle. Wie das Grundgesetz Reformen blockiert, München

Eisenberg, Götz (2002): In Erfurt und um Erfurt herum oder: Amok – eine neue Ventilsitte?, Ansätze zu einer Sozialpsychologie von Wut und Haß im Zeitalter der Globalisierung, in: ders., Gewalt, die aus der Kälte kommt. Amok – Pogrom – Populismus, Gießen, S. 17-80

Greven, Thomas (2006): Rechtsextreme Globalisierungskritik: Anti-globaler Gegenentwurf zu Neoliberalismus und Global Governance, in: ders./Thomas Grumke (Hrsg.), Globalisierter Rechtsextremismus? – Die extremistische Rechte in der Ära der Globalisierung, Wiesbaden, S. 15-29

Greven, Thomas/Grumke, Thomas (Hrsg.) (2006): Globalisierter Rechtsextremismus? – Die extremistische Rechte in der Ära der Globalisierung, Wiesbaden

Grumke, Thomas (2006): Die transnationale Infrastruktur der extremistischen Rechten, in: Thomas Greven/Thomas Grumke (Hrsg.), Globalisierter Rechtsextremismus? – Die extremistische Rechte in der Ära der Globalisierung, Wiesbaden, S. 130-159

Hadjar, Andreas (2004): Ellenbogenmentalität und Fremdenfeindlichkeit bei Jugendlichen. Die Rolle des Hierarchischen Selbstinteresses, Wiesbaden

Hansen, Ralf (1998): Rückkehr des Leviathan. Konturen einer neuen „Sicherheitsgesellschaft", in: Joachim Bischoff/Frank Deppe/Klaus Peter Kisker (Hrsg.), Das Ende des Neoliberalismus? – Wie die Republik verändert wurde, Hamburg, S. 197-215

Heitmeyer, Wilhelm (2001): Autoritärer Kapitalismus, Demokratieentleerung und Rechtspopulismus. Eine Analyse von Entwicklungstendenzen, in: Dietmar Loch/Wilhelm Heitmeyer (Hrsg.), Schattenseiten der Globalisierung. Rechtsradikalismus, Rechtspopulismus und separatistischer Regionalismus in westlichen Demokratien, Frankfurt am Main, S. 497-534

Heitmeyer, Wilhelm (2002): Gruppenbezogene Menschenfeindlichkeit. Die theoretische Konzeption und erste empirische Ergebnisse, in: ders. (Hrsg.), Deutsche Zustände. Folge 1, Frankfurt am Main, S. 15-34

Hering, Rainer (2003): Konstruierte Nation. Der Alldeutsche Verband 1890 bis 1939, Hamburg

Jaschke, Hans-Gerd (1998): Fundamentalismus in Deutschland. Gottesstreiter und politische Extremisten bedrohen die Gesellschaft, Hamburg

Kaindl, Christina (2005): Rechtsextremismus und Neoliberalismus, in: dies. (Hrsg.), Kritische Wissenschaften im Neoliberalismus, Marburg, S. 180-200

Kaindl, Christina (2006): Antikapitalismus und Globalisierungskritik von rechts. Erfolgskonzepte für die extreme Rechte?, in: Peter Bathke/Susanne Spindler (Hrsg.), Neoliberalismus und Rechtsextremismus in Europa. Zusammenhänge – Widersprüche – Gegenstrategien, Berlin, S. 60-75

Kitschelt, Herbert (2001): Politische Konfliktlinien in westlichen Demokratien: ethnisch-kulturelle und wirtschaftliche Verteilungskonflikte, in: Dietmar Loch/Wilhelm Heitmeyer (Hrsg.), Schattenseiten der Globalisierung. Rechtsradikalismus, Rechtspopulismus und separatistischer Regionalismus in westlichen Demokratien, Frankfurt am Main, S. 418-442

Klönne, Arno (2001): Schwierigkeiten politischer Jugendbildung beim Umgang mit dem Thema „Rechtsextremismus", in: Christoph Butterwegge/Georg Lohmann (Hrsg.), Jugend, Rechtsextremismus und Gewalt. Analysen und Argumente, 2. Aufl. Opladen, S. 259-267

Krafeld, Franz Josef (2001): Zur Praxis der pädagogischen Arbeit mit rechtsorientierten Jugendlichen, in: Wilfried Schubarth/Richard Stöss (Hrsg.), Rechtsextremismus in der Bundesrepublik Deutschland. Eine Bilanz, Opladen, S. 271-291

Kühnl, Reinhard (2001): Nicht Phänomene beschreiben, Ursachen analysieren. Zum Problem der extremen Rechten in der Bundesrepublik Deutschland, in: Ulrich Schneider (Hrsg.), Tut was! – Strategien gegen Rechts, Köln, S. 30-37

Kurbjuweit, Dirk (2003): Unser effizientes Leben. Die Diktatur der Ökonomie und ihre Folgen, Reinbek bei Hamburg

Loch, Dietmar/Heitmeyer, Wilhelm (Hrsg.) (2001): Schattenseiten der Globalisierung. Rechtsradikalismus, Rechtspopulismus und separatistischer Regionalismus in westlichen Demokratien, Frankfurt am Main

Lösch, Bettina (2008): Die neoliberale Hegemonie als Gefahr für die Demokratie, in: Christoph Butterwegge/Bettina Lösch/Ralf Ptak, Kritik des Neoliberalismus, 2. Aufl. Wiesbaden, S. 221-283

Luutz, Wolfgang (2007): Vom Ort der Bürger zum Standort. Standortnationalismus als politischer Ausweg aus dem Entgrenzungsdilemma?, in: Forum für Kritische Rechtsextremismusforschung/Herbert-und-Greta-Wehner-Stiftung (Hrsg.), Diffusionen. Der kleine Grenzverkehr zwischen Neuer Rechter, Mitte und Extremen, Dresden, S. 118-134

Maegerle, Anton (2006): Rechte und Rechtsextreme im Protest gegen Hart IV, Braunschweig (Bildungsvereinigung „Arbeit und Leben" Niedersachsen Ost, Arbeitsstelle Rechtsextremismus und Gewalt)

Mahnkopf, Birgit (1999): Soziale Demokratie in Zeiten der Globalisierung? – Zwischen Innovationsregime und Zähmung der Marktkräfte, in: Hans Eichel/Hilmar Hoffmann (Hrsg.), Ende des Staates – Anfang der Bürgergesellschaft. Über die Zukunft der sozialen Demokratie in Zeiten der Globalisierung, Reinbek bei Hamburg, S. 110-130

Malina, Peter (2006): Auf der Jagd nach dem perfekt-erfolgreichen Menschen. Das sozialdarwinistische Gesellschaftsmodell als die große Versuchung der Moderne, in: Elisabeth Hobl-Jahn/Peter Malina/Elke Renner (Hrsg.), MenschenHaltung. Biologismus – Sozialrassismus, Innsbruck/Wien/Bozen (Schulheft 124), S. 10-27

Matussek, Matthias (2006): Wir Deutschen. Warum uns die anderen gern haben können, Frankfurt am Main

Menschik-Bendele, Jutta/Ottomeyer, Klaus (2002): Sozialpsychologie des Rechtsextremismus. Entstehung und Veränderung eines Syndroms, 2. Aufl. Opladen

Müller, Henrik (2006): Wirtschaftsfaktor Patriotismus. Vaterlandsliebe in Zeiten der Globalisierung, Frankfurt am Main

Narr, Wolf-Dieter (1999): Zukunft des Sozialstaats – als Zukunft einer Illusion?, Neu-Ulm

Pelizzari, Alessandro (2001): Die Ökonomisierung des Politischen. New Public Management und der neoliberale Angriff auf die öffentlichen Dienste, Konstanz

Pinl, Claudia (2007): Das Biedermeier-Komplott. Wie Neokonservative Deutschland retten wollen, Hamburg

Ptak, Ralf (1999): Die soziale Frage als Politikfeld der extremen Rechten. Zwischen marktwirtschaftlichen Grundsätzen, vormodernem Antikapitalismus und Sozialismus-Demagogie, in: Jens Mecklenburg (Hrsg.), Braune Gefahr. DVU, NPD, REP – Geschichte und Zukunft, Berlin, S. 97-145

Ptak, Ralf (2008): Grundlagen des Neoliberalismus, in: Christoph Butterwegge/Bettina Lösch/Ralf Ptak, Kritik des Neoliberalismus, 2. Aufl. Wiesbaden, S. 13-86

Rickens, Christian (2006): Die neuen Spießer. Von der fatalen Sehnsucht nach einer überholten Gesellschaft, Berlin

Schui, Herbert/Ptak, Ralf/Blankenburg, Stephanie/Bachmann, Günter/Kotzur, Dirk (1997): Wollt ihr den totalen Markt? – Der Neoliberalismus und die extreme Rechte, München

Schui, Herbert (2006): Rechtsextremismus und totaler Markt. Auf der Suche nach gesellschaftlicher Klebmasse für den entfesselten Kapitalismus, in: Peter Bathke/Susanne Spindler (Hrsg.), Neoliberalismus und Rechtsextremismus in Europa. Zusammenhänge – Widersprüche – Gegenstrategien, Berlin, S. 48-59

Singelnstein, Tobias/Stolle, Peer (2006): Die Sicherheitsgesellschaft. Soziale Kontrolle im 21. Jahrhundert, Wiesbaden

Stehr, Nico (2007): Die Moralisierung der Märkte. Eine Gesellschaftstheorie, 2. Aufl. Frankfurt am Main

Ulrich, Bernd (2007): Für immer abgehängt: Das Ende der sozialen Mobilität, in: Blätter für deutsche und internationale Politik 7, S. 845-855

Walkenhorst, Peter (2007): Nation – Volk – Rasse. Radikaler Nationalismus im Deutschen Kaiserreich 1890-1914, Göttingen

Weitzmann, Mark (2006): Antisemitismus und Holocaust-Leugnung: Permanente Elemente des globalen Rechtsextremismus, in: Thomas Greven/Thomas Grumke (Hrsg.), Globalisierter Rechtsextremismus? – Die extremistische Rechte in der Ära der Globalisierung, Wiesbaden, S. 52-69

Zeuner, Bodo (1997): Entpolitisierung ist Entdemokratisierung. Demokratieverlust durch Einengung und Diffusion des politischen Raums. Ein Essay, in: Rainer Schneider-Wilkes (Hrsg.), Demokratie in Gefahr? – Zum Zustand der deutschen Republik, Münster, S. 20-34

Zeuner, Bodo/Gester, Jochen/Fichter, Michael/Kreis, Joachim/Stöss, Richard (2007): Gewerkschaften und Rechtsextremismus. Anregungen für die Bildungsarbeit und die politische Selbstverständigung der deutschen Gewerkschaften, Münster

Fabian Virchow

Der neoliberale Staat, die private Produktion von „Sicherheit" und die Transformation der Bürgerrechte

Seit den frühen 1980er-Jahren hat sich ein Modell der Ökonomie und des Regierens durchgesetzt, das den neoliberalen Vorstellungen der Ausweitung des Marktprinzips auf die gesamte Gesellschaft, der „Selbstverantwortlichkeit" der Individuen sowie der Aufwertung und Verallgemeinerung unternehmerischen Handelns folgt. Neoliberalismus als Steuerungs- und Regelungssystem beinhaltet die (Idee und das Ziel der) Befreiung des Marktes von staatlichen Eingriffen und Vorgaben sowie die Ausrichtung der Rolle des Staates an diesem Ideal. Auf der Makroebene korrespondiert das mit Freihandel, Privatisierung, Deregulierung, Monetarismus, Steuersenkungen und der „punitive policing of the poor" (Sparke 2006, S. 154); auf der Mikroebene finden sich die mit dem Begriff und Konzept der Gouvernmentalität verbundene Inkorporation marktförmiger Mentalitäten und Verhaltensweisen sowie die „educational and cultural cultivation of a new kind of self-promoting and self-policing entrepreneurial individualism" (ebd.). Neoliberalismus ist eine politische Rationalität im Foucault'schen Sinne, wonach das Soziale, die Subjekte und der Staat sich entlang der Maßgabe einer spezifischen Form der Marktrationalität zu organisieren haben.

Obwohl Märkte keine überhistorischen Phänomene sind, vielmehr als Artefakte von besonderen geschichtlichen Prozessen verstanden werden müssen, betont der Neoliberalismus die „natürliche und spontane Ordnung des Marktes", dessen Funktionieren jedoch durch vom Staat entsprechend zu gestaltende Rahmenbedingungen gesichert werden müsse. Neoliberalismus nimmt unterschiedliche Konkretionen an: Er verbindet sich in den nationalstaatlichen Kontexten auf je spezifische Weise mit anderen politisch-gesellschaftlichen Programmen und Ideologien. Während etwa in den USA gegenwärtig eine durchaus widersprüchliche Symbiose von Neoliberalismus und religiös fundiertem Neokonservatismus zu beobachten ist (vgl. Brown 2006), waren im neoliberalen Laboratorium Chiles oder im Thatcherism der 1980er-Jahre andere Konstellationen virulent.

Von der Maßgabe einer Privatisierung ist auch jener Kernbereich von Staatlichkeit betroffen, der lange als exklusive Domäne des modernen Staates galt: die Herstellung bzw. Bewahrung äußerer und innerer Sicherheit auf der Grundlage eines legitimen Gewaltmonopols. Neben den Staat, gleichwohl häufig in enger Interaktion mit ihm, sind weitere Akteure getreten. Das kollektive Gut „Sicherheit" wird zunehmend ein privates, käufliches Gut, bei dessen Vermarktung privat(wirtschaftlich)e Protagonisten eine bedeutende Rolle spielen.

Im Bereich der internationalen Beziehungen und der internationalen Politik sind es vor allem die Privaten Militärfirmen (PMC – Private Military Companies), deren Bedeutungszuwachs im neoliberalen Kontext zu diskutieren ist. Auf der nationalstaatlichen Ebene erstreckt sich die Privatisierung der Produktion von Sicherheit auf zahlreiche Handlungsfelder, die von privaten Sicherheitsdiensten über privatwirtschaftlich betriebene Gefängnisse und „gated communities" zur großflächigen Video-Überwachung reichen. Dieser Strategie liegt ein „ordnungs- und kontrollpolitisch fixierter Sicherheitsbegriff" (Beste 2000, S. 29) zugrunde. Privatisierung und Kommerzialisierung im Bereich der „Sicherheit" verändern die Rolle des Staates und die Formen des Regierens im Neoliberalismus; allerdings operiert die politische Rationalität des Neoliberalismus mit dem „gewaltigen Schatten des Leviathan".

Private Military Companies – nur die „foot soldiers of privatisation"?

Seit den 1990er-Jahren haben sich die Konflikt- und Kriegslagen durch das Auftreten privater Akteure signifikant verändert; ob in Sierra Leone oder Bosnien, ob in Papua Neu-Guinea oder am Horn von Afrika – die Aktivitäten von PMCs haben den jeweiligen Konflikt oft nachhaltig beeinflusst (vgl. Singer 2003), indem ihnen von einer der Konfliktparteien Tätigkeiten und Aufgaben übertragen wurden, die lange Zeit zum Kernbereich staatlichen Handelns zählten, etwa die Kriegführung oder die Ausbildung bewaffneter Formationen. Die folgenden Ausführungen sollen Umfang und Profil der PMC-Aktivitäten umreißen und klären, ob – wie Ken Silverstein (2000, S. 144) formuliert – „the private military firms are effectively an arm of foreign policy". Ist im Wirken der PMCs, deren militärische Dienstleistungen nicht nur von Staaten, sondern auch von NGOs, supranationalen Organisationen und Privatunternehmen in Anspruch genommen werden, also eine Verlängerung staatlicher Aktivitäten bzw. die Implementierung der von staatlichen Institutionen getroffenen Entscheidungen zu sehen, oder lässt sich von einer grundlegenden Verschiebung des Verhältnisses von Staat und Markt auf diesem Feld sprechen?

In der Epoche des modernen Nationalstaates müssen sowohl die Entstehung privatwirtschaftlich betriebener Rüstungsindustrien als auch das Auftreten von ehemaligen Militärs als Berater solcher Unternehmen als frühe Formen der Privatisierung militärischer Aufgaben angesehen werden. In der gegenwärtigen Situation – so ein 1997 vom *Center for Defense Information* publizierter Bericht zum Auftreten privater Militärdienstleister – ist die „modern mercenary firm (...) increasingly corporate. Instead of organizing clandestinely, they now operate out of office suites, have public affairs and Web sites, and offer marketing literature" (zit. nach: Silverstein 2000, S. 141); auch quantitativ hat die Tätigkeit von PMCs neue Dimensionen erreicht (vgl. Avant 2004, S. 153). Der entsprechende Markt verzeichnet überproportionale Wachstumsraten; die Zahl der Konflikte, in die private Militärfirmen involviert sind, hat sich signifikant erhöht (vgl. FCO 2002). Die meisten Unternehmen arbeiten auf Vertragsbasis – mit einem kleinen Stamm von Festangestellten und umfangreichen Datenbeständen zur projektbezogenen Rekrutierung von Mitarbeitern, die auf verschiedene militärisch relevante Aufgaben spezialisiert sind. Inzwischen existiert mit der IPOA (International Peace Industry Association) auch ein eigener Berufs- und Interessenverband der PMCs.

Die Tätigkeitsbereiche dieser „free lancer" erstrecken sich auf ein weites Spektrum von Aufgaben, die vom Kampfeinsatz über vor- bzw. nachgelagerte Bereiche wie das Management des militärischen Fuhrparks bzw. von Liegenschaften bis hin zum Objekt- und Personenschutz, zur „Informationsbeschaffung" sowie zur Beratung in Fragen militärischer Strategie und Taktik sowie Ausbildung reichen (vgl. Kümmel 2005, S. 146 ff.; Wulf 2005). Dass PMCs häufiger in den Bereichen Logistik und Beratung als unmittelbar in Kampfeinsätzen ihr Geld verdienen, ermöglicht dem Militär zwar die – neoliberal definierte – Konzentration auf seine Kernfunktion, sagt jedoch noch nichts über die Relevanz der PMCs für die Durchführung der jeweiligen militärischen Aufgabe bzw. den Einfluss der privaten Militärdienstleister aus.

Zu den Gründen für die zunehmende Nachfrage nach PMCs zählt die Vielzahl an Konflikten, in denen der Einsatz von internationalen Polizeieinheiten erforderlich schien, welcher jedoch nur in begrenztem Rahmen von den unmittelbar beteiligten Konflikt- bzw. Kriegsparteien gedeckt wurde/werden konnte (vgl. Avant 2004, S. 154). Im Falle der US-Streitkräfte kommt hinzu, dass diese im Rahmen des „War on Terror" an ihre personellen Kapazitäten gestoßen sind (vgl. Spearin 2004, S. 246); im Zuge der als „Revolution in Military Affairs" (RMA) bezeichneten Um- und Aufrüstung vieler Streitkräfte werden mehr Spezialisten benötigt, als in den etablierten Militärstrukturen anzutreffen sind. Diesen Bedarfen steht eine quantitative Reduzierung von Streitkräften gegenüber (vgl. BICC 2006, S. 13), was mit dem Ende des Kalten Krieges – und im afrikanischen Kontext besonders relevant: dem Ende des Apartheid-Regimes in Südafrika – dazu geführt hat, dass ehemalige Militärangehörige in großer Zahl verfügbar waren/sind und nach Wieder- bzw. Weiterbetätigung im erlernten Beruf streb(t)en.

Besonders bedeutsam für die Zunahme von PMCs ist der Neoliberalismus mit seinem Leitsatz, dass der Markt in der Ressourcenverwendung und Steuerung wirtschaftlicher Prozesse generell effizienter ist als staatliche Akteure. Dieser Gesichtspunkt findet sich in offiziellen Dokumenten des US-Department of Defence (vgl. Spearin 2004, S. 247) ebenso, wie er bei der Entscheidung der Bundeswehrführung Pate gestanden hat, das Liegenschafts- und Fuhrparkmanagement in die Gesellschaft für Entwicklung, Beschaffung und Betrieb mbH (g.e.b.b.) auszugliedern (vgl. Richter 2007). Wie im Falle anderer Privatisierungsmaßnahmen tritt der Effekt der Kostenreduzierung jedoch nicht zwingend ein (vgl. Avant 2004, S. 155); häufig enthalten Verträge aufgrund der Kompliziertheit der Konfliktlage und des daher nur schwer abschätzbaren Aufwandes zur Durchführung des Auftrages nicht einmal einen fixen Betrag (vgl. Hartung 1999). In anderen Fällen fehlt es schlicht an Militärpersonal, das in der Lage wäre, eine qualifizierte (Finanz-)Kontrolle auszuüben (vgl. Spearin 2004, S. 256 f.).

Weiterer Regelungsbedarf besteht hinsichtlich des rechtlichen Status der PMC-Mitarbeiter/innen (vgl. Leander 2005, S. 808; Grofe 2007; Schaller 2007). Rechtliche Regelungen über den Einsatz von PMCs finden sich nur in wenigen Staaten (vgl. Wulf 2005, S. 67 f.; Buchner 2007). In den USA müssen sich die Unternehmen durch das Außenministerium lizensieren lassen, und der Kongress muss Aufträge an private Sicherheits- und Militärfirmen, die ein Volumen von 50 Millionen US-Dollar übersteigen, genehmigen. Solche Einschränkungen werden durch Vertragssplitting umgangen. In Frankreich hält der Staat bedeutende Anteile an zahlreichen PMCs, während in Großbritannien die Regelungsdichte für solche Unternehmen sehr niedrig ist.

PMCs werben gegenüber den politischen und militärischen Entscheidungsträgern – insbesondere in den USA – damit, dass sie im Unterschied zum Entscheidungsprozess von internationalen Organisationen wie UNO oder NATO kurzfristig militärisches Know-how und Material bereitstellen können, das zudem an die hoch entwickelte US-Kriegstechnologie anschlussfähig ist. Die Auftragsvergabe an private Militärdienstleister führt bisweilen zu Abhängigkeiten aufseiten des Militärs; trotzdem strebte die Bush-Administration an, bis zu 50

Prozent der Waffensysteme von PMCs funktionsfähig halten zu lassen (vgl. Spearin 2005, S. 249).

Während die PMCs für manche Regierung die Möglichkeit bieten, auch dort mit militärischen Mitteln Einfluss zu nehmen, wo die Entsendung der Streitkräfte aus (innen)politischen Gründen nicht durchsetzbar ist, bringen solche „private warriors" (Ken Silverstein) zugleich eigene finanzielle und Karriereinteressen mit. Zwar übernehmen viele PMCs Aufträge nur mit Billigung der Administration ihrer „Heimatländer" und sitzen Vertreter/innen der Regierungsadministration in den Aufsichtsräten, die Bewertung, dass die PMCs nur ein zusätzliches „Waffensystem" (Shearer 1998, S. 92) im Repertoire staatlicher Militärpolitik seien, greift aber zu kurz. Der eingangs erwähnten Einschätzung, dass „private military firms are effectively an arm of foreign policy" (Silverstein 2000, S. 144) und dass sie trotz der quantitativen Zunahme von PMCs und ihres Bedeutungszuwachses als Akteur in Konflikten quasi nur implementieren, was von ihren Auftraggebern definiert wurde, hat Anna Leander (2005) überzeugend widersprochen. Sie weist zu Recht auf die der privatwirtschaftlichen Tätigkeit folgende Markt- und Gewinnlogik sowie auf die reziproken Einflussmöglichkeiten im Rahmen von Aufsichtsratsbesetzungen hin und stellt insbesondere die zunehmende Definitionsmacht von PMCs heraus. Danach sind Anbieter privater militärischer Dienstleistungen nicht auf den Status der „foot soldiers of privatization" (Silverstein 2000, S. 143) zu reduzieren.

Um die Machtstellung von PMCs würdigen zu können, ist neben formalen Entscheidungsprozessen, etwa in Gestalt von Beschlussfassungen nationaler Parlamente oder Regierungen, auch der beträchtliche Einfluss von PMCs auf den Sicherheitsdiskurs zu berücksichtigen, d.h. auf die diskursive Bestimmung dessen, was als Bedrohung der Sicherheit wahrgenommen wird (und was nicht) und welche Strategie bzw. welche Mittel gegenüber dieser Bedrohung angemessen sind. Die „epistemic power" (Leander 2005, S. 811) ergibt sich u.a. daraus, dass ein großer Teil der Aufträge an PMCs Aspekte der Aufklärung und Lagebeurteilung („intelligence") – von der Bereitstellung und Auswertung von Luftbildaufnahmen bis zur „Beschaffung" von Aussagen von (Kriegs-)Gefangenen – betrifft (vgl. Singer 2003, S. 15 f.). Dies beinhaltet nicht nur Definitionsmacht über die Sicherheitslage, sondern häufig auch Vorschläge, durch welche Maßnahmen diese zu verbessern ist (vgl. Leander 2005, S. 813). Insbesondere die Tätigkeit von PMCs im Bereich der Ausbildung ermöglicht die Beeinflussung und Gestaltung der jeweils vermittelten Vorstellungen über die Interessen auf dem Feld der „Sicherheit", denn auch der Schulung an technischem Gerät bzw. spezifischen Waffensystemen sowie dem Trainieren von Gefahrenszenarien sind Vorstellungen über ein bestimmtes Verständnis von „Sicherheit" eingeschrieben. So vergab das US-Department of Defence 1992 einen Auftrag an Brown & Root für die Erstellung eines Berichts, wie private Militärdienstleister internationale Einsätze der USA unterstützen könnten; MPRI wurde von der Regierung mit der Erstellung eines Handbuchs beauftragt, in dem festgehalten wird, wie das Militär mit den PMCs kooperiert. Nicht selten liegt auch die Evaluation der Tätigkeit von PMCs in deren eigenen Händen.

Mit der Privatisierung bisher staatlich betriebener Aufgaben sowie dem – durch niedrige Marktzutrittsschranken erleichterten (vgl. Singer 2003, S. 73 ff.) – Auftreten zahlreicher PMCs ist eine neue Kaste privater Sicherheitsexperten entstanden, die in der Produktion legitimen Wissens privilegiert sind. Dies ist weder unausweichlich noch allein der professionellen Selbstvermarktung der PMCs geschuldet, sondern nur vor der Wirkungsmächtigkeit des neoliberalen Diskurses von der „Inkompetenz und Ineffizienz des öffentlichen Sektors" zu erklären, an dem sich die PMCs wiederum beteiligen, wenn sie beispielsweise auf die langen Zeiträume verweisen, die im Regelfall benötigt werden, um politische Absprachen über multilaterale Militäreinsätze zu treffen. „The implication is that a military bound by civil public control will under-perform as compared to a private security outfit." (Leander 2005, S. 823)

Die Bewertung von Militäreinsätzen vor allem unter Aspekten des Managements und der Technik, die in vielen Ländern weitgehend fehlende Kontrolle der Aktivitäten der PMCs durch Parlamente (vgl. Avant 2004, S. 155) und zivilgesellschaftliche Akteure sowie die bevorzugte Interpretation von Problem- und Konfliktlagen als „Sicherheitsproblem", ohne die PMCs von ihnen angebotene Leistungen nicht verkaufen könnten, tragen zur Entpolitisierung und Militarisierung der Außenpolitik bei (vgl. Leander/van Munster 2007).

Ob durch „Homeland Security" in den USA oder das „Luftsicherungsgesetz" in der Bundesrepublik Deutschland, die Grenzen von Außen- und Innenpolitik sind unscharf (gemacht) geworden. Zugleich hat das Thema „Innere Sicherheit" im Lichte eines in den vergangenen zwei Jahrzehnten wirkmächtig gewordenen erweiterten Sicherheitsbegriffs sowie unter veränderten ökonomischen und politischen Rahmenbedingungen weitreichende Änderungen erfahren, zu denen auch das verstärkte Auftreten „privater Akteure der Sicherheit" gehört.

Der Staat und das Geschäftsfeld der „inneren Sicherheit"

Folgt man Charles Tilly (1985), sind Staatenbildungsprozesse und Krieg nicht nur zwei historisch eng verknüpfte Phänomene, sondern auch von der Tendenz begleitet gewesen, die wirksamsten Zwangsmittel in den Händen des Staates zu monopolisieren. Im Rahmen des Staatenbildungsprozesses habe die Kriegführung der Ausschaltung externer Rivalen und die Staatengründung der Ausschaltung interner Konkurrenten gedient, während das Versprechen der Gewährung von Schutz durch die Eliminierung der Feinde der eigenen Klientel realisiert worden sei. Im Zuge dieses Prozesses seien andere/konkurrierende Formen des Schutzes bzw. der Abschöpfung von Ressourcen, etwa in Gestalt der Stadtstaaten, absorbiert oder vernichtet worden. Dabei war der Prozess der Durchsetzung des Nationalstaates und des Gewaltmonopols selbst ein gewaltsamer Prozess (vgl. Kelly/Shah 2006, S. 253).

Zu den in diesen Prozessen formulierten Funktionen des modernen Staates gehören (1) der Schutz seiner Bürger/innen vor internen und externen Bedrohungen bei gleichzeitiger Gewährung formaler Rechte, (2) die Regulation des ökonomischen und sozialen Lebens durch öffentliches Erziehungswesen, Gesetzgebung und Finanzpolitik, (3) die Redistribution materieller und symbolischer Ressourcen sowie (4) der Einzug monetärer Ressourcen zur Finanzierung der drei zuerst genannten Aufgaben. Retrospektiv sowie systematisch lässt sich gleichwohl zeigen, dass die jeweiligen Schutzversprechen häufig nur unzureichend eingelöst wurden bzw. auf reale und fiktive Bedrohungen bezogen wurden, an deren „Produktion" staatliche Akteure maßgeblich beteiligt waren (vgl. Béland 2005, S. 27).

Obwohl – anders als von Thomas Humphrey Marshall (1964) vorgeschlagen – weder in diachroner noch in synchroner Perspektive das allgemeingültige Profil eines mit der Idee moderner Staatsbürgerschaft verbundenen Schutzversprechens existiert, kann festgehalten werden, dass der Neoliberalismus das Schutzversprechen erkennbar geändert hat. Nicht mehr der Sozialstaat ist die dominante Erzählung in zahlreichen Staaten des Nordens (vgl. dazu: Butterwegge 2006), sondern die Markterzählung, der zufolge staatliche Regulierung nicht nur unmodern, vielmehr auch hinderlich und ineffizient ist, weshalb die (privaten) Individuen für ihren Schutz (im Wesentlichen) „eigenverantwortlich" zu sorgen haben. So verschiebt sich der Fokus der Politik von wohlfahrtsstaatlichen Zielsetzungen zu solchen von Wettbewerbsfähigkeit und (ökonomischem) Wachstum, die nicht selten mit Visionen einer „sicheren" Lebenswelt verknüpft und im Rahmen der „Standortkonkurrenz" verfolgt werden.

Dabei spielt die Privatisierung des öffentlichen Raumes eine zentrale Rolle. Versteht man unter „öffentlichem Raum" sowohl Boden, welcher der öffentlichen Hand gehört, als auch solchen, zu dem „die Öffentlichkeit" gewohnheitsmäßigen Zugang hat, so zählen hierzu im städtischen Kontext vor allem die Stadtzentren und die Einkaufszonen: „What marks such places as ‚public' is not so much a question of ‚ownership' as an issue of ‚use'. It is both a function of perception and a function of physical practices, which leads to the designation of certain areas as ‚public space'." (Bottomley/Moore 2007, S. 172) Waren Stadtzentren als öffentliche Räume, die für jede/n frei und ohne Bezahlung zugänglich und nutzbar sind, historisch auch Ort politischer und gesellschaftlicher Kontroverse, so verwandelt die „intensivierte, privatwirtschaftliche Nutzung innerstädtischer Räume (...) öffentliche Räume in durch Hausrecht eingehegte private, umsatzorientierte Archipele" (Eick 1998, S. 96), wobei die Kontrolle über den Zugang zu diesen Gebieten den privaten Grundbesitzern übertragen wurde, die dann jene Gruppen und Individuen ausschlossen, die als problematisch charakterisiert wurden.

Geht es im Sinne des „new paradigm of neo-liberal governance" darum, „to ‚reaestheticise' particular geospatial locations throughout the city and to promote consumer friendliness" (Walby 2005, S. 190), so stehen private Sicherheitsdienste und zahlreiche Überwachungstechniken, insbesondere Kameras (CCTV – closed circuit television surveillance), zur Verfügung (vgl. Luyken 2007). Die CCTV ist das televisuelle Mittel zur Beherrschung öffentlicher Stätten der Konsumption (vgl. Krasmann 2002) und will jenes Verhalten entdecken, das vom behaupteten „Normalen" abweicht. Im Regelfall geraten damit insbesondere „racialized minorities, single mothers, persons receiving income assistance, and other socially constructed categories of citizens coded as ‚abnormal'" (Walby 2005, S. 200; vgl. auch Wehrheim 2002) unter intensivierte Beobachtung. Wie die CCTV-Operatoren bei der Interpretation der Kamerabilder von ihren subjektiven Stereotypen und Vorurteilen geleitet werden, so tragen sie mit ihren daraus resultierenden Handlungen zur Verbreitung solcher Vorstellungen und zur Normalisierung dessen bei, wie mit den „Überzähligen im globalisierten Kapitalismus" (Herkommer 1999) verfahren wird: „Einerseits können sie als ‚innere Störer' bezeichnet werden, die urbanes Leben, Konsumieren und Flanieren beeinträchtigen, andererseits können sie als ungebetene Zuwanderer oder ‚Störenfriede von außen' bezeichnet werden, denen es an der erforderlichen rechtlichen Legitimation mangelt." (Beste 2000, S. 18)

Die unterstellte Gefährdung der öffentlichen Ordnung gebietet die Logik einer möglichst umfassenden und großflächigen Kontrolle sowie die Entwicklung spezifischer Regulationsinstrumente. In Großbritannien sind im Zuge der „Regeneration der Innenstädte" ASBOs (Anti Social Behaviour Orders) erlassen worden, die sich gegen Wohnungslose und Bettler/innen richten und auf deren Vertreibung aus den kommerzialisierten Innenstädten zielen. Die ASBOs, die nach der Jahrhundertwende zunehmend Verwendung fanden, schränken die Orte ein, an denen sich eine Person aufhalten darf, geben Verhaltensmaximen vor und bestimmen, mit wem sich eine Person assozieren darf. Die ASBOs kriminalisieren Verhalten, das bisher nicht unter die Kategorie „Kriminalität" fiel, indem der durch die bloße Anwesenheit (unterstellte) negative affektive Effekt bei dem auf das Konsumieren orientierten Bürger zum Maßstab der Intervention wird. Adam Crawford (2006, S. 465) sieht darin eine „exemplary illustration of the command and control state intervening in the micro-governing of conduct".

CCTV ist als inzwischen alltägliche, unspektakuläre und gewöhnlich kaum noch wahrgenommene Technologie nur ein Baustein im Repertoire der Überwachungstechniken (vgl. Beste 2000, S. 69). Die noch mit der Orwell'schen Erzählung verbundene Vorstellung des zentral geführten Überwachungsregisters, des *einen* „Big Brother", ist dieser Entwicklung nicht angemessen. Überwachung hat seit dem ausgehenden 20. Jahrhundert bedeutende Änderungen erfahren: „It began to morph from its erstwhile character as a centralized and hierachical ‚apparatus' of the state or of capitalistic corporations and started to take on a different character as a decentralized and rhizomic ‚asemblage'." (Lyon 2004, S. 138) So wurden zur Rekonstruktion des Verhaltens der Terroristen, welche die Anschläge vom 11. September 2001 durchführten, Dutzende von Datenbeständen aus ganz unterschiedlichen Bereichen herangezogen (vgl. Haggerty/Gazso 2005, S. 173). Ein solches Überwachungsregime stützt sich nur zum Teil auf polizeiliche Datensammlungen, zu großen Teilen hingegen auf Informationen, die andere staatliche und private Bürokratien mit ihren je eigenen Logiken und Agenden vorhalten.

Privatisierung und Vermarktlichung führen als Kernelemente neoliberaler Wirtschafts- und Gesellschaftspolitik auch im Bereich der „inneren Sicherheit" zum Auftreten neuer Akteure, z.B. privatwirtschaftlich organisierter Sicherheitsfirmen und Gefängnisse. Dabei sind private Sicherheitsdienste eine spezifische Form nicht bzw. niedrig qualifizierter und schlecht entlohnter Dienstleistungsökonomie (vgl. Beste 2000, S. 341). In den USA, Großbritannien und Hongkong übertrifft die Zahl privaten Sicherheitspersonals die der öffentlichen Polizei mehrfach (vgl. Abrahamsen/Williams 2007, S. 131). Weil dadurch der Markt wächst, liegt es „im ökonomischen Interesse der Branche, öffentlichen zu privatem Raum zu definieren, ihn also dem Hausrecht zugänglich zu machen; gleiches gilt für das Interesse, hoheitliche Aufgaben aus den vom Staat monopolisierten Bereichen herauszuschneiden." (Eick 1998, S. 103) Gewisse Aufgaben, die traditionell zur Polizeiarbeit gehören (z.b. die Verkehrsüberwachung), sind in der Bundesrepublik Deutschland manchenorts bereits Privatunternehmen übertragen worden (vgl. Beste 2000, S. 72). Zwar ist das Verhältnis zwischen Polizei und privatem Sicherheitsgewerbe in Deutschland häufig noch ambivalent (vgl. ebd., S. 339 ff.), insgesamt kann man jedoch davon sprechen, dass Netzwerke von privaten und öffentlichen Agenturen entstehen, die sich um ähnliche Formen der Regulation kümmern und dabei gemeinsam Technologien der Überwachung nutzen.

Die Privatisierung polizeilicher und justizieller Aufgaben ist Teil der Entstehung einer „crime control industry", deren Unternehmen von Kriminalität und deren Bekämpfung profitieren. Das Wachsen dieses Wirtschaftszweiges ist „driven by a need to make a profit anywhere possible and the need to control an inevitable and growing ‚surplus population'" (Shelden/Brown 2000, S. 40). Eine Methode der Kontrolle als „überflüssig" angesehener Bevölkerungsteile ist die Bestimmung dessen, was als Kriminalität gilt; eine andere hebt auf die „Schwere" eines Verbrechens ab. Jene Bevölkerungsgruppen, auf die das Justizsystem zielt und deren „Verbrechen" Gegenstand der verschiedenen präventiven Techniken sind, kommen aus den stark marginalisierten Schichten. In den USA nahm beispielsweise die Zahl inhaftierter Afroamerikaner zwischen 1985 und 1995 um 132 Prozent zu; 13,4 Prozent der männlichen Afroamerikaner im Alter zwischen 25 und 29 sitzen dort ein. An einem durchschnittlichen Tag unterliegt etwa ein Drittel dieser Gruppe der Kontrolle des Justizsystems: Ihre Mitglieder sind inhaftiert, ihre Strafe ist bedingt ausgesetzt (parole) oder sie sind auf Bewährung entlassen (probation). Die explodierende Zahl von Inhaftierten wirkt sich auch auf das Stimmrecht aus. 13 Prozent der afroamerikanischen Männer (=1,4 Millionen) sind die bürgerlichen Ehrenrechte aberkannt; bei der Präsidentschaftswahl im Jahr 2000 schloss der Staat Florida nicht weniger als 31,2 Prozent der afroamerikanischen Männer von der Stimmabgabe aus (vgl. Arena 2003, S. 352 f.).

In den USA gehört das (private) Gefängniswesen seit Jahrzehnten zu den am stärksten expandierenden Branchen; Neubauten entstehen oft in kleinen, wenig entwickelten Gemeinden, die davon wirtschaftlich profitieren. Zum „prison industrial complex" gehören ein eigenes Gesundheitssystem, Anwälte und Viehzuchtbetriebe. Die Lebensmittelfirma Campbell Soup Company sah während der 1980er-Jahre im Gefängnissystem den am schnellsten wachsenden Markt für Nahrungsmittellieferungen; in spezialisierten Zeitschriften wie *Corrections Today* und *The American Jail* werben die verschiedenen Akteure dieses „prison industrial complex" für ihre Waren und Dienstleistungen. Private Gefängnisunternehmen sind nicht nur börsennotiert, sondern auch global tätig (vgl. Shelden/Brown 2000, S. 42 ff.).

Zwar ist die Entwicklung zum „strafenden Staat" in den USA besonders stark ausgeprägt, aber auch in Europa ist man vor solchen Entwicklungen nicht gefeit (vgl. Wacquant 2000; Beste 2000, S. 56), in deren Gefolge der Resozialisierungs- und Reintegrationsaspekt zwangsläufig an Bedeutung verliert. Obwohl die Neoliberalisierung von Gesellschaften ein weltweites Phänomen ist, lassen sich unterschiedliche Ausprägungen erkennen – in der Wirtschafts- und Sozialpolitik wie im Hinblick auf die Politik der „inneren Sicherheit". Diese unterschiedlichen Varianten sind durch die jeweiligen historischen Kontexte, gesellschaftliche Kräfteverhältnisse und theoriegeschichtliche Einflüsse erklärbar, worauf Ralf Ptak (2004, S. 15 f.) hinweist; Gleiches gilt für das Feld der Kriminalitäts- und Justizpolitik (vgl. O'Malley 2002; Abe 2004; Lyon 2004, S. 141 ff.; Swaaningen 2005).

Allgemein kann von einer Privatisierung des kollektiven Gutes „Sicherheit" und einer Vervielfachung der Akteure gesprochen werden. Dazu gehören etwa die „community safety partnerships" in England oder die Kriminalpräventionsräte in Deutschland, denen es um die Beteiligung von Polizei, kommunaler Verwaltung, dem Gesundheitssektor, den Jugendämtern, der Bewährungshilfe oder auch der Geschäftswelt an der Organisation der Regulation sozialen Verhaltens geht. Dennoch ist mit der Verpolizeilichung nicht notwendig ein Bedeutungsrückgang des Staates verbunden. Weder funktionieren diese „Partnerschaften" in Großbritannien ohne die zentralen staatlichen Verwaltungsstrukturen (vgl. Crawford 2006, S. 460), noch ist zwangsläufig eine Reduzierung staatlicher Polizei- und Justiztätigkeit festzustellen. So hat in Großbritannien die Zahl privater Sicherheitsakteure *und* der staatlichen Ordnungskräfte zugenommen (vgl. ebd., S. 461 f.). Da die privaten Sicherheitsdienste in der Regel nicht über das Ansehen der staatlichen Polizei verfügen (vgl. Manzo 2006, S. 197), versuchen sie von der symbolischen Macht, der Legitimation und Autorität, dem sozialen Kapital und den Ressourcen Letzterer zu profitieren (vgl. Crawford 2006, S. 463).

Die neoliberaler Rationalität entspringende Betonung von Effizienz, fiskalischer Disziplin und einer Bedeutungsreduktion des Staates als (ökonomischem) Akteur hat zwar auch im Bereich der „inneren Sicherheit" zu einem vermehrten Auftreten privatwirtschaftlicher Akteure, der Fragmentierung der „delivery of security" und der Übernahme von „New Public Management"-Strategien geführt. Von einem umfassenden Bedeutungsverlust des Staates kann hier jedoch nicht gesprochen werden, da diesem häufig zugleich neue Kontroll- und Regulationskompetenzen bzw. -instrumente zugewiesen wurden. Hierzu zählen etwa

Rasterfahndungen, die Ausweitung der DNA-Untersuchungen oder – in den USA im Anschluss an das „Columbine Shooting" – die Militarisierung der Schulen (vgl. Lewis 2003) bzw. die Durchführung breit angelegter psychologischer Untersuchungen/Befragungen von Schüler(inne)n, die als „Risiken" überwacht, betreut und kontrolliert werden (vgl. Ericson/Haggerty 1997). Schließlich darf nicht übersehen werden, dass sich die Autorität der privaten Akteure bei der „Herstellung von Sicherheit" in vielen Fällen aus dem „Schatten staatlicher Gewalt" speist.

„Sicherheit" und die Neoliberalisierung der Bürgerrechte

Unter neoliberalen Vorzeichen erhält der Begriff „Sicherheit" eine gänzlich neue Bedeutung: Gegenüber wohlfahrtsstaatlichen Absicherungen angesichts der realen Risiken von Krankheit, Invalidität und Arbeitslosigkeit werden Eigenvorsorge und der „Mut zum Risiko" propagiert. „Sicherheit" wird zunehmend exklusiv in den Kontext der „Inneren Sicherheit" gestellt. „Denn es geht primär nicht um soziale Sicherheit und sicheres Erwerbseinkommen, es geht auch nicht um sichere Zukunftsperspektiven für die jüngeren Generationen oder die Sicherheit ethnischer Minoritäten und sonstiger Randgruppen." (Beste 2000, S. 29) Das von politischer Seite verschiedentlich formulierte „Grundrecht auf Sicherheit" dient der (diskursiven) autoritären Formierung der Gesellschaft und (der Aufwertung) der Aufrüstung staatlicher Apparate. Zugleich richtet sich der Blick dieses „Sicherheits"-Diskurses kaum auf den Schutz vor Wirtschaftsverbrechen und White-collar-Kriminalität (vgl. Legnaro 2006), treibt mit der Zurichtung von „Sicherheit als Ware" vielmehr die Privatisierung des Schutzes vor Gefahren und Bedrohungen voran. „When previously public goods and services become commodities that can be bought and sold in a competitive marketplace, the *public* is also increasingly seen as *consumers* with the right to ‚shop around' for the best quality service. Security is no longer an exclusive service provided to all by the state, but instead something to be bought from a marketplace where the state is only one of many potential providers, and not necessarily the most efficient and reliable." (Abrahamsen/Williams 2007, S. 135) Nur wenige können sich die (zusätzlichen) Sicherheitsmaßnahmen finanziell leisten.

Der Ausbau des staatlichen Sicherheitsapparates und die Ausweitung privatwirtschaftlicher Angebote im Geschäftsfeld „Sicherheit" werden einerseits durch den Verweis auf die – in erheblichem Maße medial produzierte – Furcht vor Kriminalität legitimiert. Andererseits ist die Furcht, Opfer zu werden, und damit die Legitimation des Staates als wichtigster Quelle von Schutz – insbesondere seit den Terroranschlägen vom 11. September 2001 – vielfach bestärkt worden. Ein öffentlicher Diskurs, der das soziale Leben und den Alltag als gefährlich und angstbesetzt markiert und die Figur des (potenziellen) Opfers in den Mittelpunkt stellt, trägt zu einer symbolischen Ordnung bei, in der mehr Sicherheit, Polizei und (staatliche) Intervention zur Verhinderung zukünftiger Opfererfahrung beitragen (vgl. Altheide 2006).

Hat in den letzten Jahren insbesondere der Diskurs um die Gefährdung durch „Terror" und „Kriminalität" einen bedeutenden Stellenwert, so sind die in diesem Kontext grassierenden Gefühle von Besorgnis und Angst nicht nur für das jeweilige Individuum bedeutsam, bei dem die „mit Bedeutungen überladene und als existentiell empfundene Angst um die persönliche Sicherheit (...) alle anderen Besorgnisse auf Nebengleise" verweisen kann, sondern auch für gesellschaftliche Prozesse, denn die Angst „bedient die Interessen kommerzieller Sicherheitsdienstleister gleichermaßen, wie sie das (...) ‚Regieren aus der Distanz' ermöglicht" (Beste 2000, S. 57 f.).

Die Strategie des Mit-verantwortlich-Machens und des Einbeziehens von Akteuren außerhalb des staatlichen Gewaltapparates findet ihre individualisierte Fortsetzung in der Konzeption, dass jede/r zur Bekämpfung von Kriminalität und zur Herstellung von Sicherheit beitragen kann bzw. muss. Dies erschöpft sich nicht in der Beobachtung und Kontrolle anderer; neoliberale Rationalität erwartet vielmehr verhaltenssteuernde Maßnahmen auch seitens potenzieller Opfer (vgl. Singh 2005, S. 154). So lebten in den USA bereits 1995 ca. acht Millionen Menschen in etwa 20.000 „gated communities" (vgl. Blakely/Snyder 1995), was seine (automobile) Fortsetzung in dem seit den 1980er-Jahren beobachtbaren Boom für SUV (sports utility vehicles) und deren Mystifizierung (vgl. Lauer 2005) findet.

Im Neoliberalismus werden Bürgerrechte zu einem privilegierten Gut, das nur noch denen zugänglich ist, die sich den Anforderungen der Gouvernementalität und der zahlreichen Akteure von „Sicherheit" unterwerfen. Diese Tendenz lässt sich aus der disziplinären Sicht der politischen Geografie insbesondere an zwischenstaatlichen Grenzen plausibilisieren, die als Kondensationspunkte gelten, an denen grundlegende Veränderungen in Gesellschaften, etwa deren Staatsverständnis und der Umgang mit Bürgerrechten, konstituierende Praxis werden. Matthew B. Sparke (2006, S. 152) hat am Beispiel des an der US-kanadischen Grenze eingesetzten Grenzpassiersystems NEXUS verdeutlicht, dass in der konkreten technischen Lösung zwei in einem Spannungsverhältnis stehende Interessen und Kräfte zum Ausgleich gebracht werden sollen: „While the agents of the economic imperatives employ a geoeconomic rhetoric of economic facilitation and urge border softening measures, the advocates of intensified border policing make a geopolitical case for a harder border that combines an older, often ethnically exclusivist, xenophobia with the post-9/11 security script of fighting terror and (at least in the US) defending ,homeland security'."

Wirtschaftskreise stimmen der Bekämpfung des Terrorismus zwar meist zu, verbinden dies aber mit der Erwartung, dass die entsprechenden Maßnahmen keine negativen Auswirkungen auf ökonomische Abläufe haben, wie dies unmittelbar nach dem 11. September 2001 der Fall war. Durch das „smart border"-Konzept soll der Warenverkehr im Rahmen der Noramerikanischen Freihandelszone NAFTA vereinfacht und beschleunigt sowie den hypermobilen Geschäftsleuten der Grenzübertritt erleichtert werden. Der neoliberale Nexus von „securitized nationalism and free market transnationalism" mit Privilegien für diejenigen, die sich auf Prozeduren wie Iris-Scans und chipkarten-kontrollierte Identifizierung einlassen, der „normalen" Behandlung für das Gros der Mittelschicht-Reisenden und der Militarisierung von Grenzsicherung und -kontrolle mit unbemannten Drohnen, Zäunen und Hundestaffeln gegen die (trikontinentalen) Armen steht quasi paradigmatisch für die „contextually contingent articulation of free market governmental practices with varied and often quite illiberal forms of social and political rule" (ebd., S. 153).

Hybrider Neoliberalismus und Entdemokratisierung

Wurde „Sicherheit" ursprünglich als exklusive Aufgabe des Staates verstanden, so haben in den vergangenen 20 Jahren sowohl in der Außen- wie in der Innenpolitik private Akteure auf diesem Feld an Bedeutung gewonnen. Auch wenn die „idealtypisch-affirmative Charakterisierung eines staatlichen Gewaltapparates, der die bürgerlichen Partizipations- und Freiheitsrechte in entwickelten kapitalistischen Gesellschaften ungeachtet ökonomischer und sozialer Interessen flächendeckend und in gleichem Maße schütze, (...) nie wirklich stichhaltig", sondern „selbst schon Teil staatlicher Sicherheitsideologie" (Beste 2000, S. 51) war, ist das Auftreten zusätzlicher Akteure im Bereich der „inneren" bzw. der „äußeren Sicherheit" doch eine eindeutige Veränderung in der Rolle des Staates und im Verhältnis zu diesen Akteuren. Denn die Struktur und das geschäftliche Auftreten privater Sicherheitsdienste werden durch Profitinteressen und partikulare Normen bestimmt; diese haben zudem in Teilbereichen Repressions- und Sanktionsrecht erhalten und sind – ähnlich wie die PMCs – an der Definition dessen, was als Devianz bzw. Sicherheit angesehen wird, beteiligt (vgl. Eick 1998; Nogala 1998).

Die an privatwirtschaftlicher Gewinnmaximierung orientierten Akteure haben ein unternehmerisches Interesse an der Konstruktion von „Risiko" und „Sicherheit", weil ihre Profitmargen und ihr Überleben am Markt in erheblichen Ausmaß davon bestimmt werden, dass „(Un-)Sicherheit" auf eine spezifische Weise gesellschaftlich wahrgenommen wird. Mit einem ausgeweiteten Risikobegriff, dessen Logik nach immer ausgefeilteren Schutz-, Überwachungs- und Kontrolltechniken verlangt, werden nichttechnische, gesellschaftliche und soziale Weisen des Umgangs mit „Unsicherheit" zunehmend marginalisiert. Die Logik der Überwachungstechnologien, deren Digitalisierung „the active sorting, identification, prioritization and tracking of bodies, behaviours and characteristics of subject populations on a continuous, real-time basis" (Graham/Wood 2003, S. 228) ermöglicht, tendiert dazu, grenzenlos zu sein, da sie dem (illusionären) Ziel vollständiger Information folgt (vgl. Haggerty/Gazso 2005).

Den neoliberalen Staat charakterisieren nicht zuletzt die Propagierung und Realisierung der Partnerschaft von privaten und öffentlichen Akteuren. Im Unterschied zu zahlreichen Studien, die das neoliberale Projekt ausschließlich als das eines Rückzuges des Staates und – im Anschluss an die Foucault'schen Überlegungen zur Gouvernementalität – der Verlagerung des Regierens und Regiertwerdens in das Individuum hinein interpretieren, soll hier angesichts des häufig gleichzeitigen Ausbaus der Staatsapparate vor der Tendenz einer Marginalisierung (der Analyse) des Staates gewarnt werden. Den Hintergrund dieser Gleichzeitigkeit bilden verschiedene politische Rationalitäten, die neben erheblichen Schnittmengen auch Differenzen aufweisen. Während die politische Rationalität des Neoliberalismus – trotz gewisser Variationen – auf das rational entscheidende Subjekt, die Überlegenheit des Marktes, das „unternehmerische Selbst" und den „schlanken Staat" setzt, sind kontrollpolitische Ausdrucksformen wie *Boot Camps*, die Todesstrafe oder elektronische Fußfesseln problemlos mit den Vorstellungen eines autoritären Konservatismus vereinbar, der für starke Staatsapparate ebenso eintritt wie für „nationale Stärke", Pflichterfüllung und „Moral". Die hybride Allianz von Neoliberalismus und Neokonservatismus basiert trotz gewisser Spannungen auf der Übereinstimmung bezüglich „broad principles, notably a preference for free markets and a particular take on ‚freedom of the individual'. But perhaps most especially, they are linked together by a shared opposition to the welfare state, imagined as generative of dependency, sapping of initiative and enterprise and economically draining." (O'Malley 2002, S. 216) Kontroversen werden gelegentlich bezüglich des komplexen Verhältnisses bzw. Interaktionsgefüges zwischen öffentlichen und privaten Akteuren sichtbar; so verabschiedete der US-Kongress im November 2002, nachdem die für den Schutz von

Diplomaten zuständige Abteilung des State Department die Sicherheit des afghanischen Staatspräsidenten Karsai der Firma DynCorp übertragen hatte, eine Resolution, in der er diese Entscheidung mit dem Argument kritisierte, dass nur durch die Übernahme einer solchen Aufgabe durch das US-Militär selbst deren zentrale Bedeutung auch symbolisch erkennbar sei. Auch werde gegenüber der internationalen Gemeinschaft und der eigenen Bevölkerung die Botschaft ausgesandt, dass man nicht gewillt sei, die damit verbundenen Gefahren zu übernehmen (vgl. Spearin 2004, S. 254).

Die hybriden Formen des Neoliberalismus mit ihren zum Teil widersprüchlichen politischen Rationalitäten (vgl. Brown 2006) führen bisher nicht zu einer tatsächlichen Infragestellung des staatlichen Gewaltmonopols. Diese wäre erst dann gegeben, wenn die Gewaltmittel in privater Hand diejenigen des Staates übertreffen würden (vgl. Grimm 2006, S. 30). Das dürfte bisher jedoch lediglich in „failed states" und Bürgerkriegsgesellschaften der Fall sein, wo Staatlichkeit im modernen Sinne nicht mehr oder nur in beschränktem Umfang existiert.

Quellen- und Literaturverzeichnis

Abe, Kiyoshi (2004): Everyday Policing in Japan. Surveillance, Media, Government and Public Opinion, in: International Sociology 2, S. 215-231

Abrahamsen, Rita/Williams, Michael C. (2007): Introduction: The Privatisation and Globalisation of Security in Africa, in: International Relations 2, S. 131-141

Altheide, David L. (2006): Terrorism and the Politics of Fear, in: Cultural Studies – Critical Methodologies 4, S. 415-439

Arena, John (2003): Race and Hegemony. The Neoliberal Transformation of the Black Urban Regime and Working-Class Resistance, in: American Behavioral Scientist 3, S. 352-380

Avant, Deborah (2004): The Privatization of Security and Change in the Control of Force, in: International Studies Perspectives 2, S. 153-157

Béland, Daniel (2005): Insecurity, Citizenship, and Globalisation: The Multiple Faces of State Protection, in: Sociological Theory 1, S. 25-41

Beste, Hubert (2000): Morphologie der Macht. Urbane „Sicherheit" und die Profitorientierung sozialer Kontrolle, Opladen

Blakely, Edward J./Snyder, Mary Gail (1995): Fortress America: Gated Communities in the United States, Cambridge

Bonn International Center for Conversion (2006): Jahresbericht 2005/2006 http://www.bicc.de/publications/jahresbericht/2006/bicc_jahresbericht_2005_2006.pdf

Brown, Wendy (2006): American Nightmare. Neoliberalism, Neoconservatism, and De-Democratization, in: Political Theory 6, S. 690-714

Buchner, Susan (2007): Private Military Companies and Domestic Law in South Africa, in: Thomas Jäger/Gerhard Kümmel (Hrsg.), Private Military and Security Companies. Chances, Problems, Pitfalls and Prospects, Wiesbaden, S. 395-405

Butterwegge, Christoph (2006): Krise und Zukunft des Sozialstaates, 3. Aufl. Wiesbaden

Coleman, Roy (2003): Images from a Neoliberal City: The State, Surveillance and social control, in: Critical Criminology 1, S. 21-42

Crawford, Adam (2006): Networked governance and the post-regulatory state? Steering, rowing and anchoring the provision of policing and security, in: Theoretical Criminology 4, S. 449-479

Eick, Volker (1998): Neue Sicherheitsstrukturen im „neuen" Berlin. Warehousing öffentlichen Raums und staatlicher Gewalt, in: PROKLA. Zeitschrift für kritische Sozialwissenschaft 1, S. 95-118

Ericson, Richard/Haggerty, Kevin (1997): Policing the risk society, Toronto

FCO – Foreign and Commonwealth Office (2002): Private Military Companies: Options for Regulation, London (http://www.fco.gov.uk/Files/kfile/mercenaries,0.pdf), annexe A.

Graham, Stephen/Wood, David (2003): Digitizing surveillance: categorization, space, inequality, in: Critical Social Policy 2, S. 227-248

Grofe, Jan (2007): Human Rights and Private Military Companies: A Double-Edged Sword too Dangerous to Use? in: Thomas Jäger/Gerhard Kümmel (Hrsg.), Private Military and Security Companies. Chances, Problems, Pitfalls and Prospects, Wiesbaden, S. 241-258

Haggerty, Kevin D./Gazso, Amber (2005): Seeing Beyond the Ruins: Surveillance as a Response to Terrorist Threat, in: Canadian Journal of Sociology/Cahiers canadiens de sociologie 2, S. 169-187

Hartung, William (1999): Corporate Welfare for Weapons Makers: The Hidden Costs of Spending on Defense and Foreign Aid, in: Policy Analysis 350, S. 1-26

Herkommer, Sebastian (1999): Deklassiert, ausgeschlossen, chancenlos – die Überzähligen im globalisierten Kapitalismus, in: ders. (Hrsg.), Soziale Ausgrenzungen. Gesichter des neuen Kapitalismus, Hamburg, S. 7-34

Krasmann, Susanne (2002): Videoüberwachung in neoliberalen Kontrollgesellschaften oder: Smile, you are on camera, in: Widersprüche 4, S. 53-68

Kümmel, Gerhard (2005): Die Privatisierung der Sicherheit, in: Zeitschrift für Internationale Beziehungen 1, S. 141-169

Lauer, Josh (2005): Driven to extremes: Fear of crime and the rise of sport utility vehicle in the United States, in: Crime Media Culture 2, S. 149-168

Leander, Anna (2005): The Power to Construct International Security: On the Significance of Private Military Companies, in: Millennium 3, S. 803-826

Leander, Anna/van Munster, Rens (2007): Private Security Contractors in the Debate about Darfur: Reflecting and Reinforcing Neo-Liberal Governmentality, in: International Relations 2, S. 201-215

Legnaro, Aldo (2006): Fakes und Fakten: Diskurse der Reregulierung, in: Kriminologisches Journal 2, S. 98-108

Lewis, Tyson (2003): The Surveillance Economy of Post-Columbine Schools, in: The Review of Education. Pedagogy and Cultural Studies 4, S. 335-355

Luyken, Reiner (2007): Big Brother ist wirklich ein Brite, in: Die Zeit v. 11.1.

Lyon, David (2004): Globalizing Surveillance, in: International Sociology 2, S. 135-149

Manzo, John (2006): „You Can't Rent a Cop": Mall Security Officers' Management of a „Stigmatized" Occupation, in: Security Journal 3, S. 196-210

Marshall, Thomas Humphrey (1964): Citizenship and Social Class, in: ders. (Hrsg.), Class, Citizenship and Development, Garden City, NY, S. 65-122

Nogala, Detlev (1998): Sicherheit verkaufen. Selbstdarstellungen und marktstrategische Positionierung kommerzieller „Sicherheitsproduzenten", in: Ronald Hitzler/Helge Peters (Hrsg.), Inszenierung: Innere Sicherheit, Opladen, S. 131-154

O'Malley, Pat (2002): Globalizing risk? Distinguishing styles of „neo-liberal" criminal justice in Australia and in the USA, in: Criminal Justice 2, S. 205-222

Parenti, Christian (1999): Lockdown America: Police and Prisons in the Age of Crisis, New York

Ptak, Ralf (2004): Vom Ordoliberalismus zur Sozialen Marktwirtschaft. Stationen des Neoliberalismus in Deutschland, Opladen

Richter, Gregor (2007): Privatization in the German Armed Forces, in: Thomas Jäger/Gerhard Kümmel (Hrsg.), Private Military and Security Companies. Chances, Problems, Pitfalls and Prospects, Wiesbaden, S. 165-176

Schaller, Christian (2007): Private Security and Military Companies under the International Law of Armed Conflict, in: Thomas Jäger/Gerhard Kümmel (Hrsg.), Private Military and Security Companies. Chances, Problems, Pitfalls and Prospects, Wiesbaden, S. 345-360

Shearer, David (1998): Private Military Force and Challenges for the Future, in: Cambridge Review of International Affairs 1, S. 80-94

Shelden, Randall G./Brown, William B. (2000): The Crime Control Industry and the Management of the Surplus Population, in: Critical Criminology 1-2, S. 39-62

Silverstein, Ken (2000): Private Warriors, New York/London

Singer, Peter Warren (2003): Corporate Warriors. The Rise of the Privatized Military Industry, Ithaca/London

Singh, Anne-Marie (2005): Private security and crime control, in: Theoretical Criminology 2, S. 153-174

Sparke, Matthew B. (2006): A neoliberal nexus: Economy, security, and the biopolitics of citizenship on the border, in: Political Geography 2, S. 151-180

Spearin, Christopher (2004): The Emperor's Leased Clothes: Military Contractors and their Implications in Combating International Terrorism, in: International Politics 2, S. 243-264

Swaaningen, René van (2005): Public safety and the management of fear, in: Theoretical Criminology 3, S. 289-305

Tilly, Charles (1985): War Making and State Making as Organized Crime, in: P.B. Evans/D. Rueschmeyer/T. Sloepol (Hrsg.), Bringing the State Back In, Cambridge, S. 169-191

Wacquant, Loïc (2000): Elend hinter Gittern, Konstanz

Walby, Kevin (2005): How Closed-Circuit Television Surveillance Organizes the Social: An Institutional Ethnography, in: Canadian Journal of Sociology/Cahiers canadiens de sociologie 2, S. 189-214

Wehrheim, Jan (2002): Raumkontrolle. Von sozialer Ausgrenzung zu Ausschluss aus Raum und vice versa, in: Widersprüche 4, S. 21-37

Wulf, Herbert (2005): Internationalisierung und Privatisierung von Krieg und Frieden, Baden-Baden

Anne Karrass

Die Europäische Union als Beispiel für institutionalisierte (Sach-)Zwänge[1]

„Wie können wir verhindern, dass die Regierung, die wir geschaffen haben, ein Monster wie (in) ‚Frankenstein' wird, das schließlich die Freiheit vernichtet, zu deren Schutz wir die Regierung doch überhaupt erst eingesetzt haben?" Diese von Milton Friedman (2002, S. 24) gestellte Frage eignet sich gut für die Beschäftigung mit neoliberalen Staatsvorstellungen. Das von Frankenstein erschaffene, zuerst gute Wesen wendet sich im Laufe der Zeit gegen seinen Schöpfer und muss daher gejagt und bekämpft werden. Nach neoliberaler Auffassung mutiert auch der Staat, der die individuelle Freiheit schützen soll, zu einem Monster, das die Freiheit der Individuen bedroht, weshalb diese nunmehr vor ihm geschützt werden müssen. In besonderem Maße zeige sich dies mit Blick auf die Wirtschaftspolitik, auf der hier der Fokus liegt: Aus neoliberaler Sicht soll der Staat sehr zurückhaltend agieren, wird jedoch von verschiedener Seite dazu angehalten, öfter und stärker in die Wirtschaft zu intervenieren. Um dies zu verhindern, bietet sich die Konstruktion von Sachzwängen an, auf welche die Interventionsbefürworter – zumindest vermeintlich – keinen Einfluss nehmen können.

Ein Beispiel dafür könnte die Europäische Union sein, die auf vielfältige Weise das wirtschaftspolitische Handeln ihrer Mitgliedstaaten beeinflusst. Dies soll im Folgenden näher untersucht werden: Im ersten Teil des Beitrages werden die Grundzüge eines idealtypischen (Minimal-)Staates entworfen und Gründe für die Entartung dieses an sich „guten Wesens" zum „Monster Interventionsstaat" aufgezeigt. Im zweiten Teil wird die Umgangsweise hiermit zuerst theoretisch und dann empirisch anhand der wirtschaftspolitischen Vorgaben der Europäischen Union dargestellt. Zum Abschluss soll kritisch diskutiert werden, inwiefern die Monsterjagd – mittels der institutionalisierten Sachzwänge der EU – erfolgreich war.

---

[1] Thomas Herzog, Oliver Nachtwey und Robert Fischer sei für ihre anregenden und hilfreichen Kommentare gedankt.

Der Minimalstaat als neoliberale Wunschvorstellung

Da sich der vorliegende Beitrag auf die wirtschaftspolitischen Interventionen des Staates bzw. die Verhinderung eben jener durch europäische Sachzwänge konzentriert, ist das zu umreißende neoliberale Staatsverständnis in erster Linie ein ökonomisches. Der Staat kann auf verschiedenste Weise in die Wirtschaft eingreifen. Seine Tätigkeit spiegelt sich insbesondere in Gesetzen sowie Staatsausgaben wider. Für die Darstellung des neoliberalen Staates wird hier nur die Ausgabenpolitik herangezogen. Sie umfasst alle Aspekte, die für unsere Analyse notwendig sind: Mittels einer Variation der Ausgaben, des Budgetsaldos sowie der Struktur des Haushalts vermag der Staat in allen drei Bereichen klassischer staatlicher Intervention – Allokation, Distribution und Stabilisierung – Einfluss auf die Wirtschaft zu nehmen. Dabei kann er sowohl regelgebunden wie diskretionär vorgehen. Um ein möglichst konsistentes ökonomisches Minimalstaatsverständnis zu gewinnen, bietet sich ein Rückgriff auf die makroökonomische Theorie des Monetarismus an, dessen Begründer Milton Friedman als „wohl prominenteste(r) Vertreter des Neoliberalismus in den USA" (Kromphardt 2004, S. 206) gilt.

Ein wesentliches Element des Monetarismus ist die Annahme der inhärenten Stabilität des marktwirtschaftlichen Systems: Das Güterangebot wird von der Angebotsseite bzw. vom Arbeitsmarkt her bestimmt; dem Say'schen Gesetz folgend, gibt es keine Nachfrageprobleme, und temporäre Schwankungen werden vom System eigenständig und schnell ausgeglichen (vgl. Heine/Herr 2003, S. 518). Bezüglich des Arbeitsmarktes gilt das Konzept der natürlichen Rate der Unterbeschäftigung: Die bestehende Arbeitslosigkeit ist freiwillig, von strukturellen Faktoren hervorgerufen oder bloße Sucharbeitslosigkeit (vgl. Friedman 1976, S. 144). Aus den Annahmen bezüglich der Stabilität sowie der Beschäftigung lässt sich ableiten, dass staatliche Interventionen von den Vertretern des Monetarismus als nicht notwendig und zudem schädlich angesehen werden. Ihre zentrale Empfehlung lautet folglich, der Staat solle nicht „stören", sondern eine zurückhaltende, regelgebundene Politik verfolgen. Eine aktive Politik wird nur auf der Angebotsseite für sinnvoll erachtet bzw. zur Errichtung eines Rahmens, in dem sich die Marktkräfte ungehindert entfalten können (vgl. Kromphardt 2004, S. 226). Dementsprechend steht bei den *allokativen* Staatsaufgaben die Gewährleistung der inhärenten Stabilität des privaten Sektors durch eine Sicherung des vollkommenen Wettbewerbs im Mittelpunkt. Zu diesem Zweck sollen staatliche Monopole weitestgehend privatisiert und Subventionen abgebaut werden, verzerrten beide doch die marktliche Koordination (vgl. Friedman 2002, S. 53). Die damit einhergehende erhöhte Flexibilität der Güter- und Dienstleistungsmärkte trage auch dazu bei, die natürliche Rate der Unterbeschäftigung zu senken (vgl. Snowdon u.a. 2002, S. 164). Makroökonomische Maßnahmen könnten die Arbeitslosigkeit höchstens kurzfristig mindern, langfristig erhöhten sie nur das Preisniveau (vgl. Friedman 1976, S. 146). Hinsichtlich öffentlicher Güter mit allokativer Funktion vertreten Monetaristen die Meinung, der Staat solle sie ausschließlich dort fördern, wo eine Übertragung dieser Aufgabe an Private nicht möglich ist (vgl. Nowotny 1999, S. 15).

Da die Marktkräfte dafür sorgen, dass alle Produktionsfaktoren mit dem Äquivalent ihres Grenzertrages entlohnt werden (eine Form der Gleichheit), wird einer staatlichen *Distributions*politik nur geringe Bedeutung eingeräumt. Umverteilung wird als nicht notwendig und sogar schädlich betrachtet, denn sie verzerre den Markt – nur eine Bezahlung im Verhältnis zur Leistung ermögliche den freiwilligen Tausch und damit die marktförmige Allokation. Überdies verhindere Umverteilung die Setzung von Anreizen und die Lenkung durch Ungleichheit. Monetaristen plädieren daher z.b. für eine Kürzung von Sozialtransfers zur Erhöhung des Arbeitsanreizes (vgl. Snowdon u.a. 2002, S. 163). Ein weiteres Argument gegen Umverteilung bzw. den Sozialstaat ist das des Paternalismus, der nur bei nicht voll Verantwortlichen wie Kindern und geistig Behinderten akzeptabel sei (vgl. Friedman 2002, S. 222). Eine staatliche soziale Sicherung, die über Armutsbekämpfung hinausgeht, wird abgelehnt. Als sinnvollstes distributives Instrument gilt eine negative Einkommensteuer, da diese den Marktmechanismus nicht störe (vgl. ebd., S. 57 f.). Öffentliche Güter mit distributiver Funktion sollen nur dann staatlich bereitgestellt werden, wenn sie einen beträchtlichen positiven Nutzen haben, z.b. die Elementarschulbildung mit ihrem Beitrag zur Aufrechterhaltung der Demokratie (vgl. ebd., S. 113).

Von der Annahme ausgehend, dass die Wirtschaft sich selbst stabilisiert, sind staatliche Interventionen mit diesem Ziel nicht notwendig. Werden sie doch getätigt, so hat dies entweder keine oder negative, destabilisierende Wirkungen. Die bekannteste Begründung für die Unwirksamkeit finanzpolitischer Stabilisierung ist das sog. *Crowding-Out*: Der Versuch, die effektive Nachfrage durch eine Ausweitung staatlicher Ausgaben zu erhöhen, führt – so die Monetaristen – zu einer Abnahme der privaten Ausgaben. Dies ist über mehrere Wege möglich, bspw. eine Verdrängung privater Investitionen durch Zinserhöhungen oder des privaten Konsums durch einen Anstieg der Preise (vgl. Heine/Herr 2003, S. 566 ff.). Das Ausmaß des *Crowding-Out* ist von vielen Faktoren abhängig; in der extremsten Form wird die staatliche Politik vollständig kompensiert. Eine diskretionäre Konjunkturpolitik wäre überdies nur möglich, wenn die staatlichen Maßnahmen – sofern sie überhaupt wirken – keinerlei Wirkungsverzögerungen aufwiesen. Dies ist jedoch nicht der Fall; Milton Friedman (1948, S. 255 f.) identifiziert im Gegenteil gleich drei sog. *lags*: zwischen der Handlungsnotwendigkeit und ihrer Erkenntnis, zwischen Erkenntnis und Handlung sowie zwischen der Handlung und ihrer Wirkung. Aufgrund von Informationsproblemen, dem politischen Prozess etc. sind diese *lags* kaum zu verringern. Die Interventionen wirken daher nicht anti-, sondern meist prozyklisch; sie fügen der ursprünglichen Störung eine weitere hinzu und verstärken damit die wirtschaftlichen Schwankungen, anstatt ihnen entgegenzuwirken (vgl. Friedman 2002, S. 102). Die Monetaristen sprechen sich deshalb gegen ein diskretionäres Vorgehen und für eine Regelbindung aus. Die finanzpolitische Regel wird damit begründet, dass der Staatshaushalt die Wirtschaft aufgrund seines Umfangs zwangsläufig beeinflusst. Daher sollen die Staatsausgaben verstetigt und kurzfristige Stabilisierungserwägungen ignoriert werden, um nicht mit erratischen Schwankungen die Wirtschaft zu destabilisieren (vgl. ebd., S. 100). Grundsätzlich will man den Staatshaushalt so niedrig wie möglich halten; da spielt auch wieder die zentrale neoliberale Zielsetzung der menschlichen Freiheit hinein (vgl. Friedman 1979, S. 101).

Zusammenfassend kann man feststellen, dass dem Staat nach monetaristisch-neoliberaler Überzeugung mit Blick auf die Wirtschaftspolitik nur eine Nebenrolle zufällt: Er soll öffentliche Güter mit beträchtlichen positiven externen Effekten fördern, möglichst jedoch nicht selbst anbieten, und die Armut bekämpfen. In allen anderen Bereichen, insbesondere der Stabilisierungspolitik, werden Staatseingriffe negativ beurteilt und abgelehnt. Begründet wird dies damit, dass solche Interventionen weder notwendig noch zielführend, sondern schädlich seien. Kurz gesagt: „Was wir dringend für eine stabile und wachsende Wirtschaft brauchen, ist eine reduzierte, nicht eine vermehrte Einmischung der Regierung." (Friedman 2002, S. 61)

Die Entwicklung zum Interventionsstaat

Der neoliberale Minimalstaat ist in der Realität kaum anzutreffen, intervenieren die meisten Staaten doch sehr viel häufiger und diskretionärer in die Wirtschaft, als dies von Neoliberalen für notwendig oder sinnvoll erachtet wird. Auf diese Weise schaden die Staaten vermeintlich nicht nur der wirtschaftlichen Entwicklung, sondern schränken auch die individuelle Freiheit ein (vgl. Friedman 2002, S. 49) und führen ihre Bürger/innen schlimmstenfalls langfristig in die „Knechtschaft" (Hayek 1946). Begründet wird diese Entwicklung mit einer Vielzahl von Argumenten. Die wichtigsten sollen im Folgenden kurz dargestellt werden.

Den Hauptgrund für die übermäßige Ausweitung der Staatstätigkeit sehen Neoliberale in der „expansive(n) Anwendung der Demokratie", durch die sich der Staat „immer mehr und mehr Staatsaufgaben aneignet, die dann Macht und Freiheit des Individuums automatisch tangieren müssen" (Stöger 1997, S. 78). In einer Demokratie ist es nötig, Mehrheiten zu finden. Mit Blick auf die nächste Wahl ließen die Politiker/innen sich daher von renten- und privilegiensuchenden Interessen zu immer weiteren Interventionen animieren (vgl. Streit 2003, S. 179). Anstatt sich auf ihre Hauptaufgabe – die Sicherung des Wettbewerbs – zu konzentrieren, gäben sie denen nach, die „gegen Wettbewerbsdruck abgeschirmt oder gegen wettbewerbsbedingte Einkommensminderungen geschützt" (Vanberg 2003, S. 13) werden wollten. Dieser Tausch von Renten und Privilegien gegen Wählerstimmen im Rahmen einer „Schacher-Demokratie" (Hayek 2003, S. 405) wird scharf verurteilt.

Die Ausdehnung des Staatsinterventionismus zur Befriedigung von Gruppeninteressen und zur Stimmenmaximierung von Parteien gehe nicht nur zulasten allgemeiner Belange, sondern schade auch dem Staat selbst, heißt es. Denn „eine demokratische Regierung (wird), wenn sie nominell allmächtig ist, infolge unbeschränkter Macht überaus schwach (...), zum Spielball der Sonderinteressen, die sie zu befriedigen hat, um sich die Mehrheitsunterstützung zu sichern." (Hayek 1981, S. 139) Der Abschirmung des politischen Prozesses gegen den Einfluss privilegiensuchender Gruppeninteressen komme daher eine besondere Bedeutung zu (vgl. Vanberg 2003, S. 11). Möglich sei sie nur durch eine Begrenzung des Handlungsspielraums der Regierung (vgl. Friedman 2002, S. 25), indem man dieser die Möglichkeit nehme, bestimmte Gruppen oder Individuen bevorzugt zu behandeln (vgl. Hayek 1979, S. 128). Demokratie wird im Neoliberalismus lediglich benötigt, um sich über grundsätzliche Regelungen wie das private Eigentum zu einigen. Alles andere bleibt dem Markt überlassen (vgl. Stöger 1997, S. 169), der „die Anzahl der Probleme reduziert, die mit Hilfe politischer Maßnahmen entschieden werden müssen" (Friedman 2002, S. 38).

Für die Ausweitung der Staatsaufgaben wird jedoch nicht nur die Regierung verantwortlich gemacht. Auch die Bürger/innen spielen dabei aus neoliberaler Sicht eine wichtige Rolle. Zum einen fehle ihnen die Kompetenz, ihre gewählte Vertretung angemessen zu kontrollieren, da die menschlichen Fähigkeiten zur Aufnahme von Tatbeständen eng begrenzt seien (vgl. Watrin 2005, S. 11). Darüber hinaus wünschten sie selbst eine Ausweitung der Interventionen und verließen sich sehr stark auf die Regierung, die sie für die Erfüllung all ihrer Belange verantwortlich machten (vgl. Friedman 1979, S. 100). Ein großes Interesse an der Ausweitung der Staatstätigkeiten hätten schließlich die direkt für den Staat tätigen Personen: Die Verwaltung bzw. die Bürokratie suche ihren Einfluss und ihre Macht zu vergrößern, indem sie für eine Ausweitung ihrer Auf- und Ausgaben eintrete (vgl. Willgerodt 2006, S. 82). Überdies wehre sie sich dagegen, einmal übernommene Aufgaben wieder abzugeben (vgl. Stöger 1997, S. 157).

Möglichkeiten einer Beschränkung des Interventionsstaates

Auf der Grundlage dieser Problemdefinition stellt sich für die Vertreter des Neoliberalismus die Frage, wie Staaten daran gehindert werden können, zu sehr in die Wirtschaft einzugreifen. Was die hier untersuchte Ausgabenpolitik angeht, kann man grundlegend davon ausgehen, dass „in democracies, the scope of government for fiscal restraint is small due to its responsibility to its electorate, and due to the role of rent-seeking lobbies for supporting political decision-makers as well as for the formulation of economic policy." (Rotte/Zimmermann 1998, S. 388)

Als mögliche Lösung stellt sich der Rückgriff auf Sachverhalte dar, die den Staat dazu „zwingen", sich zurückzuhalten, bzw. der Regierung als Argument dienen können, ihre Zurückhaltung gegenüber Interventionsbefürwortern durchzusetzen – sog. Sachzwänge (vgl. Lösch 2008, S. 254 f.). Besonders geeignet sind Sachzwänge, die außerhalb der Reichweite von Interessengruppen, Wähler(inne)n und der Verwaltung liegen, kurz: auf die all jene keinen Einfluss nehmen können, die eine Ausweitung der Staatstätigkeit fordern und fördern. Diese externen Restriktionen können von den Regierungen eigenständig geschaffen werden, weshalb man auch vom Motiv der Selbstbindung spricht. Ziel ist es, sich über die Erzeugung möglichst institutionalisierter Zwänge gewisser Politikoptionen zu berauben und eigene Interventionsmöglichkeiten zu begrenzen, um die verbleibenden Optionen leichter durch- bzw. umsetzen zu können. In der Fachliteratur finden sich vor allem Darstellungen, wie sich Staaten zu diesem Zweck durch internationale Kooperationen binden. Laut Klaus-Dieter Wolf (1997, S. 278) ermöglicht das die Wiedererlangung des internen Autonomiespielraums, weil Verantwortlichkeiten zerstreut, Mitwirkungsmöglichkeiten verringert und generelle Vorgaben geschaffen werden. Andrew Moravcsik (1997, S. 216 f.) argumentiert, dass die Regierungen ihren Handlungsspielraum gegenüber innenpolitischen Akteuren über internationale Kooperationen vergrößerten, indem sie ihnen die Kontrolle über die kritischen Machtressourcen – Initiativen, Institutionen, Informationen und Ideen – entzögen, sodass besagte Kräfte nicht mehr in der Lage seien, Einfluss auf die Regierungspolitik auszuüben.

Ein gutes Beispiel für eine derartige zwischenstaatliche Kooperation bietet die Europäische Union. Die Selbstbindung erfolgt hier sowohl direkt als auch indirekt. Eine *indirekte* Selbstbindung stellt die ökonomische Verflechtung dar, die durch den Integrationsprozess, insbesondere im Rahmen des Binnenmarkt-projekts sowie der Wirtschafts- und Währungsunion (WWU), deutlich intensi-viert wurde. In dem auf diese Weise bewusst verschärften Standortwettbewerb würden „staatliche Leistungen (...) auf das Maß zurückgeschrumpft, das für die Aufrechterhaltung einer funktionstüchtigen Marktwirtschaft notwendig ist." (Donges u.a. 2003, S. 110) Diese Sachzwang-Argumentation wird im Rahmen des Abbaus von Sozialleistungen – Verringerung des Verteilungsspielraums – wie von Subventionen (vgl. z.B. Siebert 1998, S. 59), aber auch im Rahmen der Kon-junkturpolitik häufiger benutzt: Letztere soll sich, soweit sie bei offenen Volks-wirtschaften überhaupt noch möglich ist, einem intensiveren Wettbewerb ausset-zen, auf der stetigen Suche nach dem effizientesten und stabilsten System (vgl. Donges u.a. 2003, S. 110).

Die *direkte* Selbstbindung erfolgt innerhalb der EU explizit, nicht als mehr oder weniger intendierter Nebeneffekt der durch die Integration verstärkten öko-nomischen Verflechtung, sondern durch eine aktive Verlagerung bestimmter Po-litikbereiche auf die europäische Ebene, um diese dem Zugriff der Nationalstaaten – zumindest ein Stück weit – zu entziehen: „By transferring competences to EC/EU regulation (...) national governments have thus been able to circumvent serious domestic trouble in negotiating compromises between various interest groups at home which might have had negative consequences for their political ratings." (Rotte/Zimmermann 1998, S. 390) Angesprochen ist hier die institutionalisierte mitgliedstaatliche Kooperation in Form von *hard* und *soft law*, wobei rechtlich verbindliche oder weniger verbindliche Verpflichtungen eingegangen und deren Einhaltung von den Organen der EU überwacht und sanktioniert werden (vgl. Abbott/Snidal 2000). Durch den Hinweis auf die europäischen Verpflichtungen – und die drohenden Sanktionen bei Nichteinhaltung – können die nationalen Re-gierungen bestimmte Politiken (einfacher) durchsetzen. So wird die Verantwor-tung für unliebsame Entscheidungen auf die supranationale Ebene geschoben und diese gleichsam als Sündenbock missbraucht (vgl. Vaubel 1986, S. 45).

Der Hauptdruck auf die Interventionsmöglichkeiten der EU-Mitgliedstaaten geht sicherlich von der zunehmenden wirtschaftlichen Verflechtung und dem Standortwettbewerb aus. Da diese *indirekte* Beeinflussung staatlicher Interventi-onsmöglichkeiten jedoch vor allem im Rahmen der Globalisierungsforschung schon häufiger thematisiert wurde, soll hier die *direkte* Beeinflussung analysiert werden. Zu diesem Zweck werden die europäischen Vorgaben für die nationale

Ausgabenpolitik daraufhin überprüft, inwiefern sie (national)staatliche Interventionsmöglichkeiten einschränken sollen. Bei dieser Form der Einflussnahme kann auch leichter auf die dahinter liegenden Motive geschlossen werden, da die Vorgaben diesbezüglich meist recht klar formuliert sind. Untersucht wird die Phase von 1989, also den Umbrüchen in Osteuropa sowie den ersten Schritten auf dem Weg zur Wirtschafts- und Währungsunion, bis heute.

Sachzwänge konkret: EU-Vorgaben für die nationale Ausgabenpolitik

Bei den direkten „institutionalisierten Sachzwängen", welche auf der europäischen Ebene für den Bereich der mitgliedstaatlichen Ausgabenpolitik existieren, handelt es sich im Wesentlichen um den *Vertrag zur Gründung der Europäischen Gemeinschaft* (EGV) sowie die darauf beruhenden Verordnungen und Richtlinien des Rates, die jährlichen Leitlinien für die Wirtschafts- (Grundzüge der Wirtschaftspolitik, GdW), Beschäftigungs- (Beschäftigungspolitische Leitlinien) und Sozialpolitik (Offene Methode der Koordinierung, OMK) sowie die Schlussfolgerungen des Europäischen Rates. Man kann von einer Institutionalisierung dieser Sachzwänge sprechen, weil der Vertrag sowie die Richtlinien und Verordnungen für die Mitgliedstaaten rechtlich verbindlich sind und ihre Umsetzung vor dem Europäischen Gerichtshof eingeklagt werden kann. Die jährlichen Leitlinien im Bereich der Wirtschafts- und Beschäftigungspolitik sind vertragsbasiert (vgl. Art. 99 bzw. Art. 128 EGV) und auch insofern verbindlich, als ihre Nichtumsetzung eine – bei den GdW öffentliche – Empfehlung des Rates nach sich ziehen kann. Bei Nichteinhaltung der OMK sowie der Schlussfolgerungen des Europäischen Rates drohen nur Sanktionen in Form von „Naming und Shaming", allerdings handelt es sich hier – wie auch bei den anderen Leitlinienverfahren – um regelmäßig zur Anwendung kommende Verfahren, die somit einen festen Rahmen für das wirtschaftspolitische Handeln der Mitgliedstaaten schaffen. Die Entscheidung über den Inhalt der Vorgaben liegt weitestgehend bei den Mitgliedstaaten selbst, wobei die jeweiligen Vorlagen (mit Ausnahme der Verträge) von der EU-Kommission erarbeitet werden. Das Europäische Parlament ist nur selten über eine Anhörung hinaus beteiligt; meist entscheiden die Mitgliedstaaten (vereinigt im Rat bzw. Europäischen Rat) allein, größtenteils mit qualifizierter Mehrheit.

Bezüglich der Frage, inwiefern die europäischen Vorgaben dazu beitragen sollen, die wirtschaftspolitischen Interventionsmöglichkeiten der (Mitglied-)Staaten zu beschränken, ergibt sich ein differenziertes Bild: Was die *allokativen* Aufgaben der Nationalstaaten betrifft, kann man bei den Subventionen von einer Einschränkung der Interventionsmöglichkeiten sprechen. Wettbewerbsverzerrende Beihilfen sind laut Art. 87 und 88 EGV – d.h. rechtlich verbindlich – verboten; in den Schlussfolgerungen des Rates und den Grundzügen der Wirtschaftspolitik wird sehr häufig eine weitere Reduktion gefordert: „Beihilfen müssen von der Kommission streng überwacht werden und erfordern von den Mitgliedstaaten eine rigorose Selbstdisziplin." (Rat 1999a) Die Kontrolle des Beihilfenverbotes durch die EU-Kommission wurde u.a. durch eine Kodifizierung der Kontrollverfahren vereinfacht und verschärft (vgl. VO 659/1999). Es sind jedoch nicht alle Subventionen verboten, und die Definition der weiterhin erlaubten Beihilfen mit gemeinsamer, horizontaler Zielsetzung ist recht vage, sodass den Mitgliedstaaten ein gewisser Handlungsspielraum bleibt (vgl. Europäischer Rat 2000a, Ziff. 17). Allerdings kann hier davon gesprochen werden, dass die Politik regelgebundener erfolgen soll: Abkehr von Ad-hoc-Beihilfen zur Rettung von Unternehmen und Hinwendung zu langfristigen Beihilfen mit klaren Zielen.

Im Hinblick auf öffentliche Güter mit allokativer Funktion zielen die Vorgaben auf eine Ausweitung der wirtschaftspolitischen Interventionen. Das bezieht sich vor allem auf staatliche Investitionen in Bereiche, die als Grundlage für die Privatwirtschaft dienen. So werden Investitionen in vorwettbewerbliche Forschung und Entwicklung (FuE) sowie in das Aus- und Fortbildungswesen (vgl. Rat 1997a), die Informations- und Kommunikationstechnologie sowie die Infrastruktur (vgl. Rat 1998a) empfohlen. Hauptziel ist hier wie überall die Stärkung der europäischen Wettbewerbsfähigkeit (vgl. Europäischer Rat 2000a, Ziff. 5). Ferner sollen Investitionen in den Bildungsbereich zur Bekämpfung der Arbeitslosigkeit beitragen, und die beschäftigungspolitischen Leitlinien fordern die Mitgliedstaaten auf, sich nationale Vorgaben für die Steigerung der Investitionen in Humankapital zu setzen (vgl. Rat 2001b). Gemäß der sog. Lissabon-Strategie (vgl. dazu: Engartner 2008, S. 117 ff.) und dem in diesem Zusammenhang auf die wissensbasierte Wirtschaft gelegten Schwerpunkt bekamen Investitionen in Forschung und Entwicklung einen besonderen Stellenwert: 2002 setzte der Europäische Rat das Ziel, bis zum Jahr 2010 für FuE-Investitionen ein Niveau von 3 Prozent des Bruttoinlandsprodukts zu erreichen. Die Mitgliedstaaten sollen ein Drittel davon aufbringen und Anreize für den Privatsektor setzen, seinerseits die restlichen zwei Drittel beizusteuern (vgl. Europäischer Rat 2002a, Ziff. 47). Auch für die anderen öffentlichen Güter gilt, dass der Staat sie nicht allein, sondern in Zusammenarbeit mit dem privaten Sektor bereitstellen soll (vgl. Rat 1998a). Alle Empfehlungen in diesem Bereich finden sich (auch) in den Grundzügen der Wirtschaftspolitik oder den beschäftigungspolitischen Leitlinien, d.h. es gibt gewisse Sanktionen bei Nichtbefolgung.

Im *Distributions*bereich zielen die meisten Vorgaben auf die Einschränkung staatlicher Interventionsmöglichkeiten. Zwar soll ein bestimmter Lebensstandard garantiert werden (vgl. z.B. Europäischer Rat 1989c), das übergreifende Ziel ist aber die Senkung der Sozialausgaben. Auf diese Weise sollen Anreize geschaffen werden: für die Arbeitgeber, aufgrund gesunkener Lohnnebenkosten mehr Menschen einzustellen (vgl. Rat 1997a), und für Arbeitnehmer/innen bzw. Arbeitslose, aufgrund geringerer Sozialleistungen „Arbeit zu suchen, eine Arbeit aufzunehmen und im Arbeitsleben zu verbleiben" (Rat 2003b). Weiterhin wurde in den letzten Jahren verstärkt Bezug auf die möglichen Konsequenzen der demografischen Entwicklung genommen, denen mit einer Reduzierung von Schulden durch Haushaltsüberschüsse (vgl. Rat 1995a) sowie einer „Modernisierung" der Renten- und Gesundheitssysteme begegnet werden soll (vgl. Rat 1997a). Um einen Anstieg der Staatsverschuldung (als Konsequenz steigender Staatszuschüsse) zu verhindern und die Beiträge zu stabilisieren, wird im Bereich der Rentenversicherung u.a. empfohlen, die Leistungen zu senken, das effektive Renteneintrittsalter zu erhöhen und den Zugang zu ergänzenden Altersversorgungssystemen zu erleichtern (vgl. Rat 2003a). Im Gesundheitssystem wird eine allgemeine Kosteneinsparung angemahnt (vgl. Rat 1996). Es gibt auch Vorgaben für die Bereitstellung öffentlicher Güter mit distributiver Funktion, z.B. den sozialen Wohnungsbau; im Unterschied zu den Empfehlungen für Sozialausgaben sowie öffentliche Güter mit allokativer Funktion befinden sich diese jedoch hauptsächlich in den Leitlinien der Offenen Methode der Koordinierung (vgl. Rat 2000c). Sie sind wegen des fehlenden Sanktionsverfahrens weniger verbindlich, aber auch eher vage formuliert, mit Ausnahme der öffentlichen Kinderbetreuung, wo es die präzise Vorgabe gibt, „bis 2010 für mindestens 90% der Kinder zwischen drei Jahren und dem Schulpflichtalter und für mindestens 33% der Kinder unter drei Jahren Betreuungsplätze zur Verfügung zu stellen." (Rat 2002a)

Möglichkeiten für (insbesondere diskretionäre) *Stabilisierungs*politik sind im Rahmen der Wirtschafts- und Währungsunion eingeschränkt worden, indem vertraglich eine Grenze von 3 Prozent für das Haushaltsdefizit sowie von 60 Prozent für den Gesamtschuldenstand festgelegt wurde. Die ebenfalls im EG-Vertrag verankerten Sanktionen reichen von einfachen Empfehlungen des Rates bis zu Geldbußen (vgl. Art. 104 EGV). Somit handelt es hier um das rechtlich verbindlichste Mittel zur Einschränkung nationalstaatlicher Interventionsmöglichkeiten im Bereich der Ausgabenpolitik. Ziel ist die Etablierung einer regelgeleiteten Stabilisierungspolitik mit Hilfe der sog. automatischen Stabilisatoren. Auch diese sollen jedoch das 3-Prozent-Kriterium nicht verletzen, weshalb der Stabilitäts- und Wachs-tumspakt (SWP) von 1997 die Staaten mittelfristig auf einen ausgeglichenen oder sogar überschüssigen Haushalt verpflichtet (vgl. Rat 1997c). Die Zielsetzung der Regelgeleitetheit wird noch einmal daran besonders deutlich, dass für Länder, die bewusst größere Haushaltsdefizite anvisieren, mithin eine interventionisti-sche, neokeynesianische Politik verfolgen, im SWP ein Eil-Sanktionsverfahren vorgesehen ist (vgl. VO 1467/97, Art. 7).

Hinsichtlich der konkreten Empfehlungen für den Umgang mit Wirtschafts-krisen lassen sich in den beiden Abschwüngen der 90er-Jahre zwei Strategien erkennen: Zum einen sollte der bisherige wirtschaftspolitische Kurs gehalten und auf diese Weise das Vertrauen zurückgewonnen werden. Hierbei käme der Ge-meinschaft eine besondere Bedeutung zu, indem sie die Mitgliedstaaten dabei unterstützt, „der Versuchung kurzfristiger Lösungen zu widerstehen, von denen man weiß, daß sie auf mittlere Sicht noch ernstere Probleme schaffen" (Rat 1993a). Auf der anderen Seite wurde eine gemeinsame Antwort auf die Krise als sinnvoll angesehen, weil die europäischen „Volkswirtschaften (...) heute so mit-einander verflochten (sind), daß ein Wideraufschwung nur gemeinsam erreicht werden kann" (Europäischer Rat 1993b). In diesem Sinne wurden koordinierte Maßnahmen zur Stützung der Nachfrage beschlossen: Hierbei ging es darum, die automatischen Stabilisatoren wirken zu lassen und die Staatsausgaben wachs-tumsfreundlich umzuschichten (vgl. Europäischer Rat 1992b). Eine Stärkung der Investitionsnachfrage sollte dadurch erreicht werden, dass die Mitgliedstaaten den Investitionen bei der Aufstellung ihrer Haushaltspläne besondere Bedeutung zumessen (vgl. Europäischer Rat 1993a).

Zusammenfassend lässt sich feststellen, dass die primäre Zielsetzung der eu-ropäischen Vorgaben zur Ausgabenpolitik in der Einschränkung staatlicher In-terventionsmöglichkeiten liegt. Dies gilt besonders im Bereich von Sozialausga-ben und Stabilisierung, aber auch bei den Subventionen. Explizit empfohlen wer-den Interventionen nur im Bereich der öffentlichen Güter, vor allem mit allokati-ver Funktion, zur Steigerung der Wettbewerbsfähigkeit des europäischen Wirt-schaftsraumes. Allerdings haben die Vorgaben nicht eindeutig den neoliberalen Minimalstaat im Blick. Das zeigen die beim Subventionsverbot, aber auch bei den Reaktionen auf Wirtschaftskrisen zugelassenen Ausnahmen. Die Tendenz geht jedoch in eben diese Richtung: Der öffentliche Sektor soll beschnitten (vgl. Rat 1995a) und „laufend untersucht werden, ob Interventionen des Staates notwen-dig sind, welche Kosten sie verursachen und welche Alternativen bestehen" (Rat 1993a).

Fazit

Abschließend sei stichpunktartig diskutiert, inwiefern die auf europäischer Ebene institutionalisierten Sachzwänge zur Erreichung eines neoliberalen Minimalstaates als erfolgreich bezeichnet werden können, anders gesagt: ob sich die EU-Länder über die Vorgaben, d.h. dort, wo sie dies forderten, an eine zurückhaltendere Wirtschaftspolitik „gebunden" haben. Auf den ersten Blick misst sich der Erfolg daran, ob die Mitgliedstaaten die Vorgaben tatsächlich umgesetzt haben. Dies ist jedoch meist nicht so einfach und eindeutig festzustellen: Nicht umsonst gibt es eine ganze Forschungsrichtung, die Europäisierungsforschung, die sich damit beschäftigt, warum europäische Vorgaben (nicht) umgesetzt wurden. Ein Beispiel soll dies verdeutlichen: Die präziseste, verbindlichste und mit den schmerzhaftesten Sanktionen ausgestattete Vorgabe ist das Defizitkriterium. Während bspw. Arne Heise (2005, S. 289) konstatiert, dessen restriktive Auswirkungen auf die nationalstaatliche Finanzpolitik könnten nicht ernsthaft bestritten werden, argumentieren Renate Ohr und André Schmidt (2004, S. 381), der Stabilitätspakt sei zahnlos, denn immer mehr Länder verstießen dagegen. Die Frage nach der Wirkung von „Sachzwängen" lässt sich mithin nicht dadurch klären, dass man untersucht, ob die Vorgaben in den Mitgliedstaaten „eins zu eins" umgesetzt wurden.

Als erfolgreich wären die Sachzwänge weiterhin dann zu bezeichnen, wenn man die Vorgaben als Legitimation für bestimmte mitgliedstaatliche Politikmaßnahmen genutzt hat (Selbstbindungsmotiv), auch wenn die gesetzten Ziele – aus verschiedenen Gründen – nicht vollständig erreicht wurden. So untersuchten Ralph Rotte und Klaus F. Zimmermann (1998, S. 403), ob das Defizitkriterium als Argument zur Durchsetzung einer Austeritätspolitik benutzt wurde, und gelangten zu folgendem Ergebnis: „There is strong support for the hypothesis that governments actually use Maastricht as an instrument to impose fiscal restraint, and they are pretty successful in doing so." Allgemein kann man sagen, dass eine Selbstbindung, d.h. eine Implementierung bzw. Legitimierung einer bestimmten mitgliedstaatlichen Politik durch europäische Vorgaben dann einfacher ist, wenn diese verbindlich, zumindest mit präzisen, quantifizierten Zielen verbunden oder bei ihrer Nichtumsetzung Sanktionen zu befürchten sind. Das ist nur bei wenigen Vorgaben der Fall. Vor dem Europäischen Gerichtshof einklagbar ist nur das Subventionsverbot, schmerzhafte Sanktionen weist darüber hinaus lediglich das Defizitkriterium auf. Präzise Zielvorgaben gibt es z.B. für Investitionen in Forschung und Entwicklung sowie Kinderbetreuung. Der Großteil der Vorgaben ist jedoch eher vage formuliert und mit schwachen Sanktionen ausgestattet, was dafür spricht, dass sich die Mitgliedstaaten einen gewissen Spielraum erhalten wollen und es ihnen eher um den Aspekt der Legitimierung als um die präzise Umsetzung der Vorgaben geht. Dabei ist zu beachten, dass eine externe Restriktion nicht tatsächlich, d.h. in Form von rechtlich verbindlichen, mit schmerzlichen Sanktionen versehenen Vorgaben vorhanden sein muss, sondern dass der Glaube an die Restriktion bereits ausreichend ist, um bestimmte Politiken hervorzurufen bzw. zu rechtfertigen: „For it is the ideas that actors hold about the context in which they find themselves rather than the context itself which informs the way in which actors behave." (Hay/Rosamond 2002, S. 148)

Neben den Politikergebnissen muss bei der Bewertung der Sachzwänge bzw. der Selbstbindung auch geprüft werden, ob die erhoffte Abschirmung der Politik gegenüber Interessengruppen und Wähler(inne)n erfolgreich war. Dies ist zu bezweifeln: In Bezug auf Erstere zeigen zahlreiche Studien ihren beachtlichen Einfluss auf der europäischen Ebene (vgl. z.B. Balanyá u.a. 2001). Mit Blick auf die Bevölkerung gehen einige Autor(inn)en davon aus, dass die Bürger/innen das Projekt der europäischen Integration so hoch bewerten, dass sie bestimmte ökonomische Kosten eher durch europäische denn nationale Regelungen zu tragen bereit sind (vgl. Rotte/Zimmermann 1998, S. 390). Dagegen schwindet der permissive Konsens zur EU in den letzten Jahren deutlich; im Mai/Juni 2005 hat die Ablehnung der europäischen Verfassungsvertrages in Frankreich und den Niederlanden gezeigt, dass eine die Gewichte immer weiter in Richtung Markt verschiebende Selbstbindung nicht widerspruchslos hingenommen wird (vgl. Hrbek 2005, S. 486).

Die zusammenfassende Bewertung, ob die EU sich im Bereich der Ausgabenpolitik als Sachzwang eignet und dazu beiträgt, aus den mitgliedstaatlichen Monstern wieder „gute Wesen" zu machen, fällt auf der einen Seite positiv aus: Die Vorgaben sind meist so gefasst, dass sie eine Richtung vorgeben, die Legitimierung der restriktiven Fiskalpolitik über den „Sündenbock EU" möglich ist, den Politikern aber gleichwohl ein gewisser Spielraum verbleibt. Auf der anderen Seite lässt der Einfluss mächtiger Interessengruppen auf europäischer Ebene vermuten, dass die Abschirmung der Politik nicht ganz gelingt, was der neoliberalen Ausrichtung der europäischen Vorgaben jedoch keinen Abbruch tun muss, bedenkt man den Einfluss der Unternehmenslobbys. Diesbezüglich stellt Roland Vaubel (1986, S. 48) fest, dass Selbstbindung gerade dazu dienen kann, es bestimmten Interessengruppen recht zu machen. Was immer weniger gelingt, ist freilich die Abschirmung gegenüber den Bürger(inne)n, weshalb sich Friedmans Ausgangsfrage abwandeln ließe: „Wie können wir verhindern, dass die Europäische Union, die wir geschaffen haben, ein Monster wie in ‚Frankenstein' wird, das schließlich Massenwohlstand und Frieden vernichtet, zu deren Schutz wir die EU doch überhaupt erst eingesetzt haben?"

Quellen- und Literaturverzeichnis

Abbott, Kenneth W./Snidal, Duncan (2000): Hard and Soft Law in International Governance, in: International Organization 3, S. 421-456

Balanyá, Belén/Doherty, Ann/Hoedemann, Olivier (Hrsg.) (2001): Konzern Europa – die unkontrollierte Macht der Unternehmen, Zürich

Donges, Jürgen B./Menzel, Kai/Paulus, Philip (2003): Globalisierungskritik auf dem Prüfstand, Stuttgart

Engartner, Tim (2008): Privatisierung und Liberalisierung – Strategien zur Selbstentmachtung des öffentlichen Sektors, in: Christoph Butterwegge/Bettina Lösch/Ralf Ptak, Kritik des Neoliberalismus, 2. Aufl. Wiesbaden, S. 87-133

Friedman, Milton (1948): A Monetary and Fiscal Framework for Economic Stability, in: The American Economic Review 3, S. 245-264

Friedman, Milton (1976): Die Rolle der Geldpolitik, in: ders., Die optimale Geldmenge und andere Essays, München, S. 135-156

Friedman, Milton (1979): Es gibt nichts umsonst, München

Friedman, Milton (2002): Kapitalismus und Freiheit, Frankfurt am Main

Hay, Colin/Rosamond, Ben (2002): Globalization, European integration and the discursive construction of economic imperatives, in: Journal of European Public Policy 2, S. 147-167

Hayek, Friedrich A. (1946): Der Weg zur Knechtschaft, Zürich

Hayek, Friedrich A. (1979): The Political Order of a Free People, Chicago

Hayek, Friedrich A. (1981): Recht, Gesetzgebung und Freiheit, Bd. 3: Die Verfassung einer Gesellschaft freier Menschen, Landsberg am Lech

Hayek, Friedrich A. (2003): Recht, Gesetz und Freiheit, Tübingen

Heine, Michael/Herr, Hansjörg (2003): Volkswirtschaftslehre, München/Wien

Heise, Arne (2005): Has Germany been Europeanized or has Europe become (too) Germanic?; in: Intereconomics 5, S. 285-291

Hrbek, Rudolf (2005): EU: quo vadis? – Das Europäische Einigungsprojekt in der Krise, in: Wirtschaftsdienst 8, S. 483-504

Kromphardt, Jürgen (2004): Konzeptionen und Analysen des Kapitalismus, Göttingen

Lösch, Bettina (2008): Die neoliberale Hegemonie als Gefahr für die Demokratie, in: Christoph Butterwegge/Bettina Lösch/Ralf Ptak, Kritik des Neoliberalismus, 2. Aufl. Wiesbaden, S. 221-283

Moravcsik, Andrew (1997): Warum die Europäische Union die Exekutive stärkt: Innenpolitik und internationale Kooperation, in: Klaus-Dieter Wolf (Hrsg), Projekt Europa im Übergang?, Baden-Baden, S. 211-269

Nowotny, Ewald (1999): Der öffentliche Sektor – Einführung in die Finanzwissenschaft, Berlin

Ohr, Renate/Schmidt, André (2004): Regelgebundene versus diskretionäre Wirtschaftspolitik: Das Beispiel des Stabilitäts- und Wachstumspaktes, in: Vierteljahreshefte zur Wirtschaftsforschung 3, S. 381-391

Rotte, Ralph/Zimmermann, Klaus F. (1998): Fiscal Restraints and the Political Economy of EMU, in: Public Choice 3-4, S. 385-406

Shelley, Mary (1995): Frankenstein, München

Siebert, Horst (1998): Disziplinierung der nationalen Wirtschaftspolitik durch internationale Kapitalmobilität, in: Dieter Duwendag (Hrsg.), Finanzmärkte im Spannungsfeld von Globalisierung, Regulierung und Geldpolitik, Berlin, S. 41-67

Snowdon, Brian/Vane, Howard/Wynarczyk, Peter (2002): A modern guide to macroeconomics, Cheltenham

Stöger, Roman (1997): Der neoliberale Staat. Entwicklung einer zukunftsfähigen Staatstheorie, Wiesbaden

Streit, Manfred E. (2003): Die Misere des deutschen Verbändestaates, in: Jahrbuch für Wirtschaftswissenschaften 54, S. 178-186

Vanberg, Viktor (2003) Friedrich A. Hayek und die Freiburger Schule, in: ORDO, Bd. 54, S. 3-20

Vaubel, Roland (1986): A public choice approach to international organization, in: Public Choice 1, S. 39-58

Vaubel, Roland (1999): Enforcing Competition Among Governments: Theory and Application to the European Union, in: Constitutional Political Economy 4, S. 327-338

Watrin, Christian (2005): Hayeks Theorie einer freiheitlichen politischen Ordnung, in: ORDO, Bd. 56, S. 3-18

Willgerodt, Hans (2006): Der Neoliberalismus – Entstehung, Kampfbegriff und Meinungsstreit, in: ORDO, Bd. 57, S. 48-89

Wolf, Klaus-Dieter (1997): Entdemokratisierung durch Selbstbindung in der Europäischen Union, in: ders. (Hrsg.), Projekt Europa im Übergang?, Baden-Baden, S. 271-294

Europäische Vorgaben

Europäischer Rat (1989-2006): Schlussfolgerungen des Vorsitzes (a, b und c beziehen sich auf den Frühjahrs-, Sommer- und Herbstgipfel)

Rat (1989-1993) Entscheidung des Rates zur Verabschiedung des Jahreswirtschaftsberichts und zur Festlegung der wirtschaftspolitischen Leitlinien der Gemeinschaft

Rat (1994a-2005a): Empfehlungen des Rates zu den Grundzügen der Wirtschaftspolitik der Mitgliedstaaten und der Gemeinschaft

Rat (1997b-2005b): Beschluss des Rates über die Leitlinien für beschäftigungspolitische Maßnahmen der Mitgliedstaaten

Rat 1997c: Entschließung des Europäischen Rates über den Stabilitäts- und Wachstumspakt

Rat 2000c: Bekämpfung der Armut und sozialen Ausgrenzung – Festlegung von geeigneten Zielen

VO 659/1999 Verordnung des Rates über besondere Vorschriften für die Anwendung von Artikel 93 des EG-Vertrags

VO 1466/97 Verordnung des Rates über den Ausbau der haushaltspolitischen Überwachung und der Überwachung und Koordinierung der Wirtschaftspolitiken

Vertrag zur Gründung der Europäischen Gemeinschaft in der Fassung von Nizza vom 1.2.2003

Werner Rügemer

Privatisierung als Kernelement der neoliberalen Gegenreform

Privatisierung öffentlicher Aufgaben und Unternehmen ist kein einfacher Wechsel der Rechtsform, sondern Teil einer schleichenden, tiefgreifenden Veränderung des politischen, wirtschaftlichen und moralischen Gefüges der Gesellschaft. Entgegen den Behauptungen von Privatisierungsakteuren und vielen Beobachter(inne)n wird der Staat nicht zurückgedrängt, sondern übernimmt zusätzliche Sicherungs- und Haftungsfunktionen und Schulden. Erfahrungen aus zahlreichen Staaten und zwei Jahrzehnten zeigen: Die abhängig Beschäftigten, Erwerbslosen und Bezieher/innen sozialer Transfers sowie die Ressourcen der Natur und der Gesellschaft werden durch diesen Prozess weiter abgewertet, wohingegen das große Kapitaleigentum zum entscheidenden Akteur avanciert. Kapitalmacht tritt an die Stelle von Menschenrechten, während die Menschenrechtsrhetorik und die öffentliche Desinformation zunehmen.

Reform und Revolution im Gefolge der Weltkriege

Nach beiden Weltkriegen sahen die großen Kapitaleigentümer ihre Profitmöglichkeiten durch um sich greifende Verstaatlichungen und Regulierungen massiv eingeschränkt. Vor allem 1945 war das kapitalistische System in Europa moralisch zutiefst diskreditiert: Profitgier, Unterversorgung der Bevölkerung und Kollaboration mit dem Faschismus hatten sein Gesicht deutlicher als sonst gezeigt, weshalb gemeinschaftsorientierte Reformen nahe lagen (vgl. Yergin/Stanislaw 1999, S. 22 ff.). Die unterschiedlichen Formen der Verstaatlichung reichten von innerkapitalistischen Reformen in West- bis zum Sozialismus in Ost- und Ostmitteleuropa.

Was heute als Globalisierung bezeichnet wird, stellt im Grunde eine Gegenreform dar, die sich zum einen gegen die Programme der öffentlichen Wohlfahrt richtete, wie sie nach der Weltwirtschaftskrise 1929 bis 1932 vor allem mit dem

New Deal in den USA zur Regierungspolitik erhoben worden waren. Die Gegenreform richtet(e) sich zweitens gegen Verstaatlichungen, die z.b. in Frankreich,
Belgien, Großbritannien, Italien und Deutschland im Bereich des Schienenverkehrs, von Kohle, Stahl, Elektrizität, Wasser, Gesundheitsversorgung u.Ä. stattgefunden hatten. Die Gegenreform richtet(e) sich drittens gegen die teilweise sozialistisch eingefärbten Emanzipationsbestrebungen in Ghana, Indien und vielen anderen Staaten der sog. Dritten Welt, die sich aus kolonialer Abhängigkeit befreit
sowie staatliche Unternehmen und Organisationen öffentlicher Daseinsvorsorge
gegründet hatten. Die Gegenreform richtete sich schließlich gegen die sozialistischen Staaten. Gegen sie konnte man jedoch, nachdem das NS-Regime gescheitert
war, zunächst nichts ausrichten. Man begann beim schwächsten Glied der Kette:
den Entwicklungsländern.

Die Weltbank als Agentur zur Privatisierung in den Entwicklungsländern

Seit den 60er-Jahren drängt die Weltbank Entwicklungsländer zur Privatisierung.
Damit sollen sie die Zinsen für Kredite aufbringen können, die nicht nur von der
Weltbank, sondern auch von Privatbanken vergeben werden. Dies führt im Kontext der von denselben Akteuren geförderten Mechanismen – Benachteiligung
der einheimischen Landwirtschaft und Industrie, Kürzung von Sozialprogram-
men – zu einer chronischen Überschuldung und einer lang andauernden Unterentwicklung.

   Die Verfasstheit der Weltbank selbst zeigt, dass die lehrbuchmäßige Tren-
nung zwischen „privat" und „staatlich" keinen Sinn macht. Die Weltbank mit
Internationalem Währungsfonds und Tochterbanken ist nach dem Vorbild der
US-amerikanischen Zentralbank (Federal Reserve System) eine öffentlich-private
Organisation: Sonderorganisation der UNO und Selbstorganisation der größten
Banken der Welt mit einer Dominanz der US-Banken. Abstimmungen richten
sich wie in einer Aktiengesellschaft nach den Kapitalanteilen. So agiert die Welt-
bank als symbiotische Organisation aus privaten und politischen Interessen.

   Ideologisch genial im Sinne der Akteure ist das Label „Entwicklungshilfe".
Das klingt, als wolle man helfen. In Wirklichkeit helfen die „Helfer" jedoch vor
allem sich selbst. Die Ergebnisse sind nach fünf Jahrzehnten eindeutig: immer
neue Kredite, mehr Staatsverschuldung, mehr prekäre Selbstständigkeit, Schat-
tenwirtschaft und Niedriglohnsektoren einerseits, Dauerzinseinnahmen bei den
Kreditgebern, Modernitätskomplexe mit strahlenden Cities und einer einheimi-

schen, mehr oder weniger korrupten Elite andererseits. Auch neuere Formen der
Privatisierung – etwa die Beteiligung von Versorgungskonzernen an städtischen
Wassersystemen in Asien und Lateinamerika – zeigen dieses konfliktträchtige
Nebeneinander von „Unter-" und „Überentwicklung" (vgl. Loewe 2007, S. 39 ff.).
Die nach dem Militärputsch und der Ermordung des sozialistischen Präsidenten Salvador Allende am 11. September 1973 von den USA unterstützte und
von der Weltbank mitfinanzierte Pinochet-Diktatur in Chile war die erste gesamt-
staatlich organisierte Privatisierung. Sie umfasste die Alterssicherung, das Ge-
sundheitswesen und die Energieversorgung und führte zu einer Verschärfung
der sozialen Gegensätze. So muss der Staat die Renten seit 2003 notdürftig sub-
ventionieren, damit die ersten Jahrgänge der Rentenbezieher/innen nicht unter
die Armutsgrenze abrutschen. Das Pensionssystem des Militärs wurde freilich
nicht privatisiert (vgl. Reimon/Felber 2003, S. 139).

Der große Durchbruch und die globale Führung der USA

Der Durchbruch im Herzen des Kapitalismus begann gegen Ende der 70er-/An-
fang der 80er-Jahre in den USA und Großbritannien. Als theoretischer Vorläufer
gilt der nordamerikanische Management-Guru Peter Drucker (1969), der die *re-
privatisation* staatlicher Unternehmen forderte. Als politischer Kampfbegriff wurde *privatisation* u.a. durch Robert Poole (1980), Gründer der Reason Foundation,
popularisiert. Diese Stiftung begreift sich mit ihrem seit 1986 erscheinenden „Annual Privatisation Report" auch als globale Avantgarde. Motor war und ist vor
allem die angloamerikanische Finanzwelt in New York, London und Sydney. Politische Laut-Sprecher waren die Republikanische Partei und die Tories. Da ihnen
schon reformistische Gewerkschaften und öffentliche Sozialsysteme als „kommunistisch" galten, war das Erstarken linker Bewegungen seit 1968 für sie der
letzte Stachel und die steigende Arbeitslosigkeit der plausibel erscheinende Anlass, um Privatunternehmen als einzige Alternative zum Staat zu propagieren
(vgl. Harvey 2007, S. 12 ff.).

Die neoliberale Kritik richtete sich in den USA zunächst gegen den unter
Präsident Franklin D. Roosevelt in den 30er-Jahren errichteten Wohlfahrtsstaat.
Reformen wie die Börsen- und Bankenaufsicht, Kartellkontrolle, staatliche Regulierungen im Bereich Energie u.Ä., gewerkschaftliche Rechte, soziale Sicherungssysteme wie *Medicaid* und *Medicare* wurden unter Präsident Ronald Reagan aus-
gehebelt oder verwässert. Letzterer hob Regulierungen des Kapitals auf, verschärfte aber die Regulierung der Arbeit. Er privatisierte die Kontrolle des zivilen

Luftverkehrs, nicht zuletzt um den Einfluss der Fluglotsengewerkschaft zu brechen (vgl. Harvey 2007, S. 36 und 69). Dieser Prozess ging auch unter seinen Amtsnachfolgern weiter, unabhängig von ihrer Parteizugehörigkeit. Verbunden mit der erweiterten Freiheit der Kapitaleigentümer waren und sind *Offshore*-Techniken (Verlagerung von Unternehmen, Aufträgen und Vermögen in Finanzoasen bzw. Sonderwirtschaftszonen), die Senkung von Gewinnsteuern, die Absenkung von Löhnen, erhöhte Gewinnentnahmen der Kapitaleigentümer wie des Managements und eine intensive private Parteienfinanzierung. Erst mit diesem neoliberalen Instrumentarium entfaltet Privatisierung ihre heutige sozial- und demokratieschädliche Wirkung (vgl. dazu: Butterwegge 2008, S. 209 ff.; Lösch 2008, S. 250 ff.).

Nach der Reagan-Ära wurden bzw. werden weitere Bereich privatisiert: Krankenhäuser, Renten, Gefängnisse, Landschaftsschutz, Bildung sowie die kommunale, Justiz- und Steuerverwaltung (vgl. Segal 2005). Das Personal der Steuerbehörde *Internal Revenue Service* (IRS) wird abgebaut; private Berater verfassen Steuergesetze und -verordnungen (vgl. Johnston 2007). Private Gefängnisbetreiber mit inzwischen 500.000 Beschäftigten sind die am stärksten boomende Wirtschaftsbranche. Der Staat zahlt feststehende Beträge pro Gefangenentag, und die Betreiber können die Gefangenen zusätzlich z.b. in *Call-Centern* einsetzen, deren Dienstleistungen sie weiterverkaufen (vgl. Neuber 2006). Die Kinderkrippen-Kette Bright Horizons verkauft Betreuung für jährlich 8.000 bis 20.000 US-Dollar je Kind (vgl. Lindner 2007). Dass etwa Bürgermeister/innen von US-Städten inzwischen längst um die Rekommunalisierung von Wasserwerken und Wohnungen kämpfen (vgl. ebd., S. 63 f.), findet bei den Auslandskorrespondent(inn)en europäischer Medien kaum Beachtung.

Gemäß dem *Federal Activities Inventory Reform Act* von 1998 müssen staatliche Aktivitäten nach den Kriterien „unverzichtbar öffentlich" und „im Wesen kommerziell" überprüft werden. Dies betrifft auch die Sicherheitsdienste bei der Durchführung des *U.S. Patriot Act*, also den nationalen Maßnahmen gegen tatsächliche und angebliche Terroristen. Die USA sind gemeinsam mit ihrem britischen Verbündeten auch führend bei der Privatisierung des Militärs, etwa der Bereitstellung von Kraftstoffen, Munition, Zelten und Nahrung für die global operierenden Streitkräfte sowie der Beauftragung privater Spezialdienste (vgl. Scholl-Latour 2006, S. 396).

Im Auftrag der US-Regierung erstellte die Unternehmensberatung Bearing Point das Konzept „Rebuilding Iraq". Auf den 108 Seiten fällt das Stichwort „Privatisierung" nicht weniger als 51 Mal. Ausländische Unternehmen dürfen bereits seit 2003 bisherige irakische Unternehmen zu 100 Prozent besitzen und die Gewinne vollständig und unversteuert außer Landes bringen. Nach dem Konzept sollen nun Leasingverträge mit international unvergleichlich hohen Renditen eine Laufzeit von 40 Jahren haben, auch bei Naturressourcen wie Erdöl (vgl. Muttit 2006). Der ebenfalls von Bearing Point entwickelte Gesetzentwurf wird nur mit der Regierung verhandelt, den Parlamentariern aber nicht gezeigt (vgl. Doering 2007). Von den Gesetzen aus der Zeit des Diktators Saddam Hussein blieben nur die zur Einschränkung der Rechte von Gewerkschaften und von Kollektivverträgen bestehen: Irak stellt in einer Synergie aus politischer und Kapitaldiktatur den offensichtlich optimalen Privatisierungsrahmen dar.

Der erste Beauftragte der US-Regierung für die Umsetzung des Konzepts, Paul Bremer, ging mit seiner Beratungsfirma Crisis Consulting Practice vor Ort. Er entließ 400.000 Soldaten, Lehrer/innen und Krankenschwestern. Weitere Staatsbetriebe sollen sich von Beschäftigten trennen, um für die Privatisierung attraktiv zu werden. Die US-„Aufbauhilfe" geht nicht an irakische, sondern ausschließlich an westliche Unternehmen. Vor allem ca. 150 US-Unternehmen erhalten die Aufträge mit staatlich garantierten Super-Renditen (cost-plus contracts). Bremer eröffnete in Bagdad eine Aktienbörse, die jedoch ein Geisterhaus blieb. Im Irak erleidet die neoliberale Avantgarde nicht nur eine militärische Niederlage. Das reine Privatisierungsparadies wurde nicht aus Zufall, sondern zwangsläufig zur Hölle, zum *failed state* und zur ökonomischen Wüste (vgl. Klein 2006).

Privatisierung global

Seit den 50er-Jahren wollen Konzerne und Banken in allen kapitalistischen Staaten die Verstaatlichungen rückgängig machen, was ihnen zunächst jedoch nicht oder nur partiell gelang. In der Bundesrepublik Deutschland etwa versuchten Unternehmerverbände mit Hilfe der Regierung Adenauer, einen privaten Fernsehsender aufzubauen, scheiterten aber (vgl. Rügemer 2006, S. 28 f.). Die Kredite des Marshall-Plans für Westeuropa dienten nach 1945 dazu, für US-Unternehmen neue Absatzmärkte zu schaffen (vgl. Veerkamp 2005, S. 86 ff.). Seither betrachten Kapitaleigentümer weltweit die USA als das große Vorbild und die bedeutendste Schutzmacht für neoliberales Wirtschaften. Als seit den 70er-Jahren die Petrodollars und andere Gewinne vor allem an die Wall Street und nach London strömten, suchten die Banken neue Anlagemöglichkeiten – Privatisierung ist seitdem eine der besonders profitablen und besonders sicheren (vgl. Harvey 2005, S. 38).

Aufgrund des historischen Vorlaufs, verbunden mit einer überragenden ökonomischen und militärischen Macht, nehmen die angloamerikanischen Akteure eine globale Führungsrolle wahr. Die großen US-Wirtschaftsprüfungsunternehmen wie Price Waterhouse Coopers oder KPMG, Wirtschaftskanzleien wie Clifford Chance oder Freshfields und Unternehmensberater wie McKinsey oder Booz Allen Hamilton bereiten staatliche und kommunale Privatisierungen in zahlreichen Staaten vor, verfassen die Verträge und agieren als mächtige Lobby. US-Investmentbanken organisieren den Börsengang auch europäischer Staatsunternehmen (vgl. hierzu: Rügemer 2006, S. 69). Die Krankenhausketten Helios und Asklepios, Vorreiter der Krankenhausprivatisierung, starteten in den USA. Dies gilt auch für die Patent-Privatisierung, z.b. beim Saatgut wichtiger Nahrungsmittel (vgl. Shiva/Brand 2006, S. 59 f.). Die englischen und US-Ölkonzerne dominieren bei der Privatisierung der Energieressourcen in den ehemals sozialistischen Staaten und im Irak. Ein weniger bekannter Bereich ist das *Programme for International Student Assessment* (PISA); vor allem private US-Unternehmen organisieren und verkaufen PISA-Studien in mehreren Dutzend Staaten; in internationalen Gremien wie der Welthandelsorganisation WTO treten sie für die Privatisierung der Bildung nach den US-Test- und Auslesestandards ein (vgl. Flitner 2006, S. 247 f.).

In der globalisierten Wirtschaft „dominiert die Wirtschafts- und Unternehmensverfassung der USA, unterstützt von einer mit dieser postliberalen Ordnung eng verbundenen Politik." (Hennicke/Müller 2005, S. 117) Dies gilt nicht zuletzt für die Abstimmungsmechanismen der G-7-Staaten und der WTO. Die UNO hat sich 2000 mit dem „Global Compact" dem Einfluss der 50 größten *global player* geöffnet (vgl. Karliner/Bruno 2000).

Vorreiter in Europa: Großbritannien

Fast zeitgleich mit Ronald Reagan in den USA wurde die britische Regierung unter Margaret Thatcher aktiv. Die City of London, nach der Wall Street das zweitgrößte Finanzzentrum der Welt, blieb schon während des englischen Reformkapitalismus eine „Bastion" des Neoliberalismus (vgl. Harvey 2007, S. 74 und 81). Premierministerin Thatcher konzentrierte sich zunächst genauso wie Reagan auf die zentralstaatlichen Unternehmen (Kohle und Stahl, Automobil, Elektrizität, Wasser/Abwasser, Bahn und Luftfahrt). Für ihre „Enterprise Society" hatten die Tories zwei Begründungen: Das Budget müsse saniert werden, und die Privaten machten es besser. Solche Versprechen wurden allerdings nicht eingehalten. Die öffentliche Hand verschuldet sich weiter, nicht zuletzt wegen der Privatisierungen. Wie beim späteren Verkauf des DDR-Vermögens und bei Privatisierungen in Form von Unternehmensverkäufen wurde öffentliches Eigentum verschleudert:

Von 1979 bis 1996 betrugen die Privatisierungserlöse 70 Mrd. Pfund St., 1998 waren diese Unternehmen 206 Mrd. Pfund St. wert (vgl. Neue Zürcher Zeitung 2007). Die sich häufenden Unfälle, Verspätungen und hohen Preise bei der Bahn infolge der vernachlässigten Infrastruktur wurden weltweit bekannt und erforderten einen teuren Rückkauf und staatliche Zuschüsse. Die Privaten bereicherten sich und machten es noch schlechter als vorher der Staat. Weniger bekannt ist die gleiche Entwicklung im Bereich des Trink- und Abwassers: RWE kaufte mit Thames Water (London) das umsatzstärkste Wasserunternehmen der Welt, vernachlässigte allerdings dessen bereits damals marodes Leitungssystem, erhöhte die Preise, benutzte die Gewinne für die globale Expansion im Wassersektor und verkaufte es unter dem Druck der mit neuen Kompetenzen ausgestatteten Regulierungsbehörde Ende 2006 wieder (vgl. Rügemer 2006, S. 150 f.).

Unter dem Premierminister Tony Blair griff die Privatisierung auch in den Kommunen. Im Rahmen der *Private Finance Initiative* (PFI) entwickelten Londoner Banken, Anwälte und Wirtschaftsprüfer das Modell der *Public Private Partnership* (PPP). Im Unterschied zur traditionellen Auftragsvergabe übernimmt der Investor hierbei nach dem Motto „Alles aus einer Hand" neben dem Bau auch Planung, Finanzierung und Betrieb eines Gebäudes oder einer Dienstleistung. Dafür zahlt die öffentliche Hand für Laufzeiten zwischen 20 und 35 Jahren ein periodisches Entgelt. Nach diesem Muster laufen in Großbritannien bisher etwa 700 Projekte, darunter 45 Krankenhäuser, 250 Schulen, 15 Gefängnisse sowie Straßenbeleuchtungen, Sozialwohnungen und Feuerwachen. Für britische Berater, Kreditgeber sowie Bau- und Betreiberfirmen ist PPP zu einem lukrativen Exportprodukt geworden (vgl. Harris 2005, S. 124). Die in England öffentlich verbreitete Kritik an erheblichen Qualitätsmängeln der Schul- und Krankenhausgebäude, stark verzögerten Reparaturen, minderwertigen Baumaterialien, schlechtem Service, dem Einsatz von überforderten Niedriglöhner(inne)n u.Ä. (vgl. UNISON 2003) findet bisher nur selten über Massenmedien den Weg in die Nachahmerstaaten.

Die Europäische Union

Nicht bloß Commonwealth-Staaten wie Neuseeland und Australien haben mittlerweile das PPP-Modell übernommen, sondern auch EU-Mitglieder. So gab etwa die rot-grüne Bundesregierung bei der Kanzlei Freshfields und bei Price Waterhouse Coopers die Handreichung „PPP im öffentlichen Hochbau" in Auftrag (vgl. Ministerium für Bau, Verkehr und Wohnungswesen 2003); die französische

Regierung folgte 2004 mit der Verordnung zu Partnerschaftsverträgen (Contrats de partenariat).

Die EU selbst forcierte seit den 80er-Jahren zunächst die Privatisierung zentralstaatlicher Unternehmen: Post, Telekommunikation, Bahn und Medien. Privatisierung bedeutete hier wie in den USA und Großbritannien: Verkauf an Private oder Börsengang und Liberalisierung, sodass sich weitere Unternehmen gründen konnten. Obwohl es gute Gründe gab, Staatsmonopole aufzulösen, besteht das Problem dieser Art der Privatisierung darin, mit äußerst fragwürdigen neoliberalen Praktiken verbunden zu sein, die ebenfalls von der EU gefördert werden. Genannt seien der rigorose Abbau von Arbeitsplätzen, die Prekarisierung von Arbeitsverhältnissen und internationales Lohndumping (über die sog. Bolkestein-Richtlinie), die Senkung von Gewinnsteuern und internationales Steuerdumping, die Lockerung von Umweltstandards, die Desinformation der Konsumenten und die Erhöhung der Mehrwertsteuern.

Inzwischen fördert die EU auch PPP. Die Europäische Investitionsbank (EIB) vergibt günstige Darlehen beim Bau und Sanieren von Schulen, Tunnels und Straßen, sofern nach dem skizzierten Muster verfahren wird. Dies gilt auch in Asien oder Afrika, wenn europäische Unternehmen zum Zuge kommen. Die EIB bezeichnet sich selbst als „wichtigsten Darlehensgeber für PPP-Vorhaben" (Barrett/Nylund-Green 2006, S. 125). Eigentlich achtet die Europäische Union streng darauf, dass ihre Mitgliedstaaten die öffentliche Verschuldung bekämpfen und in engen Grenzen halten. Die jährliche Neuverschuldung der öffentlichen Haushalte der EU-Mitgliedstaaten darf laut Stabilitäts- und Wachstumspakt 3 Prozent des Bruttoinlandsprodukts nicht überschreiten, die Gesamtverschuldung nicht höher als 60 Prozent sein. Mit PPP fördert die EU aber die Umgehung der Haushaltsdisziplin, die als ihr Markenzeichen gilt, denn das Statistische Amt der EU bilanziert die kreditähnlichen Verpflichtungen aus den jahrzehntelangen PPP-Verträgen in der Regel nicht als Verschuldung (vgl. Eurostat 2004).

Die staatliche Haushaltsdisziplin gilt auch dann als erfüllt, wenn die Bürger/innen stärker belastet werden. Die EU will Europa, der sog. Lissabon-Strategie folgend, zum führenden Wirtschaftsstandort der Erde machen (vgl. dazu: Engartner 2008, S. 117 ff.). Dafür sollen auch die Bildungsausgaben erhöht werden. Damit sind jedoch nicht die öffentlichen Ausgaben gemeint, sondern die Beiträge von Investoren und Sponsoren sowie von Jugendlichen und Eltern. Dem kommen beispielsweise das NRW-Bildungsministerium, die Schulbuchverlage Klett und Cornelsen sowie IBM nach, die bei Unterrichtsausfall eine Selbstlernphase mit Hilfe elektronischer Medien anbieten. Dieses Schröpfen der Bürger/innen wird mit der reformpädagogischen Floskel „Selbstständiges Lernen macht Schule" beschönigt (vgl. Flitner 2006, S. 264).

US-Wirtschaftsprüfer wie Price Waterhouse Coopers werden von der EU-Kommission laufend mit der Erarbeitung von Privatisierungskonzepten beauftragt, etwa im Bereich der Trinkwasserversorgung (vgl. Hoedeman 2004). Nach dem Muster des 1972 in den USA gegründeten *Business Roundtable* hat sich auch um die Europäische Kommission eine vielfältige Kapitallobby gruppiert. Im letzten Jahrzehnt sind nach US-Modell *think tanks* dazugekommen, deren Finanzierung intransparent und deren Ideologie einem rechtsgerichteten Marktradikalismus verpflichtet ist. Brüssel entwickelt sich zu einem zweiten Washington, mit intensiven Beziehungen zwischen den Einflussgruppen beider Hauptstädte (vgl. Corporate Europe Observatory 2005).

Die ehemals sozialistischen Staaten

Die Privatisierung der ehemaligen DDR stellt die bisher kompakteste staatliche Normierung des Neoliberalismus in Kontinentaleuropa dar. Bei der ersten Privatisierungswelle wurde – wie auch in der zerfallenden Sowjetunion während der Regierungen von Michail Gorbatschow und Boris Jelzin – Staatsvermögen zu Schleuderpreisen verkauft, und zwar sowohl an ausländische Investoren als auch an inländische Oligarchen. Dieser Ausverkauf erweist sich als Quelle staatlicher Verschuldung und einer dramatischen Verarmung großer Teile der Bevölkerung. Russland war unter Präsident Wladimir Putin der einzige Staat, welcher dies ansatzweise zu korrigieren suchte. Deutsche Wirtschaftsmanager wie der Aufsichtsratsvorsitzende der Treuhandanstalt, Jens Odewald, agieren noch im medialen Halbschatten (vgl. Rügemer 2007a). Ein neues riesiges Privatisierungsfeld tut sich derweil im kommunistisch regierten China auf.

Die Europäische Union fördert PPP-Projekte westeuropäischer Unternehmen mit osteuropäischen Staaten, etwa beim Ausbau der transeuropäischen Verkehrsnetze, beim Bau von Justizvollzugsanstalten und Mautautobahnen. Während die EU dafür Zuschüsse zahlt und Bürgschaften leistet, vergibt die Europäische Investitionsbank günstige Kredite (vgl. Wagner/Shonibare 2005). Zur konkreten Entwicklungslogik gehören aber nicht nur EU-Regularien und -Subventionen sowie die „unsichtbare Hand" des Marktes, sondern auch die sichtbare militärische Faust. Mit den NATO-Bombern kamen die westlichen Investoren nach Ex-Jugoslawien. Die hastige EU-Osterweiterung geht ebenfalls auf die NATO zurück (vgl. Scholl-Latour 2006, S. 18). Die Investitions-Agentur Mazedoniens wirbt nicht nur mit einer zehnjährigen Gewinnsteuerbefreiung, dem niedrigen monatlichen Durchschnitts-Bruttogehalt qualifizierter Arbeitskräfte von 370 EUR, sondern auch damit, dass man „NATO-Beitrittskandidat" sei (vgl. InvestMacedonia 2007). Daneben agiert noch eine weitere unsichtbar-sichtbare Hand: Der von westlichen Geheimdiensten und einschlägigen Nicht-Regierungs-Organisationen inszenierte „Wanderzirkus der Demokratie". In Serbien, in der Ukraine usw. erweist sich der global unterstützte „freiheitliche Aufbruch der Massen" als „Produkt ferngesteuerter, betrügerischer Einmischung". CIA, Freedom House, das National Democratic Institut und das International Republican Institute der beiden großen US-Parteien, das US-Außenministerium und andere westliche Institutionen finanzieren Medien, Wortführer, Essensausgaben und Übernachtungszelte für Demonstranten und Flugblätter in Millionenauflagen (vgl. Scholl-Latour 2006, S. 384 ff.).

Deutschland I: Der schnelle Verkauf im Osten

„Das volkseigene Vermögen ist zu privatisieren", besagte das *Treuhandgesetz*, mit dem 1990 die Treuhandanstalt zur Eigentümerin des DDR-Vermögens gemacht wurde. Am Gesetz vorbei kam eine nicht genannte und vielen unbekannte Akteursgruppe an die Schaltstellen der neu geschaffenen Wirtschaftsbürokratie: Vertreter von McKinsey und Roland Berger sowie der Wirtschaftsprüfer KPMG und Price Waterhouse Coopers bildeten den Leitungsausschuss. Sie zogen die großen Projekte an sich, schalteten den Wettbewerb aus und bedienten ihre langjährigen Mandanten. So verschaffte die Treuhand auch den angelsächsischen Investmentbanken den Eintritt in Deutschland: Goldman Sachs, Morgan Stanley und J.P Morgan arrangierten die großen Privatisierungen, z.B. des Leuna-Kombinats (vgl. Rügemer 2004, S. 88 ff.). 300 Mitarbeiter von Deutscher Bank, Commerzbank, Dresdner Bank, VEBA, PreußenElektra, ARAG, IBM, Siemens, Hoesch, Kaufhof, Tschibo und Reemtsma wurden als „Leihmanager" Mitarbeiter der Treuhand, blieben aber gleichzeitig bei ihren Unternehmen angestellt. Dies zeigt, dass keineswegs eine von staatlichen Einflüssen freie Marktwirtschaft etabliert, sondern die Verflechtung von Staat und Privatwirtschaft noch direkter ausgestaltet wurde.

Häufig wurden Betriebe für eine symbolische D-Mark verkauft, und die Treuhand gab Zuschüsse, übernahm Schulden und Abfindungen. Es wurden auch Betriebe aufgekauft, um sie stillzulegen. Was die Berater in den vom Systemwechsel überrumpelten ehemaligen DDR-Betrieben leicht durchsetzen konn-

ten, findet z.b. auch bei Wohnungsverkäufen im Westen statt: die Unterbewertung des öffentlichen Vermögens zugunsten der Investoren. Aus dem anfangs geschätzten Wert aller DDR-Betriebe von 600 Mrd. DM wurden nach der Privatisierung 256 Mrd. DM Schulden, die der Bund in seinen Haushalt übernahm (vgl. Rügemer 2006, S. 39). Nach der Beendigung der Treuhand-Aktivitäten 1994 bauten VW, Opel, General Motors, Siemens, BMW, Porsche, Bombardier usw. unter ähnlichen Bedingungen „verlängerte Werkbänke". Nicht die Treuhand zahlt seit-
.dem die Zuschüsse, sondern die Bundesregierung, die jeweilige Landesregierung und/oder die Europäische Union. Zuschüsse, Fördergelder, Investitionsbeihilfen, Sanierungsbeihilfen, Konsolidierungshilfen, Steuerbefreiungen und subventionierte Grundstücke – die offenen und vor allem die verdeckten Profitsubventionen haben viele Namen. So wurden die ostdeutschen Bundesländer zu einer Region der verlängerten Werkbänke. Sie haben keine eigene Forschung und Entwicklung, keine Verkaufs-, Beschaffungs- und Akquisitionsabteilungen. Damit fehlen ihnen die Grundvoraussetzungen unternehmerischer Selbstständigkeit. Somit wurde nicht die Marktwirtschaft etabliert, vielmehr eine Sonderwirtschaftszone für *global players* subventioniert. Die Arbeitslosigkeit ist erheblich höher, die Löhne und Gehälter stagnieren auf noch niedrigerem Niveau als in Westdeutschland.

Deutschland II: die schleichende Durchdringung des Westens

Die 1995 aus der Deutschen Bundespost ausgegründete Deutsche Post AG wurde 2000 an die Börse gebracht. Der von McKinsey kommende Vorstandsvorsitzende Klaus Zumwinkel baut das Unternehmen zu einem global agierenden Logistikkonzern um. Zwischen 2001 und 2003 wurden die ausgewiesenen Gehälter der Vorstandsmitglieder von 5,8 Mio. auf 9,925 Mio. EUR fast verdoppelt. Im selben Zeitraum nahm die Zahl der Beschäftigten durch Unternehmensaufkäufe von 321.000 auf 383.000 zu, während die für sie insgesamt entrichteten Sozialabgaben von 2,67 Mrd. auf 2,4 Mrd. EUR sanken. Zahlreiche Vollzeitarbeitskräfte wurden durch Leiharbeiter/innen, Teilzeitjobber/innen, Niedriglöhner/innen, *outgesourcte* Ich-AGs und Saisonkräfte ersetzt (vgl. Rügemer 2006, S. 62).

Gleichzeitig treibt man die internationale Expansion voran. Konkurrenten wie Danzas (Schweiz/Frankreich) und DHL (USA) wurden übernommen. Außerdem kaufte sich die Post AG in ebenfalls privatisierte chinesische, britische usw. Postgesellschaften ein. Die Qualität der Postdienstleistungen hat sich seither für die Kleinkunden verschlechtert, während für umworbene Großkunden umfangreiche Rabatte gewährt werden (vgl. Rügemer 2006, S. 63). Ähnlich kann man die Privatisierung der Bahn und der Telekommunikation bilanzieren (vgl. Wehner 2005; Engartner 2006).

Obwohl die privatisierten Unternehmen Post, Bahn und Telekom das gesamte Vermögen der Bundespost erhielten, nimmt ihnen der Staat die Belastung mit Pensionen und Beihilfen ab. So wurden aus dem Bundeshaushalt für 227.000 frühere und häufig sehr früh verrentete Postbeschäftigte (und deren Hinterbliebene) im Jahre 2005 Versorgungszahlungen von 5,5 Mrd. EUR fällig. 2034 erreichen sie mit 13 Mrd. EUR vermutlich ihren Scheitelpunkt. Bis 2090 werden sie sich – nach heutigem Stand – auf ca. 555 Mrd. EUR summieren (vgl. Rügemer 2006, S. 67 f.).

Privatisierung ist nicht zuletzt von den Interessen jener bestimmt, die an der Staatsverschuldung möglichst lange und sicher viel Geld verdienen wollen. Die Ratingagenturen Moody's und Standard & Poor's verlangen für die Kreditfähigkeit der Bundesrepublik die „Strukturreform der Sozialsysteme", die „Senkung der Lohnnebenkosten" und eine „stärkere Differenzierung der Löhne", wenn das bisherige *Rating* „Triple A" beibehalten werden soll (vgl. Kreditanstalt für Wiederaufbau 2002). Löhne und Gehälter sowie Ausgaben für soziale Sicherung und Gesundheit werden aus dieser Perspektive als Kosten betrachtet, die immer zu hoch sind. Beitragsanteile, die im Reformkapitalismus von den Unternehmen in die Gesetzliche Rentenversicherung eingezahlt wurden, können seit der Rentenreform 2000/01 von den Lohn- und Gehaltsempfänger(inne)n steuerbegünstigt in eine private Versicherung eingezahlt werden. Der Steuervorteil führt zu weiterer Staatsverschuldung. Nach dem Vorbild der sog. Riester-Reform müssen die Versicherten auch im Rahmen der Gesundheitsreform mit dem Hinweis auf „Selbstverantwortung" und „Eigenbeteiligung" vermehrt private Zuzahlungen leisten. Die übliche Begründung mit dem „demografischen Wandel" blendet freilich eine parallele Entwicklung aus: Gleichzeitig steigen nämlich die Arbeitsproduktivität und der in der Gesellschaft vorhandene Reichtum (vgl. dazu Butterwegge 2006, S. 106 f.). Damit werden die meistenteils dramatisierten Veränderungen der Altersstruktur – volkswirtschaftlich gesehen – mehr als kompensiert. „Reformen" dieser Art erweisen sich als Elemente der verschärften Umverteilung des gesellschaftlichen Arbeitsertrages zugunsten von Unternehmen und privaten Versicherungskonzernen.

Regionale Strommonopolisten gründeten Anfang der 90er-Jahre zusammen mit Kommunen privatrechtliche Abfallgesellschaften. Meistens haben die Kommunen eine 51-Prozent-Mehrheit, aber die privaten Teilhaber bestimmen nicht nur die Geschäftsführer, sondern auch die Geschäftsfelder, vereinbaren Gewinnabführung und bedingen sich Kontingentverträge für Mülltransporte o.Ä. aus (vgl. Rügemer 2003, S. 11 ff.). Bei (Teil-)Verkäufen von öffentlichen Verkehrsgesellschaften sowie Wasser-, Abwasser-, Gas- und Elektrizitätswerken setzen die privaten Anteilseigner regelmäßig das übliche privatwirtschaftliche Instrumentarium ein, wozu der Abbau von Arbeitsplätzen und rabiate Lohnsenkungen gehören. So wurden nach der Teilprivatisierung der Berliner Wasserbetriebe von 2000 bis 2005 insgesamt 2.000 der ursprünglich etwa 7.000 Arbeitsplätze vernichtet. Ähnlich läuft es bei den anderen Berliner Versorgungsunternehmen für Gas, Strom und Wohnungen (vgl. Deutsches Institut für Urbanistik 2005, S. 36). Der einzelbetriebliche Vor- erweist sich als volkswirtschaftlicher Nachteil.

Die Bundesregierungen fördern seit 2003 das PPP-Modell. Im Bundesbauministerium ebenso wie in den Landesregierungen wurden dafür *task forces* eingerichtet. Die genauer untersuchten Projekte zeigen, wie die erheblichen „Softkosten" des Investors (für Berater, Finanzierungsvermittlung, Projektentwicklung usw.) und ihm gewährten Freiheiten die Kosten für die Kommune – im Vergleich zu einer direkten Erledigung – verdoppeln können. Hinzu kommen erhebliche Steuerausfälle für den Staat, weil die zur Finanzierung aufgelegten Fonds für die Anleger steuerbegünstigte Verlustzuweisungen organisieren (vgl. Rügemer 2006, S. 99 ff.).

Zahlreiche Städte haben Anteile ihrer Stadtwerke an die Energiekonzerne RWE, Vattenfall, E.on und EnBW mit der Begründung verkauft, ohne einen strategischen Partner nicht überleben zu können. Die Energiekonzerne konnten nicht zuletzt deshalb seit 1998 drastische Preiserhöhungen bei Strom und Gas durchsetzen und partizipieren zusätzlich an den Gewinnen der Stadtwerke. Die seinerzeit beschworenen Katastrophen sind jedoch nicht eingetreten. Stadtwerke, die nicht verkauft haben, existieren vielmehr weiterhin und verfügen zudem vollständig über ihre Gewinne (vgl. Hennicke/Müller 2005, S. 140).

Dennoch betrieb die Große Koalition eine Novellierung des *Investmentgesetzes*, damit künftig Infrastrukturfonds tätig werden können. Die australischen Banken Babcock & Brown und Macquarie sowie die US-Investmentbank Goldman Sachs haben diese neue *Asset*-Klasse mit Beteiligungen an privat betriebenen Häfen, Autobahnen, Wasserversorgern und PPP-Projekten entwickelt. Banken nutzen den Vorteil, dass solche Fonds langfristige und „stabilere Zahlungsströme aufweisen als normale Industrieunternehmen" (Hönighaus 2007). Die Vermittler werben damit, dass „sämtliche börsennotierte Macquarie-Infrastrukturfonds seit 1996 eine durchschnittliche Rendite von 19,6% pro Jahr" (Delbrück Bethmann Maffei 2006) erzielt hätten. Nachdem englische und US-Finanzinvestoren seit 2004 öffentliche Wohnungsbestände aufkaufen, hat der Gesetzgeber die Steuerbegünstigung von Aktiengesellschaften für große Immobilienbestände geregelt. Die nach US-Vorbild konzipierten Real Estate Investment Trusts (REITs) müssen auf ihre Gewinne keine Steuern zahlen (vgl. Rügemer 2007c). Mit Privatisierungsprozessen ist nicht nur eine systemische Korruption verbunden (vgl. hierzu: Rügemer 2002, S. 11 ff.; Rügemer 2006, S. 111 ff.), sondern auch der bewusste Schritt in ein anderes Rechtsparadigma, das die Substanz des Grundgesetzes der Bundesrepublik aushöhlt. Das machen etwa die beiden Volksparteien deutlich: Sie wollen das Grundgesetz ändern, nachdem der Bundespräsident das Gesetz zur Privatisierung der Flugsicherung wegen verfassungsrechtlicher Bedenken nicht unterzeichnet hat. Ähnliches gilt für den auch von der EU geforderten Verkauf von Sparkassen (vgl. Chacon 2007).

Kampf um das Eigentum: Ergebnisse und Alternativen

Die Lehren aus verschiedenen Ländern und Gesellschaftsbereichen sind eindeutig: Privatisierung ist ein in staatlich-privater Symbiose organisierter Mechanismus der Umverteilung. Investorenrechte treten an die Stelle von Arbeits-, Umwelt- und Menschenrechten. Während den Investoren Privatisierungsverträge mit Gewinngarantie und jahrzehntelangen Laufzeiten gewährt werden, präferieren die Investoren Arbeitsverhältnisse mit immer kürzeren Laufzeiten und immer niedrigeren Entgelten. Arbeitslosigkeit und Lohndumping bis hin zu tagelöhnerähnlichen Arbeitsbedingungen stehen erhöhten Gewinnentnahmen der Kapitaleigentümer und vielfältige Begünstigungen ihres weitgefächerten Personals gegenüber. Die Geheimhaltung der Privatisierungsverträge hebelt überdies demokratische Prozeduren aus. Das Rechtsniveau von Finanzoasen wird allgemeiner Standard und der Staat zum Gewinngaranten bzw. Dauerzuschussgeber für Kapitaleigentümer, während die Konsument(inn)en zusätzliche Leistungen an direkten und vor allem indirekten Steuern, Gebühren, Zuzahlungen, Zusatzversicherungen sowie Zeit- und Transportaufwand aufbringen müssen. Mit dürftiger Haushaltskosmetik wird überdeckt, dass Privatisierung die öffentliche Verschuldung langfristig vertieft. Der gleiche Zugang aller Gesellschaftsmitglieder zu Bildung, Gesundheitsversorgung, Justiz, Kultur usw. wird aufgegeben. Staatsbürger/innen werden zu Privatkunden degradiert.

Obwohl die Skepsis, teilweise auch der Widerstand gegenüber Privatisierungsmaßnahmen innerhalb der Bevölkerung vieler Länder wächst, dringt die Gegenwehr vor allem aus zwei Gründen (noch) nicht durch: Einerseits sitzen die Enttäuschungen über den gescheiterten Reformkapitalismus wie den zusammengebrochenen Realsozialismus tief. Andererseits ist die Privatisierung ein konsen-suales Programm nicht nur der Volksparteien. Schließlich propagieren die Massenmedien, wie von einem Propagandaminister dekretiert, einheitlich die angeschlagene Heilslehre. So forciert etwa der Bertelsmann-Konzern die Privatisierung des Staates in allen Bereichen, und gleichzeitig verbreitet er mittels seines privaten Medienimperiums flächendeckend eine libertär-egoistische Untertanenmoral (vgl. Barth 2006; Rügemer 2006, S. 28; Wernicke/Bultmann 2007). Auch beide Großkirchen helfen mit, die Gesellschaft zusammenzuhalten, indem sie die inszenierte heidnische Spaßgesellschaft christlich übertünchen.

Die aktive Rolle der gegenwärtig verantwortlichen Politiker bei der Privatisierung gleicht einem Selbstmord aus Angst vor dem Tod, oft verbunden mit individueller, kurzfristiger Selbstbereicherung. Auch in Regierungskreisen wächst zwar die Einsicht, dass der Markt allein es nicht richtet. In Großbritannien und der Bundesrepublik Deutschland etwa gründete man im Bereich der Wasserversorgung, der Telekommunikation und der Energienetze staatliche Regulierungsbehörden und stattete sie auf Druck der Öffentlichkeit mit einigen Kompetenzen aus. Dies genügt aber nicht. Notwendig ist vielmehr, die öffentlichen und gemeinschaftlichen Aufgaben, die Demokratie insgesamt sowie die Menschheitszukunft aus einer universellen Perspektive radikal neu zu fassen.

Privatunternehmen beanspruchen das Eigentum an Stadtwerken, Bahnen, Straßen, Tunnels, Regierungsgebäuden, Rathäusern, Schulen, Krankenhäusern, Trinkwasserleitungen und Kanalisationen. Nur so können sie Maximalprofite erwirtschaften bzw. erzwingen. Das heißt andersherum: Der politökonomische Fixpunkt auch einer Alternative zum Neoliberalismus ist das öffentliche, gemeinsame Eigentum. Wie es nach dem Scheitern des Reformkapitalismus und des Realsozialismus bei einem gegenüber solchen Veränderungen gleich entschlossenen Feind beschaffen sein kann, ist heute die Kardinalfrage.

Die seit zwei Jahrzehnten stattfindenden Privatisierungsprozesse wurden bisher weder in der Wissenschaft noch in der Politik umfassend, d.h. mit allen Begleiterscheinungen und unter Berücksichtigung ihrer Interdependenz untersucht. Vor allem die privaten Akteure selbst verweigern eine öffentliche Bilanz. Die wissenschaftliche Beschäftigung damit ist notwendig, sollte aber auch Formen und Bedingungen einer „kooperativen Ökonomie" einbeziehen, welche die Konsequenzen aus den Fehlentwicklungen des bisherigen öffentlichen Sektors zieht (vgl. hierzu: Rügemer 2007b, S. 140 ff.). Sonst kann man das neoliberale Projekt der Privatisierung öffentlicher Unternehmen, der Daseinsvorsorge und sozialer Risiken nicht überwinden.

Quellen- und Literaturverzeichnis

Barrett, Tom/Nylund-Green, Peggy (2006): Europaweiter PPP-Erfahrungsaustausch durch das European PPP Expertise Centre bei der EIB, in: Detlef Knop (Hrsg.), Public Private Partnership Jahrbuch 2006, o.O., S. 124-127

Barth, Thomas (Hrsg.) (2006): Bertelsmann. Ein Medienimperium macht Politik, Hamburg

Butterwegge, Christoph (2006): Krise und Zukunft des Sozialstaates, 3. Aufl. Wiesbaden

Butterwegge, Christoph (2008): Rechtfertigung, Maßnahmen und Folgen einer neoliberalen (Sozial-)Politik, in: ders./Bettina Lösch/Ralf Ptak, Kritik des Neoliberalismus, 2. Aufl. Wiesbaden, S. 135-219

Chacon, Benedict Ugarte (2007): Anmerkungen zum Verkauf der Landesbank Berlin Holding AG samt Berliner Sparkasse, Berlin

Corporate Europe Observatory (2005): Covert Industry funding fuels the Expansion of Radical Rightwing Think Tanks, Amsterdam

Delbrück Bethmann Maffei AG (2006): Investition in Infrastrukturanlagen (Prospekt), Düsseldorf

Deutsches Institut für Urbanistik (2005): Privatisierung und Kommerzialisierung als Herausforderung regionaler Infrastrukturpolitik, Berlin

Doering, Martina (2007): Multis sichern sich Pfründe im Irak, in: Berliner Zeitung v. 29.1.

Drucker, Peter (1969): The Age of Discontinuity, London

Engartner, Tim (2006): Von der Bürger-Bahn zur Börsen-Bahn, in: Blätter für deutsche und internationale Politik 9, S. 1121-1129

Engartner, Tim (2008): Privatisierung und Liberalisierung – Strategien zur Selbstentmachtung des öffentlichen Sektors, in: Christoph Butterwegge/Bettina Lösch/Ralf Ptak, Kritik des Neoliberalismus, 2. Aufl. Wiesbaden, S. 87-133

Eurostat (2004): Entscheidung über Defizit und Schuldenstand. Behandlung öffentlich-privater Partnerschaften, Pressemitteilung 18, Luxemburg

Flitner, Elisabeth (2006): Pädagogische Wertschöpfung, in: Jürgen Oelkers u.a. (Hrsg.), Rationalisierung und Bildung bei Max Weber, Bad Heilbrunn, S. 245-267

Gilroy, Leonard (Hrsg.) (2006): Annual Privatisation Report 2006, Washington D.C.

Harris, Steven (2005): PPP – ein britisches Modell erobert den Weltmarkt, in: Detlef Knop (Hrsg), Public Private Partnership Jahrbuch 2005, o.O., S. 123-127

Harvey, David (2007): Kleine Geschichte des Neoliberalismus, Zürich

Hennicke, Peter/Müller, Michael (2005): Weltmacht Energie. Herausforderung für Demokratie und Wohlstand, Stuttgart

Hoedeman, Olivier (2004): Die Rolle der Berater in der Privatisierungsoffensive der EU, in: Werner Rügemer (Hrsg.), Die Berater. Ihr Wirken in Staat und Gesellschaft, Bielefeld, S. 213-227

Hönighaus, Reinhard (2007): Bund ermöglicht Infrastrukturfonds, in: Financial Times Deutschland v. 2.3.

InvestMacedonia (2007): Investieren Sie in Mazedonien!, in: Süddeutsche Zeitung v. 26.1.

Johnston, David Cay (2007): U.S. tax agency lets tax lawyers write rules, in: International Herald Tribune v. 10.3.

Karliner, Joshua/Bruno, Kenny (2000): The United Nations Sits in Suspicious Company, International Herald Tribune v. 10.8.

Klein, Naomi (2006): Bagdad im Jahre Null, in: Blätter für deutsche und internationale Politik (Hrsg.), Der Sound des Sachzwangs, Berlin, S. 78-99

Kreditanstalt für Wiederaufbau (2002): KfW-Research 4: Is Germany's Rating under Threat?, S. 5 f.

Lindner, Roland (2007): In Amerika ist die Kinderbetreuung ein gutes Geschäft, in: FAZ v. 16.3.

Lösch, Bettina (2008): Die neoliberale Hegemonie als Gefahr für die Demokratie, in: Christoph Butterwegge/Bettina Lösch/Ralf Ptak, Kritik des Neoliberalismus, 2. Aufl. Wiesbaden, S. 221-283

Loewe, Jens (2007): Das Wassersyndikat, Dornach

Muttit, Greg (2006): Crude Designs. The rip-off of Iraq's oil wealth, London

Neuber, Harald (2006): Ein fesselndes Geschäft. Die US-Gefängnisindustrie entdeckt den Irak als Investitionsgebiet, in: Telepolis v. 1.5.

Neue Zürcher Zeitung (2007): Großbritannien hat aus den Fehlern früherer Privatisierungen gelernt (17.1.)

Poole, Robert (1980): Cutting Back City Hall, New York

Reimon, Michael/Felber, Christian (2003): Schwarzbuch Privatisierung. Was opfern wir dem freien Markt?, Wien

Rügemer, Werner (2002): Privatisierung, Globalisierung und Korruption im Schatten des Kölner Klüngels, Münster

Rügemer, Werner (2004): Der Mythos der ökonomischen Effizienz, in: ders. (Hrsg.), Die Berater. Ihr Wirken in Staat und Gesellschaft, Bielefeld, S. 68-110

Rügemer, Werner (2005): Cross Border Leasing. Ein Lehrstück zur globalen Enteignung der Städte, Münster

Rügemer, Werner (2006): Privatisierung in Deutschland. Eine Bilanz, Münster

Rügemer, Werner (2007a): Das nachhaltige Wirken der deutsch-christlichen Heuschrecke Odewald & Compagnie, in: Freitag v. 7.2.

Rügemer, Werner (2007b): Privatisierung als neoliberale Staatsumgründung und die Alternative einer kooperativen Ökonomie, in: Horst Müller (Hrsg.), Die Übergangsgesellschaft des 21. Jahrhunderts. Kritik, Analytik, Alternativen, Nürnberg, S. 140-154

Rügemer, Werner (2007c): Real Estate Investment Trusts. Stellungnahme für den Finanzausschuss des Deutschen Bundestages zum Gesetzentwurf der Bundesregierung, Berlin

Scholl-Latour, Peter (2006): Russland im Zangengriff, Berlin

Segal, Geoffrey (Hrsg.) (2005): Annual Privatisation Report 2005, Washington

Shiva, Vandana/Brand, Ruth (2006): Der Kampf gegen Niempatente, in: Ernst Ulrich von Weizsäcker/Oran R. Young/Matthias Finger (Hrsg.), Grenzen der Privatisierung. Wann ist des Guten zu viel? – Bericht an den Club of Rome, Stuttgart, S. 59-63

UNISON (Hrsg.) (2003): What is wrong with Private Finance Initiative in schools?, London

Veerkamp, Ton (2005): Der Gott der Liberalen. Eine Kritik des Liberalismus, Berlin

Wagner, Steffen/Shonibare, Wale (2005): Die EU-Osterweiterung – eine Chance für PPP?, in: Detlef Knop (Hrsg.), Public Private Partnership Jahrbuch 2005, o.O., S. 140-142

Wehner, Ewald (Hrsg.) (2005): Von der Bundespost zu den global players Post AG und Telekom AG, ISW-Report 64, München

Wernicke, Jens/Bultmann, Torsten (Hrsg.): Netzwerk der Macht – Bertelsmann. Der medial-politische Komplex aus Gütersloh, Marburg 2007

Yergin, Daniel/Stanislaw, Joseph (1999): Markt oder Staat. Die Schlüsselfrage unseres Jahrhunderts, Frankfurt am Main/New York

Tim Engartner

Bahnwesen im Niedergang
Die (kapital)marktorientierte Neuvermessung des Schienenverkehrs in Deutschland und Großbritannien

Die Schattenseiten der Bahnprivatisierungen, die während der frühen 1990er-Jahre in Großbritannien und der Bundesrepublik eingeleitet wurden, sind trotz einiger Lichtblicke zahlreich, sodass sich mittlerweile hier wie dort eine deutliche Mehrheit der Bevölkerung gegen diese auf neoliberalen Grundannahmen fußenden Großprojekte ausspricht. Wenngleich kontrovers diskutiert wird, ob sich die Fehlentwicklungen des britischen Bahnwesens prospektiv wenden lassen, d.h. inwieweit sie einen Ausblick auf die Zukunft der Deutschen Bahn (DB) AG gewähren, so ist doch unstrittig, dass es zahlreiche Parallelen in der Umsetzung der beinahe zeitgleich eingeleiteten „Reformmaßnahmen" gibt.

Galt der Bahnsektor lange als eine der letzten Bastionen staatswirtschaftlicher Interventionen und bildete der Begriff „Verkehrsplanung" währenddessen das unverbrüchliche Leitprinzip des Handelns, fand die neoliberale Kernthese vom „Staatsversagen" gegen Ende der 1980er-Jahre auch auf diesem Politikfeld immer stärker Gehör (vgl. hierzu: Engartner 2008). Die planerische Herangehensweise wurde als Beleg für einen überzogenen Dirigismus verstanden und die „belebende" Wirkung des Wettbewerbs inklusive seiner Regulations- und Koordinationsfunktionen zum Maßstab der Schienenverkehrspolitik erhoben (vgl. Baum 1992, S. 45 ff.). Daraus erwuchs im Einklang mit der seit Mitte der 80er-Jahre zu beobachtenden antietatistischen Grundströmung neoliberaler Prägung das Postulat, die Bahn solle nicht länger als „Sprengsatz des Bundeshaushalts" über Steuermittel finanziert werden, vielmehr „verdienen statt dienen" (Kuntz 1997).

Seinen konkreten Ausdruck fand dieser „Sinneswandel" darin, dass die Neuformulierung des Art. 87 GG und die mehr als 130 für die Umsetzung der Bahnreform erforderlichen Gesetzesänderungen am 2. Dezember 1993 eine breite parlamentarische Mehrheit fanden: Mit 558 Ja-Stimmen, 13 Gegenstimmen und nur vier Enthaltungen gab der Bundestag den Weg für die „Jahrhundertentscheidung der Verkehrspolitik" frei, die parteienübergreifend als „in der deutschen Wirtschaftsgeschichte einmaliger Akt" gefeiert wurde (Benz 1997, S. 164; Weigelt/

Langner 1998, S. 4). Sieht man von der lediglich in Gruppenstärke vertretenen PDS/Linke Liste ab, zogen sich alle Fraktionen auf die von den FDP-Abgeordneten vorgetragene Position zurück: „Es ist eine staatliche Aufgabe, für eine leistungsfähige Verkehrsinfrastruktur zu sorgen. Aber es ist keine originär staatliche Aufgabe, den Transport von Menschen oder Gütern selbst in die Hand zu nehmen. Der Staat ist nun einmal ein miserabler Fahrkartenverkäufer." (Kohn 1994, S. 44)

Mit der Zeit stimmten die etablierten Parteien in das von Heinz Dürr, Johannes Ludewig und Hartmut Mehdorn dirigierte Crescendo des Bahnvorstandes ein, den ehemals größten Arbeitgeber der Bundesrepublik von „den Fesseln des öffentlichen Dienst- und Haushaltsrechts" (Dürr 1998, S. 101) zu befreien und das Unternehmen mittelfristig dorthin zu führen, wo die Marktmechanismen am wirkungs- und oftmals verhängnisvollsten greifen: auf das Börsenparkett. Selbst die rot-grüne Bundesregierung, die im September 1998 angetreten war, das Land „ökologisch und sozial zu erneuern", folgte während ihrer siebenjährigen Amtszeit im Bereich der Bahnpolitik (ebenso wie in anderen Bereichen staatlicher Wirtschaftstätigkeit) konsequent dem neoliberalen Credo des „schlanken Staates". Die Grundlage nahezu sämtlicher Diskussionen über die Ausgestaltung der Privatisierung bildete die Überzeugung, dass sich die DB AG an der von betriebswirtschaftlichem Kalkül dominierten Erwartungshaltung des Kapitalmarktes orientieren müsse, um verkehrlich und wirtschaftlich erfolgreich operieren zu können.

Aber trotz der größeren Flexibilität im Personal-, Angebots- und Vermarktungsbereich, die ein privatwirtschaftliches Unternehmen gegenüber einem behördlich geführten staatlichen Sondervermögen genießt („AG-Effekt"), verläuft die wirtschaftliche und finanzielle Sanierung der DB AG schleppend. Statt nach betriebswirtschaftlicher Rechnungslegung erfolgreich konsolidiert zu werden, häufte das Unternehmen – obwohl 1994 von sämtlichen Verbindlichkeiten befreit – binnen zehn Jahren laut konzerneigenem Wirtschaftsbeirat „Nettoschulden" in Höhe von 38,6 Mrd. EUR und damit mehr als Bundes- und Reichsbahn in der Zeit ihres Bestehens zusammen an (vgl. Bodack 2004, S. 525). In der 318 Seiten umfassenden Mittelfristplanung des Konzerns („Mifri 2006-2010"), welche der Aufsichtsrat unter dem Vorsitz des ehemaligen Bundeswirtschaftsministers Werner Müller am 7. Dezember 2005 „streng vertraulich" verabschiedete, heißt es dazu: „Gemessen an unternehmerischen Maßstäben hat die Verschuldung eine überkritische Grenze erreicht." (Glabus/Wiskow 2006, S. 42) Insofern sind Zweifel an der Allgemeingültigkeit der These zulässig, wonach die Sicherung staatlicher Zielsetzungen gewinnbringend und damit über den Markt möglich ist (vgl. Benz/König 1997, S. 640).

Frühzeitig ergriff der DB-Vorstand Maßnahmen, die eine Steigerung der Eigenkapitalrendite bewirken sollten: Rationalisierungen der Dienstleistungsprozesse, Einsparungen im Personalbereich, Erhöhungen der Auslastungsquoten durch eine Ausdünnung der Fahrtakte und mit Tarifanhebungen verknüpfte Qualitätssteigerungen (vgl. Albach 2002, S. 69). Sichtbar wurde diese einseitig an betriebswirtschaftlichen Vorgaben ausgerichtete Unternehmensstrategie im Sommer 2004, als Hartmut Mehdorn in einem bahninternen Schreiben anordnete, sämtliche Budgets für Investitionen und Sachkosten bis zum Jahresende einzufrieren und lediglich solche Funktionsstellen auszunehmen, „die unbedingt zur Aufrechterhaltung des laufenden Betriebs" (zit. nach: Wolf 2004a) erforderlich seien.

Umfassender Personalabbau und Neuregelung der Dienstverhältnisse

Binnen 16 Jahren baute die DB mehr als die Hälfte ihrer Stellen ab: Die Zahl der Beschäftigten sank von 482.300 am 1. Januar 1990 auf 237.300 zum Jahresende 2006 (vgl. Pedersini/Trentini 2000, S. iii; DB AG 2007, S. i). Dabei wurde besonders vom Instrument der Frühpensionierung Gebrauch gemacht, sodass ein Großteil des Kostendrucks im Personalbereich zulasten der sozialen Sicherungssysteme externalisiert wurde. Der Beamtenstatus wurde für Neueinstellungen aufgehoben; unter Verweis auf die Notwendigkeit einer an Marktgesichtspunkten ausgerichteten Personalführung blieb nicht nur für Kuriositäten wie das Ballettensemble der Deutschen Reichsbahn (DR) kein Raum mehr.

In der äußerst verhalten geführten öffentlichen Debatte darüber rückten weniger die Verletzungen von beamtenrechtlichen Laufbahn- und Versorgungsprinzipien als die negativen beschäftigungspolitischen Folgen der Kapitalmarktorientierung in den Blickpunkt, die sich in dem Konkurs der Walter Bau AG als größter Auftragnehmerin des Schienenkonzerns auch im bahnnahen Umfeld konkretisierten. Der Beschäftigungsabbau bei der DB läutete nicht nur eine Abkehr vom Kundenservice ein, sondern stellte zugleich einen fahrlässigen Verzicht auf die Wahrung von Sicherheitsstandards dar. Waren 1993 bei rund 100.000 Beschäftigten im Unternehmensbereich Netz noch 2,4 Mitarbeiter/innen pro Streckenkilometer eingesetzt, so wurde der Personalbestand bis zum Jahresende 2006 halbiert (vgl. Aberle 1996, S. 36; DB AG 2007, S. 158). Auch deshalb unterließ die DB allein zwischen 2001 und 2005 Reparaturen im Umfang von 1,5 Mrd. EUR am Schienennetz, dem Herzstück jedes Bahnbetriebs (vgl. Rietig 2007). Nach einem Bericht des Bundesrechnungshofs, der am 20. Februar 2007 an die Öffentlichkeit gelangte, waren zahlreiche Verspätungen nach dem Orkan „Kyrill" auf durch unzureichende Vegetationsrückschnitte verursachte Defekte bei Signal- und Sicherungsanlagen zurückzuführen (vgl. o.V. 2007). Die Stellungnahme der obersten Finanzkontrolleure warf darüber hinaus ein schlechtes Licht auf den vom Bundesverkehrsministerium vorgelegten und vom Bundeskabinett größtenteils gebilligten Entwurf des *Bundeseisenbahnstrukturgesetzes* (BESG). Jenes am 13. März 2007 veröffentlichte Papier enthielt zentrale Rahmenvorgaben für die materielle Privatisierung der DB AG und sah vor, dem Konzern einen noch weiter reichenden Einfluss auf das Schienennetz nebst den dazugehörigen Infrastrukturanlagen zuzugestehen, als dies der Vorstand nach dem Kompromiss von Regierung und Parlament im November 2006 erwarten durfte.

Unabhängig davon, welche der diskutierten Privatisierungsvarianten letztlich die Zustimmung der Großen Koalition findet, wird der Bahnverkehr durch eine noch rigidere Shareholder-value-Orientierung weiter an Bedeutung verlieren. Dies gilt sowohl für das Ende Oktober 2007 auf dem Bundesparteitag der SPD verabschiedete „Volksaktien-Modell" als auch für das zuletzt von Bundesfinanzminister Peer Steinbrück ins Gespräch gebrachte Holding-Modell, das im parlamentarischen Raum mehrheitsfähig zu sein scheint. Denn gleich ob „nur" die Transportsparten an interessierte Großinvestoren wie Gazprom verkauft oder stimmrechtslose Vorzugsaktien an Kleinaktionäre ausgegeben werden – der Renditedruck wird erhöht. Im Übrigen wandeln sich Vorzugsaktien nach zwei Jahren ohne Dividendenzahlungen laut Aktiengesetz zwingend in „reguläre" Stammaktien mit Stimmrecht.

Aufgabe von Trassen, Bahnhöfen und Liegenschaften

Unverändert bemüht sich die DB in stillschweigendem Einvernehmen mit dem Bund als alleinigem Noch-Eigentümer, die Eigenkapitalrendite über einen Abbau ihres Anlagevermögens zu steigern. Dies wird nicht nur an unzähligen Gleiskörpern sichtbar, die nach ihrer Freistellung von Bahnbetriebszwecken durch das Eisenbahnbundesamt (EBA) brachliegen. Auch der von Hartmut Mehdorn forcierte Verkauf von Bahnhofsgebäuden lässt erkennen, wie nachhaltig die „Verbetriebswirtschaftlichung" im „Unternehmen Zukunft" (Eigenwerbung) Platz gegriffen hat. Wurden zwischen 1994 und 2006 bereits 1.200 Bahnhofsgebäude veräußert und mehrere hundert geschlossen, sollen nach einem Mitte Februar 2007 bekannt gewordenen Geschäftsplan mittel- bis langfristig drei Viertel der noch verbliebenen 2.400 Stationen mit Empfangsgebäude geschlossen und/oder verkauft werden (vgl. Wenzel 2007). Allein von den 308 bayerischen Bahnhofsgebäuden will die DB 210 verkaufen; in den Bundesländern Sachsen, Sachsen-Anhalt und Thüringen sollen nur 39 Stationen inklusive Bahnhofshallen im Eigentum des Konzerns verbleiben (vgl. Wolf 2007). An den übrigen Haltepunkten müssen Bahnsteige, Fahrkartenautomaten und Wartehäuschen ausreichen. Dabei erweist sich diese Strategie angesichts des Beratungsbedarfs ebenso als kontraproduktiv wie der massive Personalabbau beim Kundenservice. Schließlich kann der Vertrieb von Fahrscheinen über Lidl, McDonald's und Tchibo den Schalterverkauf nur bedingt ersetzen.

Die flächendeckend sichtbar werdende Aufgabe von Bahnhofsgebäuden ist als Beleg für die „kapitalmarktbedingte" Kurzsichtigkeit des DB-Managements zu werten, stehen den schnellen Verkaufserlösen doch bei einer Aufrechterhaltung des Bahnverkehrs langfristige Mietzahlungen gegenüber. Während die Aufenthaltsqualität in kleinen und mittelgroßen Stationen vernachlässigt wird, erfahren die Hauptbahnhöfe in Berlin, Hamburg, Köln und Leipzig kostspielige Um- bzw. Neugestaltungen zu „Geschäftswelten mit Gleisanschluss" (DB AG 2004a). Gleichzeitig bemüht sich die DB, Obdachlose mit Hilfe privater Sicherheitsdienste aus den Bahnhöfen als vormals öffentlichen Räumen zu verdrängen, sodass sie von den Fahrgästen nicht mehr wahrgenommen werden (müssen). Dabei wird mit den „sozialen Säuberungen" ein schmerzhafter Teil sozialer Realität ausgeblendet und ferner ein anschauliches Beispiel dafür geliefert, „wie der Markt zur Vernichtung sozialer Maßstäbe wie Gleichwertigkeit beiträgt" (Heitmeyer 2002, S. 218).

Der Abbau eines dem Gemeinwesen dienenden Schienenverkehrs manifestiert sich jedoch nicht nur in der Veräußerung von Liegenschaften, sondern auch im Gleisabbau, mit dem der Konzern unmittelbar nach der formellen Privatisierung im Rahmen des Konzepts RZ 2000 plus – wobei „RZ" für „Rationalisierter Zustand" steht – den Rückzug aus der Fläche antrat. Bundesweit wurden seither 455 Strecken stillgelegt und das Schienennetz von 42.790 Kilometern (1994) auf 34.120 Kilometer (2006) gekürzt, sodass es nun die Länge der westdeutschen Trassen aus dem Jahre 1952 aufweist (vgl. Bundesamt für Statistik 1997, S. 310; DB AG 2007, S. i). Einschlägige Gutachten der Investmentbank Morgan Stanley sowie der Unternehmensberatung Booz Allen & Hamilton prognostizieren, dass das Schienennetz im Zuge der nunmehr für 2009 anvisierten materiellen Privatisierung um weitere 5.000 Kilometer reduziert wird – und damit auf die Länge des Jahres 1875 (vgl. Attac 2006, S. 4). Dünn besiedelte und von Wirtschaftszentren weit entfernt liegende Landstriche gelten der privatrechtlich organisierten Bahn zunehmend als unattraktiv, da die hohen Fixkosten (Wartung und Instandhaltung der Infrastruktur sowie des rollenden Materials) durch die laufenden Einnahmen mangels Auslastung nicht gedeckt werden können. Zwar wurde den von Streckenstilllegungen betroffenen Bundesländern, Zweckverbänden und Regionalbahnunternehmen mit Art. 5 ENeuOG, § 10 a das Recht eingeräumt, Strecken von der DB zu übernehmen bzw. Verträge über die Aufrechterhaltung von Strecken abzuschließen, doch fehlen den überwiegend strukturschwachen Regionen regelmäßig die finanziellen Mittel, um entsprechende Zugangebote vorzuhalten. Durch die Kappung von Strecken in peripheren Bedienungsgebieten werden regionale und soziale Disparitäten missachtet, was im Widerspruch zu der in Art. 72 Abs. 2 GG garantierten Gleichwertigkeit der Lebensverhältnisse steht.

Orientierung auf den Hochgeschwindigkeitsverkehr und Stilllegung ländlicher Streckenabschnitte

Während die DB AG Schienenstränge und Bahnhöfe in ländlichen Regionen sukzessive aufgibt, baut sie den Hochgeschwindigkeitsverkehr aus. 2010 soll der Anteil der ICE-Züge an der Gesamtflotte nach Unternehmensangaben bei 66,4 Prozent liegen, wobei die Ausweitung der Ersten Klasse ebenso beschlossen ist wie der Neu- und Ausbau weiterer Hochgeschwindigkeitsstrecken (vgl. Glabus/Wiskow 2006, S. 44). An kostspieligen Prestigeprojekten wie der ICE-Neubaustrecke Nürnberg – Halle – Erfurt, die 2015 im Rahmen des Verkehrsprojekts „Deutsche Einheit" fertiggestellt sein soll, wird somit festgehalten. Auch die Initiative zugunsten der Magnetschwebebahn-Verbindung zwischen dem Münchner Hauptbahnhof und dem 40 Kilometer entfernt liegenden Franz-Josef-Strauß-Flughafen unterstreicht die salopp formulierte Einschätzung des Sprechers der Initiative „Bürgerbahn statt Börsenbahn", Winfried Wolf (2002, S. 37): „Die neuen Götter des Bahnmanagements sind die Geschäftsreisenden, die Laptopper, die Handymen, die First-Lounge-User und die City-Hopper."

Dabei war die Orientierung auf das Hochpreissegment in der Vergangenheit nicht von Erfolg gekrönt, wie das Beispiel des ehemals zwischen Hamburg und Köln verkehrenden Schnellzugs „Metropolitan" zeigt. Der mit dem Slogan „Willkommen auf der Erfolgsschiene" beworbene Zug, dessen Innenausstattung mit cremefarbenen Ledersitzen, Handläufen aus gebürstetem Edelstahl und einer Cocktailbar überwiegend auf solvente Geschäftsreisende abzielte, konnte mangels Nachfrage nicht wirtschaftlich betrieben werden. Seine Einstellung mit dem

Fahrplanwechsel zum 12. Dezember 2004 war die Konsequenz. Langfristig ist auch nach den von der DB in Auftrag gegebenen Studien maximal ein stagnierendes, wahrscheinlich sogar eher ein rückläufiges Fahrgastaufkommen im Fernverkehr zu erwarten (vgl. Glabus/Wiskow 2006, S. 42). Insofern sprechen neben sozialstaatlichen auch betriebswirtschaftliche Erwägungen dafür, eine „Flächenbahn" zu installieren, „die das schnelle Reisen für alle (demokratisiert), statt es für eine kleine Elite zu monopolisieren" (Monheim 2004a, S. 5). Die dezentrale, polyzentrische Siedlungsstruktur der Bundesrepublik verlangt nach einem flächendeckenden Bahnangebot „mit einem ‚Maschennetz' aus vielen Strecken und Knoten, um möglichst viele ‚Fische am Verkehrsmarkt zu fangen'." (Monheim 2004b, S. 149) Indem sich das Schienenverkehrsangebot auf dicht besiedelte Gebiete mit einer hohen Verkehrsintensität konzentriert, wird den Verkehrsbedürfnissen der Allgemeinheit nicht mehr Rechnung getragen, obwohl dies in Art. 87e Abs. 4 GG verfassungsrechtlich verbrieft ist.

Wandel zum internationalen Mobilitäts- und Logistikkonzern

Da die staatlichen Vorgaben zusehends ausgehöhlt werden und der Bund von den bestehenden Verfügungsrechten nur unzureichend Gebrauch macht, hat der DB-Vorstand sein Ziel, die einstige Bundesbehörde zum globalen „Verkehrs- und Dienstleistungskonzern Nr. 1" (Dürr 1997, S. 4) umzubauen, beinahe erreicht. Das Unternehmen verfügt über mehr als 1.500 Standorte in 152 Staaten. Wie das unlängst um den Schriftzug „Mobility Networks Logistics" erweiterte DB-Label dokumentiert, wird die Zukunft nicht im Schienenverkehr zwischen Flensburg und Passau gesehen, sondern auf dem weltweit boomenden Logistikmarkt. Neben dem Speditionsunternehmen Schenker, das bereits zum Zeitpunkt der Zusammenführung mit den Güterverkehrsaktivitäten der Bahn Marktführer im europäischen Landverkehr war, führt der Konzern mittlerweile mehr als 210 Markennamen unter seinem Dach. Dazu zählen der nordamerikanische Luftfrachtspezialist Bax Global, die größte britische Güterbahn EWS (English Welsh & Scottish Railway), die DB-Carsharing sowie der größte europäische Fahrradverleih namens „Call a Bike".

Zunehmend verliert der (heimische) Bahnverkehr als ursprüngliches Kerngeschäftsfeld an Bedeutung. Im Geschäftsjahr 2006 wurden mehr als 60 Prozent des Umsatzes mit bahnfremden Leistungen erwirtschaftet – ein Sachverhalt, der Verkehrsexpert(inn)en äußerst skeptisch stimmt. Schließlich könnte die DB AG in naher Zukunft endgültig ihr Interesse verlieren, den Anteil des Schienengütertransports im Rahmen des *Modal Split* zu steigern, und stattdessen eine verkehrsträgerneutrale Steigerung der Transportmarktanteile anstreben (vgl. ausführlicher: Engartner 2007). Zwar lässt es sich angesichts eines prognostizierten jährlichen Anstiegs des Güterverkehrsaufkommens um 2,8 Prozent bis 2015 als inter- und intramodalen Wettbewerbsvorteil deuten, dass die DB AG ihren Kund(inn)en nach den milliardenschweren Zukäufen nun eine verkehrsträgerübergreifende Transportkette anbieten kann (vgl. DB AG 2004b). Gleichwohl stellen sich die Geschäftserfolge bislang nicht zugunsten des traditionellen Kerngeschäfts ein, wie Horst Friedrich (2006), verkehrspolitischer Sprecher der FDP-Bundestagsfraktion, konstatiert: „Im Kerngeschäft Schienenverkehr liegt die Bahn auf dem Ergebnisniveau von vor zehn Jahren. Geld verdient sie nur im zugekauften Logistikbereich und im hoch bezuschussten Nahverkehr." Zustimmung findet diese Kritik, weil sich die DB AG in der Tat „mit der Bonität der Bundesrepublik Deutschland im Rücken (...) einen weltweit operierenden Logistikdienstleister zusammengekauft" (Schwenn 2005) hat und die Marktanteile der Bahn im Personenverkehr knapp anderthalb Jahrzehnte nach der Reform beinahe unverändert bei 6,9 Prozent liegen. Auch im Gütertransport musste die Bahn trotz gestiegener Mineralölpreise und der zum 1. Januar 2005 eingeführten Schwerverkehrsabgabe („LKW-Maut") Einbußen hinnehmen: Nur 16,4 Prozent der Güterverkehrsleistungen werden gegenwärtig noch über die Schiene abgewickelt; kaum noch vorstellbar ist heute, dass es 1950 einmal zwei Drittel waren (vgl. Bundesministerium für Verkehr, Bau und Stadtentwicklung 2006, S. 233).

„Zerlegt und entgleist" – der Ausverkauf des britischen Bahnwesens

Welche sozial-, verkehrs-, umwelt- und finanzpolitischen Risiken mit der Kapitalmarktorientierung der DB AG einhergehen, illustriert auf weltweit einzigartige Weise die zeitgleich in Gang gesetzte, jedoch ungleich rigoroser umgesetzte Privatisierung des Bahnwesens in Großbritannien. Hatte die dortige Regierung unter der Ägide Margaret Thatchers lediglich solche Teilbereiche veräußert, die nicht zum Kerngeschäft des Schienenverkehrsunternehmens zählten (wie z.B. Hotels und Fährbetriebe), setzte ihr Amtsnachfolger John Major mit der Aufspaltung und Veräußerung von British Rail einen weiteren Meilenstein in der Geschichte neoliberaler Entstaatlichungspolitik – im Einklang mit der später auch von „New Labour" ausgegebenen Losung, wonach „the business of Government is (not) the government of business." (Lawson 1981, S. 3) Zum 1. April 1994 wurde der Staatskonzern mit der Vergabe von 25 Betriebslizenzen nicht nur horizontal, sondern durch die Trennung von Infrastruktur- und Verkehrsbetrieb auch vertikal desintegriert, vulgo: zerschlagen. Die Aufspaltung in 106 Unternehmen, die im weiteren Verlauf mehr als 2.000 (!) Subunternehmen entstehen ließ, führte nicht nur zu den regelmäßig in Erinnerung gerufenen Bahnunglücken von Southall, Paddington und Hatfield. Gleichzeitig wurden zahlreiche – auch hierzulande in der bahnpolitischen Debatte proklamierte – Ziele verfehlt: „Der Wettbewerb wurde nicht stimuliert, der Subventionsbedarf stieg, Privatinvestoren konnten ohne staatliche Mittelzusagen nicht gewonnen werden, (...) und die Fahrgäste profitierten keineswegs von dem in Aussicht gestellten Unternehmergeist." (Wolmar 2001, S. 243)

Verfehltes Vertrauen in den Wettbewerb

Wie im *Railways Act* des Jahres 1993 als zentralem Dokument für die Bahnprivatisierung nachzulesen, bestand eine der wesentlichen Reformvorgaben darin, „auf möglichst allen Wertschöpfungsebenen (...) durch Wettbewerb Produktivitätssteigerungen zu realisieren." (Böttger 2002, S. 273) Aber statt des erhofften Wettbewerbs zwischen den Schienenverkehrsanbietern wurden mit dem Vergabeverfahren zwischen Dezember 1995 und Februar 1997 zahlreiche intra- und intermodale Gebietsmonopole geschaffen. Letztlich bewarben sich die Betreibergesellschaften ausschließlich um „Konzessionen zum *alleinigen* Betreiben einer *bestimmten* Strecke oder eines *bestimmten* Netzes für einen längeren Zeitraum." (Wolf 2006, S. 54; Hervorh. im Original). So erwächst einem Betreiber nach wie vor nur dann Konkurrenz, wenn sich *Franchises* geografisch überschneiden, wie dies z.B. bei der Verbindung London City – Flughafen Gatwick der Fall ist, auf der die Gesellschaften Thameslink, Gatwick Express und Connex South Central gleichermaßen Züge betreiben. Eine derartige intramodale Wettbewerbsstruktur stellt indes eine Ausnahme dar: „Wählt man irgendeine Stadt in Großbritannien, um von dort eine Bahnfahrt anzutreten, so wird man feststellen, dass es generell nur eine Verbindung gibt – es sei denn, Zeit und Geld spielen keine Rolle." (Murray 2001, S. 23) Vor diesem Hintergrund ist die Strategic Rail Authority mittlerweile dazu übergegangen, nach Möglichkeit jeweils nur eine Betreibergesellschaft für den Zugverkehr eines Bahnhofs zuzulassen. Zusteigende Fahrgäste finden ohnehin eine faktisch monopolartige Struktur vor, weil ihnen die alternativen Streckenverläufe der Betreibergesellschaften in der Regel keine Wahlmöglichkeiten lassen. Aufgrund der hohen Einmalinvestitionen und der dadurch bedingten Marktzutrittsbarrieren

hat sich in den vergangenen Jahren ein bedenklicher Konzentrationsprozess vollzogen: So zeichnet das Unternehmensquartett aus National Express, Connex, Vir-
gin/Stagecoach und der First Group mittlerweile für rund zwei Drittel der Reisen-
denkilometer verantwortlich und erwirtschaftet mehr als 70 Prozent der Gesamt-
einnahmen im Schienenpersonenverkehr (vgl. Murray 2001, S. 30).

Durch die Vergabe zahlreicher Lizenzen für den Bahnbetrieb an Busgesell-
schaften haben diese in einigen Regionen monopolartige Transportstrukturen geschaffen und können dort die Preise diktieren. So gehört der europaweit agierenden National Express Group mit 1.200 Busdestinationen innerhalb Großbritanniens auch jede dritte Betreibergesellschaft, die im inländischen Schienenverkehr
tätig ist. Ähnliche Besitzstrukturen haben sich bei der Arriva-Gruppe herausgebildet. Ursprünglich nur für den Busverkehr in Glasgow und Leicester sowie ein
Fünftel der in London betriebenen *Red Double Deckers* verantwortlich, wurden
dem Verkehrsunternehmen 1996/97 zwei Lizenzen für den Schienenverkehr gewährt, die heute unter Arriva Trains Merseyside und Arriva Trains Northern fir-
mieren. Die Brisanz dieser horizontalen Expansion liegt darin, dass das Unternehmen in Manchester, Newcastle, Liverpool und Leeds nicht nur unverändert
den Busverkehr verantwortet, sondern nun auch in Yorkshire sowie im Nordosten Englands Züge betreibt und den dortigen, ehemals öffentlichen Verkehrsmarkt konkurrenzlos beherrscht. Die geschilderten Umstände lassen erkennen,
dass die von „Marktgläubigen" beharrlich geschürte Erwartung an das „belebende Element" des intramodalen Wettbewerbs zumindest im Hinblick auf den
Schienenverkehr eine Chimäre darstellt. De facto besteht der Wettbewerb zwischen Brighton und Inverness nicht zwischen verschiedenen Bahngesellschaften
(wie er auch hierzulande immer wieder in Aussicht gestellt wird), sondern – in
höchst kompetitiver Form – weiterhin nahezu ausschließlich zwischen Straßen-,
Flug- und Schienenverkehr, wobei die Konkurrenzsituation im Gütertransport
um die Binnenschifffahrt ergänzt wird.

Fatale Fragmentierung

Das Bahnunglück von Hatfield, bei dem am 17. Oktober 2000 auf der Ostküsten-
strecke von London nach Leeds vier Menschen getötet und 70 weitere teils
schwer verletzt wurden, stellte nicht nur eine Zäsur in der britischen Bahnge-
schichte dar, sondern bildet bis zum heutigen Tag einen zentralen Kristallisa-
tionspunkt in der Debatte um die Risiken, die mit einer (vertikalen) Desintegration des Bahnsektors einhergehen. Denn während es sich bei den vorangegange-

nen Unfällen in Southall und Paddington noch als unmöglich erwiesen hatte, die Unzulänglichkeiten unter eindeutiger Benennung der Verantwortlichen aufzuarbeiten, lag die Unfallursache diesmal nach einhelliger Auffassung der an der Untersuchung beteiligten Expert(inn)en in einem einzigen Umstand begründet: der gleich in mehrfacher Hinsicht mangelhaften interinstitutionellen Koordination, die sich aus der Fragmentierung des Bahnsystems ergab und nach wie vor ergibt. Obschon der für den Unfall ursächliche Riss am Schienenkopf seit zwei Jahren bekannt war, blieb die erforderliche Instandsetzung wegen Kompetenzstreitigkeiten zwischen Railtrack, dem mit der Wartung beauftragten Subunternehmen Balfour Beatty und der für Erneuerungsmaßnahmen verantwortlichen Baugesellschaft Jarvis Fastline aus (vgl. Office of the Rail Regulator 2002, S. 2; Kemnitz 2004, S. 9). Wie marode das Trassennetz zu jener Zeit war, ist daran abzulesen, dass sich Railtrack gezwungen sah, 1.286 Streckenabschnitte zu Langsamfahrstellen zu erklären und zahlreiche Trassen zu schließen – mit verheerenden Auswirkungen auf den Bahnverkehr (vgl. Wolmar 2001, S. 5).

Noch Anfang Dezember 2000, also rund zwei Monate nach dem Unglück, waren trotz ständig wechselnder, jeweils an der Streckenführung und -beschaffenheit ausgerichteter Fahrpläne 55 Prozent der 18.000 täglich verkehrenden Reisezüge verspätet. Das Fahrgastaufkommen sank um ein Viertel, sodass staatliche Zuschüsse erforderlich wurden, um Insolvenzen einzelner Transportgesellschaften abzuwenden. Vorübergehend setzte die Fluggesellschaft British Airways auf der Kurzstrecke London – Manchester Maschinen des Typs Boeing 747 ein, um der aus dem Bahnverkehr abgezogenen Nachfrage Rechnung zu tragen. Die Londoner Handelskammer schätzt, dass infolge des *Hatfield Crashs* im letzten Quartal des Jahres 2000 allein in der Hauptstadt 30 Mio. Arbeitsstunden ausfielen und Produktivitätsverluste in Höhe von 600 Mio. Pfund St. als unmittelbare Folge des Bahnunglücks zu beklagen waren (vgl. Eaglesham/Mason 2001).

Mit Blick auf die Unfallursachen heißt es in einer den Lord-Cullen-Report vorbereitenden Erklärung: „Die Privatisierung hat einen unvorstellbaren Kulturwandel hervorgerufen. Zwischen den einzelnen Institutionen und Unternehmen gibt es kaum noch Verständigung, was sich in einem fehlenden Absprachemodus und einem unterentwickelten Gemeinschaftsgefühl von Lokführern, Signalwärtern, Reinigungskräften etc. niederschlägt. Negativ geprägt wird das Arbeitsklima außerdem von der Diskussion über die Ursachen und Zuständigkeiten für verspätete oder ausgefallene Züge. Ein gravierender Vertrauensverlust in die Kompetenzen anderer resultiert daraus ebenso wie eine mangelnde Verständigung über Möglichkeiten, die existierenden Probleme zu beheben." (Health and Safety Executive 2000, S. 6) Ein wesentlicher Grund für das Scheitern der britischen Bahnprivatisierung ist somit in dem byzantinischen Geflecht von (Sub-)Unternehmen zu sehen, die nicht davor zurückscheuten, ihre eigenen Geschäftsabsichten gegeneinander und damit unter Inkaufnahme fahrgastgefährdender Dissonanzen zu verfolgen.

Aus der Diversifikation von Zuständigkeiten erwuchs eine allgemeine Verantwortungslosigkeit. „Die Idee, wonach mehr Wettbewerb dem Kunden dienen soll, (war) pervertiert worden." (Schönhauer 2002) Da es infolge der Fragmentierung einen zusätzlichen Bedarf an bürokratischen Abläufen gab – und nicht ein Weniger an Bürokratie, wie im Vorfeld der Privatisierung in Aussicht gestellt –, mangelte es schon zu Beginn der Reform an effektiver Kontrolle. Die Transaktionskosten stiegen, was Simon Jenkins (2004) zu folgender Empfehlung veranlasste, die mittlerweile von einer Mehrheit der britischen Bahnexpert(inn)en geteilt wird: „Die vertikale Integration eines Eisenbahn-Betriebs ist existenziell. Wenn jemand, der einen Zug betreibt, nicht auch über den Unterhalt seines Streckennetzes, die Signalanlagen, den Fahrplan, die Länge der Bahnsteige, die Zuggrößen und damit einen Großteil seiner fixen Kosten bestimmen kann, dann wird er seinen Betrieb allein am kurzfristigen Profit orientieren und den Schwarzen Peter im Fall des Scheiterns an jemand anderen weiterreichen."

Zahlreiche Verschlechterungen für Bahnkunden trotz gestiegener Fracht- und Fahrgastzahlen

Ungeachtet der augenscheinlichen Unzulänglichkeiten des britischen Bahnwesens verweisen Privatisierungsbefürworter/innen beharrlich auf die eindrucksvolle Entwicklung der Fracht- und Fahrgastzahlen. Tatsächlich verzeichnete der Personenverkehr zwischen 1994 und 2003 einen Zuwachs um 39 Prozent auf 39,8 Mrd. Personenkilometer; der schienengebundene Güterverkehr stieg im selben Zeitraum von 13 auf 18,3 Mrd. Tonnenkilometer an (vgl. Wolf 2004b). Gleichwohl muss diese vordergründig eindrucksvolle Entwicklung vor dem Hintergrund des im europäischen Vergleich niedrigen Ausgangsniveaus im Schienenverkehr, des von infrastruktureller Unterversorgung gekennzeichneten Großraums London und des einzigartigen wirtschaftlichen Booms Großbritanniens gesehen werden. So konnten die Hauptkonkurrenten der Bahn im Vergleichzeitraum ebenfalls signifikante bzw. sogar höhere Zuwächse verzeichnen: Der Binnenflugverkehr stieg um 51,3 Prozent, und der straßengebundene Transport nahm um 10,5 Prozent zu (eigene Berechnung nach: EU 2005, Tabelle 2.3.4; vgl. Schöller 2003, S. 28).

Der Bahnverkehr ließ zwischenzeitlich derart viele Unzulänglichkeiten zutage treten, dass nach einer im Jahre 2001 von der Tageszeitung *The Guardian*
durchgeführten Umfrage 81 Prozent der Befragten eine Wiederverstaatlichung
des „schlechtesten Bahnsystems in ganz Europa" befürworteten (zit. nach: Zöttl
2001, S. 31). Welches aber waren die Auslöser für die Unzufriedenheit der Fahrgäste mit einem Bahnwesen, dessen Reorganisation die Labour Party bereits im
erfolgreichen Wahlkampf 1997 versprochen hatte? Unzweifelhaft sind die nach
Angaben von Transport 2000 weltweit höchsten Fahrpreise zu nennen, die – weil
die Preisregulierung nur wenige Tarife erfasste – seit 1994 kontinuierlich stiegen
und maßgeblich dazu beitrugen, dass die Betreibergesellschaften ihre Erträge im
Personenverkehr bis 2001 auf 4,56 Mrd. Pfund St. gegenüber dem Staatsunternehmen British Rail im letzten Jahr seines Bestehens verdoppeln konnten (vgl.
Shaw 2001, S. 205; Shaoul 2004, S. 32). Welche Blüten das Bemühen um Kosten-
senkung trieb, zeigen Überlegungen, die das Bahnunternehmen Great Eastern
Railway im Sommer 1997 anstellte. Erst auf massiven Druck der Gewerkschaften
und der wenige Monate zuvor ins Amt gewählten Labour-Regierung nahm der
Vorstand von dem Plan Abstand, Berufspendler/innen als mit vollwertigen Kon-
trollbefugnissen ausgestatte Zugbegleiter/innen einzusetzen (vgl. Fischermann
1997).

Bereits im Zeitraum zwischen 1987 und 2000 hatten die Fahrgäste Tariferhö-
hungen um insgesamt 82 Prozent hinnehmen müssen, weil die Bahnunternehmen ihre Tarife seit der Privatisierung „allein nach kaufmännischen Gesichtspunkten und damit profitorientiert ausgestalteten", wie der Vorsitzende der Association of Train Operating Companies, George Muir, im Dezember 2000 ein-
räumte (zit. nach: Harper 2001). Obwohl den Betreibergesellschaften bei Verspä-
tungsangaben großzügige Interpretationsspielräume gewährt werden – so
braucht die Datenerhebung im Falle „besonders problematischer Umstände"
nicht zu erfolgen –, wiesen die britischen Bahnen im Jahr 2002 mit 79 Prozent die
europaweit niedrigste Pünktlichkeitsrate auf. Dagegen verkehrten im Großraum
London zu Zeiten von British Rail noch neun von zehn Pendlerzügen im Einklang mit den ausgewiesenen Fahrtzeiten (vgl. Brown/Jowit 2002). Das von den
Zugbetreibern zur Vermeidung von Konventionalstrafen exzessiv genutzte „Strecken" der Ankunfts- und Abfahrtszeiten, das sog. *Padding*, veranlasste die *Sunday
Times* 1999 zur Veröffentlichung von Strecken, auf denen die Reisezeiten 1898
kürzer waren als ein Jahrhundert später. Darunter fielen solch stark frequentierte
Verbindungen wie Nottingham – Liverpool, Portsmouth – Southampton und
Stoke on Trent – Stafford (vgl. Bagwell 2004, S. 121). Die Beschwerden über an-
nullierte Züge, defekte Waggontüren, überfüllte Zugabteile und von Flöhen be-

fallene Sitze veranlassten die Strategic Rail Authority 2003 sogar, der Betreibergesellschaft Connex den laufenden Lizenzvertrag für die Verbindungen des (auch
hierzulande tätigen) Unternehmens in den Grafschaften Kent und Sussex zu
kündigen (vgl. Daamen 2003).

Während Fahrgäste und Beschäftigte unter den (geschäfts)politischen Ver-
fehlungen litten, profitierten institutionelle und wohlhabende Privatanleger ebenso wie die verantwortlichen Manager von der materiellen Privatisierung der
Betreiber- und Fuhrparkgesellschaften. Die hohen Einmaleinnahmen, die mit der
Veräußerung der drei *Rolling Stock Companies* (ROSCOs) erzielt werden konnten,
gereichten zuvorderst den beteiligten Vorständen zum Vorteil: Sandy Anderson,
der das *Management-Buy-Out* der Porterbrook-Gruppe verantwortete, John Pri-
deaux, der den Betreiber Angel Trains für 672,5 Mio. Pfund St. an die Royal Bank
of Scotland verkaufte, und Andrew Jukes, der als leitender Manager des Zuglea-
singunternehmens Everholt fungierte, flossen jeweils zweistellige Millionenbe-
träge zu (vgl. Bagwell 2004, S. 114). Die ROSCOs erzielten zwischen 1996 und
1999 eine jährliche Eigenkapitalrendite von 24 Prozent (vgl. Shaoul 2004, S. 32).

Vom Börsen- zum Bettelgang: Privatisierung und De-facto-Renationalisierung von Railtrack

Die wechselvolle Geschichte der zunächst (formell wie materiell) privatisierten,
später dann unter staatliche Zwangsverwaltung gestellten Eisenbahninfrastruk-
turgesellschaft Railtrack lässt erkennen, welche verheerenden Folgen der er-
werbs- bzw. privatwirtschaftliche Betrieb des Schienennetzes auslösen kann. Mit
dem zum 1. Mai 1996 vollzogenen Börsengang der Infrastrukturgesellschaft erlös-
te die britische Regierung 1,95 Mrd. Pfund St., was weniger als der Hälfte des
Buchwertes von 4,5 Mrd. Pfund St. entsprach. Nachdem die Regierung schon
zwei Jahre später nur noch 1 Prozent der Aktien gehalten hatte, musste der Infra-
strukturbetreiber im Oktober 2001 Konkurs anmelden. In einem Gutachten der
Beratungsfirma Booz Allen & Hamilton (1999, S. 21) heißt es: „Das Railtrack-
Management war nicht von weitsichtigen Überlegungen hinsichtlich der Netzin-
standhaltung und -erweiterung geprägt, sondern aufgrund des am Kapitalmarkt
vorherrschenden ‚Performance-Regimes' allein von der Fokussierung auf kurzfristige Rentabilitätskriterien." Die Annahme, dass diese einseitige Ausrichtung
an den Profitinteressen der Aktionäre – im Zusammenwirken mit der seit 1965 zu
beobachtenden chronischen Unterfinanzierung der Infrastruktur – weit über
dieses Jahrzehnt hinaus fatale Auswirkungen auf den Zustand des insbesondere

im Südosten des Landes stark befahrenen Streckennetzes haben würde, belegt nicht nur das Zugunglück, das am 23. Februar 2007 in der Nähe der Stadt Lambrigg im Nordwesten Englands eine Tote und 77 Verletzte forderte (vgl. The Associated Press 2007). Schon der Unfall, der sich am 10. Mai 2002 in der Grafschaft Hertfordshire bei Potters Bar ereignete und sieben Tote sowie elf Verletzte forderte, ließ „ein Instandhaltungsdefizit unvorstellbaren Ausmaßes (erkennen), sodass das gesamte System der Infrastrukturüberwachung in Frage gestellt wurde." (Gourvish 2002, S. 440)

Allmählich erkannten die politischen Entscheidungsträger/innen, dass sich langfristige Infrastrukturinvestitionen mit den kurzfristigen Rentabilitätsinteressen börsennotierter Unternehmen schwerlich vereinbaren lassen. Zum 1. Oktober 2002 wurde Railtrack direkt dem britischen Verkehrsminister unterstellt und in die halbstaatliche Network Rail Ltd. überführt, die nun als de facto öffentlich-rechtliche Stiftung das Schienennetz inklusive Signalanlagen, Brücken, Bahnübergängen und der überwiegenden Zahl von Bahnhofsgebäuden verantwortet. In der öffentlich-rechtlichen Infrastrukturgesellschaft wirken sowohl Passagierverbände als auch die Bahngewerkschaften Rail, Maritime and Transport Workers (RMT), Union for People in Transport and Travel (TSSA) und Associated Society of Locomotive Engineers and Firemen (ASLEF) mit. Wenngleich die verantwortlichen Regierungsvertreter den Ausdruck „Renationalisierung" zur Beschreibung des vollzogenen *Rollback* meiden und die Betreibergesellschaften nach wie vor privatwirtschaftlich organisiert sind, gibt es doch gegenwärtig „kaum ein Land in Europa, wo die Regierung derart direkt vorschreibt, wer was unter welchen Auflagen und zu welchen Kosten zu tun hat." (Severin 2004)

Kostspieliges Realexperiment zulasten der Steuerzahler/innen

Festzuhalten bleibt, dass die materielle Privatisierung von British Rail – ebenso wie die der DB AG – aus betriebswirtschaftlichen Gründen keineswegs zwingend war. Die Arbeitsproduktivität, welche sich in der Relation der geleisteten Zugkilometer pro Beschäftigtem widerspiegelt, war zwischen 1987 und 1993 um 17 Prozent gestiegen und hatte damit den höchsten Wert aller europäischen Bahngesellschaften erreicht (vgl. Shaoul 2004, S. 31). Darüber hinaus hatte das Unternehmen im letzten Jahr vor der Privatisierung 71 Prozent seiner Einnahmen aus Entgelten für Verkehrsleistungen erzielt – ein Wert, den innerhalb Europas seinerzeit nur die staatliche schwedische Eisenbahngesellschaft Statens Järnvägar übertraf. Die Tatsache, dass der Railtrack-Vorstand und das Transportministerium gemeinsam mit den privaten Ausschreibungsbewerbern während des Reformprozesses rund 1 Mrd. Pfund St. für die Expertise von Wirtschaftsprüfungsgesellschaften, Unternehmensberatungen und Anwaltskanzleien verausgabten, wirft ein Schlaglicht auf die Komplexität des Sachverhalts und noch mehr auf die massiven Widerstände, die es bei den Gewerkschaftern (Rounders) bis in die Führungsetage hinein gab (vgl. Wolmar 2001, S. 75 und 198).

Die in Aussicht gestellte Entlastung der Steuerzahler/innen, die man auch in der Bundesrepublik beharrlich als Grund für die Bahnprivatisierung nennt, wurde nicht nur verfehlt, sondern letztlich in ihr Gegenteil verkehrt. Denn das Gros der in der Bahnbranche tätigen Unternehmen, die nach Berechnungen des Wirtschaftsmagazins *The Economist* im Geschäftsjahr 1997/98 eine durchschnittliche Umsatzrendite von 19 Prozent erzielten, schüttete die erwirtschafteten Überschüsse entweder an die Anteilseigner/innen aus oder behielt sie zur Bildung von Rücklagen ein (vgl. o.V. 1996, S. 48; o.V. 1999, S. 67). Die erforderlichen Anschaffungs-, Reparatur- und Instandhaltungsausgaben für rollendes Material unterblieben vielfach ebenso wie die betriebsnotwendigen Investitionen in den Aus- und Neubau der Schieneninfrastruktur. Nun müssen laut jüngsten Berechnungen der britischen Regierung allein rund 70 Mrd. Pfund St. investiert werden, um das marode Schienennetz zu sanieren. Weitere 20 Mrd. Pfund St. sind bis 2012 für die Rekonstruktion von Zugangswegen, Fahrkartenschaltern und ca. 1.000 Bahnhofsgebäuden veranschlagt (vgl. Friese 2002 und 2003).

Eine von Nigel Harris und Ernest Godward (1997, S. 85) aufgestellte Opportunitätskostenrechnung beziffert die mit der Privatisierung entstandenen Kosten auf 5,61 Mrd. Pfund St. für die Steuerzahler/innen und 9,81 Mrd. Pfund St. für die Volkswirtschaft, was die beiden Ökonomen den Schluss ziehen lässt, dass eine Umstrukturierung und Sanierung der Staatsbahn durch die öffentliche Hand weitaus preiswerter gewesen wäre. Angesichts des immensen Finanzierungsbedarfs für die kommenden Jahre diagnostizieren die Bahnhistoriker Christian Wolmar und Terry Gourvish die Privatisierung und Fragmentierung des britischen Bahnsystems als „den schwerwiegendsten Fall von Missmanagement, den es in der Industriegeschichte Großbritanniens seit 1945 gegeben hat" (zit. nach: Jenkins 2006). Gleich dreimal musste der Staatshaushalt im Zusammenhang mit der Infrastrukturgesellschaft Railtrack als *lender of last resort* fungieren. Zunächst entstanden beträchtliche Kosten für die Installierung der von Ernst & Young verwalteten Auffanggesellschaft. Anschließend musste Network Rail einen dreistelligen Millionenbetrag aufwenden, um die Infrastruktur von der unter Zwangsverwaltung gestellten Railtrack Group zu erwerben. Schließlich machte die kostspielige Entschädigung der Aktionäre weitere Staatsausgaben erforderlich.

Unwiederbringliche Preisgabe staatlicher Schlüsselfunktionen

Die britischen Erfahrungen verdeutlichen, dass der Bahnsektor durch hohe Fixkosten und einen immensen Bedarf an sehr langfristigen Investitionen gekennzeichnet ist. Dieser *generationenübergreifende* Zeithorizont steht in einem unauflösbaren Spannungsverhältnis zum *kurzfristigen* Rentabilitätsinteresse börsennotierter Unternehmen, deren (strategischer) Erfolg nicht erst nach mehreren Jahrzehnten sichtbar zu werden hat, sondern sich nach dem Willen der Anteilseigner bereits in den nächsten Quartalszahlen niederschlagen soll. Selbst die gegenüber jedweder staatlicher Wirtschaftstätigkeit skeptische *Wirtschaftswoche* schlussfolgert mit Blick auf ausländische Bahnprivatisierungen: „Für einen Börsengang bräuchte die Bahn viele Milliarden vom Staat, weil ihr die entscheidenden Erfolgsfaktoren fehlen." (Böhmer 2004, S. 52) Zweifellos würden die Renditeerwartungen der Investoren die DB noch mehr als bislang nötigen, solche Zugleistungen und -verbindungen aufzugeben, deren Ertragswerte negativ sind oder jedenfalls unterhalb der durchschnittlich erzielten Rendite im Bahnsektor liegen. Die einem Glaubensbekenntnis gleichende Behauptung, konkurrierende Betreibergesellschaften übernähmen derartige Zugfahrten, Linien oder Netzteile, verkennt, dass diese ebenfalls nach betriebswirtschaftlichem Kalkül operieren (müssen), wie die britischen Erfahrungen belegen.

Rund ein halbes Jahr, bevor die Infrastrukturgesellschaft Railtrack Konkurs anmelden musste, schilderte der *Zeit*-Korrespondent Jürgen Krönig (2001) das jenseits des Ärmelkanals auf den Bahnsteigen artikulierte Unbehagen: „Marktprinzip und Privatisierung, ideologische Markenzeichen der Thatcherrevolution, von New Labour bejaht und für den Gebrauch einer Mitte-Links-Partei modifiziert, werden auf der Insel nun wieder infrage gestellt. Urplötzlich geistert sogar ein längst tot geglaubter Begriff durch die Lande – Verstaatlichung. Mehr als zwei Drittel der Briten wünschen, die Privatisierung der Eisenbahn möge rückgängig gemacht werden. Über die Schattenseiten der fulminanten Entstaatlichung in den vergangenen zwei Dekaden wird mittlerweile auf Dinnerpartys der konservativen middle classes lamentiert. Wir sind zu weit gegangen, lautet der Tenor selbst in Wirtschaftskreisen."

Auch hierzulande überwiegt mittlerweile deutlich die Skepsis. Das zentrale Reformziel wurde mit der Überführung der vielfach zu Unrecht gescholtenen „Behördenbahn" in ein privatrechtliches Unternehmen nicht erreicht: die „Renaissance" des Verkehrsträgers Schiene. Nach einer im November 2006 durchgeführten repräsentativen Umfrage des Meinungsforschungsinstituts Emnid sind 71 Prozent der Bundesbürger/innen der Meinung, dass der letzte große deutsche

Staatskonzern in öffentlichem Eigentum bleiben soll. Derweil droht bei den politischen Entscheidungsträger(inne)n in Vergessenheit zu geraten, dass mit der materiellen Privatisierung des Unternehmens einem noch größeren Personenkreis als bislang der Zugang zu öffentlichen Verkehrsleistungen verwehrt bliebe. Dabei können viele Erwerbslose, Auszubildende, Studierende, kinderreiche Familien und ältere Mitbürger/innen infolge fehlender Zahlungsfähigkeit oder wegen ihrer körperlichen Konstitution auf keinen alternativen Verkehrsträger ausweichen. Dieser auch umwelt-, beschäftigungs- und verkehrspolitisch verfehlte Selektionsmechanismus würde sich im Falle einer Veräußerung der DB AG am Kapitalmarkt unvermindert fortsetzen – genauso wie der Personalabbau in den Schienenverkehrssparten, der „Ausverkauf" von Bahnhöfen, die weit oberhalb der Inflationsrate liegende Anhebung der Fahrpreise, die Ausdünnung der Fahrtakte, die Vernachlässigung des Schienennetzes und der Rückzug aus der Fläche.

Quellen- und Literaturverzeichnis

Aberle, Gerd (1996): Bahnstrukturreform in Deutschland. Ziele und Umsetzungsprobleme, Köln

Albach, Horst (2002): Die Bahnreform in Deutschland, in: Zeitschrift für Betriebswirtschaft, Ergänzungsheft 3, S. 51-97

Attac (2006): Die Bahnprivatisierung: Ein Abbau von Daseinsvorsorge und ein Beitrag zur Klimaverschlechterung, Stellungnahme des Wissenschaftlichen Beirats (Entwurf), Karlsruhe

Bagwell, Philip (2004): The sad state of British railways: The rise and fall of Railtrack, in: Journal of Transport History 2, S. 111-124

Baum, Herbert (1992): Strukturreform der Eisenbahn, in: Frankfurter Institut für wirtschaftspolitische Forschung (Hrsg.), Verkehrspolitik kontrovers, S. 45-56

Benz, Angelika (1997): Privatisierung und Regulierung der Bahn, in: Klaus König/Angelika Benz (Hrsg.), Privatisierung und staatliche Regulierung: Bahn, Post, Telekommunikation, Rundfunk, Baden-Baden, S. 162-200

Benz, Angelika/König, Klaus (1997): Privatisierung und staatliche Regulierung – eine Zwischenbilanz, in: dies. (Hrsg.), Privatisierung und staatliche Regulierung: Bahn, Post, Telekommunikation, Rundfunk, Baden-Baden, S. 606-650

Bodack, Karl-Dieter (2004): Die deutsche Bahnreform – ein Erfolg?, in: Eisenbahn-Revue International 11, S. 524-527

Böhmer, Reinhold (2004): Fliegende Schweine, in: Wirtschaftswoche v. 27.5., S. 52-55

Booz Allen & Hamilton (1999): Railtrack's Performance in the Control Period 1995-2001, Report to the Office of the Rail Regulator, London

Böttger, Christian (2002): Das Insolvenzverfahren der Railtrack. Mögliche Lehren aus der Krise der britischen Eisenbahnprivatisierung, in: Internationales Verkehrswesen 6, S. 273-277

Brown, Kevin/Jowit, Juliette (2002): Slow train a comin' – Britain's railway is one of the worst in Europe, in: Financial Times v. 12.1.

Bundesamt für Statistik (1997): Statistisches Jahrbuch 1996 für die Bundesrepublik Deutschland, Wiesbaden

Bundesministerium für Verkehr, Bau und Stadtentwicklung (Hrsg.) (2006): Verkehr in Zahlen 2006/07, Hamburg

Daamen, Caroline (2003): Der Traum vom Staats-Express, in: Süddeutsche Zeitung v. 9.7.

DB AG (2004a): Drehscheibe der Mobilität, in: Welt am Sonntag v. 11.1. (Verlagssonderveröffentlichung)

DB AG (2004b): Zu Lande, zu Wasser und in der Luft, in: Welt am Sonntag v. 11.1. (Verlagssonderveröffentlichung)

DB AG (2007): Geschäftsbericht 2006, Berlin

Dürr, Heinz (1997): Vorwort des Vorstandsvorsitzenden, in: DB AG (Hrsg.), Geschäftsbericht 1996, Berlin/Frankfurt am Main, S. 4

Dürr, Heinz (1998): Privatisierung als Lernprozess am Beispiel der deutschen Bahnreform, in: Horst Albach (Hrsg.), Organisationslernen – institutionelle und kulturelle Dimensionen, Berlin, S. 101-120

Eaglesham, Jean/Mason, John (2001): Manslaughter Law in Balance on the Case, in: Financial Times v. 29.1.

Engartner, Tim (2007): Der Zug der Zeit kommt aus der Luft, in: Frankfurter Rundschau v. 16.3.

Engartner, Tim (2008): Privatisierung und Liberalisierung – Strategien zur Selbstentmachtung des öffentlichen Sektors, in: Christoph Butterwegge/Bettina Lösch/Ralf Ptak, Kritik des Neoliberalismus, 2. Aufl. Wiesbaden, S. 87-133

EU (2005): Intermodal Competition, Brüssel

Fischermann, Thomas (1997): Irrfahrt in den Wettbewerb, in: Die Zeit v. 24.10.

Friedrich, Horst (2006): Bahn wird mit Netz nie börsenfähig, Presseinformation v. 31.3.

Friese, Ulrich (2002): Sanierung der Bahn kostet 110 Mrd. Euro, in: FAZ v. 15.1.

Friese, Ulrich (2003): Der Schienenverkehr – in allen Ländern ein Problemkind, in: FAZ v. 2.7.

Glabus, Wolfgang/Wiskow, Jobst-Hinrich (2006): Mehdorns Malaise, in: Capital v. 13.2., S. 42-44

Gourvish, Terry (2002): British Rail 1974-97, Oxford

Harper, Keith (2001): Regulator gets tough over Railway repair plan, in: The Guardian v. 3.1.

Harris, Nigel/Godward, Ernest (1997): The Privatisation of British Rail, London

Health and Safety Executive (Hrsg.) (2000): Cullen Inquiry, Report on Seminar – Employee Perspectives on Railway Safety, London

Heitmeyer, Wilhelm (2002): Anknüpfungspunkt: Heterophobie – Obdachlose, in: ders. (Hrsg.), Deutsche Zustände. Folge 1, Frankfurt am Main, S. 218

Jenkins, Simon (2004): A derailed railway, in: The Sunday Times v. 19.1.

Jenkins, Simon (2006): Tories are starting to clear their clutter of inheritance, in: The Guardian v. 19.7.

Kemnitz, Joachim (2004): Von Großbritannien lernen heißt privatisieren lernen: Vom Börsengang zum Bettelgang?, in: Der Fahrgast 2, S. 5-14

Kohn, Roland (1994): Ein Jahrhundertwerk, in: Die Liberale 1-2, S. 44 f.

Krönig, Jürgen (2001): Insel der Katastrophen – Die Lehren der Eisernen Lady haben ausgedient. Jetzt merkt es auch Tony Blair, in: Die Zeit v. 8.3.

Kuntz, Michael (1997): Verdienen statt dienen, in: Süddeutsche Zeitung v. 22.2.

Lawson, Nigel (1981): House of Commons. Parliamentary Debates, Vol. 1 (8th series), Col. 440, London

Monheim, Heiner (2004a): Reform der Reform: negative Bilanz der Bahnpolitik (unveröffentl. Manuskript), Trier

Monheim, Heiner (2004b): Immer größer, immer schneller? – Warum Politik, Ingenieure, Wirtschaft und Bahn Großprojekte lieben, in: ders./Klaus Nagorni (Hrsg.), Die Zukunft der Bahn. Zwischen Bürgernähe und Börsengang, Herrenalber Protokolle 116, Karlsruhe, S. 141-169

Murray, Andrew (2001): Off the Rails. Britain's Great Rail Crisis – Cause, Consequences and Cure, London/New York

Office of the Rail Regulator (2002): The Interim Review of Track Access Charges, Initial Consultation Paper, London

o.V. (1996): The Gravy Train: Rail Privatization, in: The Economist v. 20.4., S. 47 f.

o.V. (1999): Britain's Railways. The Rail Billionaires, in: The Economist v. 3.7., S. 67-70

o.V. (2007): Deutsche Bahn vernachlässigt angeblich Schienennetz, in: Hamburger Abendblatt v. 21.2.

Pedersini, Roberto/Trentini, Marco (2000): Industrial Relations in the Rail Sector, in: European Foundation for the Improvement of Living and Working Conditions (Hrsg.), European Industrial Relations Observatory 2, S. i-viii

Rietig, Thomas (2007): Bahn vernachlässigt laut Bundesrechnungshof das Schienennetz, AP-Meldung v. 20.2.

Schöller, Oliver (2003): Zu den Folgen einer neoliberalen Deregulierungsstrategie. Das Beispiel der britischen Eisenbahnprivatisierung, in: Internationales Verkehrswesen 1-2, S. 26-30

Schönauer, Felix (2002): Den Hintern platt gesessen, in: Handelsblatt v. 17.1.

Schwenn, Kerstin (2005): Privatbahnen sind gegen einen Börsengang der Bahn, in: FAZ v. 6.12.

Severin, Christin (2004): Mehr Staatskontrolle für die britische Bahn, in: Neue Zürcher Zeitung v. 16.7.

Shaoul, Jean (2004): Railpolitik: The financial realities of operating Britain's National Railways, in: Public Money & Management 1, S. 27-36

Shaw, John (2001): Competition in the UK passenger railway industry: prospects and problems, in: Transport Reviews 2, S. 195-216

The Associated Press (2007): Eine Tote und 77 Verletzte bei Zugunglück in England, in: Welt am Sonntag v. 25.2.

Weigelt, Horst/Langner, Ulrich (1998): 44 Jahre Zeitgeschichte – Chronik Deutsche Bundesbahn, Darmstadt

Wenzel, Frank-Thomas (2007): Streit über Verkauf von Bahnhöfen, in: Frankfurter Rundschau v. 17.2.

Wolf, Winfried (2002): Die sieben Todsünden des Herrn M.: Eine Bilanz der Verkehrs- und Bahnpolitik mit sieben Hinweisen darauf, weshalb diese in einer verkehrspolitischen Sackgasse mündet, Berlin

Wolf, Winfried (2004a): Mehdorn baut ab, in: Junge Welt v. 3.8.

Wolf, Winfried (2004b): British Rail reloaded?, in: Junge Welt v. 30.9.

Wolf, Winfried (2006): In den letzten Zügen, Hamburg

Wolf, Winfried (2007): Der Bahnhofs-Krimi. Stellungnahme des Bündnisses „Bahn für alle" v. 19.2.

Wolmar, Christian (2001): Broken Rails: How Privatization wrecked Britain's Railways, 2. Aufl. London

Zöttl, Ines (2001): Weichenstellung ins Chaos, in: Wirtschaftswoche v. 19.4., S. 30 f.

IV
Alternativen für eine postneoliberale Agenda

Mario Candeias

Von der Dialektik des Neoliberalismus zu den Widersprüchen der Bewegungen

In seiner Umwälzung der ganzen Gesellschaft hat das neoliberale Projekt nicht nur alte Verhältnisse zersetzt, sondern auch fortschrittliche Elemente entwickelt und dabei die Interessen subalterner Gruppen ver-*rückt* realisiert sowie linke Kritik absorbiert bzw. marginalisiert. Prekarisierung und globale Überausbeutung produzieren jedoch zahlreiche neue Widersprüche, stellen gesellschaftliche Individuen vor Zerreißproben und lassen den aktiven Konsens bröckeln. Die Wucht der Veränderungen wirft massenhaft Menschen aus ihren alten Formen von Lebensführung, Handlungsweisen und Habitus, wird aber meistens als individuelles Schicksal erlebt. Das trifft auf einen herrschenden öffentlichen Diskurs, der immer noch ein Defizit an Veränderung, Flexibilität, Reformwillen etc. brandmarkt und die Anspruchshaltung der Einzelnen sowie ihre im alten Sozialstaat materialisierten sozialen Rechte als Ursachen von „Verkrustung" oder „Stillstand" identifiziert. Dies führt dazu, dass Flexibilisierung und Prekarisierung, Privatisierung und Vermarktlichung als entweder notwendig und unvermeidlich oder eben als Prozess der Verelendung und der einfachen Erosion des Alten gefasst werden. Die wissenschaftliche wie politische Auseinandersetzung – auch in linken Debatten – verfehlt daher oft Widersprüche und Brüche, unsere eigene Eingebundenheit in die Reproduktion der Verhältnisse sowie die Dialektik von Zwang und Konsens, wodurch eine verallgemeinerte Handlungsfähigkeit blockiert wird.

Deshalb ist eine konsequente Orientierung auf die Analyse von Widersprüchen notwendig, die zwei Dinge ermöglichen soll: einerseits die Erklärung der Stabilität und Wirkungsmächtigkeit hegemonialer neoliberaler Verhältnisse bzw. die Beantwortung der Frage, warum der neoliberale Umbau der Gesellschaft immer noch auf Zustimmung und Akzeptanz stößt, sowie andererseits eine (selbst)kritische Entwicklung der Bedingungen und Praxen des Widerstandes. Denn da formiert sich eine vielfältige Bewegung der Bewegungen, die Ansätze einer „postneoliberalen" Agenda entwirft. Will sie erfolgreich gegen- bzw. antihegemonial wirksam werden, muss sie mit ihren eigenen Widersprüchen operieren

lernen: zwischen Anerkennung von Differenz und Entwicklung verallgemeiner-
barer Projekte, zwischen unterschiedlichen Gruppen und Interessen, den politischen Formen der Bewegungen, Gewerkschaften und Parteien sowie zwischen
Autonomie und Kämpfen um den Staat.

Dialektik des Neoliberalismus

Der Neoliberalismus ist weder ein „reines Überbauphänomen" noch ein „Mythos" oder eine „Lüge". Die neoliberale Ideologieproduktion bildet vielmehr das
organisierende Element eines krisenhaften Umbaus aller gesellschaftlichen Verhältnisse: von den Arbeits-, Produktions- und Klassenverhältnissen bis zu Geschlechterverhältnissen (vgl. hierzu: Candeias 2004). Ideologie meint dabei eben
nicht „falsches Bewusstsein", ist vielmehr eine „Form der Rationalisierung", in
der gesellschaftliche Realität neue Definitionen erfährt (vgl. Hauser 1996, S. 501),
bezeichnet also eine Realität der verkehrten gesellschaftlichen Verhältnisse, die
sich im Alltagsverstand einnistet sowie den Einzelnen eine gewisse Orientierung
und restriktive Handlungsfähigkeit ermöglicht.

Im Zentrum steht dabei eine radikale Vorstellung von Individualisierung
und verallgemeinerter marktwirtschaftlicher Tauschgesellschaft (vgl. Hayek 1980;
Becker 1982). Die Maximierung des individuellen Nutzens wird zur grundlegenden Motivation aller menschlichen Handlungen. Jedes individuelle finanzielle,
physische wie psychische, emotionale, intellektuelle oder moralische Ziel bzw.
Bedürfnis wird dabei als Gut interpretiert. Die rationale Abwägung der Handlungsoptionen erfolgt in Analogie zur Betriebswirtschaftslehre durch Kalkulation
von Kosten und Nutzen. Der Neoliberalismus kann als hegemonial gelten, weil es
ihm gelingt, die gesamte Gesellschaft mit den Kriterien betriebswirtschaftlicher
Nutzenkalküle und Orientierung auf den Wettbewerb zu durchdringen sowie die
gesellschaftlichen Kräfteverhältnisse damit nachhaltig zu verschieben. D.h. auch
eine individuelle Ablehnung dieser Prinzipien kann nur bei Strafe des persönlichen Untergangs oder gesellschaftlicher Marginalisierung gelebt werden. Ansonsten muss jeder sich mehr oder weniger widerwillig in die alltägliche Konkurrenz
begeben, ob in der Schule bzw. an der Universität, im Betrieb bzw. am Arbeitsmarkt oder selbst in Liebesverhältnissen (vgl. die Romane von Michel Houellebecq, etwa Houellebecq 1999). Eine neue Produktions- und Lebensweise (MEW,
Bd. 3, S. 21) ist mit veränderten Subjektivitäten verbunden. Es genügt also nicht,
einige theoretische Phrasen dieser Welt des Neoliberalismus zu bekämpfen, sondern man muss den wirklichen Prozess neoliberaler Umgestaltung aller gesell-

schaftlichen Verhältnisse in den Blick nehmen. Es geht weniger um „Ideen" als um materielle ideologische Verhältnisse. Dabei werden Elemente der alten Formation und ihrer tragenden Ideologien nicht einfach hinweggefegt oder abgetragen, vielmehr erfolgt ihre konstruktive Reorganisation, eine „Veränderung im relativen Gewicht" zwischen einzelnen Elementen (vgl. Gramsci, Bd. 5, S. 1051): Der alte Sozialstaat z.b. wird keineswegs abgebaut, rein quantitativ sogar immer stärker ausgeweitet und greift qualitativ tiefer und in immer weitere gesellschaftliche Bereiche ein, verändert dabei jedoch seine Form – die Einlösung wohlfahrtsstaatlicher Rechte wird den disziplinierenden Restriktionen der „nationalen Wettbewerbsfähigkeit" untergeordnet und an die Erfüllung individueller Pflichten gebunden.

Kein hegemoniales Projekt setzt sich „in Reinkultur" durch. Im Kampf um kulturelle Hegemonie sind die herrschenden Gruppen nicht nur zu Kompromissen gezwungen, sondern müssen ihre eigenen Vorstellungen auf konkrete Weise mit den allgemeinen Interessen der subalternen Gruppen verbinden, sich selbst verändern, d.h. reartikulieren (vgl. Candeias 2007b). Zentrale Forderungen der 68er-, der Frauen-, der Öko- wie der Arbeiterbewegung wurden in neoliberale Politiken integriert, wodurch aktive Zustimmung organisiert, das kritische Potenzial dieser Bewegungen absorbiert und letztlich die Substanz der Bewegungen selbst zersetzt wurde. An drei Beispielen lässt sich diese These illustrieren:

1. Völlig zu Recht kritisierten die 68er- und die Frauenbewegung die repressiven Seiten eines paternalistischen und partriarchalen Sozialstaates, der die freie Entfaltung der Einzelnen in ein Korsett der Normierung von Lebensweisen zwängte (vgl. dazu: Butterwegge 2006, S. 91 ff.). Die neoliberalen Kräfte nahmen diese sehr erfolgreich im Alltagsverstand etablierte Kritik auf, kehrten sie um, stellten sie sozusagen auf den Kopf, radikalisierten sie und nahmen der linken Kritik damit die Spitze und Überzeugungskraft. Marktradikale stellen die gesellschaftlichen Krisentendenzen als Folge von „Überregulierung", als allgemeine staatliche Steuerungskrise dar, der nur durch einen Abbau bzw. eine „Verschlankung" des Staates und Deregulierung zu begegnen sei. Die neoliberale „Ideologiekritik" fokussiert auf die „unterdrückenden Fähigkeiten des Wohlfahrtsstaates" (Marcuse 1964, S. 70) gegenüber der (Zivil-)Gesellschaft. Sie bietet damit handlungsleitende Deutungen der Veränderungsprozesse an, gibt eine vermeintlich klare Orientierung, die als evident erscheint und sich in den Köpfen der Subjekte verankern kann. Gegen den bevormundenden Wohlfahrtsstaat wird die emphatische Rede von der individuellen Freiheit gesetzt (vgl. dazu: Butterwegge

2008, S. 136 ff.), die – anders akzentuiert – auch von links betont wurde: Hier trafen sich der reaktionäre Impuls der Neoliberalen und der emanzipative Anspruch der Linken, aber schon unter veränderten Kräfteverhältnissen, sodass die Realisierung der linken Ansprüche nur auf dem Terrain des Neoliberalismus möglich wurde. In der Folge wurden ehemalige 68er, Grüne und Sozialdemokrat(inn)en selbst zu treibenden Kräften einer Orientierung auf Eigenverantwortung und Entstaatlichung.

2. Die Arbeiterbewegungen der 1960er-Jahre, die sich insbesondere in Italien und Frankreich, aber auch in der BRD zu Fabrikbesetzungen und wilden Streiks steigerten, richteten sich ganz wesentlich gegen die immer weiter gehende Vertiefung der Arbeitsteilung, die Beschleunigung der Fließbänder sowie die daraus folgende Monotonie und psycho-physischen Belastungen, die zu einem frühzeitigen Verschleiß der Arbeitskräfte und einer Dequalifizierung führten. Auch die Gewerkschaftspolitiken der 1970er-Jahre setzten mit Unterstützung des Staates auf eine „Humanisierung der Arbeit". Doch erst die kapitalistische Restrukturierung des Verhältnisses von Produktivkräften und Produktionsverhältnissen macht der fordistischen Zurichtung zum „dressierten Gorilla" ein Ende, setzt stärker auf die Produktionsintelligenz, das informelle Erfahrungswissen, die Kreativität und selbst die Emotionalität der unmittelbaren Produzenten. Mit dieser Repositionierung des Wissens und der Subjektivität ist eine erweiterte relative Autonomie der Beschäftigten im Arbeitsprozess verbunden. Je höher der Grad an Verwissenschaftlichung der Tätigkeiten ist, desto schwieriger wird es, eine direkte Kontrolle über den Arbeitsprozess aufrechtzuerhalten. Der genaue Ablauf der Tätigkeiten wird nicht mehr vorgegeben, sondern den Beschäftigten weitgehend selbst überlassen; Hauptsache: das vorgegebene Ziel wird erreicht. Die Einbindung des Wissens der Beschäftigten macht die Tätigkeiten generell interessanter und vielfältiger. Eingezwängt in fremdbestimmte, betrieblich kontrollierte Grenzen beschränkt sich die Autonomie jedoch auf einen engen Bereich des für die Konkurrenzfähigkeit des Unternehmens Förderlichen. Damit sind Beschäftigte gezwungen, Flexibilitäts- und Effizienzanschauungen sowie unternehmerische Rationalität in ihre eigenen Denk- und Handlungsmuster zu internalisieren. Die reelle Subsumtion der Arbeit unter das Kapitalverhältnis erreicht eine historisch-qualitativ neue Stufe. Die Ausbeutung abhängiger Arbeitskraft durch das Kapital wird durch Delegation erweiterter und zugleich eingegrenzter Spielräume auf das tätige Subjekt in Richtung „Selbstausbeutung" verschoben.

3. Einer der Kernpunkte der (zweiten) Frauenbewegung war die Kritik an der geschlechtlichen Arbeitsteilung, die Einzwängung der Frauen in partriachale Eheverhältnisse, in denen sie, meist von (Vollzeit-)Erwerbsarbeit ausgeschlossen und auf den Bereich des Privaten verwiesen, vom männlichen Familienernährer abhängig waren. Nun war es ausgerechnet der neoliberale Umbau von Arbeitsverhältnissen und Sozialstaat, der das Gegenteil in ver-*rückt*-er Weise Realität werden ließ. Die tendenzielle Selbstverständlichkeit weiblicher Berufstätigkeit tritt dabei zeitgleich mit der Verknappung der Arbeitsplätze aufgrund struktureller Erwerbslosigkeit und damit verschärfter Konkurrenz auf (vgl. Haug 2001, S. 1208). Ausgehend von paternalistischen staatlichen und familiären Verhältnissen (des Fordismus) überträgt der Markt die Verantwortung auf die Frauen selbst, verbunden mit dem Versprechen, dass persönliche Tüchtigkeit und Leistungsbereitschaft potenziell zum Erfolg führen. Individuell ist dies tatsächlich möglich, wie z.b. medial überrepräsentierte Erfolgsfrauen von der Bundeskanzlerin und Familienministerin über erfolgreiche Unternehmerinnen bis zu Fernsehmoderatorinnen und TV-Kommissarinnen „beweisen". Das macht den neoliberalen Umbau für viele Frauen zustimmungsfähig und fördert die Zersetzung der Frauenbewegung. Kollektive Organisationsformen zur Durchsetzung ihrer Interessen werden auch von Frauen kaum noch anvisiert, sondern meist als altmodisch und männerfeindlich empfunden. Die Kehrseite davon ist: Um ihre volle Arbeitskraft auf dem Markt anbieten zu können, ist die dreifach freie Lohnarbeiterin erforderlich, d.h. im Anschluss an Marx nicht nur, frei von Produktionsmitteln und frei, ihre Arbeitskraft zu verkaufen, sondern auch frei von den notwendigen Reproduktionsarbeiten zu sein. Erfolgreiche Karrierefrauen können sich von alten Familienformen emanzipieren, indem sie auf die billige, prekäre – häufig illegalisierte – Arbeitskraft von Migrantinnen für die häusliche Reproduktionsarbeit zurückgreifen (vgl. dazu: Brensell/Habermann 2001; Rerrich 2006; Lutz 2007).

Die genannten Beispiele sollten Folgendes in aller Kürze zeigen: Der Neoliberalismus kann sich trotz seiner antisozialen Politik auf aktive und passive Zustimmung stützen, weil er die Interessen subalterner, untergeordneter Gruppen aufnimmt, ihre Ziele allerdings ver-*rückt*, d.h. ins Kleid der Selbstvermarktung stopft. Das ist eben die Dialektik einer „passiven Revolution", die bürgerliche Herrschaft nicht einfach restauriert und konserviert, sondern weiterentwickelt. Eine solche Restaurations-Revolution dient zugleich der Wiederherstellung von Verwertungsmöglichkeiten und bürgerlicher Herrschaft, die nur als Umwälzung der alten Bedingungen gelingen kann. Dies schließt auch die soziale Basis von hegemonialen Herrschaftsprojekten ein: Schließlich handelt es sich bei Hegemonie nicht nur „um die Fähigkeit einer Klasse oder eines Bündnisses, ihr ‚Projekt als das der gesamten Gesellschaft darzustellen' – so zu tun als ob – und dann durchzusetzen" (Lipietz 1998, S. 160; vgl. MEW, Bd. 3, S. 47). Zwar sind Täuschung, Lüge und Manipulation unverzichtbare Elemente von Herrschaft, für eine umfassende Hegemonie sind sie aber zu wenig. Vielmehr handelt es sich um einen realen „*Prozess der Verallgemeinerung* von Interessen in einem instabilen Kompromißgleichgewicht" (Demirović 1992, S. 154; Hervorh. *M.C.*). Die subalternen Gruppen entwickeln ein echtes Interesse, erwarten reale Vorteile, die sich keineswegs auf eine Art Selbsttäuschung reduzieren lassen – sonst wäre die Hegemonie nicht stabil. Aber die Realisierung ihrer Interessen erfolgt in einer Form, in der sie die Subalternen eben in einer passiven Position festschreibt bzw. ihre organischen Intellektuellen und Aktivisten in den herrschenden Block an der Macht einverleibt („Transformismo") und somit zur „Enthauptung" der Bewegungen führt (vgl. Gramsci, Bd. 8, S. 1947).

Risse in der hegemonialen Apparatur

Die Widersprüchlichkeit der gesellschaftlichen Verhältnisse selbst verhindert die Regulation und Festigung der dissoziierten Subjekte. Denn die Gewalt der Verhältnisse produziert immer neue Widersprüche. Und diese Unmöglichkeit einer substanziellen Einheit, einer inneren Kohärenz, erzeugt Ungleichgewichte und auch Widerstände.

Die marktförmige Privatisierung von öffentlichen Dienstleistungen und sozialen Sicherungssystemen überträgt die Verantwortung für die Reproduktionsbedingungen auf die Ebene individueller Konsumentscheidungen und Sparanstrengungen, abhängig vom Einkommen der Einzelnen. Gleichzeitig führen die Veränderungen der Arbeitsweisen einerseits zu Einkommensverlusten und prekärer Beschäftigung (v.a. bei den arbeitenden Armen, den „working poor"), andererseits zu Arbeitsverdichtung bzw. -flexibilisierung und damit zu einem höheren Bedarf an Mobilität und Qualität öffentlicher Dienstleistungen (vom Nahverkehr über die Kinderbetreuung bis zu Bildung und Weiterbildung). Der Gegensatz zwischen den steigenden Anforderungen an Reproduktion und der Erosion ihrer allgemeinen Bedingungen führt zur Prekarisierung individueller wie kollektiver Handlungsfähigkeit und Verschlechterungen der Lebensqualität.[1] Es handelt sich immer weniger um das Problem einer kleinen Gruppe von Benachteiligten als um ein sich widersprüchlich verallgemeinerndes Phänomen, das auch vor den *High Potentials* etwa im IT-Sektor nicht haltmacht.

Prekarisierung, Überausbeutung, gesellschaftliche Polarisierung, schwindende Perspektiven und Planbarkeit des eigenen Lebensentwurfs stellen gesellschaftliche Individuen vor Zerreißproben; mangelnder Einfluss, Dauerreformen und unzureichende Möglichkeiten zum Ausdruck der Unzufriedenheit etablieren eine Kultur der Unsicherheit und lassen den aktiven Konsens bröckeln. Diese doppelte Prekarisierung von Arbeit und Reproduktion ist Teil der Kämpfe um die Durchsetzung und Sicherung einer transnationalen Produktions- und Lebensweise sowie der neoliberalen Hegemonie. Sie ist verbunden mit der Zersetzung und Neuzusammensetzung der Klassen- und Geschlechterverhältnisse, der national, ethnisch oder religiös begründeten Spaltungen, die zugleich neue Verbindungen, aber vor allem Trennungen zwischen den Gruppen der Subordinierten produzieren. Wir erleben auf höchst unterschiedliche Art und Weise eine Zuspitzung der sozialen Frage, die keine adäquate Form der Artikulation innerhalb des bestehenden Rahmens mehr findet. Es kommt zu einem Bruch zwischen Repräsentierten und Repräsentanten.

Nicos Poulantzas greift diese Figur Gramscis auf und führt eine solche Situation auf Widersprüche innerhalb des herrschenden Machtblocks zurück. Keine seiner Fraktionen ist in der Lage, die anderen Gruppen des Machtblocks unter ihre Führung zu bringen, was „zur charakteristischen Inkohärenz der gegenwärtigen Regierungspolitik (...), zum Fehlen einer deutlichen und langfristigen Strategie des Blocks an der Macht, zur kurzsichtigen Führung und auch zum Mangel an einem globalen politisch-ideologischen Projekt oder einer ‚Gesellschaftsvision'" führe (siehe Poulantzas 1978, S. 226 f.). Sowohl die orthodox-konservative als auch die sozialdemokratische Form des Neoliberalismus (vgl. Candeias 1999, S. 655; Candeias 2004, S. 329 ff.) haben sich als nicht ausreichend erwiesen, um den Gegensatz zwischen der Umwälzung aller gesellschaftlichen Verhältnisse und dem Bedürfnis nach Orientierung und Existenzsicherung in einer für die Mehrheit befriedigenden Weise zu bearbeiten. Der orthodoxe Neoliberalismus

---

[1] „Prekarisierung" meint einen Prozess der Verbreitung von Arbeits- und Lebensverhältnissen ohne existenzsicherndes Einkommen, von mangelnder Anerkennung der Arbeit und der Person, von betrieblicher und sozialer Isolierung, Zerstörung von Sozialkontakten, mangelndem Sozialversicherungsschutz und fehlenden Qualifizierungsmöglichkeiten. Besonders schmerzlich ist die längerfristige Planungsunsicherheit für den eigenen Lebensentwurf, die z.B. eine Familiengründung erschwert. Bei Migrant(inn)en wirkt die Illegalisierung als zusätzliche Entrechtung. Ausführlich zur Prekarisierung vgl. Candeias 2006

steht zu deutlich für eine Umverteilung von unten nach oben, während der sozialdemokratische unglaubwürdig wird, denn an eine Verbindung von neoliberalen Reformen und „Sozialverträglichkeit" glaubt kaum noch jemand. Die neoliberale Ideologie gerät in eine Krise und verliert an Überzeugungskraft. In solchen Momenten deuten sich Risse in der hegemonialen Apparatur an, was jedoch keineswegs gleichbedeutend ist mit einem Hegemonieverlust.

Hierin manifestiert sich eine Krise traditioneller Ideologieelemente und Werte wie (Industrie-)Arbeit, Familie, Nation und Geschlecht, ohne dass eine neue Artikulation gesellschaftlicher Formen eine vergleichbare identitäre Sicherheit böte. Der subjektiv erfahrenen Ungerechtigkeit kann individuell nicht begegnet werden, was Ohnmachtsgefühle verstärkt. Da die Funktion jeder Ideologie darin besteht, gesellschaftliche Individuen als Subjekte zu konstituieren, verwandelt sich diese ideologische zwangsläufig in eine „Identitätskrise" der sozial Handelnden (vgl. Laclau 1981, S. 90). Daraus erwächst eine Sehnsucht nach Selbstkohärenz, die sich gewaltsam äußern kann. Je stärker die Überforderung, desto heftiger ist der Affekt. Die mangelnde Repräsentation ihrer Interessen bringt wachsende Teile der Bevölkerung, insbesondere die bedrohten „Mittelschichten", in Gegnerschaft zur vorhandenen Form der Vergesellschaftung. Diese diffusen „Mittelschichten" weisen trotz ihrer unterschiedlichen Stellung in den ökonomischen Beziehungen einen gemeinsamen Grundzug auf: ihre Trennung von den zentralen Positionen im herrschenden Machtblock. Über 80 Prozent der Bevölkerung meinen laut einer Umfrage der ARD,[2] dass eine politische Einflussnahme als Bürger/in nicht möglich ist. Auch an der abnehmenden Wahlbeteiligung sowie dem Wegbrechen der Mitgliederbasis von Parteien und Verbänden zeigt sich die Krise der politischen Repräsentationsmechanismen, ebenso wie an rechten Affekten und ungerichteten Revolten sowie an den zuletzt verbreiteten Protesten.

Zugleich formiert sich eine vielfältige Bewegung der Bewegungen, die – oft sehr unverbunden und fragil, aber doch mit steigender Tendenz – Widerstand zu organisieren und darüber hinaus Ansätze einer „postneoliberalen" Agenda zu entwerfen sucht. Nicht nur mediale oder symbolische Wirkungen werden entfaltet, sondern zum Teil auch Erfolge in der unmittelbaren Verbesserung von Arbeits- und Lebensbedingungen errungen – man denke nur an die Niederlagen des größten globalen „Arbeitgebers", Wal Mart, in Nordamerika, China und Deutschland: In den USA verliert der Konzern alle Klagen wegen der Diskriminierung von Frauen und Migranten sowie wegen unerlaubten Dumpings; in

---

[2] „Mehrheit der Deutschen zweifelt an der Demokratie", Spiegel online: spiegel.de/politik/deutschland/ 0,1518,446203,00.html (2.11.2006)

China musste er nach harten Kämpfen die Einrichtung von Betriebsgewerkschaften zulassen, obwohl dies gegen die Firmenphilosophie verstößt; in der Bundesrepublik schließlich durfte er seinen protofaschistischen Firmencodex für Angestellte nicht in Kraft setzen, sondern musste sich ganz aus dem deutschen Markt zurückziehen, weil er der Konkurrenz von Aldi, Rewe & Co. nicht gewachsen war.

Widersprüche linker Bewegungen

Trotz gesellschaftlicher Desintegrationstendenzen, einer Repräsentationskrise, immer neuer Proteste etc. gelingt es bisher nicht, ein halbwegs kohärentes linkes Projekt zu entwickeln. Dafür gibt es unzählige Gründe; viele davon sind strukturell bedingt, andere liegen in der Form linker Politik selbst. Ich möchte nur einige typische herausgreifen. Sie alle sind m.E. damit verbunden, dass es nicht wirklich gelingt, Widersprüche zu denken, auszuhalten und entsprechend zu bearbeiten.

Kein Begriff des Neuen und nationaler Retronormativismus

Häufig fehlt es an einem Begriff des Neuen. Es wird viel über die „Krise des Sozialen", das Ende des nationalen Sozialstaates oder des tradierten „Normalarbeitsverhältnisses" debattiert und lamentiert. Dabei hält man meist defensiv an der Verteidigung ihrer fordistischen Form fest. Dieser verbreitete retronormative, rückwärts gerichtete Blick übersieht, dass dafür nach 30 Jahren Neoliberalismus die Grundlagen weggebrochen sind und transnational erweiterte Wettbewerbsstaaten sowie flexibilisierte Arbeitsverhältnisse von heute nicht mehr viel mit den alten Formen zu tun haben (vgl. Haug 2003, S. 143). Der nationale Wohlfahrtsstaat, von links lange zu Recht kritisiert, wurde in einem Moment zur Orientierung linker Politik, als sich die Grundlagen dieser Form bereits auflösten. Die Verteidigung mühselig ertrotzter Errungenschaften ist natürlich nicht falsch, man erschöpft sich aber allzu oft darin.

Damit gehen Probleme der Theorie einher, die das Neue nur als Zersetzung des Alten begreift, aber nicht seine eigene Qualität ins Zentrum rückt – was sich schon an dem Begriff „Postfordismus" zeigt, der sich eben nur durch das „Nichtmehr-Vorhandensein" bzw. die zeitliche *Nach*ordnung vom Fordismus unterscheidet. Bislang – so der Tenor – sei es keiner Koalition gesellschaftlicher Gruppen gelungen, dem sich herausbildenden postfordistischen Akkumulationsregime eine entsprechende Regulationsweise zur Seite zu stellen und gesellschaftliche Widersprüche „stillzustellen". Symptomatisch ist die implizite Vorstellung von gleichgewichtiger, stabiler, krisenfreier kapitalistischer Entwicklung, obwohl bspw. regulationstheoretische Ansätze das immer zurückweisen würden. Tatsächlich zielt die Regulationstheorie gerade auf die Analyse der Regulation von Widersprüchen, ohne sie eliminieren zu wollen. In der Praxis läuft das aber meistens darauf hinaus, Widersprüche, Konflikte, Kämpfe und Krisen als Ausdruck von Inkohärenzen zu interpretieren. Kohärenz wird dann hinten herum doch zur Widerspruchslosigkeit. Eine derart enge Kohärenz zwischen Kapitalverwertung und Reproduktion der Arbeiterklasse, zwischen Produktivitätsfortschritten und Lohnsteigerungen, wie sie im Fordismus teilweise zu finden war, ist eine in der historischen Entwicklung des Kapitalismus seltene Konstellation. Trotzdem bildet sie die Folie, vor der das Neue bislang kategorisiert wurde. Damit verbunden ist die Neigung, den Neoliberalismus auf eine Art „ideologischen Mythos" oder eine „Lüge" zu reduzieren, die nur die realen Verhältnisse vernebelt.

Die Aufforderung, über neue, ganz andere Lösungen nachzudenken, wird auch von Linken oft mit dem Hinweis beantwortet, dafür fehlten die politischen Durchsetzungschancen. Noch viel weniger existiert eine solche aber für eine Rückkehr zu den alten Formen, zumal dann, wenn prekäre Arbeitsverhältnisse und Sozialabbau v.a. als nationale Probleme behandelt werden und auch Vorstellungen einer funktionierenden Ökonomie am alten Nationalstaat kleben, obwohl es sich längst um einen transnationalen Prozess handelt. Mit der rückwärtsgewandten, auf die Verteidigung nationaler sozialer Errungenschaften gerichteten Perspektive ist keine linke Politik denkbar, die auch andere, bisher von den alten Formen ausgeschlossene Gruppen einbezieht oder die Möglichkeiten weniger normierter, flexiblerer Lebens- und Arbeitsentwürfe progressiv ausfüllt. Das gilt für große Teile der Gewerkschaften sowie Teile der Partei DIE LINKE und der noch immer in vielen Städten regelmäßig durchgeführten Montagsdemonstrationen.

Ein Beispiel aus dem Feld der Prekarisierung: Die massive Ausweitung flexibilisierter, oft prekärer Teilzeit-Arbeitsverhältnisse ermöglichte vielen Frauen überhaupt erst die Teilhabe an der Lohnarbeit und ihre Verbindung mit den notwendigen Reproduktionsarbeiten (was sie freilich zugleich als Zwang erleben). Es kann aus linker Perspektive allerdings nicht darum gehen, Erwerbslose und Prekarisierte wieder in formelle Vollzeit-Lohnarbeit zu pressen, sondern muss sich darum drehen, andere Formen möglichst selbstbestimmter Arbeit experimentell zu fördern und auf Verallgemeinerung zu drängen. Weithin aber ist Vollzeit-Lohnarbeit bestimmender Bezugspunkt einer gesellschaftlichen Integra-

tion, auch für große Teile der Linken (vgl. z.B. Castel 2000, S. 359), insbesondere
für Gewerkschaften – natürlich nicht alle, aber eben für große Teile. Die Forderung nach besseren Arbeitsbedingungen, sicheren Arbeitsverhältnissen und einem höheren Anteil am produzierten Mehrwert ist zwar richtig, aber unzureichend.

Nur ein Prozess der von „oben" kommenden Verelendung

Viele linke Analysen beziehen sich allzu häufig auf die Erosion der alten Formen,
diagnostizieren Auflösungserscheinungen (vgl. Bourdieu 1998; Bischoff u.a. 1998)
und Desintegrationsprozesse (vgl. Castel 2000), die „Zerstörung von Routinen
und Habitualisierungen" (Dörre 2002, S. 388) oder die „Informalisierung" gesellschaftlicher Verhältnisse (siehe Altvater/Mahnkopf 2004, S. 81 ff.). Solche Beobachtungen treffen zwar teilweise zu, denn sie beschreiben Phänomene der Zersetzung des alten fordistischen Modells von Produktions- und Lebensweise, gelangen aber über alte verelendungstheoretische Positionen nicht hinaus. Ohne
Widerspruchsanalyse bleibt die Entwicklung unbegriffen und unklar, woran
anzuknüpfen wäre, wodurch mögliche Ansätze von Widerstand zur Verallgemeinerung kollektiver Handlungsfähigkeit blockiert werden.

Selbst die Prekarisierung im Niedriglohnbereich ist – entgegen der dominanten Wahrnehmung, die sich angesichts von Überausbeutung aufdrängt – jedoch z.B. mehr als die Neuauflage einer Verelendung. Diese Art der Flexploitati-
on (vgl. Bourdieu 1998, S. 101), der flexiblen Ausbeutung, beinhaltet Notwendigkeiten erhöhter Selbstorganisierung oder des Selbstmanagements, wenn man so
will. Es sind nicht nur Hochqualifizierte, die das Ende des „Nine-to-five-Trotts"
begrüßen. Die Menschen wissen häufiger, als man denkt, dass das alte Normal-
arbeitsverhältnis kaum zurückzuholen ist. Viele streben auch kein solches mehr
an, denn auch in den prekärsten Verhältnissen finden sich eben Momente erweiterter Selbstbestimmung und von Möglichkeiten andersartiger Lebensführung,
meist allerdings verbunden mit vertiefter Unterwerfung. Auch in der Existenzweise der Illegalisierten finden sich solche Widersprüche, was sich nicht zuletzt
in dem von ihnen selbst geprägten Begriff „Autonomie der Migration" spiegelt.
Trotz repressivster Maßnahmen gelingt es illegalisierten Migrant(inn)en, im
Niedriglohnsektor Arbeit zu finden, die ihnen sonst verwehrt wäre. Gut ausgebildete Facharbeiter/innen, oft eben Migrant(inn)en, die sich von einer befristeten
Beschäftigung zur nächsten hangeln und dazwischen kurze Phasen der Arbeitslosigkeit als normal empfinden, richten sich zum Teil ganz gut in den Verhältnis-

sen ein und sichern sich dadurch einen bescheidenen Wohlstand, sofern Krankheit, Ausweisung oder anderes ihre „Flexi-Karriere" nicht abreißen lassen. An solchen widersprüchlichen Durchsetzungsformen der neuen Verhältnisse wird deutlich, warum prekarisierte Verhältnisse auch von den „Betroffenen" selbst (also „uns") reproduziert werden, anders gesagt: warum der neoliberale Umbau so stabil ist.

Vor allem reproduzieren verelendungstheoretische Positionen den Blick auf die Betroffenen „von oben", neigen zur tendenziellen Entsubjektivierung der Menschen als Handelnde in den Verhältnissen – und das in Zeiten, in denen von neoliberaler Seite permanent Subjektivität und Eigenaktivität angerufen werden. Das Problem einer Perspektive, die den neoliberalen Umbau als Herrschaftsprozess begreift, der quasi auf die Betroffenen niedergeht, verfehlt die Selbsttätigkeit der Subjekte innerhalb gesellschaftlicher Strukturen und verkennt, wie sich die Einzelnen in die neuen Strukturen einbringen und sich selbst dabei formen (vgl. Haug 1983, S. 16). Nur so kann jedoch herausgefunden werden, wie die Einzelnen zur Reproduktion dieser Verhältnisse beitragen, wie v.a. auch aufbrechende Widerspruchskonstellationen immer neue Möglichkeiten für eingreifendes Handeln bieten, an denen sich widerständige Haltungen entzünden.

Neuere Untersuchungen suchen diese Lücke aufzuarbeiten und etwa Prekarisierung oder Rassismus nicht nur als Prozesse der Desintegration des Alten, sondern als Desintegrations-/Integrationsparadoxon zu begreifen (vgl. hierzu: Candeias 2006). Anhand subjektiver Verarbeitungsformen wird gezeigt, wie sich die Einzelnen (über sog. sekundäre Integrationspotenziale) eben selbst in die Verhältnisse einbauen. Subjektivität wird jedoch weitgehend (mit Bourdieu'schen Anleihen) nur vom Standpunkt der Reproduktion der Gesellschaft betrachtet, quasi als affekthafter Reaktionismus. Es gibt kein Entrinnen aus den Formen restriktivster Handlungsfähigkeit. Den Subjekten wird zwar Eigenaktivität zugestanden, die Kompetenz oder Fähigkeit zur Veränderung der Verhältnisse jedoch generell abgesprochen (vgl. Candeias 2007a). Dies bestätigt sich in der starken Betonung von Stellvertreterpolitiken, von Staatsfixierung und von Appellen an aufgeklärte Eliten etc.

Einfache Negation und „große Politik"

Alternativen werden oft im Rahmen einer Vorstellung von Politik formuliert, die auf gute Argumente und Appelle an die Eigeninteressen in Wirtschaft und Politik setzt (vgl. Brand 2005). Meist wird ein imaginäres Allgemeininteresse angerufen:

„Es wäre doch für alle besser, wenn die Binnennachfrage gesteigert würde ..." Dann werden die besseren Reformprojekte präsentiert, manchmal fast als Gesetzgebungsvorschläge. Damit ist zwar ab und zu das Interesse der Medien zu wecken, zugleich wird aber eine bestimmte Vorstellung von Politik als „große Politik" reproduziert, die sich an „den Staat" richtet, dessen Aufgabe es doch sei, für alle – das „Volk" eben – Politik zu machen. Dieser Anrufung des Staates entspricht ein enger, traditioneller Begriff von Politik – Politik ist dann, was man in der Tagesschau sieht: Parlamentsdebatten vor leeren Rängen, Parteien, Regierung, die großen Verbände und natürlich die Medien selbst. Der Versuch, auf diesem Terrain mitzuspielen, ist selbst schon Teil der bestehenden Hegemonie. Das Formulieren von besseren Vorschlägen erfordert Expertise, Expertenwissen. Viele NGOs haben da Erstaunliches geleistet, verstärken aber den Trend zur Entpolitisierung von Politik, indem sie diese an eben jene Experten delegieren und Kompetenz/Inkompetenz-Verhältnisse vertiefen. Die Beschränkung auf konstruktive, inhaltliche Kritik lässt die herrschenden Formen von Politik zugleich unberührt. Zudem lässt man sich zu sehr darauf ein, dass Kritik oder Protest nur als legitim gelten darf, wenn doch bitte schön gleich ein „konstruktiver" Vorschlag gemacht wird (z.b. die Tobin Tax, die Einfachsteuer und/oder die Bürgerversicherung). Damit wird die alte Form der Stellvertreterpolitik reproduziert, ohne dass die Gruppen, für die man sprechen möchte, selbst zu Wort kämen.

Dagegen steht erst einmal die legitime Äußerung des Unmuts, des Protests mit der Formulierung eines deutlichen „Nein!" Freilich bleiben Proteste und Kritik im Sinne einer einfachen Negation der Umbauprozesse zu häufig dabei stehen, sind eben auf reine Ablehnung beschränkt und daher relativ wirkungslos. Sie sollten mit einem anderen Verständnis von Politik verbunden werden, denn umfassende gesellschaftliche Veränderung erschöpft sich nicht in „großer Politik", muss vielmehr im Alltag der Menschen ankommen und diesen selbst als Sphäre der Politik begreifen (wie Gramsci früh gezeigt hatte, aber auch die zweite Frauenbewegung noch einmal klargemacht hat). Das zielt auf individuelle und kollektive Handlungsfähigkeit, die Frage der alltäglichen Organisierung und die Erfahrung, dass die verfügende Anordnung gesellschaftlicher Verhältnisse selbst verfügbar, also veränderbar ist. Kommt eine linke politische Kultur nicht im Alltag an, werden die linken Angebote zu Recht nicht als wirkliche Alternativen wahr- bzw. angenommen. Dies gelingt also nicht durch kontinuierliche Aushandlung und Reform, sondern durch „Ausweitung *effektiver Brüche*, deren kulminierender Punkt im Umschlagen der Kräfteverhältnisse" zugunsten der Bewegungen auf den Terrains von ziviler und politischer Gesellschaft liegt (siehe Poulantzas 1978, S. 237; Hervorh. im Original). Es geht um politisch-kulturelle Projekte, die an alltäglichen Problemen ansetzen, eine unmittelbare, reale Verbesserung der betreffenden Gruppen ermöglichen und den Anschluss an weiterreichende Entwicklungen über die Grenzen des Bestehenden hinaus ermöglichen, also Stachel im Fleisch der Herrschenden sind.

Differenzierung und Vereinheitlichung – wie operieren mit Antinomien?

Angesichts der erlebten Unübersichtlichkeit der Verhältnisse, der Neuzusammensetzung gesellschaftlicher Gruppen und Klassen sowie der Erfahrung mit einengenden, aus der alten Arbeiterbewegung bekannten Formen der Vereinheitlichung, die immer zur Marginalisierung schwächerer Gruppen und Klassenfraktionen führten, haben sich in der sog. Bewegung der Bewegungen eine Art Differenzdenken und eine produktive Haltung zur Pluralität etabliert. Dennoch reproduziert sich eine Praxis, die Gemeinsamkeiten jenseits billiger plakativer Forderungen nicht alltagspolitisch auslotet. Zwischen den unterschiedlichen Gruppen werden kaum Vermittlungen geknüpft, vielmehr wird die Unvergleichlichkeit der Problemlagen betont. Ich bleibe beim Beispiel der Prekarisierung: Zwar plädiert man auf der Linken für einen erweiterten Begriff von Prekarisierung (vgl. Redaktion Arranca! 2005), um der Tatsache Rechnung zu tragen, dass Prekarisierung zur „gesellschaftlichen Normalität" geworden ist. Dabei verschwimmt jedoch meist der Begriff, weil ganz unterschiedliche gesellschaftliche Prozesse damit verbunden sind, sich ganz verschiedene gesellschaftliche Gruppen darin bewegen und man doch nicht die illegalisierte migrantische Putzfrau mit dem von Projekt zu Projekt „hoppenden" Webdesigner vergleichen könne. Zu Recht agieren solche Positionen bewusst vorsichtig, um nicht vorschnell eine einheitliche Entwicklung und daraus ableitbare Positionen zu konstruieren oder einer Art neuer Begriffsmode aufzusitzen – das ist nur zu verständlich. Zwar wird zutreffend darauf hingewiesen, dass Prekarisierung alle Qualifikationsniveaus durchzieht, dann folgt aber oft eine schematische Trennung von „hoch" und „niedrig" qualifizierten Segmenten", von „Luxusprekarisierten" mit hohem symbolischem Kapital und „richtig" Prekären usw.: Benannt werden v.a. die Trennungslinien, nicht die Gemeinsamkeiten. Angesichts der Unübersichtlichkeit der gesellschaftlichen Differenzierung zieht man sich auf die Differenzen zurück.

Das ist – wie gesagt – verständlich, drückt sich aber vor dem realen Widerspruch zwischen Verallgemeinerung (nicht Vereinheitlichung) und Differenz und entscheidet sich gegen Vermittlung für Differenz. Das ist zu wenig und übervorsichtig. Natürlich müssen Kämpfe und soziale Organisierung in ganz unterschiedlichen Lebens- und Arbeitsverhältnissen ansetzen, aber auch darüber hinaus auf ein verallgemeinerbares Moment, auf eine gemeinsam zu entwickelnde Position zielen. Andernfalls ist die Verengung oder der Rückfall auf korporativistische, also enge Gruppeninteressen zu befürchten (vgl. Poulantzas 1979), was zur Verschärfung der Subalternität führt, die immer dann droht, wenn Kämpfe nicht als Hegemonialkonflikte um die gesellschaftliche Anordnung selbst begriffen werden.

Gegen eine Sicht, die Spaltungen bzw. Differenzierungen und damit nur die Reproduktion der Verhältnisse betont, richtet sich die eher voluntaristische Vereinheitlichung eines widerständigen Subjekts von ganz links (wahlweise die internationale Arbeiterklasse, das Prekariat, die globalisierungskritische Bewegung etc.). Voluntaristisch ist diese Position, weil sie primär auf die vorschnelle diskursive Konstruktion eines neuen, einheitlichen „revolutionären" Subjekts setzt. Sie tut dies, ohne sich der Mühen einer Bearbeitung der Widersprüche zwischen heterogenen Positionen und Bedürfnissen, sozialen Spaltungen, hegemonialer Eingebundenheit der Subjekte in die Reproduktion der Verhältnisse sowie einer notwendigen Vermittlung und Verallgemeinerung zu widmen, ohne an den konkreten Alltagsrealitäten der unterschiedlichen Gruppen anzusetzen. Stattdessen gibt es mehr oder weniger symphatisches Neo-Revolutionspathos, aber eben auch bemühte Vereinheitlichung, die Unterschiede wieder zu vernachlässigen droht.

Entscheidend ist also, mit dem Widerspruch von Verallgemeinerung und Differenz produktiv umzugehen und trotz aller Unterschiedlichkeit von Lagen und Bedürfnissen an einer Perspektive verallgemeinerter Handlungsfähigkeit festzuhalten, welche die Differenzen nicht unterschlägt. Die Problematik zeigt sich an der globalisierungskritischen bzw. Sozialforumsbewegung. Letztere hat in den letzten Jahren einen wichtigen Beitrag zur Konsolidierung einer Bewegung der Bewegungen geleistet. Allerdings gibt es sehr unterschiedliche Vorstellungen über die Fortsetzung des Prozesses und darüber, welche politischen Formen für eine radikale gesellschaftliche Transformation angemessen sind. Es existiert ein Konsens über die Notwendigkeit von Pluralität und den Reichtum der Diversität in den Bewegungen, aber auch ein Verständnis von notwendiger Kohärenz. Oft wird dieses Problem in einfachen Dichotomien diskutiert, in Gegensätzen von institutionellen Politiken und Autonomie, von Bewegungen und Parteien, von Avantgardedenken und Basisdemokratie, von Zivilgesellschaft und Staat etc. Aber diese Essenzialisierungen konstruieren falsche Gegensätze, weil es sich im konkreten Leben um Bewegungen von Widersprüchen handelt. Es handelt sich um Antinomien, die dem Feld der politischen Praxis der Bewegungen selbst entspringen. Antinomien entstehen, wenn unterschiedliche (z.T. erst noch zu entwickelnde) Handlungs- bzw. Organisationsformen sich in einem bestimmten Sinne ausschließen, aber gleichwohl unverzichtbar sind. Um die Bewegung nicht zu spalten oder in ein unverbundenes (postmodernes) Nebeneinander zerfallen zu lassen, wird nötig, was Brecht „mit Antinomien operieren zu können" nannte.

Literatur

Altvater, Elmar/Mahnkopf, Birgit (2002): Globalisierung der Unsicherheit, Münster
Becker, Gary S. (1982): Der ökonomische Ansatz zur Erklärung menschlichen Verhaltens, Tübingen
Bischoff, Joachim/Deppe, Frank/Kisker, Klaus Peter (Hrsg.): Das Ende des Neoliberalismus? – Wie die Republik verändert wurde, Hamburg 1998
Brand, Ulrich (2005): Gegen-Hegemonie. Perspektiven globalisierungskritischer Strategien, Hamburg
Brensell, Ariane/Habermann, Friederike (2001): Geschlechterverhältnisse – eine zentrale Dimension neoliberaler Hegemonie, Berlin
Bourdieu, Pierre (1998): Gegenfeuer. Wortmeldungen im Dienste des Widerstands gegen die neoliberale Invasion, Konstanz
Butterwegge, Christoph (2006): Krise und Zukunft des Sozialstaates, 3. Aufl. Wiesbaden
Butterwegge, Christoph (2008): Rechtfertigung, Maßnahmen und Folgen einer neoliberalen (Sozial-)Politik, in: ders./Bettina Lösch/Ralf Ptak, Kritik des Neoliberalismus, 2. Aufl. Wiesbaden, S. 135-219
Candeias, Mario (1999): Die Wende als Ausdruck neoliberaler Verallgemeinerung, in: Das Argument 232, S. 645-655
Candeias, Mario (2004): Neoliberalismus – Hochtechnologie – Hegemonie. Grundrisse einer transnationalen kapitalistischen Produktions- und Lebensweise, Berlin/Hamburg
Candeias, Mario (2006): Handlungsfähigkeit durch Widerspruchsorientierung. Kritik der Analysen von und Politiken gegen Prekarisierung, in: Z. Zeitschrift Marxistische Erneuerung 68, S. 8-23
Candeias, Mario (2007a): Das „unmögliche" Prekariat oder das Scheitern an den Widersprüchen pluraler Spaltungen, in: Das Argument 271, S. 410-467
Candeias, Mario (2007b): Konjunkturen des Neoliberalismus, in: Christina Kaindl (Hrsg.), Subjekte im Neoliberalismus, Marburg, S. 9-17
Castel, Robert (2000): Die Metamorphosen der sozialen Frage. Eine Chronik der Lohnarbeit, Konstanz
Demirović, Alex (1992): Regulation und Hegemonie, in: ders./Hans-Peter Krebs/Thomas Sablowski (Hrsg.), Hegemonie und Staat, Münster, S. 128-157
Dörre, Klaus (2002): Kampf um Beteiligung, Wiesbaden
Gramsci, Antonio (1991-2002): Gefängnishefte, 10 Bde., hrsg. von Wolfgang Fritz Haug/ Klaus Bochmann, später auch von Peter Jehle, Berlin/Hamburg
Haug, Frigga (Hrsg.) (1983): Sexualisierung der Körper, Berlin/Hamburg

Haug, Frigga (2001): „Hausfrau", in: Wolfgang Fritz Haug (Hrsg.), Historisch-kritisches Wörterbuch des Marxismus, Bd. 5, Berlin/Hamburg, S. 196-209

Haug, Wolfgang Fritz (2003): Ungedachtes, das keine Ruhe gibt, in: ders., High-Tech-Kapitalismus, Berlin/Hamburg, S. 135-158

Hauser, Kornelia (1996): Die Kategorie Gender in soziologischer Perspektive, in: Das Argument 216, S. 491-504

Hayek, Friedrich August von (1980): Recht, Gesetzgebung und Freiheit, Bd. 3: Die Verfassung einer Gesellschaft freier Menschen, Landsberg am Lech

Houellebecq, Michel (1999): Ausweitung der Kampfzone, Köln

Lipietz, Alain (1998): Nach dem Ende des „Goldenen Zeitalters", Berlin/Hamburg

Lutz, Helma (2007): Vom Weltmarkt in den Privathaushalt. Die neuen Dienstmädchen im Zeitalter der Globalisierung, Opladen/Farmington Hills

Marcuse, Herbert (1964/1982): Der Eindimensionale Mensch, Darmstadt/Neuwied

Marx, Karl/Engels, Friedrich: Werke (MEW), 39 Bde. und 2 Ergänzungsbde., Berlin (DDR) 1956 ff.

Poulantzas, Nicos (1978): Staatstheorie, Hamburg

Poulantzas, Nicos (1979): „Es geht darum, mit der stalinistischen Tradition zu brechen!", Interview in: Prokla 37, S. 127-140

Redaktion Arranca (2005): „Prekär und permanent aktiv", in: Arranca! 31, S. 3-7

Rerrich, Maria S. (2006): Die ganze Welt zu Hause. Cosmobile Putzfrauen in privaten Haushalten, Hamburg

Ulrich Brand

Gegenhegemonie unter „postneoliberalen" Bedingungen
Anmerkungen zum Verhältnis von Theorie, Strategie und Praxis[1]

Neoliberales Denken und Handeln geraten zunehmend unter Legitimations-druck. Es gibt Interpretationskämpfe darum, wie man mit der Tatsache umgehen soll, dass sich die neoliberalen Versprechen einer neuen Wachstumsdynamik, wirtschaftlicher *Trickle-down*-Effekte und zunehmenden Wohlstandes „für alle" seit 30 Jahren nicht erfüllen. Damit gehen politische Vorschläge einher, die sich vermeintlich oder substanziell vom neoliberalen Programm unterscheiden. Neo-keynesianische Positionen gewinnen an Bedeutung, und der Staat wird neuer-dings in den Sozialwissenschaften mit griffigen Metaphern wie „bringing the state back in" aufgewertet, verbunden mit verschiedenen „Spielarten des Kapita-lismus" (für die nationalstaatliche Ebene; vgl. Hall/Soskice 2001) und „Global Governance" (für die internationale Politik; vgl. Commission on Global Gover-nance 1996 und die jüngste Debatte in Behrens 2005).

Dieses komplexe Diskursfeld lässt sich als „Postneoliberalismus" umschrei-ben (vgl. Borón 2003; Sekler 2007; Brand/Sekler 2008; Macdonald/Rückert 2008). Es handelt sich dabei um divergierende Umgangsweisen mit dem Sachverhalt, dass sich neoliberale Strategien nicht mehr so einfach wie früher durchsetzen lassen. Ihre zunehmende gesellschaftliche Bedeutung ist nicht nur eine Folge der Widersprüche und Krisen des neoliberalen Gesellschaftsumbaus, mit denen auch herrschende Institutionen und Akteure umzugehen haben. Es handelt sich viel-mehr auch um ein Verdienst von emanzipatorischen sozialen Bewegungen, kriti-schen Nichtregierungsorganisationen (NGOs), unabhängigen Medien, kritischen Intellektuellen sowie Menschen in Gewerkschaften und linken Parteien. Vor diesem Hintergrund dient der o.g. Begriff „einerseits als Analyseperspektive zur

---

[1] Ausdrücklich gedankt sei an dieser Stelle der Rosa Luxemburg Stiftung (Berlin), die mir mehrmalige Teilnahmen am Weltsozialforum – eine wichtige Grundlage der hier angestellten Überlegungen – ermög-licht hat.

Beschreibung der – unterschiedlich starken und multiskalar stattfindenden – Brüche mit *dem* Neoliberalismus im Sinne von Projekten, Strategien und Praxen sowie andererseits als normative Ausrichtung und Zielorientierung." (Sekler 2007, S. 70; Hervorh. *U.B.*) Der besagte Terminus umfasst nicht nur emanzipatorische Praxen, auch die Weltbank, das United Nations Development Programme (UNDP) oder sozialdemokratische „Dritte Wege" würden sich als „postneoliberal" bezeichnen. Genau darin liegt die mögliche Attraktivität des Begriffs: Es können unterschiedliche Strategien in den Blick genommen und damit die Kontinuitäten und Brüche gesellschaftlicher Entwicklungen analysiert werden. Im Gegensatz zum Begriff „Postfordismus", der heuristisch eine neue Phase kapitalistischer Vergesellschaftung analysierbar machen soll, nimmt der Terminus „Postneoliberalismus" eher die strategischen Auseinandersetzungen um sich verändernde politische, ökonomische und kulturelle Entwicklungsmuster, Kräftekonstellationen sowie sich unter Umständen herausbildende hegemoniale Verhältnisse in den Blick.

In diesem Beitrag soll jene Bewegung fokussiert werden, die für sich am deutlichsten in Anspruch nimmt und nehmen kann, eine emanzipative „postneoliberale Agenda" voranzutreiben, nämlich die globalisierungskritische Bewegung. Seit knapp zehn Jahren ist es ihr gelungen, an wirkungsmächtigen Grundpfeilern der neoliberalen Gesellschaftstransformation kräftig zu rütteln: nämlich der postulierten Alternativlosigkeit zum Sozialstaatsabbau, zum Slogan „The economy comes first", zur Privatisierung und Vermarktlichung öffentlicher Bereiche, zur wirtschaftspolitischen Außenöffnung, zu individualistischem Konkurrenzdenken, zum Hyperkonsum und zur Schwächung bzw. Kooptation der Gewerkschaften und anderer potenziell herrschaftskritischer Kräfte.

Gleichzeitig können solche Reflexionen nicht übersehen, dass vielen „postneoliberalen" Strategien in den kapitalistischen Zentren ein Moment der Schwäche und Frustration innewohnt. Es gelingen offenbar keine Eingriffe in die bestehenden gesellschaftlichen Machtverhältnisse, d.h. ihre institutionellen Verdichtungen und hegemonialen gesellschaftlichen Orientierungen. Im Gegenteil gibt es vielfältige Entwicklungen, die keine Verschiebungen zu weniger Herrschaft sowie mehr Freiheit und Gerechtigkeit anzeigen: Das neoliberale Programm (zur Kritik vgl. Butterwegge u.a. 2008) wird weiterhin durchgezogen; der Krieg im Irak und die deutlicher werdenden Konturen einer imperialen Weltordnung sind genauso düster wie die zunehmend mit der Herstellung von „Sicherheit" begründeten Politiken; der politische und ökonomische Aufstieg von Ländern der kapitalistischen Peripherie – allen voran China –, die wenig emanzipatorische Dimensionen aufweisen; zu sozioökonomischen Krisen kommen sozialökologische, die kaum effektiv bearbeitbar erscheinen. Diese Liste ließe sich fortsetzen (vgl. z.B. Becker u.a. 2007). Daher stellt sich die Frage, wie emanzipatorische Akteure geeignete Strategien entwerfen (können).

Zunächst behandle ich einige methodische Probleme der Erforschung „postneoliberaler" Strategien und Akteure; dem folgen Überlegungen, die konkrete Forschungen anleiten könnten. Zentral sind die Begriffe „Hegemonie" und „Gegenhegemonie". Hierbei geht es um das Verhältnis eines theoretisch angeleiteten Wissens gesellschaftlicher Entwicklungsbedingungen, emanzipatorischer Strategien und konkret sich ändernder gesellschaftlicher Praxen. Diese drei Ebenen stehen in einem spannungsreichen Verhältnis; gleichwohl sollten sie alle berücksichtigt werden. Das findet m.E. in der aktuellen sozialwissenschaftlichen Diskussion über die unterschiedlich benannten Bewegungen kaum statt: ob sie nun als globalisierungskritische oder Anti-Globalisierungs-Bewegungen, Bewegungen für eine andere Globalisierung oder für globale Gerechtigkeit bezeichnet werden. Vielmehr überwiegen Darstellungen ihrer Aktionsformen und wichtigen Inhalte sowie Einschätzungen der Potenziale und Grenzen der Bewegungen (vgl. etwa Fisher/Ponniah 2003; Patomäki/Teivainen 2004; Anand u.a. 2004; della Porta 2007; eine Ausnahme bilden einige Aufsätze in Marchart/Weinzierl 2006). Aus den besagten Überlegungen werden sodann Konsequenzen gezogen, um abschließend das Feld des „Postneoliberalismus" vorsichtig abstecken zu können.

Methodische Bemerkungen zur Analyse von Strategien

Die bestehende Gesellschaft kritisierendes und veränderndes Handeln – und um das geht es hier, also nicht um routinisiertes Handeln, denn das soll verändert werden – muss nicht immer strategisch sein. Protest kann losbrechen ohne mehr oder weniger ausgearbeitete Strategien, aber durchaus zur Infragestellung oder gar Veränderung hegemonialer Deutungen und Kräftekonstellationen beitragen. Dieser wichtige Aspekt bleibt bei den hier angestellten Überlegungen ausgeblendet, da es hier um Strategien und Handeln geht.[2]

Die enorme Vielfalt neoliberalismus- oder gar kapitalismuskritischer Bewegungen ist nicht ansatzweise einzufangen. Entsprechend geht es in diesem Beitrag nur exemplarisch um einige Strategien, denn diese sind viel zu umfangreich.

---

[2] Unter einer Strategie verstehe ich längerfristiges und geplantes Handeln sozialer Akteure, um bestimmte Ziele zu erreichen. In der Regel impliziert die Umsetzung von Strategien die Bildung von Bündnissen und Kompromissen. Strategien sind ein zentraler Bestandteil gesellschaftlicher Entwicklungen und müssen daher auch in der sozialwissenschaftlichen Theorie und Analyse berücksichtigt werden.

Die konkreten Strategien müssen je spezifisch untersucht werden; alles andere wäre intellektuell überheblich. Methodisch ist es aber *erstens* sinnvoll, auf einer höheren Abstraktionsebene generalisierbare gesellschaftliche Entwicklungen in den Blick zu nehmen und damit bestimmte Notwendigkeiten, Potenziale und Dilemmata der Strategiebildung zu benennen, vor allem im Verhältnis zum Staat und zu internationalen Staatsapparaten, hinsichtlich wirtschaftspolitischer Strategien oder bezüglich der Schaffung eigener Räume wie beispielsweise den Sozialforen (zur Bedeutung politischer, sozialer und kultureller Räume vgl. Brie/ Spehr 2006). Die Übersetzung in spezifische Konfliktfelder findet auf einer konkreteren und komplexeren Untersuchungsebene statt, die jedoch allgemeine Entwicklungen sinnvollerweise berücksichtigt, denn diese wirken ja nicht äußerlich auf die spezifischen gesellschaftlichen Verhältnisse, sondern sind ihnen immanent.

Ein *zweiter* methodischer Hinweis zur Erforschung emanzipatorischer Strategien betrifft deren Sichtbarkeit. Wenn die weiter unten angestellten hegemonietheoretischen Bemerkungen stimmen, entsprechen sichtbare Akteure und ihre politischen Strategien nicht den viel umfangreicheren Praxen. Deutlich wird das beispielsweise bei öffentlichen Demonstrationen für andere Lebensformen oder gegen die gentechnische Veränderung von Saatgut. Die hergestellte Öffentlichkeit dient der legitimatorischen oder gar rechtlichen Absicherung bestimmter Praxen; Letztere finden aber alltäglich statt über – um im Beispiel zu bleiben – andere Lebensweisen oder andere Formen der Landwirtschaft. Das hat eine forschungsstrategische Implikation: Emanzipatorische Strategien und Praxen sind nicht auf Öffentlichkeit oder das explizite Agieren gegenüber staatlichen Akteuren zu reduzieren. Hier würde ein in den Bewegungen und vor allem bei vielen NGOs existentes Politikverständnis reproduziert: Politik im Sinne gesellschaftlicher Steuerung wird wesentlich vom Staat gemacht und soll über Öffentlichkeit und Nichtöffentlichkeit (z.B. Lobbying) beeinflusst werden. Dann aber gerät die Komplexität gesellschaftlicher Stabilisierung bzw. Regulation und Veränderung aus dem Blick; es werden bestimmte Prozesse benannt und andere eben nicht.

Damit eng verbunden ist eine *dritte* methodische wie politische Bemerkung. Bewegungen bzw. emanzipative Akteure und ihre Strategien konstituieren sich und agieren vor allem in konkreten Konflikten etwa gegen Privatisierungen oder Militarismus, für ein besseres Gesundheitssystem oder die Anerkennung spezifischer Identitäten etc. Hier entstehen konkretes Wissen um gesellschaftliche Verhältnisse, Handlungserfahrungen und politische Glaubwürdigkeit. Vernetzungen und kollektive Identitäten folgen daraus, sich als Teil einer breiteren Bewegung zu verstehen oder sogar darin praktisch aktiv zu sein, etwa in der internationalistischen, feministischen, ökologischen, globalisierungskritischen, Friedens- oder Arbeiterbewegung, der alternativen Ökonomie, den Kämpfen um Menschenrechte oder gegen Privatisierung und Kommerzialisierung, der Selbstorganisation von Migrant(inn)en und den *Pro-migrant*-Organisationen (für die zuletzt genannten vgl. etwa Schwenken 2006).

„Große" Strategien gegen „den" Neoliberalismus, Kapitalismus bzw. Imperialismus oder gegen „das" Patriarchat spielen hier nur vermittelt eine Rolle. Die groben postneoliberalen oder antikapitalistischen Orientierungen werden gleichsam in die je spezifischen Konfliktkonstellationen eingebaut und bleiben hier umstritten. Die globalisierungskritische Bewegung ist insofern ein übergreifendes Label – manche nennen sie die „Bewegung der Bewegungen". Doch selbst wenn die globalisierungskritische Bewegung wie gegenwärtig keine andere für sich reklamiert, für sehr verschiedene Fragen zuständig zu sein – üblicherweise ein Charakteristikum von Parteien –, war das Weltsozialforum Anfang 2007 in Nairobi ein interessanter Beleg dafür, dass zuvörderst konkrete Auseinandersetzungen geführt werden. Diskussionen, Strategiebildungen und transnationale Organisierung fanden entlang von etwa 20 Themen wie Wasser, Bildung, Gesundheit und Landfragen statt. Das ist nicht per se eine *Single-issue*-Orientierung, sondern zunächst Einsicht in komplexe Zusammenhänge. Dennoch – und auch das war in Nairobi und insbesondere bei vielen NGOs sichtbar – birgt die Fokussierung einzelner Themen die Gefahr, „das Ganze" aus den Augen zu verlieren.

Postneoliberale Strategien lassen sich *viertens* nicht auf emanzipatorische Bewegungen und kritische NGOs reduzieren. Mächtige Akteure wie die Weltbank oder das UNDP strukturieren das Feld der postneoliberalen Agenda genauso mit wie liberale Intellektuelle, und auch rechte Bewegungen tummeln sich hier. Die Grenzen sind nicht einfach zu ziehen – weder zwischen herrschaftskritischen und eher herrschaftsaffirmativen „postneoliberalen" Positionen noch zwischen eher defensiven Strategien, die beispielsweise Privatisierungen zu verhindern suchen, und offensiven. Staatliche Instanzen, etwa viele Kommunen, sind wichtig in der (Nicht-)Privatisierungspolitik (vgl. dazu etwa Rügemer 2006). M.E. können postneoliberale Strategien und entsprechende gesellschaftliche Veränderungen nur als mehr oder weniger strukturierter Prozess verstanden werden, in dem verschiedene Vorstellungen gesellschaftlicher Entwicklung aufeinandertreffen und sich in einigen Konflikten besonders ausdrücken. Insofern sind die Auseinandersetzungen um Inhalte, Formen und Zuständigkeiten, ja schon die Benennung einer „postneoliberalen" Agenda (oder besser: von pluralen Agenden) wichtig.

Fünftens müssen Strategien von gesellschaftlichen Praktiken und erst recht von gesellschaftlicher Reproduktion/Regulation im umfassenden Sinne unterschieden werden. Deshalb spielen dominante oder gar hegemoniale gesellschaftliche Orientierungen sowie Institutionen und institutionelle Praxen eine Schlüsselrolle: Sie wirken zuvörderst stabilisierend, müssen aber als zu verändernde mitgedacht werden. Ob Strategien sich nicht umsetzen lassen aufgrund starker Gegenwehr, weil sie dysfunktional sind oder zu schwach bleiben, ist ja immer wieder Gegenstand von Diskussionen. So trafen keynesianische wirtschaftspolitische Strategien in der Zeit nach dem Zweiten Weltkrieg stärker die Interessen relevanter gesellschaftlicher Kräfte als heute und waren in einer bestimmten Phase kapitalistischer Entwicklung auch funktional.

Wenn man diese methodischen Bemerkungen und eine breite Herangehensweise für plausibel erachtet, folgt daraus die ernüchternde Einsicht: Wir wissen heute relativ wenig über emanzipative Strategien, ihre Bildung und Wirkungen. Das heißt, es müssten unter dem Label „emanzipatorische postneoliberale Agenda" konkrete Untersuchungen durchgeführt werden, die methodische und theoretische Innovationen mit sich bringen. Dafür soll im Folgenden ein theoretisch-konzeptioneller Rahmen entwickelt werden.

Gegenhegemonie als dekonstruktive Strategie

Der Begriff „Gegenhegemonie", den Antonio Gramsci in seiner Hegemonietheorie übrigens nicht verwendete, scheint mir angebracht, um theoretische und strategische Perspektiven stärker zusammendenken zu können. Die Perspektive der Gegenhegemonie impliziert Versuche einer *vier*dimensionalen Gegenmacht. Zum einen wendet sie sich gegen *relationale* Macht und direkten Einfluss – d.h. im Weber'schen Sinn in bestimmten Konstellationen mächtige Akteure an der politischen, militärischen, ökonomischen, alltagsweltlichen Durchsetzung ihrer Interessen zu hindern und ihren Einfluss zu beschränken. Gegenmacht bedeutet aber auch die *indirekte* Macht über Agenda-Setting-Prozesse und Nichtentscheidungen (die zweite Dimension der Macht im Sinne von Steven Lukes 1974) und die *diffuse* bzw. *diskursive* Macht der Rahmung von Ideen, Einstellungen, Wünschen und Wertvorstellungen, die meist nicht Akteuren direkt zuschreibbar ist (Steven Lukes' dritte Dimension, die eng an den Machtbegriff von Michel Foucault angelehnt ist); Joseph Nye (1990, S. 27) spricht in diesem Zusammenhang von „soft power". Mit Susan Strange (1988) kann dieser *drei*dimensionale Machtbegriff noch um die Dimension *strukturaler* Macht erweitert werden, d.h. die reelle Fähigkeit von Akteuren, gesellschaftliche Strukturen und vor allem Institutionen zu schaffen oder sich bei deren kompromisshafter Schaffung und Reproduktion entscheidend durchzusetzen. Wichtig ist, dass Machtverhältnisse immer auch die Verfügung über materielle und ideelle Ressourcen sowie damit Handlungsmöglichkeiten unterschiedlicher Akteure festlegen.

Gegenhegemonie umfasst demnach auch die Dimension relationaler, indirekter, diffuser und strukturaler Gegenmacht im Sinne des *empowerment* schwächerer und insbesondere emanzipatorischer Akteure mit dem Ziel, kollektive und individuelle Handlungsmöglichkeiten auszuweiten. Zwei entscheidende Dimensionen kommen hinzu: Zum einen geht der Begriff „Gegenhegemonie" über die skizzierten Machtdimensionen hinaus, indem gesellschaftlicher Konsens als aktive oder passive Zustimmung zu den Verhältnissen berücksichtigt wird. Das gegenhegemoniale Unterlaufen von Konsensen geschieht nicht aus einer überlegenen „wahren" Position heraus, denn Konsense sind in gewisser Weise ja auch „wahr", d.h. plausibel, attraktiv und/oder alternativlos. Damit öffnet sich über den Machtbegriff von Lukes eine weitere Dimension, die für das Verständnis gesellschaftlicher Veränderungen wichtig ist: eben das Außerkraftsetzen von Konsens, d.h. die vielfältigen Prozesse, in denen hegemoniale Verhältnisse aktiv unterlaufen oder zumindest nicht mehr passiv hingenommen werden.

Zum anderen hat der Begriff eine strukturelle Dimension, die von der kritischen Gesellschaftstheorie und insbesondere von der um Gramsci erweiterten Regulationstheorie angeleitet wird. Hegemonie ist nicht nur ein Führungs- und Konsensverhältnis im Sinne akzeptierter direkter, indirekter, diffuser und strukturaler Macht, sondern basiert auf stabilen institutionellen Verhältnissen und (unter kapitalistischen Bedingungen) ökonomischer Expansion als Grundlage von Kapitalakkumulation und einem dadurch eher akzeptierten Kapitalverhältnis. Es geht daher bei der Frage nach Hegemonie und Gegenhegemonie auch um die Funktionalität der bestehenden Verhältnisse. Wann politische, sozioökonomische und ideologische Verhältnisse sich nicht mehr reibungsfrei, weitgehend konsensual reproduzieren und was die Formen und Inhalte der Infragestellung bzw. ihrer Restrukturierung sind, ist dabei offen, der Aspekt sollte aber berücksichtigt werden. Der Begriff „Gegenhegemonie" hat also eine strategische und eine strukturelle Dimension, d.h. eine von Kämpfen und eine von Dysfunktionalität, Dyshegemonie oder misslingender Regulation (Letzteres impliziert Kämpfe, aber das Ergebnis ist ein anderes; vgl. ausführlich zum Begriff „Gegenhegemonie": Brand 2005 und 2007).

Symbolische wie materielle Erfolge sind zentral, Letztere in dem ganz praktischen Sinne, dass einerseits herrschende gesellschaftliche Gruppen ihre Interessen nicht einfach durchsetzen können, sondern daran gehindert oder zumindest zu Kompromissen gezwungen werden. Das meint der Begriff der sozialen Kräfteverhältnisse: auf Dauer gestellte Konstellationen, um Interessen, Normen und Identitäten durchzusetzen, in denen schwächere Akteure diese Durchsetzung aktiv unterstützen oder passiv hinnehmen. Andererseits ändern sich materielle Verhältnisse, wenn sich die dominanten oder hegemonialen Orientierungen in einer Gesellschaft verändern, d.h. die alltäglichen Plausibilitäten, warum etwas so und nicht anders geschieht: in der staatlichen Politik, in der Öffentlichkeit, am Arbeitsplatz oder im „privaten" Nahbereich. Und genau hier liegt ein guter Teil der aktuellen Frustrationen begründet: Den symbolischen Erfolgen in dem Sinne, dass die Kritiken und Anliegen der emanzipativen Bewegungen durchaus bekannt sind, folgen keine materiellen. Vielmehr herrscht „business as usual" in Politik, Wirtschaft, Öffentlichkeit und beim eigenen Verhalten.

Die Proteste sozialer Bewegungen sind aus dieser Perspektive ein wichtiger Indikator, um Risse in hegemonialen Konstellationen sichtbar zu machen. Genau das ist ja auch ihr Ziel, selbst wenn ein hegemoniepolitisches Verständnis nicht unbedingt existiert. In dieser Hinsicht handelt es sich bei der globalisierungskritischen Bewegung um einen sehr differenzierten Lernprozess, der über unzählige Publikationen und Diskussionen, Kongresse und Demonstrationen, Strategien und Kampagnen stattfindet. Gegenhegemonie bedeutet also nicht die Umkehrung bürgerlicher Hegemonie (so die m.E. unzutreffende Kritik etwa von Adolphs/Karayakali 2007), sondern sollte als Prozess der Dekonstitution gedacht werden (vgl. hierzu ausführlich: Brand/Sekler 2008): der Auflösung bestehender Macht- und Herrschaftsstrukturen sowie der Schaffung alternativer Formen der Vergesellschaftung, die sich in veränderten Orientierungen und Lebensformen, politischen Institutionen und Öffentlichkeit, Arbeitsteilung und Formen materieller Reproduktion, anderen Naturverhältnissen etc. materialisieren. Interessant scheint mir am Hegemoniebegriff – etwa im Unterschied zum Begriff der Gegenmacht –, dass er die in den nordwestlichen Gesellschaften bestehenden materiellen und ideellen Konsense und die institutionelle Stabilisierung der Verhältnisse in den Blick nimmt und genau hier ansetzt. „Gegenmacht" suggeriert einen sich neben dem Bestehenden entwickelnden Strom von (radikalen) Bewegungen, die irgendwann die Verhältnisse über den Haufen kämpfen. Das wirkt peppiger, ist aber weder den Formen der Auseinandersetzung angemessen noch jenseits der ohnehin Überzeugten eine attraktive Perspektive. Ansonsten ist Gegenmacht eben nur eine von Akteuren wie den Gewerkschaften, die in den bestehenden Strukturen agieren. Das ist wichtig genug, eröffnet aber wenig Perspektiven jenseits der bestehenden Verhältnisse. Insofern ist der Begriff „Gegenmacht" enger an die bestehenden Verhältnisse und ihre Formen des Politikmachens gebunden.

Mit dem Begriff „Gegenhegemonie" ist aber nicht gemeint, dass sich die sorgfältige Analyse der Fragen staatlich-politischer und ökonomischer Macht erübrigt.

Einige Konsequenzen

Die hegemonietheoretische und strategisch gegenhegemoniale Perspektive kann einerseits vor der Gefahr bewahren, dominante Politikvorstellungen zu reproduzieren, dass nämlich Probleme möglichst effizient „zu lösen" und „politikfähige" Konzepte zu entwickeln seien. Dahinter steht die technokratische Politikvorstellung, wonach scheinbar objektiv vorhandene Probleme scheinbar objektiv zu lösen sind. Unterschiedliche Problemverständnisse und Vorstellungen ihrer Bearbeitung bleiben ausgeblendet (vgl. BUKO 2003). Gerade die Medien, staatliche Apparate und staatsnahe Teile der „Zivilgesellschaft" wie politische Stiftungen vertreten solche Ansätze und fordern sie von kritischen Akteuren ein: Rezepte, Modelle, Pläne – möglichst konkret für jedes (Welt-)Problem. Schon mit der „Logik" dieser Herangehensweise sollte man sich aus einer gegenhegemonialen Perspektive kritisch auseinandersetzen. Eine zu starke Orientierung auf staatliche Politiken droht zudem die kapitalistische Arbeitsteilung sowie den Konkurrenz- und Wachstumsimperativ zu unterschätzen.

Andererseits besteht in gewisser Weise die Chance einer „Repolitisierung" des Politikverständnisses". Dies heißt, dass weder Politik nur eine Angelegenheit von Staat und Parteien noch die „Zivilgesellschaft" nur darauf ausgerichtet ist, die Effizienz und Legitimität staatlicher Politik zu erhöhen. Dafür ist die Einsicht wichtig, dass der Staat nicht dem Markt gegenübersteht, sondern dessen Voraussetzung ist (vgl. z.B. Röttger 2004; Hirsch 2005). Das hat die wichtige Konsequenz für emanzipatorische „postneoliberale Agenden", dass eine grundlegende Transformation nicht über den Staat zu erreichen ist. Kapitalistische Klassenherrschaft und die ihr zugrunde liegende Produktionsweise, patriarchale Geschlechterherrschaft oder ethnische Ungleichheitsmuster können gar nicht per *staatlicher* Politik aufgehoben werden, weil der Staat kein neutraler Akteur ist, sondern selbst ein kapitalistischer, patriarchaler und rassistischer Klassenstaat. Dabei ist er selbst finanziell und legitimatorisch auf das Gedeihen der kapitalistischen Ökonomie angewiesen. Staat ist kein reines Instrument der herrschenden Klasse(n), sondern ein Terrain, auf dem sich höchst ungleiche gesellschaftliche Interessen durchzusetzen suchen und Kompromisse schließen. Der Staat ist als nationaler oder – auf der Ebene der EU eventuell – supranationaler Teil eines fragmentierten kapitalistischen Weltsystems, und die kompromisshafte Stabilisierung sozialer Verhältnisse in den Metropolen hängt von „erfolgreichen" Formen der Weltmarktintegration samt internationalen Politiken und kulturellen Wahrnehmungen ab. Gleichwohl sollte es sich eine solche staatstheoretische und -kritische Position nicht zu einfach machen. Denn die theoretisch wie politisch hochgradig relevante Frage bleibt damit bestehen, warum der bürgerliche Staat doch immer wieder zentrales institutionelles Terrain der Formulierung und Austragung gesellschaftlicher Konflikte und der Stabilisierung von Herrschaft ist.

Eine weitere Konsequenz der hegemonietheoretischen und gegenhegemonialen Perspektive liegt darin, eine enorme politische Spannung in den Blick zu bekommen, die traditionell von der internationalistischen Solidaritätsbewegung thematisiert wurde und aktuell insbesondere von der Bewegung für eine andere Globalisierung aufgeworfen wird, ohne besonders reflektiert zu werden. Ich nenne sie vorläufig die „imperiale Leerstelle" postneoliberaler Strategien. Denn die Spielräume emanzipatorischen Handelns liegen nicht zuletzt im erreichten Wohlstand nationalstaatlich organisierter Gesellschaften. Dieser Wohlstand und die relative Stabilisierung sozialer Verhältnisse sind teilweise das Ergebnis einer imperialen internationalen Arbeitsteilung: von den Zuflüssen billiger Energie und anderer Rohstoffe über Produkte bis zur Identität stiftenden Abgrenzung gegen ein ausgeschlossenes „Anderes". Die imperialen Verhältnisse sind in gewisser Weise alltäglich und tief in soziale Beziehungen und Wahrnehmungsformen eingelassen. Der zu verteilende „Kuchen" wird mittels Ausbeutung von Natur und Menschen „gebacken", die nicht an seinem Verzehr beteiligt sind. Wie können diese tief verankerten, in der Regel kaum sichtbaren internationalen Verhältnisse schrittweise und in emanzipatorischen Lernprozessen verändert werden? Bislang dominieren moralische Appelle oder eine Orientierung, dass der Staat bzw. die Staaten gemeinsam Umverteilungsmechanismen schaffen sollen. Eine Strategie im Sinne der Aufhebung alltäglicher imperialer Verhältnisse ist schwer zu entwickeln. Auch hier erscheint die gegenhegemoniale Perspektive im Sinne von radikalem (Ver-)Lernen angebrachter als eine von Gegenmacht.

Postneoliberale Agenden als sich verändernde Terrains

In der vierten „methodischen Bemerkung" wurde darauf hingewiesen, dass sich das Feld der postneoliberalen Agenda auch – und wohl vor allem – jenseits emanzipativer Bewegungen und kritischer NGOs und Intellektueller konstituiert. Das Terrain, auf dem sich emanzipatorische Akteure heute bewegen, ist neben dem neoliberalen das sozialliberale, das sich durchaus kritisch gegenüber dem

Neoliberalismus bzw. seinen negativen Konsequenzen verhält. Das ist jedoch in einer bestimmten Weise der Fall. Denn hier scheint die aktuelle Diskussion um die „Auswege" aus der Krise der neoliberalen und imperialen Globalisierung trotz ihrer Heterogenität von einem „postneoliberalen Politizismus" geprägt zu sein. Dieser wird vor allem von den sozialdemokratischen bzw. sozialliberalen Kräften wie der „neuen" Sozialdemokratie und den Bündnisgrünen, staatlichen Apparaten wie dem Bundesministerium für wirtschaftliche Zusammenarbeit (BMZ), intergouvernementalen Organisationen wie der Weltbank oder dem UNDP, verschiedenen Forschungsinstituten und transnational wirksamen Intellektuellen wie Joseph Stiglitz verkörpert und vorangetrieben. Diese Perspektiven wie auch die bereits erwähnten Ansätze von *Global Governance* oder Spielarten des Kapitalismus haben eine Schlagseite: Der Staat soll den „effizienten Markt" nicht tangieren, lediglich gegen dessen schlimmste Auswüchse oder Krisen, also das „Marktversagen", agieren.

Auch Teile der „LINKEN", der Gewerkschaften und der Bewegungen für eine andere Globalisierung thematisieren das Problem einer in erster Linie als ökonomisch begriffenen Globalisierung des Kapitalismus. Der Staat habe diesen Prozess mit angestoßen, heißt es, nun aber seine Handlungsfähigkeit verloren, weshalb er diese auf nationalstaatlicher Ebene wie auch über internationale Kooperation zurückgewinnen müsse. Daher soll er mehr Kompetenzen erhalten bzw. eine stärkere Rolle spielen, um Investitions- und Umverteilungspolitiken zu betreiben. Manche, etwa innerhalb von Attac, wollen nicht zum früheren Wohlfahrtsstaat zurück, andere in Gewerkschaften und der „LINKEN" durchaus. Die herrschaftlich eingeführte Dichotomie von „effizientem Markt" vs. „ineffizientem Staat" wird mitunter umgekehrt in „ungerechter Markt" vs. „gerechter Staat". Das kann gedeutet werden als Überzeugung oder (taktische) Einschätzung, dass weiterführende Optionen derzeit nicht machbar seien. Die in früheren Jahrzehnten entwickelte Parteien- und Staatskritik verschwindet in beiden Orientierungen.

Der explizite oder implizite Rückgriff auf den Fordismus bleibt stark als antineoliberale Orientierung. Die „LINKE" orientiert sich in neofordistischer Ausrichtung mehrheitlich an der westlichen Nachkriegstradition. Dies zeigte sich etwa im Bundestagswahlkampf 2005 an der sehr positiven Besetzung von Lohnarbeit, was in der „undogmatischen" Linken in Westdeutschland kaum ankam. Neofordistische Orientierungen sind aber selbst Teil einer spezifisch neoliberalen Kräftekonstellation, d.h. ein bestimmter Korridor, Alternativen zu denken und sich dafür einzusetzen. Indem sich die „LINKE" z.B. auf eine spezifische Form der Bekämpfung von Arbeitslosigkeit einlässt, überlässt sie den Unternehmen dieses Feld und kann allenfalls arbeitsmarktpolitisch korrigieren. Die Entwicklung eines nicht primär an Verwertung orientierten Verständnisses gesellschaftlicher Arbeit bleibt damit marginalisiert. Die geringe Akzeptanz der „LINKEN" durch eine im weiten Sinne libertäre und herrschaftskritische Linke (insbesondere in Westdeutschland) liegt zum guten Teil in der politisch-strategisch, mehr noch in der kulturell sozialdemokratischen Ausrichtung begründet, die von den meisten Parteiaktiven gewollt ist.

Moralische Kritiken – als weitere Variante antineoliberaler Orientierungen – konzentrieren sich darauf, auf gesellschaftliche und politische Missstände hinzuweisen, sie mit guten Argumenten und Erfahrungen zu unterfüttern und insbesondere von staatlichen bzw. intergouvernementalen Institutionen, teilweise auch von privaten Unternehmen und den konsumierenden Menschen Veränderungen zu verlangen. Diese Orientierung ist in Kirchen und Nichtregierungsorganisationen im umwelt-, entwicklungs- bzw. frauenpolitischen Spektrum und in der Wirtschafts-, Migrations- bzw. Menschenrechtspolitik anzutreffen. Das Verhältnis zum Staat – vermittelt über die Öffentlichkeit – und insbesondere die Einschätzung der Handlungswilligkeit bzw. -fähigkeit staatlicher Akteure sind zentral.

Herrschafts- und Machtfragen kommen bei diesen neoliberalismuskritischen Positionen allenfalls in den internationalen, insbesondere den Nord-Süd-Verhältnissen in den Blick. Sie kritisieren den Neoliberalismus, dessen Politiken soziale Verwerfungen und Ungerechtigkeit erzeugten, sind aber keinesfalls kapitalismuskritisch in dem Sinne, dass grundlegende Vergesellschaftungsmuster wie der kapitalistische Markt oder Staat infrage gestellt würden. Vielfach fehlt eine kritische Analyse der politischen Ökonomie.

Die am Staat orientierten Positionen treffen einen wichtigen Punkt: Der bürgerliche Staat als verdichtetes Kräfteverhältnis und Terrain sozialer Kämpfe bleibt trotz seiner neoliberal-imperialen Transformation ein zentraler Bezugspunkt emanzipatorischen politischen Handelns. Aktuelle Veränderungen werden auch durch sozial-, fiskal- und wettbewerbspolitische Regeln festgeschrieben. Der Staat mit seinen Ressourcen, rechtlichen Mitteln, Wissen und Diskursen ist zudem im Alltagsverstand immer noch als politisch zentral festgeschrieben. Gleichzeitig wird die Transformation des Staates jedoch unterschätzt und das bürgerliche Verständnis von Politik verlängert: Die Bewegungen sollen politischen „Druck" auf Parteien und Staat erzeugen.

Auf ambivalente Weise wird das Feld für eine grundlegendere Kritik bereitet: Einerseits kann es für Positionen jenseits neoliberal-imperialer Orientierungen geöffnet werden, andererseits eine solche Position als einzig relevante und „vernünftige" Kritikposition weitergehende Ansätze delegitimieren (was insbesondere den sozialdemokratischen Varianten der *Global Governance* und des „kooperativen Staates" recht gut gelingt). Trotzdem können die „nur" antineoliberalen Positionen über politische Entwicklungen und gesellschaftliche Krisen wie auch die Reflexion der Erfahrungen und Handlungsspielräume radikalisiert werden.

Eine andere in den aktuellen sozialen Bewegungen wichtige Position, die als „autonome" bezeichnet werden kann, strebt radikale Veränderungen an, und zwar vornehmlich außerhalb des Staates und der privatkapitalistischen Ökonomie, die als kaum veränderbar gelten. Selbstorganisationsprozesse sollen vorangetrieben werden und eigenständige Lebensformen jenseits von Kapital und Staat entstehen. Die Errungenschaften der repräsentativen Demokratie spielen hier eine relativ geringe Rolle. Häufig stellt man verbalradikal „das System" in Frage, ohne einen genaueren Begriff desselben zu haben. Diese Teile der Bewegungen agieren zwar gegenhegemonial im skizzierten Sinne, indem sie die vielfältigen und verzweigten Dimensionen von Herrschaft ernst nehmen und in unterschiedlichen gesellschaftlichen Bereichen ansetzen. Allerdings wird außer Acht gelassen, dass der Staat als verdichtetes Kräfteverhältnis auch ein Terrain sozialer Kämpfe konstituiert. Obwohl diese Positionen „den Staat" ablehnen, bewegen sie sich auf dem Terrain des integralen Staates und intendieren, über die Verschiebung gesellschaftlicher Kräfteverhältnisse auch staatliche Strukturen und Politiken zu verändern.

Zwei weitere – eher imperialismuskritisch zu nennende – Positionen haben vor allem in den Ländern des globalen Südens in den letzten Jahren an Bedeutung gewonnen: zunächst eine antiimperialistische Orientierung, in der die politisch-ökonomischen Außenverhältnisse und vornehmlich die Rolle der USA als Hauptproblem erscheinen, die von Gesellschaft und Regierung gemeinsam bekämpft werden müssten. Der korrupte Staat soll instand gesetzt werden und ein starker öffentlicher Sektor die Belange der Menschen organisieren oder Selbstorganisationsprozesse unterstützen. Davon nicht grundsätzlich unterschieden ist der Begriff „De-Globalisierung" von Walden Bello (2004). Hier geht es darum, eigenständige Entwicklungen auf der nationalen und lokalen Ebene gegen die Gewalt von Weltmarktintegration und Strukturanpassungspolitiken durchzusetzen. Der nationale periphere Staat spielt dabei eine wichtige Rolle. Dieses Argument wird durch die jüngsten Entwicklungen in Venezuela, Bolivien und anderen Ländern Lateinamerikas gestärkt.

Solchen Orientierungen ist gemeinsam, dass sie das Politische und den Staat nicht als widersprüchliches soziales Verhältnis begreifen, sondern entweder positiv als mögliches Instrument einer besseren Gesellschaft oder negativ als Instanz der herrschenden Kräfte. Eine weitere „gegenhegemoniale" Position, die zwar grundlegende Brüche mit bürgerlich-kapitalistischen Vergesellschaftungsformen als notwendig erachtet, die herrschenden Institutionen, Kräfte und gesellschaftlichen Orientierungen aber gleichwohl im Blick hat, wird an den Rändern der „LINKEN" und der Gewerkschaften (samt ihnen nahestehender Stiftungen) sowie u.a. im Bewegungsspektrum von einigen feministischen oder migrantischen Gruppen, Teilen der Bundeskoordination Internationalismus, von Attac, der Interventionistischen Linken und von kritischen NGOs wie WEED oder „medico international" vertreten. Es geht darum, Verhältnisse in ihren Entstehungs- und Wirkungszusammenhängen – als prozessierende Widersprüche – wahrzunehmen, und um den kritisch-emanzipatorischen Eingriff in diese. Brüche und Diskontinuitäten werden auch von emanzipatorischen Kollektiven über die Kritik des Bestehenden sowie praktische Subversion und den Aufbau von Alternativen vorangetrieben.

Ausblick: Mut zur Hypothesenbildung

Deutlich sollte werden: Bei der Herausbildung postneoliberaler Strategien und gesellschaftlicher Praxen handelt es sich um einen komplexeren Prozess als etwa politische Kampagnen, Programme oder die Charta des Weltsozialforums. Die unzähligen politischen, ökonomischen, kulturellen und alltäglichen Denkweisen und Praxen sollen verändert werden. Emanzipative Strategien sind daher Teil und Ausdruck sozialer Suchprozesse, um die Gesellschaft schrittweise und in sehr konkreten Bereichen zu verändern. Die Stärke der globalisierungskritischen Bewegung – ihre Dezentralität und Pluralität sowie das Bewusstsein, dass die neoliberal-imperialen Verhältnisse vielfältig und nicht nur über den Staat und die Öffentlichkeit verändert werden – stellt entsprechend hohe Ansprüche an zu entwickelnde Strategien. Dazu gehören auch thematische Fokussierungen, breite Bündnisse, die Konstitution von Gegnern wie die G-8 und spezifische Mobilisierungen im Sinne konkreter Strategien.

Was stärker betrieben werden sollte, ist eine Art permanente und gut diskutierte Bildung von Hypothesen über Verhältnisse und mögliches Handeln darin. Diese Hypothesen können Diskussionen und bestehende wie intendierte Praktiken in einen größeren Zusammenhang stellen. Hier liegt m.E. die enorme Attraktivität des Buches „Empire" von Michael Hardt und Antonio Negri (2002) begründet, aber auch konkreterer Analysen wie etwa der Aufstände in Argentinien Ende 2001 durch das *Colectivo Situaciones* (2003), wenngleich die dort vertretene These eines wichtiger werdenden „Postneoliberalismus" vom Anspruch der Deutung der Verhältnisse her vergleichsweise bescheiden ist. Wichtig ist aber: Hypothesen werden ggf. modifiziert oder gar verworfen. In diesem Sinne soll die hegemonietheoretisch und -politisch inspirierte These entstehender „postneoliberaler" Agenden, Strategien und Praxen die Diskussion anregen. Dies geschieht eben nicht in dem Dreischritt „Analyse der Verhältnisse – Aufdeckung der Widersprüche – politische Strategiebildung und Aktion", bei dem der Theorie und der entsprechenden strukturellen Analyse immer eine Art Metasicht zugeschrieben wird, die es gar nicht gibt.

Die rein akademische Forschung ist beschränkt, denn gerade strategische Fragen werden häufig zu einer Art *black box* oder losgelöst von gesellschaftlichen Macht- und Kräfteverhältnissen sowie deren diskursiven wie institutionellen Verstetigungen verstanden. Daher müssen diese Untersuchungen mit den politischen Akteuren zusammen stattfinden (und über wissenschaftliche Reflexion machen sich die Wissenschaftler/innen ja auch zu Akteuren). Wissenschaftliche und politische Reflexionen über Strategien sind jedoch – so meine Erfahrung bei einigen Versuchen – Prozesse, die Vertrauen und Erfahrung voraussetzen. Dann können wissenschaftliche Analyse und mitunter eben auch analytisch angeleitete Hypothesenbildung ihre Wirkung entfalten.

Quellen- und Literaturverzeichnis

Adolphs, Stephan/Karakayali, Serhat (2007): Die Aktivierung der Subalternen. Gegenhegemonie und passive Revolution, in: Sonja Buckel/Andreas Fischer-Lescano (Hrsg.), Hegemonie gepanzert mit Zwang. Zivilgesellschaft und Politik im Staatsverständnis Antonio Gramscis, Baden-Baden, S. 121-140

Anand, Anita/Escobar, Arturo/Sen, Jai/Waterman, Peter (Hrsg.) (2004): Eine andere Welt. Das Sozialforum, Berlin

Becker, Joachim/Imhof, Karen/Jäger, Johannes/Staritz, Cornelia (Hrsg.) (2007): Kapitalistische Entwicklung in Nord und Süd. Handel, Geld, Arbeit, Staat, Wien

Behrens, Maria (Hrsg.) (2005): Globalisierung als politische Herausforderung. Global Governance zwischen Utopie und Realität, Wiesbaden

Bello, Walden (2005): De-Globalisierung. Widerstand gegen die neue Weltordnung, Hamburg

Borón, Atilio A. (2003): El posneoliberalismo: un proyecto en construcción, in: Emir Sader/ Pablo Gentili (Hrsg.), La trama del neoliberalismo, Buenos Aires (www.lajiribilla.co. cu/2004/n142_01/142_12.html; 6.10.2007)

Brand, Ulrich (2005): Gegen-Hegemonie. Perspektiven globalisierungskritischer Strategien, Hamburg

Brand, Ulrich (2007): Die Internationalisierung des Staates als Rekonstitution von Hegemonie. Zur staatstheoretischen Erweiterung Gramscis, in: Sonja Buckel/Andreas Fischer-Lescano (Hrsg.), Hegemonie gepanzert mit Zwang. Zivilgesellschaft und Politik im Staatsverständnis Antonio Gramscis, Baden-Baden, S. 161-180

Brand, Ulrich/Sekler, Nicola (2008): Struggling betweeen Autonomy and Institutional Transformations. Social Movements in Latin America and the Move towards Post-Neoliberalism, in: Laura Macdonald/Arne Rückert (Hrsg.), Post-Neoliberalism in the Americas: Beyond the Washington Consensus?, London (i.E.)

Brie, Michael/Spehr, Christoph (2006): Was ist heute links?, in: Kontrovers. Beiträge zur politischen Bildung 1, Berlin

BUKO – Bundeskoordination Internationalismus (Hrsg.) (2003): Radikal global. Bausteine für eine internationalistische Linke, Hamburg

Butterwegge, Christoph/Lösch, Bettina/Ptak, Ralf (2008): Kritik des Neoliberalismus, 2. Aufl. Wiesbaden

Colectivo Situaciones (2003): Que se vayan todos. Krise und Widerstand in Argentinien, Hamburg

Commission on Global Governance/Kommission für Weltordnungspolitik (1996): Nachbarn in einer Welt, hrsg. von der Stiftung Entwicklung und Frieden, Bonn

della Porta, Donatella (Hrsg.) (2007): The Global Justice Movement. Cross-National and Transnational Perspectives, Boulder/London

Fisher, William F./Ponniah, Thomas (Hrsg.) (2003): Another World is Possible, London

Gramsci, Antonio (1991 ff.): Gefängnishefte, 10 Bde., hrsg. von Wolfgang Fritz Haug/Klaus Bochmann, Berlin/Hamburg

Hall, Peter A./Soskice, David (Hrsg.) (2001): Varieties of Capitalism. The Institutional Foundations of Comparative Advantage, Oxford

Hardt, Michael/Negri, Antonio (2002): Empire. Die neue Weltordnung, Frankfurt am Main/New York

Hirsch, Joachim (2005): Materialistische Staatstheorie, Hamburg

Lukes, Steven (1974): Power, a radical view, London

Marchart, Oliver/Weinzierl, Rupert (Hrsg.) (2006): Stand der Bewegung? Protest, Globalisierung, Demokratie – eine Bestandsaufnahme, Münster

Macdonald, Laura/Rückert, Arne (Hrsg.) (2008): Post-Neoliberalism in the Americas: Beyond the Washington Consensus?, London

Nye, Joseph S. (1990): Soft Power, in: Foreign Policy 3, S. 153-171

Patomäki, Heikki/Teivainen, Teivo (2004): A Possible World. Democratic Transformation of Global Institutions, London/New York

Röttger, Bernd (2004): Staatlichkeit in der fortgeschrittenen Globalisierung, in: Alex Demirović/Joachim Beerhorst/Michael Guggemos (Hrsg.), Kritische Theorie im gesellschaftlichen Strukturwandel, Frankfurt am Main, S. 153-177

Rügemer, Werner (2006): Privatisierung in Deutschland. Von der Treuhand zu Public Private Partnership, Münster

Sen, Jai/Kumar, Madhuresh/Bond, Patrick/Waterman, Peter (Hrsg.) (2007): A Political Programme für the World Social Forum. Democracy, Substance and Debate in the Bamako Appeal and the Global Justice Movements, Durban (www.cacim.net)

Schwenken, Helen (2006): Rechtlos, aber nicht ohne Stimme. Politische Mobilisierungen um irreguläre Migration in die Europäische Union, Münster

Sekler, Nicola (2007): Stichwort „Postneoliberalismus", in: Ulrich Brand/Bettina Lösch/ Stefan Thimmel (Hrsg.), ABC der Alternativen, Hamburg, S. 170 f.

Strange, Susan (1988): States and Markets, London

Bettina Lösch

Politische Bildung in Zeiten neoliberaler Politik: Anpassung oder Denken in Alternativen?

Neoliberale Auffassungen sind gegenwärtig in den verschiedensten gesellschaftlichen Bereichen zu finden und werden von ganz unterschiedlichen Akteuren vertreten, ohne dass diese sich immer explizit auf die neoliberale Theoriebildung oder deren Vordenker beziehen. Neoliberale Leitbilder für einen radikalen Umbau der Gesellschaft sind u.a.: eine betriebswirtschaftliche Kosten-Nutzen-Logik, das unternehmerische Handeln des Individuums, die Bevorzugung der individuellen (Wirtschafts-)Freiheit gegenüber (sozialer) Gleichheit, die Umdeutung des Postulats sozialer Gerechtigkeit, Forderungen nach Privatisierung, Deregulierung und Liberalisierung, die Delegitimierung der Interessen von abhängig Beschäftigten und deren Gewerkschaften, die Verabsolutierung des Marktes als Steuerungs- und Leitfigur sowie das Menschenbild des „homo oeconomicus". Auch im Bereich der politischen Bildung wirken sich die wirtschafts- und gesellschaftspolitischen Veränderungen seit den 1970er-Jahren auf die Zielsetzung, Inhalte und institutionellen Rahmenbedingungen aus.

Deshalb drängt sich die Frage auf, wie es gegenwärtig um die politische Bildung mitsamt ihrem Anspruch einer Demokratisierung der Gesellschaft bestellt ist. Dabei handelt es sich nicht um eine grundsätzliche Auswertung, inwieweit dieser Anspruch jemals erfüllt und realisiert wurde.[1] Vielmehr soll danach gefragt werden, ob und inwiefern auf der konzeptionellen Ebene politischer Bildung affirmative Haltungen gegenüber neoliberalen Positionen zu finden sind. Insbesondere in der schulischen politischen Bildung gibt es derzeit eine starke Tendenz, die eigene Weltanschauung unter dem Deckmantel einer „Ideologie der Ideologielosigkeit", d.h. der Behauptung, dass es keine gesellschaftlichen Antagonismen mehr gebe, nicht offenzulegen, sie aber gleichwohl als einzigen Weg gesellschaftlicher Modernisierung und somit als die sämtlichen anderen überle-

---

[1] Dieser Beitrag basiert auf meinem Habilitationsprojekt zur Neuformulierung einer kritischen Theorie politischer Bildung, die eine Demokratisierung der Gesellschaft als Zielsetzung formuliert und die sozialen Voraussetzungen von Demokratie thematisiert.

gene zu profilieren. Wird das Denken in Alternativen beschnitten und werden Grundsatzdiskussionen nicht mehr geführt, dann geht der stets hoch gehaltene Anspruch der „Kontroversität" in der politischen Bildung verloren. Das ist vor allem dann der Fall, wenn vom (neoliberalen) Mainstream abweichende, kritische Positionen überlagert bzw. an den Rand gedrängt werden.

Die veränderten institutionellen und förderungspolitischen Rahmenbedingungen tragen gleichfalls dazu bei, politische Bildung den Marktgesetzlichkeiten unterzuordnen und zur Ware werden zu lassen. Teilnehmer/innen werden zu „Kunden" und das Angebot politischer Bildung ergibt sich daraus, was sich für die Bildungsträger noch finanziell rechnet. Selbst Schüler/innen lernen mittlerweile eher, in betriebswirtschaftlichen Kategorien zu denken und ihr Leben zu planen, als über die allgemeinen Angelegenheiten des politischen Gemeinwesens zu reflektieren. Für eine emanzipatorische politische Bildungsarbeit, die Kritik und Abbau von Herrschaft zum Ziel hat, ist gegenüber dieser Dominanz neoliberal beeinflusster Sichtweisen und Praktiken die Suche nach gesellschaftlichen Alternativen zentral. Insofern schließt dieser Beitrag mit der Frage nach den Mitteln und Kriterien einer politischen Bildungsarbeit, welche die gesellschaftliche Entwicklung mündigen, verantwortungsbewussten Menschen überantwortet und nicht dem freien Spiel der Marktkräfte überlässt.

Funktionalisierung politischer Bildung: Modernisierung und Herrschaftslegitimation

Politische Bildung hat in Deutschland eine besondere Tradition. Sie ist hierzulande als Schulfach sowie als Unterrichtsprinzip verschiedenster Fächer in den Lehrplänen verankert. Darüber hinaus existiert ein vielfältiges Spektrum an Angeboten und Trägern außerschulischer politischer Bildung für Jugendliche und Erwachsene. Schulische und außerschulische politische Bildung unterscheiden sich stark hinsichtlich ihrer Fundierung und Ziele, was nicht zuletzt auf die verschiedenen historischen Entstehungskontexte zurückzuführen ist.

Politische Bildung in der Schule diente traditionell der Erziehung zur Staatsgesinnung und zur Herrschaftssicherung. Mit der Gründung des zweiten deutschen Kaiserreiches 1871 unter Fürst Otto von Bismarcks Ägide sollte die schulische Staatsbürgerkunde eine Identifikation mit dem neuen Nationalstaat gewährleisten sowie als Bollwerk gegen die erstarkende Arbeiterbewegung und Sozialdemokratie fungieren. Dagegen etablierte die frühe Arbeiter- und Frauenbewegung eine eigenständige politische Bildungsarbeit, die der gesellschaftlichen

Emanzipation, der Abschaffung von Herrschafts- und Unterdrückungsverhältnissen, dienen und eine Veränderung gesellschaftlicher Verhältnisse vorantreiben sollte. Diese emanzipatorische und herrschaftskritische Bildungsarbeit fand außerhalb der Schule in selbstorganisierter Form statt. Die politische Bildung in der Weimarer Republik war insofern von beiden Traditionslinien – Herrschaftslegitimation auf der einen, Emanzipation auf der anderen Seite – geprägt (vgl. etwa Olbrich 2001; Sander 2003).

Nach dem Zweiten Weltkrieg dominierte in den westlichen Besatzungszonen eine Politik der „Umerziehung" zur Demokratie (vgl. Gagel 2005, S. 30 ff.). Die US-amerikanische Besatzungsmacht deutete den Nationalsozialismus auch als Ergebnis verfehlter Erziehung und suchte mit einer Politik der *Re-education* eine demokratische Neuorientierung zu bewirken. Für die politische Bildungsarbeit in Deutschland war außerdem die Konstituierung der Politikwissenschaft als Universitätsdisziplin nach 1945 von großer Bedeutung. Politik- wurde als Demokratiewissenschaft verstanden, die sich der politischen Bildung verpflichtet sah (vgl. Mohr 1987, S. 87). Nach den Erfahrungen mit der gescheiterten Weimarer Republik und der Machterlangung des Faschismus sollte es Aufgabe dieser Disziplin sein, die Idee der Demokratie zu erforschen, zu lehren und bei den Studierenden als Bezugspunkt ihres Handelns zu etablieren. Das Ziel einer Demokratisierung der Gesellschaft wurde hier eher als politische Allgemeinbildung denn als „Umerziehung" begriffen.

Gegenwärtig wird politische Bildung gern als „Politikdidaktik", d.h. als Erlernen von Verfahrensweisen und Methoden zur Vermittlung von Politik verstanden. Wolfgang Sander, einer der Hauptvertreter der schulischen Politikdidaktik, bescheinigt der politischen Bildung eine positive Entwicklungsgeschichte, da sie sich von der Politikwissenschaft als Bezugsdisziplin losgelöst und eine eigene „Verwissenschaftlichung" vollzogen habe (vgl. Sander 2006, S. 67). Er macht diesen Prozess der Verwissenschaftlichung an der Überwindung großer antagonistischer Kontroversen fest. Zwar gebe es in der Politikdidaktik fachliche Debatten, aber „keine sich antagonistisch gegenüberstehenden, einander ausschließenden alternativen Paradigmen für die Disziplin mehr" (ebd.).

Die Zeit der „großen Theorien" oder der fundamentalen Kontroversen scheint also auch im Bereich der politischen Bildung vorüber zu sein. Tiefgreifende Auseinandersetzungen über den Sinn und Zweck politischer Bildung fehlen gegenwärtig tatsächlich, es sei denn, sie werden, wie Sander (2005a, S. 38) es formuliert „von außen (...) an die (schulische) politische Bildung herangetragen". Dies sei z.B. bei der Diskussion um Demokratie- oder Politiklernen als Ziel der politischen Bildung der Fall gewesen (vgl. ebd.). Obgleich dieser scheinbar „postantagonistischen" Phase politischer Bildung, die in den 90er-Jahren ihren Ausgang nahm, gingen die Ansichten der Politikdidaktiker/innen zuletzt darüber auseinander, ob die schulische politische Bildung in erster Linie als *Demokratie-Pädagogik*, z.b. als Erfahren demokratischer Verhaltensweisen, konzipiert (vgl. etwa Edelstein/Fauser 2001; Himmelmann 2001) oder ob *Politik* in einem umfassenderen Sinne der Kern politischer Bildung sein solle (vgl. etwa Sander 2003; zu dieser Kontroverse: Juchler 2005). Diese Debatte prägt die kaum zu überblickenden Publikationen der etablierten schulischen Politikdidaktik, verfasst von einem kleinen und relativ geschlossenen Zirkel von Fachleuten (vgl. kritisch dazu: Mögling/Steffens 2004, S. 19 ff.).

Die deutlichsten Worte zum konzeptionellen Stand der politischen Bildung fand Klaus Ahlheim (2004), als er die gegenwärtigen Diskussionen als „Scheingefechte" bezeichnete. Diese verdeckten die viel grundsätzlicheren Kontroversen, um die zu streiten es sich wirklich lohne (vgl. ebd., S. 9). Bei der Gegenüberstellung von Demokratie- oder Politiklernen stellt sich deshalb die Frage, wofür diese Kontroverse steht oder ob sie Konflikte überlagert, die eben – im Sinne des Gebots der neutralen Verwissenschaftlichung – nicht mehr geführt und ausgetragen werden. Wenn es keine Grundsatzkontroversen mehr gibt, wie halten es dann die Vertreter/innen politischer Bildung mit den veränderten Bedingungen von Politik und Demokratie in Zeiten neoliberaler Politik und eines globalisierten Kapitalismus? Werden die veränderten Herrschafts- und Machtmechanismen reflektiert? Findet sich eine affirmative oder eine kritische Haltung gegenüber den derzeit dominanten neoliberalen Denkweisen und Praktiken?

Sander, der durch die Herausgabe des „Handbuchs politische Bildung" (2005a) eine prominente Stellung einnimmt und neben dem Standardwerk von Walter Gagel (2005) die Geschichtsschreibung der schulischen politischen Bildung prägt (vgl. Sander 2003), legte Ende der 90er-Jahre eine, wie er selbst formuliert, „modernisierte" Variante politischer Bildung vor. Er beansprucht, die Aufgaben einer „politischen Bildung nach der Jahrtausendwende" theoretisch zu bestimmen (vgl. etwa Sander 2001 und 2002, S. 36 ff.). Sander bezieht sich zwar nicht explizit auf neoliberale Positionen und Denker, allerdings bestätigt er mit seiner Neuausrichtung der politischen Bildung als „professionalisierte" Politikdidaktik den politischen Zeitgeist und spricht sich für eine Markt-, Dienstleistungs- und Kundenorientierung im Bildungsbereich aus (vgl. Sander 2001, S. 176; Sander 2002, S. 41). Sein stets wiederholtes Plädoyer für eine „Professionalisierung" und „Modernisierung" der politischen Bildung impliziert, dass die traditionelle Haltung, wie politische Bildung gedacht und praktiziert wurde, nicht mehr zeitgemäß sei (vgl. kritisch dazu: Hufer 2002b, S. 81). Die Botschaft lautet:

Wer nicht modernisiert, geht unter oder riskiert ein wissenschaftliches „lost in space" (vgl. Sander 2006, S. 73; kritisch: Widmaier 2007, S. 178 ff.). Insbesondere der außerschulischen politischen Bildung hält Sander (2006, S. 73) diese „Unprofessionalität" vor, da deren Vertreter/innen häufig „ein Zurück zu einer ‚parteilichen' politische Bildung" forderten.

Auf konzeptioneller Ebene wurde damit eine Wende der politischen Bildung initiiert, die aber auch deutliche Kritik hervorrief (vgl. Hufer 2002b; Ahlheim 2004). Politische Bildungsarbeit ist auf eine theoretische Begründung angewiesen, um sich in der Gesellschaft zu behaupten und zu legitimieren. Wissenschaft hat hier die Aufgabe, die Notwendigkeit politischer Bildung in und für eine demokratische Gesellschaft zu verdeutlichen. Von allen Seiten wird immer wieder als Dilemma der politischen Bildung vermerkt, dass man sie schnell auf eine „Feuerwehrfunktion" reduziert (vgl. Massing 2006, S. 47) und immer (nur) dann nachfragt, wenn drastische politische Probleme, etwa rechtsextreme Anschläge, die Gesellschaft erschüttern. Verändert sich die konzeptionelle Ausrichtung politischer Bildung, hat dies auch Folgen für ihre institutionelle Absicherung. Dies lässt sich daran festmachen, dass es nach der „Bereinigung" (Sander 2006, S. 66 f.) innerfachlicher Konflikte im Gefolge des Beutelsbacher Konsenses[2] ruhig um die politische Bildung wurde und mit dieser konzeptionellen „Begründungslosigkeit" ein institutioneller Abbau einherging. Sander sieht diese Krise aufgrund der „Verwissenschaftlichung" als überwunden an. Zweifelhaft ist jedoch, ob eine universitär institutionalisierte Politikdidaktik, welche die Beantwortung gesellschaftspolitischer Fragen nicht mehr zu ihrer Kernaufgabe macht, eine Beförderung oder eine Behinderung politischer Bildungsarbeit darstellt.

Unter einer „modernisierten" und „professionalisierten" politischen Bildung wird insbesondere die Überwindung spezifischer Traditionen, etwa als „Volksbelehrung", „Herrschaftslegitimation" oder „Mission", verstanden (vgl. Sander 2005a, S. 15 ff.). Während das Muster der „Herrschaftslegitimation" etwa auf die Tradition politischer Bildung im Wilhelminischen Kaiserreich gemünzt ist, richtet sich die Kritik am „missionarischen Anspruch" auf die Phase der emanzipatorischen Pädagogik der 68er-Generation, die eine Veränderung der gesellschaftlichen Verhältnisse sowie die Abschaffung von Herrschafts- und Unterdrückungsverhältnissen als Aufgabe politischer Bildung formulierte. Sander (ebd., S. 17) plädiert für ein drittes Grundmuster der „Mündigkeit" und fordert den Abschied von jeglicher weltanschaulicher Überzeugung. Er lehnt jede Form der Instrumen-

---

[2] Benannt nach dem baden-württembergischen Ort Beutelsbach, wo 1976 Fachvertreter/innen der politischen Bildung tagten und sich auf die Grundsätze des Überwältigungsverbotes, des Kontroversitätsgebotes und einer Art Interessenorientierung einigten (vgl. Gagel 2005, S. 219 f.).

talisierung von politischer Bildung für andere Zwecke ab. Politische Bildung solle weder der Herrschaftslegitimierung noch dem Zwecke der Befreiung dienen.

Ein solches Postulat der Ideologiefreiheit und Unparteilichkeit macht neugierig, ob und wie Sander diese Ansprüche als Hauptvertreter der Politikdidaktik selbst einlöst. Wie versteht er die „Mündigkeit" des Subjekts? Findet in seiner didaktischen Theorie politischer Bildung keine Instrumentalisierung politischer Bildung statt und spiegelt sich darin keine weltanschauliche Haltung wider? Ist es überhaupt möglich, eine Konzeption politischer Bildung ohne Grundannahmen und Ziele zu formulieren, die immer eine gewisse Sicht der Welt mit sich tragen?

Sanders Politikdidaktik basiert, wie er selbst betont, auf der Erkenntnistheorie des Konstruktivismus (vgl. Sander 2005b, S. 44 ff.). Dieser gehört zusammen mit der System- und der Spieltheorie zu den heute dominanten Strömungen der Sozialwissenschaften und hat unterschiedliche Ausformungen hervorgebracht (vgl. z.B. Zeuner 1998, S. 65 ff.). Eine „Professionalisierung" der politischen Bildung, wie Sander sie versteht, kann bedeuten, nicht mehr primär objektive Bedingungen von Herrschafts- und Machtverhältnissen, von Diskriminierung und Unterdrückungsmechanismen wie Rassismus, Antisemitismus oder Sexismus zu analysieren. Die materiellen Ursachen, die Entstehung und Problematisierung von sozialer Ungleichheit oder Fremdenfeindlichkeit bleiben ausgeblendet und damit unkritisiert. Wenn überhaupt noch über Strukturen sozialer Ungleichheit gesprochen wird, dann nur auf der Ebene des Austauschs von Deutungen der Wirklichkeit. Klaus-Peter Hufer, ein Vertreter der Erwachsenenbildung, hat diese Problematik konstruktivistischer Theorien politischer Bildung an mehreren Stellen kritisiert (vgl. etwa Hufer 2002b, S. 83). Seiner Auffassung nach geht „das Marktdenken in der politischen Bildung/Erwachsenenbildung (...) einher mit dem Individualisierungstheorem als Gesellschaftstheorie, dem Konstruktivismus als Erkenntnistheorie, dem Neoliberalismus als Parteien übergreifender Wirtschaftsdoktrin, dem Steuerungsverlust oder -verzicht der Politik, der Vorstellung vom selbstgesteuerten Lernen in der Erwachsenenbildung und den Privatisierungs- und Deregulierungsvorhaben in der Bildungspolitik" (Hufer 2004, S. 194).

Obgleich manche lerntheoretischen Argumente des Konstruktivismus plausibel klingen und geradezu emanzipatorisch erscheinen – denn wer will momentan nicht weg von einer pädagogischen Belehrungskultur hin zu interaktiveren, kooperativen Formen des Lernens und Bildens? –, sei auf die Originale der emanzipativen Pädagogik verwiesen, die seit jeher das Subjekt im Lernprozess in den Blick nehmen und fördern (vgl. etwa Negt 1972; Holzkamp 1993). Diese Auffassungen sind nicht erst mit der konstruktivistischen Pädagogik in die Welt getreten, sondern bezeichnen grundlegende Annahmen der kritischen Pädagogik und Psychologie. Solche Konzeptionen einer emanzipativen Pädagogik und politischen Bildung will Sander (2006, S. 67) jedoch überwunden wissen: „Sich als emanzipatorisch verstehende Konzepte, die politische Bildung als Teil einer gesellschaftlichen Veränderungsbewegung verstehen, (spielen) im wissenschaftlichen Fachdiskurs praktisch keine Rolle mehr."

Gegenwärtige Konzeptionen schulischer politischer Bildung sind in der Regel weder staats- noch herrschaftskritisch, auch wenn sie für Unparteilichkeit plädieren und politische Bildung nicht als Ideologievermittlung oder Werbeveranstaltung für die jeweils Regierenden verstanden wissen wollen (vgl. Sander 2003, S. 159). Wiewohl sich Vertreter/innen der Politikdidaktik kritisch gegenüber der Funktionalisierung politischer Bildung als Herrschaftslegitimierung – im Sinne staatlicher Herrschaft – äußern, wird die Problematik einer Erziehung zum Markt oder gar zur Marktgesinnung kaum kritisiert. Vielmehr lässt sich eine affirmative Haltung gegenüber den Grundannahmen neoliberaler Politik konstatieren. Die *Süddeutsche Zeitung* (v. 23.7.2007, S. 3) beklagte in einem „Die Kapitalisten-Klasse" überschriebenen Artikel den sich an deutschen Schulen durchsetzenden Trend, Schüler/innen zu Unternehmern (ihrer Selbst) auszubilden. Einer breiteren politischen Öffentlichkeit, repräsentiert in den bürgerlichen Medien, scheint die Verschiebung innerhalb der schulischen politischen Bildung zu marktkonformen Positionen durchaus bewusst zu sein. Das Schweigen der Hauptvertreter/innen der Politikdidaktik zu dieser Gretchenfrage („Wie hältst du's mit dem Markt als Regulierungsmechanismus von Gesellschaft?") kann daher nur verwundern und lässt sich nicht mehr mit einer (wert)neutralen und unparteiischen Grundhaltung erklären.

Im Unterschied zur Volksbelehrung und staatsbürgerlichen Erziehung des Wilhelminischen Kaiserreiches findet die politische Bildung heutzutage im Rahmen der politischen Verfasstheit einer bürgerlich-liberalen Demokratie statt. „Demokratie" ist jedoch keine überhistorische Kategorie, sondern nur in ihrem jeweiligen geschichtlichen und sozioökonomischen Kontext zu begreifen. Gegenwärtig haben wir es mit einer marktwirtschaftlich-kapitalistisch fundierten Form von Demokratie zu tun. Seit den 70er-Jahren lässt sich analog zum Sozialstaats- ein Demokratieabbau beobachten (vgl. Lösch 2008, S. 221 ff.). Demokratische Prinzipien wie Partizipation und Selbstbestimmung werden der Marktideologie untergeordnet, Wahlen und Parlamentarismus als Markt verstanden und der Citoyen und die Citoyenne zu bloßen Kunden erklärt.

Die „modernisierte" Variante der Politikdidaktik setzt an dieser Auffassung marktkonformen Denkens an. Man will sich endlich der Stimmen im politischen

Bildungsbereich entledigen, die „das Klagelied der ‚neoliberalen Durchkapitalisierung der Gesellschaft' anstimmen" (Rudolf 2002, S. 52). Überwunden werden soll eine Form der politischen Bildung, die sich in den Augen der selbsternannten Modernisierer „in den wohlstandsunterfütterten Gesinnungsgewissheiten der Spätbundesrepublik bequem und selbstzufrieden eingerichtet hatte." (Sander 2002, S. 40)[3] Favorisiert wird dagegen eine Kunden- bzw. Nachfrageorientierung in der politischen Bildungsarbeit, der Einzug von Marktmechanismen im Bildungsbereich damit gerechtfertigt (vgl. Sander 2001, S. 176 ff.; Rudolf 2002, S. 45 ff.; Sander 2002, S. 44). „Professionalität beginnt erst jenseits des normativen Horizonts: Professionen legitimieren sich nicht durch die gemeinsamen Überzeugungen oder durch moralische und politische Vorgaben, sondern durch die *Leistungen*, die sie für ihre Klienten bzw. Kunden erbringen." (Sander 2002, S. 41; Hervorh. im Original) Geht man von der gesellschaftskritischen Annahme aus, dass neoliberales Marktdenken gegenwärtig dominant und herrschaftsförmig ist, leistet eine derartige, auf Marktmechanismen fixierte Konzeption politischer Bildung einen trefflichen Beitrag zur Herrschaftssicherung.

Eine wichtige Kontroverse – die sicherlich kein Scheingefecht wäre – müsste sein, wie sich politische Bildung ihrer Funktionalisierung und solch einseitiger Ausrichtung entziehen kann. Der Anspruch der Befreiung von Herrschaft, Unterdrückung und Diskriminierung darf nicht preisgegeben werden, wenn man an Prinzipien der Mündigkeit des Subjekts, der politischen Urteils- und Handlungsfähigkeit festhält sowie der Demokratisierung unserer Gesellschaft (noch) eine Chance geben will. Hierfür bedürfte es einer Rückbesinnung auf kritische Analysen der Gesellschaft, von Macht- und Herrschaftsverhältnissen, wie sie gegenwärtig in Teilbereichen der Sozialwissenschaften diskutiert werden. Zu nennen sind z.B. feministische Theorien, die Cultural Studies, Theorien der Internationalen Politischen Ökonomie (IPÖ), postkoloniale und rassismuskritische Theorien, Analysen der Gouvernementalität (Michel Foucault) oder symbolischer Macht (Pierre Bourdieu), regulationstheoretische Ansätze sowie kritische Staats- und Demokratietheorien (vgl. Lösch 2006, S. 32). Dies bedeutet, dass sich die politische Bildung wieder auf ihre sozialwissenschaftlichen Bezugsdisziplinen besinnen und aus ihrem „professionalisierten" Spezialistendasein der reinen Politikdidaktik befreien müsste (vgl. auch Widmaier 2007, S. 178 ff.). Das bedeutet nicht, den Anspruch an Politikdidaktik zu schmälern. Die Vermittlung, vor allem die (Wieder-)Aneignung von Politik und politischen Inhalten, ist gegenwärtig sicher-

---

[3] Sander bezieht sich auf das Originalzitat von Jan Roß, Was ist politisch korrekt?, in: Die Zeit v. 29.5.2002, S. 33

lich eine der größten Herausforderungen. Eine professionelle politische Didaktik und Bildung setzt aber eine Verständigung über den Politik- und gleichermaßen den Bildungsbegriff voraus, mit denen sie operiert.

Institutioneller Umbau: Akquirieren, Evaluieren und Sparen

Nicht nur in Hinblick auf die konzeptionelle Ausrichtung politischer Bildung hinterlassen neoliberale Glaubenssätze ihre Spuren. Auch auf der institutionellen Ebene sind die Auswirkungen jahrzehntelanger neoliberaler Politik deutlich spürbar: Förderungspolitisch wird ein Abbau politischer Bildungsarbeit vorange-trieben; das verbleibende Bildungsangebot unterliegt markt- und outputorientier-ten Modernisierungsprozessen. Der Erziehungswissenschaftler Klaus Ahlheim und der Leiter der IG-Metall-Bildungsstätte Sprockhövel Horst Mathes (2005, S. 229 ff.) haben ein „Plädoyer für eine kritische politische Bildung" verfasst, in dem sie sich gegen die Tendenz wenden, politische Bildung den Marktgesetzen und einer reinen betriebswirtschaftlich begründeten Kosten-Nutzen-Rechnung preis-zugeben.

Hierbei handelte es sich um einen der wenigen vernehmbaren Einsprüche gegen das neoliberale Einheitsdenken, das in vielen gesellschaftlichen Bereichen existiert und auch die Praxis politischer Bildung vereinnahmt. Das gängige „ABC des Neoliberalismus" (Urban 2006) wird beim Umbau der Bildungseinrichtungen und der Neuausrichtung politischer Bildung durchdekliniert: Herstellung und Gewährleistung vermeintlicher ökonomischer Effektivität und Effizienz, Bil-dungsstandards und Kompetenzvermittlung, Evaluationsverfahren und Quali-tätskontrolle, von der Input- zur Outputsteuerung, weniger Staat und mehr Pri-vat/Markt usw. (vgl. ausführlich etwa Lohmann/Rilling 2002). Obgleich sich hier-zulande kaum ein Politiker oder eine Politikerin gegen die Notwendigkeit politi-scher Bildung öffentlich aussprechen würde, fehlt ihrem Bekenntnis meist die Glaubwürdigkeit. Die Wirklichkeit politischer Bildungsarbeit, ihre materielle und ideelle Förderung, entspricht in keiner Weise dem stets vorgetragenen Selbstver-ständnis. Es mangelt an finanzieller Förderung, und das Wenige, was bislang po-litische Bildung den politischen Repräsentant(inn)en wert war, wird rapide ge-kürzt. Politische Bildungsarbeit wird dem Marktgängigen, der reinen Nützlich-keits- und Verwertbarkeitslogik untergeordnet: „Sparen und Akquirieren heißen die neuen makrodidaktischen Leitsätze." (Ahlheim/Mathes 2005, S. 229)

Die Strategien zur Umsetzung neoliberaler Politik sind meist nicht so leicht fassbar, denn es lassen sich selten Bekenntnisse zu dieser Weltanschauung vernehmen oder eindeutige Träger des Marktradikalismus ausfindig machen, die das neoliberale Projekt maßgeblich vorantreiben. Jene Akteure, die deutliche Interessenpolitik betreiben, sind in der breiten Öffentlichkeit noch nahezu unbekannt oder werden in ihrer Wirkungsmächtigkeit häufig unterschätzt (vgl. u.a. Lösch 2008, S. 273 ff.). Affirmation und Anpassung an den neoliberalen Mainstream erfolgen in der politischen Bildung beispielsweise über die Steuerungskriterien: Wenn das inhaltliche Angebot einer Markt- und Evaluationslogik überlassen wird, fallen Themen schnell unter den Tisch, die nur eine Minderheit ansprechen, die Neugierde voraussetzen, die vielleicht unbequem sind oder störend wirken und Gegebenes kritisch hinterfragen (vgl. auch: Hufer 2002a, S. 287 f.). Übrig bleibt, was dem „Kunden" gefällt: „Das Gefällige, die Meinung des Mehrheitsdiskurses und der politischen Kontrollierer (der Finanziers und der Evaluatoren; B.L.), wird so klammheimlich zur Leitidee im Angebot politischer Erwachsenenbildung. Affirmation ersetzt Kritik – unmerklich, ohne direkte und provozierende Eingriffe, fast naturwüchsig. Politische Erwachsenenbildung verliert an Sperrigkeit und Stachel und wird so endgültig wirkungslos." (Ahlheim/Mathes 2005, S. 230)

Zudem forcieren private Akteure mit Hilfe staatlicher Politik die Herstellung eines expansiven und profitträchtigen Bildungsmarktes, den sie dann selbst beliefern (vgl. etwa Knobloch 2006, S. 2; Lohmann 2007, S. 153 ff.). Die Privatisierung und Kommerzialisierung von Bildung gelingt u.a. durch die Möglichkeiten des Sponsoring, der Übertragung bestimmter Aufgaben an private Firmen („Outsourcing"), der „Public Private Partnership" sowie der Bereitstellung von Bildungsmaterialien und -angeboten (vgl. etwa Lohmann/Rilling 2002; Schöller 2004; GEW 2006a). Mit hoher finanzieller Ausstattung vermögen private Akteure wie die Bertelsmann Stiftung oder die „Initiative Neue Soziale Marktwirtschaft" (INSM) durch den (förderungspolitischen) Rückzug des Staates Einfluss auf Bildungspolitik und -inhalte zu nehmen (vgl. Wernicke/Bultmann 2007; Lösch 2008, S. 273 ff.). Dieser Prozess wird gesellschaftlich noch viel zu wenig wahrgenommen.

Den öffentlichen Sparmaßnahmen im Bildungsbereich fallen teilweise auch die Arbeit der Bundes- und Landeszentralen für politische Bildung zum Opfer, die ständig von Kürzungen und Schließungen bedroht sind oder wie die Niedersächsische Landeszentrale bereits geschlossen wurden. Aufgrund permanenter finanzieller Engpässe werden das Geschäft der politischen Bildungsarbeit und das Erstellen von Materialien für die Schulen leichtfertig privaten Anbietern überlassen, die das Feld und die Notwendigkeit der manipulativen politischen Meinungs- und Willensbildung längst für sich entdeckt haben und im Begriff sind, es zu okkupieren, da sie im Gegensatz zu den öffentlichen Einrichtungen über eine gute finanzielle Ausstattung verfügen.

Beispielsweise publiziert die Bundeszentrale für politische Bildung, die dem gesellschaftlichen Mainstream folgt und vermehrt mit Drittmittelgebern kooperiert (vgl. dazu: Hentges 2002, S. 274 ff.), den Band „Klassiker der Ökonomie" in Zusammenarbeit mit der INSM (vgl. http://insm.de/Datenpool/Tagesnachrichten/Archiv/Klassiker_der_Oekonomie_22.2.2007.html; 21.11.2007). Diese wird in einem Online-Beitrag der Bundeszentrale als eine „überparteiliche Reformbewegung von Bürgern, Unternehmern und Verbänden" dargestellt (vgl. http://www.bpb.de/themen/8GTHOQ.html; 22.11.2007). Unausgesprochen bleibt, dass sie keine Bürgerinitiative „von unten" ist, sondern im Jahr 2000 vom Arbeitgeberverband Gesamtmetall, der Interessenvertretung der Metall- und Elektroindustrie, mit der Absicht gegründet wurde, auf die politische Meinungsbildung im Interesse der Privatwirtschaft einzuwirken (vgl. Lösch 2008, S. 275). Auch die Bertelsmann Stiftung, deren Anspruch auf Gemeinwohlorientierung zunehmend in die Kritik gerät, da sie 76,9 Prozent der Aktien der Bertelsmann AG besitzt und insofern ihre kommerziellen Interessen kaum geleugnet werden können (vgl. GEW 2006b; S. 8 ff.; Lohmann 2007, S. 153 ff.), ist auf dem Feld der politischen Bildung tätig (vgl. Monreal 2007, S. 193 ff.).

Private Anbieter unterliegen nicht den Sparzwängen der öffentlichen Hand, sondern sind häufig in der Lage, gut aufgearbeitetes Bildungsmaterial bereitzustellen. Dass solche Materialien tendenziös und interessengeleitet sind, scheint kaum jemanden zu stören; zumindest greifen Lehrer/innen oder selbst die Bundeszentrale für politische Bildung darauf zurück. Schließlich kann eine derartige ökonomische und politische Bildung dazu beitragen, die Menschen „fit" zu machen für die Marktgesellschaft. Mündigkeit des Subjekts, Aufklärung über gesamtgesellschaftliche Zusammenhänge sowie die Befähigung zum eigenen Urteil, zur Kritik und zum selbstbestimmten Handeln sind hier keine ausschlaggebenden und leitenden Kriterien mehr. Folgt man diesem Denken, gibt man die klassischen Kriterien politischer Bildungsarbeit und ihren demokratischen Anspruch allerdings auf.

Die politische Bildungsarbeit wird im Zuge des neoliberalen Umbaus von Staat und Gesellschaft nicht nur finanziell ausgezehrt, mit der anhaltenden Fokussierung auf den Erwerb von sog. *soft skills* bzw. Schlüsselqualifikationen verliert sie auch zunehmend an inhaltlichem Gehalt (vgl. Ahlheim/Mathes 2005, S. 230). Diese inhaltliche Entleerung politischer Bildung hängt stark mit den veränderten gesellschaftlichen Bedingungen und der wachsenden sozialen Unsicherheit zusammen. Bereits in den 90er-Jahren prägte der französische Soziologe

Pierre Bourdieu (2004, S. 107 ff.) den Begriff des Prekariats. Die Auswirkungen der Prekarisierung, einer tiefgreifenden Verunsicherung der Arbeits- und Lebensverhältnisse von Millionen Menschen, sind in allen Gesellschaftsbereichen zu spüren und treten beim Verlust der Erwerbsarbeit besonders deutlich zu Tage: „Indem sie die Zukunft überhaupt im Ungewissen läßt, verwehrt sie den Betroffenen gleichzeitig jede rationale Vorwegnahme der Zukunft und vor allen Dingen jenes Mindestmaß an Hoffnung und Glauben an die Zukunft, das für eine vor allem kollektive Auflehnung gegen eine noch so unerträgliche Gegenwart notwendig ist." (ebd., S. 108) Eine beträchtliche Reservearmee, die durch Entwertung und Überproduktion von Bildungstiteln, durch ungesicherte Leiharbeitsverhältnisse, durch illegale Beschäftigung und das Unterminieren von Tariflöhnen entsteht, gibt den Arbeiter(inne)n jederzeit das Gefühl, ersetzbar zu sein. Überhaupt eine Arbeitsstelle zu haben erscheint mittlerweile als zerbrechliches und bedrohtes Privileg.

Diese objektive Unsicherheit bewirkt laut Bourdieu eine subjektive Unsicherheit, die sich bis in den Körper und die Verhaltensweisen einschreibt. Arbeitnehmer/innen greifen insofern, falls sie die Möglichkeiten politischer Bildung nutzen, gern auf Seminare zurück, die ihnen versprechen, solche Unsicherheiten etwa durch Rede- und Präsentations*trainings* abzubauen. Politische Themen, die auch implizieren, eine Vorstellung von Alternativen für die Zukunft zu entwickeln und denken zu können, geraten dagegen in Zeiten permanenter Unsicherheit ins Hintertreffen.

Politische Bildung konzentriert sich infolgedessen immer weniger auf politische Fragestellungen und Themen, sondern auf das „Antrainieren" von Sozialtechniken. Die Aufgabe der Politikdidaktik liegt dann nicht mehr im Zugang zu, in der Vermittlung von oder gar der Aneignung von Politik, sondern reduziert sich auf das Anliegen, die Menschen mit Qualifikationen auszustatten, die sie für das (Über-)Leben in der Marktgesellschaft benötigen. Der souveräne Konsument bzw. der allseits flexibel einsetzbare und leistungsfähige Mensch bildet seither die Grundlage sowie das Ziel politischer und ökonomischer Bildungsarbeit.

Auch in der schulischen politischen Bildung wirken sich der Um- und Abbau des Sozialstaates (vgl. zur Kritik: Butterwegge 2006, S. 115 ff.) und der damit einhergehende Verlust von Demokratie in unterschiedlichster Weise aus. Die chronische Unterfinanzierung staatlicher Bildungseinrichtungen hat immer Missstände hervorgerufen. Damit diese überwunden werden, sollen Schulen bzw. Hochschulen nunmehr gegeneinander konkurrieren; ihr Wettbewerb soll die Leistungsfähigkeit aller fördern. In ihrem Aufruf „Das Bildungswesen ist kein Wirtschaftsbetrieb" (Frankfurter Rundschau v. 10.10.2005) haben sich Erziehungswissenschaftler/innen entschieden gegen diese Verbetriebswirtschaftlichung des Bildungswesens ausgesprochen: „Wer betriebswirtschaftliche Denk- und Handlungsmuster zu dominierenden Maßstäben für die Arbeit in Schulen und Universitäten macht, drängt die Schulen dazu, sich von weniger erfolgreichen Schülern zu entlasten, und Wissenschaftler dazu, ihren Bildungsauftrag zu vernachlässigen, um kurzatmige Auftragsforschung zu betreiben."

Der technokratische Umbau des Bildungssystems hat mittel- und langfristig weitreichende Rückwirkungen auf die demokratischen Prinzipien und die partizipative Mitwirkung am demokratischen Gemeinwesen (vgl. Schöller 2004, S. 532). Oliver Schöller zufolge wird die Konsolidierung der sich aktuell vollziehenden neoliberalen Gesellschaftstransformation ganz wesentlich auf dem umkämpften Feld der Bildung entschieden (vgl. ebd., S. 532). Bildungseinrichtungen, die oft wie Dinosaurier aus vergangenen Zeiten wirken – schwerfällig und dem Zeitgeist irgendwie immer hinterherhinkend –, von Grund auf zu reformieren bedeutet, einen radikalen Umbau am Fundament der Gesellschaft vorzunehmen, der nachhaltige Folgen haben und in andere gesellschaftliche Bereiche ausstrahlen wird.

Dieser Umbau der Bildungseinrichtungen wirkt sich auch auf die Möglichkeiten demokratischer Partizipation und Gestaltung aus. Bildungsinstitutionen sind stets Reproduktionsstätten sozialer Ungleichheit und Auslese gewesen. Demokratische Teilhabe beruht auf sozialen Voraussetzungen, ein Mehr an sozialer Selektion und Ungleichheit vermindert daher die Chancen politischer Partizipation für die sozial Benachteiligten. Besondere Aufmerksamkeit und Achtsamkeit gebühren der politischen Bildung, da hier die Gefahr der politischen Einflussnahme, ja der direkten Manipulation politischer Meinungs- und Willensbildungsprozesse besonders groß ist, was einen weiteren Beitrag zur „Demokratieentleerung" (Wilhelm Heitmeyer) darstellt.

Die Frage nach den Alternativen: Was tun?

Die gegenwärtigen Grenzen für politische Bildungsarbeit in einem emanzipatorischen Sinn aufzuzeigen fällt leichter, als (neue) Möglichkeiten und Chancen zu beschreiben, vor allem dann, wenn diese Suche kein Glasperlenspiel sein soll. Während auf der konzeptionellen Ebene, vor allem schulischer politischer Bildung, eine Anpassung an neoliberale Politikauffassungen beobachtbar ist, findet mit dem Anspruch des Demokratielernens (vgl. Beutel/Fauser 2001; Himmelmann 2001) geradezu eine Beschwörung von Kategorien wie Partizipation, Citi-

zenship, Zivilgesellschaft etc. statt, die dem begrifflichen Repertoire emanzipatorischer bzw. partizipatorischer Demokratietheorie entstammen. Was diesen Konzeptionen der Demokratie-Pädagogik häufig fehlt, ist eine kritische Zustandsbe-
schreibung der Gesellschaft, die eine realistische Einschätzung von politischer
Partizipation und eine differenzierte Betrachtung der ungleichen Teilhabechan-
cen ermöglicht. Dadurch können Begriffe leicht zu inhaltsleeren, allseitig verwendbaren Worthülsen entwertet werden. Normative Konzeptionen der Demokratie-Pädagogik liefern in der Regel Beschreibungen und formulieren Kriterien,
wie Demokratie sein soll und wie ideales Lernen darin aussieht. Diesen Anspruch
des Sein-Sollens haben sie mit ihren Referenztheorien der normativen Demokratie gemeinsam, die gesellschaftliche Missstände, den historischen und wirtschaftspolitischen Kontext sowie den Wandel von Demokratie gern unberücksichtigt lassen und von einer permanenten Fortentwicklung demokratischer Verhältnisse und Errungenschaften ausgehen (vgl. hierzu kritisch: Lösch 2005, S.
150 ff.).

Für die (Re-)Formulierung von Ansprüchen und Kriterien einer emanzipatorischen politischen Bildung sind die historische gesellschaftliche Entwicklung,
d.h. Versuche, Erfolge und Verhinderung von Emanzipation, sowie der gegenwärtige gesellschaftspolitische Kontext, z.b. die marktwirtschaftliche Fundierung
der liberalen Demokratie, grundlegend. Gleichzeitig darf ein gewisser normativer
Überschuss des Denkens nicht verloren gehen, der über das Bestehende, das
empirisch Vorfindbare hinausweist und gesellschaftliche Veränderungsmöglich-
keiten andeutet.

Dies ist vor allem dann nötig, wenn eine rein ökonomische – oder besser: betriebswirtschaftliche – Denkweise in allen gesellschaftlichen Bereichen und im
menschlichen Miteinander Einzug hält, die wenig Raum lässt, gesellschaftliche
Verhältnisse anders und gegen den Strich zu denken, Freiheiten auszuloten und
sich Freiheit(en) zu nehmen. Dann werden jegliches menschliche Handeln und
auch das Denken auf seine Verwertbarkeit abgeklopft. Alles, was weder direkten
Nutzen verspricht noch Profitmaximierung ermöglicht, wird überflüssig, selbst
wenn es für das menschliche Zusammenleben unentbehrlich ist. Menschliches
*Zusammen*leben meint hier ein Leben in Frieden, Kooperation und gegenseitigem
Respekt. Das klingt zwar pathetisch und gegenwärtig eher befremdlich bis altba-
cken, ist aber der Gegensatz zu Kampf, Konkurrenz und Rivalität. Prinzipien und
Verhaltensweisen, die derzeit bekannt und „modern" klingen, da sie der Alltags-
sprache des *Big Business* entstammen (und wenn man sie beherrscht, erhält man
die Zuschreibung „professionell", „durchsetzungsfähig" und „kompetent").

Worin liegen die Schwierigkeiten emanzipatorischer politischer Bildung, etwa Alternativen zu denken und einen anderen Standpunkt als den vorherrschenden einzunehmen? Diese Frage hängt u.a. mit dem Verständnis und dem Verlust von politischer Öffentlichkeit zusammen. Wer oder was ist und bestimmt gegenwärtig die politische Öffentlichkeit? Auf welche Art und Weise findet eine politische Meinungs- bzw. Willensbildung statt, die für eine demokratische Gesellschaft – neben den materiellen Voraussetzungen politischer Teilhabe – das notwendige Fundament bildet, ohne das Demokratie nicht existieren kann? Der Strukturwandel politischer Öffentlichkeit ist stets ein Kennzeichen für den Zustand und die Möglichkeiten politischer Bildung.

Die bürgerliche Öffentlichkeit hat den – zumindest von Jürgen Habermas (1995) noch unterstellten – kritischen Impuls weitestgehend eingebüßt; die „Zivilgesellschaft" ist, obwohl vielfach in den Sozialwissenschaften angenommen, kein herrschaftsfreier, sondern ein von vielen politischen Akteuren umkämpfter Raum (vgl. hierzu: Lösch 2008, S. 267 ff.). Ein Großteil der Bevölkerung, vor allem die lohnabhängig Beschäftigten gewinnen ihre politische Meinung aus (Tages-) Zeitungen sowie Radio- und Fernsehsendungen. Diese Medien arbeiten häufig – sieht man von wenigen Ausnahmen vor allem im Hörfunk ab – in einer stark skandalisierenden Art und Weise, womit sie einen nicht unbeträchtlichen Beitrag zur Politikabgewandtheit der Bürger/innen leisten. Politische Meldungen werden als Panikmache, Skandal, Beunruhigung oder Gefährdung dargeboten (vgl. dazu: Butterwegge/Hentges 2006). Oder sie nehmen die Form eines Boulevardjournalismus an, wie bei etablierten TV-Sendungen des Polit-Talks zu beobachten. Sie stellen nicht die Frage nach dem „Was tun?", nach Handlungsmöglichkeiten oder anderen, alternativen Sichtweisen. Menschen, die tagtäglich mit diesen Informationsquellen leben, ihr Wissen daraus beziehen und ihre Meinung darauf gründen, finden schwer aus der passiven Haltung von Informationskonsument(inn)en heraus.

Politische Bildung hätte hier die schwierige Aufgabe, dem Öffentlichkeitsverlust entgegenzuwirken und politische Informationen mit der Frage nach Perspektiven zu versehen. Armin Bernhard (2006, S. 46) spricht etwa von der Notwendigkeit einer kulturell-ästhetischen Bildung, „die das gesellschaftliche Wahrnehmungsvermögen wiederherstellt, es erweitert, es sensitiviert für ganz unterschwellige Verführungsmechanismen", also einer Bildung, „die über die Erweiterung des Wahrnehmungsvermögens politisch-aufklärerisch wirkt, d.h. zur Erkenntnis der gesellschaftlichen Gesamtsituation in ihrer vollen Widersprüchlichkeit beiträgt."

Sicherlich bedarf es reichlich „soziologischer Phantasie" (Oskar Negt), d.h. kreativer Vorstellungskraft, wie Gesellschaft anders gedacht und gestaltet werden kann (vgl. dazu: Brand u.a. 2007), um dem „neoliberalen Wahrheitsregime" (Brand 2007, S. 239) entgegenzuwirken. Es ist wohl notwendig, dass wir neue Erfahrungen sammeln und auf alte zurückgreifen, und vor allem, dass wir das Verhalten der Individualisierung, der Konkurrenz und des Leistungsdrucks wieder *verlernen*. Lernen, anders zu denken und zu handeln, als der vorherrschende neoliberale Trend in all seinen Facetten[4] vorgibt, heißt nicht, einem von außen oktroyierten Zwang zu Alternativen zu folgen, etwa im Sinne der stetigen Entwicklung technokratischer Reformen und Gegenreformen. Politisch(-aufklärerisch)e Bildung zielt eher darauf, aus der Defensive zu kommen, der Entmündigung durch Desinformation entgegenzuwirken, Mut zum Handeln zu entwickeln, Selbstermächtigung zu spüren und gesellschaftliche Veränderbarkeit wieder denkbar werden zu lassen. Das bedeutet, den Begriff der Mündigkeit wieder mit Leben zu füllen: „Mündigkeit wird zu einer praktischen Fähigkeit, die in der Lage ist, gesellschaftliche Erfahrungen in emanzipative Fähigkeiten zu überführen." (Bernhard 2006, S. 45)

Klaus Ahlheim und Horst Mathes (2005, S. 232) sehen die Aufgabe kritischer politischer Bildung darin, „vorurteilsvollen Ideologien zu wehren, indem sie Wissen, Fakten, (Gegen-)Argumente zur Verfügung stellt, Erklärungsansätze, Ordnungsgesichtspunkte und vor allem ‚Zusammenhänge' ausbreitet, Überzeugungen und Denkansätze sich entfalten lässt, in Frage stellt, erprobt, festigt." Empirische Fakten sind wichtig, um den Versprechungen von Apologeten der Marktgesellschaft zu begegnen sowie die überwiegend negativen Auswirkungen neoliberaler Politik zu dokumentieren und zu bewerten. Allerdings reicht das Postulat „Die politische Bildung muss auch zurück zu den Sachen, den Gegenständen" (ebd.) nicht aus. Die Wiedererlangung eines abstrahierenden und damit auch verallgemeinerungsfähigen Denkens, das sich von den Gegenständen, vom Konkreten ins Abstrakte entfernt, ist ebenso wichtig, um allgemeine gesellschaftliche Zusammenhänge zu erkennen. Wie Ahlheim und Mathes (ebd., S. 233) weiter formulieren, liegt der Kern politischer Bildungsarbeit „in der radikalen Infragestellung des Bestehenden und in der Einübung des Blicks für den Widerspruch zwischen dem Anspruch, dem Gesagten und Verkündeten und dem, was Realität ist, in der Einübung schließlich des Blicks für die objektiven und realen gesellschaftlichen Widersprüche."

---

[4] Dass der Neoliberalismus keine einheitliche geschlossene Theorie ist, haben die Herausgeber/in an mehreren Stellen ihrer „Kritik des Neoliberalismus" verdeutlicht (vgl. Butterwegge/Lösch/Ptak 2008).

Dies bedeutet auch, das Prinzip der „Kontroversität" in der politischen Bildungsarbeit wieder ernst zu nehmen, politische Debatten auszutragen und die eigene Weltsicht offenzulegen, anstatt sich in einer konturlosen Pluralität beliebiger Meinungen zu verlieren. Kontroversität beginnt bereits mit einer kritischen Haltung gegenüber sich selbst, gegenüber der eigenen Weltsicht, den Stereotypen, die jede/r pflegt, und den Privilegien, die jedem in unterschiedlicher Weise zukommen und uns je nach Situation zum herrschenden oder beherrschten Subjekt machen.

Möglicherweise gerät man mit der Haltung, die hier skizziert wurde und noch weiterer Ausführungen bedarf, zunächst ins Hintertreffen gegenüber Theorien, die einen Anspruch auf absolute Wahrheit und Widerspruchslosigkeit erheben. Gerade zu einer Zeit, in der sich die Menschen nach Orientierung, deutlichen Botschaften und (sozialer) Sicherheit sehnen, wird gern auf einfache Rezepte zurückgegriffen, die schnelle Hilfe versprechen. Zweifel, Widerspruch und Kritik sind dann eher Hindernisse, nehmen Zeit in Anspruch, die ohnehin bei der Bewältigung tagtäglicher (existenzieller) Probleme fehlt. Eine auf Emanzipation zielende Politik und die damit verbundene politische Bildung können allerdings nur als langwieriger Erfahrungs- und Lernprozess verstanden werden, wenn es tatsächlich darum geht, strukturelle Macht- und Unterdrückungsverhältnisse (etwa Natur-, Geschlechter- und Klassenverhältnisse) überwinden zu lernen.

Quellen- und Literaturverzeichnis

Adorno, Theodor W. (1971): Erziehung zur Mündigkeit, Frankfurt am Main

Ahlheim, Klaus (2004): Scheingefechte. Zur Theoriediskussion in der politischen Erwachsenenbildung, Schwalbach im Taunus

Ahlheim, Klaus/Mathes, Horst (2005): Plädoyer für eine kritische politische Bildung, in: Praxis politische Bildung 3, S. 229-234

Bernhard, Armin (2006): Bildung als Kampf um Hegemonie oder: Entwicklung zur Widerständigkeit im Anschluss an Gramsci, in: Forum Wissenschaft 3, S. 43-46

Bernhard, Armin (2007): Bildung als Ware. Die Biopiraterie in der Bildung und ihr gesellschaftlicher Preis, in: Utopie kreativ 197, S. 202-211

Beutel, Wolfgang/Fauser, Peter (2001): Erfahrene Demokratie. Wie Politik praktisch gelernt werden kann. Pädagogische Analysen, Berichte und Anstöße aus dem Förderprogramm Demokratisch Handeln, Opladen

Bourdieu, Pierre (2004): Prekariat ist überall, in: ders., Gegenfeuer, Konstanz, S. 107-113

Brand, Ulrich (2007): Globalisierung als Projekt und Prozess. Neoliberalismus, Kritik der Globalisierung und die Rolle politischer Bildung, in: Gerd Steffens (Hrsg.), Politische und ökonomische Bildung in Zeiten der Globalisierung, Münster, S. 228-244

Brand, Ulrich/Lösch, Bettina/Thimmel, Stefan (Hrsg.) (2007): ABC der Alternativen, Hamburg

Butterwegge, Christoph (2006): Krise und Zukunft des Sozialstaates, 3. Aufl. Wiesbaden

Butterwegge, Christoph/Hentges, Gudrun (Hrsg.) (2006): Massenmedien, Migration und Integration. Herausforderungen für Journalismus und politische Bildung, 2. Aufl. Wiesbaden

Butterwegge, Christoph/Lösch, Bettina/Ptak, Ralf (2008): Kritik des Neoliberalismus, 2. Aufl. Wiesbaden

Gagel, Walter (2005): Geschichte der politischen Bildung in der Bundesrepublik Deutschland 1945-1989/90, Wiesbaden

GEW – Gewerkschaft Erziehung und Wissenschaft (2006a): Privatisierungsreport. Vom Rückzug des Staates aus der Bildung, Frankfurt am Main, Februar

GEW – Gewerkschaft Erziehung und Wissenschaft (2006b): Privatisierungsreport 2. Vom Durchmarsch der Stiftungen und Konzerne, Frankfurt am Main, Oktober

Habermas, Jürgen (1995): Strukturwandel der Öffentlichkeit. Untersuchungen zu einer Kategorie der bürgerlichen Gesellschaft, Frankfurt am Main

Heitmeyer, Wilhelm/Klein, Anna: Demokratieentleerung, in: Hans-Jürgen Urban (Hrsg.), ABC des Neoliberalismus, Hamburg, S. 53 f.

Hentges, Gudrun (2002): Die Bundeszentrale für politische Bildung im Umbruch, in: Christoph Butterwegge/dies. (Hrsg.), Politische Bildung und Globalisierung, Opladen, S. 251-281

Himmelmann, Gerhard (2001): Demokratie-Lernen als Lebens-, Gesellschafts- und Herrschaftsform, Schwalbach im Taunus

Himmelmann, Gerhard (2006): Gefährdungen und Chancen für Fachwissenschaft und Fachdidaktik der demokratisch-politischen Bildung, in: Politische Bildung 1, S. 149-162

Holzkamp, Klaus (1993): Lernen – subjektwissenschaftliche Grundlagen, Frankfurt am Main/New York

Hufer, Klaus-Peter (2002a): Politische Bildung auf dem Weiterbildungsmarkt, in: Christoph Butterwegge/Gudrun Hentges (Hrsg.), Politische Bildung und Globalisierung, Opladen, S. 283-296

Hufer, Klaus-Peter (2002b): Politische Erwachsenenbildung: Lage und Profil, in: Bardo Heger/Klaus-Peter Hufer (Hrsg.), Autonomie und Kritikfähigkeit. Gesellschaftliche Veränderung und Aufklärung, Schwalbach im Taunus, S. 78-90

Hufer, Klaus-Peter (2004): Ein Paradigmenwechsel in der politischen Bildung?, in: Praxis Politische Bildung 3, S. 191-196

Hufer, Klaus-Peter (2006): Rückzug oder Rückkehr? – Politische Erwachsenenbildung zwischen Abbau und Aufbau, in: kursiv. Journal für politische Bildung 1, S. 46-51

Juchler, Ingo (2005): Worauf sollte politische Bildung zielen: Demokratie-Lernen oder Politik-Lernen?, in: Politische Bildung 1, S. 100-109

Knobloch, Clemens (2006): Vom Menschenrecht zur Markenware, in: Freitag 28, http://wwww.freitag.de/2006/28/06280401.php; 23.10.2007

Lösch, Bettina (2005): Deliberative Politik. Moderne Konzeptionen von Öffentlichkeit, Demokratie und politischer Partizipation, Münster

Lösch, Bettina (2006): Worauf es ankommt. Die Wiedergewinnung einer kritischen Theorie politischer Bildung, in: Praxis Politische Bildung 1, S. 30-34

Lösch, Bettina (2007): Demokratie und politische Partizipation unter Bedingungen des globalen Kapitalismus, in: Gerd Steffens (Hrsg.), Politische und ökonomische Bildung in Zeiten der Globalisierung, Münster, S. 245-257

Lösch, Bettina (2008): Die neoliberale Hegemonie als Gefahr für die Demokratie, in: Christoph Butterwegge/Bettina Lösch/Ralf Ptak, Kritik des Neoliberalismus, 2. Aufl. Wiesbaden, S. 221-284

Lohmann, Ingrid/Rilling, Rainer (Hrsg.) (2002): Die verkaufte Bildung. Kritik und Kontroversen zur Kommerzialisierung von Schule, Weiterbildung, Erziehung und Wissenschaft, Opladen

Lohmann, Ingrid (2007): Die „gute Regierung" des Bildungswesens: Bertelsmann, in: Jens Wernicke/Torsten Bultmann (Hrsg.), Netzwerk der Macht – Bertelsmann. Der medial-politische Komplex aus Gütersloh, Marburg, S. 153-170

Massing, Peter (2006): Schulische politische Bildung: Konsolidierung oder neue Unsicherheiten?, in: kursiv. Journal für politische Bildung 4, S. 46-52

Mögling, Klaus/Steffens, Gerd (2004): Im Mainstream der Politikdidaktik – beschauliche Innenansichten, in: Polis 3, S. 19-21

Mohr, Arno (1987): Soll Politikwissenschaft ein Bildungs- oder ein Ausbildungsfach sein? – Ein Blick zurück in die 50er Jahre, in: Hans-Hermann Hartwich (Hrsg.), Politikwissenschaft. Lehre und Studium zwischen Professionalisierung und Wissenschaftsimmanenz, Opladen, S. 81-90

Monreal, Guido (2007): Moralerziehung als Politische Bildung? – Betzavta/MITEINANDER: Ein mit Hilfe der Bertelsmann Stiftung adaptiertes Programm der Politischen Bildung, in: Jens Wernicke/Torsten Bultmann (Hrsg.), Netzwerk der Macht – Bertelsmann. Der medial-politische Komplex aus Gütersloh, Marburg, S. 193-210

Negt, Oskar (1972): Soziologische Phantasie und exemplarisches Lernen. Zur Theorie und Praxis der Arbeiterbildung, Frankfurt am Main

Olbrich, Josef (2001): Geschichte der Erwachsenenbildung in Deutschland, Bonn

Pohl, Kerstin (2004): Demokratie als Versprechen, in: Politische Bildung 3, S. 129-138

Rudolf, Karsten (2002): Politische Bildung: (k)ein Thema für die Bevölkerung? – Was wollen die Bürger?, in: Aus Politik und Zeitgeschichte. Beilage zur Wochenzeitung *Das Parlament* 45, S. 45-53

Sander, Wolfgang (2001): Politik entdecken – Freiheit leben. Neue Lernkulturen in der politischen Bildung, Schwalbach im Taunus

Sander, Wolfgang (2002): Politische Bildung nach der Jahrtausendwende. Perspektiven und Modernisierungsaufgaben, in: Aus Politik und Zeitgeschichte. Beilage zur Wochenzeitung *Das Parlament* 45, S. 36-44

Sander, Wolfgang (2003): Politik in der Schule. Kleine Geschichte der politischen Bildung, Bonn

Sander, Wolfgang (2005a): Theorie der politischen Bildung: Geschichte – didaktische Konzeptionen – aktuelle Tendenzen und Probleme, in: ders. (Hrsg.), Handbuch politische Bildung, Schwalbach im Taunus, S. 13-47

Sander, Wolfgang (2005b): Die Welt im Kopf. Konstruktivistische Perspektiven zur Theorie des Lernens, in: kursiv. Journal für politische Bildung 1, S. 44-59

Sander, Wolfgang (2006): Phoenix aus der Asche? – Politische Bildung als Gegenstand von Forschung und Theoriebildung, in: kursiv. Journal für politische Bildung 2, S. 66-74

Schöller, Oliver (2004): Vom Bildungsbürger zum Lernbürger. Bildungstransformationen in neoliberalen Zeiten, in: Prokla. Zeitschrift für kritische Sozialwissenschaft 137, S. 515-534

Steffens, Gerd (Hrsg.) (2007): Politische und ökonomische Bildung in Zeiten der Globalisierung, Münster

Urban, Hans-Jürgen (Hrsg.) (2006): ABC des Neoliberalismus, Hamburg

Wernicke, Jens/Bultmann, Torsten (Hrsg.) (2007): Netzwerk der Macht – Bertelsmann. Der medial-politische Komplex aus Gütersloh, Marburg

Widmaier, Benedikt (2007): Politische Jugend- und Erwachsenenbildung – lost in space?, Bezugswissenschaft und Wissenschaftsbezüge der Profession, in: Praxis Politische Bildung 3, S. 178-184

Zeuner, Bodo (1998): Politische Erwachsenenbildung jenseits der Emanzipation?, Bemerkungen zum Konstruktivismus-Streit, in: Klaus-Peter Hufer/Birgit Wellie (Hrsg.), Sozialwissenschaftliche und bildungstheoretische Reflexionen: fachliche und didaktische Perspektiven zur politisch-gesellschaftlichen Aufklärung, Glienicke/Berlin, S. 65-77

Hans-Jürgen Urban

Die postneoliberale Agenda und die Revitalisierung der Gewerkschaften

„Neoliberalismus" ist ein im wissenschaftlichen und politischen Diskurs umstrittener, jedoch häufig verwendeter Terminus. Wie immer man Philosophie, Gesellschaftskonzeption und politische Strategie des Neoliberalismus definieren mag, in allen seinen Spielarten gelten insbesondere autonome und durchsetzungsstarke Gewerkschaften als systemischer Fremdkörper. Das gilt auch für die Neoliberalismuskonzeption, die diesem Beitrag zugrunde liegt. Unter Neoliberalismus wird ein politisches Projekt verstanden, das sowohl eine Gesellschaftsphilosophie als auch ein politisch-strategisches Programm beinhaltet. Als philosophisches Konzept zielt er vor allem auf einen radikalen, vorgeblich Freiheit suchenden Individualismus, als politisches Programm auf die Abwicklung des sozialdemokratischen Wohlfahrtsstaates durch die Implementierung möglichst unregulierter Marktmechanismen in Wirtschaft, Gesellschaft und Politik. Neoliberalismus meint hier im Wesentlichen ein antiwohlfahrtsstaatliches, marktzentriertes Politikprogramm (vgl. Foucault 2004, S. 112 ff.; Ptak 2004; Urban 2006a, S. 9 ff.; Butterwegge u.a. 2008).

Gewerkschaften und Neoliberalismus

Im neoliberalen Politikkonzept werden Gewerkschaften als wettbewerbswidrige Monopolanbieter des gesellschaftlichen Arbeitskräfteangebotes, als Treiber von Arbeits- und Sozialkosten, als Rationalisierungs- und Innovationsbremse sowie als Hindernis bei der Stärkung des nationalen Wirtschaftsstandortes bewertet. Nicht selten wird ihnen ein gesamtgesellschaftlicher und gemeinwohlverträglicher Gestaltungsanspruch abgesprochen, da man sie als verbandsegoistische Lobbymacht begreift, die gegenüber Politik und Staat doch nur die Interessen der „Arbeitsplatzbesitzer" (insider) zulasten der Arbeitsuchenden (outsider) durchzusetzen bestrebt sind.

Es ist daher wenig verwunderlich, dass allen neoliberalen Politikstrategien eine mehr oder weniger aggressive antigewerkschaftliche Komponente eigen ist. Sie zielt entweder auf eine graduelle machtpolitische Schwächung oder die generelle organisationspolitische Infragestellung der Gewerkschaften. Und da der Neoliberalismus auf unregulierte Märkte und einen „schlanken Staat" ohne institutionelle Interessenvermittlungsstrukturen setzt, werden auch die sozialökonomische Ordnungsfunktion und die möglichen korporatistischen Integrationsleistungen, welche zumindest die Sozialdemokratie an den Gewerkschaften früher durchaus zu schätzen wusste, nicht wirklich als wertvoller, gesellschaftlicher Beitrag anerkannt.

Der Neoliberalismus steht den Gewerkschaften also grundsätzlich ablehnenend gegenüber, und die Gewerkschaften haben ein quasi natürliches Interesse an seiner Zurückdrängung und perspektivischen Überwindung. So weit zum gewerkschaftlichen Wollen, doch wie sieht es mit dem Können aus? Steht den gewerkschaftlichen Intentionen eine entsprechende Fähigkeit zur Seite? Daran ließe sich durchaus begründet zweifeln. Denn die Sozialgeschichte der entwickelten kapitalistischen Gesellschaften lässt erkennen, dass der Aufstieg des Neoliberalismus mit dem Abstieg der Gewerkschaften einherging. Ob sich hinter diesem empirischen Phänomen eine einfache Ursache-Wirkung-Beziehung verbirgt, sollte Gegenstand theoretischer und empirischer Forschungen sein. Sicherlich spielt hier auch die bisher unzureichende Fähigkeit der Gewerkschaften eine Rolle, adäquate Antworten auf die Strukturveränderungen in Wirtschaft, Gesellschaft, Politik und Alltagskultur zu finden. Doch dass der Um- und Rückbau des sozialdemokratischen Wohlfahrtsstaates durch eine marktzentrierte Politik zur andauernden Defensive der Gewerkschaften beigetragen hat, scheint ebenfalls evident.

Dennoch lässt sich feststellen: So real die Gefahr eines umfassenden Bedeutungs- und Funktionsverlustes der Gewerkschaften sein mag, allzu deterministische Niedergangsszenarien schießen über das Ziel hinaus. Theoretische wie empirische Hinweise sprechen dafür, dass auch die erfolgreiche Revitalisierung der Gewerkschaften eine reale Möglichkeit darstellt (vgl. Urban 2006b; AG Strategic Unionism 2007). Gleichwohl bleibt die politische Renaissance der Gewerkschaften ein höchst anspruchsvolles Projekt. Vieles deutet darauf hin, dass das Schicksal der Gewerkschaften mit dem des Neoliberalismus auf eine widersprüchliche Weise verknüpft ist. So scheint die Chance einer erfolgreichen gewerkschaftlichen Revitalisierung eng mit Erfolgen bei der Überwindung der neoliberalen Hegemonie zusammenzuhängen. Dies würde bedeuten: Eine postneoliberale, gleichsam neosoziale Gesellschaft ist auf eine revitalisierte Gewerkschaftsbewegung angewiesen, wie eine erfolgreiche Revitalisierung der Gewerkschaften nur auf der Grundlage einer postneoliberalen Agenda realistisch ist. Insofern sind die Überwindung des Neoliberalismus und die gewerkschaftliche Revitalisierung komplementäre Projekte, die gemeinsam gelingen oder scheitern werden.

In diesem Sinne liegt den folgenden Ausführungen die These zugrunde, dass der retrospektiv konstatierbare Zusammenhang zwischen dem Aufstieg des Neoliberalismus und der Schwächung der Gewerkschaften ebenfalls – gleichsam in umgekehrter Richtung – wegweisend für prospektiv angelegte Strategien einer Überwindung des Neoliberalismus und einer Revitalisierung der Gewerkschaften gilt; dass also die Zurückdrängung des Neoliberalismus eine sicher nicht hinreichende, wohl aber notwendige Bedingung einer erneuten, nachhaltigen Stärkung der Gewerkschaften ist. Gemäß dieser Logik soll hier argumentiert werden, dass die machtpolitische Schwächung der Gewerkschaften nicht zuletzt auf die Herausbildung einer neuen Formation des Kapitalismus und die Aufkündigung der institutionellen, wohlfahrtsstaatlichen Arrangements zurückzuführen ist, an deren Herausbildung antiwohlfahrtsstaatliche Politiken einen erheblichen Anteil haben, und dass den Gewerkschaften bei der Überwindung des neoliberalen Politikmodells die strategische Option einer konstruktiven Vetomacht offensteht, diese jedoch nur unter der Voraussetzung einer erhöhten Strategiefähigkeit der Gewerkschaften realisiert werden kann. Der Beitrag schließt mit Überlegungen zum Projekt einer „Mosaik-Linken", also zu den akteurspolitischen Voraussetzungen einer Überwindung des Neoliberalismus.

Gewerkschaften im Finanzmarktkapitalismus

Das neoliberale Politikprogramm macht den Gewerkschaften durch direkte politische Attacken sowie durch seine tätige Mithilfe bei der Durchsetzung der neuen Kapitalismusformation zu schaffen. Beides untergräbt die Organisations- und Verhandlungsmacht der Gewerkschaften. Dabei wirken insbesondere die Mechanismen der neuen Kapitalismusformation dauerhaft und unabhängig von parteipolitischen Regierungskonstellationen. So gibt es durchaus Anlass, den Prozess der machtpolitischen Schwächung der Gewerkschaften in die Zukunft zu extrapolieren und das Szenario eines „Kapitalismus ohne Gewerkschaften" (Müller-Jentsch 2006; ähnlich: Negt 2004) zu entwerfen. Der neue, deregulierte und finanzmarktgetriebene Kapitalismus, so meint etwa Walther Müller-Jentsch, benötige aufgrund seiner politischen Ökonomie die Gewerkschaften weder als arbeitsmarktpolitische Schützerin der Arbeitskraft noch als komplementäre Regelungsinstitution zur Wahrung des makroökonomischen Gleichgewichts und der gesellschaftlichen Kohäsion. Daher würden die Gewerkschaften „zum Anachronismus gestempelt" (Müller-Jentsch 2006, S. 1240). Die Indikatoren der gewerkschaftlichen Schwächung – sinkende Verhandlungsmacht in den betrieblichen und tariflichen Aushandlungsprozessen, Schwächung der gewerkschaftlichen politischen Lobbymacht, sinkende gewerkschaftliche Organisationsgrade sowie abnehmende Mitgliederzahlen und Ressourcen – werden folgerichtig als Belege für einen quasi unaufhaltsamen, säkularen Niedergangsprozess der Gewerkschaften gedeutet.

Bei dem die Gewerkschaften grundsätzlich infrage stellenden „Finanzmarktkapitalismus" handelt es sich im Kern um eine Konfiguration von Institutionen und Regulierungen, durch die vor allem die Schlüsselakteure und Spielregeln der globalen Finanzmärkte die Dominanz über den Prozess der Abwicklung des fordistischen Kapitalismus und damit über Veränderungsrichtung und -geschwindigkeit in Unternehmen und Gesellschaft gewinnen (vgl. Aglietta 2000; Windolf 2005). Im Zuge der Implementierung der neuen Formation kommt es zu grundlegenden Veränderungen in der Unternehmensführung und -kontrolle, der Arbeits- und Sozialverfassung sowie der staatlichen Politiken:

- So drückt sich der Bedeutungszuwachs des Finanzkapitals in einem Umbau der Unternehmensfinanzierung und -führung aus. Das bankengestützte System der Unternehmensfinanzierung wird durch ein kapitalmarktorientiertes ersetzt. Die auf den Kapitalmärkten erzielbaren Renditen werden zu Messlatten der betrieblichen Rentabilität, und der *Shareholder Value* avanciert zur zentralen Steuerungsgröße der Unternehmensführung (vgl. Höppner 2003; Streeck/Höppner 2003). Der externe Renditedruck befördert eine umfassende Neuausrichtung von Unternehmensstrukturen, Arbeitsorganisation und Personalstrategien. Begriffe wie „Finanzialisierung" von Unternehmensführung und -kontrolle, „Vermarktlichung" von Arbeits- und Sozialbeziehungen, indirekte Formen der Personalsteuerung usw. versuchen den Wandel auf den Punkt zu bringen (vgl. Schumann 2003; Sauer 2005). Über diese Prozesse zieht mit Blick auf die Verlängerung von Arbeitszeiten, höhere Leistungsanforderungen und systematischen Beschäftigungsabbau eine neue, permanente Maßlosigkeit in die Auseinandersetzungen zwischen Kapital und Arbeit ein, die auch in wirtschaftlichen Aufschwungphasen anhält.

- Die finanzmarktgetriebene Restrukturierung gerät zunehmend in Konflikt mit den Regulierungen des individuellen und kollektiven Arbeitsrechts sowie den Modellen der betrieblichen und unternehmensweiten Mitbestimmung. Auch die wettbewerbskorporatistische Integration der betrieblichen Interessenvertretungen im Rahmen der diversen *Co-Management*-Arrangements („betriebliche Bündnisse für Arbeit") werden mitunter brüchig (vgl. Rehder 2006). Während auf der Ebene der Unternehmensmitbestimmung institutionelle Anpassungsprozesse zu beobachten sind (vgl. Höpner 2003), wächst vor allem der Druck auf außer- und überbetriebliche Standards und Vorgaben. Durch die aktiv beförderte Erosion des Flächentarifvertragssystems verlieren kollektive Regelungen zu Entgelten, Arbeitszeiten und Arbeitnehmerrechten an Verbindlichkeit, während die betriebliche Ebene in Fragen der Einkommens- und Beschäftigungspolitik an Bedeutung gewinnt.

- Ergänzt werden diese Entwicklungen in der Betriebs- und Tarifpolitik durch eine Strategie der Abwicklung des korporatistischen Wohlfahrtsstaates durch neoliberale oder neusozialdemokratische Regierungspolitiken. Im Rahmen des Um- und Rückbaus der Systeme des Sozialschutzes werden Leistungen gekürzt, Anspruchsvoraussetzungen verschärft und die Felder der umlagefinanzierten Sozialversicherungen als Anlagesphären für die private Assekuranz geöffnet. Zugleich kommt es zu einer Aufkündigung oder funktionalen Entwertung der korporatistischen Verhandlungsgremien und damit zur Beseitigung potenzieller institutioneller Vetopunkte (vgl. Streeck 2005; Trampusch 2006). Flankiert wird dies durch eine umfassende Deregulierung der Schutznormen des traditionellen Normalarbeitsverhältnisses, die mit Blick auf das Sicherungsniveau nach unten geöffnet werden (vgl. Brinkmann u.a. 2006). Für die Lohnabhängigen bedeutet die Entkollektivierung sozialer Risiken eine umfassende Rekommodifizierung der Arbeitskraft und eine „Rückkehr von Unsicherheit" (siehe Castel 2005, S. 54 ff.), die ihre gesamte Lebensführung zu dominieren droht. Kurzum: Der arbeitschützende und marktkorrigierende Wohlfahrtsstaat mutiert zum kapitalfördernden und marktöffnenden Wettbewerbsstaat (vgl. Hirsch 1995; Jessop 2007).

Bereits diese kursorische Skizze lässt deutlich werden, warum für die Gewerkschaften im Finanzmarktkapitalismus harte Zeiten anbrechen. Der renditegetriebene Beschäftigungsabbau und die Prekarisierung der Lebenslagen – bis weit in die arbeitnehmerische Mitte hinein – reaktivieren den Mechanismus der „industriellen Reservearmee" (Karl Marx). Zugleich untergraben die betrieblichen und wirtschaftlichen Restrukturierungen sukzessive die gewerkschaftliche Verhandlungsmacht in der Betriebs- und Tarifpolitik. Die erhöhte Kapitalmobilität sowie die weitgehende Bindungslosigkeit der institutionellen Akteure erleichtern die Drohung mit der „*Exit*-Option" gegenüber den Interessenvertretungen der abhängig Beschäftigten. Das stärkt die Verhandlungsposition der Unternehmensleitungen, während die Gewerkschaften an verteilungspolitischer Verhandlungsmacht einbüßen. Zusätzlich führt die funktionale Entwertung korporatistischer Arrangements zu einer machtpolitischen Schwächung der Gewerkschaften. Da der neue Wettbewerbsstaat zwar aktiv um die markt-, leistungs- und konkurrenzorientierte, gleichsam ordnungspolitische Transformation des Systems staatlicher Institutionen und Interventionen bemüht ist, auf eine prozesspolitische Steuerung der Ökonomie und kohäsionsstiftende Regulierungen in der Gesellschaft aber weitgehend verzichtet, verlieren die Institutionen der gesellschaftlichen Interessenvermittlung und mit ihnen sozial integrierende und interessenpolitisch vermittelnde Organisationen wie die Gewerkschaften an Relevanz.

Unter diesen Bedingungen geraten die Gewerkschaften doppelt unter Druck und rutschen in eine Art *Sandwich*-Konstellation: Von unten schmelzen im Zuge der finanzmarktgetriebenen Restrukturierungsmaßnahmen und der *Exit*-Optionen von (Groß-)Unternehmen bzw. Investoren die Grundlagen gewerkschaftlicher Organisations- und Verhandlungsmacht. Und von oben wächst der Druck durch Regierungspolitiken, welche mittels Perforierung der Arbeitnehmerschutzrechte, Privatisierung sozialer Risiken und Förderung der Kapitalmarktakteure die Arbeitsmarktkonkurrenz verschärfen und die Gegenspieler der Gewerkschaften stärken.

Gewerkschaften und Sozialdemokratie in der „postkorporatistischen Periode"

In der *Sandwich*-Konstellation des neuen Kapitalismus erodiert also nicht nur die gewerkschaftliche Verhandlungsmacht in den betriebs- und tarifpolitischen Arenen, sondern auch der Gewerkschaftseinfluss in den politischen Arenen scheint zu schwinden. Hier bündelt sich die wissenschaftliche Debatte in der These von der „Erosion gewerkschaftlicher Lobbymacht" (Hassel 2006a; vgl. ergänzend: Streeck/Hassel 2003; Trampusch 2006). Dabei wird mitunter gerade die wachsende Entfremdung zwischen sozialdemokratischen Parteien („center-left-parties") und den Gewerkschaften, die sich in vielen Ländern des entwickelten Kapitalismus nachweisen lässt (vgl. z.B. Merkel u.a. 2006), als eine Art Problemverstärker benannt. James Piazza (2001) spricht in diesem Kontext von einem „process of delinking of labor". Dieser Prozess der Entkopplung vollzieht sich in unterschiedlichen Dimensionen.

Die sozialdemokratischen Parteien übernehmen infolge bzw. als Teil ihrer „Erneuerung" die Rolle besonders aktiver Motoren bei der Abwicklung des organisierten Wohlfahrtskapitalismus und der Durchsetzung des liberalisierten Finanzmarktkapitalismus (vgl. Cioffi/Höpner 2006). Sie helfen damit bei der Implementierung eines politökonomischen Regimes, das die Modi der Unternehmensführung und -kontrolle („Corporate Governance"), die materiellen und sozialen Verteilungsmechanismen sowie die Verteilung von Machtressourcen in einer Weise verändert, die gegen die Beschäftigungs- und Verteilungsinteressen der Lohnabhängigen sowie die Organisationsinteressen der Gewerkschaften gerichtet ist (vgl. Urban 2004). Diese politisch-strategische Ausrichtung wird ergänzt durch eine von den Parteien bewusst anvisierte personelle Entkopplung zwischen den Funktionseliten beider Organisationen. Die „(s)trategische(n) Entflechtungsentscheidungen auf Seiten der Parteien" (Trampusch 2004, S. 18; vgl. ergänzend: Hassel 2006a und b) vollziehen sich vor allem über den Generationenwechsel, der die enge Bindung zwischen den Eliten beider Organisationen auflöst. Zugleich soll die bereits erwähnte, gezielte Entwertung korporatistischer Gremien (z.B. in der Sozialversicherung) durch die Parteien die enge, institutionelle Bindung zu den Gewerkschaften lösen und neue Freiräume für politische Entscheidungen schaffen, die gegen die Verteilungs- bzw. Organisationsinteressen der Gewerkschaften gerichtet sind und deshalb Widerstände erwarten lassen (vgl. Trampusch 2006).

Die Neuorientierung der Sozialdemokratie und die Schwächung der Gewerkschaften generieren eine neue Akteurskonstellation zwischen beiden. Diese bringt neue Interessenlagen hervor, legt andere Strategiepräferenzen nahe und verteilt Machtressourcen um. In der Folge nehmen Sozialdemokratie und Gewerkschaften einander nicht mehr als Ressource (Unterstützer), sondern als Restriktion (Blockierer) bei der Umsetzung ihrer politischen Strategien und Erreichung ihrer Ziele wahr. So wachsen die politischen und strategischen Divergenzen zwischen beiden. Die Parteien schätzen den potenziellen Beitrag der objektiv geschwächten Gewerkschaften zur Sicherung von Wählerstimmen und Regierungsmacht („vote seeker") bzw. die Gefahr erfolgreicher Vetostrategien immer geringer ein, da sie als politisch unwillig und geschwächt wahrgenommen werden. Und die Gewerkschaften sehen in ihrem einstigen Bündnispartner zunehmend einen politischen Gegner, der die sozialstaatlichen Erfolge der Arbeiterbewegung attackiert und die gesellschaftliche Stellung der Gewerkschaften unterminiert.

Gleichgültig, ob dieser Prozess als Teil der Transformation hin zu einem „Wettbewerbskorporatismus" oder als Übergang zu einer postkorporatistischen

Gesellschaftsformation interpretiert wird, schwächen die personelle Entflechtung der Organisationseliten und die Entwertung korporatistischer Aushandlungsinstitutionen nicht nur die Bindungen zwischen den sozialdemokratischen Parteien und den Gewerkschaften, sondern verstopfen diesen zugleich wichtige Einflusskanäle und beenden institutionelle „externe Organisationshilfen" (Behrens 2005). Die aus den korporatistischen Bindungen freigesetzten Gewerkschaften büßen dadurch an politischer Macht ein, dass sie mit der Aufkündigung von korporatistischen Arrangements institutionelle Positionen verlieren, welche die Kräfteverhältnisse der fordistischen Periode repräsentierten und in die postfordistische hinein verlängerten. Das einstige Paradepferd des Korporatismus („Modell Deutschland") scheint auf dem Weg in eine postkorporatistische Phase, in der die Unternehmen sich ihrer sozialen Bindung entledigt haben und der Staat den Ausschluss der Gewerkschaften aus den Funktionseliten und interessenvermittelnden Institutionen, mithin ihre machtpolitische Schwächung, befördert (vgl. Streeck 2005).

Optionen und Strategien gewerkschaftlicher Revitalisierung

Die Mechanismen der Finanzmarkt-Ökonomie, die Politik des Wettbewerbsstaates und die Freisetzung der Gewerkschaften aus institutionell fixierten Verhandlungspositionen des Wohlfahrtskapitalismus markieren einen Transformationsprozess, in dessen Verlauf die Gewerkschaften in eine strukturelle Defensive geraten. Der Neoliberalismus in seinen diversen Schattierungen liefert wichtige politisch-strategische Anleitungen dazu (vgl. Urban 2006a). Auch wenn es leichtfertig wäre, das Ausmaß der Defensive zu unterschätzen, lassen sich theoretische wie empirische Hoffnungsschimmer ausfindig machen. Diese werden im Rahmen eines als „Strategic Unionism Approach" bezeichneten Forschungsansatzes sichtbar, dessen Beiträge als „Labor Revitalisation Studies" allmählich einen eigenen Forschungszweig zu konstituieren beginnen (vgl. dazu: Frege/Kelly 2004; Huzzard u.a. 2004; Urban 2006a; AG Strategic Unionism 2007). Er beruht auf der Prämisse, dass sozialen Akteuren gerade in Perioden struktureller Veränderungen prinzipiell unterschiedliche strategische Handlungsoptionen zur Verfügung stehen, die sich mit Blick auf die anvisierten Ziele unterschiedlich gut eignen. Wie erfolgreich die Akteure bei der Auswahl der Strategieoptionen und wie ausgeprägt ihre Fähigkeiten zur Generierung innovativer Praktiken sind, hängt vor allem von einer realistischen Analyse des Handlungskontextes, problemadäquaten Handlungsstrategien und der Fähigkeit zur Gewinnung von Durchsetzungsmacht ab. Im Rahmen der Gewerkschaftsforschung wendet sich der genannte Ansatz folgerichtig insbesondere gegen die implizite Zwangsläufigkeit der diversen Niedergangsprognosen und betont Möglichkeiten und Verantwortung der Gewerkschaften für die Realisierung vorhandener Strategieoptionen, denen Revitalisierungspotenziale inhärent sind („strategic choice"). Um diese zu lokalisieren wird der wissenschaftliche Fokus von der Ausleuchtung der gewerkschaftlichen Krise auf die Frage nach den Voraussetzungen einer gewerkschaftlichen Revitalisierung und einer verbesserten gewerkschaftlichen Strategiefähigkeit verschoben.

Gewerkschaften als konstruktive Vetospielerinnen

Die Nutzung von Freiräumen für strategische Entscheidungen setzt nicht zuletzt ein adäquates gewerkschaftliches Rollen- und Strategieverständnis voraus. Der Begriff des konstruktiven Vetospielers versucht ein solches Verständnis zu beschreiben (vgl. Urban 2005a und b). In Anlehnung an den „machtressourcentheoretischen Ansatz" der Analyse wohlfahrtsstaatlicher Entwicklung (vgl. dazu: Korpi 1989; O'Connor/Olsen 1998; Korpi/Palme 2003) geht es darum, dass sich der Übergang von der fordistischen Formation zu einem neuen sozialökonomischen Entwicklungsmodell über machtbasierte Verteilungs- und Aushandlungskonflikte vollzieht, während die Fähigkeit einer hinreichenden Mobilisierung von Machtressourcen die Voraussetzung dafür darstellt, sich als Mitspieler in den Konfliktarenen etablieren und behaupten zu können. Insofern kommt der Mobilisierung von Machtressourcen eine Schlüsselrolle zu. Gleichwohl wird die darauf beruhende Vetomacht „konstruktiv" in dem Sinne eingesetzt, dass sie nicht auf die Konservierung der Status-quo-Strukturen, sondern auf die Präsentation und Durchsetzung eigener Beiträge zur Neukonstruktion des sozialökonomischen Entwicklungsmodells setzt.[1] Der Mobilisierung von Vetomacht zur Verhinderung problemverschärfender Modernisierungsstrategien wird die Mobilisierung von Veränderungsmacht zur Durchsetzung problemlösender Politikkonzepte zur Seite gestellt.

---

[1] Die Konzepte für einen neosozialen Entwicklungspfad in Deutschland und Europa sind mehrfach skizziert worden. Beispielhaft wären zu nennen: zum Konzept einer anderen Wirtschafts-, Finanz- und Beschäftigungspolitik die jährlichen Memoranden der Arbeitsgruppe Alternative Wirtschaftspolitik (zuletzt 2006); zur Erneuerung des Sozialstaates bzw. des europäischen Entwicklungsmodells: Urban 1999; Butterwegge 2001 und 2006 sowie die regelmäßig erscheinenden Euro-Memoranden (zuletzt 2006); zur besonderen Berücksichtigung der ökologischen Aspekte im Rahmen einer progressiven Reformalternative: Altvater 2006 und 2007; zur Regulierung der Finanzmärkte: Huffschmid 2002 und 2006.

In diesem Kontext hält sich die Illusion, mit attraktiveren Gestaltungskonzepten allein käme die gewerkschaftliche Offensivkraft zurück. In einer Gesellschaft, in der über den Ausweg aus einer umfassenden Strukturkrise in „beinharten" Macht- und Verteilungskämpfen entschieden wird, stößt jedoch auch die Kraft attraktiver Zukunftsvisionen schnell an Grenzen. Hier geht es letztlich um Machtfragen. Ob dem in die Krise geratenen Fordismus dauerhaft der neoliberale Finanzmarktkapitalismus oder das neue Modell eines regulierten, neosozialen Wohlfahrtskapitalismus folgt, ist letztlich Resultat sozialer Kämpfe und politischer Aushandlungsprozesse. Gerade weil den Gewerkschaften im Zuge der Abwicklung des fordistischen Wohlfahrtsstaates die externen Organisationshilfen des Korporatismus abhanden kommen, wächst die Bedeutung der Machtressourcen, die sie autonom zu generieren in der Lage sind. In Anlehnung an Max Weber (1921/1972, S. 28 f.) formuliert: Auch für die Gewerkschaften geht es um die Fähigkeit, in sozialen Bezügen tragfähige Zukunftskonzepte aus eigener Kraft gegen die Entwürfe des Kapitals und neusozialdemokratischer Politik durchzusetzen. Die Aneignung dieser Fähigkeiten setzt die Bewältigung einiger Aufgaben voraus, die zugleich Felder strategischer Revitalisierung der Gewerkschaften als auch einer neuorientierten, am „Strategic Unionism"-Ansatz ausgerichteten Gewerkschaftsforschung sein sollten.

Neuausrichtung der gewerkschaftlichen Betriebspolitik

Zunächst geht es um die machtpolitische Neufundierung im gewerkschaftlichen Kernfeld der Betriebspolitik unter den Bedingungen des *Shareholder*-Regimes und der *Exit*-Option des Kapitals. Die evidenten Tendenzen zur Verbetrieblichung von tarif- und beschäftigungspolitischen Anforderungen sowie zur betriebssyndikalistischen Abkopplung der Betriebsräte durch ihre Einbindung in betriebliche Wettbewerbskoalitionen stellt die Gewerkschaften vor die Aufgabe, über ihre betriebliche Repräsentanz und betriebspolitische Verankerung neu nachzudenken. Dabei sollten die erwähnten Funktionsprobleme des betrieblichen Wettbewerbskorporatismus als Ansatzpunkte einer neuen Betriebspolitik genutzt werden. Das gilt vor allem für die Legitimationsverluste und Repräsentationskrisen von betrieblichen Interessenvertretungskonzepten, die stark auf materielle Zugeständnisse im Rahmen betrieblicher *Co-Management*-Strategien setzen (vgl. Rehder 2006). Hier stehen die Gewerkschaften offenbar – gewollt oder ungewollt – vor der Notwendigkeit eines grundlegenden Strategiewechsels. Wenn auf betrieblicher Ebene „die Dekade des Co-Management ihrem Ende entgegensieht" (ebd., S. 240), sollten auch die Gewerkschaften nach neuen, betriebspolitischen Strategien fahnden. Versuche einer schlichten Reaktivierung der traditionellen Vertrauensleutearbeit dürften ebenso wenig ausreichen wie moralische Appelle an das gewerkschaftliche Selbstverständnis der Betriebsräte. Gefragt sind vielmehr neue Formen unmittelbarer gewerkschaftlicher Repräsentanz in den Betrieben, neue Modelle der Kooperation zwischen Gewerkschaften, betrieblichen Interessenvertretung und Belegschaften sowie Konzepte einer Aktivierung der Belegschaften. Aktuelle Erfahrungen sind durchaus ermutigend, denn sie zeigen, dass Ansätze einer wieder selbstbewussteren Interessenpolitik mit offensiven, konfliktbereiten und auf Mitgliedermobilisierung setzenden Strategien durchaus erfolgreich sein können (vgl. Katz u.a. 2003; Viering 2006).

Hinzukommen muss die Korrektur des vertretungspolitischen Machtgefälles zwischen den einzelnen Standorten und Regionen. Hierbei geht es um den Ausbau der inner- wie außerbetrieblichen Kommunikations- und Interessenvertretungsstrukturen. Wichtige Ansatzpunkte bieten die europäischen und Weltbetriebsräte, aber auch die Stärkung der transnationalen Gewerkschaftsstrukturen und Dachverbände. So könnten Kämpfe gegen „Dumping-Verlagerungen" – wo sinnvoll – auch mit der Forderung geführt werden, Verlagerungen nicht gänzlich zu verhindern, eine Zustimmung jedoch an Zusagen für gewerkschaftliche und Arbeitnehmerrechte zu koppeln. In konzernweiten Verlagerungsvereinbarungen wäre dann der freie Zugang von Gewerkschaften in den neuen Standorten, die Verpflichtung der Arbeitgeber auf Tarifbindungen und die Anerkennung betrieblicher Einflussrechte zu kodifizieren. Ein solcher „Union-and-regulation-Transfer" müsste allerdings um konzernweite Strategien der Aufteilung von Entscheidungsbefugnissen sowie der fairen Zuteilung von Vor- und Nachteilen zwischen allen Beteiligten („Gain-and-pain-Sharing") ergänzt werden. Sinnvolle und praktikable Instrumente könnten konzerninterne „Solidaritätspakte" sein, die einen Solidarausgleich zwischen allen beteiligten Akteuren organisieren, der aus den Arbitrage-Gewinnen des Unternehmens gespeist werden kann.[2]

---

[2] Der Kern dieser Solidaritätspakte besteht im Prinzip in der realen Kompensation des verlagerungsgeschädigten durch den verlagerungsbegünstigten Produktionsstandort. Eine solche Strategie kann an das in der Wohlfahrtsökonomie diskutierte „Kaldor-Hicks-Kriterium" anknüpfen. Es besagt sinngemäß, dass Verlagerungsmaßnahmen für alle sinnvoll und wohlfahrtssteigernd sein können, wenn die Gewinner/innen die Verlierer/innen von Umverteilungsprozessen aus ihren Umverteilungsgewinnen durch Kompensationszahlungen entschädigen. Würden diese Kompensationszahlungen aus den Kostenersparnissen oder Ertragspotenzialen der Verlagerung gespeist, sänke zwar der Verlagerungsgewinn des Unternehmens, stiege aber sicherlich die Akzeptanz der Verlagerung in den Belegschaften.

Gewerkschaftliche Politisierung der betrieblichen Konflikte um Tarifstandards

Auch mit Blick auf den unverzichtbaren Ausbau tarifpolitischer Konfliktfähigkeit gewinnt die Betriebsebene an Bedeutung. Durch die zunehmende Öffnung kollektiver Tarifregelungen für betriebsspezifische Abweichungen stellt sich die Frage nach einem neuen Verhältnis überbetrieblicher Standards und betrieblichen Diversifizierungen. Dabei dürfte der einfache Ausweg einer forcierten Verbetrieblichung tarifvertraglicher Regelungen schnell in die Irre führen. Denn oftmals erweisen sich Interessenvertretungen und Belegschaften in krisengeschüttelten Betrieben als zu schwach, um die notwendige Verhandlungsmacht zu mobilisieren.

Um dem Trend zunehmender Abweichungen vom Flächenvertrag entgegenzuwirken, wäre eine höhere Verbindlichkeit bei Verfahren und inhaltlichen Kriterien der tarifpolitischen Koordinierung sinnvoll. Es geht um gemeinsame Richtlinien der Auslegung geltender Tarifregelungen und damit auch der Zulässigkeit von abweichenden Regelungen – letztlich mit dem Ziel ihrer Minimierung. Zugleich geht es um Ansätze einer betriebspolitischen Stabilisierung des Flächentarifvertrages. Hier liegen ambivalente betriebliche Praxiserfahrungen vor, die kritisch reflektiert und zu strategischen Konzepten weiterentwickelt werden müssen (vgl. Ehlscheid/Urban 2007). Nicht zuletzt geht es um die systematischere Einbeziehung der Belegschaften in die Verteidigung des Flächentarifvertrages und die Vereinbarung abweichender Regelungen. Sollten sich aufgrund manifester betrieblicher Krisen abweichende Regelungen nicht verhindern lassen, wäre Maßnahmen einer mobilisierungs- und beteiligungsorientierten Betriebspolitik absolute Priorität einzuräumen (Gründung betrieblicher Tarifkommissionen, mobilisierungsorientierte Einbeziehung der Belegschaften in Aktionen, Aktivierung der regionalen Öffentlichkeit usw.).[3] Dass auch bei der Verteidigung tariflicher Standards die Transnationalisierung der gewerkschaftlichen Kommunikations- und Koordinierungsstrukturen unverzichtbar ist, bedarf keiner weiteren Begründung. Dies gilt innerhalb wie außerhalb der transnationalen Konzerne.

---

[3] In dieser Orientierung auf die Aktivierung der Belegschaften zur Stärkung der gewerkschaftlichen Interessenvertretung werden Schnittstellen zu den *Organizing*-Konzepten deutlich, die in anderen Ländern praktiziert werden (vgl. z.B. Voss/Sherman 2000).

Rückgewinnung des gewerkschaftlichen Einflusses in den politischen Arenen

Der Verlust von gewerkschaftlichem Einfluss in den politischen Arenen hat vielfältige Ursachen. Hingewiesen wurde bereits auf den grundlegenden Wandel im Verhältnis zwischen Gewerkschaften und Sozialdemokratie. Im Selbstverständnis der Neuen Sozialdemokratie sind die Gewerkschaften historisch aus dem Rang eines Partners im Rahmen einer privilegierten Partnerschaft in den Status einer x-beliebigen Lobby abgerutscht. Da gegenwärtig in den staatlichen Entscheidungsarenen keine mehrheitsfähige gewerkschaftsorientierte Kraft vorhanden ist, fehlt den Gewerkschaften ein durchsetzungsstarker politischer Adressat ihrer gesellschaftlichen Mobilisierung.

Gefordert ist eine gestaffelte Strategie. Da in der Phase neoliberaler wie neusozialdemokratischer Hegemonie ein allgemeinpolitischer Interessenvertretungsanspruch der Gewerkschaften keineswegs umstandslos akzeptiert wird, müssen sich die Gewerkschaften zunächst erneut um gesellschaftliche Anerkennung und Legitimationsressourcen bemühen. Eine solche Reformulierung des gesellschaftspolitischen Mandats im Sinne einer politischen Selbstmandatierung drängt zu einem gewerkschaftspolitischen Strategieverständnis als Teil einer umfassenderen sozialen Bewegung und damit zu dem, was im angelsächsischen Sprachraum als „Social Movement Unionism" beschrieben wurde (siehe Taylor/Mathers 2002). Damit rücken Bemühungen um die Formierung „strategischer Allianzen" mit anderen Bewegungen, Organisationen und Akteuren der Zivilgesellschaft in den Fokus der gewerkschaftlichen Strategie („coalition building"). Auf der Agenda stehen „Mobilisierungsallianzen" zur Stärkung von Durchsetzungsmacht in zugespitzten Konfliktsituationen, aber auch „Konzeptallianzen", in denen Akteure mit unterschiedlichen Interessenlagen an gemeinsamen Konzepten einer neosozialen Modernisierung der Gesellschaft arbeiten (vgl. Urban 2003/04).

Mit Blick auf die spezifischen Bedingungen des deutschen Parteienparlamentarismus stehen die Gewerkschaften heute vor zwei Anforderungen. Da sich die Periode der privilegierten Partnerschaft zwischen Gewerkschaften und Sozialdemokratie dem Ende zuneigt, müssen die Gewerkschaften ihr Verhältnis zu den wichtigsten Entscheidern in den politischen Arenen neu konzipieren. An die Stelle der besonderen Beziehung zu einer einzelnen Partei sollte ein Konzept der „strategischen Flexibilität" gegenüber allen in den Parlamenten vertretenen demokratischen Parteien treten. Eine solche „neue Beweglichkeit" wäre strategisch auf thematisch gebundene und zeitlich befristete „Von-Fall-zu-Fall-Bündnisse" orientiert, die mit jenen Parteien zu schließen wären, die sich als Unterstützerinnen bei der Realisierung der gewerkschaftlichen Politikziele anbieten. Darüber hinaus könnte die Forderung nach einer Ergänzung des parlamentarischen Systems durch Elemente direkter Partizipation und Einflussnahme im Zentrum eines mobilisierungsfähigen Projekts stehen. Die Ausweitung plebiszitärer Elemente könnte der zunehmenden Abschottung des politischen Systems gegenüber der Gesellschaft und ihren Protesten entgegenwirken und zugleich eine sich neu konstituierende Linke als Kraft einer Erneuerung der gesellschaftlichen und politischen Einfluss- und Teilhabestrukturen profilieren.

Organisationspolitische Stabilisierung

Gegenwärtig leiden alle Gewerkschaften an einem Mitgliederrückgang, der ihre Durchsetzungskraft verringert und ihre Finanzprobleme erhöht (vgl. z.b. Visser 2006). In Verbindung mit den Schwierigkeiten, Lohnabhängigengruppen jenseits der klassischen Sektoren der Industrie und des öffentlichen Sektors zu erreichen, erweitern sich diese Rekrutierungs- und Finanzprobleme zu einer „Krise der gewerkschaftlichen Repräsentation" (siehe Dörre/Röttger 2006, S. 229 ff.). Gegenstrategien liegen auf der Hand: Notwendig ist einerseits die Verbesserung des gewerkschaftlichen Organisationsgrades in jenen Branchen und Sektoren, in denen die Gewerkschaften traditionell gut vertreten sind. Andererseits müssen Anstrengungen verstärkt werden, die Kluft zwischen dem sozialen Profil der Mitgliedschaft und der gesellschaftlichen Sozialstruktur zu überbrücken. Damit rücken jüngere, weibliche und Lohnabhängige mit Migrationshintergrund in den Fokus.

Mit Blick auf die zunehmende soziale Segmentierung geht es um die Einbeziehung von Lohnabhängigengruppen „oberhalb" wie „unterhalb" der traditionellen Facharbeit. Wollen die Gewerkschaften nicht wirklich zu „Traditionsverbänden der Modernisierungsverlierer" (Ralf Dahrendorf) degenerieren, sind organisationspolitische Bemühungen vor allem in den neuen ökonomischen Leitsektoren des produktions-, informations- und finanzorientierten Dienstleistungssektors nötig. Zugleich müssen die in der expandierenden „Zone der Prekarität" (Robert Castel) Beschäftigten als strategische Schlüsselgruppe (an)erkannt werden.

Beides erfordert erhebliche organisations*politische* Anstrengungen, sowohl in Form materieller und personeller Ressourcen als auch in Bezug auf die Öffnung gegenüber Interessenlagen und Mentalitäten der „atypischen" Lohnarbeit. Die Bewältigung der Repräsentationskrise muss auch als ein organisations*kulturelles* Projekt begriffen werden. Sollten die Gewerkschaften bei der organisationspolitischen Erschließung der Schlüsselsektoren scheitern, droht ihnen nicht nur eine finanzielle Auszehrung. Zugleich ließe ein weiter sinkender Organisationsgrad die korporatismuspolitische Verpflichtungsfähigkeit der Gewerkschaften und damit ihre Kompetenz als Mitspielerinnen in institutionellen Pakten erodieren, weil auch sie ein hinreichendes gewerkschaftliches Machtpotenzial voraussetzen (vgl. Wright 2000). Ein Verharren in der Repräsentationskrise unterminiert also nicht nur die Voraussetzungen autonomer Mobilisierungsmacht, sondern zugleich die der Teilnahme an vorhandenen oder reaktivierten Modernisierungskoalitionen in Betrieb und Politik.

Ausblick: Perspektiven einer „Mosaik-Linken"

Das Projekt der gewerkschaftlichen Revitalisierung folgt einer eigenen, nach innen gerichteten Logik und ist in erster Linie Aufgabe der Gewerkschaften selbst, wäre im Erfolgsfall allerdings von einer weiter reichenden Bedeutung. Die Reaktivierung der Gewerkschaften als konstruktive Vetospielerinnen, die Stärkung ihrer Repräsentanz in den Betrieben, die Stabilisierung des Flächentarifvertragssystems, die Reformulierung eines gesellschaftspolitischen Mandats sowie die Überwindung der gewerkschaftlichen Repräsentationskrise können nur als Gegenprojekt zur neoliberalen Modernisierung gelingen, die eine Schwächung von kollektiven Sozialstandards und gewerkschaftlicher Organisations- und Verhandlungsmacht beinhaltet. Damit bestätigt sich der eingangs formulierte Zusammenhang zwischen einer nachhaltigen Stärkung der Gewerkschaften und der Zurückdrängung neoliberaler Hegemonie.

Gleichwohl wäre eine Revitalisierung der Gewerkschaften keine hinreichende Voraussetzung für die Überwindung des Neoliberalismus. Diese setzt vielmehr eine breitere zivilgesellschaftliche Aktivierung und die Formierung eines gegenhegemonialen Blocks voraus, der die immer deutlicher hervortretenden Risse im Gebälk des Neoliberalismus nutzt. Es ginge um die politische Zusammenführung jener „Gegenbewegung" zur „Teufelsmühle" des (heute vor allem Finanz-)Marktes, der erneut die „Substanz der Gesellschaft als solche" angreift (siehe Polanyi 1944/1995, S. 182 ff.). Eine solche Gegenbewegung müsste als Bündnis von Akteuren entstehen, die gegenwärtig noch relativ isoliert auf ihren jeweiligen Handlungsfeldern an der Bewältigung der Probleme der neuen Kapitalismusformation arbeiten. Zu nennen sind neben den Gewerkschaften die globalisierungskritische Bewegung, weitere Nichtregierungsorganisationen, die diversen sozialen Selbsthilfe-Initiativen und nicht zuletzt die kritischen Teile der kulturellen Linken, also der Wissenschaftler/innen, Intellektuellen usw. Die Akteure einer solchen Bewegung hätten gemäß dem Prinzip der autonomen Kooperation nach gemeinsamen politischen Projekten und Zielen zu fahnden, sollten sich aber vor einem zu weiten Vereinheitlichungsanspruch hüten. Es spricht vieles dafür, dass eine neue Kultur der wechselseitigen Toleranz und der Akzeptanz spezifischer Bewegungs- und Organisationskulturen die Schlüsselressource eines solchen Bündnisses darstellt. Die Bewahrung der organisationskulturellen Autonomie der Kooperationspartner/innen muss der Attraktivität einer solchen Bewegung keineswegs abträglich sein. Wie ein Mosaik seine Ausstrahlungskraft als Gesamtwerk entfaltet, obwohl seine Einzelteile als solche erkennbar bleiben, könnte eine neu gegründete Linke als heterogener Kollektivakteur wahrgenommen und geschätzt werden.

Die Gründung einer solchen „Mosaik-Linken" im Finanzmarktkapitalismus stellt ein Projekt dar, auf das sich auch die gewerkschaftliche Strategiedebatte beziehen sollte. Wollen die Gewerkschaften in dem skizzierten Prozess eine relevante Rolle spielen, müssen sie die Anstrengungen zur Stärkung ihrer Durchsetzungskraft intensivieren. Dies gilt unabhängig davon, ob „boxing or dancing" (Huzzard u.a. 2004) die Metapher einer strategischen Neuorientierung abgibt. Die Fähigkeit zur Mobilisierung eigener Machtressourcen bleibt die Grundbedingung dafür, sich als konstruktiver Vetospieler erfolgreich in einen Prozess einschalten zu können, der die Überwindung des Neoliberalismus zu einer realen Option macht.

Quellen- und Literaturverzeichnis

Aglietta, Michel (2000): Ein neues Akkumulationsregime. Die Regulationstheorie auf dem Prüfstand, Hamburg

AG Strategic Unionism (2007): Strategic Unionism: Aus der Krise zur Erneuerung? – Umrisse eines Forschungsprogramms, Jena

Altvater, Elmar (2006): Gewerkschaften am Übergang zum post-fossilen Zeitalter, in: WSI-Mitteilungen 3, S. 165-167

Altvater, Elmar (2007): Das Ende des Kapitalismus, wie wir ihn kennen. Eine radikale Kapitalismuskritik, 5. Aufl. Münster

Arbeitsgruppe Alternative Wirtschaftspolitik (2006): Memorandum 2006. Mehr Beschäftigung braucht eine andere Verteilung, Köln

Behrens, Martin (2005): Mitgliederrekrutierung und institutionelle Grundlagen der Gewerkschaften. Deutschland im internationalen Vergleich, in: Berliner Debatte Initial 5, S. 30-37

Brinkmann, Ulrich/Dörre, Klaus/Röbenack, Silke (2006): Prekäre Arbeit. Ursachen, Ausmaß, soziale Folgen und subjektive Verarbeitungsformen unsicherer Beschäftigungsverhältnisse. Expertise im Auftrag der Friedrich-Ebert Stiftung, Bonn

Butterwegge, Christoph (2001): Wohlfahrtsstaat im Wandel. Probleme und Perspektiven der Sozialpolitik, 3. Aufl. Opladen

Butterwegge, Christoph (2006): Krise und Zukunft des Sozialstaates, 3. Aufl. Wiesbaden

Butterwegge, Christoph/Lösch, Bettina/Ptak, Ralf (2008): Kritik des Neoliberalismus, 2. Aufl. Wiesbaden

Castel, Robert (2005): Die Stärkung des Sozialen. Leben im neuen Wohlfahrtsstaat, Hamburg

Cioffi, John W./Höpner, Martin (2006): Das parteipolitische Paradox des Finanzkapitalismus. Aktionärsorientierte Reformen in Deutschland, Frankreich, Italien und den USA, in: Politische Vierteljahresschrift 3, S. 419-440

Deppe, Frank (2003): Gewerkschaften unter Druck (Supplement der Zeitschrift *Sozialismus*), September, Hamburg

Dörre, Klaus/Röttger, Bernd (2006): Im Schatten der Globalisierung. Strukturpolitik, Netzwerke und Gewerkschaften in altindustriellen Regionen, Wiesbaden

Ehlscheid, Christoph/Urban, Hans-Jürgen (2007): Ein Schritt auf dem Weg aus der Defensive?, in: WSI-Mitteilungen 7, S. 398-403

Euro-Memorandum Gruppe (2006): Eine demokratische wirtschaftspolitische Alternative zum neoliberalen Umbau Europas. EuroMemorandum 2006, Dezember (http://www.memo.uni-bremen.de/euromemo/Euromemorandum_2006_Deutsch_7-12-06-1.pdf; 10.9.2007)

Foucault, Michel (2004): Geschichte der Gouvernementalität II. Die Geburt der Biopolitik, Frankfurt am Main

Frege, Carola/Kelly, John (2004): Varieties of Unionism: Strategies for Union Revitalization in a Globalizing Economy, Oxford

Hassel, Anke (2006a): Erosion gewerkschaftlicher Lobbymacht, in: Thomas Leif/Rudolf Spehr (Hrsg.), Die fünfte Gewalt. Lobbyismus in Deutschland, Wiesbaden, S. 188-198

Hassel, Anke (2006b): Zwischen Politik und Arbeitsmarkt. Zum Wandel gewerkschaftlicher Eliten in Deutschland, in: Herfried Münkler/Grit Straßenberger/Matthias Bohlender (Hrsg.), Deutschlands Eliten im Wandel, Frankfurt am Main, S. 199-220

Hirsch, Joachim (1995): Der nationale Wettbewerbsstaat. Staat, Demokratie und Politik im globalen Kapitalismus, Berlin

Höpner, Martin (2003): Wer beherrscht die Unternehmen? – Shareholder Value, Managerherrschaft und Mitbestimmung in Deutschland, Frankfurt am Main

Huffschmid, Jörg (2002): Politische Ökonomie der Finanzmärkte, Hamburg

Huffschmid, Jörg (2006): Auch Industrieländer brauchen regulierte Kapitalmärkte, in: WSI-Mitteilungen 12, S. 690-697

Huzzard, Tony/Gregory, Denis/Scott, Regan (2004): Strategic Unionism and Partnership. Boxing or Dancing?, New York

Jessop, Bob (2007): Kapitalismus, Regulation, Staat, Hamburg

Katz, Harry C./Batt, Rosemary/Keefe, Jeffrey (2003): The Revitalisation of the CWA: Integration collective Bargaining, political Action, and Organizing, in: Industrial and Labor Review 4, S. 573-589

Korpi, Walter (1989): Macht, Politik und Staatsautonomie in der Entwicklung der sozialen Bürgerrechte, in: Journal für Sozialforschung 2, S. 137-164

Korpi, W./Palme, J. (2003): New Politics and Class Politics in the Context of Austerity and Globalisation: Welfare state regression in 18 countries, in: American Political Science Review 97, S. 425-446

Merkel, Wolfgang/Egle, Christoph/Henkes, Christian/Ostheim, Tobias/Petring, Alexander (2006): Die Reformfähigkeit der Sozialdemokratie. Herausforderungen und Bilanz der Regierungspolitik in Westeuropa, Wiesbaden

Müller-Jentsch, Walther (2006): Kapitalismus ohne Gewerkschaften?, in: Blätter für deutsche und internationale Politik 10, S. 1234-1243

Negt, Oskar (2004): Wozu noch Gewerkschaften? – Eine Streitschrift, Göttingen

O'Connor, Julia S./Olsen, Gregg M. (1998) (Hrsg.): Power Resources Theory and the Welfare State: A Critical Approach. Essays collected in honour of Walter Korpi, Toronto/Buffalo/London

Piazza, James (2001): De-Linked Labor. Labor Unions and Social Democratic Parties under Globalisation, in: Party Policies 4, S. 413-435

Polanyi, Karl (1944/1995): The Great Transformation. Politische und ökonomische Ursprünge von Gesellschaften und Wirtschaftssystemen, Frankfurt am Main

Ptak, Ralf (2004): Neoliberalismus: Geschichte, Konzeption und Praxis, in: Ulrich Müller/ Sven Giegold/Malte Arhelger (Hrsg.), Gesteuerte Demokratie? – Wie neoliberale Eliten Politik und Öffentlichkeit beeinflussen, Hamburg, S. 14-28

Rehder, Britta (2006): Legitimationsdefizite des Co-Managements. Betriebliche Bündnisse für Arbeit als Konfliktfeld zwischen Arbeitnehmern und betrieblicher Interessenvertretung, in: Zeitschrift für Soziologie 3, S. 227-242

Sauer, Dieter (2005): Arbeit im Übergang. Zeitdiagnosen, Hamburg

Schumann, Michael (2003): Metamorphosen von Industriearbeit und Arbeiterbewusstsein. Kritische Industriesoziologie zwischen Taylorismusanalyse und Mitgestaltung innovativer Arbeitspolitik, Hamburg

Streeck, Wolfgang (2005): Nach dem Korporatismus. Neue Eliten, neue Konflikte (MPIfG Working Paper 05/4), Köln

Streeck, Wolfgang/Hassel, Anke (2003): Trade Unions as political actors, in: John T. Addison/Claus Schnabel (Hrsg.) International Handbook of Trade Unions, Cheltenham/Northampton, S. 335-365

Streeck, Wolfgang/Höpner, Martin (Hrsg.) (2003): Alle Macht dem Markt? – Fallstudien zur Abwicklung der Deutschland AG, Frankfurt am Main

Taylor, Graham/Mathers, Andrew (2002): Social Partner or Social Movement? – European Integration and Trade Union Renewal in Europe, in: Labor Studies Journal 1, S. 93-108

Trampusch, Christine (2004): Von Verbänden zu Parteien. Der Elitenwechsel in der Sozialpolitik (MPIfG Discussionpaper 04/3), Köln

Trampusch, Christine (2006): Postkorporatismus in der Sozialpolitik. Folgen für die Gewerkschaften, in: WSI-Mitteilungen 6, S. 347-352

Urban, Hans-Jürgen (2003/04): Aktivierender oder solidarischer Sozialstaat?, in: Forschungsinstitut Arbeit – Bildung – Partizipation (Hrsg.), FIAB-Jahrbuch Arbeit – Bildung – Kultur, Bd. 21/22, S. 319-334

Urban, Hans-Jürgen (2004): Aktivierung und Eigenverantwortung. Stützpfeiler einer neuen Wohlfahrtsarchitektur?, in: WSI-Mitteilungen 9, S. 467-473

Urban, Hans-Jürgen (2005a): Gewerkschaften als konstruktive Vetospieler. Kontexte und Probleme gewerkschaftlicher Strategiebildung, in: Forschungsjournal Neue Soziale Bewegungen 2, S. 44-60

Urban, Hans-Jürgen (2005b): Wege aus der Defensive. Schlüsselprobleme und -strategien gewerkschaftlicher Revitalisierung, in: Richard Detje/Klaus Pickshaus/Hans-Jürgen Urban (Hrsg.), Arbeitspolitik kontrovers. Zwischen Abwehrkämpfen und Offensivstrategien, Hamburg, S. 187-212

Urban, Hans-Jürgen (Hrsg.) (2006a): ABC zum Neoliberalismus. Von „Agenda 2010" bis „Zumutbarkeit", Hamburg

Urban, Hans-Jürgen (2006b): Vom Krisen- zum Strategieparadigma?, Argumente für Nutzen und Möglichkeit einer Neuausrichtung der gewerkschaftlichen Gewerkschaftsforschung. Vortrag an der Friedrich-Schiller-Universität Jena am 1. Dezember (http://www.uni-jena.de/data/unijena_/faculties/fsv/institut_soz/UrbanGewerkKongress.pdf; 10.9.2007)

Viering, Jonas (2006): Damit haben viele Arbeitgeber nicht gerechnet, in: Die Mitbestimmung 9, S. 16-21

Visser, Jelle (2006): Union membership statistics in 24 countries, in: Monthly Labor Review 1, S. 38-49

Voss, Kim/Sherman, Rachel (2000): Breaking the Iron Law of Oligarchy: Union Revitalisation in the America Labor Movement, in: American Journal of Sociology 2, S. 303-349

Weber, Max (1921/1972): Wirtschaft und Gesellschaft, Tübingen

Windolf, Paul (Hrsg.) (2005): Finanzmarkt-Kapitalismus. Analysen zum Wandel von Produktionsregimen (Sonderheft 45 der Kölner Zeitschrift für Soziologie und Sozialpsychologie), Wiesbaden

Wright, Erik O. (2000): Working-Class Power, Capitalist-Class Interests, and Class Compromise, in: American Journal of Sociology 4, S. 957-1002

Friedhelm Hengsbach

Eine demokratische Aneignung des Kapitalismus

Die globale sozioökonomische Krise der 1970er-Jahre hat sich in drei auffälligen Ereignissen niedergeschlagen, nämlich der Aufkündigung des Bretton-Woods-Währungssystems mit festen, anpassungsfähigen Wechselkursen, einer nach der rapiden Abwertung des US-Dollar durchgesetzten drastischen Rohölpreiserhöhung und dem Bericht „Die Grenzen des Wachstums" des Club of Rome. Ihre destruktiven Folgen boten neoliberalen Netzwerken eine für das letzte Viertel des Jahrhunderts beispiellose Chance, die in der großen Weltwirtschaftskrise der 1930er-Jahre gesammelten Erfahrungen zu missachten sowie einer rat- und hilflosen politischen Klasse, etwa in Chile, in den USA, in Großbritannien und schließlich auch in der Bundesrepublik, wirtschaftspolitische Experimente zu empfehlen, die am Reißbrett entworfen und idealtypisch in Szene gesetzt waren.

Seit der Jahrtausendwende erlischt allerdings der Glanz mit dem marktradikalen, wirtschaftsliberalen Projekt verbundener Verheißungen, dass im Vertrauen auf die Selbstheilungskräfte des Marktes, in der „Verschlankung" des Staates und in der rigiden monetären Inflationsbekämpfung die Chance eines langfristigen, stetigen Wachstums und hoher Beschäftigung liege. Mittlerweile fordern selbst erfolgreiche Spekulanten „Moral an die Börse!" (Soros 2002, S. 1) Marion Gräfin Dönhoff (2005) beschwor die gesellschaftlichen Eliten: „Zivilisiert den Kapitalismus!" Der sog. *Washington Consensus* wurde folgerichtig in den „Post-Washington Consensus" (Stiglitz 2002, S. 93 ff.) überführt. Selbst im Kern der schwarz-roten Regierungskoalition wächst die Bereitschaft, sich von jenen marktradikalen, wirtschaftsliberalen Parolen zu lösen, die eine missratene „Agenda 2010" veranlasst hatten. Die Hegemoniallaufbahn des Neoliberalismus treibt offenkundig einem Wendekreis entgegen.

Drei Komponenten dieses um sich greifenden Misstrauens möchte ich kennzeichnen: Alle Varianten einer „ordoliberalen" oder „neoliberalen" Wirtschaftstheorie blenden die gravierende Frage sozioökonomischer Machtverhältnisse aus und verlagern diese in die externe Rahmenordnung. Sie wehren sich gegen die Einsicht, dass solche Machtverhältnisse den Klassencharakter einer kapitalistischen Gesellschaft widerspiegeln. Und sie unterschätzen das Gewicht der mone-

tären Sphäre. Im Umkehrschluss kann daraus gefolgert werden, dass sich wirtschaftspolitische Reformen, die diesen Namen wirklich verdienen, an einer demokratischen Aneignung des Kapitalismus orientieren sollten. Eine solche Diagnose und Option will ich im Folgenden skizzieren. Zunächst erläutere ich als Re-
ferenzquelle einer inzwischen säkularen Kapitalismuskritik die Sozialverkündigung der Römisch-Katholischen Kirche. Anschließend erinnere ich an die Rolle
der Menschenrechtsbewegungen bei der sozialen Zähmung der kapitalistischen
Wirtschaft. Und schließlich nenne ich vier Entwicklungspfade einer demokratischen Aneignung des Kapitalismus.

Kirchliche Kapitalismuskritik

Das Gemeinsame Wort der deutschen Kirchen, welches 1997 nach einem breiten
Konsultationsprozess in den Gemeinden zustande kam, hatte zwar die Vorstellung einer „Marktwirtschaft pur" zurückgewiesen und sich für eine „bewußt
sozial gesteuerte Marktwirtschaft" (Kirchenamt der EKD/Sekretariat der DBK
1997, S. 57) ausgesprochen, aber sonst sehr irenische Formulierungen gewählt,
um das real existierende Wirtschaftssystem in Deutschland zu kennzeichnen. Das
Etikett „kapitalistische Marktwirtschaft" war konsequent vermieden worden.
Demgegenüber haben Vertreter der römischen Sozialverkündigung keine ver-
gleichbaren Deutungsängste. Aus den zentralen Dokumenten will ich drei Themen bündeln, die sich auf das Profil kapitalistischer Marktwirtschaften, deren
primäres Machtgefälle sowie das Eigentum an Produktionsmitteln beziehen,
welches diesem Machtgefälle zugrunde liegt.

Kapitalistische Marktwirtschaften

Papst Leo XIII. deutete 1891 die miserable Lage der Arbeiter als eine Folge der
Klassengesellschaft, die aus besitzlosen Armen und jenen Wohlhabenden bestand, in deren Händen sich das Kapital konzentrierte. Beide stünden auf Grund
des Konflikts zwischen Arbeit und Kapital einander wie Wölfe gegenüber, hieß
es in der Enzyklika „Rerum novarum", obwohl weder das Kapital ohne die Arbeit noch die Arbeit ohne das Kapital bestehen könne. Aber während die Wohlhabenden über ausreichende Mittel verfügten, sich selbst zu schützen, seien die
abhängig Arbeitenden auf den besonderen Schutz des Staates angewiesen, erklärte der Papst. Jener sei nicht bloß ein unbeteiligter Wächter der Rechts- und vor

allem der privaten Eigentumsordnung. Er habe vielmehr das Koalitionsrecht der
Arbeiter und ihrer gewerkschaftlichen Betätigung zu garantieren und gegen jene
unerträglichen Arbeitsbedingungen einzuschreiten, mit denen die Arbeitgeber
ihre Beschäftigten maßlos ausbeuteten und sie nicht wie Menschen, sondern als
Sachen behandelten (vgl. Leo XIII. 1891, S. 22 ff.).

40 Jahre später äußerte sich Papst Pius XI. kritisch über die Zusammenbal-
lung von Kapital und wirtschaftlicher Macht als Resultat einer uneingeschränk-
ten Wettbewerbsfreiheit, die am Ende zu ihrer Selbstaufhebung führe. Es folge
ein gnadenloser Machtkampf innerhalb der Wirtschaft. Dann würden die wirtschaftlich Mächtigen die staatliche Sphäre zu erobern suchen; der Staat werde
zum Spielball ihrer Interessen und ihnen unterworfen. Schließlich komme es zu
einem Machtkampf der Staaten untereinander. Dieser entarte in den „Imperialismus des internationalen Finanzkapitals" (Pius XI. 1931, S. 100), das überall dort
zu Hause sei, wo sich ein Beutefeld auftue.

Auch Papst Paul VI. hat einen ungehemmten Liberalismus verurteilt, wonach der Profit der eigentliche Motor des wirtschaftlichen Fortschritts, der Wettbewerb das oberste Gesetz der Wirtschaft und das Privateigentum an Produktionsmitteln ein absolutes Recht ohne Schranken und gesellschaftliche Verpflichtung ist. Weil die Regeln des internationalen Handels zwischen Industrie- und
Entwicklungsländern unter extrem ungleichen Verhandlungsbedingungen abgeschlossen würden, sei die freie Zustimmung der Vertragspartner noch keine Ga-
rantie dafür, dass das Ergebnis solcher Verträge dem Leitbild der Gerechtigkeit
entspricht: „In diesem Bereich wird ein Grundprinzip des sogenannten Liberalismus als Regel des Handels überaus fragwürdig." (Paul VI. 1967, S. 427)

Papst Johannes Paul II. hat nach dem säkularen Ereignis der friedlichen Revolution und dem Zusammenbruch des real existierenden Sozialismus am
Schluss eines 1991 veröffentlichten Rundschreibens die „Eingangsfrage" gestellt,
ob nach dem Scheitern des Kommunismus der Kapitalismus das siegreiche Ge-
sellschaftssystem sei, das die Anstrengungen der Transformationsländer verdient
und den Entwicklungsländern empfohlen werden soll. Die Antwort fällt komplex
aus. Unhaltbar sei die Behauptung, „die Niederlage des sogenannten ‚realen
Sozialismus' lasse den Kapitalismus als einziges Modell wirtschaftlicher Organisation übrig" (Johannes Paul II. 1991, S. 730). Eine entschieden negative Antwort
liege nahe, weil Formen der Ausgrenzung, Ausbeutung und Unterdrückung
besonders in den Entwicklungsländern und menschlicher Entfremdung besonders in den Industrieländern auch heute noch wie zur Zeit der ersten Industrialisierung existierten. Über die meisten Bewohner/innen der sog. Dritten Welt gehe
die wirtschaftliche Entwicklung hinweg. Sie seien, wenn auch nicht gerade aus-

gebeutet, so doch weithin Randexistenzen und könnten sich nicht an der gesellschaftlich organisierten Arbeit beteiligen, ihre Kreativität ausdrücken und ihre Leistungsfähigkeit entfalten. Viele andere, die nicht völlig am Rand existierten, lebten in einem Milieu, wo der Kampf um das nackte Überleben absoluten Vorrang hat, und zwar unter den erbarmungslosen Bedingungen der Gründerzeit des Kapitalismus. Oder sie bebauten ein Land, das ihnen nicht gehört, und würden wie halbe Sklaven behandelt. Trotz der großen Veränderungen in den fortgeschrittenen Gesellschaften bleibe in der Dritten Welt wie auch in der sog. Vierten Welt das menschliche Defizit des Kapitalismus bestehen. Es sei durch die absolute Vorherrschaft des Kapitals und des Eigentums an Produktionsmitteln über die „freie Subjektivität der Arbeit des Menschen" (Johannes Paul II. 1991, S. 729) verursacht. Die westlichen Länder liefen Gefahr, in dem Scheitern des realen Sozialismus den einseitigen Sieg des Kapitalismus zu sehen und sich nicht darum zu kümmern, an diesem Wirtschaftssystem die gebotenen Korrekturen vorzunehmen. Es bestehe sogar die Gefahr, dass sich eine radikale kapitalistische Ideologie breitmache, die es ablehnt, diese Probleme auch nur zu erwägen. Stattdessen verbreite sie das blinde Vorurteil, dass nicht von politischen Reformen, sondern vom freien Spiel der Marktkräfte die Lösung zu erwarten sei.

Kapitalistische Machtverhältnisse

In der römischen Sozialverkündigung wird durchgängig auf folgende Unterscheidung Wert gelegt: Das Urteil über den Kapitalismus fällt unterschiedlich aus, je nachdem, ob eine rein ökonomische oder eine gesellschaftliche Perspektive dominiert.

Auf die Frage nach dem Kapitalismus als einem wirtschaftlichen Funktionsgerüst hatte Papst Pius XI. eine relativ neutrale Antwort gegeben: Die kapitalistische Wirtschaftsweise sei als solche nicht zu verdammen, weil „nicht in sich schlecht" (Pius XI. 1931, S. 98). Die Verkehrtheit beginne erst dann, wenn das Kapital die Lohnarbeiter in seinen Dienst nehme, um die Unternehmen und die Wirtschaft einseitig in seinem Interesse zu lenken, und weder auf die Menschenwürde der Arbeiter noch auf den gesellschaftlichen Charakter der Wirtschaft oder auf die Gerechtigkeit Rücksicht nehme.

Eine gleichfalls differenzierte Antwort hatte Papst Johannes Paul II. (1991, S. 739) auf die von ihm selbst gestellte Frage gegeben: „Wird mit ‚Kapitalismus' ein Wirtschaftssystem bezeichnet, das die grundlegende und positive Rolle des Unternehmens, des Marktes, des Privateigentums und der daraus folgenden Verantwortung für die Produktionsmittel sowie die freie Kreativität des Menschen im Bereich der Wirtschaft anerkennt, ist die Antwort sicher positiv." Allerdings sollte besser von „Unternehmenswirtschaft", „Marktwirtschaft" oder einfach „freier Wirtschaft" gesprochen werden. Entschieden negativ lautet dagegen die Antwort, wenn die wirtschaftliche Freiheit nicht in eine feste Rechtsordnung eingebunden ist. Denn die Marktwirtschaft „kann sich nicht in einem institutionellen, rechtlichen und politischen Leerraum abspielen" (Johannes Paul II. 1919, S. 745). Damit hat der Staat eine Kompetenz und Verpflichtung, den Wirtschaftsprozess zu überwachen sowie die individuelle Freiheit, das Eigentum, die Menschenrechte, eine stabile Währung sowie die Bereitstellung öffentlicher Güter zu sichern. Außerdem mag der Gewinn als Indikator und Regulator für den guten Zustand eines Unternehmens legitim sein, in dem die Produktionsfaktoren optimal eingesetzt und die Bedürfnisse der Kunden gebührend befriedigt werden. Aber er ist nicht der einzige Indikator und Regulator. Eine Jahresbilanz kann nämlich ausgeglichen sein, während zugleich die Menschen, das kostbarste Vermögen des Unternehmens, gedemütigt und in ihrer Würde verletzt werden. Darüber hinaus mag der freie Markt das wirksamste Instrument für den effizienten Einsatz der Ressourcen und die Befriedigung der Bedürfnisse gemäß den Präferenzen der Individuen sein – allerdings nur für jene Ressourcen, die „verkäuflich" sind, mithin einen angemessenen Preis erzielen, und für jene Bedürfnisse, die „bezahlbar" sind. Aber es gibt Bedürfnisse, deren Befriedigung dem Menschen als Menschen unabhängig von seiner Kaufkraft zustehen. Und es gibt gemeinsame Güter, etwa die natürliche und menschliche Umwelt, die sich der Marktlogik entziehen und nicht als bloße Waren eingestuft werden können. „Wie der Staat zu Zeiten des alten Kapitalismus die Pflicht hatte, die fundamentalen Rechte der arbeitenden Menschen zu verteidigen, so haben Staat und Gesellschaft angesichts des neuen Kapitalismus die Pflicht, *die gemeinsamen Güter zu verteidigen*." (Johannes Paul II. 1991, S. 736; Hervorh. im Original) Zur „Vergötzung des Marktes" in einem globalisierten Kapitalismus gebe es eine Alternative, nämlich die Ordnung des Marktes durch gesellschaftliche Kräfte und staatliche Organe sowie die Ordnung der Unternehmen als Orte der freien Arbeit und Beteiligung.

Aus der ambivalenten Antwort auf die Frage nach der Bewertung des Kapitalismus könnte eine unterschwellige Neigung der römischen Sozialverkündigung herausgehört werden, den Kapitalismus bloß als ökonomisches Funktionsgerüst zu beschreiben, indem mit großer Emphase der marktwirtschaftliche Wettbewerb, der hohe Technikeinsatz aus vorweg geleisteter Arbeit, die elastische Geldversorgung, die private Unternehmensorganisation sowie der Profit als Indikator betriebs- und gesamtwirtschaftlicher Rationalität hervorgehoben werden. Oder man könnte die Tendenz zu idealtypischer Differenzierung als systematische Blickverengung auslegen. Ein solcher Verdacht ließe sich jedoch durch den kritischen Blick auf die drohende wirtschaftliche Machtkonzentration entschärfen, die ein entfesselter Kapitalismus erzeugt. Dennoch ist der Blick vielleicht nicht scharf genug, um in der Schieflage wirtschaftlicher Macht mehr als eine Entartung zu sehen, die durch ungeregeltes oder verfehltes Handeln entsteht.

Diese Schieflage ist indessen die Folge des strukturell verfestigten primären Machtgefälles kapitalistischer Gesellschaften, die es einer gesellschaftlichen Minderheit gestatten, über den größten Teil des Sach- und Geldvermögens zu verfügen, während die Mehrheit der Bevölkerung bloß ihr Arbeitsvermögen hat, um den Lebensunterhalt zu verdienen. Dem konzentrierten Privateigentum an Produktionsvermögen steht die Lebenslage abhängiger Arbeit gegenüber. Das Entscheidungsmonopol im Unternehmen wird denjenigen zugewiesen, die Eigentümer der Produktionsmittel sind oder darüber verfügen. Dieses primäre Machtgefälle im Unternehmen überträgt sich auf den Arbeitsmarkt, d.h. auf die Verhandlungspositionen der Arbeitgeber und Arbeitnehmer/innen. Auf den Gütermärkten treten die Produzenten meist stärker organisiert und konzentriert auf als die in der Regel atomisierten Verbraucher/innen. Und an der Nahtstelle zwischen der monetären und der realwirtschaftlichen Sphäre verfügt das Bankensystem über eine Geld- und Kreditschöpfungsmacht, mit der das Produktionsniveau und die Richtung der Produktion vorweg bestimmt werden. Eine solche umfassende Klassenanalyse kapitalistischer Gesellschaften ist indessen auch von römischen Sozialrundschreiben nur in Ansätzen zu erwarten.

Eigentumsvorbehalt

Hinsichtlich der Beurteilung des Privateigentums an Produktionsmitteln durch die römische Sozialverkündigung lassen sich wechselnde Akzentuierungen unterscheiden. In dem Sozialrundschreiben von 1891 dominiert eine liberal-naturrechtliche Argumentationsweise: Das Eigentumsrecht sei ein vorstaatliches Recht des Individuums, heißt es dort. Die Begründung des Rechts, wonach das Eigentum, welches der Arbeiter aus Ersparnissen bildet, Lohn in anderer Form sei und dazu diene, sich gegen Zukunftsrisiken abzusichern, klingt naiv. Gleichzeitig wird dieses Recht jedoch instrumentalisiert: Die gesellschaftliche Ordnung privater Eigentumsverhältnisse solle sicherstellen, dass die Güter dieser Erde allen Menschen zum Gebrauch und zur Nutzung gewidmet bleiben. 40 Jahre später

folgerte Papst Pius XI. (1931, S. 77) daraus die „Doppelseitigkeit des Eigentums".
Dessen *Individual*funktion bestehe darin, dass jeder für sich und die Seinen sorgen kann; die *Sozial*funktion darin, dass auf dem Weg der Institution des Privateigentums die allen Menschen gewidmeten Erdengüter diesen Widmungszweck wirklich erfüllen.

Das Zweite Vatikanische Konzil und in seiner Folge Papst Paul VI. haben die Akzente anders gesetzt: Vorrangig gelte der Kollektivanspruch der Menschen auf die Güter der Erde. Diese sollten allen Menschen in einem angemessenen Verhältnis zugänglich sein und ihnen die Mittel für die Existenz und die Entwicklung bieten. Folglich habe jeder Mensch das Recht, auf der Erde das zu finden, was er benötige. Alle anderen Rechte, auch das des Eigentums und des freien Tausches, seien diesem Grundsatz untergeordnet. „Das Privateigentum ist also für niemand ein unbedingtes und unumschränktes Recht." (Paul VI. 1967, S. 414) Im Fall eines Konflikts zwischen wohlerworbenen Rechten der Einzelnen und den Grundbedürfnissen der Gesellschaft sollte die staatliche Autorität eine Lösung suchen.

Johannes Paul II. hat in dem Sozialrundschreiben über die menschliche Arbeit die Eigentumsfrage im Konflikt zwischen Arbeit und Kapital verortet. Das private Eigentumsrecht an Produktionsmitteln sei nicht in sich verwerflich. Es zu beseitigen sei auch kein erfolgreicher Weg zur Revision des harten Kapitalismus. Aber der Papst begründet es funktional. Gemäß einer durchgängigen Argumentationslinie sei das private Eigentumsrecht dem Recht auf die gemeine Nutzung und der Bestimmung der Güter für alle untergeordnet. Daraus sei zu folgern, das Eigentum an Produktionsmitteln habe der Arbeit zu dienen. Dieser Norm würden Herrschafts- und Abhängigkeitsverhältnisse auf der Grundlage des Privateigentums an Produktionsmitteln bzw. die Ausbeutung der Arbeiternehmer/innen durch die Eigentümer der Produktionsmittel widersprechen. Um der Achtung willen, die der Arbeit grundsätzlich geschuldet ist, sei der Standpunkt eines „harten" Kapitalismus, der das ausschließliche Recht des Privateigentums an den Produktionsmitteln wie ein unantastbares Dogma verteidigt, nicht annehmbar, sondern einer konstruktiven theoretischen und praktischen Revision zu unterziehen. Im Bereich der rechtlichen Ordnung des Eigentums an Produktionsmitteln seien verschiedene Anpassungen notwendig. Beispielsweise sollten die Gewerkschaften all das zu verbessern suchen, „was in der Regelung des Eigentums an den Produktionsmitteln oder in der Art und Weise, wie diese eingesetzt werden und über sie verfügt werden kann, fehlerhaft ist." (Johannes Paul II. 1981, S. 582) Das kritische Urteil des Papstes scheint sich nach dem Fall der Berliner Mauer zugespitzt zu haben: Das Eigentum an Produktionsmitteln sei gerechtfertigt, wenn es einer nutzbringenden Arbeit dient. Es werde dagegen rechtswidrig und besitze keinerlei Rechtfertigung, wenn es nicht produktiv eingesetzt, vielmehr dazu benützt wird, die Arbeit anderer zu behindern oder einen Gewinn zu erzielen, „der nicht aus der Ausweitung der Arbeit insgesamt und des gesellschaftlichen Reichtums, sondern aus Unterdrückung und unzulässiger Ausbeutung, aus Spekulation und dem Zerbrechen der Solidarität unter den Arbeitern erwächst." (Johannes Paul II. 1991, S. 741) Das Unternehmen dürfe nicht ausschließlich als „Kapitalgesellschaft" angesehen werden, sondern als eine „Gemeinschaft von Menschen" (ebd., S. 740), die ihren spezifischen Beitrag durch den Einsatz von Kapital und Arbeit leisten.

Die kirchliche Sozialverkündigung meldet also einen Eigentumsvorbehalt an: Anders als das Eigentum an Gebrauchsgütern, die durch eigene Arbeit erworben werden, kann das Eigentum an Produktionsmitteln nur unter Einsatz fremder Arbeitskraft, nämlich abhängig Beschäftigter, produktiv eingesetzt und gewinnbringend vermehrt werden. Folglich ist die durch den Einsatz von Arbeit und Kapital gemeinsam erbrachte Wertschöpfung kein ausschließlich privates Gut der Aktionäre, sondern Eigentum aller, die sich im Unternehmen auf unterschiedliche Weise engagieren. Wenn den Mitarbeiter(inne)n der ihnen zukommende Teil der Wertschöpfung entrissen und einseitig auf die Konten der Aktionäre und Spitzenmanager überwiesen wird, sind die Grundsätze der Gerechtigkeit und der Solidarität verletzt.

Kapitalismus unter dem Anspruch der Menschenrechte

Die Menschenrechte sind kein weltanschaulich geschlossenes Programm, sondern in geschichtlichen Situationen, die als politische Unterdrückung und wirtschaftliche Ausbeutung empfunden wurden, proklamiert worden. Gruppen von Menschen haben sich dem akuten Leidensdruck, der von einer übermächtigen und exklusiv reichen Gesellschaftsklasse ausging, widersetzt und dagegen aufgelehnt. So sind fast gleichzeitig mit der Ausbreitung des modernen Kapitalismus die Menschenrechtsbewegungen entstanden. Ursprünglich und konzeptionell bilden Kapitalismus und Menschenrechte einen Kontrast wie Feuer und Wasser. Im Verlauf der neuzeitlichen Geschichte sind sie jedoch eine Beziehung der gleichzeitigen Konfrontation und Kooperation eingegangen. Mehrere „Generationen" von Menschenrechten wurden jeweils zum kritischen Maßstab und zum Motor struktureller Veränderungen des Kapitalismus. Sie gehören heute zur Verfassungsgrundlage der meisten Staaten auf der Welt, die 1993 in Wien der „Interna-

tional Bill of Rights" zugestimmt haben. Dieses Dokument enthält die Allgemeine
Erklärung der Menschenrechte von 1948, den Zivilpakt über bürgerliche und
politische Rechte sowie die Vereinbarung über ökonomische, soziale und kulturelle Rechte von 1966 (vgl. Brieskorn 1997, S. 11 ff. und 75 ff.). Die Proklamation
der Menschenrechte kann in einer historischen Abfolge oder in einer logischen
Rangfolge angeordnet werden.

Die geschichtliche Abfolge

In der historischen Abfolge sind zuerst die individuellen und institutionellen
Abwehrrechte gegen mögliche Übergriffe des Staates proklamiert worden, dann
die wirtschaftlichen, sozialen und kulturellen Leistungsansprüche auf eine
Grundausstattung mit Gütern, die zu einem menschenwürdigen Leben erforderlich sind, und schließlich die politischen Beteiligungsrechte, die den Status verantwortlicher Bürger/innen markieren.

Menschenrechte konnten lange Zeit auf Männer und Bürger begrenzt bleiben, bis feministische, soziale und ethnische Befreiungsbewegungen derartige
Diskriminierungen beseitigten. Kapitaleigner konnten sich bürgerlicher Freiheitsrechte bedienen, etwa der Gewerbe- und Vertragsfreiheit und des Rechts auf Privateigentum, um die Ungleichheit der realen Lebenschancen festzuschreiben. Mit
der Proklamation sozialer Grundrechte während der Französischen Revolution,
etwa des Rechts auf Unterhalt aller hilfebedürftigen Bürger/innen, wurde das
herkömmliche System der freiwilligen Almosen und der kirchlichen Armenpfle-
ge aufgekündigt (vgl. Castel 2000, S. 163). Noch schärfer wurde in der Revolution
von 1848 sowie in der Arbeiterbewegung die Trennlinie zwischen sozialen
Grundrechten und der Tugend feudaler Mildtätigkeit markiert. Armut und Verelendung galten als Rechtsverletzungen. Folglich verlangten in Not geratene Mit-
bürger/innen die Reparatur gesellschaftlich verursachter Schäden. Aus den Konflikten der Arbeiterbewegung mit den herrschenden Klassen sind die wirtschaftlichen und sozialen Leistungsrechte formuliert und als Staatsziele direkt oder als
Sozialklauseln indirekt verfassungsfest gemacht worden. Eine dritte Dimension
von Menschenrechten wurde eingefordert, als die repräsentativen Demokratien
in Parteien-, Verbände- und Verwaltungsdemokratien oder in Verständigungs-
systeme politischer Klassen abzuleiten drohten. Gleichzeitig mit den Verfahren
einer direkten Demokratie klagten zivilgesellschaftliche Bewegungen politische
Gestaltungsrechte ein (vgl. Brieskorn 1997, S. 78 und 84; Gosepath 1999).

Die logische Rangfolge

Die geschichtliche Abfolge der jeweiligen Proklamation von Menschenrechten und des Auftretens sozialer Bewegungen kann erklären, warum zuerst die bürgerlichen Freiheitsrechte, dann die sozialen Grundrechte und schließlich die politischen Beteiligungsrechte genannt werden. Folgt man dagegen der logischen Rangfolge, wie sie eine Option für die Demokratie als Lebensform nahelegt, steht den politischen Beteiligungsrechten der erste Rang zu. „Beteiligung" als politische Dimension der Grundnorm der Gerechtigkeit meint das gleiche Recht aller Bürger/innen, sich an den Prozessen der gesellschaftlichen, wirtschaftlichen und politischen Meinungsbildung bzw. Entscheidungsfindung aktiv zu beteiligen und darin selbst zu vertreten. Beteiligungsgerechtigkeit ist in einer Klassengesellschaft, die vertikale Ungleichheiten erzeugt, eine Suchbewegung auf diejenigen hin, denen die Mitwirkung an politischen Entscheidungen versagt ist, und eine Parteinahme zugunsten der sozial Entsicherten, d.h. der von der Mehrheitsbevölkerung Ausgegrenzten und Ausgeschlossenen.

Die Anerkennung der Menschenrechte dient als normative Wegmarke, um im Folgenden beispielhaft vier Entwicklungspfade einer demokratischen Aneignung des Kapitalismus zu kennzeichnen. Diese verlaufen entlang der Hauptachse kapitalistischer Marktgesellschaften. Rechtliche Schranken sind gegen die Vermarktung der Arbeit errichtet worden. Verbindliche Tarifvereinbarungen gewährleisten eine ausgewogene Einkommensverteilung. Eine Beteiligung an der Entscheidungsmacht wird über ein breit gestreutes Produktivvermögen bzw. die Mitbestimmung durchgesetzt. Und durch eine Regulierung der Finanzmärkte lassen sich das Wirtschaftswachstum und die Beschäftigung wirksamer stabilisieren.

Die demokratische Aneignung des Kapitalismus

In den westlichen Verfassungen sind die bürgerlichen Freiheitsrechte der Eigentümer von Grund-, Sach- und Geldvermögen komfortabel gesichert. Die Verfassung garantiert ihnen die Handlungs-, Gewerbe- und Vertragsfreiheit sowie das private Eigentum an Produktionsmitteln. Dagegen sind die wirtschaftlich-sozialen Grundrechte derer, die über kein anderes Vermögen als ihr Arbeitsvermögen verfügen, oft nur implizit durch Sozialklauseln und Staatziele gewährleistet. Wie sie in der postneoliberalen Epoche regeneriert und kreativ ausgebaut werden können, will ich im Folgenden erörtern.

Rechtliche Schranken gegen die Vermarktung der Arbeit

Neoliberale Ökonomen fragen sich verwundert, warum die Arbeit nicht den Regeln von Angebot und Nachfrage auf dem Markt unterworfen werde, redet man doch bedenkenlos vom Arbeitsmarkt und von den Arbeitsmarktparteien. Dagegen sprechen zwei Gründe: Erstens ist das Gut Arbeit etwas Persönliches. Es kann nicht vom Subjekt der Arbeit getrennt werden. Der Arbeitgeber ist auch nicht an einer isolierten Arbeitsleistung interessiert, die er auf Knopfdruck abruft, sondern an einem vielseitig verwendbaren Arbeitsvermögen. Folglich muss sich der Arbeitende, damit sein Arbeitsvermögen rentabel genutzt werden kann, selbst einem fremden Willen unterwerfen. Zweitens ist die Arbeit etwas Notwendiges. Die Arbeitnehmer/innen haben nur das Arbeitsvermögen anzubieten, um durch dessen Verkauf ihren Lebensunterhalt zu erwerben. Im Unterschied zum Kapitaleigner, der noch über weitere Ressourcen verfügt, um seinen Lebensunterhalt zu bestreiten, stehen die Arbeitnehmer/innen unter Kontrahierungszwang. Dieser erzeugt eine strukturell ungleiche Verhandlungsposition. Zwar wird im freien Arbeitsvertrag die zwanglose Zustimmung beider Parteien zum Vertragsabschluss unterstellt. Aber mit der Freiheit der Zustimmung ist nicht auch schon die Gerechtigkeit des Vertragsergebnisses gewährleistet. Denn der Vertrag kann unter extrem ungleichen Verhandlungspositionen zustande gekommen sein. Diese sind angesichts der strukturellen Klassenlage abhängiger Arbeit und des Machtgefälles in einer kapitalistischen Wirtschaft sogar der Normalfall. Um die ungleiche Verhandlungsposition zu korrigieren und die menschliche Arbeit nicht ausschließlich den Regeln des Marktes auszuliefern, sind drei rechtliche Schranken gegen die Vermarktung der Arbeit errichtet worden:

- Die erste Schranke ist das individuelle Arbeitsrecht, welches den Arbeitnehmer gegen Willkür und wirtschaftliche Ausbeutung durch den Arbeitgeber schützen soll.
- Die zweite Schranke bildet der Tarifvertrag. Er korrigiert durch den solidarischen Zusammenschluss der abhängig Beschäftigten die ungleiche Verhandlungsposition, die der einzelne Arbeitnehmer dem Arbeitgeber gegenüber hat, und ermöglicht Vereinbarungen „auf gleicher Augenhöhe". Insbesondere der Flächentarifvertrag soll gewährleisten, dass die Solidarität der abhängig Beschäftigten eine halbwegs paritätische Verhandlungsmacht der Tarifparteien herstellt, sodass die Chance besteht, dass im Ergebnis Arbeitslöhne erzielt werden, die als gerecht gelten können. Die Arbeitersolidarität, die sehr heterogene Interessengruppen umfasst, begünstigt relativ die weniger

konfliktfähigen Gruppen, während sie den konfliktfähigen Gruppen eine größere Rücksichtnahme auf die Schwächeren und folglich höhere „Solidaritätskosten" abverlangt. Die Folge einer solchen Kosten/Nutzen-Asymmetrie ist eine tendenziell egalisierende Verteilung der Primäreinkommen, die den Sozialstaat entlastet, der sonst verpflichtet wäre, die Schieflage der Primärverteilung durch eine öffentliche Sekundärverteilung zu korrigieren. Eine solche egalisierende Wirkung ist eher von zentralen Tarifsystemen zu erwarten, weil gesamtwirtschaftliche Rücksichten dort eine größere Rolle spielen, als wenn die Tarifverhandlungen auf einer regionalen oder auf der betrieblichen Ebene stattfinden.

- Eine dritte Schranke gegen die Vermarktung der Arbeit wird durch die solidarische Absicherung jener Risiken errichtet, die mit der Lebenslage abhängiger Arbeit verbunden sind – Arbeitslosigkeit, Berufskrankheiten und Altersarmut. Diese Risiken sind nicht durch das Fehlverhalten der Individuen, sondern durch gesellschaftliche Verhältnisse verursacht. Risiken, die durch persönliches Versagen entstehen, können der privaten Vorsorge überlassen werden. Den gesellschaftlichen Risiken dagegen entspricht eine solidarische Absicherung. Zwar sind die Grenzen der beiden Risikoarten nicht immer trennscharf zu ziehen, aber im Zweifelsfall dulden demokratische Gesellschaften eher großzügig und nachsichtig ein leichtfertiges oder fahrlässiges Handeln ihrer Mitglieder, bevor sie mit einer überwältigenden Eigenverantwortungsrhetorik die solidarische Sicherung auf einen Grenzwert reduzieren. Die Erwartung einer solidarischen Absicherung der besonderen Risiken abhängiger Erwerbsarbeit ermöglicht den Arbeiter(inne)n einen aufrechten Gang ins Büro oder in die Fabrik und stärkt ihnen den Rücken, wenn sie auf dem demokratischen Grundrecht gegenüber privaten oder öffentlichen Arbeitgebern bestehen, nicht jede Arbeit annehmen zu müssen.

Verteilung der Einkommen

In den Tarifverhandlungen wird über die Verteilung der kollektiv hergestellten Güter entschieden. Implizit entscheiden die Tarifpartner jedoch auch darüber, welche gesellschaftlich notwendige Arbeit der Marktsteuerung zugewiesen wird und welche der Privatsphäre überlassen bleibt. Sie regeln, nach welchen Kriterien einzelne Arbeitsleistungen wie handwerkliche oder organisatorische Arbeitsprofile bewertet, nach welchen Kriterien sie entgolten werden und welche geschlechtsspezifischen Differenzierungen im arbeitsteiligen Produktionsprozess zu dulden sind. Lassen sich für die Lohnfindung in Tarifverhandlungen bestimmte Maßstäbe formulieren, die eine demokratische Aneignung des Kapitalismus verkörpern? Die legendäre Triade der Leistungsgesellschaft unterstellt, dass Expertenwissen oder fachliche Qualifikationen zu einer verantwortlichen Rangstellung im Beruf führen, der dann ein verdientes Einkommen entspricht. So würden sich Ungleichheiten der Einkommensverteilung in erster Linie durch Gründe rechtfertigen lassen, die in persönlichen Leistungen, etwa in der Mobilisierung natürlicher Talente oder Energiepotenziale, verankert sind. Normative Optionen definieren dagegen den gerechten Lohn so, dass dieser dem persönlichen oder familiären Bedarf entspricht, wenngleich der Maßstab eines sog. Familienlohns an das Konzept des Ein-Ernährer-Haushalts gekoppelt ist. Wirtschaftsexperten meinen, dass gesamtwirtschaftliche Lohnsteigerungen vertretbar seien, solange sie kostenneutral bleiben. Deshalb dürften sie die Produktivitätsrate einschließlich der Zielinflationsrate der Zentralbank nicht übersteigen.

Die unterstellte Einkommensverwendung scheint ein Maßstab zu sein, der den Verteilungsansprüchen der Kapitaleigner und der abhängig Beschäftigten gerecht wird. Deren Ansprüche sind zunächst um Steuern und Beiträge zu kürzen, die der Finanzierung von Gemeinschaftsaufgaben und des Lebensunterhalts der Nichterwerbstätigen dienen. Falls außerdem Investitionen zu finanzieren sind, die als wünschenswert erachtet werden, um steigende Ansprüche an die Lebenshaltung zu befriedigen, und wenn diese Investitionen ferner im Eigentum der privaten Unternehmer bleiben und nicht in das Eigentum der Arbeitnehmer/innen überführt werden sollen, „dann muß der ganze Aufwand für diese Investitionen den Arbeitern *vor*enthalten oder von ihrem Einkommen *ab*gehalten werden" (Nell-Breuning 1986, S. 165; Hervorh. im Original). Dem Ziel einer demokratischen Aneignung des Kapitalismus entspricht eine solche Verteilung der Einkommen und Vermögen wohl nicht.

Eine demokratische Aneignung des Kapitalismus lässt noch andere Verteilungsansprüche jenseits der Hauptachse des Konflikts von Arbeit und Kapital gelten. Gemäß der gängigen betriebswirtschaftlichen Logik ist der monetäre Gewinn zugleich Indikator und Maßstab für den Erfolg des kapitalistischen Unternehmens. Dies ist nicht nur eine buchhalterische Konvention, sondern konstitutiv für den Kapitalismus. Aber korrekterweise, erklärt Oswald von Nell-Breuning (1986, S. 90), müsste der Unternehmenserfolg am Saldo dessen gemessen werden, was im Unternehmen an Werten geschaffen und an Werten verbraucht wird, also am „Überschuss der unternehmerischen Wertschöpfung über den Wertverzehr".

Diese entsteht durch die kollektive Nutzung verschiedener Vermögen, etwa des Natur-, des Gesellschafts-, des Arbeits- und des Geldvermögens (Kapital). Deren Nutzung wird mit Beiträgen, Steuern, Löhnen und Zinsen entgolten. Nun bucht man in der üblichen Geldrechnung die Nutzung des Arbeits-, Gesellschafts- und Naturvermögens als Aufwand, das Entgelt für die Nutzung des Geldvermögens schlägt man dagegen dem Gewinn zu und weist es mit ihm zusammen als Reinertrag aus. Juristen begründen diese Unterscheidung damit, dass ein Unternehmen das Natur-, Arbeits-, Gesellschafts- und Geldvermögen von außenstehenden Lieferanten bezieht. In einer wirtschaftlichen Betrachtungsweise müsste der Unternehmenserfolg jedoch an der Wertschöpfung gemessen werden. Diese entsteht aus der Nutzung jener vier Vermögen und setzt sich aus den Entgelten dafür zusammen. In der ausschließlichen Orientierung am Gewinn statt an der Wertschöpfung manifestiert sich der kapitalistische Interessenkonflikt, dass die Einkommensansprüche der Kapitaleigner die Ansprüche der anderen Vermögensträger verdrängen, dass der Kapitalismus also die Vorleistungen der Natur, der Arbeit, der Gesellschaft wenn nicht zum Nulltarif, so doch weithin unter dem angemessenen Preis in Anspruch nimmt. Eine demokratische Aneignung des Kapitalismus würde darin bestehen, den ökologischen, sozialen und humanen Ansprüchen ein größeres Gewicht zu verleihen.

Beteiligung an der Entscheidungsmacht

Die Beteiligung an der Entscheidungsmacht im kapitalistischen Unternehmen wird auf zwei Wegen angestrebt: dem einer breiten Streuung des Produktivvermögens, das in Deutschland hoch konzentriert ist, sowie dem einer wirksamen Mitbestimmung an den betrieblichen und unternehmerischen Entscheidungsprozessen.

Dem Anspruch abhängig Beschäftigter, am Zuwachs des Produktivvermögens angemessen beteiligt zu werden, liegt die Erwartung zugrunde, dass man durch den Kauf von Anteilspapieren Eigentumsrechte am eigenen oder an fremden Unternehmen erwerben und dass man in der Position von Anteilseignern die Unternehmenspolitik beeinflussen sowie die langfristigen Investitionsentscheidungen mitbestimmen kann. In der politischen Öffentlichkeit wird die breite Streuung des Produktivvermögens zwar regelmäßig thematisiert und als dringlich anerkannt, dann allerdings auch schnell wieder vergessen. Dabei ist das Thema für eine demokratische Aneignung des Kapitalismus aus drei Gründen zentral: Die Kapitalausstattung pro Beschäftigten ist in der deutschen Wirtschaft im

internationalen Vergleich überdurchschnittlich hoch. Der Anteil der Kapitalein-
kommen am gesamten Volkseinkommen steigt tendenziell, während der Anteil
der Arbeitseinkommen am gesamten Volkseinkommen tendenziell sinkt. Und die
Ungleichheit der Verteilung des Produktivvermögens ist noch größer als die
beim Nettovermögen oder beim Volkseinkommen.

Vor der Bundestagswahl 2005 hatte Horst Köhler einen erneuten Vorstoß
zur breiten Vermögensstreuung unternommen. Die Zeit sei gekommen, erklärte
der Bundespräsident damals, die Frage einer Beteiligung der Arbeitnehmer/innen
am Produktivvermögen wieder auf den Tisch zu bringen. Sie könne dazu beitragen, der wachsenden Kluft zwischen Arm und Reich entgegenzuwirken sowie
Arbeitgebern und Arbeitnehmern begreiflich zu machen, dass sie in den Betrieben im selben Boot sitzen. Die Formel vom „Sitzen im selben Boot" und die Erwartung, den Klassenkonflikt über Investivlöhne entschärfen zu können, provo-
ziert die Frage, ob solche Vorschläge die Beteiligung an der Entscheidungsmacht
und die demokratische Aneignung des Kapitalismus beschleunigen oder ver-
schleppen.

Das Anliegen einer Beteiligung der Arbeitnehmer/innen am Produktivvermögen verdient eine differenzierte Bewertung:

Erstens sind beim Recht auf Privateigentum zwei Eigentumsformen zu unterscheiden. Das persönliche Eigentum an Gebrauchsgütern, die durch eigene Arbeit erworben oder als Geschenke übertragen werden, ist als Grundrecht anerkannt. Über persönliche Einkommen und Vermögen dürfen Menschen zu Recht
wie über ein privates Gut nach eigenem Ermessen verfügen. Das Eigentum an
Produktionsmitteln dagegen kann nur unter Einsatz fremder Arbeitskraft produktiv eingesetzt und gewinnbringend vermehrt werden. Folglich ist die durch
den Einsatz von Arbeit und Kapital gemeinsam erwirtschaftete Wertschöpfung
kein ausschließliches privates Gut der Aktionäre, sondern Eigentum aller, die
sich im Unternehmen auf unterschiedliche Weise engagieren. Wenn den Mitar-
beiter(inne)n der ihnen zukommende Teil der Wertschöpfung entrissen und einseitig auf die Konten der Aktionäre und Spitzenmanager überwiesen wird, wi-
derspricht dies einer demokratischen Aneignung des Kapitalismus.

Zweitens scheint der Vorschlag politischer Eliten, die Arbeitnehmer/innen am
Produktivvermögen zu beteiligen, vom Ansatz her zwar an alle Erwerbstätigen
adressiert zu sein. Aber er wirkt exklusiv, wenn nur die Beschäftigten profitabler
Firmen und florierender Branchen in den Genuss einer solchen Regelung kämen.

Auch Lehrer/innen, Krankenschwestern und Verwaltungsangestellte sollten in die allgemeine Vermögensbeteiligung einbezogen sein.

Drittens sollte geklärt werden, ob der Beteiligungslohn auf den Lohn, der für Konsumzwecke vorgesehen ist, aufgeschlagen wird, oder ob ein Bestandteil des bereits tariflich vereinbarten Lohns einer ausschließlich investiven Verwendung zugeführt werden soll. Im ersten Fall käme es zu einer Umverteilung von Einkommen und Vermögen, der die bisherigen Kapitaleigner kaum zustimmen werden. Im zweiten Fall wären zusätzliche Sparleistungen während eines Konjunkturtiefs kein Beitrag zur Belebung des Wachstums und der Beschäftigung.

Viertens sollte vermieden werden, dass die Beschäftigten im Fall einer Firmenpleite neben dem Arbeitsplatz- ein zusätzliches Vermögensrisiko zu tragen haben. Folglich bietet sich die Bündelung von Anteilspapieren in firmen- und branchenübergreifenden Fonds an.

Sobald sich *fünftens* abhängig Beschäftigte auf die Weichenstellung einlassen, selbst Anteilseigner/innen zu werden, steht die Frage im Raum, wer denn eigentlich der Adressat der Gegenmacht der Belegschaft oder des Betriebsrates ist. Die Altaktionäre könnten zu Verbündeten werden, wenn es darum geht, die selbstherrliche Entscheidungsmacht der Vorstände oder Aufsichtsräte, die personell miteinander verflochten und austauschbar sind, zu brechen.

Daran schließt sich *sechstens* das Experiment von bisher ungewöhnlichen Koalitionen „über die Ladentheke hinweg" an, welche die herkömmlichen Gegensätze von Arbeit und Kapital sowie von Verbraucher(inne)n und Produzent(inn)en hinter sich lassen. Belegschaften könnten in Zukunft vielleicht mit einer höheren Sensibilität derer rechnen, die wissen, dass Güter, die sie als Verbraucher/innen zu einem niedrigen Preis kaufen, nicht zum Nulltarif für die abhängig Beschäftigten eben dieser Firmen zu haben sind. Bereits jetzt häufen sich die Anfragen von Kunden an die Leitung transnationaler Unternehmen, unter welchen Arbeits- und Umweltbedingungen die angebotenen Güter hergestellt werden.

Bei den veröffentlichten Vorschlägen zum Investivlohn steht offensichtlich das Anliegen einer ausgewogenen Vermögensverteilung im Vordergrund, nicht die Beteiligung an der Entscheidungsmacht im Betrieb und Unternehmen. Deshalb fragen Befürworter/innen einer demokratischen Aneignung des Kapitalismus, ob sie den Umweg einer Vermögensbeteiligung überhaupt gehen oder den direkten

Weg der Mitbestimmung an unternehmerischen Entscheidungen wählen sollen,
und zwar nicht aufgrund von Vermögenstiteln, sondern unmittelbar auf den Titel
hin, dass sie die eigene Arbeitskraft dem Unternehmen zur Verfügung stellen.
Dieser Weg ist ansatzweise in der Betriebsverfassung beschritten worden. Betriebsräte, die zur vertrauensvollen Zusammenarbeit mit der Unternehmenslei-
tung verpflichtet sind, haben Informations-, Mitwirkungs- und Mitentschei-
dungsrechte, die im Detail festliegen. In den Unternehmen der Montanindustrie
ist seit 1952 eine paritätische Mitbestimmung der abhängig Beschäftigten verankert. Diese ist allerdings vom *Mitbestimmungsgesetz* 1976 nicht übernommen worden. In den Unternehmen mit einem paritätisch besetzten Aufsichtsrat hat der
Vorsitzende, der von der Seite der Anteilseigner bestellt wird, einen Stichent-
scheid. Sonst steht den Arbeitnehmervertreter(inne)n ein Drittel der Aufsichts-
ratsmandate zu. Im aktuellen Meinungsstreit wird die unternehmerische Mitbestimmung verdächtigt, ein „Standortnachteil" zu sein. Arbeitgebervertreter sehen
darin gar einen „Irrtum der Geschichte". Sie kann jedoch auch als die einladende
Variante eines demokratisch angeeigneten Kapitalismus begriffen werden.

Regulation der Finanzmärkte

Seit 1973, als das Bretton-Woods-System fester Wechselkurse aufgekündigt und
der US-Dollar massiv abgewertet wurde, die Erdöl exportierenden Länder den
Ölpreis drastisch erhöhten und damit eine Umschichtung riesiger Einkommensströme auslösten und die Zahl der international operierenden Finanzunternehmen und der Finanzgeschäfte exponenziell gestiegen ist, hat der globale Finanzkapitalismus einen qualitativen Sprung gemacht. Er stimmt nur noch wenig mit
den idealtypischen Konstrukten der Finanzmärkte überein, deren segensreiche
Wirkungen in den Lehrbüchern beschrieben werden: dass sie beispielsweise zwischen Sparer(inne)n und Investoren vermitteln, über das Leistungsvermögen von
Unternehmen authentisch informieren und das öffentlich zugängliche Wissen
über alternative Investitions- und Anlagemöglichkeiten widerspiegeln, verschiedene Vermögensformen bewerten, finanzielle Risiken auf diejenigen verteilen,
die sie tragen können und wollen, und dass sie das Kapital in diejenige Verwendung lenken, die eine optimale Verzinsung erwarten lässt.

Mit der politischen Entscheidung für flexible Wechselkurse wurde das
Wechselkursrisiko privatisiert. Daraus entstanden kurzfristige und subjektive
Erwartungen, die wiederum flatterhafte Kursschwankungen auf den Kredit-,
Devisen- und Wertpapiermärkten auslösten. Sie provozierten hektische Überre-

aktionen, kollektive Infektionen, Herdenverhalten und spekulative Attacken gegen abwertungsverdächtige Währungen, die häufig in einen dramatischen Kursverfall mündeten. Wiederholte Immobilien-, Hypotheken-, Banken- und Währungskrisen haben einzelne Volkswirtschaften an den Rand des Ruins getrieben. Die real existierenden Finanzmärkte sind von erheblichen Machtasymmetrien bestimmt. Relativ anonyme Wertpapiermärkte sind an die Stelle von Kreditbeziehungen zwischen Banken und Unternehmen getreten. Großbanken, Versicherungskonzerne und Investmentfonds haben – flankiert von kooperativen Ratingagenturen – Informationsvorteile gegenüber atomisierten Kleinaktionär(inn)en. Leit- und Ankerwährungen, die dem Regime einer rigorosen Stabilisierung unterliegen, unterwerfen abwertungsverdächtige Währungen einem unwiderstehlichen Sog. Riskante, hochspekulative Finanzoperationen gestatten Renditeerwartungen, die von Realinvestitionen nicht erreicht werden und folglich unterbleiben. Die goldene Regel des Wachstums, wonach die wirtschaftliche Wertschöpfung dann steigt, wenn die Profiterwartungen aus den Realinvestitionen höher sind als die Kapitalrenditen, die aus monetären Anlagen auf den internationalen Finanzmärkten erzielt werden, wird verletzt.

Die globalen Finanzmärkte, erklärte ein angesehener Bankmanager, kontrollieren nicht nur börsennotierte Unternehmen, sondern auch nationale Regierungen im Hinblick darauf, ob deren Wirtschaftspolitik vernünftig ist. Die Anleger lenken das Kapital dorthin, wo die politische Klasse dafür sorgt, dass Löhne, Sozialabgaben und Steuern niedrig bleiben, dass die Gewerkschaften moderate Forderungen stellen und möglichst wenig umverteilt wird. Die globalen Finanzmärkte üben als „fünfte Gewalt" (Breuer 2000) quasi eine Wächterrolle in der Demokratie aus.

Nationale Regierungen geben sich ohnmächtig. Die gegenwärtige Lage auf den Finanzmärkten ist jedoch durch politische Entscheidungen mit verursacht. Folglich stehen den staatlichen oder öffentlichen Organen auch hinreichende Handlungsmöglichkeiten zur Verfügung. So wird die Regulation der globalen Finanzmärkte zum Testfall einer demokratischen Aneignung des Kapitalismus. Mehr Transparenz hinsichtlich der nicht bilanzwirksamen verbrieften Kredite ist ein Teilaspekt verbesserter Aufsicht und Kontrolle etwa der freien Bankzonen, der Eigentümerstrukturen börsennotierter Unternehmen, wesentlicher Beteiligungen und hochspekulativer Fonds. Die öffentliche Finanzaufsicht könnte koordiniert die Wechselkurse der Ankerwährungen stabilisieren, kurzfristige Finanzströme ausbremsen, die Aktienoptionen von Managern verbieten, Finanz- und Devisengeschäfte besteuern, kreditfinanzierte Aufkäufe von Unternehmen unterbinden, freie Bankzonen rigoros ausschalten, die sich als Oasen krimineller

Energie erwiesen haben, und den öffentlichen Finanzunternehmen ihre unverzichtbare Rolle wieder zuweisen sowie sie in der Funktion lokaler und regionaler Kreditvergabe unterstützen.

Resümee

Ich bin davon ausgegangen, dass marktradikale, wirtschaftsliberale Theorien drei blinde Flecken mit sich herumtragen: Sie verlagern die Frage der wirtschaftlichen Macht nach außen. Sie erklären die ungleichen Einkommen und Vermögen nicht durch kapitalistische Klassenverhältnisse und das primäre Machtgefälle zwischen Kapital und Arbeit, sondern durch die Triade von Kompetenz, beruflicher Stellung und leistungsgerechtem Einkommen. Zudem unterschätzen sie systematisch die zentrale Rolle der monetären Sphäre im gegenwärtigen Kapitalismus. Deshalb habe ich versucht, an die kapitalismuskritische Tradition der römischen Sozialverkündigung zu erinnern und die Menschenrechtsbewegungen, die jenseits der Grenzen religiöser Überzeugungen aufgetreten sind, als wirksame Gegenmacht kapitalistischer Klassenverhältnisse zu charakterisieren. Ich finde, dass sie eine demokratische Aneignung des Kapitalismus anschlussfähig machen. Diese verläuft entlang mehrerer Achsen: Die Achse einer gefestigten Tarifautonomie, die eine ausgewogene Einkommens- und Vermögensverteilung gewährleisten kann, habe ich besonders akzentuiert. Aber ohne eine staatliche Regulierung der globalen Finanzmärkte stößt sie an nicht überwindbare Grenzen. Allerdings bin ich mir bewusst, dass die entlang der Erwerbsarbeit operierende demokratische Aneignung des Kapitalismus ein Torso bleibt, wenn nicht gleichzeitig eine wirksame feministische Gegenbewegung die patriarchalische Achse des Kapitalismus zerlegt und eine breite Gegenbewegung der Konsument(inn)en die Marktmacht transnationaler Konzerne in die Schranken weist.

Quellen- und Literaturverzeichnis

Brieskorn, Norbert (1997): Menschenrechte. Eine historisch-philosophische Grundlegung, München

Breuer, Rolf-E. (2000): Die fünfte Gewalt, in: Die Zeit v. 24.4., S. 21 f.

Castel, Robert (2000): Die Metamorphosen der sozialen Frage. Eine Chronik der Lohnarbeit, Konstanz

Dönhoff, Marion (2005): Zivilisiert den Kapitalismus!, München

Gosepath, Stefan (Hrsg.) (1999): Philosophie der Menschenrechte, 2. Aufl. Frankfurt am Main

Johannes Paul II. (1991): Centesimus annus, in: Bundesverband der Katholischen Arbeitnehmerbewegung (Hrsg.), Texte zur Katholischen Soziallehre, Bd. 1: Die sozialen Rundschreiben der Päpste, 8. Aufl. Bornheim 1992, S. 689-764

Johannes Paul II. (1981): Laborem exercens, in: Bundesverband der Katholischen Arbeitnehmerbewegung (Hrsg.), Texte zur Katholischen Soziallehre, Bd. 1: Die sozialen Rundschreiben der Päpste, 8. Aufl. Bornheim 1992, S. 529-601

Kirchenamt der Evangelischen Kirche in Deutschland/Sekretariat der Deutschen Bischofskonferenz (Hrsg.) (1997): Für eine Zukunft in Solidarität und Gerechtigkeit. Wort des Rates der Evangelischen Kirche in Deutschland und der Deutschen Bischofskonferenz zur wirtschaftlichen und sozialen Lage in Deutschland, Bonn

Leo XIII. (1891): Rerum novarum, in: Bundesverband der Katholischen Arbeitnehmerbewegung (Hrsg.), Texte zur Katholischen Soziallehre, Bd. 1: Die sozialen Rundschreiben der Päpste, 8. Aufl. Bornheim 1992, S. 1-38

Nell-Breuning, Oswald von (1986): Kapitalismus kritisch betrachtet, 2. Aufl. Freiburg

Paul VI. (1967): Populorum Progressio, in: Bundesverband der Katholischen Arbeitnehmerbewegung (Hrsg.), Texte zur Katholischen Soziallehre, Bd. 1: Die sozialen Rundschreiben der Päpste, 8. Aufl. Bornheim 1992, S. 405-440

Pius XI. (1931): Quadragesimo anno, in: Bundesverband der Katholischen Arbeitnehmerbewegung (Hrsg.), Texte zur Katholischen Soziallehre, Bd. 1: Die sozialen Rundschreiben der Päpste, 8. Aufl. Bornheim 1992, S. 61-120

Sombart, Werner/Hengsbach, Friedhelm (2008): Das Proletariat, Marburg

Soros, Georges (2002): Moral an die Börse, in: Die Zeit v. 2.10., S. 1 f.

Stiglitz, Joseph E. (2002): Die Schatten der Globalisierung, München

Dieter Boris und Anne Tittor

Lateinamerika: Alternativen zur neoliberalen Politik?

„Es ist wichtig zu erkennen, dass der Neoliberalismus in Lateinamerika nicht einfach die Anwendung einer bestimmten Wirtschaftspolitik gewesen ist, die schlicht umgedreht werden kann, um dort weiter zu machen, wo wir vorher standen. 20 Jahre Neoliberalismus haben diese Gesellschaften zutiefst verwandelt, ihre produktiven Grundlagen, die Kräfteverhältnisse zwischen verschiedenen Kapitalsektoren, zwischen gesellschaftlichen Sektoren, die politische Kultur, die Art und Weise, wie der Staat sich zum Markt verhält. Das sind sehr tiefgreifende Transformationen." (Edgardo Lander, venezolanischer Soziologe, 2006)

Die jüngste politische Entwicklung in Lateinamerika hat hierzulande große Aufmerksamkeit gefunden und sehr unterschiedliche Reaktionen ausgelöst: Während manche Konservative von dort eine weitere Infragestellung der neoliberalen Globalisierung befürchten und sozialdemokratische Autor(inn)en das Establishment unter Hinweis auf viele Kontinuitätsmomente eher zu beruhigen versuchen, sind im linken Lager teilweise euphorische Kommentare über eine entscheidende, auch bei uns Hoffnung verbreitende Niederlage des Neoliberalismus zu vernehmen. Gleichzeitig wird von dieser Seite kritisiert, dass bislang keine antikapitalistische, systemtranszendierende Revolution stattgefunden habe – was durchaus zutrifft – und daher nur ein weiteres, höchstens mit einer sozialen Fassade drapiertes „business as usual" zu vermelden sei – was problematisch ist.

Ohne den Anspruch zu erheben, die durchaus komplexen Diskussionen (über eine offene Entwicklung) mit wenigen Bemerkungen entscheidend voranzubringen und alle Defizite zu beseitigen, wollen wir auf einige Hintergründe, Gemeinsamkeiten und Besonderheiten der „Linkstendenzen" in Lateinamerika aufmerksam machen. Einleitend soll auf die wechselvolle Geschichte des Neoliberalismus in Lateinamerika und die sich gegen ihn entfaltenden Oppositionsbewegungen eingegangen werden. Anschließend sind einige Gemeinsamkeiten und Unterschiede der neuen Mitte-Links-Regierungen und ihre teilweise ambivalente Wirkungsweise zu skizzieren. In einem abschließenden Teil werden die – aus unserer Sicht – innovativen und vorwärtsweisenden Elemente der lateinamerikanischen Sozialbewegungen und neuen Regierungen umrissen.

Entstehung und Niedergang des Neoliberalismus in Lateinamerika

Die Einführung des Neoliberalismus in Lateinamerika ist in erster Linie als Antwort auf die Schuldenkrise und die sich – unter den gegebenen Umständen – abzeichnende Erschöpfung der bisherigen Entwicklungsstrategie der Importsubstituierenden Industrialisierung zu begreifen, auch wenn sich die neoliberale Wende in den einzelnen Ländern unterschiedlich vollzog. Dabei bietet sich eine Einteilung in drei Phasen unter jeweils spezifischen Rahmenbedingungen und Zwangselementen an (vgl. Dombois/Imbusch 1997, S. 11 ff.):

1. In der zweiten Hälfte der 70er-Jahre wurde in Chile nach dem Putsch gegen die sozialistisch orientierte Regierung Allende (11. September 1973) mit brutaler Gewalt die erste neoliberale Umstrukturierung einer Wirtschaft und Gesellschaft vollzogen. Gestützt auf das Militär und die Unternehmerschaft leitete eine Gruppe von Technokraten – die sog. *Chicago Boys* – im Sinne neoklassischer Ordnungspolitik zunächst ein „Zerstörungswerk" ein, das Urs Müller-Plantenberg (1997, S. 69) treffend als „systematische Desorganisation des organisierten Kapitalismus" bezeichnet hat. Die Militärdiktatur wurde auch von Teilen der Mittelschicht getragen, nicht zuletzt deshalb, weil die neoliberale Wende in Chile als einzigem Land mit deutlichen Veränderungen des Bildungswesens und Propagandamaßnahmen einherging. Dadurch sind neoliberale Denkmuster bis heute in Chile weit verbreitet (vgl. Fischer 2002, S. 225 ff.), zumal das Land seit 1986 kontinuierlich hohe Wachstumsraten aufwies, die in den 90er-Jahren (also nach Ende der Diktatur) auf knapp 8 Prozent jährlich stiegen (vgl. Sangmeister 2000, S. 11). Allerdings stellt Chile mit der frühen, weit reichenden und extrem repressiven Durchsetzung des Neoliberalismus eine Ausnahme dar: Im Unterschied hierzu leitete das Militärregime in Brasilien keine Wende zur neoliberalen Wirtschaftspolitik ein, und auch die argentinische Junta vollzog einen solchen Kurswechsel nur im Ansatz.

2. In der ersten Hälfte der 80er-Jahre schlugen in Mexiko, Bolivien und Costa Rica demokratisch gewählte Regierungen unter dem Druck der Wirtschafts- und Verschuldungskrise einen neoliberalen Kurs ein. Ausgelöst durch die massiven Zinserhöhungen der USA ab 1979 stiegen die Schulden und die Tilgungslast der lateinamerikanischen Länder drastisch. Auf Empfehlung

von marktliberalen *think tanks* (vgl. dazu: Plehwe/Walpen 1999, S. 228), Technokraten[1] und Politikberatern von IWF und Weltbank leiteten sie eine neoliberale Wirtschaftspolitik – zunächst im Rahmen von Strukturanpassungsprogrammen – ein, die auf Weltmarktöffnung, Rücknahme staatlicher Regulierung und Umverteilung zugunsten der „wettbewerbsfähigsten" Marktteilnehmer setzte. Die Schuldenkrise, die eine anscheinend ausweglose Situation indizierte, trug dazu bei, die gesellschaftliche Akzeptanz dieser Maßnahmen zu erhöhen, obwohl sie fast überall von massiven Preissteigerungen, Tendenzen der Deindustrialisierung und einem Hochschnellen der Arbeitslosenquote begleitet waren.

3. In der zweiten Hälfte der 80er- und zu Anfang der 90er-Jahre folgten Argentinien, Venezuela, Nicaragua, Ecuador, Peru und Kolumbien, deren Regierungen mitunter durch explizit antineoliberale Programme an die Macht gelangt waren. Langjährige Krisenerfahrungen sowie das Scheitern heterodoxer Anpassungsprogramme sicherten der neoliberalen Wende dort zeitweilig eine hohe Zustimmung, da sie eine erfolgreiche Inflationsbekämpfung, einen Exportanstieg und die Verbilligung der Importe für sich verbuchen konnte (vgl. Messner 1997, S. 46 f.). Brasilien vollzog den Kurswechsel relativ spät und in widersprüchlicher Form; auch hier bildete die erfolgreiche Inflationsbekämpfung einen wichtigen Hebel der Akzeptanzgewinnung.

Kernelemente neoliberaler Politik

Obwohl die Durchsetzung des Neoliberalismus in den lateinamerikanischen Ländern auf unterschiedliche Art und Weise vonstatten ging, zeichnet sich ihre Wirtschaftspolitik durch hohe Übereinstimmung aus. Sie folgte dem Maßnahmenkatalog des *Washington Consensus*, der folgende Punkte umfasst: 1. die Begrenzung des Haushaltsdefizits; 2. die Kürzung der Staatsausgaben; 3. eine Steuerreform, die das Steueraufkommen erhöht und v.a. auf Konsumsteuern setzt; 4. marktbestimmte Zinssätze; 5. die Stabilisierung der Wechselkurse; 6. die Liberali-

---

[1] Sie waren gewissermaßen lokale Garanten der Durchsetzung einer – auch und vor allem außerhalb Lateinamerikas (von den multilateralen Finanzinstitutionen, den ausländischen Gläubigern etc.) geforderten – wirtschaftspolitischen Leitlinie (vgl. Silva 1998, S. 79). Zwar begann der Aufstieg neoliberal orientierter Technokraten in einigen Ländern (Chile, Uruguay und Argentinien) unter diktatorischen Bedingungen, doch wurde der Diskurs über eine neutrale, technokratisch und rational zu implementierende Politik, die pragmatisch und nicht ideologisch sein soll, nach dem Ende der Diktaturen beibehalten und vertieft, sodass immer mehr politische Fragen entpolitisiert wurden.

sierung der Importbestimmungen; 7. freien Zugang für ausländische Direktinvestitionen; 8. die Privatisierung von Staatsbetrieben; 9. Deregulierungsmaßnahmen; 10. die Respektierung der Patent- und Eigentumsrechte (vgl. Williamson 1990). Bis 1990 wurden die genannten „Reformen" mit unterschiedlicher Schwerpunktsetzung in nahezu allen Ländern Lateinamerikas umgesetzt (vgl. Ramos 1997, S. 19 ff.). Hierbei fällt auf, dass neoliberale Politikmuster flexibel mit den spezifischen Politikstilen und -inhalten unterschiedlicher Regierungen und politischer Regime kombiniert werden konnten. Zu Recht weisen Dieter Plehwe und Bernhard Walpen (1999, S. 206) darauf hin, „daß der Neoliberalismus selbst kein Singular, sondern ein Plural ist, der über einer Basis gemeinsamer Grundbestandteile sehr viele Ausprägungen kennt. (...) Diese ‚Pluralität' des Neoliberalismus ist keine Schwäche, sondern macht unter hegemonietheoretischen Gesichtspunkten gerade seine Stärke aus. Der existierende Neoliberalismus zeichnet sich durch eine relativ enge Verbindung zu akademischen Doktrinen und Lehren aus, reduziert sich jedoch nicht auf sie. Er bildet ein widersprüchliches Ensemble von wissenschaftlichen, insbesondere ökonomischen Theorien, staatlichen und zivilgesellschaftlichen Politikformen, Konzernstrategien und Selbstpraktiken."

Obwohl in manchen Ländern unter diktatorischen Bedingungen eingeführt, wurde der Neoliberalismus in allen Transitionsprozessen beibehalten und weiter vertieft (vgl. Gwynne/Kay 2000, S. 143). In den 90er-Jahren stellte sich zunächst auf der Ebene makroökonomischer Kennziffern ein beachtlicher Erfolg ein: Die Wirtschaftskommission für Lateinamerika und die Karibik namens CEPAL errechnete für den Zeitraum zwischen 1991 und 1994 eine Steigerung des lateinamerikanischen Bruttosozialprodukts von insgesamt 6,9 Prozent pro Kopf, nachdem es in der vorangegangenen Dekade (1981 bis 1990) um 8,3 Prozent gesunken war (zit. nach: Messner 1997, S. 47).

Sozialstrukturveränderungen und soziale Träger des Neoliberalismus

Mit den neoliberalen Umstrukturierungen ging eine langfristige Schwächung der in der Phase der Importsubstitution begünstigten sozialen Schichten einher. Dazu zählen neben der heimischen Industrie die urbanen Mittelschichten, insbesondere die staatlichen Beschäftigten, sowie die Industriearbeiterschaft. Große Teile dieser Sektoren wurden nun durch Handelsliberalisierung, Privatisierung, die Reduktion der staatlichen Bürokratie und eine partielle Deindustrialisierung benachteiligt. Die Flexibilisierung der Arbeitsverhältnisse und das Anwachsen des Dienstleistungssektors sorgten neben anderen Faktoren für eine deutliche Schwächung

der Gewerkschaften und damit auch der ihnen nahestehenden Parteien. Die gesellschaftlichen Kräfte, die auf das neoliberale Paradigma gesetzt hatten, etwa
exportorientierte, großindustrielle und finanzmarktorientierte Kapitalfraktionen,
aber auch die oberen Mittelschichten, zogen klare Vorteile aus den Veränderungen und konnten ihre Einkommensanteile erhöhen, wobei sie auch von verhält-
nismäßig niedrigen Preisen für importierte Luxus- und Konsumgüter profitierten. Zumindest passive, häufig aber auch aktive Zustimmung verzeichneten neoliberale Politikoptionen auch unter den Marginalisierten und städtischen Armen.
Neoliberale Anrufungen, die Eigeninitiative, Selbstbestimmung und individuelle
Konkurrenzmechanismen in der Gesellschaft betonen, knüpften nicht nur an den
Alltagsverstand der dominanten Sektoren der Gesellschaft an, sondern – wenngleich auf anderem Niveau – auch an dem der Marginalisierten.

Die neoliberale Hegemonie und ihre Gegenkräfte

Wenn die Hegemonie „im wesentlichen auf der Anerkennung der Vorstellung
(beruht), dass keine Alternativen zur jeweiligen Form der Vergesellschaftung
existieren" (Candeias 2004, S. 45), muss zumindest für die frühen 90er-Jahre in
den meisten Ländern Lateinamerikas eine neoliberale Hegemonie konstatiert
werden. Potenzielle Gegenkräfte – z.B. soziale Bewegungen – waren zu dieser
Zeit mitunter in das neoliberale Projekt eingebunden oder stark geschwächt. In
der ersten Hälfte der 90er-Jahre stellte sich der Protest gegen die neoliberale Politik – verglichen mit früheren Kämpfen – stärker zersplittert, lokal und auf einzelne gesellschaftliche Sektoren begrenzt dar, sodass ihm insgesamt eine marginale
Position zukam (vgl. Seoane u.a. 2006, S. 228).

Angesichts der internen und externen Umstände sowie des Zeitraumes bei
der Etablierung der neoliberalen Hegemonie in Lateinamerika kann u.E. allerdings nur von einer relativ oberflächlichen und teilweise künstlichen Hegemonie
gesprochen werden, die eben nicht längerfristig und tieferliegend angelegt war,
also von zivilen, privaten Organisationen und entsprechenden Sozialisationspro-
zessen getragen wurde (vgl. Boris u.a. 2005, S. 273 ff.). Es handelte sich um einen
von außen angestoßenen Strategiewechsel auf makroökonomischer Ebene, weil
die vorangegangenen wirtschaftspolitischen Strategien erschöpft und korrum-
piert erschienen. Eine alternative Politik zur Öffnung der Ökonomie und zur
Exportorientierung stand – jedenfalls innerhalb der nationalen und internationalen Kräfteverhältnisse von damals – nicht zur Verfügung. Diese Form von Hegemonie dauerte in den meisten lateinamerikanischen Ländern nicht sehr lange,

sondern höchstens 20 Jahre. Z.B. könnte man für Bolivien die Phase von 1985 bis 2000 als die „belle epoque" des Neoliberalismus qualifizieren und für Argentinien als entsprechenden Zeitraum die Jahre von 1990 bis 2000 nennen. Streiten lässt sich darüber, ob es überhaupt sinnvoll ist, eine so kurze Phase als Hegemonieperiode anzusehen. Sicherlich war der Neoliberalismus nie so hegemonial wie seinerzeit das Export-Import-Regime (1870 bis 1929), welches selbst von seinen potenziellen Gegenkräften, etwa der meist anarchosyndikalistisch orientierten Arbeiterbewegung, nicht in Frage gestellt wurde (vgl. Schmalz/Tittor 2005, S. 17 ff.). Auch das Paradigma der Importsubstituierenden Industrialisierung wurde von unterschiedlichen sozialen Kräften getragen und war trotz Regierungs- und Regimewechseln generelles Leitbild der Entwicklung bis ungefähr 1982.

Die Phase des expliziten, quasihegemonialen Neoliberalismus ist rückblickend vor allem durch zwei miteinander verbundene Elemente gestört bzw. beendet worden: zum einen durch die schwachen Ergebnisse der neoliberalen Wirtschaftspolitik in Bezug auf Wachstum, Beschäftigung, Armutsreduktion etc. und zum anderen durch die wiederbelebten sozialen Bewegungen mit antineoliberaler Stoßrichtung, die ihre Mobilisierungskraft gerade auch aus den wenig überzeugenden Resultaten der neoliberalen Wirtschafts- und Gesellschaftspolitik zogen.

Unerfüllte Versprechen: wirtschaftliche und soziale Bilanz

Nach anfänglichen Erfolgen brachte die Antiinflationspolitik erhebliche Probleme mit sich. 1994/95 schlitterte Mexiko in eine erneute Finanz- und Währungskrise, 1999 Brasilien, 2001/02 folgten Argentinien und Uruguay. Immer stärker gerieten Institutionen wie der IWF, die Weltbank und die WTO ins Kreuzfeuer der Kritik und stießen auf zunehmende Ablehnung, gerade weil sie die Schuldenproblematik und die damit gestiegene Verletzlichkeit gegenüber Weltmarktentwicklungen nicht abzumildern vermochten. Trotz der Milliardensummen, die durch Privatisierung in die Staatshaushalte flossen, wuchs die Höhe der Auslandsschulden im Verhältnis zum Bruttoinlandsprodukt (BIP) von 37 Prozent 1997 auf 51 Prozent 2002 (vgl. Dupas 2005, S. 94). Die Phase des Wirtschaftswachstums brach 1997 ab, und die Folgezeit war durch Stagnation geprägt – die Interamerikanische Entwicklungsbank nennt sie gar ein „halbes verlorenes Jahrzehnt" (IADB 2005, S. 11). 2002 war eine Rezession von -0,5 Prozent zu verzeichnen; von 2003 an bis heute wurden generelle durchschnittliche Wachstumsraten von 4 bis 6 Prozent registriert, allerdings unter Regierungen neuer Orientierung (vgl. IADB 2005, S.

10; CEPAL 2007, S. 1). Diese hohen Wachstumsraten sind vor dem Hintergrund
des tiefen Falls zu betrachten – noch 2005 war das BIP-Niveau vor der Rezession
(1997) nicht erreicht (vgl. IADB 2005, S. 11).

Zunehmenden Unmut über das neoliberale Entwicklungsmodell erzeugte
aber auch die soziale Bilanz des Projekts. Seit Mitte der 80er-Jahre haben die 20
Prozent Ärmsten der lateinamerikanischen Gesellschaften ein weiteres Fünftel
ihrer Einkommen verloren (vgl. Burchardt 2004, S. 238). Die Reallöhne fielen in
den 80er-Jahren um insgesamt 50 Prozent und sanken in den 90er-Jahren noch
einmal um 10 Prozent. Es kam zu einer starken Flexibilisierung der Arbeitsbeziehungen, sodass in den 90er-Jahren nach Schätzungen der Internationalen Arbeitsorganisation (ILO) 84 von 100 neu geschaffenen Arbeitsplätzen im informellen
Sektor lagen (vgl. Munck 2004, S. 5). Damit arbeitete die Hälfte der lateinamerikanischen Bevölkerung im informellen Sektor. Die Wirkung der Außenöffnung
und der einsetzenden Rezession konnte auch eine Steigerung der Sozialausgaben
von beachtlichen 58 Prozent zwischen 1997 und 2002 nicht aufhalten: Im selben
Zeitraum rutschten mehr als 20 Millionen Lateinamerikaner/innen zusätzlich
unter die Armutsgrenze, und die Arbeitslosigkeit stieg von 10 auf 15 Prozent. Damit hat sich jener Anteil der lateinamerikanischen Bevölkerung, welcher in Armut lebt, von 41 Prozent im Jahr 1980 (136 Millionen Personen) – nach Schwankungen um einige Prozentpunkte nach unten in den 80er-Jahren und ähnlich
starken Verbesserungen nach oben Anfang bis Mitte der 90er-Jahre – wieder auf
44 Prozent im Jahr 2003 (237 Millionen Personen) erhöht, was in absoluten Zahlen
nahezu einer Verdopplung nach 20 Jahren gleichkam (vgl. Dupas 2005, S. 94 ff.).

Ein neuer Protestzyklus gegen den Neoliberalismus

Es wäre zu einfach, aus den sozialen und wirtschaftlichen Negativentwicklungen
quasi automatisch das Aufkommen von Protest und Gegenkräften zu erklären.
Eine Reihe von Entwicklungen und zunächst vereinzelten Protesten ließen die
Unzufriedenheit langsam kulminieren, während verschiedene soziale Bewegungen aufeinander Bezug nahmen und sich vernetzten, sodass ab der Jahrtausendwende von wiedererstarkten sozialen Bewegungen und wachsendem Einfluss
antineoliberaler Orientierungen gesprochen werden kann. Der neue Protestzy-
klus war nicht nur durch neue Forderungen, sondern auch durch neue Aktionsformen und eine neue Pluralität der Akteure gekennzeichnet.

Den ersten wichtigen Einschnitt markierte die zapatistische Erhebung am 1.
Januar 1994, die am Tag des Inkrafttretens der ersten Stufe der nordamerikani-

schen Freihandelszone NAFTA (Mexiko, Kanada und USA) gegen die Diskriminierung und den Ausschluss der indigenen Bevölkerung sowie den Neoliberalismus rebellierte. Auch in Bolivien und Ecuador erstarkten die Bewegungen, die indigene Autonomie anstrebten. Territorial verankerte Bewegungen bildeten sich darüber hinaus in vielen anderen ärmeren Stadtteilen und Gebieten, wo der Rückzug des Staates aus seiner sozialen Verantwortung dazu geführt hatte, dass die Bevölkerung bei alltäglichen Problemen immer mehr auf sich gestellt war. Die Erprobung partizipativer Konzepte im Rahmen von Dezentralisierungsprozessen, die wie in Bolivien von Regierungsseite zur Einbindung der Bevölkerung gedacht waren, stärkten oft die indigenen Strukturen und regten mehr Menschen an, politische Forderungen zu stellen (vgl. Lessmann 2004, S. 95 ff.). Auch in Argentinien sorgte die Dezentralisierung der 90er-Jahre, besonders des Gesundheits- und Bildungswesens, nicht nur dafür, dass sich die Unterfinanzierung verschärfte, sondern sie bewirkte auch, dass die Verantwortlichen konkreter greifbar wurden; dies trug zum Entstehen lokaler Proteste bei, die in einigen Orten zu sog. Puebladas, d.h. Aufständen der gesamten Bevölkerung führten (vgl. Auyero 2002, S. 28 ff.). Während der 90er-Jahre kamen in vielen Städten Linke an die Spitze, die mit neuen Politikelementen wie dem berühmten partizipativen Bürgerhaushalt von Porto Alegre zunehmend mehr Wähler/innen für sich gewinnen konnten. Die von Linken geführte Verwaltung in Mexiko-Stadt während der 90er-Jahre, aber auch von São Paulo, Caracas, Montevideo, Porto Alegre und vielen anderen Städten trug zur Konsolidierung der Linken und ihrer Parteien schon in der Phase neoliberaler Vorherrschaft bei und legte den Grundstein für spätere Wahlerfolge auf nationaler Ebene (vgl. Chávez/Goldfrank 2004, S. 2 ff.).

Seit der Jahrtausendwende häuften sich Proteste gegen die Privatisierung von öffentlichen Gütern, vor allem der Wasser- und Energieversorgung, wozu sich im lokalen Bereich breite gesellschaftliche Bündnisse gründeten und insbesondere in Bolivien wichtige politische Akteure auftraten (vgl. hierzu: Tittor 2005). Eine weitere Neuerung liegt darin, dass viele der erstarkenden Bewegungen sich weitab von den Hauptstädten und häufig im ländlichen Raum gründeten (Ecuador, Mexiko und Bolivien) – nicht zuletzt als Folge einer Restrukturierung der Landwirtschaft, die großen Bevölkerungsteilen ihre materielle Grundlage raubte (vgl. Seoane u.a. 2006, S. 233). Die Mobilisierung gegen die Gesamtamerikanische Freihandelszone ALCA sowie den Plan Puebla Panama sorgte für eine Vernetzung und Koordination sozialer Bewegungen über die Landesgrenzen hinweg und bewirkte eine Selbstverständigung in der globalisierungskritischen Bewegung.

Die ersten Jahre des neuen Jahrhunderts waren durch ein Wiedererstarken der sozialen Bewegungen mit neuen Protestformen (v.a. Straßensperren in Argentinien und Bolivien) und einer breiten Akteursbasis gekennzeichnet, wobei gerade auch die Unterschichten eigene soziale Bewegungen hervorbrachten, etwa die Landlosenbewegung in Brasilien, die Arbeitslosenbewegung in Argentinien und die indigenen Bewegungen in verschiedenen Ländern. Bei allen Neuerungen wird gern übersehen, dass Arbeitskämpfe v.a. im urbanen Raum zwischen 2000 und 2003 ungefähr ein Drittel aller Konflikte ausmachten, drei Viertel davon im öffentlichen Sektor (vgl. Seoane u.a. 2006, S. 235 f.). Insgesamt gewannen die Bewegungen eine bemerkenswerte Vetomacht und waren in Bolivien und Argentinien sogar in der Lage, einige Präsidenten aus dem Amt zu jagen. Die Linke nahm in jedem Land eine andere Form an, was mit den nationalen Spezifika und den institutionellen Erbschaften des Neoliberalismus, der Position der sozialen Bewegungen und dem historischen Weg der progressiven Kräfte zu tun hatte (vgl. Ramírez Gallegos 2006). Insofern sind die antineoliberalen Kräfte immer in erster Linie ein Produkt der spezifischen neoliberalen Verhältnisse, welche sie zu negieren versuchen. Die von Jorge Castañeda stammende und in den Feuilletons dankbar aufgegriffene Einteilung in eine „pragmatische", „vernünftige", „realistische" und „moderne" Linke – repräsentiert durch Brasilien, Chile und Uruguay – sowie eine „demagogische", „nationalistische", „populistische" und „wenig moderne" (oder gar „archaische") Linke „ohne ideologisches Fundament" in Venezuela, Bolivien, Argentinien und Mexiko ist weder zutreffend noch erhellend.

Die „Mitte-Links"-Regierungen: Gemeinsamkeiten und Unterschiede

Zunächst zeichnete sich nur undeutlich ab, worin das gemeinsame Projekt der Bewegungen und der verschiedenen Fraktionen der Linken bestand, wie es zu realisieren wäre und ob und wie ein solcher Richtungswechsel auch auf Regierungsebene Ausdruck erhalten könnte. Mittlerweile sind in Argentinien (Néstor Kirchner 2003 und Cristina Fernández de Kirchner 2007), Bolivien (Evo Morales 2006), Brasilien (Luiz Inácio Lula da Silva 2003), Chile (Michelle Bachelet 2006), Ecuador (Rafael Correa 2007), Nicaragua (Daniel Ortega 2007), Uruguay (Tabaré Vázquez 2005) und Venezuela (Hugo Chávez 1999) Präsident(inn)en an die Macht gelangt, die auf diskursiver Ebene – wenn auch unterschiedlich stark – einen Bruch mit dem Neoliberalismus betonen. Hinter ihnen stehen Mitte-Links-

Regierungen, d.h. häufig Koalitionen, in denen linke Parteien Rücksicht auf andere Kräfte nehmen müssen: Brasilien, Chile und Uruguay. Die Bachelet und Kirchner unterstützenden Parteien sind keineswegs eindeutig linke oder antineoliberale, sondern sehr heterogene und von zahlreichen Tendenzen gekennzeichnete Parteien. Aufgrund seiner herausgehobenen Stellung im politischen System der lateinamerikanischen Länder und seiner Direktwahl durch das Volk hat der Präsident zwar erheblichen Einfluss, aber nicht immer besteht eine völlige Übereinstimmung zwischen seinen Vorstellungen bzw. Versprechungen und deren späterer Umsetzung, weil die jeweiligen Verwaltungen, Justizapparate und politischen Kräfteverhältnisse vor Ort dies häufig durchkreuzen (besonders deutlich zeigt sich das in Venezuela). Noch nie hatte die parteipolitische Linke so viele Wahlerfolge zu verzeichnen und noch nie ist sie so deutlich im Amt bestätigt worden wie Lula 2006 mit 62 Prozent im zweiten Wahlgang oder Chávez im selben Jahr mit 63 Prozent. Aus den Wahlen 2005 ist der Kirchner-nahe Flügel als deutlicher Sieger hervorgegangen und Evo Morales konnte 2005 das höchste Wahlergebnis bei einer Präsidentenwahl in Bolivien verbuchen.

Programmatik und Praxis

Die neuen Mitte-Links-Regierungen unterscheiden sich erheblich in der Deutlichkeit des Bruchs mit den vorherigen Verhältnissen. Während in Uruguay und Chile die Momente der Kontinuität in vielen Politikbereichen überwiegen,[2] kennzeichnet Brasilien und Argentinien eine heterodoxe Politik, die in einigen Bereichen klar neue Akzente setzt (Brasilien: Armutsbekämpfung und Lohnerhöhungen; Argentinien: Wiederherstellung bzw. Wahrung der Menschenrechte und Preisfestsetzungen).

Dem argentinischen Sozialwissenschaftler Carlos Vilas (2005, S. 88) ist zuzustimmen: „Die historische Kontinuität zur alten Linken Lateinamerikas liegt in der kritischen Unzufriedenheit mit dem status quo, der Unterschied darin, dass sie Abstand von der Systemfrage genommen hat. Die neue Linke tritt nicht für einen Sozialismus im Sinne einer Umgestaltung der Organisation des Sozialen ein – ob einen utopischen oder realistischen ist eine Frage jenseits davon –, sondern für einen ausgeglicheneren und deshalb stärker regulierten Kapitalismus. Dieser Kapitalismus trägt die Spuren der strukturellen Veränderungen, die durch mak-

---

[2] In gewissem Widerspruch hierzu steht die Herkunft der Präsidentin und des Präsidenten aus der Linken ihres jeweiligen Landes; ihr Amtsantritt bedeutete auch einen Bruch mit der politischen Kultur Uruguays und Chiles.

roökonomische und soziale Reformen neoliberalen Zuschnitts eingeleitet wurden, und stellt die meisten davon nicht in Frage." Hinzuzufügen wäre, dass zur Neuen Linken auch kleinere systemkritische Fraktionen der sozialen Bewegungen in Argentinien sowie Teile der indigenen Bewegungen in Peru und Mexiko gehören, die stark auf Autonomie setzen, aber keine Regierungsverantwortung übernehmen (wollen). Demgegenüber kann man die Regierung Morales und ihre sich abzeichnenden politischen Weichenstellungen als Ansatz für eine tiefer greifende Umwälzung begreifen, die auf eine demokratische Neugründung Boliviens zielt bzw. von den machtvollen sozialen Bewegungen dazu gezwungen wird. Auch die Veränderungen in Venezuela gehen in vielen Bereichen über leichte Kurskorrekturen hinaus, weshalb im Gegensatz zu den anderen Ländern auch stark auf den Begriff „Sozialismus des 21. Jahrhunderts" rekurriert wird. Wie weitgehend die Veränderungen jenseits der rhetorischen Ebene sind, hängt auch nach dem am 3. Dezember 2007 gescheiterten Verfassungsreferendum von der weiteren Entwicklung der Kräfteverhältnisse und insbesondere davon ab, ob die vielfältigen sozialen Kämpfe, die auf strukturelle Veränderungen zielen, weiter zunehmen (vgl. Azzellini 2006).

Trotz der Unterschiedlichkeit im Hinblick auf die Tiefe des Bruchs durchziehen einige Veränderungen in verschiedenen Politikbereichen alle Mitte-Links-Regierungen und stellen durchaus Neuerungen gegenüber der Phase neoliberaler Vorherrschaft dar: Die Schwächung des Einflusses von IWF und Weltbank in Lateinamerika wurde durch Néstor Kirchners harten Verhandlungskurs eingeleitet und durch die vorzeitige Begleichung der Auslandsschulden von Brasilien, Uruguay, Venezuela und Argentinien fortgesetzt, wodurch sich wirtschaftspolitische Spielräume auftaten. In den meisten Ländern werden eher behutsam Maßnahmen der Geld-, Kredit- und Währungspolitik zur Stärkung der Binnennachfrage ergriffen und Wirtschaftsreformen vorangetrieben, die mitunter keynesianische Züge tragen. Allerdings stellt sich die Frage, ob die Reprimarisierung der Exporte nicht zwar momentan Wachstumsimpulse gibt, aber langfristig die Verletzlichkeit der Region durch Weltmarktpreise und die internationale Abhängigkeit verstärkt. Die lateinamerikanischen Staaten pochen in ihrer Außenpolitik zunehmend auf nationale Souveränität und versuchen den US-amerikanischen Einfluss zu verringern. Mark Weisbrot (2006), der das Ende einer Ära und einen klaren Bruch mit dem US-dominierten *Washington Consensus* ausmacht, hebt hervor, dass auch die gemäßigte Linke (in der Person von Bachelet) nicht bereit ist, sich gegen Chávez und Morales zu stellen und die lateinamerikanische Geschlossenheit in der Frontstellung gegen die USA somit deutlicher ist als jemals zuvor. Dementsprechend streben diese Regierungen neue regionale Bündnisse und/oder Integrationsprojekte an bzw. suchen die vorherigen Integrationsmodelle mit neuem Inhalt zu füllen. Zudem wurden gewisse Erfolge durch staatliche Ausgaben- und Lohnpolitik (z.b. Mindestlohnerhöhungen) sowie durch eine deutliche Ausweitung der Sozialpolitik erzielt. Es sind eine Vielzahl von Programmen und Initiativen zu beobachten, die vor Ort Bildungsprogramme und Gesundheitsdienste (v.a. in Venezuela), Armenspeisungen (v.a. in Brasilien) oder Unterstützungszahlungen für produktive Kleinstprojekte (v.a. in Argentinien und Venezuela) etablieren. Dabei werden alternativen Wirtschaftsprojekten aus der solidarischen Ökonomie wie besetzten Betrieben gewisse Spielräume gewährt, die aber weit hinter den Ansprüchen dieser Initiativen zurückbleiben. Die Repression gegenüber sozialen Bewegungen hat deutlich abgenommen, wenngleich sie auch in den Ländern mit Mitte-Links-Regierungen keinesfalls verschwunden ist.

Freilich ist bislang wenig an den durch den Neoliberalismus geschaffenen wirtschaftspolitischen Institutionen und Verhältnissen geändert worden. So ist nirgendwo die Öffnung der Ökonomien, die Unabhängigkeit der Zentralbanken oder die hervorgehobene Bedeutung der Geld- und Fiskalpolitik in Zweifel gezogen worden. Zwar wurden die Maßnahmen zur Privatisierung von Staatsunternehmen gebremst sowie in einigen Ländern und Bereichen Schritte einer Reregulierung eingeleitet. Dabei hat man die Kommerzialisierung vieler Unternehmen jedoch nicht zurückgenommen, sondern teilweise nur versucht, den staatlichen Zugriff auf die Betriebe etwas zu erhöhen. Dies ist am stärksten im Energiesektor Venezuelas und Boliviens der Fall und kann ansatzweise in Argentinien beobachtet werden (vgl. Fritz 2007, S. 19 ff.). Die Arbeitsbeziehungen bleiben weiterhin flexibilisiert, und große Anstrengungen, den informellen Sektor sozial abzusichern, sind nirgends festzustellen. Allerdings wächst seit langem – infolge des kräftigen, mehrjährigen Wirtschaftsaufschwungs – der formelle Sektor wieder, während der informelle Sektor entsprechend reduziert wurde.

Wählerschaft und soziale Basis

Die guten Wahlergebnisse der Mitte-Links-Regierungen können *erstens* durch Annäherung eines relevanten Teils der Mittelschichten an die linken Kandidaten in Argentinien, Bolivien, Brasilien und Uruguay erklärt werden. Sie alle hatten sich jeweils erfolgreich in der letzten Phase ihres Wahlkampfs aktiv um Mäßigung und eine Annäherung an die urbanen Mittelschichten bemüht. *Zweitens* liegt die Voraussetzung für das Erstarken linker Parteien in den längerfristigen

Organisierungsprozessen, welche die brasilianische Arbeiterpartei PT (Partido dos Trabalhadores), die MAS (Movimento al Socialismo) in Bolivien und die Frente Amplio in Uruguay durchmachen. Zwar weisen Morales, Kirchner, Lula und Chávez eine sehr hohe Populariät auf und haben weit mehr Stimmen als ihre Parteien erhalten. Dennoch wird die Bedeutung politischer bzw. gewerkschaftlicher Organisationen oft übersehen, die insbesondere bei Lula und Morales die organisatorische Grundlage ihres Erfolges bilden. *Drittens* wählen die Aktivist(inn)en und Sympathisant(inn)en der sozialen Bewegung in erheblichem Maße die Mitte-Links-Regierungen und können auch zu deren Basis gezählt werden, wiewohl das Verhältnis teilweise spannungsgeladen ist. Entweder aktive Zustimmung oder zumindest das Argument des „kleineren Übels" lässt die überwiegenden Teile der Bewegungen hinter den Mitte-Links-Regierungen stehen. *Viertens* ist insbesondere bei den Wiederwahlen eine verstärkte Orientierung der Armen an linken Politikoptionen zu verzeichnen, was vornehmlich abseits der großen Städte eine Neuerung darstellt. Dabei hat sich die Stammwählerschaft von gewerkschaftlich organisierten Arbeiter(inne)n in Brasilien und Bolivien um die verarmten und marginalisierten Bevölkerungsteile erweitert (vgl. Ramírez Gallegos 2006, S. 34). So hat Lula hohe Stimmengewinne im verarmten Nordosten erzielt, wo traditionell eher konservative Kandidaten gewählt werden, in großen Ballungszentren mit starker urbaner Arbeiterklasse dagegen Stimmeneinbußen hinnehmen müssen. Auch in Uruguay gewann die Frente Amplio außerhalb von Montevideo in ländlichen Regionen Stimmen, wo sonst eher traditionelle Parteien gewählt wurden. Evo Morales wurde von der indigenen Bevölkerung gewählt, die damit erstmals in erheblichem Maße für einen eigenen Kandidaten votierte.

Suchprozesse alternativer Politiken

Die Herausbildung sozialer Protestbewegungen gegen die durch neoliberale Maßnahmen zugespitzten Notlagen hat sich auf sehr unterschiedlichen Feldern entfaltet und war über durchaus differierende Anlässe vermittelt. Natürlich wiesen die Triebkräfte dieser Bewegungen auf dem Lande andere Charakteristika als im urbanen Raum auf: Landlosenbewegung und indigene Proteste waren durch Armut, Unterprivilegierung sowie den Ausschluss von materiellen und kulturellen Ressourcen motiviert; Menschenrechtsbewegungen in städtischen Räumen kämpften – meistens ohne großen Erfolg – gegen die wenig geahndeten Hinterlassenschaften der Diktaturen bzw. für die kaum rehabilitierten Opfer; die neuen Arbeitslosenbewegungen setzten sich gegen die gesteigerten Freisetzungstendenzen und die infolge neoliberaler Gegenreformen und Privatisierungsmaßnahmen steigenden Arbeitslosenquoten zur Wehr. Das am meisten Erstaunliche und Vorwärtsweisende dieser Bewegungen in Lateinamerika aber war, dass sie in bestimmten Momenten gewissermaßen zusammenflossen und damit genug Kraft entfalten konnten, um Regierungen zu stürzen oder abzuwählen. Dies hing einerseits mit den besonders krassen Folgen neoliberaler Herrschaft und andererseits damit zusammen, dass die krisenhaften Potenziale neoliberaler Politik ganz unterschiedliche gesellschaftliche Sektoren und Strömungen deutlich negativ betrafen, weshalb der Bewusstseinsbildungs- und Politisierungsprozess gegen einen solchen „Hauptgegner" auf keine unüberwindlichen Barrieren stieß.

Außerdem waren die Prozesse der Konvergenz auf regionaler und internationaler Ebene eine Erfahrung, die auf dem Subkontinent in dieser Form und Intensität kaum Vorläufer aufwies. Während früher gelegentlich internationale Kontakte zwischen gewerkschaftlichen Organisationen und studentischen Sektoren zustande kamen, sind heute die fortgesetzten Proteste gegen die Gesamtamerikanische Freihandelszone ALCA ein gemeinsames Projekt von Frauen-, Campesino-, Umweltbewegungen etc. aus verschiedenen Ländern (vgl. Seoane u.a. 2006, S. 238 f.). Nicht zuletzt durch diese breite und sich steigernde Ablehnungsfront ist das von den USA favorisierte Projekt Ende 2005 faktisch zu Grabe getragen worden.

Die bereits genannten Aspekte der gegenwärtigen lateinamerikanischen Realität reflektieren sich in einem dritten, u.E. innovativen und vorwärtsweisenden Moment: der Suche nach neuen, authentischen Formen demokratischer Partizipation. Ein wesentliches Element der Delegitimierung des neoliberalen Modells auf der politischen Ebene bestand in den meisten Ländern in einem Parteiensystem, das sich zunehmend von den Wünschen und Hoffnungen großer Mehrheiten der Bevölkerung entfernt hatte und zum Teil in karikaturhafter Verzerrung als Ausdruck einer defizitären Demokratie fungierte. Parallel zu wachsender Politikverdrossenheit, steigender Wahlenthaltung und Ablehnung dieser Art von Demokratie entstanden – häufig auf lokaler/regionaler Ebene – andere Formen von Demokratie, die nach der Wende zu linken oder Mitte-Links-Regierungen klarer hervortraten, ohne die vorher dominanten Formen und Institutionen demokratischer Repräsentanz zu zerstören. Charakteristisch ist gegenwärtig vielmehr eine gewisse Koexistenz von unterschiedlichen Demokratieartikulationen in einigen Ländern. In Venezuela bzw. künftig wahrscheinlich in Bolivien und Ecuador wurde und wird das vorherige parlamentarische Repräsentativsystem über die Wahl von verfassungsgebenden Versammlungen sowie von diesen auszuarbeitenden neuen Verfassungen entscheidend modifiziert, um dadurch direkt-demokratische, plebiszitäre, aber auch kulturelle und regionale Besonderheiten respektierende Momente in sich aufzunehmen.

Nicht wenige westliche Sozialwissenschaftler/innen, Politolog(inn)en und Journalist(inn)en sehen in dem Abweichen von lange bestehenden Institutionen und Regeln die Gefahr von Demokratieverlust und das Herannahen autoritärer, „zentralistischer" Tendenzen (so z.B. Dirmoser 2005; Maihold 2005). Wenngleich diese Gefahr niemals ganz auszuschließen ist, wird dabei völlig übersehen, dass

1. die vorherigen politischen Parteien und politischen Institutionen die mehr oder minder drastische Exklusion von wachsenden Bevölkerungsteilen teilweise legitimierten (bzw. diesen nicht entgegentraten);
2. die Grundregeln der Präsidentenabfolge und der (im Gegensatz zu vorher) sauberen Wahlen nicht aufgehoben worden sind;
3. die Autonomie, Wachsamkeit und Politisierung der Bürger- und Wählerschaft so gewachsen ist, dass auch als „Hoffnungsträger" gewählte Präsidenten bald wieder zum Rückzug gezwungen werden können, wie es z.B. in Ecuador geschah.

Dies bedeutet, dass die „Reproduktion und die Hinterfragung der Legitimität kontinuierlich geworden sind" (Cheresky 2006, S. 15), der öffentliche Raum erweitert wurde und die regelmäßigen Wahlen einer gewissen Relativierung unterworfen worden sind, da größere Teile der Bevölkerung ihre Politikziele auch zwischen den Wahlterminen lautstark einfordern. Die neuen Formen der direkten Demokratieausübung und Repräsentation dürfen allerdings nicht mit dem klassischen populistisch-korporativistischen „Einrahmen" der Massen „von oben" verwechselt werden, weil „das, was sie möglich macht, aber auch zugleich begrenzt, auf der Erweiterung des öffentlichen Raumes, in welchem eine zunehmend autonomer werdende Staatsbürgerschaft sich artikuliert, beruht." (Cheresky 2006, S. 22 und 24)

Gleichzeitig nehmen die dauerhaften Parteiidentitäten und sozialen Zugehörigkeiten ab, wie sie in der Vergangenheit üblich gewesen sind. Die relativ hohe Wählerfluktuation bzw. Volatilität des Abstimmungsverhaltens (kurz vor den Wahlen) ist Ausdruck dieser Veränderungen. Freilich hat die neue Präsenz der Staatsbürger/innen noch nicht überall neue institutionelle Formen gefunden, weswegen sehr schnell der Populismusverdacht aufkommt oder gar vor Demokratieabbau gewarnt wird. Denn es ist nicht zu übersehen, dass innerhalb des skizzierten Rahmens einer repolitisierten Öffentlichkeit in bestimmten Fällen durch noch größere Konzentration der präsidialen Entscheidungen und der nachträglichen Bestätigung derselben eine gegenläufige Tendenz zur Verengung der öffentlichen Debatte existiert. Im Unterschied zu einer Mehrzahl der Autor-(inn)en, welche diese neuen Erscheinungen an der Messlatte herkömmlicher demokratischer Institutionalität messen, betont Isidoro Cheresky (2006, S. 26) zu Recht, dass die augenblickliche Lage der politischen Systeme und der Demokratien Lateinamerikas gerade durch vorwärtsweisende Neuerungen, Offenheit und spezifische Herausforderungen zu innovativer Gestaltungsnotwendigkeit gekennzeichnet ist: „Die Herausforderung für unsere neuen Demokratien und wahrscheinlich auch für die alten besteht darin, einen institutionellen Rahmen zu konsolidieren, der auf der einen Seite eine übermäßige Konzentration der Macht verhindert und der auf der anderen Seite die repräsentativen Institutionen an die nicht umkehrbare Veränderung anpasst, die sich im politischen Leben unserer Gesellschaften ereignet hat."

Ein letzter Aspekt der aktuellen Veränderungen in Lateinamerika, die auf Zurückdrängung neoliberaler Strukturen hinauslaufen, soll noch kurz angerissen werden. Es geht um die Wiederaufwertung des Staates bzw. um die Rückkehr staatlicher Interventionen/Eingriffe in Ökonomie und Gesellschaft, die – zumindest rhetorisch – in der neoliberalen Wirtschaft nicht vorkommen durften. Sie beziehen sich auf sehr unterschiedliche Bereiche und bilden (für sich genommen) natürlich noch keinen antikapitalistischen Breschenschlag. Vielmehr geht es um „neodesarrollistische" Versuche eines regulierten und weniger verletzlichen Kapitalismus. Die Eingriffe und Handlungsweisen des Staates beziehen sich auf die außenwirtschaftliche Front und schließen – vor allem im Falle Argentiniens – eine spürbare einseitige Reduktion des Schuldenstandes, sprich: die definitive Streichung von ca. 75 Prozent der Guthaben privater Staatspapiergläubiger, ein. Damit konnten zweifellos Zinstransfers an interne Gläubiger besser bedient werden, und die Manövrierfähigkeit nationalstaatlicher Wirtschaftspolitik erhöhte sich. Die vorzeitige Rückzahlung von Schulden, die sowohl Brasilien wie Argentinien gegen Jahresende 2005 tätigten, wurde mit ähnlicher Intention vollzogen.

Eine aktive Währungs-, Kredit- und Industriepolitik, welche die Exportchancen steigert und Importe eher bremst, führte im Verein mit der günstigen Weltmarktkonjunktur zu ansehnlichen Devisenpolstern, welche die Empfindlichkeit gegenüber äußeren Faktoren und finanziellen Spekulationen deutlich eingeschränkt haben. Das ausländische Kapital sieht sich vor mehr oder minder deutliche Restriktionen gestellt: Von der Renationalisierung natürlicher Ressourcen über die Erarbeitung neuer Regelwerke für privatisierte Bereiche, die Aushandlung von – für das Gastland – günstigeren Investitionsbedingungen bis zu relativ rigiden Preiskontrollen für Produkte und Leistungen im Gastland tätiger auslän-

discher Unternehmen werden vielfältige Maßnahmen wieder in das schon vergessen geglaubte Repertoire staatlicher Wirtschaftspolitik aufgenommen. Man
entdeckt, dass sogar periphere Staaten im Zeitalter neoliberaler Globalisierung
und der damit verbundenen Selbstminimierung von Staatlichkeit diese in gewissem Umfang auch mit ihrem reduzierten Gewicht in die Waagschale werfen
können, wenn das politisch gewollt und durch veränderte interne Kräfteverhältnisse herbeigeführt und abgestützt wird.

    Freilich ist den Akteuren gegen neoliberale Mechanismen und Institutionali-
sierungen nicht verborgen geblieben, dass einer auf Nationalstaaten beschränkten
Gegenwehr aktuell und noch mehr perspektivisch enge Grenzen gesetzt sind.
Eine Wiederaufwertung staatlicher Politik kann wesentlich erfolgreicher und
weitreichender sein, wenn sie regional integriert bzw. transnational vorgenom-
men wird. Von dieser Einsicht scheint insbesondere die venezolanische Regierung unter Hugo Chávez getragen zu sein, da sie in den letzten Jahren konzeptionelle und praktische Initiativen in diese Richtung ergriffen hat. In den transnationalen und regionalpolitischen Neuansätzen der Politik aktueller Regierungs-
verantwortlicher kann auch das eigentlich innovative Moment in der Reorientie-
rung staatlicher Interventionen gesehen werden. Die zahlreichen Vorstöße des
venezolanischen Präsidenten, vor allem die „Bolivarianische Alternative für die
Amerikas" (ALBA), an der sich inzwischen Kuba, Venezuela und Bolivien (möglicherweise bald auch Ecuador) beteiligen, sind nicht nur Ausdruck einer „ambi-
tionierte(n) Vision solidarischer lateinamerikanischer Integration, sondern brach-
te(n) zugleich zahlreiche zwischenstaatliche Kooperationen auf den Weg, vor
allem im Energiesektor ... dieser Ansatz weckt auf dem gesamten Subkontinent
reges Interesse. Er stellt eine wertvolle Bereicherung für die neuaufgeflammte lateinamerikanische Integrationsdebatte dar. Denn er vermittelt einen Eindruck über
die Handlungsspielräume von Regierungen, die ernsthaft versuchen, praktische
Schritte aus der neoliberalen Sackgasse zu unternehmen. Wie jedes realpolitische
Transformationsprojekt sieht sich aber auch ALBA Widersprüchen ausgesetzt, die
immer wieder zu Konflikten mit den eigenen Ansprüchen führen. Zugleich lassen
sich zahlreiche Errungenschaften verbuchen, die den Anspruch einer sozialen und
solidarischen Integration überzeugend mit Leben füllen." (Fritz 2007, S. 4)

    Die neuen Abkommen im Geiste von ALBA sollen, statt auf ein Höchstmaß
an weltmarktorientierter Wettbewerbsfähigkeit abzuzielen, von den Prinzipien
der Kooperation, Solidarität und Komplementarität bestimmt sein. In den Koope-
rationsprojekten zwischen staatlichen Unternehmen, die vor allem im infrastruk-
turellen, energetischen und sozialen Bereich angesiedelt sind, wird auf die Ent-
wicklungsunterschiede der jeweiligen Ökonomien Rücksicht genommen, was

entsprechende Ausgleich- und Kompensationsmechanismen erfordert. Leitbild ist die endogene Entwicklung auf solidarischer und sozialegalitärer Basis. Deviseneinsparende Austauschformen von Gütern und Dienstleistungen sowie armutsbekämpfende Vorhaben haben Priorität. Die Gründung einer „Banco del Sur", die von den lateinamerikanischen Staaten gemeinsam getragen wird, soll Kredite für bi- und multilaterale Infrastrukturprojekte vergeben, ohne an die restriktiven, eng interessengebundenen Kriterien der herrschenden internationalen Finanzinstitutionen gebunden zu sein. Im Kommunikationsbereich wurde bereits 2005 ein gemeinsamer Fernsehsender („Telesur") installiert, an dem sich Venezuela, Argentinien, Kuba, Uruguay und Bolivien beteiligen. Wichtig ist, dass diese Aktivitäten nicht nur „von oben" oder zwischen Staatsunternehmen stattfinden, vielmehr auch soziale Bewegungen, Gewerkschaften, Basisgruppen oder Kooperativen am Prozess des „Zusammenwachsens" Lateinamerikas unter neuen, demokratischen Bedingungen mitwirken sollen.

Wenngleich manche der vielfältigen Projekte im Energie- und Regionalbereich noch unausgereift und zu wenig durch breite Diskussionen fundiert erscheinen, teilweise (z.B. das Megaprojekt einer „Gas-Pipeline des Südens" zwischen Venezuela, Brasilien und Argentinien) auch in ökologischer Hinsicht fragwürdig sowie vielfach noch von neoliberalen und konventionell autoritären Momenten geprägt sind (vgl. Fritz 2007, S. 31 ff.), ist die Signalwirkung der Neuausrichtung wiedergewonnener transnationaler und regionalpolitisch orientierter Staatsaktivitäten kaum zu unterschätzen (vgl. Azzellini 2006, S. 273 ff.). Dies wird z.B. auch darin deutlich, dass die weitgehend vom neoliberalen Konzept des „offenen Regionalismus" bestimmten Konstruktionsprinzipien des Mercosur (ursprünglich eine Wirtschaftsintegration zwischen Brasilien, Argentinien, Paraguay und Uruguay, seit 2005 um Venezuela erweitert) nun erneut und intensiv diskutiert werden. Denn der Mercosur funktioniert immer noch nach Grundsätzen, die denen von ALBA z.B. diametral entgegengesetzt sind. „Trotz aller Widersprüche beweist die Bolivarianische Initiative für die Amerikas, dass Handlungsspielräume für eine soziale und solidarische Integration weit größer sind, als viele Regierungen behaupten." (Fritz 2007, S. 35)

Quellen- und Literaturverzeichnis

Auyero, Javier (2002): La protesta. Retratos de la Beligerancia popular en la Argentina democrática, Buenos Aires

Azzellini, Dario (2006): Venezuela Bolivariana. Revolution des 21. Jahrhunderts, Köln

Boris, Dieter/Schmalz, Stefan/Tittor, Anne (2005): Reflektionen zur „neoliberalen Hegemonie" in Lateinamerika, in: dies. (Hrsg.), Lateinamerika: Verfall neoliberaler Hegemonie?, Hamburg, S. 270-282

Burchardt, Hans-Jürgen (2004): Zeitenwende. Politik nach dem Neoliberalismus, Stuttgart

Candeias, Mario (2004): Neoliberalismus – Hochtechnologie – Hegemonie. Grundrisse einer transnationalen kapitalistischen Produktions- und Lebensweise, Berlin/Hamburg

Chávez, Daniel/Goldfrank, Benjamin (Hrsg.) (2004): The Left in the city. Participatory local governments in Latin America, London

Cheresky, Isidoro (2006): Elecciones en América Latina: poder presidencial y liderazgo político bajo la presión de la movilización de la opinión pública y la ciudadanía, in: Nueva Sociedad 206, S. 14-26

Comisión Económica para América Latina y el Caribe – CEPAL (2007): Notas de la CEPAL 50; http://www.eclac.cl/prensa/noticias/notas/9/27719/NOTAS50ESP.pdf (20.9.2007)

Dirmoser, Dietmar (2005): Transformation oder Rückwärtsgang? – Zur Krise der lateinamerikanischen Demokratie, IPG 2, S. 116-129

Dombois, Rainer/Imbusch, Peter (1997): Neoliberalismus und Arbeitsbeziehungen in Lateinamerika. Einführende Bemerkungen, in: dies. (Hrsg.), Neoliberalismus und Arbeitsbeziehungen in Lateinamerika, Frankfurt am Main, S. 9-39

Dupas, Gilberto (2005): Difíciles opciones frente a los impases latinoamericanas, in: Nueva Sociedad 119, S. 91-103

Fischer, Karin (2002): Neoliberale Transformation in Chile. Zur Rolle der ökonomischen und intellektuellen Eliten, in: Journal für Entwicklungspolitik 3, S. 225-248

Fritz, Thomas (2007): Die Bolivarianische Alternative für die Amerikas: ein neuer Ansatz regionaler Integration in Lateinamerika (http://www.fdcl-berlin.de/index.php?id=765; 1.11.2007)

Gywnne, Robert N./Kay, Christóbal (2000): Views from the periphery: futures of neoliberalism in Latin America, in: Third World Quarterly 1, S. 141-156

Interamerican Development Bank – IADB (2005): Annual Report 2004; http://enet.iadb.org/idbdocswebservices/idbdocsInternet/IADBPublicDoc.aspx?docnum=516464 (1.9.2007)

Lessmann, Robert (2004): Zum Beispiel Bolivien, Göttingen

Maihold, Günther/Husar, Jörg (2005): Demokratiekrisen in Lateinamerika. Bolivien und Venezuela als Testfälle für das demokratische Engagement der internationalen Gemeinschaft, in: SWP-Aktuell 25, S. 1-8

Messner, Dirk (1997): Wirtschaftsreformen und gesellschaftliche Neuorientierung in Lateinamerika: Die Grenzen des neoliberalen Projkts, in: Rainer Dombois/Peter Imbusch (Hrsg.), Neoliberalismus und Arbeitsbeziehungen in Lateinamerika, Frankfurt am Main, S. 43-67

Müller-Plantenberg, Urs (1997): Theorie und Praxis des Neoliberalismus, in: Rainer Dombois/Peter Imbusch (Hrsg.), Neoliberalismus und Arbeitsbeziehungen in Lateinamerika, Frankfurt am Main, S. 68-74

Munck, Ronaldo (2004): Globalization and labour flexibility: the latin american case(s). Introduction, in: Latin American Perspectives 4, S. 3-20

Plehwe, Dieter/Walpen, Bernhard (1999): Wissenschaftliche und wissenschaftspolitische Produktionsweisen im Neoliberalismus. Beiträge der Mont Pèlerin Society und marktradikaler Think Thanks zur Hegemoniegewinnung und -erhaltung, in: PROKLA 115, S. 203-235

Ramírez Gallegos, Franklin (2006): Mucho más que dos izquierdas, in: Nueva Sociedad 205, S. 30-44

Ramos, Joseph (1997): Neo-liberal structural reforms in Latin America: the current situation, in: CEPAL Review 62, S. 15-39

Sangmeister, Hartmut (2000): Lateinamerikas wirtschaftliche Entwicklung im Zeitalter der Globalisierung, in: Wolfgang Hirsch-Weber/Detlef Nolte (Hrsg.), Lateinamerika: Ökonomische, soziale und politische Probleme im Zeitalter der Globalisierung, Hamburg, S. 9-28

Schmalz, Stefan/Tittor, Anne (2005): Hegemoniezyklen in Lateinamerika – Einführung und Kontext, in: Dieter Boris/Stefan Schmalz/Anne Tittor (Hrsg.), Lateinamerika: Verfall neoliberaler Hegemonie?, Hamburg, S. 7-39

Seoane, José/Taddei, Emilio/Algranati, Clara (2006): Las nuevas configuraciones de los movimientos populares en América Latina, in: Atilio Boron/Gladys Lechini (Hrsg.), Política y movimientos sociales en un mundo hegemónico. Lecciones desde África, Asia y América Latina, Consejo Latinoamericano de Ciencias Sociales, Buenos Aires, S. 227-250; http://bibliotecavirtual.clacso.org.ar/ar/libros/sursur/politica/PIIICuno.pdf (20.9.2007)

Silva, Patricio (1998): Neoliberalism, Democratization, and the Rise of technocrats, in: Menno Velinga (Hrsg.), The changing Role of the State in Latin America, Boulder, S. 75-92

Tittor, Anne (2005): Soziale Kämpfe gegen Privatisierung in Lateinamerika, in: Dieter Boris/Stefan Schmalz/Anne Tittor (Hrsg.), Lateinamerika: Verfall neoliberaler Hegemonie?, Hamburg, S. 40-68

Vilas, Carlos (2005): La nueva izqiuerda latinoamericana y el surgimiento de regimenes nacional-populares, in: Nueva Sociedad 197, S. 84-99

Weisbrot, Mark (2006): Latin America: The end of an Era, in: Post-autistic Economics Review 39, S. 8-22; http://www.paecon.net/PAEReview/issue39/Weisbrot39.htm (20.9.2007)

Williamson, John (1990): What Washington Means by Policy Reform, in: ders. (Hrsg.), Latin American Adjustment: How Much has Happened?, Washington, Petersen Institute; http://www.iie.com/publications/paper/paper.cfm?ResearchID=486 (1.11.2007)

Autor(inn)en

Altvater, Elmar: Prof. Dr. em.; geb. 1938; bis 2004 Hochschullehrer für (Internationale) Politische Ökonomie am Otto-Suhr-Institut für Politikwissenschaft der FU Berlin; Mitglied im Wissenschaftlichen Beirat von Attac; Vizepräsident der Internationalen Lelio Basso Stiftung für die Rechte der Völker. Arbeitsschwerpunkte: Global environmental governance mit Schwerpunkt Energie- und Klimapolitik, Krisen der Finanzmärkte und Europäische Integration. Letzte Buchveröffentlichung: Elmar Altvater/Birgit Mahnkopf, Konkurrenz für das Empire. Die Zukunft der Europäischen Union in der globalisierten Welt, Münster 2007

Boris, Dieter: Prof. Dr.; geb. 1943; Hochschullehrer für Soziologie an der Universität Marburg; Mitglied im Bund demokratischer Wissenschaftlerinnen und Wissenschaftler (BdWi) sowie im Wissenschaftlichen Beirat von Attac; Arbeitsschwerpunkte: Theorie der Unterentwicklung; Weltwirtschaft; Lateinamerika; Sozialstrukturanalyse. Letzte Buchveröffentlichung: Dieter Boris/Anne Tittor, Der Fall Argentinien. Krise, soziale Bewegungen, neue Wege, Hamburg 2006

Brand, Ulrich: Prof. Dr.; geb. 1967; Hochschullehrer für Internationale Politik an der Universität Wien; Sprecher der Sektion Politik und Ökonomie in der Deutschen Vereinigung für Politische Wissenschaft (DVPW), Mitglied in der Assoziation für kritische Gesellschaftsforschung (AKG), in der Bundeskoordination Internationalismus (BUKO) und im Wissenschaftlichen Beirat von Attac; Arbeitsschwerpunkte: Internationale Politik und Internationale Politische Ökonomie; Staats- und Hegemonietheorie; internationale Umweltpolitik. Letzte Buchveröffentlichung: Ulrich Brand u.a., Conflicts in Global Environmental Regulation and the Internationalization of the State. Contested Terrains, London 2008

Buntenbach, Annelie: geb. 1955; Mitglied des Geschäftsführenden DGB-Bundesvorstandes, dort zuständig für Sozialpolitik, Arbeitsmarktpolitik sowie Migrations- und Antirassismuspolitik; alternierende Vorsitzende des Verwaltungsrates der Bundesagentur für Arbeit; alternierende Vorsitzende des Vorstandes der Deutschen Rentenversicherung Bund; Mitglied des Europäischen Wirtschafts-

und Sozialausschusses; Mitglied von Bündnis 90/Die Grünen und im Wissenschaftlichen Beirat von Attac

Butterwegge, Christoph: Prof. Dr.; geb. 1951; Hochschullehrer für Politikwissenschaft an der Universität zu Köln; Mitglied in der Gewerkschaft Erziehung und Wissenschaft (GEW), im Bund demokratischer Wissenschaftlerinnen und Wissenschaftler (BdWi), in der Deutschen Vereinigung für Politische Wissenschaft (DVPW), in der Arbeitsgemeinschaft Friedens- und Konfliktforschung (AFK) sowie im Wissenschaftlichen Beirat von Attac. Arbeitsschwerpunkte: Neoliberalismus, Globalisierung und demografischer Wandel; (Kinder-)Armut und Sozialstaatsentwicklung; Rechtsextremismus, Rassismus und (Jugend-)Gewalt; Migrations- und Integrationspolitik. Letzte Buchveröffentlichung: Christoph Butterwegge/Gudrun Hentges (Hrsg.), Rechtspopulismus, Arbeitswelt und Armut. Befunde aus Deutschland, Österreich und der Schweiz, Opladen/Farmington Hills 2008

Candeias, Mario: Dr. rer. pol.; geb. 1969; Referent für Kapitalismuskritik und Gesellschaftsanalyse bei der Rosa Luxemburg Stiftung sowie Mitglied des Berliner Instituts für kritische Theorie (InkriT) und der *Argument*-Redaktion. Arbeitsschwerpunkte: Prekarisierung und Organisierung; Kritik der politischen Ökonomie des Neoliberalismus; Hegemonietheorie. Letzte Buchveröffentlichung: Mario Candeias, Neoliberalismus. Hochtechnologie. Hegemonie. Grundrisse einer transnationalen kapitalistischen Produktions- und Lebensweise, 2. Aufl. Berlin/Hamburg 2007

Christen, Christian: Dipl.-Sozialökonom und Dipl.-Volkswirt; geb. 1967; Doktorand am Fachbereich Wirtschaftswissenschaften der Universität Bremen; Promotionsstipendiat der Hans-Böckler-Stiftung; Mitglied im Wissenschaftlichen Beirat von Attac und der Arbeitsgruppe Alternative Wirtschaftspolitik (Memorandum-Gruppe). Arbeitsschwerpunkte: Internationale Wirtschaftsprobleme; Grundlagen der Wirtschaftstheorie und -politik; Neoliberalismus/Globalisierung; Rechtsextremismus in Europa (Schwerpunkt Italien). Letzte Veröffentlichung: Christian Christen, Stichworte Alterssicherung und Pensionsfonds, in: Wissenschaftlicher Beirat von Attac (Hrsg.), ABC der Globalisierung, Hamburg 2005

Demirović, Alex: Prof. Dr.; geb. 1952; Gastprofessor für Politikwissenschaft an der TU Berlin; Mitglied bei ver.di, im Bund demokratischer Wissenschaftlerinnen und Wissenschaftler (BdWi), in der Assoziation für kritische Gesellschaftsforschung (AKG), im Wissenschaftlichen Beirat von Attac sowie in der Redaktion der Zeitschrift *Prokla*. Arbeitsschwerpunkte: Staats- und Demokratietheorie; politische Theorie; kritische Gesellschaftstheorie; Intellektuelle. Letzte Buchveröffentlichung: Alex Demirović, Demokratie in der Wirtschaft. Positionen – Probleme – Perspektiven, Münster 2007

Engartner, Tim: geb. 1976; nach abgeschlossenem Studium der Wirtschafts- und Sozialwissenschaften Lehrbeauftragter an der Universität zu Köln; Mitglied im Bund demokratischer Wissenschaftlerinnen und Wissenschaftler (BdWi), in der Deutschen Gesellschaft für ökonomische Bildung, der Deutschen Vereinigung für Politische Bildung (DVPB) und der Keynes-Gesellschaft. Alumnus der Körber- und der Rosa Luxemburg Stiftung. Nächste Buchpublikation: Tim Engartner, Die Privatisierung der Deutschen Bahn. Über die Implementierung marktorientierter Verkehrspolitik, Wiesbaden 2008

Fisahn, Andreas: Prof. Dr.; geb. 1960; Hochschullehrer für Öffentliches Recht, Umwelt- und Technikrecht sowie Rechtstheorie an der Universität Bielefeld; Mitglied in der Vereinigung demokratischer Juristinnen und Juristen (VdJ) sowie im Wissenschaftlichen Beirat von Attac. Arbeitsschwerpunkte: Staats- und Rechtstheorie sowie Umweltrecht. Letzte Buchveröffentlichung: Andreas Fisahn, Herrschaft im Wandel. Überlegungen zu einer kritischen Theorie des Staates, Köln 2008

Hengsbach, Friedhelm: Prof. Dr. em.; geb. 1937; Mitglied des Jesuitenordens; früher Professor für Christliche Gesellschaftsethik an der Philosophisch-Theologischen Hochschule Sankt Georgen in Frankfurt am Main sowie Leiter des Oswald von Nell-Breuning Instituts für Wirtschafts- und Gesellschaftsethik. Arbeitsschwerpunkte: Zukunft der Arbeitsgesellschaft; solidarische Absicherung gesellschaftlicher Risiken; Politische Wirtschaftsethik, demokratiefähiger Kapitalismus und ethische Architektur der Finanzmärkte. Letzte Buchveröffentlichung: Friedhelm Hengsbach, Das Reformspektakel. Warum der menschliche Faktor mehr Respekt verdient, Freiburg im Breisgau/Basel/Wien 2005

Karrass, Anne: Dipl. Sozialökonomin; geb. 1977; z.Z. Abschluss der Promotion zum Verhältnis von Markt und Staat im Prozess der europäischen Integration an der Universität Hamburg; Mitglied der EuroMemorandum-Gruppe und im Wissenschaftlichen Beirat von Attac. Arbeitsschwerpunkte: europäische Wirtschafts- und Sozialpolitik. Letzte Buchveröffentlichung: Robert Fischer/Anne Karrass/Sandra Kröger (Hrsg.), Die Europäische Kommission und die Zukunft der EU. Ideenfabrik zwischen europäischem Auftrag und nationalen Interessen, Opladen/Farmington Hills 2007

Lösch, Bettina: Dr. rer. pol.; geb. 1972; Wissenschaftliche Assistentin am Lehr- und Forschungsbereich Politikwissenschaft der Humanwissenschaftlichen Fakultät der Universität zu Köln; Mitglied im Bund demokratischer Wissenschaftlerinnen und Wissenschaftler (BdWi), in der Assoziation für kritische Gesellschaftsforschung (AKG) sowie im Wissenschaftlichen Beirat von Attac. Arbeitsschwerpunkte: kritische Demokratietheorie und politische Bildung; Globalisierung/Neoliberalismus; Bildung und soziale Ungleichheit. Letzte Buchveröffentlichung: Ulrich Brand/Bettina Lösch/Stefan Thimmel (Hrsg.), ABC der Alternativen, Hamburg 2007

Nordmann, Jürgen: Dr. phil.; geb. 1968; Politikwissenschaftler; Mitglied im Bund demokratischer Wissenschaftlerinnen und Wissenschaftler (BdWi) sowie bei ver.di. Arbeitsschwerpunkte: intellektuelle Geschichte des Neoliberalismus; Wissenschaftstheorie; britischer Liberalismus des 18. Jahrhundert. Letzte Buchveröffentlichung: Jürgen Nordmann, Der lange Marsch zum Neoliberalismus, Hamburg 2005

Ptak, Ralf: Dr. rer. pol.; geb. 1960; Akademischer Rat für Allgemeine Volkswirtschaftslehre im Lehr- und Forschungsbereich Wirtschaftswissenschaft an der Humanwissenschaftlichen Fakultät der Universität zu Köln; Mitglied der Arbeitsgruppe Alternative Wirtschaftspolitik (Memorandum-Gruppe), in der Deutschen Gesellschaft für Ökonomische Bildung und im Wissenschaftlichen Beirat von Attac. Arbeitsschwerpunkte: Ökonomische Theoriegeschichte; Markt und Staat; Politische Ökonomie der Bildung und des Sozialstaates. Letzte Buchveröffentlichung: Christoph Butterwegge/Bettina Lösch/Ralf Ptak, Kritik des Neoliberalismus, 2. Aufl. Wiesbaden 2008

Reitzig, Jörg: Prof. Dr.; geb. 1966; Hochschullehrer an der EFH Ludwigshafen; Mitglied der Assoziation für kritische Gesellschaftsforschung (AKG), im Forum Neue Politik der Arbeit (FNPA) sowie im Wissenschaftlichen Beirat von Attac. Arbeitsschwerpunkte: Sozial- und Arbeitspolitik; Hegemonietheorie und Sozialphilosophie; Gewerkschaften und politische Erwachsenenbildung. Letzte Buchveröffentlichung: Jörg Reitzig, Gesellschaftsvertrag, Gerechtigkeit, Arbeit. Eine hegemonietheoretische Analyse zur Debatte um einen „Neuen Gesellschaftsvertrag" im postfordistischen Kapitalismus, Münster 2005

Röttger, Bernd: Dr. rer. pol.; geb. 1961; Tätigkeit an verschiedenen Universitäten und Forschungseinrichtungen, z.Z. freischaffend; Mitglied bei ver.di. Arbeitsschwerpunkte: Politische Ökonomie; Staats- und Regulationstheorie; Gewerkschaftspolitik. Letzte Buchveröffentlichung: Susanne Heeg/Markus Wissen/Bernd Röttger, Politics of Scale. Räume der Globalisierung und Perspektiven emanzipatorischer Politik, Münster 2007

Rügemer, Werner: Dr. phil.; geb. 1941; Publizist und Lehrbeauftragter an der Universität zu Köln; Vorsitzender von Business Crime Control; Mitglied in der International Association Antonio Gramsci und im Deutschen Schriftstellerverband. Arbeitsschwerpunkte: corporate crime auf globaler, nationaler und lokaler Ebene; Geschichte und Strukturen der Privatisierung; kooperative Ökonomie. Letzte Buchveröffentlichung: Werner Rügemer, Privatisierung in Deutschland. Eine Bilanz, 3. Aufl. Münster 2008

Sauer, Birgit: Prof. Dr.; geb. 1957; Hochschullehrerin für Politikwissenschaft an der Universität Wien; Mitglied in der Assoziation für Kritische Gesellschaftsforschung (AKG), in der Deutschen Vereinigung für Politische Wissenschaft (DVPW) und der Österreichischen Gesellschaft für Politikwissenschaft (ÖGPW) sowie im Komitee für Grundrechte und Demokratie. Arbeitsschwerpunkte: Politik und Geschlecht; Governance; vergleichende Geschlechterpolitikforschung. Letzte Buchveröffentlichung: Birgit Sauer/Melissa Haussman (Hrsg.), Gendering the State in the Age of Globalization, Lanham 2007

Thomas, Tanja: Prof. Dr. phil.; geb. 1968; Juniorprofessorin für Kommunikationswissenschaft und Medienkultur im Bereich Kulturwissenschaften der Universität Lüneburg; Sprecherin der Fachgruppe Medien, Öffentlichkeit und Geschlecht der Deutschen Gesellschaft für Publizistik und Kommunikationswissenschaft (DGPuK); Mitglied der Deutschen Gesellschaft für Soziologie (DGS) sowie im Bund demokratischer Wissenschaftlerinnen und Wissenschaftler (BdWi). Arbeitsschwerpunkte: Kritische Medientheorien; Cultural Studies; Gender Media Studies; Mediensoziologie. Letzte Buchveröffentlichung: Ulla Wischermann/Tanja Thomas (Hrsg.), Medien – Diversität – Ungleichheit. Zur medialen Konstruktion sozialer Differenz, Wiesbaden 2008

Tittor, Anne: Magistra in Soziologie; geb. 1980; Doktorandin am Promotionskolleg *Global Social Policies* der Universität Kassel. Arbeitsschwerpunkte: soziale Bewegungen; Gesundheitspolitik; Privatisierungspolitik; Lateinamerika. Letzte Buchveröffentlichung: Dieter Boris/Anne Tittor, Der Fall Argentinien. Krise, soziale Bewegungen, neue Wege, Hamburg 2006

Urban, Hans-Jürgen: Dr. phil.; geb. 1961; Mitglied des Geschäftsführenden Vorstandes der IG Metall. Arbeitsschwerpunkte: Gewerkschaftstheorie und -politik; Europäische Integration; Gesundheitssysteme und -politik. Letzte Buchveröffentlichung: Hans-Jürgen Urban (Hrsg.), ABC zum Neoliberalismus, Hamburg 2006

Virchow, Fabian: Dr. rer. pol.; geb. 1960; Lehrbeauftragter an den Universitäten Lüneburg und Marburg; Mitglied in der Deutschen Gesellschaft für Soziologie (DGS), der Deutschen Vereinigung für Politische Wissenschaft (DVPW), der Deutschen Gesellschaft für Publizistik und Kommunikationswissenschaft (DGPuK) sowie der Arbeitsgemeinschaft Friedens- und Konfliktforschung (AFK). Arbeitsschwerpunkte: soziale und politische Bewegungen; Rechtsextremismus; Militärsoziologie; politische Kommunikation; politische Kulturforschung. Letzte Buchveröffentlichung: Fabian Virchow, Gegen den Zivilismus. Internationale Beziehungen und Militär in den politischen Konzeptionen der extremen Rechten, Wiesbaden 2006

Neoliberalismus: Grundzüge und Kritik auf einen Blick

Christoph Butterwegge / Bettina Lösch / Ralf Ptak

Kritik des Neoliberalismus
Unter Mitarbeit von Tim Engartner

2., verb. Aufl. 2008. 298 S.
Br. EUR 12,90
ISBN 978-3-531-15809-9

Keine andere Wirtschafts- und Gesellschaftstheorie beherrscht die Tagespolitik, aber auch die Medienöffentlichkeit und das Alltagsbewusstsein von Millionen Menschen fast auf der ganzen Welt so stark wie die neoliberale.

Die Publikation versteht sich als kritische Einführung in den Neoliberalismus, skizziert seine ökonomischen Grundlagen und stellt verschiedene Denkschulen vor. Anschließend werden die Folgen neoliberaler Politik für Sozialstaat und Demokratie behandelt, etwa im Hinblick auf Maßnahmen zur Privatisierung öffentlicher Unternehmen, staatlicher Aufgaben und persönlicher Lebensrisiken.

Das Buch richtet sich an Leser/innen, die nach Informationen über den Neoliberalismus, guten Argumenten für die Debatte darüber und gesellschaftspolitischen Alternativen suchen.

Prof. Dr. Christoph Butterwegge, Dr. Bettina Lösch und Dr. Ralf Ptak sind als Sozial-, Politik- bzw. Wirtschaftswissenschaftler an der Universität zu Köln tätig.

Erhältlich im Buchhandel oder beim Verlag.
Änderungen vorbehalten. Stand: Januar 2008.

Stimmen zur 1. Auflage:

„Was aber ist Neoliberalismus? Welche Grundsätze hat er? In welcher Weise hat er die deutsche Gesellschaft, Politik und Wirtschaft geprägt – und welche künftigen Risiken birgt er für die weitere Entwicklung unseres Gemeinwesens? Diese Fragen beantwortet analytisch glänzend, eingehend und weitreichend das Buch [...] von Christoph Butterwegge, Bettina Lösch und Ralf Ptak [...]."
Publik-Forum – Zeitung kritischer Christen, 31.08.2007

„Der Kölner Professor Christoph Butterwegge gehört zu denen, die über die Folgen des Neoliberalismus aufklären, anstatt sie für alternativlos zu erklären."
Ver.di Publik, 11/2007

„Dem beeindruckend materialreichen Buch, dessen Autoren sich nicht scheuen, für soziale Gerechtigkeit, Freiheit, Demokratie und Emanzipation Partei zu ergreifen, was heute unter Sozialwissenschaftlern alles andere als selbstverständlich ist, möchte man viele Leser wünschen, die sich noch aufregen können und endlich Gegenwehr organisieren."
Ossietzky – Zweiwochenschrift für Politik/Kultur/Wirtschaft, 24/2007

www.vs-verlag.de

VS VERLAG FÜR SOZIALWISSENSCHAFTEN

Abraham-Lincoln-Straße 46
65189 Wiesbaden
Tel. 0611.7878-722
Fax 0611.7878-400

Theorie

Dirk Baecker (Hrsg.)
**Schlüsselwerke
der Systemtheorie**
2005. 352 S. Geb. EUR 24,90
ISBN 978-3-531-14084-1

Ralf Dahrendorf
Homo Sociologicus
Ein Versuch zur Geschichte,
Bedeutung und Kritik der Kategorie
der sozialen Rolle
16. Aufl. 2006. 126 S. Br. EUR 14,90
ISBN 978-3-531-31122-7

Shmuel N. Eisenstadt
**Die großen Revolutionen und
die Kulturen der Moderne**
2006. 250 S. Br. EUR 34,90
ISBN 978-3-531-14993-6

Shmuel N. Eisenstadt
Theorie und Moderne
Soziologische Essays
2006. 607 S. Geb. EUR 49,90
ISBN 978-3-531-14565-5

Rainer Greshoff / Uwe Schimank (Hrsg.)
**Integrative Sozialtheorie?
Esser – Luhmann – Weber**
2006. 582 S. Geb. EUR 39,90
ISBN 978-3-531-14354-5

Axel Honneth /
Institut für Sozialforschung (Hrsg.)
**Schlüsseltexte der
Kritischen Theorie**
2006. 414 S. Geb. EUR 29,90
ISBN 978-3-531-14108-4

Niklas Luhmann
Beobachtungen der Moderne
2. Aufl. 2006. 220 S. Br. EUR 24,90
ISBN 978-3-531-32263-6

Uwe Schimank
**Differenzierung und Integration
der modernen Gesellschaft**
Beiträge zur akteurzentrierten
Differenzierungstheorie 1
2005. 297 S. Br. EUR 27,90
ISBN 978-3-531-14683-6

Uwe Schimank
**Teilsystemische Autonomie
und politische Gesellschafts-
steuerung**
Beiträge zur akteurzentrierten
Differenzierungstheorie 2
2006. 307 S. Br. EUR 29,90
ISBN 978-3-531-14684-3

Erhältlich im Buchhandel oder beim Verlag.
Änderungen vorbehalten. Stand: Juli 2007.

www.vs-verlag.de

VS VERLAG FÜR SOZIALWISSENSCHAFTEN

Abraham-Lincoln-Straße 46
65189 Wiesbaden
Tel. 0611.7878-722
Fax 0611.7878-400

Sozialstruktur

Eva Barlösius / Daniela Schiek (Hrsg.)

Demographisierung des Gesellschaftlichen
Analysen und Debatten zur demographischen Zukunft Deutschlands
2007. 250 S. Br. EUR 24,90
ISBN 978-3-531-15094-9

Helmut Bremer / Andrea Lange-Vester (Hrsg.)

Soziale Milieus und Wandel der Sozialstruktur
Die gesellschaftlichen Herausforderungen und die Strategien der sozialen Gruppen
2006. 419 S. Br. EUR 34,90
ISBN 978-3-531-14679-9

Rauf Ceylan

Ethnische Kolonien
Entstehung, Funktion und Wandel am Beispiel türkischer Moscheen und Cafés
2006. 272 S. Br. EUR 32,90
ISBN 978-3-531-15258-5

Rainer Geißler

Die Sozialstruktur Deutschlands
Zur gesellschaftlichen Entwicklung mit einer Bilanz zur Vereinigung
Mit einem Beitrag von Thomas Meyer
4., überarb. und akt. Aufl. 2006. 428 S.
Br. EUR 26,90
ISBN 978-3-531-42923-6

Wilhelm Heitmeyer / Peter Imbusch (Hrsg.)

Integrationspotenziale einer modernen Gesellschaft
2005. 467 S. Br. EUR 36,90
ISBN 978-3-531-14107-7

Stefan Hradil

Die Sozialstruktur Deutschlands im internationalen Vergleich
2. Aufl. 2006. 304 S. Br. EUR 24,90
ISBN 978-3-531-14939-4

Jörg Lüdicke / Martin Diewald (Hrsg.)

Soziale Netzwerke und soziale Ungleichheit
Zur Rolle von Sozialkapital in modernen Gesellschaften
2007. 301 S. (Sozialstrukturanalyse)
Br. EUR 34,90
ISBN 978-3-531-15182-3

Matthias Richter / Klaus Hurrelmann (Hrsg.)

Gesundheitliche Ungleichheit
Grundlagen, Probleme, Perspektiven
2006. 459 S. Br. EUR 39,90
ISBN 978-3-531-14984-4

Erhältlich im Buchhandel oder beim Verlag.
Änderungen vorbehalten. Stand: Juli 2007.

www.vs-verlag.de

VS VERLAG FÜR SOZIALWISSENSCHAFTEN

Abraham-Lincoln-Straße 46
65189 Wiesbaden
Tel. 0611.7878-722
Fax 0611.7878-400

Neu im Programm Soziologie